ROGER FEDERER

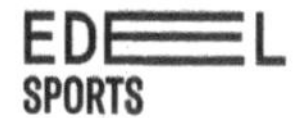

CHRISTOPHER CLAREY

DER MAESTRO
ROGER FEDERER

Aus dem Englischen übersetzt von Jan Haas,
Frederik Kugler, Jutta Orth und Sven Scheer

Für meine umwerfende Mutter, die mir ihre Liebe zur Sprache und zum Tennis mitgegeben hat

Inhaltsverzeichnis

Kapitel 1

TIGRE, ARGENTINIEN

Es war kurz vor Mitternacht, als Roger Federer erschien.

Journalisten sind das Warten gewohnt, und dieses Mal wartete ich in einem Mietwagen mit Chauffeur in einem Vorort von Buenos Aires. Im Radio lief Eric Carmens schwermütige Ballade „All by Myself". Das passte ganz gut zu meiner Situation, schließlich saß ich allein auf dem Rücksitz, in der Hand ein paar Notizen und im Kopf Gedanken an das bevorstehende Interview. Zu Federer, der so selten allein zu sein scheint und auch diesmal alles andere als allein war, passte es hingegen überhaupt nicht.

Es war Mitte Dezember 2012, und Federers Comeback-Jahr, in dem ein Sieg in Wimbledon – sein erster Grand-Slam-Titel seit über zwei Jahren – ihn an die Spitze der Weltrangliste zurückbefördert hatte, neigte sich dem Ende zu. Seine Frau Mirka und die dreijährigen Zwillingstöchter waren zu Hause in der Schweiz geblieben, während er zu seinem ersten Besuch in diesen Teil Südamerikas aufgebrochen war, um an mehreren Showturnieren teilzunehmen. Die Eintrittskarten dafür waren nach wenigen Minuten ausverkauft gewesen.

Federer lockte das Geld: Jeder Auftritt brachte ihm zwei Millionen US-Dollar ein, wodurch er mit nur sechs Spielen mehr Einnahmen erzielte als die 8,5 Millionen US-Dollar an offiziellen Preisgeldern im Jahr 2012. Doch er wollte auch Erfahrungen sammeln, an die er sich später gerne erinnerte: die Begegnung mit einem neuen Publikum an neuen Orten – trotz aller körperlichen und psychischen Belastungen der vergangenen elf Monate.

Andere Champions mit ähnlich gutem Auskommen hätten auf eine solche Reise und den damit verbundenen Jetlag sicher verzichtet. Doch Federer und sein Manager Tony Godsick hatten das große Ganze im Blick: Sie dachten an noch unerschlossene Federer-Märkte und -Emotionen. Die Reise, die sie zunächst nach Brasilien und nun nach Argentinien führte, übertraf alle Erwartungen. Das bezeugten schon die 20.000 Menschen, die sich an diesem Abend in dem provisorischen Stadion in Tigre drängten – ein Zuschauerrekord für ein Tennismatch in Argentinien, das doch ein stolzes Tennisland ist, mit Ikonen wie Guillermo Vilas, Gabriela Sabatini und nicht zuletzt Juan Martin del Potro, Federers Gegner und in gewisser Weise auch sein Gegenpol.

„Es war fantastisch, aber für Juan Martin schon auch seltsam", sagte del Potros damaliger Trainer Franco Davin. „Argentinien ist sein Land, und trotzdem jubeln die Leute bei Federer noch mehr."

So war es auch in vielen anderen Tennisnationen. Fast überall hat Federer ein Heimspiel. Und auch kurz vor Mitternacht warteten immer noch einige Hundert Fans vor dem Stadion: Erwachsene standen auf Kisten, um eine bessere Sicht zu erhaschen, Kinder hockten auf den Schultern ihrer Eltern, und überall leuchteten Handys mit eingeschalteter Kamera, um den einen Moment ja nicht zu verpassen.

Es herrschte eine ruhige und erwartungsvolle Atmosphäre, die in dem Moment, als Federer aus einer Seitentür trat und auf meinen Wagen zusteuerte, von tumultartigen Szenen abgelöst wurde. Trotz seines Dreisatzspiels gegen del Potro ging er leichten Schrittes.

Mit einem rhythmischen „Bye-bye. Bye-bye. Bye-bye!" verabschiedete er sich im Plauderton von seinen Fans, bevor er die Wagentür öffnete.

„Wie geht's?", sagte er im gleichen Tonfall zu mir und schloss die Tür.

Ich bin Federer auf sechs Kontinenten hinterhergereist und habe ihn binnen 20 Jahren mehr als 20-mal für die *New York Times* und die *International Herald Tribune* interviewt. Unsere Treffen fanden an allen möglichen Orten statt, in einem Privatflugzeug, auf einem Rückfeld in Wimbledon, auf dem Times Square in New York, in Schweizer Bergrestaurants oder in einer Suite im Pariser Hôtel de Crillon mit fantastischem Blick auf die Place de la Concorde, während seine spätere Frau Mirka Vavrinec gerade Designer-Kleidung anprobierte.

Eine Eigenschaft, die Federer von den meisten anderen Ausnahmesportlern, die mir begegnet sind, unterscheidet, ist seine Angewohnheit, den Gesprächspartner zunächst einmal (und nicht nur der guten Form halber) zu befragen: wie denn die Anfahrt gewesen sei und wie man das Turnier, das Land und die Menschen einschätze.

„Roger ist deshalb so interessant, weil er sich für andere interessiert", bemerkte einmal sein früherer Trainer Paul Annacone mir gegenüber.

Meine eigene fünfköpfige Familie hatte sich 2012 auch auf Weltreise begeben: ein ganzes Schuljahr unterwegs, angefangen mit einem dreimonatigen Aufenthalt in Peru, Chile und Argentinien. Federer wollte die Highlights erfahren (Torres del Paine und die Insel Chiloé in Chile, Arequipa in Peru). Doch am meisten interessierte ihn der Schulunterricht: Wie hatten unsere Kinder auf die Situation reagiert, hatten sie davon profitiert? Ein Hinweis darauf, dass er wohl vorhatte, auf unabsehbare Zeit mitsamt seiner Familie auf Achse zu sein, seinen Alltag mit den Kindern zu teilen und ihnen nebenbei viel von der Welt zu zeigen.

„Wir sind in den meisten Städten und bei den meisten Turnieren sozusagen Stammgäste und haben weltweit viele Freunde", sagte er. „Es fühlt sich dann so an, als würde man ein zweites Zuhause besuchen. Dieses Gefühl kann ich mittlerweile sehr leicht in mir hervorrufen, vor allem seit die Kinder dabei sind. Ich möchte ihnen dieses Gefühl vermitteln, damit sie sich überall, wo wir hinkommen, wohlfühlen."

Federers Neugier – gleich ob aus Höflichkeit oder tatsächlich von Herzen – sorgt dafür, dass man mit ihm eher ein Gespräch als ein strukturiertes Interview führt. Sie wirkt entwaffnend, auch wenn er das gar nicht zu beabsichtigen scheint. Vor allem lässt sie das Außergewöhnliche in einem etwas normaleren Licht erscheinen, und darum bemüht sich Federer sehr nachdrücklich. Er kann damit umgehen, auf einem Podest zu stehen, betont aber oft, dass er lieber auf Augenhöhe mit anderen verkehrt. Vielleicht hat er diese Eigenschaft von seiner Mutter Lynette geerbt. Wenn jemand ihren

Nachnamen hört und sie fragt, ob sie mit dem Federer verwandt sei, bejaht sie und erkundigt sich dann direkt nach den Kindern des Gesprächspartners.

„Schau und hör dir das an“, sagte er in seinem unverwechselbaren näselnden Bariton und machte eine Handbewegung in Richtung Autofenster. „Wir drängen uns hier per Polizeieskorte durch die Menge, das kenne ich nicht.“

„Wirklich?“, antwortete ich. „Ich hätte gedacht, dass dir das oft passiert.“

„Zum Glück nicht“, sagte er. „Ich halte mich eigentlich für einen ganz normalen Typen, der halt das spannende Leben eines Tennisspielers führt. Da steht man im Rampenlicht, ist in der ganzen Welt unterwegs, spielt live vor Publikum. Auf Kritik muss man nicht lange warten. Man weiß gleich, ob man gut oder schlecht war. Das ist fast wie bei Musikern, ich finde das ein wirklich gutes Gefühl. Selbst wenn man schlecht war, macht das nichts. Dann arbeite daran. Zumindest weiß man, dass man eine Aufgabe vor sich hat, und wenn man gut war, gibt es einem Selbstvertrauen, motiviert und inspiriert einen. Ich gebe schon auch zu, dass es ein wunderbares Leben ist. Manchmal ist es aber auch hart, denn das Reisen kann echt anstrengend sein. Du kennst das … Doch neulich dachte ich mir: Ich bin vor rund zehn Jahren in die Top 10 eingezogen und erlebe heute immer noch solche Dinge. Es ist irgendwie eine außerkörperliche Erfahrung, man glaubt fast nicht, dass es wirklich passiert. Ich schätze mich sehr glücklich, und das ist sicher auch einer der Gründe dafür, dass ich noch länger spielen möchte. Denn das alles ist vorbei, wenn man sich zurückgezogen hat.“

Wie viel er vor seinem Rücktritt noch erleben würde, überraschte dann wohl selbst Federer …

In jener Nacht in Argentinien war er bereits 31 Jahre alt und hatte damit das gleiche Alter erreicht, in dem einer seiner Vorbilder, Pete Sampras, mit seinem 14. Titelgewinn bei einem Grand-Slam-Turnier (den US Open im Jahre 2002) einen neuen Rekord aufgestellt hatte. Es war Sampras’ letztes Spiel bei einem großen Tennisturnier, und hätte er bis zu seinem offiziellen Rücktritt nicht ein weiteres

Jahr gewartet, wäre das einer dieser ultimativen Tennisabschiede nach einem Heimsieg gewesen.

Stefan Edberg, auch ein Tennisheld aus Federers Jugend, trat mit 30 Jahren zurück.

Doch Federer stand eben nicht kurz vor dem Ende seiner Laufbahn, wie es viele Tennisfachleute und -Fans verständlicherweise erwarteten. Er steckte vielmehr mittendrin und blieb tatsächlich bis in die 2020er-Jahre aktiv, während andere Tennisspieler seiner Generation längst für Unternehmen oder als Kommentatoren tätig waren – oder Federers jüngere Konkurrenten coachten.

Wer Sampras in den Jahren 2001 und 2002, seinen letzten beiden Saisons, beobachtet hatte, ahnte, wie sehr ihm die Plackerei und der Druck zusetzten. „Pete war fertig, aber Roger ist aus anderem Holz geschnitzt“, sagte Annacone, der beide trainiert hat. „Das viele Reisen erschöpfte Pete. Roger zieht daraus Energie.“

Annacone begleitete Federer zum ATP-Turnier nach Schanghai. Am zweiten Tag ihres Aufenthalts saßen Annacone und die anderen Teammitglieder an einem Tisch in Federers Hotelsuite und unterhielten sich, als es klopfte. Vor der Tür stand eine Chinesin.

Federer verkündete, ihre Sprachlehrerin sei eingetroffen.

„Roger erklärte: ‚Sie wird täglich für etwa eine halbe Stunde vorbeikommen, und wir werden versuchen, hier und da ein paar Worte aufzuschnappen, um etwas Mandarin zu lernen‘“, erzählte Annacone. „Und ich so: ‚Mann, ich kann ja kaum vernünftig Englisch sprechen.‘ Und Roger dann: ‚Nein, nein, es wird Spaß machen.‘ Und er hatte seine helle Freude daran. Er wollte ein paar Redewendungen lernen, um sich auf Mandarin bei den Fans zu bedanken, aber er hielt sich auch den Bauch vor Lachen, wenn wir die korrekte Aussprache übten. Roger nimmt die verschiedenen Facetten des Reisens einfach mit offenen Armen an. Vielen anderen gelingt das nicht.“

Für Federer war das völlig normal. Als Sohn eines Schweizers und einer Südafrikanerin reiste er schon im Alter von drei Monaten zum ersten Mal nach Südafrika und kehrte im Laufe seiner Kindheit immer wieder dorthin zurück. Sampras sprach ausschließlich Englisch. Federer spricht Französisch, Englisch, Deutsch sowie

Schweizerdeutsch. Dank seiner Mutter beherrscht er außerdem mehr als nur ein paar Worte Afrikaans und dank seines früheren Trainers Peter Lundgren auch diverse schwedische Kraftausdrücke.

Als Schweizer in der Grenzstadt Basel war Federer schon früh daran gewöhnt, zwischen den Kulturen hin und her zu wechseln. Doch nur, weil eine gewisse Lebensweise unvermeidbar ist, muss man diese nicht zwangsläufig mögen. Federer steht teils auch deshalb dem Globetrotter-Leben positiv gegenüber, weil es für ihn als Tennis-Champion einem bestimmten Zweck dient. Diese tiefe Freude, die er bei jenem Auto-Interview in Argentinien 2012 zeigte, rührte aus der Erkenntnis, dass sein Job auf den Tennisfeldern von Wimbledon oder Roland Garros mehr Menschen inspirierte, als er je für möglich gehalten hätte.

„Sie sind hier so leidenschaftlich", sagte er. „Nirgendwo habe ich aufgelöstere Fans erlebt als in Südamerika. Die Menschen brechen in Tränen aus, zittern, und sie sind so, na ja, nicht ehrfürchtig, aber so froh, mich zu treffen, dass sie es kaum glauben. Natürlich ist mir das auch schon anderswo passiert, aber sehr selten, und hier haben mich schon mindestens 20 Leute umarmt und geküsst und waren überglücklich, nur weil sie mich einmal berühren durften."

Die argentinischen Fans riefen ihm durch die Autoscheibe zu und drückten gegen das Fahrzeug, doch er wich nicht von der Scheibe zurück. Vielmehr rückte er näher heran.

Ich fragte Federer, ob er das englische Wort „jaded" kenne, abgestumpft.

„Schon", entgegnete er zögernd.

„Es entspricht ungefähr dem französischen Wort ‚blasé'", sagte ich. „Man hat das alles schon mal erlebt, es versetzt einen nicht mehr in denselben Rausch. So ähnlich muss sich Björn Borg gefühlt haben, als er sich nach den US Open ins Auto setzte, um nie wieder auf den Platz zurückzukehren."

Borg war damals 25.

Federer dachte kurz darüber nach.

„Es geht sehr schnell", sagte er. „Plötzlich denkst du: ‚Das reicht mir jetzt. Ich will das nicht mehr. Ich habe es satt.' Und ich versuche das zu vermeiden, indem ich auf einen guten Zeitplan, viel Spaß und Abwechslung achte. Wie du schon ganz richtig bemerkt hast: Wer zu oft oder gar ständig dasselbe tut, egal was oder wie außergewöhnlich es ist, beginnt sich zu langweilen. Deshalb glaube ich, dass solche Reisen oder ein gutes Aufbautraining oder super Turniere oder irgendetwas, was man durchstehen muss – jedenfalls eine Mischung –, das ist, woraus ich neue Energie schöpfe. In gewisser Weise ist es also ziemlich einfach."

Das faszinierte mich als Beobachter: Federer, der entgegen jeder Logik und im Gegensatz zu seinen Vorgängern in der Tenniswelt auch mit Ende 30 noch frisch und voller Tatendrang war, lebte ganz in der Gegenwart – weil er vorausdachte. Trotz all der Kräfte, die an ihm zerrten, war er entspannt und entgegenkommend, weil er sich selbst und seinen Mikrokosmos gut genug kannte, um den Fallstricken auszuweichen, die sein Feuer erstickt hätten.

Andererseits steht diese Zielgerichtetheit für seine gesamte Karriere.

Wer ihm in den letzten zwei Jahrzehnten zugesehen hat, war oft beeindruckt von der Leichtigkeit, mit der er Asse schlug, in eine Vorhand hineinglitt und über den Dingen zu schweben schien in dieser Welt, in der Ikonen zu Recht sehr kritisch gesehen werden. Doch sein Weg, auf dem der temperamentvolle, blondierte Teenager mit fragwürdigem Stilgefühl zu einem der elegantesten und souveränsten Topsportler heranreifte, war eben nicht schicksalhaft, sondern das Ergebnis einer langen und bewussten Anstrengung.

Federer gilt gemeinhin als Naturtalent. In Wirklichkeit ist er auch ein gewissenhafter Planer, der sich angewöhnt hat, auf Routine und Selbstdisziplin zu setzen, und seinen Terminkalender lange im Voraus sehr detailliert ausarbeitet.

„Ich weiß normalerweise ungefähr, wie meine nächsten anderthalb Jahre aussehen, und kenne das Programm der nächsten neun Monate recht genau", verriet er mir in Argentinien. „Ich kann dir sagen, was ich am Montag vor Rotterdam vorhabe oder am Samstag vor Indian Wells. Zwar nicht Stunde für Stunde, aber eine Tagesplanung mache ich eigentlich immer."

Federer sieht man nur selten schwitzen; harte Arbeit und Selbstzweifel sind ihm dennoch nicht fremd, er trägt sie nur nicht nach außen. Er hat weitaus öfter unter Schmerzen gespielt, als es den meisten von uns bewusst ist. Auch schwere Rückschläge im vollen Scheinwerferlicht hat es reichlich gegeben. Man könnte sogar behaupten, dass das Wimbledon-Finale 2008 gegen Rafael Nadal und das Wimbledon-Finale 2019 gegen Novak Djokovic die beiden größten Matches seiner Karriere waren. Beide endeten mit seiner bitteren Niederlage nach einem hart umkämpften fünften Satz, der in die Verlängerung ging.

Mit mehr als 100 Titelgewinnen und einer ununterbrochenen Serie von 23 Halbfinalteilnahmen bei Grand-Slam-Turnieren hat er große Erfolge erzielt, es gab aber eben auch grandiose Niederlagen.

Das hat zweifellos dazu beigetragen, ihn menschlicher und nahbarer erscheinen zu lassen. Zugutehalten muss man Federer, dass er öffentliche wie private Rückschläge eingesteckt hat und immer wieder auf die Füße gekommen ist, mit positiver Energie und langfristiger Perspektive.

Er hat die Dimension des Tennissports erweitert, nicht indem er ihn als Plattform für höhere Ziele einsetzte, sondern indem er weitgehend innerhalb der Grenzen des Sports blieb. Eine beachtliche Leistung angesichts der schrumpfenden und alternden Fangemeinde in Europa und Nordamerika.

Seine Herangehensweise ist „oldschool“: zurückhaltend bei kontroversen Themen und in Bezug auf sein Privatleben, im Umgang dafür jovial mit ausgeprägtem Sportsgeist.

Ein Langweiler ist er wohl kaum. Wie könnte man jemanden, der Menschen rund um den Erdball zu verbinden weiß, auch so bezeichnen?

Federer steht für „schönes Tennis“: tänzerisch und oft über dem Boden schwebend, wenn er beim Aufschlag oder Grundlinienschlag den Treffpunkt einen Moment länger fixiert als jeder andere Spieler, den ich in meinen mehr als 30 Jahren als Tennisreporter beobachtet habe. Dieses Talent, einen Schlag wirklich und wahrhaftig zu Ende zu führen, wirkt bisweilen fast unbekümmert, aber es ist ein wichtiger Bestandteil seiner Anziehungskraft. Es ist vergleichbar mit Michael Jordans Spezialität, etwas länger als alle anderen in Richtung Basketballkorb zu fliegen, oder Tänzern, die in der Bewegung einen winzigen Moment innehalten, um einer Pose Nachdruck zu verleihen.

„Er ist der schönste und anmutigste Spieler, den ich je gesehen habe", sagte mir Billie Jean King einmal. „Seine kinetische Kette bleibt sehr geschlossen. Das ist das Geheimnis seiner Eleganz."

Das Profitennis hat in den letzten 25 Jahren unglaubliche Dynamik erhalten: Die Schläger haben heute Polyestersaiten und sind viel schlagkräftiger, und die Sportler sind größer und aggressiver. Schlagtechniken und Beinarbeit mussten sich an die zunehmende Ballgeschwindigkeit anpassen, und doch scheint Federer immer noch genügend Zeit zu haben, seinen Schlägen den letzten Schliff zu verpassen. Wie gelingt es ihm, so zu spielen und sich dennoch rechtzeitig vor dem nächsten Glanzschlag zu erholen? Es liegt sicher daran, dass er ungewöhnlich vorausschauend, beweglich und flink ist, aber auch daran, dass er relativ kompakt schlägt und das nötige Selbstvertrauen besitzt – er weiß, dass andere planen, sich abrackern und zwingen, während er selbst spontan und unter Hochdruck Lösungen zu zaubern scheint, für die anderen das nötige Rüstzeug – oder Schweizer Taschenmesser – fehlt.

Marc Rosset, der beste Schweizer Tennisspieler, bis Federer die Messlatte in unerreichbare Höhen schraubte, spricht gern über Federers „Verarbeitungsgeschwindigkeit".

Rosset erinnert sich an eine Übung, bei der jemand fünf unterschiedlich gefärbte Bälle in die Luft warf und die Spieler aufforderte, sie in einer bestimmten Reihenfolge zu fangen. „Mehr als vier habe ich nie geschafft", sagte Rosset. „Ich fand das wirklich schwer. Rog konnte man fünf Bälle zuwerfen, und er fing alle fünf."

Rosset weiter: „Die Leute achten unglaublich darauf, wie gut ein Sportler mit seinen Händen oder Füßen agiert. Aber es gibt eine Begabung, über die wir zu wenig sprechen, und das ist Reaktivität, also die Fähigkeit des Gehirns, visuelle Reize zu interpretieren. Wenn man die Sportgrößen betrachtet, einen Fußballspieler wie

[Zinedine] Zidane oder [Diego] Maradona oder Tennisspieler wie Federer, Djokovic oder Nadal, dann hat man bisweilen den Eindruck, dass sie sich in der Matrix befinden – alles geht so unheimlich schnell, zu schnell für jemanden wie Sie oder mich. Sie erfassen Dinge so rasch, als ob ihrem Gehirn mehr Verarbeitungszeit zur Verfügung stünde.

Wenn Zidane dribbelte, dann bewegten sich teils vier Spieler um ihn herum, und trotzdem blieb er ruhig. Aus seiner Perspektive vollzog sich das alles in Zeitlupe. Diese Topstars sind den anderen immer den Bruchteil einer Sekunde voraus, deswegen können sie entspannt bleiben. Schauen Sie sich einige dieser unglaublichen Schläge an, die Roger im Verlauf seiner Karriere hingelegt hat – das sind keine Schläge, die man vorher üben kann."

Wer Federer an einem seiner Glanztage beobachtet hat, ist von seinen fließenden Bewegungen fasziniert und wartet gleichzeitig gespannt auf einen Zaubertrick, der garantiert kommen wird – nur wann? Es ist ein doppelter Rausch, der noch intensiver wird, wenn man darüber nachdenkt, wie zielgerichtet er sich im Laufe seiner Karriere den jeweiligen Herausforderungen gestellt hat. Er kommt ganz ohne Tiraden und Geplänkel aus. Während er sich voll auf das physische Ausführen konzentriert, verraten die Augen nur wenig über das Auf und Ab seiner Gefühle.

„Er spielt den Ball, aber er spielt auch mit dem Ball", erzählte mir mal sein Freund und langjähriger Trainer Severin Lüthi.

Diese Eigenschaft spricht Insider genauso wie Außenstehende an. „Wenn es einen Typen gibt, der andere Spieler ins Staunen versetzen kann, dann ist es Fed", sagte Brad Stine, ein erfahrener Trainer, der mit Kevin Anderson und dem ehemaligen Weltranglistenersten Jim Courier gearbeitet hat. „Sie beobachten ihn und fragen sich: ‚Wie macht er das nur? Also mal ehrlich, wie bekommt man einen solchen Schlag hin?'"

Auch John McEnroe war ein Künstler mit Schläger, allerdings ein gepeinigter. Wenn Johnny Mac eine Art Jackson Pollock war, der Farbe verspritzte und damit seinen inneren Kampf ausdrückte, dann war Federer näher an Peter Paul Rubens: produktiv, ausgeglichen, dem Massengeschmack zugänglich und dennoch in der Lage, Experten mit seiner Pinselführung und Komposition Schauder der Begeisterung über den Rücken zu jagen. Eine beeindruckende Performance, ohne Frage – aber eine, die genügend Platz auf der Leinwand lässt, um anderen ihre eigene Interpretation des Werks zu ermöglichen.

Federer selbst möchte über sein Erfolgsrezept gar nicht nachdenken – „Im Grunde ist es ganz einfach", sagt er –, aber es ist für ihn in Ordnung, wenn andere es tun.

Ich erinnere mich an ein Gespräch darüber mit Federer im Jahr 2018, kurz bevor wir in der kalifornischen Wüste einen Privatjet bestiegen (meine erste und vermutlich letzte Reise in einem solchen Flugzeug). Am Vortag hatte er das Finale der BNP Paribas Open gegen del Potro bestritten und dabei drei Matchbälle bei eigenem Aufschlag vergeben sowie einen Tiebreak im dritten Satz verloren, seine erste Niederlage in der laufenden Saison. Es war so eng gewesen und die Reaktionszeiten waren unfassbar knapp, selbst für einen wie ihn.

„Taktik? Ja, darüber reden alle gern", sagte Federer. „Doch auf diesem Niveau kommt es meist nur auf Gefühl an. Alles geht so schnell, dass man vor dem Schlag kaum Zeit zum Nachdenken findet. Natürlich spielt auch Glück eine Rolle."

Tatsächlich hatte Fortuna bei Federer die Hand im Spiel. Vielleicht wäre er nie ein Champion geworden, jedenfalls nicht im Tennis, wenn nicht ein Profi namens Peter Carter ausgerechnet in einem kleinen Basler Club eine Stelle als Trainer angenommen hätte. Womöglich hätte Federer nie das nötige Stehvermögen erlangt, wenn er nicht einen intellektuellen, sensiblen und talentierten Konditionstrainer namens Pierre Paganini getroffen hätte oder im Laufe seiner Karriere auf Mirka Vavrinec gestoßen wäre, eine ältere Schweizer Spielerin, die später seine Ehefrau, Teilzeit-Presseagentin und Hauptorganisatorin wurde. Ohne ihre volle Unterstützung und ihren Ehrgeiz hätte er wohl niemals so lange und so überzeugend gespielt.

„Ihr Erfolgswille ist ebenso ausgeprägt wie der von Federer, vielleicht sogar stärker", sagte mir der französische Konditionstrainer

Paul Dorochenko, der in seinen frühen Schweizer Jahren mit Vavrinec und Federer gearbeitet hat.

Doch im Leben und ganz sicher im Profitennis kommt es darauf an, was man aus Chancen und glücklichen Zufällen macht. Federer nutzte sie meist.

Der Mensch Federer ist eigentlich nicht so lässig-elegant, wie seine Marketing-Fachleute ihn oft erscheinen lassen. Er ist intelligent und intuitiv, aber den charmanten Wortwitz à la James Bond beherrscht er nicht. Die Schule verließ er mit 16, er galt als nicht sonderlich eifriger Schüler. Sein Leben als Erwachsener und die Tour ging er dagegen mit Disziplin und Strenge an.

„Ich empfinde das hier als Lebensschule", sagte er in Argentinien.

Obwohl Federer ohne Frage begabt war, unterschied er sich von manchen anderen Talenten seiner Generation nicht zuletzt durch seine beständige Liebe zum Tennis und den Drang, immer noch mehr aus sich herauszuholen. Für ihn stand immer fest, dass man im Profitennis an Boden verliert, wenn man nur das Niveau hält – eine Überzeugung, die auf seine jüngeren Gegner übergegangen ist.

„Auf diesem Niveau muss man meines Erachtens vor allem immer bestrebt und offen dafür sein, besser zu werden, Techniken perfekt zu beherrschen und sich in jeder Hinsicht zu entwickeln", sagte mir Djokovic kürzlich. „Ich weiß, dass Roger viel darüber gesprochen hat, und glaube, dass die meisten Topathleten – egal welcher Sportart – dem zustimmen würden. Stillstand ist Rückschritt."

Federer kannte – oder erkannte mit der Zeit – seine Schwächen und arbeitete daran: Frustrations- und Aggressionstoleranz, Konzentration und Ausdauer, sein chronisches Rückenleiden und sein einhändiger Rückhandschlag. Er wechselte seine Taktik, attackierte stärker von der Grundlinie als vom Netz aus. Er legte sich einen Schläger mit größerer Schlagfläche zu, um seine Chancen bei längeren Ballwechseln zu erhöhen, und wechselte mehrfach – aber nicht aus einem spontanen Impuls heraus – den Trainer, um neue Einsichten zu gewinnen. Zeitweise spielte er ganz ohne Trainer. Lebenslang suchte er nach Menschen, die ihm als Mentor oder gar als Vorbild für seine nächste Phase dienen konnten: von Sampras über Tiger Woods (vor dessen Sündenfall) bis hin zu Bill Gates, dessen karitativen Ansatz Federer in seinen späteren Lebensjahren übernehmen möchte.

Sein Erfolg gründet vor allem in seinen Qualitäten als Tennisspieler, aber seine Sozialkompetenz spielt eben auch eine Rolle. Längst nicht allen Superstars des Tennis gelingt es, sich in die Lage anderer zu versetzen. Federer ist empathisch, er registriert laufend die Gefühle seines Gegenübers und die Energie, die in einem Stadion, auf der Straße, in einem Zimmer – oder auf einem Autorücksitz – herrscht.

„Er hat eine außergewöhnliche soziale Intelligenz, und ich halte das für einen sehr wichtigen Aspekt seiner Beliebtheit", sagte der amerikanische Starspieler und Federers späterer Freund Andy Roddick. „Er ist ein Chamäleon. Er kann in praktisch jeder Umgebung arbeiten und bleibt dabei authentisch. Er passt sich nicht in irgendeiner berechnenden Art und Weise an."

Ungefähr auf halber Strecke zwischen Tigre und der Innenstadt von Buenos Aires durchbrach ein Auto unseren Begleitschutz und fuhr mit hoher Geschwindigkeit längs an unser Fahrzeug heran. Ein junger Mann, dessen Augen vom Jagdfieber und womöglich von der Wirkung irgendwelcher Substanzen glühten, lehnte sich halb aus dem Fenster und winkte Federer mit einer Kappe mit aufgesticktem „RF"- Monogramm zu.

„Na, zumindest weißt du jetzt, dass sich deine Werbeartikel verkaufen", sagte ich.

Federer kicherte und winkte durch die Scheibe zurück. „Hoffentlich verliert er die Kappe nicht", sagte er. „Bye-bye. Bye-bye."

Federers feine Antennen erklären zum Teil dann auch seine Tränenausbrüche nach einem Tennismatch. Sie kommen heute viel seltener vor, sind aber immer noch untrennbarer Teil seiner Persönlichkeit. Sie scheinen nicht nur Freude oder Enttäuschung auszudrücken, sondern auch ein Ventil zu sein, um sich von all dem, was auf dem Spielfeld auf ihn einstürmt, zu entlasten. Und es geht dabei nicht nur um die Emotionen, die er selbst in ein Match oder ein Turnier investiert hat, sondern vielmehr um das, was alle zusammen einbringen.

„Erscheint einem das nach einer Weile denn normal?“, fragte ich, als der Fan mit seiner RF-Kappe davonbrauste.

„Das? Nein, nein, nein“, sagte er und hob dabei die Stimme an. „Das ist unglaublich. Es macht Spaß, so fröhliche Menschen zu sehen, oder? Das ist einfach eine ganz andere Welt hier, und deshalb spiele ich so gern Show-Turniere. Weil sie anders sind. Man kommt in ein Land, das man vielleicht noch nie besucht hat, oder tut Dinge, für die man normalerweise keine Zeit hat. Man muss sich nicht wahnsinnig viele Gedanken über sein Spiel machen, obwohl es ein gewisses Niveau gibt, das ich immer erreiche. Doch eigentlich geht es um, wie soll ich sagen – nun ja, darum, in einem Show-Turnier möglichst viele Herzen zu berühren, die Leute glücklich zu machen und dafür zu sorgen, dass sie nicht kommen, um einen zu sehen, sondern dass man selbst kommt, um sie zu treffen.“

Auf Pressekonferenzen gestellte Fragen beantwortet Federer ausführlich und mit einer gewissen Zurückhaltung. Nur selten schweift er vom Thema ab oder gibt ungefragt Informationen preis. Er respektiert die Frage und die Fragestellenden – anders als einige seiner Vorgänger (siehe Jimmy Connors) oder Kollegen (siehe Lleyton Hewitt und leider, in ihren späten Jahren, auch Venus Williams). In einem intimeren Rahmen führen Federers natürliche Ausgelassenheit und Leutseligkeit oft dazu, dass er beim Sprechen mit den Armen wedelt und sich in weitschweifigen Ausführungen verliert. Äußert er sich auf Englisch – seine erste, aber nicht immer beste Sprache –, so landet er oft auf unerwartetem Terrain und muss dann kehrtmachen und einige Umwege nehmen, um an sein ursprüngliches Ziel zu gelangen.

Abseits der Fernsehkameras ist sein Auftreten weniger geschliffen, manchmal albert er auch gern herum. Seine Streiche und Überraschungen hebt er sich für den Freundes- und Kollegenkreis auf.

Ich habe im Laufe der Jahre einige Reisen unternommen, und dieses Buch wird Federers Karriere teilweise durch das Prisma dieser Erfahrungen betrachten. Es ist keine Federer-Enzyklopädie.

Jede Tenniserzählung wird blutleer, wenn sie in einem fort Spielergebnisse und Match-Zusammenfassungen liefert, und mit über 1700 Spielen auf Tour-Niveau sowie Pressekonferenzen nach den meisten dieser Spiele hat Federer uns Biografen unermesslich viel Material an die Hand gegeben. Dieses Buch möchte vielmehr behutsam anhand von Episoden und Interpretationen die Orte, Menschen und Duelle beleuchten, die Federer wohl am meisten bedeutet haben oder den stärksten Symbolcharakter für ihn hatten.

Er hat einen Großteil des Planeten bereist: auf der Jagd nach Trophäen, Geld, Neuheiten, Erfüllung und – im Laufe der Jahre zunehmend – Gemeinschaft.

Argentinien war ein unerwartet bedeutsamer Stopp auf seiner Reise. Als wir uns seinem Hotel in der Innenstadt von Buenos Aires näherten, gestand Federer, der zu diesem Zeitpunkt schon 17 Grand-Slam-Titel gewonnen hatte, dass er sich immer noch zu verbessern hoffe.

„Hiernach werde ich mir einen Urlaub gönnen, mich erholen und einfach abschalten, denn die letzten Jahre waren sehr intensiv", sagte er. „Mein Gefühl sagt mir: Wenn ich in diesem Tempo weitermache, könnte ich die Lust verlieren, abstumpfen, wie du vorhin meintest."

Federer lachte.

„‚Abstumpfen.' Ein neues Wort in meinem Vokabelschatz und das Letzte, was mir passieren soll", sagte er. „Hoffentlich wird das kommende Jahr ein Sprungbrett für viele weitere Jahre. Das ist die Chance, die ich mir selbst geben möchte."

Kapitel 2

BASEL, SCHWEIZ

Tennis hat mich persönlich in vielerlei Hinsicht gerettet. Im Laufe meiner Kindheit kletterte mein Vater, wie zuvor schon sein Vater, allmählich die Karriereleiter der US-Marine bis zum Rang eines Admirals hinauf. Vor meinem Eintritt ins College zogen wir mehr als zehnmal um. Ob in Virginia, auf Hawaii oder in Kalifornien, stets war Tennis eine meiner Eintrittskarten in die nächste Gemeinschaft, die nächste Schule oder das nächste Team. Ich habe diesen Sport immer geschätzt und berichte darüber seit den 1980er-Jahren mit kritischem Blick, aber auch sehr viel Freude. In den letzten 35 Jahren habe ich über alle möglichen Sportarten geschrieben, doch keine hat meine Aufmerksamkeit so gefesselt wie Tennis – zum Teil auch weil ich selbst ausreichend viel gespielt, mich abgemüht und versagt habe, um zu begreifen, wie schwierig es ist, Schläge auszuführen, die Virtuosen wie Federer selbst unter Druck so gelingen, als wären sie reine Routine.

Im Sommer nach meinem Abschluss am Williams College, in dessen Tenniskader ich mitspielte, unterrichtete ich Tennis in einem kleinen Club mit gehobener Klientel in East Hampton im US-Bundestaat New York. Zwei meiner Schüler waren Jann Wenner, Gründer der Zeitschrift *Rolling Stone*, und die Modedesignerin Gloria Sachs. Mein Ziel war es, mit dem Unterricht so viel zu verdienen, dass ich eine Low-Budget-Weltreise finanzieren konnte, die ich mit meinem Zimmergenossen aus dem College unternehmen wollte. Mit der Unterstützung von Jann, Gloria und anderen gelang mir das auch. Ich fühlte mich mit Tennis so verbunden, dass ich meinen Yonex-Schläger am Rucksack befestigte und ihn auf die Reise mitnahm. An Orten wie Burma oder im ländlichen China, wo es weit und breit keinen Tennisplatz gab, schien das mehr als unpassend.

Doch der Schläger gab mir, wie in meiner Jugendzeit, Sicherheit in unbekannten Gefilden.

Ein Tennismatch zu beobachten ist für mich immer noch eher ein aktiver als ein passiver Vorgang: Mein Körper spannt sich an, und oft umklammert meine rechte Hand einen fiktiven Griff. Das erste Turnier, über das ich berichtete, hatte mit Wimbledon nicht im Entferntesten zu tun. Es handelte sich um die nationalen Meisterschaften der United States Tennis Association für Jungen in der Altersgruppe U12 – im Grunde ein Turnier für talentierte Grundschüler –, die in meinem damaligen Wohnort San Diego stattfanden.

Ich hatte ein Sommerpraktikum bei der Lokalzeitung ergattert, in einer Ära, als Zeitungen noch die Hauptnachrichtenquelle darstellten. Nur zwei Erinnerungen an dieses Turnier aus längst vergangenen Tagen sind mir geblieben: Vincent Spadea, der Vater des späteren Top-20-Spielers Vince Spadea, sang zwischen den Spielen seines Sohnes Arien auf der Tribüne; und die sechsjährige Alexandra Stevenson, die mit ihrer Mutter Samantha gekommen war, übte Radschlagen auf dem Rasen. Das war lange bevor sie 1999 das Halbfinale in Wimbledon erreichte (und lange bevor irgendjemand außerhalb ihres engeren Kreises wusste, dass sie die Tochter des NBA-Stars Julius Erving war).

Manchmal erscheint es wie zufällig, was im Gedächtnis haften bleibt und was in Vergessenheit gerät. Doch eines weiß ich genau: Nur zweimal habe ich einem jungen Spieler zugesehen und war mir völlig sicher, eine künftige Nummer eins vor mir zu haben.

Zum ersten Mal geschah das während der French Open 1988, als der 18-jährige Marat Safin in seinen ersten beiden Grand-Slam-Matches Andre Agassi und den Titelverteidiger Gustavo Kuerten besiegte. Safin war ein leicht erregbarer, telegener und enorm athletischer Russe, ein stolzer Tatar mit Sex-Appeal und einer explosiven beidhändigen Rückhand, oft fliegend geschlagen, die keinem mir bekannten Schlag glich.

Das zweite Mal passierte es während meines ersten Besuchs in Basel. Ich reiste im Februar 2001 dorthin, um über Patrick McEnroes

Debüt als Kapitän des US-amerikanischen Davis-Cup-Teams und über das spielerische Debüt des 18-jährigen Andy Roddick zu berichten. Am Ende schrieb ich vor allem über einen Schweizer Teenager.

Ich hatte Federer gesehen, als er sein erstes Grand-Slam-Match (bei den French Open 1999) gegen Patrick Rafter verlor, und erneut im folgenden Jahr, als er am Einzelwettbewerb der Olympischen Spiele von Sydney teilnahm und dort den undankbaren vierten Platz belegte. Inzwischen war er 19 Jahre alt und galt als aussichtsreiches Talent. Wie aussichtsreich, erkannte ich in jenen drei Tagen, die ich in Federers Heimatstadt verbrachte.

Zu dieser Zeit genoss der Davis Cup, der wichtigste Mannschaftswettbewerb im Tennis, noch ein höheres Prestige: Hier mussten die Spieler zeigen, was in ihnen steckte, denn sie standen unter einem anderen, oft intensiveren Druck als auf der regulären Tour. Der Best-of-Five-Modus mit drei Gewinnsätzen führte sie an die Grenzen ihres Stehvermögens.

Federer, damals noch nicht in die Top 20 aufgestiegen, hatte das Turnier erstmals im Alter von 17 Jahren bestritten und in diesem nun schon einige berauschende Momente und schwere Niederlagen erlebt. Doch während dieses langen Wochenendes in Basel nahm er das Schweizer Team Huckepack und trug es zum Sieg gegen die US-Amerikaner in der ersten Runde, indem er sowohl seine beiden Einzelgegner vom Platz fegte als auch das Doppel mit seinem Partner Lorenzo Manta gewann.

Am Eröffnungstag spielte er den zweimaligen Grand-Slam-Finalisten Todd Martin an die Wand. Obwohl es sich um einen Kunststoffbelag handelte, stellte ich mir die ganze Zeit vor, dass Federers flinke Füße auf Rasen stünden – er spielte eine Slice-Rückhand nach der anderen, im vollen Lauf Vorhand-Winner aus dem Handgelenk, bewegte sich fließend zwischen Grundlinie und Netz und erzielte Punkte mit Volleys und Schmetterbällen. Seine Schläge und Bewegungen waren so flüssig, dass sie an Sampras und Edberg erinnerten: Es gelang ihm, große Entfernungen schnell und ohne sichtbare Anstrengung zu überbrücken. Mit einer Geschwindigkeit und Gewandtheit, die ich noch nie gesehen hatte, konnte er seine

Rückhand umlaufen, um seine Vorhand krachen zu lassen. Sein Aufschlag wirkte sicher und war ganz offensichtlich schwer zu antizipieren, jedenfalls verfehlte der 1,98 Meter große Martin, ein guter Return-Spieler mit großer Spannweite, den Ball öfter mehr als nur knapp.

„Dieser Junge wird mal Wimbledon gewinnen, und zwar mehrfach", sagte ich zu den Journalistenkollegen neben mir auf den reservierten Plätzen. Das war zu einer Zeit, als Sportreporter noch miteinander sprachen und nicht nur tweeteten.

Eigentlich war das gar nicht typisch für mich. Ich bin lieber Beobachter als Wahrsager, und diese Prognose hätte man durchaus als gewagt bezeichnen können. Pete Sampras war Ende 20 und eine unwiderstehliche Kraft im All England Club. Pat Rafter, der netzaffine Australier, war in seinen besten Jahren und ein brillanter Rasenspieler. Doch wer Topspieler lange genug beobachtet, erkennt die Muster und Fertigkeiten, die zum Erfolg führen und das Spiel eines jüngeren Spielers vor dem inneren Auge zu etwas Größerem wachsen lassen. Federers Angriffsstil, sein für alle Beläge geeignetes Rüstzeug, seine Täuschungskraft und seine geschmeidige Beinarbeit befeuerten solche Träume.

Federers mit taktischen Varianten durchsetztes Spiel war gereift, was die Schweizer beglückte und für die Amerikaner zum ungünstigsten Zeitpunkt kam.

„Wir trafen auf einen Typen, der alles beherrschte", erzählte uns McEnroe nach der 3:2-Niederlage. „Federer ist ein großartiger Spieler, und diese Woche hat er quasi seine volle Spielstärke erreicht. Wir haben ihn nicht in den Griff bekommen. Der Junge hat verdammt viel drauf. Er spielt ganz klar auf Augenhöhe mit den Top 10, wenn nicht besser."

Eine Woche zuvor hatte Federer gerade in Mailand seinen ersten ATP-Titel auf einem ähnlichen Hallenbelag gewonnen – ein Meilenstein im Leben eines jungen Spielers. Dann in Basel für sein Land zu gewinnen, war emotional die nächste Stufe.

In derselben Arena bei den Swiss Indoors errang er später zehn Titel im Einzel. Doch damals in diesem frühen Stadium traute er seinen Fähigkeiten noch nicht ganz, war unsicher, ob er die Last schultern konnte, sein Team anzuführen, zumal es zwischen ihm und Teamchef Jakob Hlasek gehörig knirschte. Der frühere Schweizer Tennisstar Hlasek hatte sich im Vorjahr in diese Rolle hineinbefördert und Claudio Mezzadri verdrängt, den Roger und seine Mitspieler sehr geschätzt hatten.

„Dieses Match gegen die USA war ein wichtiger Moment in meiner Karriere", sagte mir Federer viel später. „Es hat mich bestärkt, an mich selbst zu glauben."

Tatsächlich steckte es voller Vorahnungen. Nach dem Sieg flossen Tränen, und Federer hielt dreisprachige Pressekonferenzen ab. Seine Haare waren lang, seine Erscheinung immer noch jugendlich, sein scharf geschnittenes Gesicht mit der markanten Nase passte eher zu einem Faustkämpfer. Als er für ein Interview erschien, glich sein rhythmisch anmutiger Gang dem eines Panthers, er wirkte selbstbewusst, als gewöhne er sich daran, so genau beobachtet zu werden.

Zum amerikanischen Team gehörten auch zwei spätere Starspieler – Roddick und James Blake –, die in den kommenden Jahren immer wieder unter Federers flinker Hand zu leiden hatten.

Roddick, ein geistesgegenwärtiger und schlagkräftiger Spieler, gab sein Davis-Cup-Debüt im sogenannten Match um die goldene Ananas, wo er im letzten Einzel am Sonntag George Bastl bezwang, nachdem Federer bereits mit dem Sieg über Jan-Michael Gambill für den Gesamtsieg des Schweizer Teams gesorgt hatte.

Viel später am Abend, als sich beide Teams in einer Basler Kneipe trafen, unterhielten sich Roddick und Federer zum ersten Mal.

„Man ist schon gespannt darauf, wie so jemand mit der Situation umgeht, eine Davis-Cup-Partie in der eigenen Heimatstadt gewonnen zu haben. Und ich habe ja miterlebt, wie er unser gesamtes Team zerlegte", erzählte Roddick mir kürzlich. „Es ging gar nicht mehr um die Frage, ob dieser Typ mal richtig gut wird. Das war uns allen wohl schon klar. Die Frage war vielmehr: Wird er einfach Roger sein oder – und ich meine das gar nicht respektlos – wird er ein Richard Gasquet werden, also jemand, der richtig, richtig gut ist?

Darauf kann niemand zu einem so frühen Zeitpunkt die Antwort kennen, denn der entscheidende Unterschied ist von außen wohl kaum zu erkennen. Ich glaube, es war unbestreitbar, dass Roger in die Top 10 und auch in die Top 5 aufsteigen würde. Aber es macht noch mal einen großen Unterschied, ob jemand Nummer eins wird, einen Slam gewinnt und über zehn Jahre hinweg relevante Erfolge erzielt. Damals dachte man ganz sicher nicht in Kategorien von 20 Jahren."

James Blake, der sein Harvard-Studium nach zwei Jahren abgebrochen hatte, um sich Vollzeit seiner Tenniskarriere zu widmen, war ein Trainingspartner der Amerikaner in Basel und verbrachte deswegen einige Zeit mit Michel Kratochvil, dem Trainingskollegen des Schweizer Teams.

„Wir waren so stolz auf Andy", berichtete mir Blake. „Wir sagten: ‚Dieser Junge ist so gut, passt mal auf, er wird unglaublich sein und lange in unserem Team spielen.' Aber als ich mit Kratochvil sprach, meinte der nur: ‚Vielleicht schaut ihr mal auf unseren Jungen. Der wird auch mal was Besonderes.'"

Blake beobachtete Federer ausgiebig. Seine erste Erkenntnis war, dass es irrsinnig schwierig war, einen Ball auf Federers weniger gefährliche Rückhand zurückzubefördern, wenn er einen Punkt erst einmal unter Kontrolle gebracht hatte. Er war einfach unglaublich schnell.

„Er bewegt sich so gut, dass man ihn nicht zu einer weiteren Rückhand zwingen kann, wenn er eine Vorhand hat", sagte Blake. „Sobald er eine Vorhand schlägt, beherrscht er den Punkt. Das war einfach unglaublich."

Es gab noch eine zweite Erkenntnis.

„Wir beobachteten ihn alle, und er schien überhaupt nicht zu schwitzen", erinnerte sich Blake. „Man hatte den Eindruck, dass sein Puls mit Tempo 30 schlug. Als könnte ihm nichts etwas anhaben – er würde zum Beispiel keine falschen Entscheidungen treffen, nur weil es um einen Breakpunkt ging und das Publikum nervös war."

Blake konnte nicht wissen, dass Federer früher ganz anders gewesen war, Schläger weggepfeffert und über sich selbst geflucht hatte.

„Man hatte den Eindruck, er sei dem Ganzen voll gewachsen und könne mit jeder Situation umgehen", sagte Blake. „Und dann zu erleben, wie er nach dem Match in Tränen ausbrach, zu sehen, wie viel es ihm bedeutete, in seiner Heimatstadt am Davis Cup teilzunehmen, war wirklich cool."

Die Amerikaner flogen wieder nach Hause, und ich reichte meine Kolumne für die *International Herald Tribune* ein. Dabei brachte ich dann doch nicht den Mumm auf, Federer Schwarz auf Weiß zum mehrfachen Wimbledon-Champion in spe zu krönen.

> Federer ist ein ganz besonderer Spieler – schon in jungen Jahren selbstsicher und gereift, von Natur aus in der Lage, unter Druck über sich hinauszuwachsen, und flüssig in praktisch all seinen Bewegungen.
>
> Er kann riesige Aufschläge servieren. Er kann als Rückschläger den Ball hinterlaufen und dann plötzlich einen unerreichbaren Lob spielen. Er kann klassisches Chip and Charge spielen und dann mit steifem Handgelenk einen Volley-Winner schmettern. Er kann das Spiel mit seiner Vorhand bestimmen und dann schnell seine einhändige Rückhand einsetzen oder einen gemeinen kurz cross gesetzten Slice spielen, der weniger gelenkige Gegner zwingt, schnaufend und keuchend nach dem mit viel Schnitt fliegenden Ball zu hechten.
>
> Trotz alledem lässt sich nicht prognostizieren, ob er seine vielfältigen Talente nutzen wird, um beständig Erfolge auf Weltniveau zu erringen. Geld, zu viel Lob und Verletzungen können selbst größten Ambitionen und schärfsten Schlägen einen Dämpfer versetzen, doch nach den letzten zwei Wochen kann kein Zweifel daran bestehen, dass die Schweizer hier wieder einen potenziellen Champion in ihren Reihen haben. Und im Gegensatz zu Martina Hingis verbringt Federer sogar mehr Zeit in der Schweiz als in Florida.

Federers Tennisspiel war tatsächlich „Made in Switzerland". Er wurde am 8. August 1981 als zweites Kind von Lynette und Robert Federer im Universitätsspital Basel geboren. Beide Eltern waren zwar begeisterte, aber keine sonderlich großen Sportler, die erst vergleichsweise spät mit dem Tennisspiel begannen. Roger selbst fing in Basel an und verfeinerte sein Spiel dann in anderen Schweizer Städten. In diesem Land mit seinen vier Amtssprachen war er schon in seiner Jugend an verschiedenartige Einflüsse gewöhnt.

Lynette stammt aus Südafrika und hatte Robert im Alter von 18 Jahren nahe Johannesburg kennengelernt, wo beide für den Schweizer Chemiekonzern Ciba-Geigy arbeiteten. Obwohl Lynettes Muttersprache Afrikaans ist, hatte sie auf Drängen ihres Vaters eine englischsprachige Schule besucht. Nachdem sie zusammen mit Robert in die Schweiz gezogen war und später eine Familie gegründet hatte, sprach sie anfangs Englisch mit Roger und seiner älteren Schwester Diana.

„Das war in den ersten Jahren", verriet mir Lynette Federer in einem Interview, das wir zu einem frühen Zeitpunkt von Rogers Karriere führten. „Dann bin ich doch zu Schweizerdeutsch übergegangen. Nach so langer Zeit in der Schweiz fiel es mir leicht. Roger und ich sprechen immer noch viel Englisch miteinander. Je nachdem, worüber wir diskutieren, ist es oft ein ziemlicher Sprachenwirrwarr."

Lynette und Robert entschieden sich für den Namen Roger, weil ihnen der Zusammenklang mit Federer gefiel. Und der Name ließ sich gut auf Englisch aussprechen; ihr Sohn musste als Jugendlicher dann allerdings häufig darauf hinweisen, dass sein Vorname nicht französisch „Ro-gé" auszusprechen sei.

Federers erster wichtiger Tennistrainer war Adolf Kacovsky, ein tschechischer Einwanderer in der Schweiz. Den größten Einfluss in jungen Jahren hatte jedoch der Australier Peter Carter. Später wurde Federer von Schweden, US-Amerikanern und einem weltläufigen Kroaten trainiert, Ivan Ljubicic.

Doch so global sein Geschmack wie seine Anziehungskraft auch sind, Federer sieht sich bis heute als Kind des Schweizerischen Tennisverbands. Für andere Schweizer Topspieler gilt das nicht unbedingt, etwa für Martina Hingis, die vor ihm Platz eins der Weltrangliste im Einzel und Doppel erreichte, oder Stan Wawrinka, der ihm nachfolgte und zweitbester männlicher Schweizer Spieler aller Zeiten wurde.

„Nur Roger kam durch den Verband groß heraus", sagte Marc Rosset, der Schweizer Einzel-Olympiasieger von 1992.

Basel ist der Ort, wo Federers Geschichte begann: eine weltoffene Stadt am Rhein in unmittelbarer Nachbarschaft zu Deutschland und Frankreich.

Rosset findet, die Schweiz hatte Glück. „Fünf Kilometer in die eine oder andere Richtung und Roger wäre vielleicht Deutscher oder, schlimmer noch, Franzose geworden", sagte Rosset, der aus Genf in der französischsprachigen Schweiz stammt. „Können Sie sich Roger als Franzosen vorstellen?"

Federer war ein sehr aktives Kind – „fast hyperaktiv", wie er sagt – und wuchs in einem gutbürgerlichen Zuhause in einer ruhigen Straße des Basler Vororts Münchenstein auf. Für Sport interessierte er sich weitaus mehr als für die Schule.

„Ich bin nicht sonderlich gern zur Schule gegangen", gesteht er. „Meine Eltern mussten mich ziemlich antreiben."

Es gibt ein Foto, das ihn mit einem Tischtennisschläger in der Hand zeigt und auf dem er gerade groß genug ist, um über den Rand der Platte zu lugen. Sein erster Tennisschläger war aus Holz – vermutlich ist er der letzte große Spieler, der das noch erzählen kann. Er begann mit drei Jahren zu spielen und schlug seine Bälle bald gegen Wände, Garagentore, Vitrinen und Wandschränke.

„Bum, bum, bum", sagte Robert Federer in dem Dokumentarfilm *Roger Federer: Spirit of a Champion* aus dem Jahr 2008, um das Geräusch zu beschreiben. „Er spielte stundenlang gegen die Wände."

„Bum" schien damals ein besonders passender Ausdruck zu sein. Die 1980er-Jahre waren die Ära des deutschen Tennisfiebers, das der 17-jährige „Bum Bum" Boris Becker 1985 mit seinem Wimbledon-Sieg entfacht hatte, gefolgt von Steffi Graf, die 1988 alle vier Grand-Slam-Titel sowie die Goldmedaille bei den Olympischen Spielen gewann und der damit der erste Golden Slam der Geschichte gelang.

Federers erster Sandplatz war im Club des Arbeitgebers seiner Eltern, er befand sich im Vorort Allschwil. Doch in jenen frühen Jahren beschäftigte sich Federer auch noch mit vielen anderen Dingen. Er spielte unter anderem Badminton, Squash, Basketball und Fußball.

„Rennen, Schwimmen oder Fahrradfahren sind nicht so mein Ding", sagte er einmal. „Es muss schon ein Ball dabei sein."

Es gab allerdings auch Ausnahmen: Als Jugendlicher fuhr Federer gern Ski alpin – schließlich ist er Schweizer. Irgendwann musste er seine Zeit auf der Piste beschränken, um das Verletzungsrisiko möglichst gering zu halten. Außerdem wanderte er gern mit der Familie.

Als es um die Wahl einer Sportlerkarriere ging, fiel die Entscheidung zwischen einer Mannschaftssportart mit Ball und einer Einzelsportart mit Ball: Im Alter von zwölf Jahren entschied er sich für Tennis und gegen Fußball. Verglichen mit einigen anderen Tennis-Wunderkindern war das spät. Agassi, Sampras, die Williams-Schwestern und Maria Sharapova hatten sich viel früher festgelegt. Verglichen mit einigen von Federers Langzeitrivalen war es aber auch nicht übermäßig spät. Nadal, der auf Mallorca aufwuchs, traf die Entscheidung wie Federer mit zwölf. Wawrinka – er gilt als Spätzünder im Tennis – spielte noch mit elf Jahren nur einmal pro Woche.

In den letzten Jahren gab es viel Kritik an einer zu frühen Spezialisierung bei Kindern; Verletzungen oder Burn-out sind nicht selten die Folge. Auch Federer vertritt die Ansicht, dass sich Kinder in mehreren Sportarten versuchen sollten, weil sie hiervon langfristig profitieren. Seine eigene Beständigkeit, Ausdauer und nie nachlassende Spielfreude scheinen das zu bestätigen. Für Nadal gilt dasselbe, auch wenn er deutlich mehr Verletzungen hinnehmen musste. Um später ein großer Champion zu werden, ist es offenbar tatsächlich nicht notwendig, ein früher Senkrechtstarter gewesen zu sein.

Andererseits haben auch die Williams-Schwestern lange durchgehalten, entgegen allen Erwartungen und trotz des Masterplans, den ihr Vater Richard für sie entworfen hatte. Sie sollten von

Kindesbeinen an aufs Treppchen geführt werden. Nichtsdestotrotz ließ ihr Vater ihnen – das soll schon erwähnt werden – genügend Zeit auch für außersportliche Aktivitäten.

Agassis Eltern hängten ihm einen Tennisball über die Wiege, um ihm einen Vorsprung bei der Augen-Hand-Koordination zu sichern. Er spielte (trotz chronischer Rückenschmerzen) bis in seine späteren Dreißiger hinein überragend und war einer der Menschen, die Federer vorführten, dass eine lange und erfüllende Karriere an der Weltspitze möglich ist.

Als Vater dreier Kinder und langjähriger Fußball-Jugendtrainer weiß ich, welcher Ansatz mir gesünder erscheint. Trotzdem lässt sich natürlich nicht bestreiten, dass gerade auch ein Youngster mit Tunnelblick – oder mit entsprechenden Eltern – zu einem Grand-Slam-Champion heranwachsen kann. Dennoch: Zu frühe Spezialisierung erinnert mich persönlich mehr an Kinderarbeit als an Kinderspiel. Man zuckt unwillkürlich zusammen bei dem Gedanken an die Schwundquote, an all die talentierten Junioren, die nach Agassi- oder Williams-Modell auf einen Tenniserfolg hin programmiert werden und dann die Lust verlieren – falls sie diese überhaupt jemals selbst verspürten.

Die Eltern Federer ließen ihrem Sohn weitgehend freie Hand bei der Wahl. Roger hat auf die Frage, warum er sich nicht für Fußball, sondern für Tennis entschied, einmal geantwortet: „Meine Hände sind talentierter als meine Füße."

Dazu kam etwas, was viele große Sportler, die sich für Tennis entscheiden, gemein haben: ein Bedürfnis nach Kontrolle und Handlungsmacht. „Ich wollte den Sieg oder die Niederlage in meinen eigenen Händen halten, ohne auf andere angewiesen zu sein", erklärte Federer.

Wer ihn über die Jahre hinweg beobachtet hat, weiß, dass er dennoch kein typischer Tennisindividualist ist. Er ist gesellig und extrovertiert; soziale Anlässe geben ihm Energie. Er hat oft sein Interesse für das Gemeinwohl bewiesen, etwa indem er sich immer wieder längere Zeit im ATP Player Council engagierte oder eine gemeinnützige Stiftung für frühe Bildung ins Leben rief. Als Federer und sein Manager Tony Godsick 2017 beschlossen, Federers politisches Kapital für die Gründung eines neuen Tennisturniers einzusetzen, entschieden sie sich für einen Mannschaftswettbewerb – den Laver Cup.

Man kann sich nur schwer vorstellen, dass ein Tennisstar wie Jimmy Connors Erfüllung in einem Mannschaftssport gefunden hätte. Bei Federer fällt diese Vorstellung leicht. Und doch braucht auch er die vollständige Kontrolle – mit seiner perfektionistischen Ader hätte er Mühe, sich mit den Schwächen anderer Menschen abzufinden. Es fiel ihm ja schon schwer, seine eigenen zu akzeptieren.

Dennoch: Hätte er in seinem Fußballclub Concordia Basel einen Trainer mit einer anderen Einstellung gehabt, hätte er seine Entscheidung vielleicht noch länger hinausgeschoben. Federer war ein schneller und begabter Stürmer, das Problem war aber, dass er Fußball- und Tennistraining unter einen Hut bringen musste. Und sein Fußballtrainer stellte ihn bei den Spielen am Wochenende nicht auf, wenn er unter der Woche nicht an allen Trainingsstunden teilnahm.

Federer wollte das Tennistraining aber nicht aufgeben. Der Fußball musste also weichen.

„Ich bereue das nicht", sagte er – verständlicherweise – viele Jahre später.

Mit Tennis hat Federer im Alter von acht Jahren im Club Old Boys Basel begonnen. Der führende, dabei bescheiden ausgestattete Club liegt in einem grünen Stadtteil, mit dem Fahrrad gut von Federers Zuhause aus erreichbar. Lynette spielte damals in der Damenmannschaft und meldete ihre Kinder ebenfalls im Club an. Sie schätzte das Nachwuchsprogramm unter der Leitung von Madeleine Bärlocher, die immerhin 1959 im Juniorinnenturnier von Wimbledon mitgespielt hatte.

Das Programm betreute knapp 130 Junioren.

„Roger besaß offensichtlich Talent, aber ich hatte eine gute Gruppe mit vielen talentierten Jungs. Ich habe im Leben nicht geahnt, was aus ihm einmal werden würde", erzählte mir Bärlocher. „Mit acht Jahren hat er aber schon mit seinen Freunden darüber gewitzelt, dass er irgendwann die Nummer eins wird."

Zunächst nahm Federer am Gruppenunterricht teil, dann erhielt er Einzelunterricht bei Adolf Kacovsky. Der altgediente Trainer mit Spitznamen „Seppli" erkannte bald das außergewöhnliche Talent seines Schülers.

„Seppli kam eines Tages zu mir und sagte, dass er noch nie einen Jugendlichen hatte, der seine Ratschläge so schnell umsetzen konnte", erzählte Bärlocher. „Manche Schüler üben und schaffen es nach einer oder zwei Wochen. Roger konnte es sofort."

Diese Beobachtung machten in den kommenden Jahrzehnten viele Trainer. „Roger ist ein wirklich guter Nachahmer, schon faszinierend", sagte der Niederländer Sven Groeneveld, der dann bei Swiss Tennis, dem Schweizerischen Tennisverband, mit ihm arbeitete.

Doch Federer musste auch manches auf die harte Tour lernen. In einem seiner frühen Juniorenmatches unterlag er als Zehnjähriger Reto Schmidli, einem drei Jahre älteren und viel kräftigeren Schweizer, mit 6:0, 6:0. Schmidli schlug keine Profikarriere ein, gab aber noch 30 Jahre später Interviews zu jenem Match und seinem unwahrscheinlichen Resultat.

Federers Erfolgsbilanz bei den Junioren verbesserte sich rapide, als er sich bei den Old Boys unter die Fittiche von Peter Carter begab. Der junge Australier mit Topffrisur, strenger Arbeitsmoral und ruhigem Auftreten musste seine Trainerpflichten damals noch mit seiner Teilnahme an Wettkämpfen auf der Satellite-Tour vereinbaren.

„Die beiden kamen sofort gut miteinander aus", sagte Bärlocher.

Es schadete sicher auch nicht, dass Federer gut Englisch sprach. Carters Schweizerdeutsch blieb zeitlebens eine Baustelle, auch wenn er später eine Baslerin heiratete.

„Peter war ein netter Mensch, er gab Roger einen Riesenschub", sagte Bärlocher. „Er vermittelte ihm das Gefühl, ein wirklich besonderer Schüler zu sein, und half ihm nicht nur, seine Technik zu entwickeln, sondern gab ihm auch Tipps für die Matches."

Carter bevorzugte ein klassisches Angriffsspiel mit akrobatischen Volleyschlägen, fließender Beinarbeit und einer einhändigen Rückhand.

Das kommt Ihnen vielleicht bekannt vor …

„Was Sie bei Federer sehen, gleicht in vielem dem Peter von damals", sagte Darren Cahill, leitender Trainer, Kommentator des US-amerikanischen Sportsenders ESPN und einer von Carters engsten Freunden. „Doch Federer hat diese explosive Kraft und die Fähigkeit, dem Ball einen enormen Spin zu geben, er bewegt sich auch besser. Peter war in allem gut. Er bewegte sich gut, aber nicht außergewöhnlich. Sein Schlag war auf beiden Seiten gut, aber nicht außergewöhnlich. Er hatte einen wunderbaren Aufschlag, aber nicht schlagkräftig genug, um ihm zwei, drei Asse pro Spiel zu sichern."

David Macpherson, ein Australier aus Tasmanien, spielte zur gleichen Zeit wie Carter auf der Satellite-Tour. Später coachte er die Brüder Bryan und John Isner. „Ich fand es faszinierend zu sehen, wie sehr Rogers Schläge denen von Peter glichen", erzählte mir Macpherson. „Vielleicht ist Roger gar nicht bewusst, dass Peter seine Vorhand früher so schlug, wie er es jetzt tut. Der Ball hat die Saiten schon verlassen, und er blickt immer noch auf den Treffpunkt. Ich erinnere mich gut daran, wie Peter das tat, es war einzigartig. Und dann macht plötzlich der weltbeste Spieler dasselbe. Wie ein Golfer, der das Finish hält. Auch ihr Aufschlag ist sehr ähnlich, dieser entspannte, fließende Beginn. Peters Tennisspiel war das schönste weit und breit, aber im Gegensatz zu Roger konnte er den Ball nicht so richtig krachen lassen."

Carter, der den Spitznamen „Carts" trug, war einer der Topjunioren Australiens. Trainiert wurde er von Peter Smith, der auch mit Cahill und vielen anderen künftigen Starspielern in Adelaide arbeitete. Zu Smiths Schülern zählten Mark Woodforde und John Fitzgerald, beides hervorragende Einzelspieler, die sich aber besonders im Doppel profilierten. Fitzgerald gewann sieben Grand-Slam-Titel, Woodforde zwölf, alle außer einem mit seinem Partner Todd Woodbridge.

Smiths prominentester Schüler war letztlich Lleyton Hewitt, ein flinker und temperamentvoller Grundlinienspieler, der seine Kappe rückwärts trug und seinen Zenit früh erreichte. Mit 20 Jahren wurde er Weltranglistenerster; die einzigen beiden Grand-Slam-Titel seiner

Karriere – bei den US Open und in Wimbledon – errang er, bevor er 22 war.

Carter war in der Provinzstadt Nuriootpa im Barossa Valley aufgewachsen, einer Weinregion mit international bekannten Weingütern wie Penfolds und Peter Lehmann. Er fuhr oft zum Tennistraining und für Wettkämpfe nach Adelaide. Wegen der weiten Strecke blieb er gelegentlich über Nacht bei Cahill und seiner Familie. Cahills Vater John war ein bekannter Australian-Football-Trainer.

„Carts war ein wirklich eleganter Spieler, dabei grundehrlich, einfach, bodenständig, fleißig", sagte Cahill. „Als erfolgreicher Football-Trainer hat mein Vater eine ganz gute Menschenkenntnis. Und er sagte immer: ‚Junge, am Ende kommt es darauf an, welche Freunde du dir aussuchst, und mit Peter Carter hast du eine gute Wahl getroffen. Er ist ein guter Mensch, also verbring so viel Zeit mit ihm, wie du möchtest.'"

Mit 15 Jahren zog Carter als zahlender Gast bei den Smiths ein, bis er Adelaide verließ, um an das staatlich geförderte Trainingszentrum Australian Institute of Sport in der Hauptstadt Canberra zu wechseln, aus dem zahlreiche australische Topsportler hervorgegangen sind.

„Carts war einfach ein toller Kerl", sagte Smith. „Im Laufe der Jahre haben alle möglichen Leute bei uns gewohnt. Oft wurde das Verhältnis nach einer Weile schwieriger, denn man lernt viel über Menschen, wenn man mit ihnen zusammenwohnt. Aber ich glaube, dass wir uns in der gesamten Zeit seiner Anwesenheit nicht ein einziges Mal über ihn geärgert haben."

Carter hatte genug Talent, um den späteren Wimbledon-Champion Pat Cash im Viertelfinale des Juniorenwettbewerbs der Australian Open auf Rasen zu schlagen (Cash war Weltranglistenerster bei den Junioren). Doch seine beeindruckendste Leistung zeigte er 1982 als 17-Jähriger, als er noch als High-School-Schüler eine Wildcard für die South Australian Open erhielt und in der ersten Runde auf den an Nummer zwei gesetzten Australier John Alexander traf.

Alexander war eine ziemlich imposante Erscheinung. In der Weltrangliste belegte er Platz 34, er hatte gerade das Turnier in Sydney gewonnen. Carter nahm zum ersten Mal an einem ATP-Wettkampf teil, und doch überraschte er Alexander mit einem 7:5, 6:7, 7:6. Überfordert wirkte er nur beim Interview nach dem Spiel, als er so kurz wie möglich antwortete, um das Spielfeld und damit das Rampenlicht schnellstmöglich verlassen zu können.

„Carts war ein ziemlich schüchterner und ruhiger Junge", sagte Smith. „Wer ihn gut kannte, wusste aber, dass er sich seiner Spielstärke bewusst war."

Obwohl er sich in jungen Jahren so vielversprechend entwickelte, gelang Carter auf der Tour nie der große Durchbruch. Seine besten Platzierungen waren Platz 173 der Weltrangliste im Einzel und Platz 117 im Doppel. Ihm fehlte die Urgewalt, und er musste auch Verletzungen hinnehmen: Stressfrakturen im rechten Arm, die erst spät diagnostiziert wurden, Rückenprobleme und ein Loch im Trommelfell aufgrund eines Wasserski-Unfalls.

Immer wieder verpasste er Turniere. Trotzdem strebte er weiterhin eine Tour-Karriere an. Für die meisten wäre das ein Kampf gegen Windmühlen gewesen – und für Australier ist es oft psychologisch noch schwieriger, denn ein Großteil der Tour findet in Europa und Nordamerika statt.

Cahill gelang der Sprung in die Spitzengruppe und ins Halbfinale der US Open. Carters Nachteil bestand zum einen darin, dass ihm keine entscheidende Tenniswaffe zur Verfügung stand, und zum anderen, dass er sich oft nur schwer entscheiden konnte.

„Das war wirklich eine Schwäche", sagte Cahill. „Wir zogen ihn manchmal damit auf. Ob Autokauf, Immobilien-Investition, ein Trainingsangebot oder was auch immer. Diesen Hang zum Zaudern legte er auch auf dem Spielfeld an den Tag, und das bremste ihn aus – er konnte keine Entscheidung treffen und diese dann einfach durchziehen. Ständig dachte er darüber nach, und das wirkte sich oft auch auf die Entscheidung aus, welche Schlagart er einsetzen sollte."

Dazu spielten die Finanzen eine Rolle. Wie viele weniger erfolgreiche Profis entschied er sich, seine mageren Turnier-Einnahmen durch die Teilnahme an europäischen Interclub-Wettkämpfen aufzubessern. Er hätte in unzähligen Clubs in zahlreichen Ländern spielen können – das Rad des Schicksals ließ ihn in Basel landen.

Mit Tennisunterricht verdient man in der Schweiz gutes Geld, und Carter konnte damit seine Reisen finanzieren. Irgendwann erkannte er, dass seine Zukunft doch eher in einem Vollzeitjob als Trainer in Basel lag.

„Ich glaube, er fing an zu rechnen", sagte Smith. „Und wir alle haben von seinem Coaching profitiert. Klar, das wird man nie wissen, aber vielleicht hätte es den Roger, den wir heute kennen, nie gegeben, vielleicht hätten wir sogar nie von ihm gehört, ohne Carts."

Rosset ist sich dagegen sicher, dass Federer dann einen anderen Weg nach ganz oben gefunden hätte. „Ich glaube, bei Rogers Geburt waren mehrere Götter um seine Krippe versammelt und haben positive Wellen gesendet."

Smith hatte ein Händchen dafür, hervorragende Tennistrainer hervorzubringen. Cahill trainierte in späteren Jahren drei Weltranglistenerste: Hewitt, Agassi und Simona Halep. Ein weiterer Smith-Schüler, Roger Rasheed, coachte später Hewitt und die französischen Topspieler Gaël Monfils und Jo-Wilfried Tsonga. Fitzgerald wurde Kapitän des australischen Davis-Cup-Teams.

Tragischerweise konnte Carter sein Talent als Trainer nicht lange einsetzen. Viel zu jung starb er 2002 bei einem Autounfall – auf seiner Hochzeitsreise in Südafrika. Er wurde nur 37 Jahre alt.

Doch Carter hinterließ dem Tennissport ein wertvolles Vermächtnis, indem er Federers Tennisspiel und Psyche mit großer Sorgfalt formte. Fragt man Federer, wer sein Spiel am stärksten beeinflusst hat, nennt er nur selten Kacovsky, aber immer Carter.

„Peter hat mir viel gegeben, in erster Linie menschlich, aber natürlich auch für mein Tennis", sagte Federer. „Es wird viel über meine Technik geredet. Dass sie so gut ist, hat mit Peter zu tun, obwohl natürlich auch andere eine Rolle gespielt haben."

Federers Technik ist im Grunde konventionell: Sein Vorhandgriff ähnelt dem klassischen Griff beim Händeschütteln, er wird als Easterngriff bezeichnet. Viele seiner Gegner bevorzugen einen Semi-Westerngriff, bei dem die Handfläche näher am Ende des Griffs ruht. Das bringt Vorteile für den Topspin, erschwert aber den Umgang mit niedrig aufprallenden Bällen und den für effektive Volleyschläge nötigen Griffwechsel.

Was die Rückhand anbelangt, so war die beidhändige Ausführung schon in den 1980er- und 1990er-Jahren bei den Topjunioren weltweit die beliebteste Variante, denn sie erhöht die Schlagkraft an der Grundlinie sowie die Stabilität und Souveränität bei der Ausführung von Returns. Dass sich Federer für die einhändige Rückhand entschied, war eine klare Entscheidung.

Alle seine frühen Vorbilder – Becker, Edberg und Sampras – spielten die Rückhand einhändig und setzten sie überzeugend für Schmetterbälle oder Chips ein. Sowohl Kacovsky als auch Carter waren Verfechter dieses Schlags, und viele ältere Junioren des Clubs verwendeten ihn ebenfalls – und nicht zuletzt auch Lynette Federer.

Zu den Vorteilen des Einhänders gehört, dass er den Übergang zu einem einhändig gespielten Rückhand-Volley am Netz erleichtert. Carter selbst bevorzugte klassisches Angriffstennis, daher überrascht es nicht, dass er es auch seinem Starschüler nahebringen wollte, auch wenn Federer noch Zeit brauchte, um am Netz sicher zu werden.

„Diese schöne einhändige Rückhand habe ich von Peter", sagte mir Federer – das klang herrlich großspurig und demütig zugleich.

In diesen prägenden Jahren mag sein Schlag unwiderstehlich gewirkt haben, immun gegen Kritik war er jedenfalls nicht. 1995, als Federer 13 war, kam Cahill nach Basel, um Carter zu besuchen, und beobachtete dessen Zusammenspiel mit Federer. Es war Cahills erste Gelegenheit, Federer persönlich zu treffen.

„Roger stolzierte auf dem Platz herum wie John Travolta in Saturday Night Fever", sagte Cahill. „Heute präsentiert er sich so nicht mehr, aber damals hatte es etwas von ‚Hey Alter, das hier ist mein Platz, und hier gehöre ich hin'. Man musste unwillkürlich schmunzeln, wenn man ihn so sah. Ich weiß nicht, ob er mich kannte, aber er wusste, dass ich ein Freund von Peter war, und deshalb spielte er sich vor mir ein wenig auf. Seine Vorhand schwirrte in alle

Richtungen, und er glitt dahin wie jemand, der offensichtlich auf Sand aufgewachsen war. Er wirkte sehr souverän."

Carter habe ihn nach Hochgeschwindigkeits-Ballwechseln ständig erwartungsvoll angesehen. „Klar, ich war beeindruckt, aber nicht unbedingt von Rogers Rückhand", sagte Cahill. „Weil er zu große Schritte machte. Wir Trainer empfehlen unseren Schülern kleine Schritte, damit sie sich in eine Position bringen, wo man den Ball am Sweetspot erwischt, dem optimalen Treffpunkt des Balls auf dem Tennisschläger. Alles beginnt mit dem hinteren Fuß. Man verlagert sein Gewicht auf den vorderen Fuß und schlägt dann mit maximaler Kraft einen Drive. Es ist so, als würde man zuschlagen. Je größer der mit dem Schlag verbundene Schritt, desto weniger kraftvoll der Schlag. Und Roger machte vor seinem Rückhandschlag immer diesen großen Schritt. Er hatte damals schon einen schönen Slice, aber immer wenn er es damit versuchte, versemmelte er die Hälfte seiner Rückhandschläge."

Nach der Trainingseinheit bat Carter seinen Freund um Feedback.

„Ich sagte: ‚Okay, erstens, ich habe da in Adelaide einen Jungen, der etwas besser als deiner ist, nämlich Lleyton Hewitt'", erinnerte sich Cahill.

Federers Vorhand und Bewegungsstil seien beeindruckend. „Aber ich sagte: ‚Kollege, diese Rückhand, daran wirst du noch arbeiten müssen'", erzählte Cahill. „‚Denn die könnte ihn ausbremsen.'"

Cahill räumte allerdings ein, dass er diese Trainingseinheit in späteren Jahren anders bewertet hätte.

„Viele Trainer begehen denselben Fehler: Wir halten uns zu lange mit der Suche nach Bereichen auf, wo ein Spieler schlecht oder durchschnittlich ist", so Cahill. „Und dann konzentrieren wir uns zu stark auf diese Felder – anstatt an den Stärken zu arbeiten. So ähnlich verhielt ich mich als junger Trainer. Ich suchte nach allem, was ihn potenziell ausbremste, und achtete zu wenig auf das, was ihn einmal zu einem wirklich großen Spieler machen sollte."

Den Ruhm sollte Federer eines Tages seiner Vorhand, der Beinarbeit, dem Aufschlag, dem Timing und Platzgefühl, seiner Planung und der ungebrochenen Spielfreude verdanken. Doch als junger

Mensch hatte er eine Schwäche, die sich wirklich nicht schönreden ließ.

„Ich war ein ganz schlechter Verlierer, keine Frage", sagte Federer.

Bärlocher erinnerte sich, wie Federer einen Interclub-Wettkampf verlor und anschließend weinend unter dem Schiedsrichterstuhl saß, lange nachdem alle anderen den Platz verlassen hatten.

„Nach diesen Team-Wettkämpfen essen wir normalerweise zusammen. Aber er kam einfach nicht", sagte Bärlocher. „Eine halbe Stunde später musste ich ihn dann unter dem Schiedsrichterstuhl hervorziehen, er war immer noch in Tränen aufgelöst."

Mit diesen tränenreichen Ausbrüchen reagierte Federer reflexartig auf Niederlagen. Wenn er gegen seinen Vater beim Schach verlor, warf er das Schachbrett um. Sein Konkurrenzdenken war extrem, und diese Sensibilität machte ihn verwundbar. Er wollte unbedingt die eigenen und auch die fremden Erwartungen erfüllen.

Doch mit seiner mangelnden Selbstkontrolle war er nicht allein.

„In dem Alter war sein Verhalten ja nicht ungewöhnlich", sagte Bärlocher. „Das eine Kind weint, das andere schreit. Roger konnte schwer akzeptieren, dass auch andere gut Tennis spielten. Wir mussten ihn immer wieder daran erinnern."

Späßchen war er andererseits nie abgeneigt. Bärlocher erinnerte sich, dass sie Federer vor einem Interclub-Match vergeblich suchte, als er an der Reihe war. Er hatte sich auf einem Baum versteckt. „Er liebte solche Scherze."

Lynette und Robert waren keine Helikoptereltern, und Robert ging oft auf Dienstreise.

„Natürlich schauten sie zu, wenn er ein Match hatte, aber wenn er trainierte, waren sie noch auf der Arbeit. Sie kamen nie vorbei und sagten mir, was er tun soll oder wie er spielen oder trainieren muss", sagte Bärlocher. „Ich hatte manchmal Eltern, die davon überzeugt waren, dass ihre Kinder viel besser seien, als es tatsächlich der Fall war. Solche Leute gibt es, aber mit den Federers hatte ich keine Probleme."

Die Federers wären nie auf die Idee gekommen, ihrem Sohn das Abendessen zu verweigern, wenn er ein Match verlor, aber sie schritten ein, wenn er die Beherrschung verlor.

Federer erzählte, wie sein Vater einmal bei einem ihrer Ballwechsel die Nase gestrichen voll hatte. Vater Robert legte eine Fünf-Franken-Münze auf die Bank und erklärte, Roger könne allein nach Hause fahren.

Eine der besten Erklärungen für sein damaliges Verhalten gab Federer der britischen *Times* in einem Interview: „Ich kannte ja meine Möglichkeiten und wurde einfach stinksauer, wenn ich versagte. In mir stritten sich zwei Stimmen, vermutlich Teufel und Engel, und die eine begriff einfach nicht, wie dumm die andere sein konnte: ‚Wie konntest du den nur verhauen?' Dann explodierte ich einfach. Bei Turnieren war ich meinem Vater so peinlich, dass er mich vom Spielfeldrand anschrie, ich solle gefälligst ruhig sein, und auf dem Rückweg nach Hause im Auto konnte er anderthalb Stunden fahren, ohne ein Wort zu sagen."

Immerhin bot er seinem Sohn eine Mitfahrgelegenheit an.

Für andere, die ihn so implodieren sahen, stand fest, dass er mit dieser Neigung nie eine große Erfolgsperspektive haben konnte. Er hatte ja offensichtlich Talent und wohl auch den nötigen Ehrgeiz, und doch entscheidet oft das Mentale darüber, ob ein Spieler mittelmäßig oder gut beziehungsweise gut oder großartig ist.

„Ich glaube nicht, dass Roger automatisch ein Kandidat war", sagte Peter Smith, der gelegentlich mit Carter über Federers Verhalten sprach. „Roger war temperamentvoll und brauchte eine starke Hand, und die meisten hätten Peter Carter das nicht zugetraut. Aber Peter konnte das eben doch leisten. Er hat offenbar auf sehr disziplinierte Weise gecoacht."

Federers Verhalten auf dem Platz zu ändern, war kein Schnellschuss, sondern ein Langzeitprojekt. Es war aber entscheidend für seine Entwicklung und die Herausbildung genau der Persönlichkeit, die auf dem Platz die Menschen für sich einnimmt.

Carter war Coach und Vertrauensperson mit Sinn für Humor. Er erzählte Federer von legendären australischen Champions, Männern wie Rod Laver, Ken Rosewall und John Newcombe. Darüber hinaus bekam Roger jährlich Gelegenheit, die besten Spieler der Gegenwart aus nächster Nähe zu beobachten.

In jedem Herbst fand in Basel ein Herrenturnier statt, die Swiss Indoors. Ihrem Gründer und Leiter, Roger Brennwald, gelang es durch hohe Startgelder und einen günstigen Turniertermin, ein erstaunlich hochkarätiges Teilnehmerfeld zu rekrutieren, vor allem wenn man bedenkt, dass es sich um ein Ereignis handelte, das auf dem ATP-Tour-Plan weit unten angesiedelt war.

Zu den Siegern zwischen 1987 und 1997 gehörten Grand-Slam-Champions wie Yannick Noah, Edberg, Courier, John McEnroe, Becker, Michael Stich und Sampras.

Lynette, die in der Basler Tennisgemeinde tief verwurzelt war, half ehrenamtlich bei der Akkreditierung mit. Ihr Sohn saugte alles auf. 1992 arbeitete er erstmals als Balljunge (im selben Jahr erhielt er im Rahmen eines Turniers einen Preis als örtliches Nachwuchstalent). Jimmy Connors und der iranische Spieler Mansour Bahrami spielten ein paar Bälle mit dem Jungen mit dem Bürstenhaarschnitt und posierten für ein Foto mit ihm am Netz.

1993 stand Federer an sechster Stelle in der Schlange der Ballkinder, die Stich nach seinem Finalsieg gegen Edberg die Hand schüttelten und eine Medaille entgegennahmen. Ein Jahr später war Federer zurück, um an gleicher Stelle den Sieger Wayne Ferreira zu begrüßen, den er als Südafrikaner favorisierte.

Federer begegnete hier dem Leben, das er später selbst führen sollte. Und die Champions, denen er als Junge in Basel begegnete, traten später in seine Umlaufbahn ein: Edberg als sein Trainer, Ferreira als sein Freund und gelegentlicher Doppelpartner.

Die Tatsache, dass Federer in der Stadt aufwuchs, die das wichtigste Schweizer Turnier ausrichtete, war wohl ein weiterer Bestandteil seines Erfolgs – auch wenn Orte vielleicht nicht über ein Schicksal entscheiden können. Mit der Zeit gab Federer dem Turnier, das ihn erstmals dem Profisport nahebrachte, viel zurück.

Nur vier Jahre nach seinem letzten Einsatz als Balljunge nahm Federer mit einer Wildcard an den Swiss Indoors teil – und verlor in der ersten Runde 6:3, 6:2 gegen Andre Agassi. Zwei Jahre später erreichte Federer das Finale, das er in fünf Sätzen gegen Thomas Enqvist verlor.

Federers Popularität verschaffte den Swiss Indoors Auftrieb. 2009 stieg sie in eine höhere Tour-Kategorie auf und verdoppelte ihr Preisgeld.

„Wir organisierten ja das Turnier seit 35, 36 Jahren und wussten mehr oder weniger, was uns erwartete", sagte Brennwald in einem Interview mit den Schweizer Journalisten Simon Graf und Marco Keller. „Dann trat plötzlich etwas ein, was unsere gesamten Erfahrungen über den Haufen warf. Das Interesse an Federer war einfach überwältigend."

Brennwald, einst die einflussreichste Persönlichkeit im Schweizer Tennis, musste sich daran gewöhnen, dass Federer ihm die Schau stahl. Das ging nicht ganz ohne Blessuren ab. 2012 wurde ein Streit um Federers künftiges Startgeld öffentlich. Brennwald hatte angedeutet, dass er Federer und seinen Manager Tony Godsick für habgierig hielt, obwohl Federer seit mehreren Jahren für ein Startgeld von 500.000 US-Dollar gespielt hatte, was unter seinem üblichen Satz lag. Federer war von der Kritik überrascht, beschloss aber, nicht darauf herumzureiten oder das Turnier auszulassen. Im Folgejahr nahm er ganz ohne Startgeld an den Swiss Indoors teil – ein kluger Schachzug in diesem PR-Wettstreit.

„Das hier ist meine Heimatstadt, deshalb schmerzt es einfach", sagte er 2012 kurz nach dem Turnier zu mir. „Da hat sich eine merkwürdige Dynamik entwickelt. Das Ziel war ja, vor dem Turnier aus genau diesen Gründen eine langfristige Vereinbarung zu schließen: damit wir nicht über so dummes Zeug reden müssen. Und dann dominiert es plötzlich die Berichterstattung während des Turniers, für das alle Seiten so hart arbeiten, damit es erfolgreich und für alle unterhaltsam wird."

Federer war kein Freund von Streitigkeiten und beschloss, dem Wirbel auszuweichen.

„Vielleicht kann man später die Dinge richtigstellen", sagte er. „Ich glaube, dass mir die Leute vertrauen, das Richtige zu tun und nur gründlich durchdachte Entscheidungen zu treffen, und so etwas ist das Letzte, was ich brauche. Natürlich rumpelt es zwischendurch auch mal, das gehört eben dazu. Man wächst daran und wird stärker, und ehrlich gesagt kommt man auch nicht gegen alles an."

2014 unterschrieben Federer und Brennwald eine neue Vereinbarung, und Federer blieb seinen Wurzeln und dem Turnier verbunden. Zwischen 2006 und 2019 gewann er den Titel zehnmal. Obwohl es nicht sehr bedeutend ist, hat ihm dieses Turnier immer Freude bereitet und viel bedeutet. Er ist den Swiss Indoors genauso treu geblieben wie Wimbledon.

Sein jährlicher Auftritt in Basel blieb die sichtbarste Form seiner Verbundenheit mit der Schweiz, insbesondere seit er 2015 das Davis-Cup-Team verließ. Doch in der Schweiz wird Zurückhaltung geschätzt, und das Federer-Fieber lodert hier auf kleinerer Flamme, als wenn er beispielsweise Brasilianer oder US-Amerikaner wäre.

Eine kürzliche Petition mit dem Ziel, die St. Jakobshalle nach ihm umzubenennen, erhielt nicht genügend Unterschriften. Das kann sich natürlich ändern, aber bis heute muss man in Basel lange nach Hinweisen suchen, die auf Federers Erfolge hindeuten. Der einzige Tennisplatz in seiner Heimatstadt, der seinen Namen trägt, befindet sich im Tennisclub Old Boys Basel.

Der Platz ist leicht zugänglich. Zur Linken sieht man eine große Tafel, auf der handschriftlich die Reservierungen des Tages für die neun Plätze notiert sind. Nur zwei der Plätze sind nach Spielern benannt: Gleich neben dem „Roger Federer Center Court" liegt der „Marco Chiudinelli Court".

Außenstehenden mag es als typisch schweizerisch erscheinen, dass Chiudinelli, der nie die Top 50 erreichte und im Einzel eine Bilanz von 52 Siegen gegenüber 98 Niederlagen aufweist, hier auf dieselbe Stufe wie Federer, einer der größten Spieler aller Zeiten, gestellt wird.

Doch Chiudinellis Heimatstadt und -Club war eben auch hier – und hier begann sein Aufstieg, auch wenn dieser weit vor jenen schwindelnden Höhen endete, die Federer erreichte.

„Neben Roger war Marco der einzige Spieler aus unserem Club, der international auf der ATP-Tour gespielt hat. Warum sollten wir keinen Platz nach ihm benennen?", so Bärlocher.

Chiudinelli ist nur etwa einen Monat jünger als Federer. Beide wuchsen in Münchenstein auf, und nachdem Chiudinelli zuerst in einem anderen Basler Club gespielt hatte, wechselte er zu den Old Boys.

„Die beiden waren ständig zusammen; sie spielten zusammen und unternahmen alles zusammen", sagte Bärlocher. „Marco war Rogers bester Freund bei den Junioren."

Beide liebten Fußball und Tennis und spielten zuerst im Fußball gegeneinander. Mit acht Jahren trafen sie dann in einem Tennisturnier aufeinander. Es hieß passenderweise Bambino Cup, und Federer beschrieb das Spiel in dem Tennis-Dokumentarfilm *Strokes of Genius*: „Das Match ging über neun Gewinnspiele. Und ich führte anfangs 3:0, und er begann zu weinen: ‚Oh, ich spiele so schlecht', und ich sagte dann so etwas wie: ‚Ach, alles okay, Marco, pass auf, du holst noch auf. Du bist ein guter Spieler.' Dann führte er plötzlich mit 5:3, und ich weinte, und er sagte: ‚Keine Sorge, alles wird gut. Ich spiele gerade gut, nur die letzten paar Spiele, weißt du.' Und dann führte ich 7:5, und er begann wieder zu weinen. Wir trösteten uns laufend gegenseitig während des Spiels."

Am Ende gewann Chiudinelli – was sich nicht als Vorbote späterer Ereignisse erweisen sollte. Die beiden Jugendlichen spielten ständig zusammen: Tennis, Karten und auch Streiche. Und sie blieben gute Freunde, als Federer reich und berühmt wurde.

„Als wir beide auf der Tour erfolgreich spielten, war es wie im Märchen", sagte Federer.

2005 kehrten sie im Rahmen eines Wohltätigkeits-Showturniers zu den Old Boys zurück, um gegeneinander anzutreten. Federer ist noch Mitglied, er zahlte auch in einen Fonds ein, damit eine Tennishalle gebaut werden konnte.

Am Tag meines Besuchs trainierten die zwei jungen Basler Jonas Stein und Silvio Esposito bei Sonnenschein auf dem Court Nr. 1, demselben Platz, auf dem Federer einst weinend unter dem Schiedsrichterstuhl saß.

„Man erwartet irgendwie mehr, stimmt's?", sagte Jonas Stein nach dem Training. „Das hier ist der zentrale Federer-Ort in Basel, aber nicht jeder weiß, dass dies sein Club ist. Jeder weiß, dass er aus Basel stammt, aber der Club ist nicht so bekannt. Ich glaube, dass das Management vor zehn Jahren die Chance verpasst hat, ihn zu promoten. Sie hätten daraus eine Touristenattraktion machen können. Aber wir Schweizer sind einfach nicht so."

Das einzige Foto mit Federer auf dem Gelände ist ein Wandbild im bescheidenen Clubhaus-Restaurant. Es zeigt ihn hoch in der Luft bei einem Aufschlag in Wimbledon und ist mit den Worten „Home of a Legend" untertitelt, zusammen mit dem Logo des Tennisclub Old Boys Basel. Prahlerischer wird es in der Schweiz nicht.

Silvio Esposito besitzt ein persönliches Erinnerungsstück: Federers Eltern verschenkten einen seiner frühen Schläger an Espositos Großvater, der ihn später an Silvio weitergab.

„Ich habe damit gespielt, aber mir flog diese Energie leider nicht zu", sagte Esposito lachend.

Man braucht halt schon etwas mehr, um es so weit wie Federer zu bringen – außergewöhnliches Talent und inneres Feuer, eine solide Betreuungsstruktur, eine gute Portion Glück und durchdachte Entscheidungen.

Eine von Federers klügsten Entscheidungen war sicherlich, Basel zu verlassen, zumindest für eine Weile.

Kapitel 3

ECUBLENS, SCHWEIZ

„Arrête, Roger. Hör auf!"

Der Franzose Christophe Freyss war Trainer am nationalen Leistungszentrum von Swiss Tennis und forderte Roger Federer lautstark auf, seinen Tennisball nicht länger gegen einen Behälter zu schlagen.

„Das machte so viel Krach, wir konnten uns kaum konzentrieren", sagte Freyss.

Der impulsive Teenager Federer war voller Energie. Er folgte der Bitte, allerdings nicht lange.

„Er hörte zwar auf, aber nach vielleicht fünf Minuten griff er sich seinen Schläger und fing wieder an", erzählte Freyss. „Und ich rief: ‚Schluss jetzt, Roger!'"

Federer, damals 14 Jahre alt, ging nun in Ecublens, einem Vorort von Lausanne am Genfer See, in die Schule. Auch wenn er sich hier immer noch in seiner Heimat Schweiz befand, galt er als deutschsprachiger Basler eher als Außenseiter. Weil in Lausanne Französisch gesprochen wird, hatte Federer, als er im August 1995 hier eintraf, ein Problem.

„Er konnte vielleicht bonjour, merci und au revoir sagen, aber darüber hinaus waren seine Französischkenntnisse gleich null", sagte Yves Allegro, ein Mitschüler und früherer Kollege im Schweizer Davis-Cup-Team.

Federer wohnte bei der französischsprachigen Familie Christinet und besuchte die Sekundarschule, das Collège de la Planta, wo die Unterrichtssprache Französisch war. Eine steile Lernkurve und für Federer eine emotionale Achterbahnfahrt.

Als einer der jüngeren Schüler am nationalen Leistungszentrum trainierte Federer nachmittags, während die älteren Schüler ihre Trainingseinheit von zehn bis zwölf Uhr absolvierten. An diesem

Tag hatte sein Schulunterricht schon um elf Uhr geendet, sodass Roger im Zentrum auftauchte, während die ältere Gruppe noch trainierte.

„Roger war ein nervöses Energiebündel, ich wusste das. Ich gab ihm den Auftrag, seine Hausaufgaben zu machen", so Freyss. „Doch das war aussichtslos. Und voilà, schon fing er wieder an, den Ball zu schlagen."

Nach zweifacher Verwarnung heckten Freyss und seine Schüler einen Plan aus. Wenn Federer ein drittes Mal zurückkommen sollte, wollten sie ihm eine Lehre erteilen.

„Ich war mir fast sicher, dass es passieren würde", sagte Freyss. „Er konnte einfach nicht stillsitzen."

Tatsächlich kehrte Federer zurück, und diesmal stürzten sich Freyss und die Spieler auf ihn und trugen ihn hoch zur Umkleide, wo sie so taten, als würden sie ihn in voller Montur unter die Dusche stellen.

„Wir hatten es nicht ernsthaft vor, aber er sollte es schon glauben", sagte Freyss. „Ich stellte sogar die Dusche an. Dabei beließen wir es dann. Ich bin mir sicher, dass dieser Schreckmoment bei ihm haften blieb."

Federer erinnerte sich tatsächlich daran. Es war eine turbulente, anstrengende Zeit für ihn.

„Ich war der kleine Deutschschweizer, den alle veräppelten", sagte er. „Ich sehnte immer das Wochenende herbei, wenn ich wieder im Zug nach Basel sitzen konnte."

Doch der Umzug nach Ecublens war ja freiwillig. Dafür hatte er nicht nur sein Elternhaus zurückgelassen, sondern auch seinen Coach Peter Carter, den Club Old Boys und seine Komfortzone, alles mit dem Ziel, sein Tennisspiel auf ein höheres Niveau zu bringen.

„Wir wollten, dass Roger selbst die Entscheidung traf", erzählte mir Lynette Federer. „Unsere Rolle war ausschließlich unterstützend, und ich glaube, das war ein wichtiger Grund dafür, dass er durchhielt: Es war seine eigene Entscheidung."

Wie Federer heute betont, bereut er nichts. Im Gegenteil. Er betrachtet die beiden Jahre, die er in Ecublens verbrachte, als wesentlich für seinen Reifungsprozess und als entscheidend für seinen späteren Erfolg: „Von heute aus betrachtet würde ich sagen, dass es vermutlich die beiden einflussreichsten Jahre meines Lebens waren."

Wenn er jüngeren Spielern einen Rat gibt, empfiehlt er unter anderem, die eigene Stadt eine Zeit lang zu verlassen, um Selbstvertrauen zu entwickeln – dieser Aspekt ist in einem von hartem Wettbewerb geprägten Individualsport ganz wesentlich. Sich selbst zu vertrauen kann hier ebenso wichtig sein, wie seiner Vorhand zu vertrauen.

Anders als viele andere große Tennisspieler musste Federer bestimmte Hürden nicht nehmen. Er musste nicht wie Maria Sharapova im Alter von sechs Jahren einen Ozean überqueren, um dem fragwürdigen Ehrgeiz ihres Vaters in den Tennisakademien von Florida nachzukommen. Auch musste er nicht unter Kriegsbedingungen nach Trainings- und Entwicklungsmöglichkeiten suchen, wie etwa Novak Djokovic.

Betrachtet man Ecublens durch die Linse von Federers Mittelklasse-Existenz, dann war es trotzdem zumindest unbequem für ihn. Selbst auferlegt und minderschwer, aber dennoch unbequem. Doch Ecublens hatte großen Anteil an seiner Entwicklung, sowohl in persönlicher als auch in spielerischer Hinsicht.

„Zu Hause war ich der Favorit, der Champion, aber in Ecublens war ich umgeben von Champions, und damit konnte ich nur schwer umgehen", sagte er. „Meine Gastfamilie war sehr nett, aber es war eben nicht meine eigene Familie. Nach drei Monaten war ich wirklich unsicher, ob ich bleiben sollte. Aber ich zog es durch, und das war richtig."

Mehr als 20 Jahre später sind das Leistungszentrum in Ecublens und der kleine Club, an den es angebunden war, längst Geschichte. Wo sich früher acht Tennisplätze, die winzige Sporthalle und die angrenzende Laufbahn befanden, stehen heute Mietshäuser.

Es ist nicht der einzige Eckpunkt in Federers Karriere, der verschwunden ist. Der Ciba-Club, sein erster Spielort in Basel, wurde durch eine Seniorenresidenz und einen öffentlichen Park ersetzt. Federer veröffentlicht oft Videobotschaften, und kurz vor dem Abriss

2012 schickte er anlässlich der Abschiedsfeier eine Botschaft an die Clubmitglieder von Ciba, in der er seine Erinnerungen an frühere Wettkämpfe und Grillfeste schildert.

Seine Gefühle gegenüber Ecublens waren zwar ambivalent, trotzdem wog der Verlust schwer. „Dieser Ort hat in meinem Leben eine wichtige Rolle gespielt.“

Anderen, die dort trainierten, ging es ebenso.

„Nichts ist geblieben, es bricht mir das Herz“, sagte Manuela Maleeva, die als weiblicher Topstar Platz drei der Weltrangliste erreichte.

„Es fällt mir jedes Mal schwer“, sagte auch Allegro. „Ich komme da vielleicht einmal jährlich vorbei und fahre bewusst hin, es gehörte doch zu unserer Jugend. Es schmerzt immer noch zu sehen, dass das Tenniszentrum nicht mehr da ist.“

In Ecublens deutet heute zwar nichts mehr darauf hin, doch die Jahre hier hatten großen Einfluss auf Federer.

Da ist zunächst sein fließendes Französisch. Die Sprache hat seinen Blick geweitet, sein soziales Netzwerk vergrößert und allgemein seine Attraktivität gesteigert, sowohl international als auch in seiner polyglotten Heimat.

„Ich glaube, dass es für die französischsprachige Schweiz wirklich wichtig ist und dort auch geschätzt wird, denn viele Deutschschweizer sprechen nicht gut Französisch“, erzählte mir die schottischstämmige Schweizer Autorin Margaret Oertig-Davidson. „Die Menschen in der deutschsprachigen Schweiz lernen meist viel besser Englisch als Französisch zu sprechen, deshalb ist man sehr dankbar dafür, dass Roger ein Französisch spricht, das nicht hässlich klingt.“

Das Erbe von Ecublens manifestiert sich auch in den vielen Freundschaften, die Federer mit Spielern wie Allegro, Lorenzo Manta, Ivo Heuberger, Alexandre Strambini und Severin Lüthi geschlossen hat. Letzterer wurde lange unterschätzt, gehörte aber später zum inneren Kreis Federers und zu seinem Trainerstab.

In Ecublens entwickelte Federer seine Vorliebe für Hallentennis. Auf den vier Hallenplätzen in Ecublens, die in den kühleren Monaten vornehmlich genutzt wurden, sprang der Ball niedrig auf, und sie waren schnell. „Blitzschnell", sagte Federer.

Ecublens legte auch den Grundstein für die tiefe Verbindung Federers mit einem viel älteren Mann, der nie Wettkampftennis spielte, aber wesentlich, vielleicht sogar entscheidend für Federers langanhaltenden Erfolg verantwortlich war.

Pierre Paganini ist Federers Konditionstrainer. Er traf Federer 1995 in Ecublens und stieß 2000 zu seinem Betreuerstab, was ihn zu dem mit Abstand langjährigsten Teammitglied macht.

Er half Federer, bis weit in seine Karriere hinein verletzungsfrei zu bleiben und sich seine Schnelligkeit und Wendigkeit durch ein innovatives Sportprogramm zu bewahren. Dabei ist der frühere Zehnkämpfer Paganini, der die Übungen und das Lauftraining gern gemeinsam mit seinen Sportlern durchführt, weit mehr als ein cleverer und topfitter Antreiber. Er ist Federers Feedbackgeber, gelegentlicher spiritueller Lotse und letzte Instanz, wenn es um Terminpläne geht – jemand, der dezent, aber mit Überzeugung für Hingabe und Mäßigung wirbt.

Von Beginn an betrachtete Paganini Federers Gesundheit und Entwicklung mit langfristiger Perspektive, er besaß das Selbstvertrauen und die Glaubwürdigkeit, um ihm bei der Umsetzung zu helfen.

Seine Hauptbotschaft lautete von Anfang an: Es braucht harte und beständige Arbeit, aber ebenso Erholung und Abstand, wenn Federer dauerhaft in einer Sportart bestehen wollte, die von monotonen Rhythmen und Mustern geprägt ist. Gesunde Beine sind ein Muss, ein klarer Kopf ebenso.

„Paganini ist die wichtigste Person in Federers Karriere", sagte Günter Bresnik, ein altgedienter österreichischer Coach.

Das ist eine kühne Behauptung, aber Bresnik ist nicht der Einzige, der Paganini für so einflussreich hält.

„Aus meiner Sicht ist Mirka die Nummer eins und Pierre die Nummer zwei", meinte Allegro. „Bei wichtigen Entscheidungen war Pierre dabei, denn ich glaube, dass er immer das große Ganze sah. Roger vertraut ihm blind."

Stan Wawrinka, der andere Schweizer Starspieler, der mehr als ein Jahrzehnt mit Paganini trainierte, hat einmal geäußert, dass er ihm mehr verdanke als irgendeinem anderen in seiner Karriere.

Federer zögert, sich öffentlich so weit aus dem Fenster zu lehnen. Ihn haben so viele Menschen beeinflusst, und er ist zu diplomatisch, um den einen über die anderen zu stellen. Klar ist jedoch, dass Paganini zu seiner engeren oder vielmehr engsten Auswahl gehört.

„Wenn ich heute hier stehe, dann hat Pierre auf jeden Fall sehr, sehr viel dazu beigetragen“, merkte Federer in seiner späten Karriere mir gegenüber an.

Es ist eine enge Arbeitsbeziehung, die sich mit der Zeit nicht verbraucht hat, sondern ergiebiger geworden ist.

„Bei ihm macht das Konditionstraining so viel Spaß, wie ein Konditionstraining überhaupt machen kann“, so Federer. „Ich folge einfach seinem Rhythmus. Was er sagt, tue ich, denn ich vertraue ihm. Manche fragen mich, ob ich mich ärztlich untersuchen lasse und so. Brauche ich nicht, denn ich arbeite mit Pierre, er weiß und erkennt, ob ich mich gut bewege oder nicht, ob ich langsam oder schnell bin und so weiter. Ihm gehört ein großer Teil dieses Erfolgs, und ich bin froh, dass ich ihn damals angerufen habe.“

Bresnik gehört zu den Vordenkern des Tennis, er ist seit mehr als 30 Jahren Trainer. Er kennt Federer seit Mitte der 90er-Jahre und traf auf Paganini schon, als er noch den Schweizer Spieler Jakob Hlasek trainierte.

Bresnik lud Paganini eines Tages nach Wien ein, wo er ihn um eine Einschätzung seines jungen Starschülers Dominic Thiem bat. Fand er Thiem schnell und fit genug, um auf der Tour zu bestehen?

Die Antwort lautete: Ja. Thiem entwickelte sich in der Folge zu einem Grand-Slam-Champion, der sowohl Federer mehrmals schlug als auch die anderen beiden der „Großen Drei“, Nadal und Novak Djokovic.

Bresnik bewundert Paganinis Hingabe und Intuition – und auch seine Diskretion, denn viele Spieler, so auch Federer, reagieren gereizt, wenn man sie nach ihren Methoden befragt.

„Paganini ist ein heller Kopf, der kein Bedürfnis hat, sich zu exponieren“, so Bresnik. „Er hält sich immer im Hintergrund. Federer steht in der ersten Reihe, aber der Kopf dahinter war in den letzten rund 20 Jahren Paganini.“

Auch Federer schätzt Diskretion – schließlich ist er Schweizer.

Mit seiner Drahtgestellbrille wirkt Paganini äußerlich eher wie ein Gelehrter. Er stammt auch nicht aus einer Sportlerfamilie; beide Eltern waren Musiker und Pädagogen. Trotz des Namens besteht keine Verwandtschaft mit dem italienischen Virtuosen Niccolò Paganini, der im 19. Jahrhundert als „Teufelsgeiger“ bekannt war, denn um so vollendet spielen zu können, musste er wohl seine Seele verkauft haben.

Pierre Paganini, 1957 in Zürich geboren, spielte in seiner Jugend ebenfalls Geige, war aber von Kindesbeinen an vor allem sportbegeistert. Er spielte Fußball und nahm an Leichtathletik-Wettkämpfen teil. Besonders angetan hatte es ihm der Zehnkampf, ein echter Ausdauertest aus zehn Disziplinen und damit die arbeitsintensivste aller Sportarten überhaupt.

Doch Paganini merkte früh, dass er vor allem hinter den Kulissen wirken wollte. Als er 1966 die Fußball-Weltmeisterschaft verfolgte, interessierte ihn weniger das Geschehen auf dem Platz als vielmehr, was die Spieler wohl abseits des Platzes taten.

„Ich war acht Jahre alt und wollte unbedingt wissen, was in der Umkleide passierte, was der Trainer wohl zu den Spielern sagte, wenn die Kameras nicht dabei waren“, erklärte er 2011 in einem Interview mit der Schweizer Tageszeitung *24 Heures*. „Schon in dem Alter faszinierte mich die unsichtbare Seite des Ganzen. In meinem Job arbeiten wir oft ohne Publikum, und das schätze ich sehr.“

Er wusste lange vorher, dass er Konditionstrainer werden wollte, doch da er die Arbeitsmarktchancen nicht beurteilen konnte, ging er auf Nummer sicher: Er machte einen Abschluss als Diplomkaufmann und besuchte eine Zeit lang eine Schweizer Hotelfachschule. Schließlich folgte er seiner inneren Stimme und absolvierte eine Trainerausbildung an der Eidgenössischen Hochschule für Sport

Magglingen, der einzigen Schweizer Hochschule ausschließlich für den Bereich Sport. Sein Lehrmeister war Jean-Pierre Egger, ein ehemaliger Schweizer Kugelstoßer, der als Trainer Werner Günthör und Valerie Adams zu Weltmeistertiteln und Olympiamedaillen im Kugelstoßen verhalf, aber auch in anderen Sportarten aktiv war, darunter Ringen, Segeln und Ski alpin. Im Jahr 2020 wurde Egger bei der Verleihung der nationalen Sportauszeichnungen zum besten Schweizer Trainer der letzten 70 Jahre gekürt. Egger zeigte Paganini, wie wichtig es ist, Konditionsübungen auf die spezifischen Bedürfnisse eines Sports abzustimmen.

Paganini erhielt 1985 sein Diplom und hatte eigentlich vor, Fußballer zu coachen. Stattdessen bot man ihm eine Stelle am Tennis-Leistungszentrum in Ecublens an, obwohl er selbst kein Tennis spielte. Zu Beginn hatte er nur einen Teilzeitjob, weshalb er zusätzlich als Lehrer an einer nahegelegenen Schule arbeitete. Mit der Zeit drang er in den inneren Kreis der Schweizer Tenniswelt vor.

Zwei der ersten Spieler, die von seinen Fähigkeiten profitierten, waren Marc Rosset und Manuela Maleeva. Rosset war ein schlaksiger, zwei Meter großer Turnierspieler mit Sinn für Ironie und einer komplexen, bisweilen widersprüchlichen Persönlichkeit. Als Federer die Bühne betrat, war er der beste Schweizer Spieler, doch Bewegung gehörte nicht zu seinen ureigenen Stärken.

„Als ich Pierre zum ersten Mal sah, kam er vom Zehnkampf und wusste nichts vom Tennis. Er begann, selbst zu spielen, um die Feinheiten zu begreifen", erzählte Rosset.

Laut Bresnik denkt Paganini nicht gern an diese frühen Jahre.

„Er erzählte mir einmal, dass man ihn für das, was er den Tennissportlern vor 25 Jahren in seiner Ahnungslosigkeit angetan habe, eigentlich mit einer Geldstrafe belegen müsste", so Bresnik lachend. „Mit seinem heutigen Wissen sei ihm das peinlich. Aber er hört nie auf zu lernen und passt sich den Spielern an."

Man vergleiche etwa Federer und Wawrinka. Federer ist mittelgroß, beweglich, reaktionsschnell und angriffsfreudig. Wawrinka hat einen breiten Brustkorb und trägt den Spitznamen

„der Diesel“ – weil er eben eine Weile braucht, um seine Spitzengeschwindigkeit zu erreichen. Er besitzt Bärenkräfte und große Ausdauer.

„Die Tatsache, dass Pierre gleichzeitig mit Federer und Wawrinka arbeitet, die von ganz unterschiedlicher Statur und völlig verschiedene Spieler- und Sportlertypen sind, zeigt, dass er die physischen Bedürfnisse von Tennisspielern versteht wie kein anderer“, sagte Bresnik. „Was auch immer der Mann sagt, ich würde es annehmen. Andere Trainer tappen da lange im Dunkeln herum.“

Dass Paganini die Tenniswelt anfangs gar nicht kannte, war in mancher Hinsicht sogar vorteilhaft. Wie einem Reisenden, der Neuland betritt, fielen ihm Ungereimtheiten auf, die ein „Einheimischer“ nicht bemerkt. Er brachte seine Erfahrungen aus der Leichtathletik ein, beließ es aber nicht dabei. Auf der Grundlage seiner Arbeit mit Egger konzentrierte er sich auf die Entwicklung tennisspezifischer Konditionsübungen. Das beinhaltete viel Arbeit auf dem Platz statt im Fitnessraum; klar war auch, dass schwere Gewichte und Langstreckenlauf wenig nützten.

„Im Tennis muss man stark, schnell, koordiniert und belastbar sein, und dafür braucht man spezielle Übungen“, erklärte mir Paganini. „Aber man sollte auch nie vergessen, dass man diese Fertigkeiten dann auf dem Tennisplatz einsetzt, nicht auf der Straße und nicht in einem Schwimmbecken. Deshalb muss man immer eine Verbindung zwischen der Geschwindigkeit und der Art und Weise, wie der Sportler sie auf dem Platz einsetzt, herstellen. In neun von zehn Fällen liegt das Tempo in den ersten drei Schritten, und dann schlägt man den Ball. Deshalb muss man darauf hintrainieren, bei den ersten drei Schritten besonders stark zu sein.“

Da sich Grand-Slam-Partien im Einzel oft über mehr als drei Stunden hinziehen, geht es darum, auch noch im fünften Satz bei den ersten drei Schritten stark zu sein. Gefordert ist also das, was Paganini als „explosive Ausdauer“ bezeichnet. Das mag zunächst widersprüchlich klingen, ist es aber nicht. In jedem Fall ist es für einen Konditionstrainer eine Herausforderung.

„In der Leichtathletik läuft jemand, der Ausdauer hat, Marathon, während die explosiven Typen Sprint laufen", sagte Paganini. „Aber im Tennis braucht man sowohl Ausdauer als auch explosive Kraft, und das sind entgegengesetzte Fähigkeiten. Deshalb ist Tennis so faszinierend, und deswegen halte ich es auch für viel schwieriger, als die meisten denken."

Im Tennis muss man gelegentlich längere Strecken zurücklegen: wenn man einem Stoppball hinterherjagt, vom Netz zurückweicht, um einen Lob zu erreichen, oder von einer Ecke der Grundlinie zur anderen eilt, um mit ausgestrecktem Körper einen Passierball zu schlagen.

Doch die Grundlinie eines Einzelfelds misst nur 27 Fuß oder 8,23 Meter, und die Entfernung zwischen Netz und Grundlinie beträgt nur 39 Fuß oder 11,89 Meter. Selbst wenn ein Spieler weit hinter der Grundlinie steht und von dort zum Netz läuft, wird er nicht mehr als 16 Meter in gerader Linie zurücklegen.

„Im Tennis sprintet man nicht wie ein 100-Meter-Läufer", sagte Paganini. „Man ist drei Stunden oder auch länger beschäftigt, immer wieder. Das ist sehr hart, aber man hat 25 oder auch 90 Sekunden Erholungszeit. Beim Spiel sollte man immer daran denken. Es geht nicht darum, einen Geschwindigkeitsrekord zu brechen. Du musst über längere Zeit hinweg wiederholt schnell sein. Bei einem fünfstündigen Spiel läuft man keine 40 Kilometer, höchstens sechs." Das Spiel besteht also aus kurzen Bewegungsausbrüchen, deswegen trainiert Paganini schwerpunktmäßig den Ausbruch.

Oft verlangt er von seinen Sportlern, gleichzeitig eine komplexe Aufgabe auszuführen, die Augen-Hand-Koordination erfordert.

So gibt er etwa intensive Beinarbeit vor, während sie gleichzeitig einen Medizinball fangen und werfen, im Anschluss dieselbe Beinarbeit, während sie Bälle schlagen.

Paganini legt auch gern nummerierte Stäbe in die Ecken eines Spielfelds. Der Spieler steht anfangs in der Mitte und hält einen Medizinball. Wenn Paganini ihm eine Zahl zuruft, muss der Spieler zum betreffenden Stab rennen und den Medizinball hochhalten.

Es geht ihm dabei um geistige wie auch physische Beweglichkeit. Er testet die Fähigkeit der Spieler, ihre Technik in Drucksituationen aufrechtzuerhalten, indem er sie schnelle und intensive Cardio-Einheiten ausführen lässt, teils auf einem Heimtrainer, unmittelbar gefolgt von Schlagübungen in der Version zwei gegen eins, bei denen der Spieler alles geben muss.

Zu seinen bevorzugten Methoden gehört auch Intervalltraining, eine klassische Übung für Läufer, doch in kürzeren Intervallen als üblich: bis zu 30 Sekunden, in denen sich der Spieler intensiv anstrengt, gefolgt von maximal 30 Sekunden Pause. Ziel ist, die Schnelligkeit des Spielers zu steigern, nicht nur seine maximale Sauerstoffaufnahme, das traditionelle Ausdauermaß.

„Aus meiner Sicht ist Pierre der weltbeste Konditionstrainer im Tennis. Er ist der Erste, der hochspezifische Übungen entwickelt hat, bis hin zur detaillierten Beinarbeit“, sagte Rosset. „Selbst ich bewegte mich trotz meiner Größe ziemlich gut, hatte kaum Verletzungen, und auch unter all den anderen Spielern, die Paganini trainiert hat, gab es relativ wenige Verletzungen.“

Das ist eine sehr beachtliche Leistung, wenn man bedenkt, dass gerade explosionsartige Bewegungen mit einem erhöhten Verletzungsrisiko einhergehen. Doch Paganini umschiffte die Klippen erstaunlich gut, auch wenn sich am Ende sowohl Federer als auch Wawrinka in ihren Dreißigern Knieoperationen unterziehen mussten.

Rosset, seit Langem im Ruhestand, aber noch immer als Sportkommentator unterwegs, sieht Konditionstrainer heute oft mit ihren Spielern arbeiten, live bei Turnieren oder in Social-Media-Videos.

„Krass“, sagte Rosset. „Das sind fast dieselben Dinge, die ich vor 25 Jahren mit Pierre gemacht habe. Natürlich hat sich das eine oder andere verbessert, aber sehr viele Konditionstrainer wurden von Pierre beeinflusst. Seine Erfolge sprechen für sich. Wenn mich morgen jemand bittet, ihn zu coachen, dann sage ich ihm, weißt du was, mach mal vier Monate mit Paganini, und dann unterhalten wir uns noch mal.“

Manuela Maleeva ist die älteste von drei Schwestern aus Bulgarien, die bei ihrer Mutter Yulia Berberian Tennis lernten. Alle drei – Manuela, Katerina und Magdalena – stiegen in die Top 10 auf, obwohl sie über nur begrenzte Mittel verfügten und in Bulgarien, das sich nach dem Ende des Kommunismus im politischen Umbruch befand, auf etliche Hürden stießen.

Die Maleevas waren außerhalb Bulgariens kaum bekannt, ihre Geschichte gehört zu den Erfolgs-Storys im Tennis, zeitlich noch vor den Williams-Schwestern.

„Wissen Sie, wären wir Amerikanerinnen, wären wir Stars", sagte Yulia einmal dem Magazin *New Yorker*. Und sie hatte recht.

Eine von Yulias Töchtern wurde Schweizerin. Manuela heiratete 1987 mit 20 Jahren den Tennistrainer François Fragnière und begann in Ecublens zu trainieren, wo sie auf Paganini traf.

„Ich bin tatsächlich der erste Tennisprofi, dem er aus beruflichen Gründen folgte", erzählte mir Manuela. „Er hat mich an meine Grenzen gebracht, aber ohne dass ich ihn dafür hasste. Das unterscheidet ihn von vielen anderen Trainern."

Manuela und Fragnière, sowohl ihr Ehemann als auch ihr Trainer, war bewusst, dass sie an ihrer physischen Kondition arbeiten musste, um gegen Spielerinnen wie Steffi Graf, Martina Navratilova oder Gabriela Sabatini bestehen zu können, die in den späten 1980er-Jahren das Damentennis beherrschten.

Paganini wollte zuerst ihre aktuelle Kondition feststellen.

„Das einzige Mal, das ich Lust hatte, ihn zu ohrfeigen, war wohl bei unserem ersten gemeinsamen Lauf", erzählte Manuela lachend. „Er wollte meine Kondition sehen und herausfinden, wo er bei mir ansetzen musste. Also gingen wir auf dem Clubgelände joggen."

Bald steuerten Maleeva und Paganini den nahegelegenen Wald an, um dort weiterzulaufen. Maleeva ging es schlecht, sie hatte schon ein längeres Ausdauertraining hinter sich und war dem Erbrechen nahe. Paganini war in deutlich besserer Verfassung: Er lief ein paar Meter vor ihr her – rückwärts, um sie beim Sprechen ansehen zu können.

„Ich dachte mir: ‚Das gibt's doch nicht, mir hängt die Zunge aus dem Hals und der Typ läuft rückwärts und redet mit mir'", sagte Maleeva. „Das werde ich nie vergessen."

Sie vergab ihm. Und arbeitete dann weitere sieben Jahre mit Paganini bis zu ihrem Rücktritt 1994, kurz nachdem sie ihr letztes WTA-Turnier im japanischen Osaka gewonnen hatte. Sie war damals noch immer in der Top 10.

„Ich habe solche Fortschritte unter ihm gemacht", sagte sie. „Früher hatte ich im dritten Satz oft Krämpfe, und das beunruhigte mich. Nachdem ich bei Pierre angefangen hatte, verbesserte sich meine Kondition so weit, dass ich das Gefühl hatte, fünf Stunden ohne Angst auf dem Platz verbringen zu können."

Bei Manuelas Abschied arbeitete Paganini in Ecublens längst mit Magdalena Maleeva, die den Spitznamen Maggie trägt und acht Jahre jünger als Manuela ist.

„Pierre war eine gute Beinarbeit sehr wichtig", sagte Magdalena. „Man musste genau darauf achten, wie man auftrat."

Manuela Maleeva kam mit 15 Jahren zum Profitennis und trat kurz vor ihrem 27. Geburtstag zurück. Magdalena, deren Profikarriere im Alter von 14 Jahren begann, schied mit 30 aus. Beide Schwestern hatten das Gefühl, eine lange Karriere hinter sich gebracht zu haben. Doch beide erinnern sich, dass Paganini einmal sagte, in Zukunft würden Tour-Spieler und -Spielerinnen noch viel länger dabeibleiben.

„Das sagte damals wirklich niemand", erzählte Magdalena. „Die meisten waren vom Gegenteil überzeugt: Tennis ist ein sehr harter, körperlich sehr belastender Sport; die Spieler haben keine Saisonpause, und die Verletzungen nehmen eher zu."

Paganini glaubte, dass tennisspezifisches Training, intelligente Terminplanung, verbesserte Reha-Maßnahmen und bessere, größere Betreuungsteams zu längeren Karrieren führen würden. Seine Vision erwies sich als zutreffend, wie die große Zahl an Spielerinnen und Spielern belegt, die mit weit über 30 immer noch spielen und sogar ihr Ranking verbessern.

„Pierre hält nichts von dem Klischee, wonach man als Sportler nach seinem 30. Geburtstag automatisch abbaut", sagte Magdalena. „Er ist überzeugt, dass man mit dem richtigen Training sehr lange spielen kann."

Magdalena kam mit 17 Jahren zu Paganini und blieb bis zu ihrem Rücktritt 2005 bei ihm – ganz typisch für viele, die mit ihm arbeiten. Die Sportler bleiben ihm oft lange treu.

Natürlich stellt aber der eine oder andere Konditionstrainer-Kollege bei Paganini auch Schwächen fest.

Paul Dorochenko, der später für den Schweizerischen Tennisverband mit Federer und anderen Junioren arbeitete, muss kurz überlegen, wenn er Paganini beschreiben soll. Schließlich entscheidet er sich für das Wort „ungewöhnlich".

Zum einen habe es Paganini nie für nötig befunden, den Führerschein zu machen, und sich stattdessen auf Züge, Taxis, Fahrdienste und seine zweite Frau Isabelle verlassen, die Auto fährt.

„Ich würde sagen, Pierre hat ziemlich starre Vorstellungen. Er ist wenig flexibel und nicht sehr zugänglich", so Dorochenko. „Er ist stark introvertiert. Aber ich denke, es gelingt ihm sehr gut, Stärke und Koordination bei seinen Spielern zu verbessern. Wenn du eine Trainingseinheit mit Pierre machst, dann versteht er es, deine Aufmerksamkeit zu halten, und lässt nicht locker. Darin ist er ein Meister. Er ist eher praktisch als konzeptuell veranlagt."

Doch Paganinis Vermögen, die Aufmerksamkeit seiner Spieler zu halten und sich auch ihre Loyalität zu sichern, beruht auf seiner Kreativität und dem Talent, hoch individualisierte Programme zu entwickeln – das spricht wohl kaum für mangelnde Flexibilität.

Ein Spieler wie Federer, der sehr auf Abwechslung setzt, hätte sicher nicht mehr als 20 Jahre Routine mitgemacht.

Obwohl Paganini das Rampenlicht scheut und von Natur aus zurückhaltend ist, empfinden Federer und andere den Austausch mit ihm als unkompliziert.

„Sie können sich den Einfluss, den er als Konditionstrainer auf mich hatte, vorstellen, aber offen gestanden ist er auch so etwas wie mein Mentor, denn wir reden neben der Arbeit natürlich viel", sagte

Federer einmal. „Man muss immer 45 Minuten dazurechnen, in denen wir einfach über alles sprechen."

Wer Gelegenheit zu einem der seltenen Interviews mit Paganini hat, wird schnell in ein tiefer gehendes Gespräch gezogen. Er ist mitreißend, spricht in langen Absätzen und liebt Metaphern. 2012 und 2017 unterhielten wir uns länger, beide Male auf Französisch, wie beim Training mit Federer.

Ich fragte Paganini, ob die gängige Meinung zutreffe, wonach Federers Knochenaufbau und seine natürlichen, anmutigen Bewegungen entscheidend dazu beitrügen, unverletzt zu bleiben.

„Ich höre das immer wieder", antwortete Paganini. „Es ist eine Sache, ein Potenzial zu haben, aber eine andere, es in 70 Partien pro Jahr auszuspielen. Das ist Rogers Ziel: in jedem Match und in jeder Trainingseinheit konstant zu bleiben. Ich glaube, dass wir die ganze Arbeit, die Roger leistet, unterschätzen. Wir unterschätzen seine Leistung, denn wenn wir ihn spielen sehen, dann sehen wir den Künstler, der sich ausdrückt. Wir vergessen beinahe, dass er dafür arbeiten muss wie ein Balletttänzer. Man sieht die Schönheit, übersieht aber die Arbeit, die dahintersteckt. Und man muss verdammt hart arbeiten, um ein so schöner Tänzer zu werden."

Es braucht eben Zeit, sich die nötigen Muskeln und das Muskelgedächtnis anzueignen, um den letzten Schliff und die perfekte Körperhaltung auszubilden. Federer hat Jahrzehnte im Scheinwerferlicht der Weltöffentlichkeit verbracht und steht für ein Tennis, das wunderbar leicht wirkt.

Nur ein sehr kleines Publikum erinnert sich noch daran, wie frustriert er anfangs war.

Magdalena Maleeva erzählte mir von ihrem ersten Eindruck von Federer in Ecublens; da war er 14.

„Damals war er ein kleiner Junge, und ich fand, dass er sich mächtig aufregte", sagte sie. „Er warf ständig seinen Schläger durch die Gegend."

Maleeva, die sechs Jahre älter ist und sich schon in die Top 10 der WTA eingeklinkt hatte, gewann einmal einen Übungssatz gegen Federer.

„Er wirkte damals auf mich wie ein verwöhnter Junge, er wurde oft so wütend", sagte sie. „Aber ich vermute, es ging ihm einfach nicht gut."

Auch Freyss, Leiter des Leistungszentrums in Ecublens und technischer Direktor des Schweizerischen Herrentennis, konnte Federers Kummer nachvollziehen. Er war selbst Akademieschüler gewesen, im Internat des Leistungszentrums des Französischen Tennisverbands in Nizza in den 1970er-Jahren, zusammen mit dem späteren French-Open-Sieger Yannick Noah.

Freyss ging dann auf Tour und schaffte den Einzug in die Top 100. Bei den Grand-Slam-Turnieren kam er nicht weit, besiegte aber immerhin vier frühere beziehungsweise spätere Champions: Arthur Ashe, Andres Gomez, Manuel Orantes und Ivan Lendl.

Als Coach wusste Freyss später genau, wie viel Opferbereitschaft und Selbstdisziplin der Erfolg abverlangt. Wie andere erkannte auch Freyss Federers Potenzial: die schnelle Vorhand, die flinken Beine, die angeborene Fähigkeit, vorauszudenken. Eigentlich war es nicht seine Art, junge Talente anzupreisen, aber Freyss erwähnte doch gegenüber seinem Mentor und Vorgänger in Ecublens, Georges Deniau, dass Federer ungewöhnlich begabt sei. Er riet auch seinem Freund Regis Brunet, einem Tennismanager bei IMG, Federer im Auge zu behalten, und Brunet gelang es später als Erstem, ihn zu verpflichten.

Bei alledem trat Federers innerer Kampf deutlich zutage.

„Emotional stand Roger an einem Abgrund", so Freyss. „Zunächst einmal ist es nie einfach, Teenager zu sein, und für Roger war es kein einfacher Schritt, seine Familie zu verlassen und nach Ecublens zu gehen. Er musste Französisch lernen und eine französischsprachige Schule besuchen, was auch schwierig war. Und dann noch das Tennis. In vielerlei Hinsicht war es für ihn eine wirklich schwere Zeit. Ich war nicht nachsichtig mit ihm, das ist nicht meine Art. Ich behandelte ihn wie alle anderen. Mir war egal, wer in einer bestimmten Altersgruppe die Nummer eins war. Ich gönnte meinen jungen Spielern keine Erholungspausen. Ich wollte aus ihnen gute Tennisspieler machen und steckte mein Herzblut in diese Aufgabe."

Freyss arbeitete nicht täglich mit Federer. Diese Aufgabe fiel Alexis Bernard zu, einem jungen Schweizer, der die jüngeren Spieler trainierte. Freyss beaufsichtigte das Ganze und arbeitete mit Federer öfter an dessen Technik, Taktik und Einstellung.

„Ich weiß nicht, ob ich bei ihm alles richtig gemacht habe“, sagte Freyss. „Doch ganz sicher habe ich ihm vermittelt, dass wir bei inakzeptablem Verhalten keine Kompromisse eingingen. Wir gerieten manchmal aneinander, aber er akzeptierte das und schluckte es. Er musste viel schlucken, und ich glaube kaum, dass ihm das Spaß machte.“

Federer mag gesellig und einfühlsam sein, aber der Umgang mit ihm war damals sicher nicht leicht, und Freyss hatte keine Lust, sich zurückzunehmen.

„Konflikte liebte er überhaupt nicht“, erzählte Freyss. „Er wollte spielen und sich auf diese Weise ausdrücken. Ich sagte oft: ‚Roger, schau mich an. Ich muss wissen, ob du verstehst, was ich dir zu erklären versuche. Du läufst durch die Gegend. Du schlägst den Ball. Du lässt den Ball zwischen deinen Beinen hüpfen. Hör auf damit.‘ Selbst das fiel ihm schwer. Seine Gefühle und Energie übermannten ihn. Er musste spielen, sich bewegen. Das Spiel steht für ihn über allem.“

Paganini erinnerte sich, dass Federer am Anfang mancher Trainingseinheiten seine aufgestaute Energie entlud, indem er immer wieder schrie.

„Er war der Jüngste, und ich erinnere mich, dass ich ihn beobachtete und dachte, wie spontan er war“, erzählte mir Paganini. „Innerhalb von wenigen Minuten konnte sich sein Lachen in Tränen verwandeln.“

Federer war nicht die einzige künftige Nummer eins, die Mühe hatte, ihre Emotionen und eigenen Erwartungen zu zügeln. Im September 1996 nahm Federer als 15-Jähriger für die Schweiz am World Youth Cup, der Juniorenweltmeisterschaft, in Zürich teil. Der Gegner des Schweizer Teams am Eröffnungstag war Australien, was bedeutete, dass Federer auf Lleyton Hewitt traf.

Der australische Kapitän war Darren Cahill, Peter Lundgren, ein ehemaliger Top-25-Spieler aus Schweden, führte das Schweizer Team an, und Peter Carter war ebenfalls anwesend.

„Roger und Lleyton hatten noch nie gegeneinander gespielt, beide wussten um den Ruf des jeweils anderen, da war viel Druck auf der Leitung", erinnerte sich Cahill. „Schon ab dem ersten Spiel ging es zur Sache. Sie versuchten sich gegenseitig zu beeindrucken: durch Verunsicherung, Herumwedeln mit dem Schläger, Diskutieren mit dem Schiedsrichter, was auch immer. Ich wusste nicht, wie mir geschah, denn ich hatte Lleyton noch nie richtig bei einem Match beobachtet, ihm jedenfalls noch nie von der Tribüne aus zugesehen. Und das hier glich einem Match zwischen McEnroe und Connors – zwei 15-Jährige, die sich beharkten. Am Ende des Matches waren beide quasi in Tränen aufgelöst. Ich glaube, Lleyton pfefferte am Schluss seinen Schläger in den Zaun."

Federer gewann den Tiebreak im dritten Satz und erinnerte sich, dass Hewitt so fest auf die Saiten eindrosch, dass seine Hand zu bluten begann. Cahill verließ den Platz benommen und verärgert – nicht weil Hewitt verloren hatte, sondern weil sich die beiden jungen Kontrahenten so benommen hatten. Er ging auf Carter zu, und der lächelte. Nicht wegen Federers Sieg, sondern weil er an die Zukunft dachte.

„Mann, die beiden werden eines Tages großartig sein", sagte Carter.

„Diese beiden Jungs brauchen einen anständigen Tritt in den Hintern. So kann man sich doch nicht benehmen", antwortete Cahill.

Carter lächelte immer noch. „Gut, darum kannst du dich ja kümmern", sagte er. „Aber sie werden mal ganz besondere Spieler."

Es war die erste von vielen Begegnungen zwischen Federer und Hewitt. Die nachfolgenden liefen zwar nicht mehr ganz so temperamentvoll ab wie diese, doch der Startschuss für ihre Rivalität war gefallen, und die erwies sich als entscheidend für ihre langen Karrieren.

In Zürich war Cahill mehr von Federers Spiel beeindruckt, als das noch in Basel der Fall gewesen war. Federers Rückhand war stärker geworden, wenngleich er weiterhin diesen großen Schritt machte.

„Er verschlug oder verpasste den Ball längst nicht mehr so oft", sagte Cahill. „Er hatte einfach eine unglaubliche Augen-Hand-Koordination. Am Ende kam dabei der Schlag heraus, den er heute hat. An kleineren Schritten hat er gearbeitet, aber ab und zu macht er einen Riesensatz mit dem rechten Bein auf seine Rückhandseite und schlägt eine Rückhand durch die Mitte, und man fragt sich, woher er diese Kraft nimmt und wie man sowas überhaupt schafft."

Damals in Ecublens war Federers Technik ein häufig diskutiertes Thema im Trainerstab.

Dank Kacovsky und Carter zeigte er starke Grundfähigkeiten, aber manches bereitete Sorge. Die Vorhand gehörte nicht dazu.

„Es war magisch, wie er sich auf den Schlag vorbereitete, den Schlägerkopf absenkte und dann mit seinem Handgelenk beschleunigte", sagte Freyss. „So ist er. Das ist angeboren. Wir mussten nur ein wenig am Abschluss arbeiten. Wir wollten ihn dazu bringen, dass er ein klein wenig länger Ballkontakt mit den Saiten hält."

Auf der Rückhand musste sich Federer noch die Kunst aneignen, den Topspin Drive zu spielen.

„Das war unsere große Baustelle", so Freyss.

Manchmal warf Freyss ihm die Bälle mit der Hand zu, und wenn ihm das Ergebnis gefiel, hörte er auf, und Federer sollte sich den Pfad merken, den er gerade mit dem Schläger in der Luft gezeichnet hatte.

Nach Freyss' Ansicht war Federer während des Schlags nicht stabil genug: Beim Abschluss zog er die linke Schulter zu früh nach vorn. „Um Stetigkeit zu erreichen, ist es sehr wichtig, die Schultern länger parallel zu halten", sagte Freyss. „Es gab ein paar Trainingseinheiten, bei denen der Ball mal hierhin, mal dorthin sprang."

Das zweite Ziel für eine verbesserte Rückhand war, den Ball weiter vorne anzunehmen. Doch auch der einhändige Rückhand-Slice, eine weitere Stärke Federers im Verlauf seiner Karriere, benötigte Feinabstimmung.

„Beim Slice ging sein Kopf ein wenig nach hinten“, sagte Freyss. „Das mussten wir also ändern.“

Die Prioritäten beim Aufschlag lagen darin, die Schulterrotation zu erhöhen und den Ballwurf stetiger zu machen. Wichtig war, die Absicht zu verschleiern, indem man verschiedene Aufschläge von der gleichen Wurfposition ausführt.

„Sampras konnte all seine unterschiedlichen Aufschläge mit dem gleichen Ballwurf ausführen. Im Laufe der Zeit versucht man dann, solche Dinge einzubauen, aber gleichzeitig auch eigene Sachen auszuprobieren“, verriet mir Federer. „Ich experimentierte laufend mit meinem Aufschlag, versuchte einen für einen Kick-Aufschlag geworfenen Ball in eine andere Richtung zu schlagen oder einen Kick-Aufschlag nach einem geraden Wurf auszuführen. Und ich stellte fest, dass ich das tatsächlich alles konnte.“

Paganini koordinierte auch Unterbringung und Schule der Spieler. Federers Gastfamilie bestand aus den Eltern Cornelia und Jean-François Christinet und ihren drei Kindern. Federer lebte unter der Woche bei den Christinets und fuhr für das Wochenende und die Ferien mit dem Zug nach Basel zu seinen Eltern und seiner Schwester.

„Wenn er gewann, dann wegen der Cornflakes“, sagte Cornelia Christinet 1999 in einem Interview mit der Schweizer Zeitschrift *L'Illustré*. „Er aß sie schüsselweise, von morgens bis abends. Fleisch oder Fisch mochte er nicht, nur Pasta.“

Auch das Aufstehen war nicht seine Sache. „Manchmal hörte er den Wecker nicht, und ich musste ihn aus dem Bett jagen“, berichtete Cornelia Christinet. „Aber dann brauchte er nur fünf Minuten. Ich kenne niemanden, der sich so schnell fertig macht.“

Die Schulaufgaben stellten die größte Herausforderung dar, wenigstens lernte er schnell Französisch – nicht zuletzt, weil er ins kalte Wasser sprang und sich nicht groß darum scherte, ob er beim Sprechen Grammatikfehler machte. Er führte seinen Kampf nicht allein. Sven Swinnen, ein weiterer Deutschschweizer, musste wie er Französisch erst lernen und hatte als Klassenkamerad denselben Unterricht und dieselben Lehrer wie Federer. Swinnen war ebenfalls ein vielversprechender Spieler, er besiegte Federer anfangs oft und erhielt später ein Tennisstipendium an der University of Oregon.

„Anfangs hatten wir es beide schwer in Ecublens", erzählte mir Swinnen. „Aufgrund der Sprache waren wir beide Außenseiter. Die allgemeine Stimmung war: ‚Was macht ihr eigentlich hier?' Aber es half uns auch. Wir lernten eine Sprache, was natürlich positiv war und Roger sicher später geholfen hat. Seine Mehrsprachigkeit trug zu seiner Popularität bei."

Philippe Vacheron, einer ihrer Lehrer am Collège de la Planta, erinnert sich gut an Federer und spielte sogar einmal mit ihm.

„Er hatte so eine wilde Seite an sich, die ich Instinkt nennen würde", sagte Vacheron in einem Interview mit der Schweizer Tageszeitung *Le Temps*. „Er konnte aus dem Nichts heraus in die Klasse hineinrufen: ‚Monsieur Vacheron! Was bedeutet das?' Andere Kollegen hätten das nicht hingenommen, aber ich fand es irgendwie liebenswert. Sein Deutschschweizer Klassenkamerad Sven hielt sich an die Regeln, Roger sprach aus, was er dachte. Er neigte zu heftigen Reaktionen, war aber nie respektlos. Er konnte auch ziemlich empfindlich sein, wenn er Schwierigkeiten hatte. Er war dann frustriert, weil er etwas nicht verstand, und litt gleichzeitig darunter, so weit weg von zu Hause zu sein. Selbst wenn aus ihm kein Champion geworden wäre, würde ich mich an ihn erinnern. Von allen Spielern, die unsere Schule besuchten, war er der Einzige, bei dem ich mir sagte, dass er seinen Weg konsequent zu Ende gehen muss. Alles war möglich, Erfolg oder Scheitern. Aber er hatte Talent."

Daran bestand kein Zweifel, und in seinem zweiten Jahr in Ecublens begannen sich seine Turnierergebnisse zu verbessern. Er war ausgeglichener und selbstsicherer und hatte sein Spiel um neue Elemente erweitert.

Allegro erinnerte sich, dass alle Teilnehmer des Programms einen Fragebogen ausfüllen und ihre Tennisziele nennen mussten. Allegro schrieb, er hoffe, unter die besten 100 Spieler der Welt zu kommen. „Roger war der Einzige von uns, der schrieb, er wolle die Nummer eins werden", sagte Allegro. „Ich bin mir nicht sicher, ob er selbst daran glaubte, aber alle sollten es wissen."

Wenn ein junger Spieler an die Tennisspitze gelangen möchte, kann eine Menge schiefgehen. Freyss, der so viele Talente trainiert und gegen sie gespielt hat, schätzte Federers Erfolgschancen positiv ein, als dieser mit 16 Jahren Ecublens verließ. Federers Spiel beurteilte er als besonders vielversprechend, weil es solide und flüssig war.

„Wenn er spielte, konnte ich nichts erkennen, was ihn aufhalten würde", sagte Freyss. „Er konnte zwei Meter hinter der Grundlinie stehen oder auch mitten im Spielfeld, und nichts hielt ihn davon ab, einen Gang hochzuschalten. Aus meiner Sicht waren der Fantasie keine Grenzen gesetzt."

Nachdem er Federer zwei Jahre lang genau beobachtet hatte, erkannte er aber doch eine Hürde.

„Das Einzige, was ihm in die Quere kommen könnte, war sein Kopf, seine Nerven", sagte Freyss. „Und am Ende sagte ich zu ihm: ‚Roger, du kannst die größten Trophäen der Welt hochhalten, aber versuche nicht gegen dich selbst zu kämpfen, denn dann wird alles nur komplizierter.'"

Kapitel 4

BIEL/BIENNE, SCHWEIZ

Bei einem gemeinsamen Mittagessen in den Alpen ließ Roger Federer mir gegenüber seinen eigenen Namen fallen.

Er nannte eine Reihe von Orten, die ihm in der Schweiz am meisten bedeuteten und die ich besuchen sollte: natürlich Basel, Ecublens, Zürich und den See, Lenzerheide mit den spektakulären Bergen und Skiabfahrten, im nahen Valbella hatte er zusammen mit seiner Frau Mirka ein traumhaftes Haus gebaut.

Dann erwähnte er Biel.

„Da wurde jetzt eine Straße nach mir benannt", sagte er nüchtern. „Die Roger-Federer-Allee."

Als ich nach einer malerischen Zugfahrt dort eintraf, erwies sich diese Straße nicht ganz als das, was die meisten von uns erwartet hätten. Das gerade Stück Teerstraße befand sich in einem modernen Stadtteil, der an ein Gewerbegebiet aus dem späten 20. Jahrhundert erinnert.

Es ist nicht leicht, überhaupt auf eine Schweizer Karte zu gelangen. Die Obrigkeit sieht es nicht gern, wenn öffentliche Plätze oder Straßen nach noch lebenden Schweizerinnen oder Schweizern benannt werden. Den berühmtesten lebenden Schweizer Sportler Roger Federer hielt man für würdig genug, dass für ihn eine Ausnahme gemacht wurde. Er selbst machte sich allerdings nicht stark dafür. Die wenig anregende Kulisse ist in gewisser Weise dann doch sehr passend: Die Straße verläuft neben dem nationalen Leistungszentrum des Schweizerischen Tennisverbands. Federer verbrachte dort nach dessen Eröffnung mehrere prägende Jahre.

„Mein Erwachsenenleben begann praktisch in Biel", sagte Federer.

Genau genommen stehen zwei Namen auf dem Straßenschild: Roger-Federer-Allee und Allée Roger Federer. Biel ist zweisprachig und bildet eine Brücke zwischen der deutsch- und der französischsprachigen Schweiz.

Biel ist der deutsche Stadtname, Bienne der französische, und seit 2005 heißt die Stadt offiziell Biel/Bienne. Ihre Website www.biel-bienne.ch spiegelt diese Zweisprachigkeit ebenso wider wie Federer, der die Stadt „Biel“ nennt, wenn er Deutsch oder Englisch spricht, aber „Bienne“, wenn er Französisch spricht.

Die Zweisprachigkeit ist einer der Gründe, die den Schweizerischen Tennisverband dazu bewogen, sein Leistungszentrum im September 1997 von Ecublens nach Biel/Bienne zu verlegen.

„Ein politisch äußerst korrekter Standort“, bemerkte der Niederländer Sven Groeneveld dazu, der 1997 mit der Leitung des Trainingsprogramms betraut wurde.

Im Gegensatz zum französischsprachigen Ecublens war es in Biel/Bienne möglich, junge Talente überwiegend in Schulen zu schicken, die in ihrer ersten Sprache unterrichteten.

Federer, der mittlerweile fließend Französisch sprach, war zu allem bereit, was sein neues Trainingszentrum ihm vorsetzen würde. Um Hausaufgaben musste er sich nicht mehr kümmern. Mit 16 Jahren hatte er seine Pflichtschulzeit absolviert, und er traf die Entscheidung, sich jetzt ganz auf die Profikarriere zu konzentrieren.

Das war ein mutiger Schritt in einer so konservativen, bildungsorientierten Gesellschaft wie der Schweiz, wo eine Sportkarriere selbst in den späten 1990er-Jahren kaum als seriöser Berufsweg betrachtet wurde.

„Die Denkweisen haben sich verändert, aber die Schweiz ist trotzdem nicht das, was ich als echtes Sportlerland bezeichnen würde“, sagte Marc Rosset, seinerzeit der beste Schweizer Tennisspieler. „Das ist nicht mit den USA, Australien oder Italien vergleichbar. Manchmal haben es Sportler in der Schweiz wirklich schwer.“

Rosset erinnerte sich, wie er 1988 mit 18 Jahren die Schweizer Jugendmeisterschaften gewann und dann mitgeteilt bekam, dass der Schweizerische Tennisverband nicht vorhatte, ihn nach Florida zum Orange Bowl zu entsenden, einem der weltweit wichtigsten Juniorenwettbewerbe.

„Ich sagte: ‚Warum denn nicht?' Normalerweise spielt jeder, der mit 18 Jahren Schweizer Meister wird, beim Orange Bowl", erinnerte sich Rosset. „Aber sie sagten: ‚Du bist nicht gut genug, das hat keinen Sinn.'"

Rosset, verletzt, aber entschlossen, forderte den Verband auf, ihn trotzdem anzumelden – seine Familie würde die Reise bezahlen. Er machte das Beste daraus und gewann als erster Schweizer den U18-Wettbewerb beim Orange Bowl (Federer war der zweite).

„So läuft es in der Schweiz oft", sagte Rosset. „Was sie mit mir gemacht haben, war nicht gerade nett, in gewisser Weise hat es mich aber auch gestärkt. Ich dachte mir: ‚Okay, ihr wollt mich also nicht. Ich werd's euch zeigen.'"

Kurz nach seiner Entscheidung, die Schule zu verlassen, suchte Federer seinen alten Zahnarzt in Basel auf. Die beiden unterhielten sich.

„Er fuhrwerkte in meinem Mund herum und sagte: ‚Na, was machst du denn jetzt'", erinnerte sich Federer. „Und ich so: ‚Ich spiele Tennis.' Und er fragte: ‚Okay, und sonst?' Und ich so: ‚Das war's.' Und er schaute mich mit großen Augen an: ‚Das ist alles? Nur Tennis?!'"

Federer wechselte den Zahnarzt.

„Ich ging nie wieder zu ihm, er verstand überhaupt nicht, was ich hier versuchte", erzählte mir Federer. „Ich verfolgte einen Traum. Ich griff nach den Sternen. Und er war skeptisch. Mit solchen Menschen möchte ich mich nicht umgeben."

Beim Aufbau seiner eigenen beruflichen und privaten Netzwerke behielt Federer diese Herangehensweise bei. Er suchte die positive Energie und Menschen, die ihn aufbauten. Das birgt natürlich immer die Gefahr, Leute anzulocken, die einem erzählen, was man gerne hören möchte, und nicht das, was man hören sollte. Gerade wenn es sich um eigene Angestellte handelt. Profispieler haben fast immer ein Gefolge, das manchmal beschönigend als „Team" bezeichnet wird. An Schmeichlern herrscht kein Mangel.

Nach Aussage derer, die im Laufe der Jahre eng mit Federer zusammengearbeitet haben, lernte Federer Diskussionen mit dem Team und konstruktive Kritik mit der Zeit schätzen. Doch mit 16 sehnte er sich nach Menschen, die ihm vertrauten und ihm auf die Schulter klopften.

„Ich wollte hören: ‚Das ist fantastisch, Roger, ein großartiger Plan'", sagte er. „Ich glaube, dass man jungen Menschen wirklich helfen kann, wenn man ihnen sagt: ‚In Ordnung, nichts wie ran! Egal welchen Weg du gehst, ich werde dich unterstützen.' Aber natürlich muss man auch realistisch sein. Wenn du nicht gut genug bist, musst du irgendwann erkennen, dass es okay ist aufzuhören. Manche treiben es zu weit, und dann trifft es sie wie ein Schlag."

Die einflussreichsten Stimmen der Vernunft waren in dieser Zeit die seiner Eltern. Zwar erkannten sie das Talent ihres Sohnes und rechneten ihm die Leidenschaft hoch an, mit der er sich dem Tennis widmete. Doch die Federers waren sich sehr bewusst, dass zahllose aussichtsreiche Junioren die Weltspitze nicht erreichen. Sie wollten einen Plan B.

Robert Federer erklärte Roger, sie würden ihn bei der Finanzierung seiner Karriere unterstützen, doch wenn er mit 20 noch nicht die Top 100 erreicht habe, müsse er auf die Schulbank zurückkehren und einen Abschluss machen.

„Damit hatte ich kein Problem, das Versprechen konnte ich ihm geben", erzählte mir Federer. „Ich rechnete mir gute Chancen aus, auch realistisch gesehen."

In Biel/Bienne, kaum mehr als eine Fahrstunde südlich von Basel, begann die Uhr zu ticken. Wie so oft auf dem Platz und abseits davon war Federers Timing ausgezeichnet.

Das neue „Haus des Tennis" gehörte dem Schweizerischen Tennisverband, anders als das Zentrum in Ecublens, wo der Verband nur Anlagen gemietet und in einem privaten Club Platzgeld bezahlt hatte. Der Umzug ermöglichte dem Verband auch, seine Aktivitäten zusammenzuführen; erstmals befanden sich nun die Trainings- und Verwaltungseinheiten am selben Ort.

Das Schweizer Tennis hatte eine neue Stufe genommen. Einige Monate zuvor hatte Martina Hingis ihren Ruf als eines der größten Wunderkinder des Sports gefestigt, indem sie mit 16 Jahren die Spitze der Damen-Weltrangliste erreichte. Damit war sie die jüngste

Nummer eins der Geschichte. Die Saison 1997 wurde ihre beste: Sie gewann die Australian Open, Wimbledon sowie die US Open und verpasste den Grand Slam nur, weil sie im Finale der French Open an einer anderen jugendlichen Spielerin scheiterte: der Kroatin Iva Majoli.

Hingis' uneingeschränkter Triumph währte nur kurz (dann hoben die Williams-Schwestern das Spiel auf ein noch höheres Niveau). Mit ihrer geschliffenen Technik und ihrem hervorragenden Platzgefühl war sie auf jedem Belag gefährlich. Sie war listig und selbstbewusst, was ihre fehlende Kraft ausglich. Sie erhielt den Spitznamen „Swiss Miss". In journalistischen Kreisen wurde sie auch „Chucky" genannt, nach der grinsenden Mörderpuppe, die ihre Besitzer terrorisiert.

Hingis' Grinsen war in der Tat mysteriös: Je nach Situation konnte es Erfüllung oder Bedrohung bedeuten. Doch ihr Tennistalent war unübersehbar, und wie Federer hatte sie internationale Wurzeln. Ihre Eltern stammten aus dem slowakischen Teil der früheren Tschechoslowakei. Hingis wurde clever gecoacht von ihrer Mutter Melanie Molitor. Sie ist der lebende Beweis dafür, dass man in jungem Alter sowohl große Träume haben als auch groß herauskommen kann.

Federer, ein sensibler 16-Jähriger voller Ehrgeiz und nervlicher Anspannung, war einmal Balljunge für Hingis in Basel gewesen. Er beobachtete sie aufmerksam und ließ sich von ihr inspirieren, auch wenn Herren- und Damen-Tour sehr unterschiedliche Gefilde waren und sind.

„Man kann das mit einem Bergsteiger vergleichen, der eine Wand anstarrt und sich fragt: ‚Kann man das schaffen?'", sagte Heinz Günthardt, ein früherer Wimbledon-Champion bei den Junioren und der beste Schweizer Spieler der 1980er-Jahre. „Und dann erklimmt jemand sie plötzlich. Da will man es doch unbedingt auch versuchen. Und selbst wenn man es beim zweiten, dritten oder vierten Mal nicht schafft, weiß man doch, es ist möglich, denn einer Person ist es gelungen. In meiner Zeit hätte es mir zweifellos geholfen, wenn mir da jemand gezeigt hätte, dass es geht."

Günthardt erreichte in Wimbledon und bei den US Open das Viertelfinale im Einzel, bekannt wurde er aber wohl am ehesten als Trainer von Steffi Graf. Er galt als Topspieler in einer Zeit, in der es schon ein Erfolg war, wenn ein Schweizer überhaupt an einem Grand-Slam-Turnier teilnahm. Ans Gewinnen dachte niemand.

Federer legte an sich selbst eine höhere Messlatte an, und im Gefolge von Hingis taten das auch andere.

„Ich spürte, dass es möglich war, nach den Sternen zu greifen, und zum Glück gab es in diesem Land Martina und andere großartige Sportlerinnen und Sportler", erzählte mir Federer. „Wir müssen hier wohl noch etwas an uns arbeiten, um wie in Amerika daran zu glauben, dass alles möglich ist. Manchmal habe ich den Eindruck, als könnten wir nicht an uns glauben, weil man uns einredet, Schule, Job, Sicherheit sei alles, worauf es ankomme. Das hält uns davon ab, aufs Ganze zu gehen und zu sagen: ‚Riskieren wir doch etwas, packen wir's an, folgen wir mal zwei oder drei Jahre lang unseren Träumen und schauen, was passiert.' Mit halben Sachen kommt man nicht weiter. Wenn jemand in China oder Russland oder Amerika oder Argentinien oder wo auch immer fünf Stunden täglich trainiert und du nur zwei, wie soll das gehen? Dann ist es doch unrealistisch, der Größte und Beste zu werden. Mit Träumen allein kommt man nicht in die Top 250 oder in die Nähe eines Wimbledon-Siegs."

Federer hatte Glück, dass das gut ausgerüstete Zentrum in Biel für ihn im richtigen Moment eröffnete. Es stellte ihm zu einem sehr günstigen Preis eine solide Trainingsbasis und einen ebensolchen Beraterstab zur Verfügung. Der Verband trug einen Großteil der Kosten.

Seine Eltern gaben zu diesem Zeitpunkt rund 30.000 Schweizer Franken (etwa 27.500 Euro) pro Jahr für seinen Traum aus – eine beachtliche Summe, aber kein Vermögen, jedenfalls verglichen mit dem, was andere Tennisfamilien in Ländern ohne staatliche oder verbandsseitige Unterstützung aufbringen.

In Biel war Federer von neuen, aber auch von sehr vertrauten Einflüssen umgeben. Eine der neuen Stimmen war Groeneveld, ein hochgewachsener, gutaussehender junger Niederländer, der als

Trainer schon Mary Pierce zum Titel bei den Australian Open 1995 und Michael Stich ins Finale der French Open 1996 geführt hatte, später auch Ana Ivanovic und Maria Sharapova zu Grand-Slam-Titeln.

Groeneveld war von Stephane Oberer angeheuert worden, dem langjährigen Trainer von Rosset, der auch Kapitän des Schweizer Davis-Cup-Teams war und das neue Leistungszentrum leitete.

Ein weiterer Neuer in Biel war Peter Lundgren, ein gutmütiger Schwede, der einst auf Platz 25 der Weltrangliste gestanden und es dann als Coach geschafft hatte, den widerspenstigen und hochtalentierten Chilenen Marcelo Ríos in die Top 10 zu führen.

Lundgren erzählte mir, dass sein Entschluss, die Stelle anzutreten, nicht zuletzt wegen Federer fiel.

„Mein Manager rief mich an und sagte: ‚Es gibt da einen Job in der Schweiz. Sie möchten, dass du dich um diesen jungen, aussichtsreichen Spieler Roger Federer kümmerst'", erzählte Lundgren. „Es war eine schwierige Entscheidung. Meine Familie lebte in Schweden. Wir hatten gerade eine Tochter bekommen, deshalb zog ich erst allein runter. Anfangs war es nicht leicht."

Man hatte sich nicht um eine Unterkunft für ihn gekümmert. Groeneveld war sein Freund, ansonsten stellte die Sprachbarriere oft eine Herausforderung dar.

„Als ich ankam, hatte ich dieses komische Gefühl im Bauch", sagte Lundgren. „Das werde ich nie vergessen. Ich dachte: ‚Ob das die richtige Entscheidung war?'"

Der Schweizerische Tennisverband stellte bald einen weiteren Peter ein: Peter Carter, den man aus Basel und vom Tennisclub Old Boys mit der Aussicht wegköderte, wieder auf Federer zu treffen. Carter hatte sich mittlerweile in Basel gut eingerichtet, weshalb auch ihm die Entscheidung schwerfiel.

„Peter zögerte, Basel zu verlassen, aber ich erzählte ihm von meinen Plänen, ihn maßgeblich mit Rogers Entwicklung zu betrauen", sagte Groeneveld.

Während Lundgren sich zunächst auf ältere Spieler wie Ivo Heuberger konzentrierte, die schon auf dem Sprung in die Profikarriere waren, richtete Carter sein Augenmerk auf jüngere Spieler im Übergang. Zu dieser Gruppe gehörten Federer, Allegro, Michael Lammer und Marco Chiudinelli, Federers Freund aus Jugendtagen.

Es war eine vielversprechende Gruppe, und obwohl nur Federer es zu Weltruhm brachte, erzielten auch die anderen einige beachtliche Erfolge als Tennisprofis. Das galt auch für Michel Kratochvil, der ebenfalls in Biel trainierte.

Sie alle trieben sich gegenseitig in dieser prägenden Phase an – nicht selten ein Schlüssel zum Erfolg im Tennis, denn auf sich allein gestellt kann ein Spieler nicht zu Höchstleistungen auflaufen. Ob an der Bollettieri Tennis Academy in Bradenton, Florida in den 1980er-Jahren, auf den Sandplätzen von Barcelona in den 1990ern oder in den Moskauer Clubs in den Nullerjahren: Wo immer es gelang, talentierte Jugendliche Tag für Tag zusammenzubringen, um ihre Grenzen und emotionale Belastungsfähigkeit auszutesten, hat sich dies als Erfolgsformel erwiesen.

Keiner wusste das besser als Lundgren. Er gehörte zur schwedischen Tennisgeneration, die auf Björn Borg folgte. Dieses langhaarige Teenageridol mit dem Pokerface war ein Serien-Champion. Borg war der Inbegriff des kühlen Blonden aus dem Norden, obwohl er in seiner Jugend ein feuriges Temperament hatte (klingt bekannt, oder?). Er war einer der ersten Superstars der Open-Ära.

Der 1965 geborene Lundgren entstammt derselben schwedischen Generation wie Mats Wilander und Stefan Edberg, die beide Platz eins der Weltrangliste erreichten und zu der auch Anders Järryd, Joakim Nyström, Mikael Pernfors, Henrik Sundström, Jonas Svensson und Kent Carlsson gehörten, alles Spieler, die es in die Top 10 schafften (Järryd war außerdem die Nummer eins im Doppel).

Bei den French Open im Jahr 1987, als Borg schon nicht mehr Profispieler war, wies das 128 Spieler zählende Teilnehmerfeld im Herreneinzel allein 18 Schweden auf – erstaunlich für ein Land mit nur neun Millionen Einwohnern, langen Wintern und wenigen Hallenplätzen.

„Ich stand auf Platz 25 der Weltrangliste und gleichzeitig in Schweden nur auf Platz 7", sagte Lundgren. „Das sagt viel."

Die in Biel versammelten Schweizer kamen an die kollektiven Erfolge der Schweden nicht heran, aber auch sie erlebten, dass man gemeinsam stark ist.

„Unser Teamgeist war sehr wichtig“, erzählte mir Michael Lammer. „Wir hatten großartige Trainer. Die Atmosphäre war entspannt. Uns jüngere Spieler hat stark beeinflusst, dass wir täglich den Schweizer Topspielern aus verschiedenen Generationen zusehen konnten. Ich glaube, das hat uns sehr motiviert.“

Federer wohnte jetzt nicht mehr bei einer Gastfamilie. Mit dem Segen und der finanziellen Unterstützung seiner Eltern bezog der 16-Jährige eine kleine Wohnung, die sein drei Jahre älterer Freund Allegro angemietet hatte und in der Nähe des Leistungszentrums lag.

Die erste Herausforderung war, pünktlich zum Training zu erscheinen und sein Zimmer sauber zu halten.

„Nicht seine Stärke“, sagte Allegro lachend. „Er spielte viel auf seiner PlayStation.“

Mit Allegro, dem späteren Juniorentrainer des Verbands, sprach ich 2019 bei einem Mittagessen im Leistungszentrum, gut 20 Jahre nachdem Federer und er dort anfingen.

Er wies auf einen der sechs Sandplätze, die man durch das Panoramafenster des Restaurants Topspin sieht.

„Roger und ich waren die Ersten, die hier trainierten“, sagte Allegro. „Am 15. August 1997 standen wir zusammen mit Peter Lundgren auf diesem Platz.“

Seit Federers Zeiten hat sich im Haus des Tennis viel verändert. Mittlerweile sind ein vierstöckiges Bürogebäude und ein Wohnheim hinzugekommen, von den Balkonen blickt man auf die Sandplätze gleich darunter. Es gibt eine 2017 fertiggestellte Tribüne mit Platz für 2500 Zuschauer, die bei Veranstaltungen wie dem Swiss Davis Cup oder dem King Cup zum Einsatz kommt.

Federers Erfolge haben diese Erweiterungen mit ermöglicht, und obwohl er nur noch selten vor Ort ist, ist er doch überall präsent. Große Fotos von ihm zieren die Wände, auch Fotos von dem späteren Schweizer Grand-Slam-Gewinner Stan Wawrinka.

An der Außenwand der Tennishalle klebt ein Foto in der Größe einer Reklametafel, das Federer, Wawrinka und die anderen Mitglieder des siegriechen Davis-Cup-Teams von 2014 zeigt. Es ist von der Roger-Federer-Allee aus zu sehen.

Nur eine weitere Straße ist noch nach ihm benannt – und zwar in Halle, wo er das Rasenturnier mehr als ein Jahrzehnt lang dominierte.

„Es ist eine sehr kleine Straße, kaum hundert Meter lang", sagte Federer 2016 bei der Einweihungsfeier in Biel. „Aber Deutschland ist nicht die Schweiz. Hier eine Straße zu haben, bewegt mich viel mehr. Ich hoffe, dass hier immer eine Menge los sein wird, mit vielen jungen Spielern, die genau wissen, dass sie hier nicht im Urlaub sind, und die nicht vor großen Träumen zurückschrecken. Die nicht nur Profis werden wollen – dazu genügt ja schon ein einziger ATP-Punkt –, sondern die davon träumen, Wimbledon oder den Davis Cup zu gewinnen. Oder vielleicht auch, dass eine Straße nach ihnen benannt wird."

Kaum zwei Wochen nach Allegros und Federers Ankunft in Biel waren sie nicht mehr nur Hausgenossen und Trainingspartner, sondern auch Rivalen: als Teilnehmer in mehreren Schweizer Satellite-Turnieren, der niedrigsten Stufe im Profitennis.

In jenen Jahren waren Satellite-Turniere oft so etwas wie ein Tenniszirkus im Kleinformat – drei Turniere in Folge, die im Verlauf von drei Wochen ausgespielt wurden, gefolgt von einem „Masters"-Wettkampf für die Topspieler.

Die erste Etappe dieses Satellite-Turniers, das vom 23. August bis zum 21. September dauerte, trug sich in Biel auf einem Sandplatz in einem kleinen Club zu. Federer errang seinen ersten Sieg als Profispieler, als er in der ersten Runde mit 7:5, 7:5 gegen Igor Tchelychev gewann, einen Russen, der mit seinen 20 Jahren schon in den Top 400 angekommen war.

„Tchelychev war ein hochgewachsener Typ, athletisch und ein echter Russe, weißt du", sagte Allegro. „Er hatte eine tiefe Stimme. Dass Roger dieses Spiel gewann, legte die Grundlage für sein gesamtes Satellite-Turnier, er begann richtig gut zu spielen."

Federer gewann zwei weitere Spiele in Biel, bevor er im Halbfinale Agustin Garizzio unterlag, einem 27-jährigen in der Schweiz lebenden Argentinier, der in den lokalen Turnieren Angst und Schrecken verbreitete, vor allem auf Sand. Sein höchstes ATP-Ranking erreichte er 1998 mit Platz 171.

Garizzio war an Nummer eins gesetzt und schlug Federer eine Woche später erneut, als sie beim zweiten Turnier der Satellite-Serie in Nyon in Runde zwei wieder aufeinandertrafen. Dennoch war er von dem Jugendlichen tief beeindruckt. Beide Matches waren über drei Sätze gegangen, und in beiden Fällen musste sich Garizzio nach dem Verlust des ersten Satzes wieder fangen.

„In Nyon ging ich mitten im Match zu einem Freund, der uns zusah, und sagte: ‚Dieser Junge – sobald er das Spiel mit seiner Rückhand bestimmen kann, wird er die Nummer eins sein'", erzählte Garizzio der Schweizer Zeitung *Le Matin Dimanche.* „Ich spielte da gegen einen Jungspund auf der anderen Netzseite, der ein Tänzchen aufführte."

Beim dritten Satellite-Turnier der Serie, ausgetragen in Noës, erreichte Federer das Halbfinale. Einer seiner Gegner war Joel Spicher, ein junger Schweizer, den Federer in der zweiten Runde in drei Sätzen mit 6:3, 0:6, 6:4 schlug.

„Das Spiel wurde durch einen oder zwei Punkte im dritten Satz entschieden", berichtete Spicher *Le Monde Dimanche.* „Seine Fähigkeit, bei wichtigen Punkten unglaubliche Risiken einzugehen, machte mich sprachlos. Er schlug Bälle, die ich für schwer einschätzbar hielt, mit einer Erfolgsquote, die mich wahnsinnig machte."

Spicher blieb im Laufe der Jahre nicht der Einzige, der zu dieser Erkenntnis kam.

Federer qualifizierte sich für das Masters, das Endturnier der Serie, das in Bossonnens nahe Lausanne stattfand. Auch Allegro qualifizierte sich, und die beiden Hausgenossen pendelten täglich von Biel aus mit Peter Lundgren in dessen blauem Peugeot 306.

„Wir tauften den Wagen ‚Blaue Flamme', weil der Motor so schwach war", sagte Allegro. „Wir lachten uns darüber ziemlich kaputt."

Nachdem Allegro und Federer ihr Auftaktmatch gewonnen hatten, standen sie sich im Viertelfinale gegenüber. Sie spielten sich gemeinsam ein und betraten dann den Platz, um gegeneinander anzutreten. Es gab keine Ballkinder. Allegro und Federer mussten ihre Linienrichterentscheidungen selbst treffen, und das Spiel endete in einem ordentlichen Gerangel, das Allegro mit 7:6, 4:6, 6:3 gewann.

Allegro erinnerte sich, dass Federer zu Beginn des dritten Satzes etwas ins Auge geriet und er deshalb allmählich seinen Rhythmus und auch seine Beherrschung verlor.

„Am Ende des Spiels weinte Roger ziemlich heftig", sagte Allegro. „Er weinte 20 Minuten lang, dann war es vorbei. Abends aßen wir wieder zusammen."

Das Publikum bestand bei diesem Spiel wohl nur aus Lundgren, Federers Vater Robert und dem Turnierschiedsrichter Claudio Grether.

„Claudio war ein erfahrener Schiedsrichter", sagte Allegro. „Und nach dem Match kam er zu mir und sagte: ‚Bravo, Herr Allegro, aber das war heute das letzte Mal, dass Sie Federer geschlagen haben.' Und wissen Sie was? Er hatte recht."

Von da an musste sich Allegro mit dem einen oder anderen Sieg bei Trainingsmatches begnügen.

„Tatsächlich habe ich Roger sogar geschlagen, als er die weltweite Nummer eins war", sagte Allegro. „Manchmal war das gar nicht schwer, aber für offizielle Matches galten andere Regeln."

Die Qualifikation für das Masters in Bossonnens war in mehrerlei Hinsicht eine Belohnung. Vor allem sicherte es ATP-Ranglistenpunkte.

Für jeden Spieler ist die Erfahrung, die ersten dieser Punkte zu verbuchen, ein besonderer Moment. „Wie der Kauf deines ersten Autos", sagte mir einmal der US-Tennisstar Jim Courier.

Federers 16. Geburtstag lag erst wenige Wochen zurück, er besaß noch keinen Führerschein, aber am Montag, dem 22. September, hatte er seine ersten Weltranglistenpunkte: zwölf, um genau zu sein.

Damit lag er in der ATP-Rangliste auf Platz 803, gleichauf mit Daniel Fiala aus Tschechien, Clement N'Goran von der Elfenbeinküste und Talal Ouahabi aus Marokko.

Federer erinnerte sich, wie er die ATP-Website aufrief und dort seinen Namen fand.

„Ein Meilenstein", so Federer viele Jahre später in einem Gespräch mit mir über jene ersten Weltranglistenpunkte. „Genauso wie die Top 100, die Top 10 oder die Nummer eins zu erreichen. Das sind die Highlights, auf die man sich freut."

Doch nur wenigen ist es natürlich gegeben, alle diese Meilensteine zu erreichen. Weder Fiala noch N'Goran oder Ouahabi kamen auch nur auf Platz 250 der Rangliste. Federer hingegen stand am Beginn eines außergewöhnlichen Aufstiegs.

Aber als in jener Woche die ATP-Rangliste veröffentlicht wurde, war er nicht der einzige junge Newcomer, der sich auf Seite 9 wiederfand: Platz 808 belegte Lleyton Hewitt, ein weiterer künftiger Weltranglistenerster und US-Open- sowie Wimbledon-Champion.

Hewitt erwarb seine ersten Punkte mit 15 Jahren, ebenso wie einige Jahre später Rafael Nadal. Zu denen, die wie Federer ihre ersten Punkte ebenfalls mit 16 Jahren erspielten, gehören Novak Djokovic, Andy Murray und Stan Wawrinka.

Schon vor jenem Satellite-Turnier war Lundgren klar, dass er gut daran getan hatte, nach Biel zu kommen.

„Als ich Roger zum ersten Mal sah, dachte ich zu mir: ‚Dieser Junge wird mal ein Superstar, keine Frage'", sagte Lundgren. „Das war mir völlig klar, denn ich hatte vorher schon mit Ríos gearbeitet, der ein ähnliches Talent hatte – allerdings eine andere Persönlichkeit."

Als ich darüber lachte, fiel Lundgren lachend ein.

„Ich versuche, mich diplomatisch auszudrücken", sagte er.

Es sei nebenbei erwähnt, dass Lundgren Federer aus ihrer ersten gemeinsamen Trainingseinheit warf, weil er sich schlecht benahm – allerdings nicht ohne zuvor seine geschmeidige, explosive Vorhand zu bewundern.

„Okay, er war faul, aber seine Vorhand war einfach unglaublich", sagte Lundgren. „Und ich war mir sicher, dass diese Vorhand richtig gigantisch werden würde, wenn er einmal älter und stärker war."

Von anderen Elementen des Tennisspiels, das der 16-jährige Federer zeigte, war Lundgren weniger beeindruckt.

„Physisch war er schwach“, sagte Lundgren. „Und seine Rückhand hatte einen schönen Schwung, aber da war keine Beinarbeit, gar nichts.“

Bevor er die Stelle beim Schweizerischen Tennisverband annahm, hatte er an einem Trainingslager des Verbands teilgenommen und auch einen eingehenden Blick auf Federer geworfen. Er erkannte schnell dessen Potenzial, wie auch die Herausforderungen.

„Ich sah, wie stur er war, auch wie verspielt – ungeheuer verspielt“, verriet mir Groeneveld.

Mit diesem Adjektiv wurde der junge Federer oft beschrieben, und man hört es auch heute noch von Menschen, die ihn gut kennen oder erlebt haben, wie er sich hinter einer Tür versteckte, um sie zu erschrecken.

Doch was genau verstand Groeneveld unter „verspielt“?

„Es war eine wettbewerbsorientierte Verspieltheit“, sagte er. „Er empfand alles als Spiel, ob auf oder neben dem Platz oder im Gespräch. Selbst wenn man sich heute ganz zwanglos mit ihm unterhält, ist da immer ein Wettbewerbselement, ob in Form eines Witzes oder einer ernsthaften Bemerkung. Wegen seiner Verspieltheit fiel es ihm damals schwer, konzentriert und wirklich bei einer Sache zu bleiben. Er brauchte viel Abwechslung, und wenn er die nicht bekam, verwandelte er sich umgehend in einen Quälgeist.“

Die Lösung? Abwechslung für alle.

„Ich behaupte nicht, dass Roger unsere gesamte Gruppe steuerte, aber weil alle im selben Leistungszentrum trainierten, konnte Roger eben zum Störenfried werden“, sagte Groeneveld. „Deshalb mussten wir der gesamten Gruppe viel Abwechslung bieten.“

Das bedeutete, dass „PC“ und „PL“, wie Peter Carter und Peter Lundgren bald genannt wurden, sich oft für kreative und schnell wechselnde Übungen entschieden und ihre Schützlinge zum Crosstraining in verschiedenen Sportarten schickten.

Sie ergänzten den Lehrplan um Squash, Badminton, Fußball, Tischtennis und Floorball, um immer wieder neue Elemente zu bieten, und vor allem, um den jungen Federer mit dem Kopf bei der Stange zu halten.

Groeneveld besitzt noch ein Polaroidfoto aus jenen Tagen, das während einer Trainingseinheit entstand und auf dem Federer enttäuscht aussieht. Federer schrieb unter das Foto: „Ich habe keine Lust."

„Er langweilte sich oft", sagte Groeneveld. „Ihm war dann eher danach, auf der PlayStation zu spielen oder etwas anderes zu tun. Und wenn ihm langweilig war oder er keine Lust hatte, tat man gut daran, ihn nicht auf den Platz zu zwingen, denn dann verdarb er allen den Tag. Trotzdem war er ein guter Junge, man konnte ihm nicht wirklich böse sein."

Man konnte ihn aber sanktionieren. In diesem ersten Jahr in Biel wurde die Mahnung ausgesprochen, die neue, maßgeschneiderte Ausstattung der Hallenplätze nicht zu beschädigen, darunter ein schwerer und teurer lärmhemmender Vorhang mit den Namen der Sponsoren des Schweizerischen Tennisverbands.

Alles ging so lange gut, bis Federer nach einer frustrierenden halben Trainingsstunde seinen Schläger wegwarf und zu seiner Überraschung und Bestürzung mit ansehen musste, wie der Schläger den Vorhang durchschnitt und gegen die Begrenzungswand schepperte. In dem Objekt, das in Federers Augen viel robuster ausgesehen hatte, klaffte nun ein Spalt.

„Er ging da durch wie ein heißes Messer durch ein Stück Butter", erinnerte sich Federer.

Sein erster Gedanke war: „Was für eine miese Qualität, dieser Vorhang." Sein zweiter, dass er jetzt ein großes Problem hatte.

Federer ging zu seinem Stuhl, nahm sich seine Ausrüstung und verließ die Halle, während Lundgren den Kopf schüttelte und ihn an die Abmachung erinnerte.

„Ich dachte, dass man mich rausschmeißen würde, denn wir waren ja gewarnt worden", sagte Federer.

Groeneveld war wenig geneigt, einen jungen Spieler zu beurlauben oder zu verjagen, aber er hielt viel von Konsequenzen. Federer war als Nachteule und Langschläfer bekannt und wurde nun dazu verdonnert, in jenem Winter eine Woche lang frühmorgens die Hallen und Sportanlagen, einschließlich der Toiletten, zu reinigen.

Diese Episode wurde ein wesentlicher Teil der Federer-Erzählung: Er erfuhr hier liebevolle Strenge, die ihm klarmachte, dass Regeln auch für junge Tennisgenies gelten, jedenfalls in der Schweiz.

„So war ich als Teenager, ich musste ständig die Grenzen ausloten", sagte Federer fast 20 Jahre später in Biel. „Dasselbe machen heute meine Kinder mit mir. Es ist nur logisch."

Fairerweise muss man Federers Verhalten etwas relativieren. Abseits des Platzes war er kein Teufelsbraten, und auf dem Platz verhielt er sich auch nicht schlimmer als viele andere in seinem Alter, die ein Spiel perfekt beherrschen wollen, das sich nicht perfekt beherrschen lässt. Viele seiner Ausbrüche richteten sich in erster Linie gegen sich selbst, auch wenn sie nach einem Punktverlust oft so interpretiert werden konnten, als würde er das Können seines Gegners in Abrede stellen.

Lammer, der Federer seit Kindheitstagen kennt und gegen ihn gespielt hat, bestätigte zwar die mangelnde Beherrschung, er ist aber auch davon überzeugt, dass dieses Thema durch Federers Erfolg überhöht wurde.

„Natürlich hat er sich im Verlauf seiner Karriere enorm entwickelt, aber viele junge Kerle, die talentiert und von ihrem Sport begeistert sind und etwas erreichen wollen, sind doch ebenso emotional", sagte er. „Sie können auch keine Niederlage oder die Gründe dafür akzeptieren. Roger hat vielleicht seine Schläger weggeworfen, aber das taten andere auch. Er war wirklich nicht der Schlimmste von allen, überhaupt nicht. Wer behauptet, dass er ständig ausrastete, übertreibt."

Doch die Sorge bestand zweifelsohne, bei Federer selbst, seiner Familie und auch bei seinen Trainern. Groeneveld zufolge kamen Carter, Lundgren und Federers Eltern zu dem Schluss, dass Federer von einem Sport- oder Leistungspsychologen profitieren würde.

„Es schien allen das Beste zu sein, wenn es jemand wäre, der nicht zu alt war, aus seiner Heimatregion stammte und eine große Leidenschaft mit Roger teilte, nämlich Fußball", sagte Groeneveld. „Es sollte möglichst viele Dinge geben, mit denen er sich identifizieren konnte."

Die Suche führte 1998 nach Basel und zu Christian Marcolli. Der 25-Jährige war mehrere Jahre lang Schweizer Profifußballer gewesen – unter anderem drei Jahre bei Federers Lieblingsverein FC Basel –, bevor seine Spielerlaufbahn nach mehreren Knieverletzungen und Operationen schon mit Anfang 20 endete. Da musste er seine „gesamte Lebensplanung überdenken", so Marcolli.

Er begann sich für Leistungspsychologie zu interessieren, ein vergleichsweise neues Fachgebiet in der Schweiz, obwohl die Psychologie dort bekanntlich stark verwurzelt ist (man denke an Namen wie Carl Jung und Jean Piaget).

Marcolli befand sich gerade in seinem Masterstudium an der Universität Basel, als er begann, Federer zu unterstützen. Später promovierte er in Angewandter Psychologie an der Universität Zürich.

„Unter den Spielern des FC Basel bin ich der einzige Promovierte, in 190 Jahren", sagte Marcolli lachend, als wir 2021 via Zoom miteinander sprachen.

Später arbeitete er mit zahlreichen prominenten Sportlern, darunter dem Torhüter der Schweizer Fußballnationalmannschaft Yann Sommer und den beiden Skirennfahrerinnen und Olympiasiegerinnen Dominique und Michelle Gisin.

Federer und Carter erfuhren durch einen Zeitungsartikel von Marcollis beruflicher Neuorientierung. Federer kannte ihn aus seiner Zeit als Spieler.

So wurde er einer von Marcollis ersten Kunden. Laut Groeneveld ging es darum, Federer ein paar Werkzeuge an die Hand zu geben, um seine Verhaltensmuster zu ändern und Emotionen zu steuern, insbesondere wenn ein Spiel eng zu werden drohte.

Ganz neu war der Ansatz sicher nicht. Schon knapp 25 Jahre zuvor, im Jahr 1974, war Timothy Gallweys Buch *Tennis – Das innere Spiel* erschienen, das heute ein Klassiker ist. Es zeigt auf, wie die persönlichen Ressourcen optimal genutzt werden können.

Als Ivan Lendl in den 1980er-Jahren auf dem Weg zur Weltspitze war, arbeitete er mit dem US-amerikanischen Sportpsychologen Alexis Castorri, den er eines Abends in einem Denny's-Restaurant in Boca Raton, Florida getroffen hatte. Lendl war niedergeschlagen, denn er hatte gegen Edberg verloren. Mithilfe von Castorri eignete er sich Techniken an, die damals sehr fortschrittlich waren: Auch während eines Matches nutzte er Visualisierungen und führte Selbstgespräche, um seine Konzentrationsfähigkeit zu steigern und Flow anzuregen („Ivan Lendl ergreift sein Handtuch. Ivan Lendl wischt sich über das Gesicht. Ivan Lendl hält den Ball in einer Hand und bereitet sich auf den Aufschlag vor …“)

Marcolli ist ein charismatischer Gesprächspartner und guter Erzähler, selbst in seiner Zweit-(oder Dritt-)Sprache Englisch. Ich fragte ihn, was Tennis aus leistungspsychologischer Sicht von anderen Sportarten unterscheide.

„In psychischer Hinsicht ist es vermutlich die schwerste Sportart, vielleicht zusammen mit Golf“, antwortete er. „Wenn man selbstsicher ist, ist jede Sportart einfach. Ist man es nicht, dann ist Tennis ein sehr einsamer Sport. Denn so ein Spiel ist nicht schnell vorbei. Beim Skifahren dauert das Rennen eine Minute, und schon kann man nach Hause gehen, aber wenn man die Nettospieldauer betrachtet, ist Tennis brutal.“

Schwierig ist auch, dass während eines Spiels offiziell kein Coaching erlaubt ist, auch wenn es oft versteckt abläuft.

„In anderen Sportarten können die Trainer eine Auszeit einfordern oder Anweisungen hineinrufen“, sagte Marcolli. „Natürlich findet beim Tennis großartige Teamarbeit statt, bei der Vorbereitung, Strategie und so weiter, aber während des Matches ist man auf sich allein gestellt.“

Es gibt außerdem viel mehr Zeiten, in denen ein Spieler inaktiv ist, als aktiv. Es dauert vielleicht fünf bis zehn Sekunden, einen Punkt auszuspielen, aber zwischen zwei Punkten vergehen 20 oder 25 Sekunden. In einem Match, das über fünf Sätze geht, kommt da eine Menge Zeit zusammen, um dunklen Gedanken nachzuhängen.

„Die Unterbrechungen sind hilfreich, wenn man sie zu nutzen weiß“, so Marcolli. „Sie bieten einem riesige Chancen. Ich würde sogar behaupten, dass man in den Inaktivitätsphasen das Spiel für sich entscheiden kann.“

Marcolli legt sein Hauptaugenmerk auf die Intentionalität zwischen Punkten: Um sich maximal konzentrieren zu können, sollen die Spieler ihren Atemrhythmus und ihre Blickrichtung steuern.

„Ich schaue immer darauf, was du mit deinen Augen machst", sagte er. „Und dann gibt es für mich noch ein wesentliches Element: Bist du mit dir selbst im Reinen? Steht dein Lebensentwurf im Wesentlichen, sodass du deinen Moment hier mit ganzem Herzen genießen kannst? Oder wärst du lieber irgendwo anders, um ein Problem zu lösen?"

Es ist Federer hoch anzurechnen, dass er schon in recht jungem Alter bereit war, an seinen mentalen Schwächen zu arbeiten. Er hat davon profitiert. Zu Beginn seiner Zusammenarbeit mit Marcolli war er noch keine 17 Jahre alt.

Als Teenager war es Marcolli selbst schwergefallen, seine Emotionen unter Wettbewerbsbedingungen zu steuern. „Ich musste erst lernen, auch unter Druck anständig zu bleiben", schrieb er in seinem 2015 veröffentlichten Buch *More Life, Please! The Performance Pathway to a Better You*. „Mit 17 ging ich mit dem Kopf durch die Wand, wenn es schwierig wurde. Ich zeigte die nötige Spielleidenschaft, setzte sie aber nicht kontrolliert ein."

Genau dies erkannte er auch bei Federer.

„Roger hatte immer einen Siegeswillen", erklärte Marcolli einmal der französischen Sportzeitung *L'Équipe*. „An einem bestimmten Punkt seiner Laufbahn beschloss er, diese Energie konstruktiv zu nutzen und so sein Potenzial voll auszuschöpfen. Darauf lag der Schwerpunkt unserer Arbeit."

Ihre Zusammenarbeit dauerte rund zwei Jahre. Danach waren Federers Probleme sicher nicht vollständig gelöst, aber er eignete sich bei Marcolli Techniken an, mit denen er sich weiter steigerte.

„Das war ein Schlüssel zum Erfolg", sagte Lynette Federer 2005 gegenüber *L'Équipe*. „Ich glaube, dass er diese Techniken auch heute noch auf dem Platz einsetzt. Ich habe noch nie mit ihm darüber gesprochen. Es ist seine Welt, nicht meine, aber für mich ist es offensichtlich."

Groeneveld stimmte dem zu. „Das Verhältnis war wirklich intensiv, fast wie eine enge Freundschaft, wie zu einem Bruder, den er nicht hatte", sagte er über Federers Beziehung zu Marcolli. „Er ging darin auf."

Federer selbst hat sich öffentlich niemals so weitgehend geäußert und Marcolli im Laufe der Jahre nur selten erwähnt. In einem unserer frühen Interviews bestätigte er allerdings, von ihm profitiert zu haben.

Lundgren bemerkte jedenfalls eine Veränderung: „Natürlich half es ihm. Es liegt auch im Ermessen des Spielers, das Angebot anzunehmen. Entweder glaubt man an die Botschaft oder nicht. Bei Roger kann ich mir ehrlich gesagt nicht vorstellen, dass sie ihm wirklich gefiel, aber er ließ sich darauf ein. Es ist nicht leicht, sich so etwas anzuhören, vor allem wenn man so jung ist und eine solche Persönlichkeit besitzt, wie er sie hat oder hatte. Es war schwer für ihn."

Die Entscheidung, einen Leistungspsychologen aufzusuchen, wurde damals noch häufig als Zeichen von Schwäche aufgefasst. Es passte auch nicht zu dem knallharten Individualismus, für den sich Federer entschieden hatte. Immer wieder bestritt er längere Phasen ganz ohne formalen Trainer oder Manager.

Groeneveld erzählte: „Wir stellten halt fest, dass wir als Trainer nicht das bieten konnten, was Roger brauchte. Seine Eltern konnten es auch nicht. Hier war unabhängiger Rat gefragt, einfach jemand, der ihm zur Seite stand."

Im Sport und im Tennis hat seitdem eine bemerkenswerte Entwicklung stattgefunden. Heute beschäftigt eine Spielerin wie die French-Open-Gewinnerin von 2020, Iga Swiatek, eine hauptamtliche Sportpsychologin: Daria Abramowicz sitzt mit in ihrer Spielerbox.

Marcolli hat zusammen mit den Gisin-Schwestern, zwei seiner anderen Starkunden, mehrere Bücher geschrieben. Doch auf Wunsch von Federer haben weder Marcolli noch er öffentlich detailliert über ihre gemeinsame Arbeit gesprochen.

„Wir einigten uns relativ früh darauf", erzählte mir Marcolli.

Fest steht – aus dem erfolgreichen Nachwuchstalent Federer wurde bald ein überragender Spieler.

Zu diesem Zeitpunkt hatte er noch keinen größeren Titel gewonnen. Nicht Les Petits As, das renommierte U14-Turnier im französischen Tarbes, wo er 1995 im Achtelfinale ausschied. Nicht die Europameisterschaft der Junioren, wo er 1997 im Halbfinale des U16-Wettbewerbs unterlag.

Doch im zweiten Halbjahr 1998 begann sein Stern zu leuchten. Nachdem er im Januar im Halbfinale der Junioren bei den Australian Open ausgeschieden war und im Juni in der ersten Runde des Juniorenwettbewerbs der French Open eine enttäuschende Niederlage einstecken musste, traf er mit neuem Selbstbewusstsein und in gelassenerer Verfassung in Wimbledon ein, um dort erstmalig bei den Junioren mitzuspielen.

Sein Spiel und sein Aufschlag auf Rasen waren bestechend, auf dem Weg ins Finale gab er nicht einen einzigen Satz ab. Dort traf er auf Irakli Labadze, einen talentierten, aber unsteten linkshändigen Georgier.

Das Finale wurde auf Platz Nummer 2 ausgespielt, den es heute nicht mehr gibt. Er trug den Spitznamen „Friedhof“, denn hier hatten zahlreiche Topspieler gegen schwächer eingeschätzte Konkurrenten verloren, etwa John McEnroe gegen Tim Gullikson 1979.

Federer, der kurz vor seinem 17. Geburtstag stand, legte an diesem sonnigen Tag ein halsbrecherisches Tempo vor. Er ließ zwischen den Punkten kaum Zeit verstreichen und wirbelte durch nahezu sämtliche seiner Aufschlagsspiele. Den ersten Satz gewann er in nur 22 Minuten mit 6:4, nachdem er seinen letzten Aufschlag in knapp einer Minute zu Null durchgebracht hatte.

Sein braunes Haar war damals kurz, und er trug kein Stirnband. Das Outfit – gesponsert von Nike, wo er bereits unter Vertrag war – war weit geschnitten und ähnelte der Kleidung, die eines seiner Tennisidole, Pete Sampras, im selben Jahr trug.

Beim Aufschlag streckte Federer bisweilen die Zunge aus dem Mundwinkel heraus, wie eines seiner anderen Idole, der NBA-Star Michael Jordan. Federer hatte eine weitere Angewohnheit, die er später ablegen würde: Zwischen Punkten ließ er den Ball mit einer schnellen Schlägerbewegung durch seine Beine am Boden aufprallen und fing ihn hinter seinem Körper ein, um ihn anschließend auf gleichem Wege zurückzubefördern. Es war ein auffälliger, schneller Trick, typisch für Federer, der sich nicht nur aufs Match konzentrierte, sondern eben auch mit dem Ball spielte. Hätte er ihn während seiner Profikarriere beibehalten, wäre er wohl eins seiner Markenzeichen geworden. So blieb es eine Jugendlaune.

Bemerkenswert war auch, dass Federer im Finale nicht Serve-and-Volley spielte, zu jener Zeit immer noch die Standardspielweise seiner Vorbilder auf Rasen. Federer und Labadze hätten genauso gut auf einem Hartplatz spielen können. Hier ließ sich erahnen, wie Wimbledon künftig gewonnen werden würde.

Federers laterale Geschwindigkeit war schon damals außergewöhnlich. Damit konnte er Labadze überraschen, indem er Ballwechsel verlängerte oder sie mit einer kurzen Handgelenksbewegung bei gestrecktem Arm beendete. Und dennoch stand er aufrechter in der Beinarbeit als später in seiner Glanzzeit. Sein Splitstep zwischen Schlägen war kleiner, seine Flexibilität weniger sichtbar, seine Richtungswechsel weniger präzise.

Auch sein Aufschlag, hier bereits eine seiner Hauptwaffen, unterschied sich von seinem späteren. Er bewegte sich schneller, sodass von der Einleitung bis zum Ballkontakt fast eine Sekunde weniger verstrich als im Wimbledon-Finale 2019 gegen Djokovic. Federers Gewicht ruhte nicht ganz so lang auf seinem vorderen Fuß, er holte nicht so tief und so weit hinter dem Körper aus, beugte das Knie nicht so tief und sprang dem Ball nicht mit so explosiver Kraft entgegen.

Wie zu erwarten spielte er oft eine Rückhand als Slice, doch wer sich dieses Spiel nach über 20 Jahren ansieht, stellt überrascht fest, dass er schon damals in Drucksituationen die Rückhand immer wieder gerade oder mit Topspin spielte.

Sein einziges Break im Eröffnungssatz gelang mithilfe eines klassischen Federer-Musters: Sein Chip-Return, mit der Rückhand ausgeführt, landete kurz hinter dem Netz, was Labadze dazu zwang, ans Netz vorzurücken und einen wenig überzeugenden Annäherungsschlag aus einer gebeugten Position auszuführen. Federer ergriff die selbst herbeigeführte Gelegenheit und schlug einen Winner mit einem Rückhand-Passierball.

Auch andere Schnörkel mit künftigem Wiedererkennungswert waren zu sehen, darunter der telegenste Schlag des Tages, ein Vorhand-Topspin-Lob-Winner aus der Defensive heraus, der kurz vor der Grundlinie landete.

Wie schade, dass nur wenige zugegen waren, um das zu genießen. Im Publikum saßen gerade einmal 200 Fans, und ein Zuschauer mittleren Alters hatte sich gar auf der Tribüne ausgestreckt, mit den nackten Füßen auf der Lehne eines angrenzenden Sitzes. Das entsprach nicht gerade dem Bild, das wir uns vom eleganten All England Club machen, und bot einen traurigen Kontrast zu dem ausverkauften Haus nebenan im Centre Court, wo Sampras sich einen Fünfsatzsieg gegen Goran Ivanisevic erkämpfte und damit Borgs Rekord einstellte, der ebenfalls fünf Wimbledon-Titel im Einzel errungen hatte.

Trotz seiner Flatterhaftigkeit hatte Federer seine Launen gegen Labadze weitgehend im Griff. Er zupfte oft an seinen Saiten herum – eine klassische Methode, um Ablenkungen auszuschalten –, verließ seine Blase aber gelegentlich auch, um zu gestikulieren oder auf Schweizerdeutsch vor sich hinzumurmeln.

Nur einmal drohte kurz ein Zusammenbruch: Es stand 1:1 im zweiten Satz bei Aufschlag Labadze und Einstand, als Federer eine Rückhand von Labadze verpasste, seinen Schläger wegwarf und sich selbst beschimpfte. Er lag mit einem Satz in Führung und hatte das Spiel unter Kontrolle. Warum also diese negative Haltung und riskieren, in die altbekannte Falle zu tappen?

Doch statt seinen Vorsprung und seinen Rhythmus zu verspielen, gelang es Federer, sich zu beherrschen. Es war Labadze und nicht Federer, der später eine Verwarnung erhielt, nachdem er im fünften Spiel des zweiten Satzes, in dem er schließlich einen Break kassierte, seinen Schläger weggeworfen hatte.

Der Titel war in Reichweite, und Federer schnappte ihn sich. Er gewann mit 6:4, 6:4, ohne einen einzigen Breakball gegen sich zu haben.

Trotz dieser beeindruckenden Leistung blieben manche Beobachter skeptisch. Es ahnte allerdings auch kaum jemand, wie sich das Rasentennis entwickeln würde.

„Ist Federer ein zukünftiger Wimbledon-Sieger?", fragte Guy Hodgson von der britischen Tageszeitung *Independent.* „Vermutlich nicht, es sei denn, es gelingt ihm, seine Taktik zu variieren. Er ist auf Sand aufgewachsen, und das merkt man. Ans Netz geht er nur alle Jubeljahre einmal."

Wie dem auch sei: Federer hatte gerade einmal 50 Minuten gebraucht, um das wichtigste Match seiner jungen Laufbahn für sich zu entscheiden. In der Rückschau war es vielleicht am überraschendsten, dass auf dem Platz keine Tränen flossen. Stattdessen hob er beide Arme, grinste breit und zeigte später erneut ein zufriedenes Lächeln, als er in der Royal Box auf dem Centre Court seinen Pokal aus den Händen der Herzogin von Kent empfing.

Der BBC-Kommentator Bill Threlfall beobachtete die Szene und teilte seinen Zuschauern voller Überzeugung mit: „Den werden wir wiedersehen."

Eine zweifellos weitsichtige, aber auch riskante Prognose. Längst nicht jedem Sieger eines Grand-Slam-Juniorenwettbewerbs gelingt es, zu den ganz Großen aufzuschließen. Bis 2020 hat Wimbledon 69 verschiedene Sieger im Junioreneinzel hervorgebracht. Nur wenige davon errangen später einen Grand-Slam-Titel im Einzel und nur vier gewannen Wimbledon: Borg, Pat Cash, Stefan Edberg und Federer, der einzige Wimbledon-Juniorensieger der letzten 35 Jahre, der ein Grand-Slam-Turnier gewinnen konnte.

Die Chancen stehen also wirklich nicht gut. In diesem Sport herrscht ein brutaler Wettbewerb, und ganz oben ist die Luft verdammt dünn. Zudem nehmen viele der hoffnungsvollsten Talente die Juniorenwettbewerbe nicht sonderlich ernst.

Federer, der 1998 zusammen mit Olivier Rochus auch das Juniorendoppel in Wimbledon gewann, trat seine Rückreise in die Schweiz zweifellos mit gestiegenem Ansehen und Selbstvertrauen an.

Er verließ London, ohne mit Sampras und den anderen Siegern am offiziellen Champions-Dinner von Wimbledon teilzunehmen – was er später dann bereute –, um sofort die nächste Herausforderung in Angriff zu nehmen.

Diese wartete in dem vornehmen Schweizer Skiort Gstaad, wo er zur rechten Zeit eine Wildcard für das Hauptfeld erhalten hatte – sein Einstand auf der ATP-Tour. Nach dem Rasen und den klimatischen Bedingungen in Wimbledon, das auf Meereshöhe liegt, war das ein schneller Wechsel zurück auf Sand und ins Hochgebirge. In der ersten Runde traf Federer am 7. Juli auf den argentinischen Veteran Lucas Arnold Ker.

Arnold Ker, Platz 88 der Weltrangliste, hatte es nur mit Glück in die Hauptrunde geschafft, weil sich der deutsche Star Tommy Haas mit einer Lebensmittelvergiftung aus dem Turnier zurückgezogen hatte.

„Man sagte mir, dass ich gegen einen Schweizer Junioren spielen würde", berichtete Arnold Ker der argentinischen Zeitung *La Nación* 20 Jahre später. „Viel mehr Glück konnte man nicht haben. In der Schweiz gab es Marc Rosset, und das war's im Grunde. Wenn die Wildcard ein Spanier gewesen wäre, hätte ich gesagt: ‚Okay, pass mal lieber auf', aber ein Schweizer verursachte mir keine Kopfschmerzen."

Arnold Ker, ein starker Doppelspieler mit gutem Volley, machte sich Federers schwächere Seite zunutze: Er spielte Kick-Aufschläge hoch auf seine Rückhand und agierte unter den schnellen alpinen Bedingungen erfolgreich am Netz. Nach einer Stunde und 20 Minuten hatte Ker das Match mit 6:4, 6:4 gewonnen.

„Das Match war eng, aber als es vorbei war, kam mir nicht der Gedanke in den Sinn: ‚Dieser Junior wird ein ganz Großer'", sagte Arnold Ker. „Ich hätte nie gedacht, dass er mal eine Legende werden würde."

Federer hatte sich darauf gefreut, gegen Haas zu spielen. Der Topspieler wurde später einer seiner engsten Freunde. Doch das Match gegen Arnold Ker fand immerhin auf dem zweitgrößten Showplatz statt und wurde von den Schweizer Fans und Medien sehr beachtet.

Der Brite David Law war in jenem Jahr als PR-Berater der ATP-Tour in Gstaad damit beauftragt, Federer beim Umgang mit der Presse zu unterstützen.

Für Law, der heute Moderator des *Tennis Podcast* ist, wie für Federer war es eine Premiere, aber Law erkannte schnell, dass Federers Debüt die Hauptstory der Woche war.

„Kaum war er angekommen, wollten sie eine Pressekonferenz mit ihm machen", erinnerte sich Law. „Ich traf mich daher vor Turnierbeginn mit ihm, um eine Strategie zu schmieden, und ich weiß noch, wie völlig ahnungslos er war. Er wusste überhaupt nicht, wer ich war oder was meine Aufgabe war. Er fand es lustig, dass man sich so für ihn interessierte. Das gefiel mir sofort an ihm: die Verspieltheit, die Tatsache, dass er alles nicht so ernst nahm. Er war davon nicht gestresst."

Bald sprach Federer mit den Reportern abwechselnd auf Schweizerdeutsch und Französisch – so wie auch in den folgenden Jahrzehnten.

„Alles war sehr ungezwungen", sagte Law. „Er täuschte nichts vor, schauspielerte nicht, war niemals peinlich. Anders als viele andere Teenager wirkte er gar nicht wie einer."

Das stellte auch Marc Rosset fest, als er den 16-jährigen Federer einlud, mit ihm in Genf zu trainieren.

Rosset, damals 27 Jahre alt, hatte mit einem nervösen Jungspieler gerechnet, bereit, durch Wände zu gehen, um den Älteren zu beeindrucken – so wie Rosset selbst, als der französische Star Henri Leconte ihn in seiner Jugend als Sparringspartner rekrutiert hatte.

„Roger war sehr entspannt, sehr gelassen, beinahe ungezwungen", sagte mir Rosset. „Ich glaube, da spielte ein wenig der südafrikanische Einfluss hinein, den er von seiner Mutter mitbekommen hatte. Es war nichts Schweizerisches daran. Was mich damals wie heute an Roger fasziniert, ist, dass er es schafft, im Hier und Jetzt zu leben. Er hat ein großes Talent, Dinge so zu nehmen, wie sie kommen. Er lebt einen Moment, kostet ihn voll aus, genießt ihn, beendet ihn und geht dann zum nächsten über. Deshalb hat man den Eindruck, dass ihm Dinge ganz natürlich zufliegen. Das ist ein Talent, und wenn ich ehrlich bin, fasziniert mich diese Eigenschaft bis heute noch mehr als sein Tennis."

Marcolli glaubt, dass auch Vertrauen eine große Rolle spielt. „Man kann trainieren, im Augenblick zu leben, dafür gibt es Techniken", sagte er. „Aber die zweite Komponente ist das Vertrauen, dass sich das Leben in die richtige Richtung entwickelt, die Leute um einen herum einen guten Job machen und man sich um nichts sorgen muss. Und ich glaube, dass Roger es immer geschafft hat, sich mit Leuten zu umgeben, denen er vertrauen konnte. Es dauert eine Weile, bis man sich dieses Vertrauen verdient hat, aber wenn es da ist, wird nichts hinterfragt. ‚Bist du dir da sicher? Ist das die richtige Technik?' Solche Fragen kamen nie."

Federer war in mancherlei Hinsicht trotzdem noch Teenager. Kurz nach dem Spiel in Gstaad stieß er als Trainingspartner zu Rosset und dem Schweizer Davis-Cup-Team, die sich auf ihr baldiges Match gegen Spanien in La Corogne vorbereiteten. Es war sein erstes Zusammentreffen mit dem Kader und auch eine Belohnung für seinen Sieg bei den Junioren in Wimbledon.

Rosset, der genau wusste, dass Federer das Potenzial hatte, dem Team jahrelang anzugehören, arrangierte, dass er in einem angrenzenden Zimmer mit Verbindungstür untergebracht wurde.

„Ich wollte ihn unter meine Fittiche nehmen, ihm das Gefühl geben, dass er Teil des Kaders ist", sagte Rosset.

Rosset hatte seine PlayStation mitgebracht, die Federer natürlich magisch anzog. Bald wusste man kaum noch, wem das Zimmer gehörte.

„Einmal ging ich zum Training", sagte Rosset, „und als ich zurückkam, spielte er wieder in meinem Zimmer, und ich sagte: ‚Entschuldige bitte, kannst du mich für eine Weile in Ruhe lassen?' Und Roger erwachte aus seinem Trancezustand: ‚Oh, sorry', und ging ins Nebenzimmer. Er konnte sich völlig selbst vergessen, aber das Ganze war auch cool und lustig. Nach dieser Woche war er für mich immer so etwas wie ein kleiner Bruder."

Im August 1998 traf der französische Konditionstrainer und Physiotherapeut Paul Dorochenko in Biel ein. Wie viele andere im

Haus des Tennis hatte ihn der Job in der Schweiz nicht zuletzt deshalb gereizt, weil er mit Federer arbeiten konnte.

Dorochenko kam in Algerien zur Welt, als das Land noch zu Frankreich gehörte. Er war 44 und hatte bereits verschiedene Topspieler betreut, darunter Rosset. Zuletzt hatte er in Spanien gearbeitet und war mit dem zweifachen French-Open-Sieger Sergi Bruguera und dessen Vater und Trainer Lluis auf Tour gewesen.

Dorochenko hat eine starke Persönlichkeit, zudem ist er wissenschaftsaffin. Seit einiger Zeit nutzt er Erkenntnisse aus der Neuromotorik, um Sportler dabei zu unterstützen, eingefahrene Techniken zu verändern.

Dank seiner Arbeit mit den Brugueras in den 1990er-Jahren war er mit den Bedingungen des Profisports bestens vertraut.

Federer musste noch an sich arbeiten, und zwar ernsthaft.

„Man muss es so klar sagen", berichtete Dorochenko. „Emotional war Roger instabil. Er konnte Niederlagen nicht akzeptieren, und im Training war er nur mittelmäßig. Er war kein guter Arbeiter. Die meiste Zeit alberte er herum. In konditioneller Hinsicht verlangte ich viel von ihm – ich ließ ihn eine Stunde joggen, was offen gestanden überhaupt keinen Nutzen für Tennis hat. Aber mental war es hilfreich, es härtete ihn ab."

Wie auch andere Trainer in Biel fand Dorochenko Wege, um Federer beschäftigt und bei Laune zu halten.

„Wir engagierten jemanden von einer Zirkusschule, der den Spielern Jonglieren beibringen sollte", sagte Dorochenko. „Federer war spontan und sehr begabt, aber er war unstet. Manchmal musste ich ihn suchen gehen, weil er vergessen hatte, zum Konditionstraining zu erscheinen. Es war nervig, und seine Wohnung war eine Katastrophe. Das war unvorstellbar. Wenn ich morgens da reinging, konnte ich nicht erkennen, ob er überhaupt da war oder nicht. So chaotisch sah es dort aus."

Unterdessen konzentrierten sich Peter Carter und die anderen Trainer in Biel auf die langfristige Ausrichtung von Federers Tennisspiel: Sie feilten an seiner Technik und seiner Spielweise, damit er seine Begabungen voll einsetzen konnte.

Für Federers geringe Fehlertoleranz bei seinen Grundlinienschlägen entwickelte Groeneveld folgende Idee: Er spann 90 Zentimeter über dem Netz ein Seil und forderte Federer auf, den Ball im Spiel zu halten, ihn dabei aber stets über das Seil hinweg zu spielen. Dazu bedurfte es eines massiven Topspins, und obwohl Federer verstand, worum es ging, führte er die Übung in typischer Manier weiter und fand eine Möglichkeit, starken Spin und Geschwindigkeit zu vereinen. Die Vorhand, die er mit voller Wucht zu schlagen lernte, erhielt in Amerika den Spitznamen „Cliffhanger".

„Ein Ball mit so viel Topspin, dass es aussah, als würde er ins Aus gehen, aber in letzter Sekunde traf er auf der Grundlinie auf", sagte Groeneveld. „Wir sprechen zwar immer von der Geschwindigkeit von Nadals Schlägerkopf, aber Roger hat diesen unglaublich schnellen Arm. Rafa hat sie hauptsächlich wegen seines Schlägers entwickelt, und die Technik bezieht sich auf den Schläger. Roger benutzte lange einen traditionellen Schlägerrahmen und hätte niemals ohne Verletzung diese Ballrotation durchgehalten, die man für den Cliffhanger benötigt."

Federer verwendete damals einen Wilson Pro Staff Original mit einem 85 Quadratzoll messenden Schlägerkopf, den gleichen Schläger, den auch zwei seiner Idole einsetzten: Sampras und Edberg. Mit seinen zwölf Unzen (340 g) war er vergleichsweise schwer, mit schmalem Rahmen und kleinem Kopf, wodurch er einen unsauberen Treffpunkt kaum verzieh.

Doch Federer liebte bei diesem Schläger das Gefühl, wenn das Timing stimmte. Der „Sweetspot" verdiente seinen Namen, und Federer hatte schließlich nicht vor, lange, zermürbende Kriege von der Grundlinie aus zu führen. Er wollte von überall angreifen und die Punkte relativ schnell ausspielen.

Dorochenko sprach oft mit Peter Carter über Federers Spiel. Ein Thema, das Dorochenko interessiert, ist Lateralität, die Dominanz einer Gehirnhälfte bei der Steuerung von Körperfunktionen. Einen besonderen Schwerpunkt legt er auf Augendominanz und ihre Auswirkungen auf den Spieler.

Dorochenko stellte fest, dass der rechtshändige Federer eine linksseitige Augendominanz hat. Das bedeutet, dass sein linkes Auge Informationen schneller und zuverlässiger weiterleitet als sein rechtes. Die Augendominanz eines Menschen geht typischerweise mit einer gleichseitigen dominanten Hand einher. Federer hat eine Kreuzdominanz, die nur bei etwa 30 Prozent aller Menschen vorliegt.

Aus Dorochenkos Sicht bedeutete das, Federers natürlichster Schlag war die Vorhand, denn mit eingedrehten Schultern konnte sein linkes Führungsauge dem Ball aus einer günstigeren Position folgen.

Dorochenko, ein starker Club-Spieler in Frankreich, erinnerte sich, wie er an den Wochenenden im Bieler Leistungszentrum gegen Federer spielte und das Spiel für beide Seiten interessant gestaltete, indem er Federer zwang, mit der linken Hand zu spielen.

„Ich habe viel mit ihm an seiner linken Hand gearbeitet. Dabei verbessert sich die Gesamtkoordination, und das Gehirn arbeitet symmetrischer", sagte Dorochenko. „Federer war ein kreativer Typ, er arbeitete nicht sehr konzentriert und hatte viele Hochs und Tiefs. Manchmal zertrümmerte er einen Schläger oder vergab mutwillig ein Match. Mental gesehen war er überhaupt nicht gut, und so sagten wir uns, okay, dann bauen wir für Federer eben ein Tennis, das zu ihm passt, und Peter Carter war der oberste Bauherr. Ich weiß nicht, ob Federer merkte, was alles für ihn getan wurde, aber am Ende entwickelte er so eine maßgeschneiderte Technik. Federer wurde nicht in eine Form gepresst; es wurde eine Form so gestaltet, dass Federer hineinpasste."

Ein vorhandzentriertes Angriffstennis erforderte eine ausgezeichnete Beweglichkeit und kräftige Beine, um die Rückhand wo immer möglich zu umlaufen und den Ball ins gegnerische Feld zu treiben. Da Federer nun seine späten Teenagerjahre erreicht hatte, schaute man auch auf seine Ernährung und seine Kraft. Als Dorochenko den Schweizerischen Tennisverband im Frühjahr 2000 verließ, um zu Brugueras Team zurückzukehren, konnte Federer beim Bankdrücken trotz seines unscheinbaren Körperbaus mehr als 100 Kilogramm stemmen.

Für einen jungen Tennisspieler hatte er außerdem einen ordentlichen Sauerstoffaufnahme-Maximalwert (VO2max), damit würde er künftig auch in Fünfsatzspielen bestehen können.

„Manche begingen den Fehler, ihn für zerbrechlich zu halten", sagte Dorochenko. „Dabei war er stark, sehr stark, und hatte damals ein VO2max von 62, was für einen Angriffsspieler ein hohes aerobes Niveau darstellt. Um einen Vergleich zu geben: Marc Rosset lag bei 50. Ein guter Radfahrer hat 75 oder 80. Bruguera, ein Grundlinienspieler, hatte 72. Federer lag über dem Niveau eines typischen Angriffsspielers. Wir wussten also, dass er ein langes Match gut überstehen würde, und Sie können selbst sehen, wie viele Fünfsatzspiele er im Laufe seiner Karriere gewann. Nie kippte er um."

Federers auffälligstes Merkmal für Dorochenko war, wie dynamisch und schnellfüßig er war. Beim Sprungkrafttraining mit seinen repetitiven, explosiven Übungen wie dem Box Jump zeigte er hervorragende Leistungen: „Er brach alle Rekorde. Wenn andere in 30 Sekunden vielleicht 55 Sprünge schafften, machte er 70. Er war ein wirklich bemerkenswerter Athlet, aber da seine mentale Seite instabil war und seine Rückhand oft versagte, fand Peter Carter, dass wir uns darauf konzentrieren sollten, die Ballwechsel zu verkürzen. Es kommt darauf an, die Anzahl von Schlägen zu finden, die am besten zu einem passt. Für jemanden wie Bruguera lag dieses Optimum bei elf Schlägen oder mehr. Bei Federer waren es drei, vier oder fünf Schläge."

Das mag nach einer einfachen Formel klingen. Federer, dem gerne mal die Sicherung durchbrannte und der über zahlreiche taktische Optionen verfügte, brauchte aber mehr Zeit als andere in seiner Altersgruppe, um zu lernen, wie er die besten Schläge auswählen und beständige Erfolge erzielen konnte.

Peter Carter verstand das genau und verteidigte Federer in den Besprechungen des Schweizerischen Tennisverbands oft gegen jene, denen seine Fortschritte zu langsam gingen und die darauf hinwiesen, dass die Topspieler im Tennis typischerweise vor ihrem 20. Geburtstag einen Grand-Slam-Titel gewonnen hatten (siehe Sampras, Borg, McEnroe und andere). Doch Carter bestand darauf, dass für Federer ein anderer Zeitplan galt und er sich nicht auf zwei oder drei Hauptschläge, sondern auf alle Schläge konzentrierte.

Andre Agassi, einer der besten und intuitivsten Spieler der Neuzeit, spürte das auch. Binnen Jahresfrist hatte er sich in die Top 10 zurückgekämpft und traf nun, im Oktober 1998, in der ersten Runde der Swiss Indoors in Basel auf Federer. Es war die Woche, nachdem sich Federer für das Hauptfeld des ATP-Turniers in Toulouse qualifiziert und zwei Runden gegen etablierte Tour-Spieler gewonnen hatte – den Franzosen Guillaume Raoux und den Australier Richard Fromberg –, bevor er dem Niederländer Jan Siemerink unterlag.

Agassi, der erste Top-10-Gegner Federers überhaupt, schlug ihn 6:3, 6:2. Nach dem Match, das in mancherlei Hinsicht wie ein Routinesieg ausgesehen hatte, ging Agassis Trainer Brad Gilbert zur Umkleide.

„Andre sagte so etwas wie: ‚Verdammt, dieser Federer-Junge hat ganz schön was drauf, das dauert nicht mehr lang und er wird richtig gut sein'", sagte Gilbert.

In der nächsten Runde schlug Agassi Federers 22-jährigen Landsmann Ivo Heuberger mit 6:2, 6:2. David Law, der das Turnier für die ATP betreute, begleitete Agassi zu seiner Pressekonferenz. Er fragte ihn, wer wohl gewinnen würde, wenn die beiden Schweizer Federer und Heuberger aufeinanderträfen.

„Agassi sagte: ‚Na ja, wenn sie heute gegeneinander spielen würden, wäre Heuberger der Sieger'", verriet mir Law. „‚Aber Karriere machen wird Federer.'"

Bevor es zu der außergewöhnlichen Karriere kam, wie sie sich Agassi damals sicher nicht vorstellte, standen noch zahlreiche Lernerfahrungen an – wie jene in Küblis, einem malerischen Schweizer Bergdorf nahe der österreichischen Grenze.

Es war die Woche nach dem Basler Turnier, und obwohl Federer sich nach wie vor im eigenen Land befand, war er hier in einer anderen Welt und tat sich schwer mit der Umgewöhnung. Statt gegen einen Weltstar wie Agassi auf der Haupttour anzutreten, traf er in der ersten Runde auf Armando Brunold, einen kaum bekannten 21-jährigen Schweizer, der Platz 768 der Weltrangliste belegte – das

Ganze bei einem Satellitenturnier in einem Ort mit weniger als 1000 Einwohnern. Der Druck lastete ausschließlich auf Federer.

Peter Lundgren war einer der wenigen Zuschauer. Er schäumte, als er mit ansehen musste, wie Federer das Match praktisch vergab, nachdem er den Tiebreak im Eröffnungssatz verloren hatte, indem er reihenweise Grundlinienschläge in den Sand setzte.

„Er schmierte ab, und ich wurde darüber beinahe verrückt", sagte Lundgren.

Der Turnierschiedsrichter Claudio Grether kam auf ihn zu. Es war derselbe Offizielle, der Monate zuvor Allegro mit auf den Weg gegeben hatte, dass er Federer kein weiteres Mal schlagen werde. Diesmal informierte er Lundgren, dass er Federer wegen Untätigkeit verwarnen werde.

„Ich sagte: ‚Nur zu! Tun Sie das!'", sagte Lundgren.

Grether kehrte auf den Platz zurück und machte seine Androhung wahr. Der einsichtige, aber immer noch angeschlagene Federer verlor anschließend in zwei Sätzen.

Laut Lundgren, der einen besorgten Anruf von Federers Eltern entgegennehmen musste, erhielt Federer eine Strafe von 100 US-Dollar – Peanuts im Vergleich zu dem Preisgeld von über 100 Millionen US-Dollar, das er später verdienen sollte. Doch auf dieser Stufe waren 100 US-Dollar mehr als das Startgeld des Erstrunden-Verlierers. In erster Linie aber war es peinlich, und es wurde in der Schweiz aufmerksam registriert. Das führte zu einigen kritischen Schlagzeilen und Berichten in denselben Medien, die gerade erst über Federers Lauf in Toulouse und sein Duell gegen Agassi in Basel geschrieben hatten.

Lundgren und Carter machten Federer klar, dass sie nicht länger mit ihm reisen würden, wenn er beim nächsten Turnier wieder solche Mätzchen machte.

Federer gewann zwei der nächsten drei Turniere der Satellite-Serie; im dritten erreichte er das Finale. Dabei schlug er seinen Hausgenossen und Doppelpartner Allegro zweimal.

„Das ist typisch für Roger", schmunzelte Lundgren. „Er wurde quasi in die Ecke gedrängt, und dann gewann er das Satellite-Turnier."

Man ist schnell verleitet, solche Momente als Dreh- und Angelpunkt für den Menschen und Spieler Federer, wie wir ihn heute kennen, zu werten. Aus einer Launenhaftigkeit heraus den Vorhang des Übungsplatzes aufgetrennt? Im Morgengrauen die Plätze und Toiletten reinigen.

Durch Untätigkeit einem Turnier und dem Sport mangelnden Respekt erwiesen? Die Strafe und Gegenreaktion entgegennehmen.

Solcherart sind die Zäsuren im Leben. Dazu gehörte auch, dass Robert Federer seinen launischen Sohn in Basel stehen und alleine nach Hause fahren ließ oder – eine Aktion, die in anderen Ländern wohl Kopfschütteln auslösen würde – den Wagen anhielt und das Gesicht des jungen Roger mit Schnee zur Abkühlung einseifte, weil sich sein Sohn nach einem Turnier in Tiraden erging.

Federer hätte sich vermutlich ganz anders entwickelt, wenn man ihm in seiner Jugend keine Grenzen gesetzt hätte.

Natürlich, es wurden ihm immer wieder Zugeständnisse gemacht, um ihn bei der Stange zu halten. Sicherlich war er ein wenig weltfremd. Für jemanden, der schon als Teenager von Nike unter Vertrag genommen wird und immer wieder hört, dass er das Zeug zur Nummer eins hat, ist das wohl nicht ungewöhnlich.

„Man erzählte mir das ständig“, sagte Federer.

Doch Federer wurde eben auch in seine Schranken gewiesen, nicht nur auf schweizerische Art, sondern dank seiner Trainer auch auf australische und schwedische Art. Und Federer fing die Signale auf.

Gleichmacherei hat im Tennis allerdings ihre Grenzen. Aus jedem Einzelwettbewerb kann nur ein Spieler als Sieger hervorgehen, und nur ein Junge beendet das Jahr als Junior mit dem weltweit höchsten Ranking.

Federer gelang das 1998 nach dem Gewinn des Orange Bowl, obwohl er zuvor beinahe in der ersten Runde gegen den Letten Raimonds Sproga ausgeschieden wäre.

Das hatte nicht nur mit Sprogas brillantem Spiel zu tun. Vor dem Turnier war Federer seilgesprungen und hatte sich dabei ziemlich stark den Fuß verstaucht.

„Wie üblich hatte er herumgealbert", sagte Dorochenko. „Innerhalb von Sekunden wurde sein Knöchel so dick wie eine Kartoffel. Ich behandelte ihn also drei Tage lang, und in der Auftaktrunde spielte er praktisch nur auf einem Bein, aber er gewann trotzdem. Danach wurde es jeden Tag besser."

Zum Glück, denn in der zweiten Runde musste Federer den Österreicher Jürgen Melzer schlagen, bevor er im Halbfinale auf den Argentinier David Nalbandian traf. Dieser hatte Federer einige Monate zuvor im Juniorenfinale der US Open besiegt, doch diesmal behielt Federer die Oberhand und schlug anschließend im Finale einen weiteren talentierten Argentinier, Guillermo Coria.

Es war ein beachtlicher Lauf, der einige Jahre später noch beeindruckender wirkte, als Melzer Platz acht der ATP-Weltrangliste erreichte und Coria bis auf Platz drei kletterte sowie mehrfach in einem Grand-Slam-Finale stand.

Doch Federer stach aus dieser außergewöhnlichen Gruppe heraus und eroberte den Spitzenplatz bei den Junioren, nachdem Andy Roddick, ein weiterer seiner späteren Gegner im Profiwettbewerb, den Franzosen Julien Jeanpierre im letzten ITF-Turnier des Jahres in Mexiko geschlagen hatte und damit dessen Hoffnungen auf Platz eins begrub.

Zu diesem Zeitpunkt war Federer schon in die Schweiz zurückgekehrt. Seine Karriere als Nachwuchsspieler war beendet, und er stand kurz vor Beginn seiner Profilaufbahn. Coria, der sich schon mit 27 Jahren aus dem Profitennis verabschiedete, war noch Jahre später über den Verlauf dieser Karriere erstaunt.

„Ich sage ganz ehrlich, dass ich mir niemals hätte vorstellen können, dass Federer zu der Persönlichkeit heranreift, die er heute ist", stellte Coria 2019 in der argentinischen Radiosendung *Cambio de Lado* fest. „Die Arbeit, die sein Stab geleistet hat, vor allem hinsichtlich seiner mentalen Verfassung, verdient den Nobelpreis. Er war verrückt. Er hörte Heavy Metal über Kopfhörer mit voller Lautstärke. Er ließ sich die Haare blond färben. Er hatte nichts mit dem Menschen zu tun, der er später wurde."

Wer erinnert sich schon gern daran, wie man in der Jugend ausgesehen hat? Das gilt zweifellos auch für Federer. Er hatte Akne. Sein Modebewusstsein war mehr als unterentwickelt, und beim Orange Bowl hatte er sich tatsächlich die Haare wasserstoffblond gefärbt. Von seinem Vater hatte er zudem eine markante Nase geerbt. Wie sich Dorochenko erinnert, sagte er in jenen frühen Jahren: „Ja klar ist sie groß, aber wenn ich erst mal Nummer eins bin, wird das niemandem mehr auffallen."

20 Jahre später postete Federer auf Instagram ein Foto von sich aus diesen Tagen, mit den Hashtags #teen und #premirka (Vor-Mirka) und dem Satz: „Als Erinnerung für alle, dass die besten Tage immer vor uns liegen."

Federer bemühte sich immer sehr, sich selbst anzunehmen und an sich zu arbeiten, mit Carter, mit Marcolli oder auch allein. Es war in der Tat ein Langzeitprojekt. Bis heute wurde es nicht mit einem Nobelpreis gekrönt, aber Federer fand zur inneren Ruhe.

„Wenn ich Roger heute sehe, sage ich ihm immer: ‚Was du auf dem Platz tust, ist außergewöhnlich, aber deine Lebenseinstellung ist für mich einfach unglaublich'", so Marcolli. „Wo immer man auch hinkommt, überall hat man Luxus auf Fünf-Sterne-Niveau oder höher, Menschen, die einen erkennen und einem irgendwas bringen, was man noch nicht mal bestellt hat, und dann geht man auf den Platz und dem Spiel ist all das völlig egal. Das Spiel kümmert sich nicht darum, wo man geschlafen hat, was man getan hat oder wie viele Menschen man getroffen hat. Es ist ganz rein, und Roger schafft es seit über 20 Jahren, auf den Platz zu treten und bescheiden und mit der inneren Verbundenheit zu spielen, die es braucht, um immer wieder zu gewinnen. Seine Herangehensweise an die Arbeit – und es ist wirklich Arbeit –, diese Würde, diese Konzentration: In dieser Hinsicht ist er für mich ein Vorbild."

Kapitel 5

SYDNEY, AUSTRALIEN

Bei allem Talent und aller Hingabe hängt der Aufstieg zu wahrer Größe – und der Erhalt – manchmal auch allein vom Glück ab.

Noch heute bekommt Marc Rosset bei dem Gedanken an den gemeinsamen Skiausflug mit Federer im Januar 2000 feuchte Hände. Nach einer Dreisatzniederlage gegen den Franzosen Arnaud Clement bei den Australian Open war Federer gerade erst in die Schweiz zurückgekehrt. Als Nächstes stand das Davis-Cup-Heimspiel gegen Australien in Zürich an, doch vor dieser Herausforderung wollte Federer noch den Schweizer Winter genießen. Er schloss sich Rosset und dessen Bruder in dem Wintersportort Crans-Montana an.

Der Tag neigte sich dem Ende zu, und sie waren auf der Strecke unterwegs, auf der jedes Jahr die Weltcup-Abfahrt der Frauen stattfindet.

Rosset berichtete: „Du fährst immer wieder dieselbe Piste runter. Du fängst vorsichtig an, und dann wirst du bei jedem Mal schneller, bis irgendwann der Moment kommt, wo du zu schnell bist."

Zwei Sprünge folgten kurz aufeinander, Federer nahm den ersten mit Bravour, doch dann verschätzte er sich und ging den zweiten zu schnell an. Er schien in die Erdumlaufbahn katapultiert zu werden. Rosset sah entsetzt die Zukunft des Schweizer Tennis aus seinem Blickfeld verschwinden.

„Er verlor die Kontrolle und hob ab, richtig hoch, und ich sah ihn nicht wieder landen", sagte Rosset. „Das war furchtbar. Er lag da, weit unten am Hang, die Ski waren weg, das ganze Programm. Damals trug ja niemand einen Helm, und ich hatte Angst, richtige Angst."

Solche Momente können über Wohl oder Wehe von Karrieren entscheiden. Federer hätte eine Knieverletzung davontragen können oder Schlimmeres, er hätte monatelang auf der Tour ausfallen können oder Schlimmeres. Doch er klopfte sich nur den Schnee herunter, schüttelte den Schrecken ab und versicherte dem geschockten Rosset, dass nichts passiert sei.

In Zürich gewann Federer zwei seiner drei Matches, dennoch konnte er die Schweizer 2:3-Niederlage gegen Australien mit Mark Philippoussis und Lleyton Hewitt (schon wieder Hewitt!) nicht verhindern. Hewitt besiegte Federer am Schlusstag in vier Sätzen.

Auf der gegenüberliegenden Seite der Erdkugel, in Adelaide, machte es sich Darren Cahill am Vorabend seiner Hochzeit bequem, um sich die Partie gemeinsam mit Peter Carter anzuschauen. Carter hatte den langen Weg nach Australien auf sich genommen, um als Cahills Trauzeuge an der Feier teilzunehmen.

„Wir blieben auf, genehmigten uns ein paar Bierchen und schauten den Jungs zu", sagte Cahill. „Uns war egal, wer gewann oder verlor. Wir hatten das Gefühl, unsere Kinder spielen zu sehen, und fanden es toll."

Carter und Cahill wagten einen Blick in die Zukunft und malten sich aus, wie sich ihre Schützlinge eines Tages in einem Grand-Slam-Finale gegenüberstehen würden. Allzu lange sollte es bis dahin tatsächlich nicht mehr dauern, doch noch waren die Einsätze niedriger und die Lernkurven steil.

Von Zürich brach Federer gen Süden nach Marseille auf, wo er erstmals in ein ATP-Einzelfinale einzog, in dem er es mit niemand anderem als Rosset zu tun bekam – er hatte ihn erst kürzlich als bestplatzierten Schweizer in der Weltrangliste abgelöst.

Am Tag vor dem Finale sagte Federer: „Marc ist ein echter Freund. Er gibt mir vor meinen Matches wertvolle Tipps, denn er kennt alle Spieler auf der Tour. Diesmal werde ich es wohl allein schaffen müssen."

Das erste rein Schweizer ATP-Einzelfinale war nicht nur ein Kampf der Generationen, es trafen auch zwei unterschiedliche Stile aufeinander: Federer bewegte sich bereits mit 18 leichtfüßig über den Platz; um den Hals trug er eine Kette mit künstlichen Perlen, und er hatte seine langen dunklen Haare nach Samurai-Art zum

Dutt hochgebunden. Der 29-jährige Rosset hatte einen strubbeligen Bart, und sein Spiel sah eher nach harter Arbeit als nach Poesie in Bewegung aus.

Doch beide spielten Powertennis und versuchten, mit der Vorhand Druck zu machen und auf dem schnellen Hallenboden ans Netz vorzurücken. Als Rosset beim Stand von 5:4 im dritten Satz zum Matchgewinn aufschlug, wehrte Federer drei Matchbälle ab, zwei davon mit gewagten Rückhandpassierschlägen. Der Satz ging in den Tiebreak, und beim 5:6 umlief Federer seine Rückhand, um eine Inside-Out-Vorhandpeitsche auszupacken, die jedoch an der Netzkante hängenblieb.

Rosset hatte den Titel gewonnen: 2:6, 6:3, 7:6 (5).

Die beiden Freunde kamen am Netz zusammen, und der 2,01 Meter große Rosset – bis zum Auftauchen von veritablen Riesen wie Ivo Karlovic und John Isner der größte Mann im Spitzentennis – beugte sich hinab und drückte Federer einen brüderlichen Kuss auf den Kopf.

Federer brach in echter Federer-Manier einmal mehr in Tränen aus.

„Er dachte, das wäre seine einzige Chance auf den Gewinn eines ATP-Turniers", erklärte Rosset. „Und ich sagte ihm: ‚Immer mit der Ruhe!'"

Rosset, der nunmehr bei 14 Titeln stand, war überzeugt, dass Federer noch jede Menge Turniersiege feiern würde, und äußerte dies auch nach dem Match bei der Siegerehrung, als er Federer dankte, ihm diesen noch überlassen zu haben.

Rosset sprach nicht laut aus, dass er davon überzeugt war, Federer würde irgendwann einen Grand-Slam-Titel gewinnen.

„Das konnte ich damals nicht sagen, weil mich alle für verrückt gehalten hätten", erklärte Rosset. „Für mich stand fest, dass er einen holen würde. Andererseits erfordert das neben allem Talent natürlich auch jede Menge Arbeit."

Seit Langem wird darüber diskutiert, ob man als Champion geboren oder dazu gemacht wird – oder ob, am logischsten, beides erforderlich ist.

Was Tennis betrifft, stimme ich Martina Navratilovas salomonischem Spruch zu: „Du wirst als Champion geboren, doch dann brauchst du das richtige Umfeld, um zu einem gemacht zu werden."

Ganz egal, wie ausgeklügelt ein Plan sein mag, wie viel Arbeit jemand investiert oder wie viel Geld die Eltern mitbringen: Ein Spieler von geringer Körpergröße und mit unterdurchschnittlicher Augen-Hand-Koordination und Schnelligkeit wird niemals einen Grand-Slam-Pokal in die Höhe halten.

Ein Spieler mag noch so flink, geschickt und ehrgeizig sein, doch ohne qualifiziertes Training und die nötigen äußeren Voraussetzungen wird er niemals seine vermeintliche Bestimmung verwirklichen können.

Navratilova erklärte mir: „Wie man so sagt: Es braucht ein ganzes Dorf, aber auch viele glückliche Fügungen. Die Mischung macht es also, und dann wachsen sie da außerdem hinein. Sieh dir Roger [Federer] und Björn [Borg] an. Als junge Spieler waren sie beide Heißsporne, dann hatten sie diesen Erweckungsmoment und wurden absolute Emotions-Kontrollfreaks."

Wie viele potenzielle Tennis-Champions mit den erforderlichen Fähigkeiten und der nötigen mentalen Stärke haben niemals die Gelegenheit gehabt, den Sport überhaupt auszuüben? Wie viele entscheiden sich für einen anderen Sport, eine andere Leidenschaft?

Seit vielen Jahren bekomme ich immer wieder mit, dass sich professionelle Tennistrainer fragen, inwiefern Michael Jordan oder LeBron James das Herrentennis verändert hätten, wenn sie sich für diesen Sport entschieden hätten.

Federer hätte zweifellos einen anderen Weg einschlagen können. Fußball war seine erste Leidenschaft und lange Zeit sein Plan B. Und wer weiß, wenn er in der heutigen Zeit aufwachsen würde, wäre er vielleicht ein E-Sport-Star.

Peter Lundgren erzählte: „Der Kerl ist ein wahrer Meister. Ich werde niemals vergessen, wie er sich *James Bond* von Nintendo besorgt hat und wir zu einem Turnier gefahren sind. Er musste in dem Spiel durch irgendein Tor und rief mich zu sich und sagte: ‚Peter, ich schaffe es nicht durch dieses blöde Tor!' Und ich sagte: ‚Deswegen rufst du mich? Ich habe keine Ahnung.‘ Eine Stunde später dann rief er mich erneut: ‚Ich hab's!‘ Er war mit dem Spiel an einem Tag durch, wofür ein normaler Mensch vielleicht einen Monat brauchen würde. Der Kerl ist ein Monster, was Computerspiele betrifft. Das ist etwas, womit man geboren wird, diese Fähigkeit, Probleme zu lösen. Und wenn er in einem Match unter Druck geriet, wenn er die Maus und der andere die Katze war, entdeckte er immer wieder ein Schlupfloch, um den Kopf aus der Schlinge zu ziehen.“

Ein Glücksfall für den Tennissport, der aus dem 19. Jahrhundert stammt und dessen Anziehungskraft auf die europäische Jugend des 21. Jahrhunderts nachlässt. Denn hier fand Federer, wonach er suchte, und seine Ziele verfolgte er mit Leidenschaft.

Trotz aller Anstrengungen gab es jedoch auch weiterhin Momente, in denen dem Glück eine entscheidende Rolle zukam. Sein Sturz in Crans-Montana war ein Beispiel.

Ein Ereignis bei seinen ersten Olympischen Spielen in Sydney im selben Jahr hatte womöglich den größten Einfluss auf sein Durchhaltevermögen an der Spitze.

Es waren unvergessliche Sommerspiele, die besten der vielen, von denen ich berichtet habe. Die Australier sind Sportfanatiker, und in jener zweiten Septemberhälfte bildete Sydney mit seinem schimmernden Hafen eine großartige Kulisse.

Normalerweise ist Tennis in Australien ein Zuschauermagnet, doch in diesem Fall stand es nicht im Zentrum der Aufmerksamkeit. Das nationale Interesse konzentrierte sich auf die Schwimmwettbewerbe, bei denen der 17-jährige Australier Ian Thorpe zum Weltrekord schwamm. Vor allem jedoch richteten die Australier ihren Blick auf die Laufbahn und die Aborigine Cathy Freeman. Freeman war zur nationalen Ikone aufgestiegen und über 400 Meter die Favoritin auf Gold.

In den Jahren vor den Olympischen Spielen hatte ich Freeman zweimal für die *New York Times* interviewt, davon einmal in einem Melbourner Café. Sie stand mit beiden Beinen auf der Erde, während die Erwartungen in schwindelerregende Höhen stiegen. Eine sanftmütige Person in einer außergewöhnlichen Situation. Ihr war klar, warum sie zu einem Symbol geworden war, und sie hatte bewusst ihre Siege mit den Fahnen Australiens und der Aborigines gefeiert. Doch als die Olympischen Spiele näher rückten, wollte sie nicht, dass ihre Erfolge politisch instrumentalisiert wurden. Aber es war bereits zu spät, um der Geschichte den Wind aus den Segeln zu nehmen.

„Mir geht es nur darum, Spaß zu haben und die Zeit zu genießen", sagte sie mir. „Irgendwann möchte ich eine größere Rolle in der Politik und für die Aborigines übernehmen. Aber ich denke, dass ich im Moment bereits viel erreiche, indem ich einfach laufe."

Freeman entzündete bei der Eröffnungszeremonie das Olympische Feuer, und am Abend des 400-Meter-Finales trug sie einen grün-goldenen Ganzkörperanzug mit Kapuze, der sie aerodynamischer machen sollte, doch auch wie ein Schutzschild gegen die elektrisierte Atmosphäre und die Erwartungshaltung in dem riesigen Olympiastadion wirkte.

Aus meiner Warte hoch oben auf der Tribüne erschien sie winzig inmitten all der Menschen, doch sie hielt sich tapfer angesichts der sie lautstark anfeuernden Rekordkulisse von 112.524 Zuschauern. Es waren die lautesten 49,11 Sekunden, die ich je miterlebt habe, der Lärmpegel hätte sie sowohl tragen als auch erdrücken können. Möglicherweise tat er beides. Als sie den Zielstrich überquerte und nach dem Gewinn der Goldmedaille auf die Laufbahn sank, wirkte sie eher verwirrt als glückselig, wie eine Freitaucherin, die gerade wieder aufgetaucht ist und in das Sonnenlicht blinzelt, nachdem sie die Tiefen des Meeres erkundet und ihre eigenen Grenzen ausgelotet hat.

Das Geschehen auf der nahegelegenen Tennisanlage an der Homebush Bay konnte damit nicht Schritt halten. Doch das Turnier bot Federer die Gelegenheit, Olympische Spiele mitzuerleben, ohne dass alle Scheinwerfer auf ihn gerichtet waren.

Bei den nachfolgenden Spielen dann sollte er im Rampenlicht stehen, und bei den Eröffnungszeremonien von Athen 2004 und Peking 2008 war er Schweizer Fahnenträger. Auch 2012 in London wurde jeder seiner Schritte auf dem vertrauten Rasen des All England Club genauestens beobachtet. Doch in Sydney war er ein einfacher Bewohner des Olympischen Dorfs, einer, der die Stars anstarrte und nicht selbst angestarrt wurde.

Während sich Venus und Serena Williams bei ihren ersten Olympischen Spielen vor der Aufmerksamkeit ihrer Kolleginnen und Kollegen in ein Hotel in der Innenstadt von Sydney flüchteten, teilten sich Federer und der Rest des Schweizer Tennisteams einschließlich ihrer Betreuer, darunter auch Lundgren, mit weiteren Schweizer Olympioniken ein Haus in Homebush Bay.

In einem Interview mit *L'Équipe* bemerkte Federer launig: „Zum Glück war ich im zweiten Stock und die Ringer im ersten, sodass ich keine Angst haben musste. Wir hatten eine Riesengaudi. Ich kann gar nicht sagen, wie viel Spaß ich bei den Spielen hatte."

Als Kind hatte Federer die Olympischen Spiele im Fernsehen verfolgt, und obwohl er ein begeisterter NBA-Fan war, schaffte er es aus irgendeinem Grund nicht zu einem Basketballspiel. Allerdings konnte er einige Schwimmwettbewerbe und Badmintonpartien besuchen. Darüber hinaus verbrachte er eine tolle Zeit mit seinen Tennismannschaftskameraden und -kameradinnen, darunter auch ein weiterer Schweizer Olympia-Neuling, die damals 22-jährige Miroslava Vavrinec.

Miroslava, die von allen Mirka gerufen wird, war in dem Jahr in die Top 100 vorgestoßen. Doch zu den Olympischen Spielen hatte sie es nur geschafft, weil sich die beiden Schweizer Spitzenspielerinnen Martina Hingis und Patty Schnyder gegen einen Start entschieden hatten. Zudem hatte Vavrinec, deren Ranking nicht für die automatische Qualifikation ausreichte, eine Wildcard der International Tennis Federation benötigt.

Sie unterlag in der ersten Runde des Einzels mit 1:6, 1:6 gegen Elena Dementiewa, die spätere Silbermedaillengewinnerin, und schied auch mit ihrer Doppelpartnerin Emmanuelle Gagliardi in der ersten Runde aus. Doch zumindest konnte Vavrinec überhaupt im Doppel antreten. Federer dagegen, der mit Rosset hatte spielen wollen, stand ohne Partner da, als Rosset in allerletzter Minute auf die Teilnahme verzichtete.

Damit war nicht nur Federer seine wahrscheinlichste Chance auf eine Medaille genommen worden, sondern auch einem anderen

Schweizer Spieler (Lorenzo Manta oder Michel Kratochvil) die Gelegenheit, Rosset zu ersetzen.

„Ich hatte keine Ahnung", erklärte Federer nach der Ankunft in Sydney und klang verstimmt, weil Rosset ihn trotz ihrer Freundschaft im Stich gelassen hatte.

Federer wusste nur zu gut um die Bedeutung der Olympischen Spiele für die Karriere von Rosset, der 1992 die Goldmedaille im Herreneinzel gewonnen hatte. Doch der Verzicht von Rosset und Hingis zeigte überdeutlich, dass Olympia für viele Tennisspieler keine hohe Priorität hatte: In diesem Sport sind die Terminkalender randvoll, und es herrscht kein Mangel an bedeutenden Events und großen Zahltagen.

Auch Pete Sampras und Andre Agassi, die seit Langem die dominierenden Figuren im Herrentennis waren, ließen die Spiele von Sydney aus: Agassi aus familiären Gründen, Sampras, weil er sich lieber auf die reguläre Tour konzentrierte und eine Olympia-Medaille nicht auf der Liste seiner Karriereziele stand.

Tennis war seit dem Beginn der Olympischen Spiele der Neuzeit 1896 in Athen im Programm gewesen, jedoch von 1928 bis 1984 gestrichen worden, ehe es in Los Angeles als Demonstrationssportart zurückkehrte und 1988 wieder regulär aufgenommen wurde. Die Rückkehr war ein Ergebnis der Lobbyarbeit der International Tennis Federation und ihres französischen Präsidenten Philippe Chatrier. Der gewitzte Journalist und Funktionär hatte auch einen wesentlichen Anteil an der Renaissance der French Open.

Es ließ sich jedoch nicht leugnen, dass Tennis die Feuertaufe nicht bestanden hatte. Gold bei den Olympischen Spielen war eben nicht das höchste der Gefühle, nach wie vor zählte ein Triumph bei einem der vier Grand-Slam-Turniere am meisten. Allerdings: Auch im Basketball stellte eine olympische Goldmedaille für die besten NBA-Spieler nicht den Höhepunkt ihrer Karriere dar, dennoch kehrten sie 1992 zu den Spielen zurück.

Die Olympischen Spiele befanden sich in einem Veränderungsprozess, sie wurden kommerzieller und legten zunehmend Wert darauf, so viele Weltstars des Sports wie möglich zusammenzubringen.

Auch Rugby, Golf und Surfen sollten sich schließlich dem vierjährlichen Sommerzirkus anschließen.

Anders als Sampras und seine Generation hatte der 1981 geborene Federer die Olympischen Spiele nie ohne seinen Sport gekannt.

„Als Kind gehörten die Olympischen Spiele für mich zum Tennis dazu“, sagte Federer. „Sie waren immer ein Ziel und haben mich in ihren Bann gezogen.“

Dazu kam noch seine Verbundenheit mit Australien und Sydney, wohin er 1995 kurz vor seinem Eintritt in das nationale Leistungszentrum der Schweiz in Ecublens mit seiner Familie gereist war. Sein Vater Robert hatte sogar kurzzeitig mit einer Stelle in Australien geliebäugelt, aber sich letztlich dagegen entschieden.

Die australische Kultur passte zu Federers extrovertierter Persönlichkeit und seiner Liebe zu Strand, Sonne und weiten Landstrichen; diese Mischung hatte er auch bei seinen Kindheitsbesuchen in Südafrika geliebt.

Dennoch kam er natürlich auch mit sportlichen Ambitionen nach Sydney.

„Ich würde gern mit einer Medaille nach Hause zurückkehren, am liebsten einer goldenen“, erklärte er vor seiner Abreise nach Australien – starke Worte für einen 19-Jährigen, der auf Rang 43 der Weltrangliste stand und noch auf seinen ersten ATP-Titel wartete.

Immer wieder wird behauptet, dass sich Federer und Vavrinec bei den Olympischen Spielen kennengelernt hätten. Doch ihre Wege hatten sich bereits bei Turnieren und im nationalen Leistungszentrum von Biel/Bienne gekreuzt, wo Vavrinec gelegentlich an Trainingslagern teilnahm oder mit ihren eigenen Trainern zu Gast war.

Doch die selbstbewusste und mehr als drei Jahre ältere Vavrinec war offenbar zunächst nicht sonderlich beeindruckt von dem Teenager.

In einem ihrer seltenen Interviews erzählte sie der Schweizer Zeitung *Le Matin*: „Ich war eher ruhig und diszipliniert; Roger veranstaltete einen ziemlichen Lärm. Er schmetterte lauthals Songs der Backstreet Boys.“

Doch bei allen Unterschieden in ihren Persönlichkeiten fand sie ihn amüsant.

„Er war lustig, voller Leben und brachte mich zum Lachen", erzählte sie. „Manchmal mussten die Trainer ihn vom Platz schicken, um ein bisschen Ruhe zu haben."

Die Einstellung der beiden zum Training war in jener Zeit höchst gegensätzlich. Doch beide hatten große Träume. Und ein Elternhaus mit migrantischem Hintergrund. Federers Mutter stammt aus Südafrika, die Eltern von Vavrinec wanderten aus der Tschechoslowakei ein.

Vavrinec wurde am 1. April 1978 als einziges Kind ihrer Eltern in Bojnice geboren, einer Kleinstadt, die vor allem für ihr historisches Schloss bekannt ist und in der heute unabhängigen Slowakei liegt. Für eine Stadt mit lediglich 5000 Einwohnern hatte sie einen überproportionalen Einfluss auf den Tennissport. Bojnice ist der Geburtsort von Miloslav Mecir, der in den späten 1980er-Jahren einer der weltbesten Spieler war, das Finale der US Open und der Australian Open erreichte und 1988 bei den Olympischen Spielen von Seoul Gold gewann. Wegen seiner Geschmeidigkeit trug er den Spitznamen „die Katze", und er war ein betörender Spieler mit gefühlvollem Händchen, schwebender Beinarbeit und einer verblüffenden Fähigkeit, das Spiel zu lesen und überflüssigen Aufwand zu vermeiden. Auf die Frage nach seiner Hundertmeterzeit antwortete Mecir scherzhaft, die wisse er nicht, da er noch nie 100 Meter gelaufen sei. Auch Karina Habsudova, 1997 die Nummer 10 der Damen-Weltrangliste, wurde in Bojnice geboren.

Vavrinec blieb jedoch nicht lange in der Stadt. Mit zwei Jahren siedelte sie mit ihren Eltern in die Schweiz über. Die Familie ließ sich in Kreuzlingen am Bodensee nieder, wo ihr Vater seine Arbeit als Goldschmied und Juwelier aufnahm und eine Firma gründete.

Vavrinec' ernsthafte Tenniskarriere begann, als ihr Vater Ende der 1980er-Jahre den in der Tschechoslowakei geborenen Superstar Martina Navratilova und deren Stiefvater Miroslav um Rat bat. Auch Navratilova war eine tschechoslowakische Exilantin: Sie hatte sich wegen des kommunistischen Regimes in die Vereinigten Staaten abgesetzt.

Immer wieder wird kolportiert, dass die neunjährige Vavrinec und ihr Vater unangekündigt bei dem WTA-Turnier in Filderstadt aufgetaucht und von Navratilova empfangen worden seien, weil es Vavrinec' Vater gelungen sei, den Sicherheitsmann zu beschwatzen, sodass seine Tochter Navratilova zum Geburtstag ein Paar handgefertigte Ohrringe überreichen konnte.

Navratilova soll den Vavrinec' der Legende nach erklärt haben, dass Mirka gute athletische Voraussetzungen mitbringe und es zu einer hervorragenden Tennisspielerin bringen könne. Anschließend habe sie die Verbindung zu dem tschechischen Trainer Jiri Granat hergestellt, der in der Schweiz lebte und mit dem sie in der Jugend gespielt hatte.

Und so nahm alles seinen Anfang. Angeblich.

Doch diese außergewöhnliche Ursprungsgeschichte ist womöglich ein wenig zu außergewöhnlich. Auch wenn Vavrinec, die seit mehr als einem Jahrzehnt kein offizielles Interview mehr gegeben hat, es nicht bestätigte, hat mir Navratilova berichtet, dass Vavrinec' Vater bereits zuvor ihren Stiefvater in der Tschechoslowakei um eine Expertenmeinung zu dem Potenzial seiner Tochter gebeten habe.

„Mein Vater hatte eine Stunde mit ihr und sagte, ja, sie habe das Potenzial, auf der Tour zu spielen", erzählte Navratilova. „Ich weiß nur, dass mein Vater grünes Licht gab und sagte, sie werde gut. So viel weiß ich. Und dann habe ich mich mit der Familie getroffen, als sie zu dem Turnier kam. Meine Eltern waren auch da, denn sie durften zu der Zeit reisen, also haben wir alle zusammen zu Mittag oder zu Abend gegessen und beisammengesessen. Das war ungefähr ein Jahr danach."

Navratilovas Eltern ließen sich scheiden, als sie vier war; ihr biologischer Vater spielte in ihrem Leben nicht annähernd eine vergleichbare Rolle wie ihr Stiefvater. Dieser hatte Navratilovas Mutter durch das Tennis kennengelernt und der jungen Martina den Sport nähergebracht. Er wurde ihr erster Coach und eine starke Vaterfigur für sie bis zu seinem Tod 2001.

Navratilova sagte: „Ich glaube, Mirkas Vater wusste, dass mein Vater immer sagt, was er denkt – genau wie ich, obwohl wir nicht dieselbe DNA haben. Er nahm kein Blatt vor den Mund. Er hätte ihnen gesagt, wenn sie ihre Zeit verschwenden, genauso wie er ihnen sagte, dass sie eine reelle Chance hatten. Mein Vater war geradeheraus, und Talent kann man sehen. Ob ein Kind das gewisse Etwas hat, weiß man schon sehr früh. Was man nicht weiß, ist, wie weit es das Kind bringen wird."

Laut Navratilova kann man allein am Gang eines Kindes sehen, ob es sich in besonderer Weise für den Sport eignet. Vavrinec, die als junges Mädchen getanzt hatte, besaß diesen gewissen Gang – natürlich, rhythmisch, elegant – und entwickelte sich rasch zu einer hervorragenden Juniorin, die bereits mit 15 den Titel bei den Schweizer U18-Meisterschaften gewann.

In der Schweiz lag die Messlatte inzwischen außergewöhnlich hoch. Hingis, ebenfalls als junges Mädchen aus der Slowakei ins Land gekommen, war zwei Jahre jünger als Vavrinec und hatte als Nummer eins der Welt bereits zahlreiche große Titel gewonnen. Schnyder, eine künftige Top-10-Spielerin, war genauso alt wie Vavrinec; ihr Bruder hatte zu Federers Rivalen in der frühen Jugend gehört.

Doch Vavrinec war zielstrebig. Sie bekam schließlich nicht nur einen Schweizer Pass, sondern auch die wertvolle Unterstützung von Walter Ruf, einem Schweizer Geschäftsmann, der in ihre Karriere investierte. Solch eine Vereinbarung ist nicht ungewöhnlich für talentierte Junioren und ihre Familien, die die finanziellen Mittel für die Trainer und die Reisen aufbringen müssen.

Vavrinec entwickelte sich zu einer soliden Profispielerin. Doch ihr Spiel war limitiert.

„Sie hatte nicht die für eine absolute Topspielerin erforderliche Qualität, sie hätte es trotzdem sicherlich unter die Top 50 schaffen können", erklärte Eric van Harpen, der als Coach die Grand-Slam-Siegerinnen Arantxa Sanchez Vicario und Conchita Martinez betreute.

Groeneveld stellte fest: „Sie war eine gute Grundlinienspielerin, sehr athletisch, sehr dynamisch, sehr kraftvoll, doch ein wenig mechanisch. Sie hatte keine entscheidenden Waffen, das glich sie durch ihre Fähigkeit aus, den Ball im Spiel zu halten und unermüdlich zu rennen. Sie verbiss sich in eine Partie, sie war eine Kämpferin."

Vavrinec war nicht die einzige Sportlerin, bei der Navratilova früh eine entscheidende Rolle zukam. Im Jahr 1993 entdeckte Navratilova bei einem Lehrgang in Moskau das Talent der sechsjährigen Maria Sharapova und riet Sharapovas Vater Juri, nach einer Trainingsmöglichkeit im Ausland zu suchen. Die Familie siedelte mit einem Startkapital von nicht einmal 1000 US-Dollar nach Florida um und setzte darauf, dass Maria Profi werden würde. Dieses Ziel erreichte sie, und noch viel mehr: Mit 17 gewann sie Wimbledon, sie stieg zur Nummer eins auf und war jahrelang die bestverdienende Sportlerin der Welt.

Ich wollte von Navratilova wissen, ob ihr das häufiger passiert sei, dass sie aufgrund einer kurzen Begegnung entscheidend in den Verlauf eines Lebens – und der Tennisgeschichte – eingegriffen habe.

„Nein", sagte sie lachend. „Ich glaube, Maria und Mirka waren die beiden einzigen Fälle."

Vavrinec erklomm als Spielerin nie auch nur annähernd dieselben Höhen wie Sharapova und beendete 2002 wegen chronischer Fußprobleme de facto ihre Laufbahn. Zwei Jahre zuvor jedoch, in Sydney, als sie und Federer ihre ersten Olympischen Spiele erlebten, schienen beide am Beginn einer langen Karriere zu stehen.

Für Federer hatte sich das Jahr 2000 zu einer schwierigen Saison entwickelt, es gab viele Rückschläge und Erstrundenniederlagen und einige schwerwiegende Entscheidungen.

Schon früh im Jahr hatte er sich entschlossen, sich vom Schweizer Verband abzunabeln und nach Olympia mit einem Privatteam weiterzumachen. Das Problem war die Auswahl eines Coaches. Sollte er Carter nehmen, seinen langjährigen Mentor? Oder Lundgren, der im Gegensatz zu Carter regelmäßig auf der Tour gespielt hatte und unter den Top 30 gewesen war?

„Das Problem ist, dass ich mit beiden gern zusammenarbeite", erklärte Federer.

Die Lösung hätte auch keiner der beiden Peter sein können.

Wie Groeneveld berichtete, wurde er im Jahr 2000 von Federer und seiner Familie gefragt, ob er den Posten übernehmen wolle. Groeneveld lehnte ab.

„Robbie, Rogers Vater, macht sich immer über mich lustig und sagt, dass ich der Einzige sei, der einen Job bei Roger ablehnte", meinte Groeneveld.

Groeneveld hatte seinen Leitungsposten im nationalen Leistungszentrum in Biel/Bienne 1998 nach nur einem Jahr aufgegeben, um den britischen Spitzenspieler Greg Rusedski zu trainieren. Laut Gronevelds eigener Aussage habe er den Federers erklärt, dass Carter oder Lundgren die Chance zustehe.

„Die beiden Peter hatten so viel Zeit in Roger investiert, und ich hatte so eine gute Beziehung zu beiden. Ich hatte das Gefühl, dass ich den Job nicht übernehmen kann, weil die beiden ihn sich verdient hatten", so Groeneveld.

Daraufhin fragten die Federers Groeneveld, für welchen Peter er sich entscheiden würde.

„Für mich war klar, dass Roger in den darauffolgenden Jahren mit jeder Menge Kritik konfrontiert werden würde, und in meinen Augen genoss Peter Lundgren international ein größeres Ansehen. Die Schweizer Medien konnten ihn nicht niedermachen", sagte Groeneveld. „Mit Peter Carter hätten sie leichteres Spiel gehabt, weil er nie in den Top 50 gestanden hatte. Er hatte nie ein ATP-Turnier gewonnen. Er kam aus einer kleinen Stadt in Australien. Er hatte nicht denselben Status wie Lundgren. Und wegen dieses Hintergrunds und Lundgrens Erfahrung mit Marcelo Rios, seinen eigenen Erfahrungen als Spieler und seinen Beziehungen zu den schwedischen Spielern votierte ich für Lundgren. Ich wusste, dass es hart werden würde. Und jene drei Jahre sollten sich als wirklich hart erweisen."

Groeneveld war nicht der Einzige, der um Rat gebeten wurde. Da war auch noch Paul Dorochenko, der forsche französische Konditionstrainer und Physiotherapeut, der oft mit Federer zusammengearbeitet und ihn auf Reisen begleitet hatte, bis er zu Beginn des Jahres 2000 den Schweizer Verband verlassen hatte.

„Eines Tages kam Roger zu mir und fragte mich: ‚Was meinst du, Paul? Wer sollte mich auf die Tour begleiten?'", erinnerte sich Dorochenko. „Und ich sagte: ‚Ganz ehrlich, ich denke, dass du mit Lundgren sehr viel besser fährst als mit Carter.' Lundgren verfügte über die nötige Erfahrung auf diesem Niveau, außerdem hat er immer gute Laune, sehr angenehm. Er ist kein Techniker, wie Peter Carter es war, aber er ist ein Coach, der weiß, wie er dich motiviert."

Federer gab seine Entscheidung in einer Mitteilung bekannt, die sein Vater am 23. April, Ostersonntag, an die Schweizer Presse faxte. Nach reiflicher Überlegung war die Wahl auf Lundgren gefallen.

Federer erklärte später: „Das war eine Fifty-fifty-Entscheidung. Ich kannte Peter Carter, seit ich acht war. Es war die härteste Entscheidung meines Lebens, und am Ende gab mein Bauchgefühl den Ausschlag."

Carter, der Architekt von Federers Spiel, äußerte sich betroffen, öffentlich jedoch stellte er sich im Großen und Ganzen hinter die Entscheidung. Hinter den Kulissen, hieß es, war er am Boden zerstört.

Peter Smith, Carters Jugendtrainer und enger Freund, erzählte, dass dieser ihn im März in Australien angerufen habe, nachdem ein aufgewühlter Federer ihm einige Zeit vor der öffentlichen Bekanntgabe die Entscheidung mitgeteilt habe: „Wir haben uns sehr lange unterhalten, und er war zutiefst enttäuscht. Er hatte der Arbeit mit Roger einen guten Teil seines Lebens gewidmet, er hat ihn geliebt."

Carter war überzeugt, er könne einen besseren Einfluss auf Federer ausüben, doch Federer hatte in seinen knapp drei Jahren in Biel/Bienne viel Zeit mit Lundgren verbracht und war sich über dessen eher beruhigende Persönlichkeit im Klaren.

Laut Lundgren führte die Entscheidung nicht zu Spannungen zwischen ihm und Carter. Doch Lundgren spürte Carters Enttäuschung und schätzte, wie dieser damit umging. Dasselbe galt für Federer.

Lundgren erinnerte sich: „Als Roger sich für mich entschied, sagte Peter: ‚Wenn du meine Hilfe brauchst, bin ich für dich da. Ich stehe hinter dir. Einhundert Prozent.'"

Doch Smith zufolge war Carter verbittert. Das bestätigte auch Dorochenko, der zu jener Zeit eng mit Carter zusammenarbeitete.

„Danach war er nicht mehr ganz derselbe alte Peter Carter", erklärte Dorochenko. „Er hatte wirklich schwer an der Entscheidung zu knabbern."

Das war nicht das erste Mal, dass Federer sich aus Carters Einflusssphäre verabschiedete. Mit 14 war er von Basel nach Ecublens gegangen. Nur dieses Mal war die Entscheidung für Carter weitaus schwerer zu akzeptieren, da Federer auf dem Sprung stand, einer der besten Spieler der Welt zu werden.

Carter tat alles, um die Sache hinter sich zu lassen. Er ersuchte den Schweizerischen Tennisverband um eine Beförderung und ein höheres Gehalt und trainierte weiterhin Nachwuchsspieler im nationalen Leistungszentrum. Derweil stellte Federer sein Team zusammen. Diesem sollte auch Pierre Paganini angehören, der Schweizer Konditionstrainer, der Federer in Ecublens mit seiner seltenen Mischung aus Strenge, Kreativität und Einfühlungsvermögen beeindruckt hatte.

Der Plan war, dass das Team nach den Olympischen Spielen die Arbeit aufnehmen sollte. In der Zwischenzeit häuften sich die Niederlagen. Federer gab zu, dass er mit dem Druck seiner eigenen Erwartungen zu kämpfen hatte, noch verstärkt durch seinen Entschluss, sich vom Verband zu lösen.

Darüber hinaus hatte er zu Beginn des Jahres 2000 die Zusammenarbeit mit dem Psychologen Christian Marcolli beendet.

Marcolli erklärte mir: „Alles, was ich mache, wird von dem Gedanken geleitet, dass ich eines Tages überflüssig werde. Ich will keine Abhängigkeit schaffen, keine Beziehung, wo der andere sagt, ich kann nur gut sein, wenn du dabei bist. Mein Mantra, und das kommuniziere ich vollkommen transparent, lautet: ‚Ich möchte, dass du irgendwann sagst: Danke, ich habe es begriffen. Ab jetzt schaffe ich es auch ohne dich.' Natürlich ist das dann ein emotionaler Tag, aber genau darin sehe ich meine höchste Verantwortung."

Federer kam jedoch kaum voran. Ab April schied er bei fünf Turnieren in Folge bereits in der ersten Runde aus, unter anderem durch ein 1:6, 1:6 gegen Sergi Bruguera in Barcelona. Zu jenem Zeitpunkt war Dorochenko nach seinem Abschied vom Schweizerischen Verband seit rund zwei Wochen wieder im Team von Bruguera.

Er erzählte: „Ich habe Sergi gesagt: ‚Spiel Roger einfach hohe Topspinbälle auf die Rückhand, dann kann nichts schiefgehen.'

Bruguera war gerade erst nach einer Schulter-OP zurückgekommen, und das war sein erstes Match, doch wenn man es schafft, Federer auf Sand hoch mit Topspin auf die Rückhand zu spielen, kann man nur gewinnen. Nur gibt es nicht viele Spieler, die das wirklich gut hinkriegen. Federers Schläge kommen so schnell, dass man keine Zeit hat, sich richtig vorzubereiten."

Rafael Nadal, damals noch ein Teenager, sollte in späteren Jahren und French-Open-Endspielen Federers Rückhand mit durchschlagendem Erfolg attackieren.

Doch für den Moment hatte Federer andere Sorgen.

David Law, seinerzeit für die ATP als Kommunikationsmanager tätig, sagte: „Der Durchbruch wollte einfach nicht gelingen. In Monte Carlo verlor er gegen Jiri Novak, mit 5:7 im Dritten, und ich weiß noch, wie er auf dem Weg zur Pressekonferenz fragte: ‚Warum verliere ich die engen Matches alle?'"

Die French Open 2000 ließen sich gut für ihn an. Er setzte sich in den ersten drei Runden durch, ehe er Alex Corretja unterlag, einem weiteren spanischen Sandplatzspezialisten mit jeder Menge Topspin. Doch schon kurz darauf kehrte bei Federer wieder Trübsal ein nach sechs weiteren Erstrundenniederlagen in Nottingham, Wimbledon, Gstaad, Kanada, Cincinnati und Indianapolis.

Law spürte, dass Federer sich an einem Scheideweg befand und die ernsthafte Gefahr bestand, dass er sein spielerisches Potenzial nie würde umsetzen können.

„Ich muss sagen, dass sich alles auch in die entgegengesetzte Richtung hätte entwickeln können, denn ihm gefiel das Leben als Tennisprofi, das Herumreisen, Spaß zu haben", erklärte Law. „In der Umkleide spielte er kleine, nette Streiche, aber er hatte so viel Energie. Und die Frage ist letzten Endes: Was machst du mit dieser Energie? Wofür verwendest du sie?"

Der US-Amerikaner John Skelly, der unter anderem Vince Spadea und Bob und Mike Bryan trainierte, erinnert sich noch an seine Begegnungen mit Federer und Lundgren außerhalb des Platzes.

„Federer war damals ziemlich entspannt", sagte Skelly. „Er hat viel gefeiert und gern mal ein Bier getrunken, genau wie sein Coach.

Ich weiß noch, wie Federer bei Wimbledon 2000 in einer Kneipe in der Altstadt sturzbetrunken war. Er war ohne Frage ein fröhlicher Trinker und hat als junger Mann die Spielerpartys genossen."

Federer hatte einmal unabsichtlich für Skellys Entlassung gesorgt. Nachdem Spadea in Monte Carlo Federer noch in überzeugender Manier besiegt hatte, war er später in der Saison in Wien chancenlos gewesen. Laut Skelly gab Spadeas Vater, Vincent senior, aus lauter Wut darüber eine der größten Fehleinschätzungen der Tennisgeschichte von sich.

Skelly erinnerte sich: „Unmittelbar nach der Partie schimpfte Papa Spadea: ‚Du bist gefeuert! Dieser Typ ist eine Null! Aus dem wird nie was!'"

Skelly kehrte später wieder zu Spadea zurück, ohne Groll gegen Federer.

„Wirklich ein toller Typ", sagte er. „Er hat sich kein bisschen verändert, trotz all seiner Erfolge. Er hat mich immer gut und respektvoll behandelt, hatte immer ein Lächeln für mich, wenn wir uns über den Weg gelaufen sind."

Bei den Olympischen Spielen kehrte das Lächeln auf Federers Gesicht zurück, da er die ersten vier Partien ohne Satzverlust gewann und durch Siege über David Prinosil, Karol Kucera, Mikael Tillstrom und Karim Alami ins Halbfinale einzog.

Auf dieser Liste befanden sich wahrlich keine Tennisgiganten, auch wenn der leichtfüßige Slowake Kucera einst in den Top 10 gestanden hatte. Dennoch war es eine ermutigende Serie, und Federer zog mit wiedergewonnenem Selbstvertrauen in die Medaillenrunde ein, wo er es mit Tommy Haas zu tun bekam, dem Deutschen mit einhändiger Rückhand und gleichfalls fließendem, den gesamten Platz abdeckendem Stil. Haas war anders als Federer in der frühen Jugend aus Europa in die Vereinigten Staaten gegangen, um in Bradenton, Florida, an der Bollettieri Academy zu trainieren. Hier baute er ein außergewöhnlich enges Verhältnis zu dem Gründer der Akademie, Nick Bollettieri, auf. Die gesellige, stets braungebrannte Naturgewalt Bollettieri war achtmal verheiratet, wirklich treu war er nur seiner Arbeit. Sein Bedürfnis nach Selbstvermarktung war unstillbar, zugleich hegte er eine wahre Liebe für das Spiel, in dem er als Trainer sehr viel besser war als jemals in seiner aktiven Zeit.

Der damals 22-jährige Haas hatte bereits einmal, 1999 bei den Australian Open, das Halbfinale eines Grand Slam erreicht und sollte 2002 die Nummer zwei in der Welt werden, ehe schwerwiegende Verletzungen seinen Aufstieg stoppten. Doch wie für Federer war auch für Haas die Saison 2000 bis zu den Olympischen Spielen enttäuschend verlaufen.

Er fertigte Federer ziemlich mühelos mit 6:3, 6:2 ab. Federer fand nie die Sicherheit in seinem Spiel und kickte im letzten Spiel sogar frustriert seinen Schläger in die Luft. Haas brachte seinen Aufschlag zum Sieg durch, zog ins olympische Finale ein und hatte damit bereits eine Medaille sicher.

Der Gedanke an eine Bemerkung Lundgrens im Verlauf des Turniers drängte sich auf: „Wenn er zurückliegt, hat Roger manchmal immer noch Probleme, zu fighten."

Doch noch hatte Federer wegen des tennisunüblichen Olympiaformats die Chance auf eine Medaille. In der Partie um die Bronzemedaille traf er auf eine andere Turnierüberraschung, den 21-jährigen Franzosen Arnaud Di Pasquale.

Di Pasquale, lediglich auf Rang 62 der Weltrangliste geführt, und Federer verstanden sich eigentlich gut, doch bei ihrem unerwarteten Duell in Sydney herrschte von Beginn an eine gespannte Atmosphäre. Di Pasquale gewann mit 7:6 (5), 6:7 (7), 6:3, wobei er im Tiebreak des zweiten Satzes einen Matchball vergab, ehe er im dritten Satz nach einem frühen Break gegen sich zurückkam.

Anschließend erklärte Di Pasquale: „Ich hatte Angst, große Angst, aber ich habe mir gesagt, dass ich den Platz nicht als Verlierer verlassen darf. Das ist der größte Moment meiner Karriere."

Noch war nicht absehbar, dass es auch der größte Moment seiner Karriere bleiben sollte. Di Pasquale verabschiedete sich 2007 mit einer negativen Bilanz von der Tour.

Federer musste sich am Ende als Vierter mit dem Platz direkt neben dem Podium abfinden, dem schmerzlichsten Platz bei Olympischen Spielen. Die Niederlage gegen Haas hatte er emotional nur schwer verdaut, und auch die Partie gegen Di Pasquale setzte ihm hart zu.

„Das ist ziemlich frustrierend“, bekannte er nach dem Match im Interview, die Augen unter der tief ins Gesicht gezogenen Schirmmütze verborgen. „Im Halbfinale gegen Tommy Haas habe ich ganz schlecht gespielt. Heute war mein Tennis besser. Details haben den Ausschlag gegeben. Wenn eine Medaille in Reichweite ist, tut es weh, sie auf diese Weise zu verlieren.“

Doch Federers erste Olympische Spiele sollten noch ein erfreuliches Ende nehmen. An seinem letzten Abend in Sydney kam es zum ersten Kuss mit Mirka Vavrinec.

Dass sie überhaupt die Gelegenheit erhielten, so viel Zeit miteinander zu verbringen, war im Grunde höchst unwahrscheinlich gewesen, denn Vavrinec hätte die Olympischen Spiele auch genauso gut verpassen können.

Sie sollten sich erst im Dezember wiedersehen, den Kontakt hielten sie per Telefon. Sie hatten im jeweils anderen einen besonderen Menschen gefunden, und niemand sonst hatte einen vergleichbaren Anteil daran, dass Federer über einen derart langen Zeitraum das Beste aus seiner überragenden Tennisbegabung herausholte.

Groeneveld stellte fest: „Sie war auf einer Mission.“

Zu Beginn hatte der Zufall zweifellos eine Rolle gespielt, doch es bedurfte neben unendlich viel harter Arbeit auch zahlreicher kluger Entscheidungen, damit Roger zu Federer werden konnte, wie es der Schweizer Journalist Laurent Favre einmal gewitzt formulierte.

Federer erzählte mir viele Jahre nach den geschilderten Ereignissen: „Mirka war felsenfest davon überzeugt, dass ich mein Talent nicht vergeuden dürfe. Denn ihr war klar, dass sie selbst in gewissem Maße limitiert war. Sie war extrem fleißig, aber sie wusste, dass ich mit meinem Talent so viel mehr erreichen konnte, und diese Überzeugung hatte enormen Einfluss auf mich.“

Kapitel 6

WIMBLEDON, ENGLAND

„Sind Ihnen die Traditionen des Centre Court bekannt?", erkundigte sich ein Offizieller bei Roger Federer, als dieser sich bereitmachte, den Tennistempel von Wimbledon zu betreten.

Federer erwiderte, dass er natürlich schon viele Centre-Court-Matches im Fernsehen angeschaut, aber noch nie auf ihm gespielt habe. Also ging der Offizielle mit ihm die ungeschriebenen Regeln durch, etwa den Brauch, dass die Spieler den Platz gemeinsam betraten und verließen und sich vor der Royal Box verbeugten (das war 2001 noch üblich).

Der 19-jährige Federer hatte kein Problem damit, sich dem Protokoll zu unterwerfen. Trotzdem sollte er später mit der Tradition brechen … In der vierten Runde stand er Pete Sampras gegenüber, dem kraftvollen und in sich gekehrten Kalifornier, der in den vorangegangenen acht Jahren nur ein einziges Match in Wimbledon verloren hatte, 1996 gegen Richard Krajicek.

Zu jener Zeit gehörte der Centre Court ebenso Sampras wie dem All England Club. Doch nachdem Federer das Geschehen jahrelang aus der Ferne beobachtet hatte, war er nun bereit. Er wollte den nichtsahnenden Zuschauern weltweit die ganze Palette seiner Tenniskünste und seine neuerworbene Coolness in Stresssituationen vorführen.

Die Experten unter uns wussten um die Gefahr. Wir hatten mitbekommen, dass sich Sampras – gemessen an seinen Standards – in der Saison 2001 schwergetan und keinen einzigen Titel gewonnen hatte.

„Ich frage mich, ob er jetzt in die Phase eingetreten ist, wo man immer noch alles versucht, das aber aus irgendeinem Grund nicht mehr reicht", sagte Martina Navratilova, eine der Wenigen, die es mit ihren neun Einzeltiteln mit Sampras' Erfolgsserie in Wimbledon aufnehmen konnte.

Zugleich hatten wir miterlebt, wie Federer sich zu einer beständigeren Kraft entwickelt hatte. Er hatte in Mailand seinen ersten ATP-Titel gewonnen, im Davis Cup brilliert, auf Sand das Viertelfinale der French Open und auf Rasen das Halbfinale in 's-Hertogenbosch erreicht. In Wimbledon hatte er seit seinen Juniorentiteln im Einzel und Doppel 1998 kein Match mehr gewonnen, doch jetzt schwamm er auf einer Erfolgswelle. In der zweiten Runde hatte er Xavier Malisse in fünf Sätzen niedergerungen und anschließend mit einem glatten Dreisatzerfolg über Jonas Björkman – einen erfahrenen Schweden mit vorzüglichen Returns, der Rasen liebte – ein deutliches Signal gesendet.

Die britischen Tennisfans richteten ihren Blick bereits auf das mögliche Viertelfinale von Sampras gegen den Engländer Tim Henman, der seit vielen Jahren auf seine Chance wartete. Doch die Eingeweihten schauten genau hin, als Federer das Rasenviereck betrat, auf dem die guten Spieler von den großen Spielern unterschieden werden.

„Ich habe erreicht, was ich wollte: mein erstes Match gegen Pete, und das auf dem Centre Court von Wimbledon", erklärte Federer der Schweizer Presse. „Wenn ich da rausgehe, will ich nicht nur einen Satz gewinnen. Ich will das Match gewinnen."

Im Grunde müsste Wimbledon schon längst seinen Glanz eingebüßt haben. Das Turnier ist aus der Zeit gefallen. Wer spielt heute schon noch Tennis auf Rasen? Früher einmal war dies der übliche Belag, und auch die Australian Open und die US Open wurden darauf ausgetragen. Inzwischen nehmen die Rasenturniere im jährlichen Tour-Kalender nur noch fünf Wochen ein. Hartplätze dominieren. Dennoch ist Wimbledon bis heute ein unverzichtbarer Bestandteil des Tennis, es ist das Turnier, bei dem die Spieler in überwiegend weißen Outfits die Vergangenheit wiederaufleben lassen und wo zugleich die Stars der Gegenwart aufleben.

Als einziges der vier Grand-Slam-Turniere wird es in einem privaten Club ausgetragen, doch bei einem Wimbledon-Turnier unter normalen Umständen ist der All England Lawn Tennis & Croquet Club alles andere als privat, vergleichbar mit dem Augusta National Golf Club bei einem normalen Masters-Turnier.

Auf den Wegen und an den Erfrischungsständen von Wimbledon drängen sich die Menschen. Die Anlage ist hügeliger und auch moderner, als die meisten denken, der Centre Court hingegen entspricht genau den allgemeinen Vorstellungen. Durch die Konzertsaal-Akustik und die fehlenden Werbebanner fühlt man sich eher wie in einem Theater als wie in einem Stadion.

Seit 2009 ein beeindruckendes Schiebedach eingeweiht wurde, hat der Centre Court ein wenig von seiner Symmetrie eingebüßt. Als Federer zum ersten Mal den Rasen betrat, befand sich der Platz noch in seinem alten Zustand.

Er und Sampras kannten einander bereits. Federer war beim ATP-Turnier in Basel als Balljunge für Sampras im Einsatz gewesen. Später dann waren sie einander auf der Tour begegnet und hatten miteinander trainiert, nachdem Sampras mitbekommen hatte, wie Federer im Februar die Davis-Cup-Mannschaft der USA quasi im Alleingang zerrieben hatte.

Doch Sampras war nach wie vor die Nummer eins der Setzliste und der erfolgreichste männliche Rasenspieler der Open-Ära, und er hatte immer noch den Ehrgeiz, als erster der Herren Wimbledon zum achten Mal zu gewinnen.

In der zweiten Runde hatten die Warnlampen bereits aufgeleuchtet, als er von dem sympathischen Engländer Barry Cowan, lediglich die Nummer 265 der Weltrangliste, in den fünften Satz gezwungen worden war.

„Ein Pete Sampras in Normalform würde ihn in drei schlagen“, meinte Federer.

Normalform hin oder her, Sampras erholte sich rasch und überrollte in der dritten Runde Sargis Sargsian in drei Sätzen, sodass er zu Recht zuversichtlich in die Partie gegen Federer ging.

„Ich habe mich gut gefühlt“, sagte mir Sampras 20 Jahre danach. „Ich kannte Roger ein wenig und wusste, dass er auf dem Weg nach oben war, sodass ich ihn nicht gerade als Glückslos angesehen habe.

Aber für mich war das ein Match, das ich eigentlich gewinnen sollte, und so wurde ich etwas unvorbereitet getroffen."

Federer hatte Vertrauen in sein eigenes Spiel, sein Körper allerdings signalisierte ihm, dass es eben kein normales Match war. Seine Hände waren beim fünfminütigen Einschlagen auf dem Centre Court „eiskalt". Dennoch eröffnete er das Match stilgerecht mit einem Slice-Ass und brachte sein Aufschlagspiel unter anderem mit einem weiteren Ass in wenig mehr als einer Minute durch.

Im Verlauf des Matches richtete er im Sampras-Stil zwischen den Punkten die Saiten seines Schlägers, anstatt sich über seine Fehler aufzuregen, und gewährte so gut wie keinen Blick in sein Innenleben.

Das war in der Tat ein Fortschritt und das Ergebnis nicht nur jahrelanger Arbeit an sich selbst, sondern auch konstruktiver Kritik der anderen – von seinen Eltern über den Sportpsychologen Christian Marcolli und seine Trainer bis zu seiner Freundin Mirka Vavrinec, die in der Spielerbox am Centre Court saß.

Peter Lundgren hatte Federer einmal gewarnt: „Alle wissen, dass du der beste Tennisspieler bist, aber sie kämpfen, denn wenn du die Fassung verlierst, haben sie dich."

Federers Pokerface verdankte sich nicht zuletzt der Einsicht, dass seine Eskapaden und sein negatives Verhalten auf dem Platz ihn mit zunehmender Berühmtheit auf ein bestimmtes Image festlegen würden.

Im Mai hatte er bei den Italian Open in Rom Marat Safin, den hitzköpfigen russischen Star, besiegt, in engen drei Sätzen mit Geschrei, qualvoll verzerrten Gesichtern und weggeworfenen Schlägern. Vieles davon fand seinen Weg in die Highlight-Sendungen der europäischen Sportkanäle, und Federer gefiel gar nicht, was er da zu sehen bekam.

Eine Woche nach dem Match gegen Safin stand Federer in der ersten Runde von Hamburg dem erfahrenen Argentinier Franco Squillari gegenüber und gab eine weitere Kostprobe seines schlechten Benehmens. Nachdem er bei eigenem Aufschlag und Matchball gegen sich einen Volley falsch eingeschätzt und verschlagen hatte, zerstörte er wütend seinen Schläger.

„Ich habe ihn zertrümmert, mit allem, was ich hatte", sagte er.

Doch als Federer den Platz verließ, wog die Wut auf sein eigenes Betragen schwerer als die Enttäuschung über eine weitere frühe Niederlage. Es war an der Zeit, sich endlich ernsthaft zu ändern und zum allgemeinen, vor allem aber zum eigenen Wohl ruhiger zu werden. Bei aller Überzeugungsarbeit seines engsten Kreises musste diese Erkenntnis aus ihm selbst kommen.

„Dieser Moment war entscheidend für meine Karriere", erzählte er mir viele Jahre später. „Irgendwann ertrug ich es nicht mehr, mich so im Fernsehen zu sehen. Es ist einfach kein schöner Anblick, wenn du dich selbst den Schläger in die Ecke feuern siehst, und du denkst, oh mein Gott, und lässt den Blick schweifen, und du bist so frustriert und enttäuscht. Also habe ich mir gesagt: ‚Das sieht einfach nur bescheuert aus. Reiß dich mal ein bisschen zusammen.' Ich habe lange gebraucht. Das war echt interessant. Ich habe richtig lange gebraucht."

Federer war beeindruckt von den zunehmend größeren Kulissen, vor denen er spielte, gleichzeitig wurde ihm klar, dass seine Ausbrüche seiner Leistung zunehmend schadeten, je weiter er bei den Turnieren kam.

„Ich merkte, dass mein Verhalten mich auslaugte. Wenn ich zum Beispiel ins Viertelfinale gelangte, dachte ich: ‚Oh Mann, ich bin so müde'", sagte Federer. „Nicht wegen der Matches, sondern wegen meiner Gefühle. Alles war so emotional. Das Komische war, dass wir uns mit zwölf oder dreizehn Jahren alle so verhalten haben. Marco Chiudinelli und Michael Lammer. Wir haben alle herumgeschimpft und wollten dem anderen auf die Nerven gehen. Ich weiß ehrlich nicht mehr, was wir alles angestellt haben. Sich so zu verhalten war irgendwie normal, und dann kommt auf einmal eins zum anderen und du stehst auf der großen Bühne und kannst nicht mehr so auftreten, weil du jetzt Pat Rafter oder Pete Sampras gegenüberstehst oder irgendjemand anderem, den du ehrlich bewunderst.

Verstehst du, was ich sagen will? Man kann einfach nicht mehr so weitermachen."

In Wahrheit kann man das sehr wohl. Der Übergang auf die große Bühne hat andere Tennisstars nicht von Wutanfällen abgehalten oder davon, mit Schlägern oder Stühlen zu werfen, siehe John McEnroe, Safin und Nick Kyrgios.

Für Federer jedoch war der Moment gekommen, endlich ruhig zu werden, zumindest äußerlich.

Innerlich kochte er nach wie vor.

„Jawohl, das kann man so sagen", bestätigte Federer.

Es ging darum, das Feuer zu beherrschen, nicht, es auszulöschen – darum, die lodernden Flammen der Ablenkung in einen gleichmäßig brennenden Antrieb umzuwandeln.

Gegen Sampras zeigte er ein außergewöhnliches Stehvermögen, auch wenn es sich für ihn wie eine Erfahrung aus einer anderen Welt anfühlte: Federer spielte nie gegen seine Kindheitsidole Boris Becker und Stefan Edberg, und auch Marcelo Rios hatte er bis dahin noch nicht gegenübergestanden; doch hier war der US-Star Sampras, dem Federer einst aus der Ferne zugejubelt hatte, und zielte in der angespannten Stille des Centre Court mit seinem furchterregenden Aufschlag auf Federer.

„Am Anfang ist das eben so", erzählte mir Federer. „Du spielst gegen deine Helden, die du aus dem Fernsehen kennst. Da musst du durch."

Sampras war in Siebenmeilenstiefeln durch diese Phase geeilt. Als 19-Jähriger hatte er 1990 auf dem Weg zu seinem Triumph bei den US Open nacheinander Ivan Lendl und John McEnroe ausgeschaltet und in der zweiten Runde auch gegen Peter Lundgren, Federers späteren Coach, gewonnen.

Das waren die ersten US Open, bei denen ich als Reporter dabei war, und ich werde nie vergessen, welches Selbstbewusstsein Sampras auf den letzten Etappen seines Durchbruchs ausstrahlte, wie ein Kind, dem man vor einer Prüfung die Fragen zugesteckt hat und das nun weiß, dass es in jedem Fall bestehen wird.

Inzwischen war Sampras der etablierte Champion. Er war annähernd zehn Jahre älter als Federer, dessen Spiel in vielerlei Hinsicht ein Tribut an den Erfolg von Sampras war, von der einhändigen Rückhand über die tödliche Vorhandpeitsche bis zu den akrobatischen Improvisationen (man denke etwa an den eingesprungenen Rückhand-Überkopfball der beiden Männer).

Beide hatten eine rhythmische „schrittlose" Aufschlagbewegung, bei der sie beim Ballwurf mit den Füßen in Schrittstellung blieben, in die Knie gingen und sich dann abdrückten, um den Ball zu treffen. Viele andere Spieler wie Rafael Nadal und Andy Murray ziehen nach dem Ballwurf den hinteren Fuß heran.

Sampras und Federer sind gleich groß (1,85 m) und gaben beide seinerzeit das gleiche Gewicht an (79 kg). Sie spielten sogar beide das gleiche Schlägermodell: den Wilson Pro Staff 85 mit einem vergleichsweise kleinen Kopf von 85 Quadratzoll, der im idealen Treffpunkt sehr viel Gefühl bot. Ich habe selbst auf Hobbyniveau viele Jahre damit gespielt und fand stets, dass „butterweich" die treffendste Beschreibung für das Gefühl bei einem Volley war.

Tom Gullikson, der Zwillingsbruder von Sampras' verstorbenem früheren Coach Tim Gullikson, gehörte zu denen, die die Ähnlichkeiten verblüfften, als er Sampras und Federer von der Tribüne aus beobachtete.

„Ich kann es gar nicht fassen", meinte er damals zu mir.

Gleichwohl waren sie nicht identisch. Federers aufrechter Haltung stand Sampras' leichter Rundrücken gegenüber. Federer bewegte sich leichtfüßiger. Sampras besaß eine furchterregende Präsenz, einen härteren Aufschlag und explosivere Bewegungen im T-Feld, und er zögerte nicht, den zweiten Aufschlag genauso hart wie den ersten durchzuziehen. Doch die Gemeinsamkeiten waren unübersehbar, und obwohl im Allgemeinen unterschiedliche Spielstile zu besonders sehenswerten Tennismatches führen, bildete dieses Wimbledon-Duell unter Gleichen eine Ausnahme – aufgrund der schieren Qualität und Variabilität der Schläge, der Athletik, des ungeheuren Tempos und des engen Spielverlaufs.

Vor und während der Sampras-Ära beschwerten sich viele Fans über das Bum-Bum-Tennis auf Rasen und die vorhersehbar kurzen Ballwechsel. Doch wenn man sich nach den vielen Jahren, wo das Grundlinienspiel dominiert, heute noch einmal Sampras gegen Federer anschaut, ist das eine bittersüße Erinnerung daran, dass das reine Angriffstennis mit seinen kurzen Punkten und dem stakkatoartigen Rhythmus durchaus über einen eigenen Reiz verfügte – vor allem wenn sich zwei der besten Vertreter die Asse und knallharten Schläge um die Ohren hauten.

„Das war noch Oldschool-Tennis", erklärte mir Federers Coach Peter Lundgren kürzlich. „Heute sieht man so etwas nicht mehr. Jetzt ist der Platz in Wimbledon an der Grundlinie kahl. Bei diesem Match war der Rasen wie früher immer: mit einem abgewetzten T zwischen Grundlinie und Netz. Absolut spannend für Zuschauer, nach wie vor."

Sampras musste bereits im vierten Spiel bei 0:40 drei Breakbälle abwehren, um sein Service schließlich doch noch durchzubringen. Unter Druck spielte er gewohnt mutig, doch im Laufe der Partie leistete er sich auch ungewohnte Fehler: Einige einfache Rückhandpassierbälle landeten im Netz, bei manchen Volleys schien er ein wenig langsam zu reagieren, und selbst eines seiner Markenzeichen, der vorwärts eingesprungene „Slam Dunk"-Schmetterball, misslang ihm einmal.

Leider sollte dies ihre einzige offizielle Begegnung bleiben. Sie wurde zumindest ein Klassiker, der durch einige wenige Bälle entschieden wurde. Etwa durch Federers ersten Aufschlag beim Stand von 5:6 im Tiebreak des ersten Satzes, der im Aus zu sein schien, doch zu Sampras' Ärger gut gegeben wurde. Zu Recht äußerte er seinen Zweifel, nachdem er bei seinem einzigen Satzball den Return verschlagen hatte. Etwa durch den hohen Vorhandvolley, den ein nervöser Federer weit ins Aus schlug, wodurch er seinen Aufschlag und den zweiten Satz verlor. Etwa durch den knallharten Aufschlag auf den Körper, den der überraschte Federer auf magische Weise irgendwie mit dem zur Grasnarbe gerichteten Schlägerkopf zurückbrachte, wodurch er Sampras die Gelegenheit gab, einen weiteren

Schmetterball zu verschlagen und in der Folge den dritten Satz abzugeben.

Doch Sampras dominierte den Tiebreak des vierten Satzes und erzwang so einen fünften Satz, vor dem er den Platz für eine Toilettenpause verließ. Federer verharrte auf seinem Stuhl und hatte reichlich Zeit, sich die Situation durch den Kopf gehen zu lassen, derweil er ein frisches Stirnband faltete und umband.

Auf meinem Platz hoch oben im Pressebereich des Centre Court hatte ich den Eindruck, Sampras habe ihn geknackt. Der US-Amerikaner war nicht in Bestform, dennoch war er eine Macht. Außerdem hatte er das Momentum auf seiner Seite, und er besaß die feste Überzeugung desjenigen, der in Wimbledon unzählige Herausforderer unter seinem Druck hatte zusammenbrechen sehen.

Wir wussten bereits, zu was Sampras fähig war. Wir mussten gar nicht unsere Fantasie bemühen. Er hatte es seit Jahren bewiesen. Federer war die große Unbekannte.

Sampras hatte noch nie einen fünften Satz in Wimbledon verloren. Federer kannte diese Statistik nicht, womöglich zu seinem Glück. Ungeachtet eines Zwickens im Adduktor seines linken Beines fühlte er sich frisch und blieb, mindestens ebenso wichtig, innerlich ruhig.

Als das Spiel fortgesetzt wurde, brachte er sein Service problemlos durch, und keiner der beiden ließ im Schlusssatz einen Breakball gegen sich zu, bis Federer beim Stand von vier beide aufschlug.

Sampras, dessen Returnspiel meist ziemlich wechselhaft war, hatte sich seit Langem darauf verlegt, die Aufschlagspiele seiner Kontrahenten größtenteils an sich vorbeiziehen zu lassen, nur um irgendwann sein Niveau zu steigern und gerade so viele gute Returns in Serie zu spielen, um zu dem einen Break zu kommen, das ihm in der Regel reichte, um mit seinem verheerenden Aufschlag den Satz für sich zu entscheiden.

Bei vier beide schien dieser Moment gekommen, und tatsächlich kam Sampras zu zwei Breakbällen, durch die der Sieg in Reichweite lag. Doch ungewohnt für ihn verschwendete er beide. Bei 30:40 spielte Sampras aus dem Halbfeld einen uninspirierten

Rückhandpassierball, den Federer wegvolleieren konnte. Und bei eigenem Vorteil setzte Sampras einen Vorhandpassierball ins Netz, kein wirklich kinderleichter Ball, dennoch hätte er ihn auf der Höhe seines Könnens irgendwie verwandelt.

„Ich hatte das Gefühl, dass ich mich sonst in solchen Situationen auf diesem Platz durchsetzte", erzählte mir Sampras. „In meinem Kopf ist ein Breakball wie ein Matchball. Wenn ich einen habe, denke ich, ich habe das Match in der Tasche. Doch es sollte dieses Mal nicht sein."

Federer brachte seinen Aufschlag zum 5:4 durch und noch einmal zum 6:5 und übernahm bei Sampras' anschließendem Aufschlagspiel sogleich durch einen Rückhandreturn-Winner gegen den zweiten Aufschlag das Kommando.

Beim nächsten Punkt schob Sampras, der sich ein wenig steif bewegte, einen tiefen Vorhandvolley hinten ins Aus. Er verkürzte zum 15:30, gab dann jedoch den nächsten Punkt mit einem weiteren verschlagenen Vorhandvolley ab; dieses Mal blieb der Ball an der Netzkante hängen.

Damit stand es 15:40. Zwei Matchbälle für den Teenager. Wie immer auf dem Centre Court wischte sich Sampras mit dem Zeigefinger den Schweiß von der Augenbraue und brachte einen gewaltigen ersten Aufschlag ins Feld. Durch den Slice wurde der Ball nach außen getrieben, nicht weit genug, um an Federer vorbeizuzischen.

„Das Besondere an Pete war, dass er seinen Aufschlag an jeden beliebigen Punkt setzen konnte, und genau darum war er in den großen Momenten so gut", sagte Paul Annacone, der damalige Coach von Sampras. „Ich weiß noch, dass ich gleich in dem Moment, da Pete den Ball traf, dachte, dass er den anvisierten Punkt um 20 Zentimeter verfehlt hatte, was für Pete als Meister großer Momente untypisch war."

Federer machte einen Schritt nach rechts und feuerte einen Vorhandreturn-Winner longline ab, unerreichbar für Sampras. Sampras' 31 Spiele währende Siegesserie in Wimbledon war gerissen.

Federer sank auf die Knie und rollte sich auf den Rücken, die Hände vor dem Gesicht, dann sprang er auf die Beine und lief zum Handschlag ans Netz, mit Tränen in den Augen.

„Ich hatte das Gefühl, dass ich ihn schlagen konnte“, erzählte Federer. „Ich hatte die ganze Zeit das Gefühl. Und darum habe ich gewonnen.“

Er hatte wie ein Veteran des Centre Court gespielt.

„Ich bin davon ausgegangen, dass die Situation Roger ein wenig nervös machen würde, Pete dagegen nicht“, sagte Annacone. „Doch seltsamerweise schienen beide nicht nervös. Roger spielte einfach einen Hauch besser, das war schon erstaunlich. Es war der Augenblick, wo man auf der ganz großen Bühne ankommt.“

Erst nach dem Match kam Federers Unerfahrenheit auf diesem Parkett wieder zum Vorschein, denn er strebte geradewegs auf den Ausgang zu, während Sampras für die traditionelle Verbeugung innehielt. Mit einem verlegenen Grinsen trat Federer wieder ein paar Schritte zurück, neben Sampras, um sich seinerseits hastig zu verbeugen.

Er widmete den Sieg Björn Borg, Lundgrens schwedischem Vorbild und engem Freund.

Als einer der größten Tennisspieler aller Zeiten hatte Borg in Wimbledon 41 Matches und fünf Titel nacheinander gewonnen. Rekorde, die Sampras gejagt hatte.

Federer hatte ihn nun gestoppt und wollte umgehend mit Borg sprechen. Eilig wurde ein Telefonat arrangiert. Federers Agent Bill Ryan war auch Borgs langjähriger Agent. „Roger war wie ein kleines Kind in einem Süßwarengeschäft, als er mit Borg sprach“, berichtete mir Ryan. „Mit Augen so groß wie Teller.“

Federer hatte gegen Sampras gewonnen, weil er ebenso viele Asse wie dieser geschlagen hatte (25), weil sein Return stabiler gewesen war, weil er mit dem zweiten Aufschlag einen Punkt nach dem anderen gemacht hatte und weil er sogar entschlossener in den Ball gegangen war und Sampras immer wieder mit dem Tempo seiner Passierbälle überrascht hatte.

„Stimmt", gestand Sampras mir gegenüber. „Ich würde jetzt nicht sagen, dass ich abgeschossen wurde, aber da war auf jeden Fall eine Power, die ich wohl einfach nicht gewohnt war. Das war das erste Mal, dass ich gegen ihn gespielt habe. Einen Tag später wäre ich in besserer Verfassung gewesen, aber an dem Tag habe ich mich nicht ganz wohl gefühlt. Damals war er schon sehr gut. Großartig wurde er ein paar Jahre danach. Mir war klar, dass er talentiert war und sich eine lange Zeit halten würde. Aber ich glaube nicht, dass irgendjemand vorhersehen konnte, dass er die nächsten 20 Jahre dominieren und so viel erreichen würde. Es ist nicht wie bei Tiger Woods oder LeBron James, bei denen bereits mit zwölf klar war, dass sie Superstars werden. Bei mir und Roger war das nicht so eindeutig. Im Tennis ist der Übergang eben auch nicht so einfach. Man braucht Zeit, um sich zu entwickeln."

Das konnte man zwei Tage darauf einmal mehr sehen, als Federer im Viertelfinale Henman in vier Sätzen unterlag, 5:7, 6:7 (6), 6:2, 6:7 (6).

Federer gelang es nicht, vollständig in Sampras' Fußstapfen zu treten und wie dieser mit 19 seinen ersten Grand-Slam-Titel zu holen. Er hatte Probleme mit dem Bein und nur mit Schmerzmitteln das Turnier durchgestanden. Seine Überlegenheit über seine Rivalen zeigte sich selbst auf Rasen noch nicht überwältigend deutlich, doch er hatte auf jeden Fall Eindruck hinterlassen. Und nichts beflügelt einen jungen Spieler so wie der Sieg über einen Superstar auf einer der größten Bühnen seines Sports. Das zeigte sich etwa bei Naomi Osaka, als sie in dem turbulenten Finale der US Open 2018 Serena Williams schlug. Und das zeigte sich ganz gewiss bei Federer in Wimbledon.

„Ich denke, das Pete-Sampras-Match hat alles verändert", sagte Lundgren. „Danach kannte ihn jeder. Wenn du Pete Sampras auf dem Centre Court von Wimbledon schlägst, dann weißt du, dass du etwas kannst. Er hatte schon davor einige gute Resultate erzielt, aber die Manager und alle auf der Tour sagten: ‚Was ist los? Warum gewinnt er nicht mehr?' Und ich meinte: ‚Er ist noch nicht so weit.' Sein Spiel ist komplex. Er hat ein riesiges Repertoire, und es dauert, bis man so weit ist, dass man die richtige Waffe für den richtigen Schlag wählt. Er hatte so viele Möglichkeiten. Wahrscheinlich 15 bei jedem Schlag."

Der Sampras-Sieg bestätigte Lundgrens Vertrauen in Roger und besänftigte die besorgten Agenten und Sponsoren. Doch auch wenn der Sieg zweifellos einen Reifeschritt darstellte – eine endgültige Wachablösung war er noch nicht.

„Wir sollten nicht übertreiben", erklärte Sampras am Tag seiner Niederlage. „Ich habe einfach nur verloren. Ich habe vor, noch viele Jahre hierherzukommen. Genau dafür spiele ich ja, für diese Turniere. Und ich werde nicht aufhören, wenn ich nicht mehr kann, sondern wenn ich keine Lust mehr habe. Es gibt keinen Grund zur Panik oder zu denken, dass ich hier nicht noch einmal gewinnen kann. Ich bin überzeugt, dass ich hier jederzeit siegen kann."

Sampras sollte keinen weiteren Wimbledon-Titel holen, allerdings brachte er die Zweifler vorerst durch den Gewinn seines 14. Grand-Slam-Titels bei den US Open zum Schweigen. Dieses Match sollte dann sein letztes sein.

Federer seinerseits stürmte nicht auf direktem Weg an die Spitze. Ungeachtet der eiskalten Brillanz, mit der er im All England Club 2001 den gesamten Platz beherrscht hatte, war er noch nicht auf dem Stand, das Zepter zu übernehmen oder gelassen mit den Erwartungen nach dem Sampras-Coup umzugehen. Darüber hinaus war er verletzt und musste nach einem kurzen Gastspiel in Gstaad, wo er in der ersten Runde seinem späteren Coach Ivan Ljubicic unterlag, eine sechswöchige Erholungspause in Biel/Bienne einlegen.

Während dieser Auszeit verdingte er sich als Chauffeur. Nachdem erst Yves Allegro und dann auch Sven Swinnen ausgezogen waren, teilte sich Michael Lammer die Wohnung mit Federer. Zu jener Zeit laborierte Lammer an einer Knöchelverletzung, dennoch musste er irgendwie zur Schule kommen. Federer, der inzwischen den Führerschein besaß, bot ihm seine Dienste an.

„Roger sagte: ‚Gut, ich hole dich von der Schule ab, und ich bringe dich auch hin. Da ich auch verletzt bin, kann ich mir meine Zeit frei einteilen. Ich spiele den Taxifahrer für dich'", erzählte Lammer.

Mirka Vavrinec, die sich ebenfalls in Biel von ihren Verletzungen erholte, verbrachte viel Zeit mit Lammer und Federer.

„Mirka übernahm dankenswerterweise das Regiment in der Wohnung", erzählte mir Federer schmunzelnd. „Michael und ich, wir müssen immer noch über uns lachen. Als Michael zuletzt zum Essen bei mir war, haben wir uns wieder darüber unterhalten und was für ein Glück wir hatten, dass Mirka da war. Endlich haben wir unsere Sachen gefunden und konnten wieder frei atmen."

Noch konnte Federer sein Niveau nicht durchgängig halten, und er beendete das Jahr auf Rang 13 der Weltrangliste. Das war eine erhebliche Verbesserung gegenüber dem Jahr 2000, doch nicht ausreichend für die Qualifikation für das Tour-Finale der besten Acht im australischen Sydney, das Lleyton Hewitt für sich entschied.

Die Saison 2002 begann für Federer vielversprechend mit einem Titel in Sydney, einem erneut brillanten Davis-Cup-Auftritt in Moskau, Finalteilnahmen in Mailand und Miami und einem weiteren Titel auf Sand in Hamburg, nach Siegen über Gustavo Kuerten und Safin. Dennoch unterlag Federer in der ersten Runde der French Open Hicham Arazi, bevor er aufgrund seines Auftritts im Vorjahr als Nummer sieben der Setzliste und einer der Favoriten der Wettbüros nach Wimbledon zurückkehrte.

John McEnroe, als Spieler einst angriffslustig und als Experte nie um einen gewagten Tipp verlegen, ernannte Federer zum Titelfavoriten. Der All England Club, offenkundig von Federers Stil und Perspektive überzeugt, ließ ihn gleich wieder auf dem Centre Court antreten, wo er dem kroatischen Qualifikanten Mario Ancic begegnete, einem hochaufgeschossenen und intelligenten jungen Mann, der wie Goran Ivanisevic aus der bezaubernden Küstenstadt Split stammt. Mit 18 war Ancic zwei Jahre jünger als Federer und erstmals bei einem Grand Slam dabei. Mit beherztem Angriffstennis fertigte er Federer 6:3, 7:6 (2), 6:3 ab – ein weiterer Beweis dafür, dass Erfahrung auf dem Centre Court keine unabdingbare Voraussetzung ist, um dort zu brillieren.

Es war die bis heute ernüchterndste Niederlage in Federers Karriere und kam zudem zu einem ungünstigen Zeitpunkt, da sein

Vertrag mit Nike zur Verlängerung anstand und sein Verhältnis zur Managementagentur IMG aufgrund von Auseinandersetzungen über Vertragsdetails angespannt war.

Tennis ist ein Sport, in dem bei den Superstars die Einnahmen außerhalb des Platzes die Preisgelder in den Schatten stellen. Und in der Welt des Sport-Business gab es Zweifel, ob Federer die kommende Nummer eins war oder nur einer von mehreren jungen Thronanwärtern.

Der nahezu gleichaltrige Lleyton Hewitt stand bereits an der Spitze der Weltrangliste und sollte 2002 Wimbledon gewinnen, gegen einen weiteren von Federers Jugendrivalen, den Argentinier David Nalbandian – in einem Finale, das eine neue Zeit einläutete und ohne Serve-and-Volley auskam (die Traditionalisten konnten sich immerhin damit trösten, dass es eine Regenunterbrechung gab). Und dann war da auch noch Andy Roddick, der aufschlaggewaltige und schlagfertige US-Teenager, dessen Land ein sehr viel bedeutenderer Markt war als Federers Heimat und der bereits an das Tor zu den Top 10 klopfte.

Es war eine angespannte, ungewisse Zeit für Federer. Dann traf ihn ein wirklich schwerer Schlag.

Anfang August waren Federer und Lundgren in Toronto, wo das Masters-Turnier den Auftakt zur sommerlichen Hartplatzsaison bildete. Am späten Abend des 1. August klingelte Lundgrens Telefon. Es war Agassis Coach, Darren Cahill.

„Ich dachte, Darren würde mich anrufen, weil Andre mit Roger trainieren wollte“, erzählte Lundgren. „Aber Darren sagte: ‚Setz dich hin.‘“

Und dann erzählte Cahill, dass Peter Carter in seinen Flitterwochen bei einem Autounfall in Südafrika tödlich verunglückt war. Carter wurde gerade einmal 37 Jahre alt.

Federers Mutter Lynette hatte bei der Organisation der Reise geholfen, und Federer selbst hatte Carter und seiner Schweizer Frau Silvia immer wieder empfohlen, diese Reise zu machen. Doch der Straßenverkehr im wunderschönen Südafrika ist gefährlich. An diesem 1. August saß Carter in einem Land Rover, als der Fahrer, ein Freund von ihm, einem entgegenkommenden Fahrzeug ausweichen musste. Unmittelbar vor ihnen lag eine Brücke, und Carters Freund bekam den Wagen nicht mehr unter Kontrolle. Der Land Rover stürzte über den Brückenrand, landete auf dem Dach und wurde vollkommen zerquetscht. Carter und sein Freund starben.

Silvia saß in einem anderen Fahrzeug und blieb unverletzt. Kurz nach der Hochzeit 2001 war bei ihr das Hodgkin-Lymphom festgestellt worden, doch im Sommer 2002 war die Behandlung erfolgreich beendet worden, und so traten sie und Carter endlich ihre aufgeschobenen Flitterwochen nach Südafrika an.

Lundgren hatte nun die schwierige Aufgabe, Federer die Tragödie mitzuteilen.

Er hinterließ ihm Nachrichten auf dem Telefon, und schließlich kam der Rückruf. Federer, der im Einzel bereits ausgeschieden war, erkundete gerade das Stadtleben. Nach dem Telefonat rannte er los, tränenüberströmt durch die unbekannten Straßen, während er zu verstehen versuchte, was Lundgren ihm eben mitgeteilt hatte.

„Roger tat, was Kinder tun, wenn sie etwas Gewaltiges, Bedrohliches erleben: Er lief", schrieb der einfühlsame US-amerikanische Sportreporter S. L. Price in einem Artikel für *Sports Illustrated.*

Schließlich traf Federer in Lundgrens Hotelzimmer ein.

„Er kam herein und schaute mich an, ich sah grässlich aus, was in der Situation natürlich normal war", erzählte Lundgren. „Ich fühlte mich total leer. Es war hart für Roger und auch für mich. Peter und ich haben uns sehr nahegestanden. Wir haben sehr viel Zeit miteinander verbracht. Roger verlor seinen ehemaligen Coach und Freund und alles. Ich wusste, wie viel Peter Roger bedeutet hatte."

Sven Groeneveld war als Trainer von Greg Rusedski in Toronto. Lundgren rief ihn ebenfalls an und bat ihn, zu kommen.

„Roger war am Boden zerstört", erinnerte sich Groeneveld. „Er brachte kein Wort heraus. Er war vollkommen erledigt."

Bei Federer, der eine Woche darauf seinen 21. Geburtstag begehen sollte, mischten sich noch andere, furchtbare Gedanken in den Schmerz, denn er und seine Familie waren bei Carters Reise nicht ganz unbeteiligt. In die Trauer mischten sich Schuldgefühle.

„Ich denke, das hat ihm am meisten zu schaffen gemacht", sagte Groeneveld.

Federer machte in der Nacht kaum ein Auge zu, dennoch trat er am nächsten Tag mit seinem südafrikanischen Partner Wayne Ferreira zum Doppel-Viertelfinale an. Sie unterlagen im Tiebreak des dritten Satzes gegen Sandon Stolle und Joshua Eagle, die beide aus Australien kamen, eine weitere Erinnerung an Carter.

Durch Zufall hielt sich Federers Vater Robert zur Zeit des Unfalls geschäftlich in Südafrika auf.

„Peter hatte einen besonderen Platz in unserem Leben", erzählte er der *Basler Zeitung* in der Woche von Carters Tod. „In einem solchen Moment wird einem klar, wie nah er uns allen tatsächlich stand."

Federer und Carter waren sich trotz Federers überraschender Entscheidung für Lundgren als Coach freundschaftlich verbunden geblieben. Federer hatte sich erfolgreich dafür eingesetzt, dass Carter die Schweizer Davis-Cup-Mannschaft übernahm, nachdem er selbst einen Aufstand gegen den amtierenden Kapitän Jakob Hlasek angeführt hatte. Carter war noch kein Schweizer Staatsbürger und wurde von der International Tennis Federation nicht als offizieller Kapitän anerkannt. Dennoch hatte er im Februar 2002 die Schweizer Mannschaft bei der Erstrundenpartie gegen Russland in Moskau betreut.

„Ich liebe den Davis Cup, und in Australien wäre dieser Posten für mich unerreichbar gewesen", erzählte er der Schweizer Presse. „Ich bin fest davon überzeugt, dass die Schweiz in den kommenden fünf Jahren den Davis Cup gewinnen kann, vorausgesetzt, die besten Spieler bleiben gesund."

In Moskau besiegte ein inspirierter Federer im Einzel auf Sand in der Halle die beiden ehemaligen Weltranglistenersten Safin und Jewgeni Kafelnikow in glatten Sätzen, allerdings konnten er und Marc Rosset das Doppel gegen die beiden russischen Stars nicht für sich entscheiden, sodass die Schweiz am Ende mit 2:3 unterlag.

Wegen seines Davis-Cup-Postens reiste Carter häufiger zu ATP-Turnieren, und vor seiner Abreise nach Südafrika sah er Federer sowohl in Wimbledon als auch in Gstaad.

„Ich werde nie vergessen, was Peter mir gegeben hat", erklärte Federer kurz nach Carters Tod. „Er hat mir so vieles beigebracht, das werde ich weiter in mir tragen."

Federer entschloss sich zum Weiterspielen, unterlag jedoch in der ersten Runde von Cincinnati Ivan Ljubicic. Bill Ryan, Federers damaliger Agent, sagte: „Das werde ich niemals vergessen. Weil es so verdammt heiß war, saßen Lundgren und ich mit Roger im Schatten eines Baumes vor der Players' Lounge, und Roger sagte: ‚Ich kann nicht weiter Tennis spielen.'"

Er verzichtete auf das Turnier in Washington, DC, und flog nach Hause in die Schweiz, um bei der Beerdigung dabei zu sein. Es war das erste Mal, dass er eine Beerdigung erlebte.

„Ich musste unbedingt zurück", erklärte er später. „Amerika war in dem Moment einfach zu weit weg. Ich wollte bei meinen Freunden sein, auch wenn ich nicht helfen konnte. Ich werde Peter Carter immer vermissen, aber auf dem Tennisplatz wird er bei mir sein."

Noch vollkommen aufgewühlt schloss er sich den mehr als 200 Trauergästen in der Leonhardskirche in der Basler Innenstadt an, zusammen mit vielen weiteren Schweizer Topspielern wie Yves Allegro.

„Roger war völlig am Boden", sagte Allegro. „Man sah es an seiner Körpersprache, und er weinte ununterbrochen. Ich glaube, er hat die ganze Beerdigung hindurch geweint, volle eineinhalb Stunden. Es war hart, diesen Schmerz mitzuerleben. Ich glaube, in diesem Moment wurde er ein Mann. Das war mehr oder weniger das erste Mal, dass er sich mit etwas wirklich Furchtbarem auseinandersetzen musste. Er zog schnell in die Top 100 ein, verdiente schnell gutes Geld. Seine Familie war gesund. Seine Eltern waren zusammen. Natürlich haben er und seine Schwester sich manchmal gestritten, weil er mehr Geld hatte als sie oder so etwas, aber das war nicht wirklich ein Problem. Er hatte Mirka kennengelernt und war auch da glücklich. Alles lief also wunderbar, verstehen Sie? Und dann verlor er einen der wichtigsten Menschen seines Lebens."

Auch Cahill, der seit der Kindheit eng mit Carter befreundet gewesen war, kam nach Basel. Nach der Trauerfeier, auf der Silvia Carter und andere sprachen, trat Cahill zu dem aufgelösten Federer: „Junge, Peter wäre verdammt stolz auf das, was du geschafft hast. Und deine Aufgabe ist jetzt, ihn weiterhin stolz zu machen."

„Das war wirklich alles, was ich gesagt habe", erzählte Cahill mir viele Jahre danach. „Und, echt, genau das hat Roger gemacht. Peter hat da oben bestimmt jeden Tag ein breites Grinsen im Gesicht angesichts dessen, was Roger erreicht hat. Und wir als Peters Freunde sind sozusagen stellvertretend stolz, wenn wir Roger zuschauen, denn das bedeutet auch uns etwas."

Für Federer wurde die Beerdigung ein Wendepunkt. Er hat sich von einem vielversprechenden Talent zu einem der größten Spieler aller Zeiten entwickelt, aus vielen Gründen; Carters Tod war ein wesentlicher Aspekt, möglicherweise der entscheidende. Federer begriff, dass er mit seinen Erfolgen Carters Arbeit bestätigen und sein Andenken bewahren konnte. Carters Leben war viel zu kurz gewesen, doch wenn Federer auf dem Platz erreichen würde, was Carter als Vision hatte, dann hätte dieses Leben zumindest in jener Hinsicht seine Erfüllung gefunden.

„Es gab mir eine neue Motivation", berichtete mir Federer.

Allegro stellte fest: „Das war der Wendepunkt. Was ich jetzt sage, klingt komisch, aber ich weiß nicht, ob Rogers Karriere genauso verlaufen wäre, wenn Peter noch leben würde. Wer weiß, vielleicht wäre er auch ein noch besserer Spieler geworden – für mich stand fest, dass er irgendwann wieder Peter als Coach engagieren würde."

Federer hat sich in diese Richtung nie geäußert, auf jeden Fall hatte er sich aber die Möglichkeit eröffnet, wieder häufiger mit Carter zusammenzukommen, indem er ihm den Posten im Davis-Cup-Team verschaffte.

Niemand kannte sein Spiel besser, von den Grundlagen bis zum übergreifenden Ganzen. Nun musste Federer ohne die beruhigende Verbindung in die Anfangszeit seiner Karriere weitermachen.

„Es trifft mich in Wellen", erzählte Federer der Schweizer Presse, als er nach der Beerdigung bei dem ATP-Turnier von Commack auf

Long Island, New York, ins Sportgeschehen zurückkehrte. „Das ist das erste Mal, dass ein enger Freund von mir gestorben ist. Ich wollte ihm noch so viel erzählen. Das geht jetzt nicht mehr. Am meisten tut es mir für seine Frau Silvia leid, die ich gut kenne, und für seine Familie und Freunde."

Federer unterlag in Commack gleich zum Auftakt Nicolas Massu. Doch in der Woche darauf brach er bei den US Open aus dem Abwärtsstrudel aus und überstand die ersten drei Runden, bevor er Max Mirnyi in drei Sätzen unterlag. Nach seinem Zweitrundenerfolg über den 30-jährigen US-Star Michael Chang wurde Federer gefragt, ob er in dieser emotional herausfordernden Phase nicht wieder mit einem Psychologen zusammenarbeiten wolle. Der Gedanke klang vernünftig. Der Leistungspsychologe Marcolli hatte Federer in seiner Jugend unterstützt und auch Peter Carter gut gekannt.

„Brauche ich nicht mehr", erklärte Federer in New York. „Ich muss selbst mit den Aufs und Abs klarkommen."

Eine weitere emotionale Belastung erwartete ihn in Casablanca, wo die Schweizer Davis-Cup-Mannschaft auf Sand zur Relegationspartie gegen eine starke marokkanische Mannschaft antreten musste. Es ging darum, welches Land 2003 in der Weltgruppe mitspielen durfte.

Carter hatte bis zu seinem Tod an den Planungen für die Partie mitgewirkt. Auf Bitten der Spieler und der Schweizer Offiziellen erklärte sich Lundgren bereit, die Position des Teammanagers nun zu übernehmen. Als Schwede durfte auch er nicht als offizieller Teamkapitän fungieren.

Die Schweizer Mannschaft bestand aus Federer, Marc Rosset, Michel Kratochvil und George Bastl, der in dem Jahr in der zweiten Runde von Wimbledon überraschend Sampras besiegt hatte – wie sich herausstellte, der letzte Auftritt von Sampras in Wimbledon. Lundgren bat Severin Lüthi, ihm als Assistent zur Seite zu stehen, und ernannte den erfahrenen Rosset zum spielenden Kapitän. Lundgren formulierte das Ziel klar und deutlich.

„Wir können es schaffen", sagte er. „Für Peter Carter."

Federerer gab in seinen drei Partien nicht einen Satz ab: Er schlug Hicham Arazi im Einzel, nachdem er bei den French Open des Jahres auf Sand gegen ihn verloren hatte. Er gewann zusammen mit Bastl im Doppel. Und am Schlusstag schlug er Younes el-Aynaoui zur vorentscheidenden 3:1-Führung.

Federer widmete den Erfolg Carter. „Meine Gedanken waren oft bei ihm", sagte er. „Er war einfach bei mir, sogar beim Matchball."

Rosset spürte eine Veränderung bei Federer, die er mit dem französischen Wort déclic beschrieb – es hatte „Klick gemacht".

„Peters Tod hat wohl den Prozess beschleunigt, dass er erwachsen wurde", so Rosset. „Er löste das Gefühl aus, auf einer Mission zu sein."

Nicht einmal einen Monat darauf widmete Federer seinem früheren Coach einen weiteren Sieg, diesmal den beim ATP-Turnier in Wien, bei dem er sich im Halbfinale gegen Carlos Moya und im Finale gegen Jiri Novak durchsetzte.

Moya und Novak standen beide unter den Top 10, und der Titel gab letztlich den Ausschlag, dass Federer sich erstmals für das Jahresabschlussturnier qualifizierte, an dem nur die besten acht Spieler teilnehmen durften. Damals trug der Wettbewerb den Namen „Tennis Masters Cup" und fand erstmals in einer Messehalle im chinesischen Schanghai statt. Man befürchtete, dass die einheimischen Fans die Regeln dieses für sie neuen Sports nicht kannten, daher wurde den Zuschauern ein Flyer mit den Grundlagen des Spiels ausgehändigt.

Um die unfassbare Intensität des Halbfinales zwischen Lleyton Hewitt und Federer zu spüren, bedurfte es keiner Anleitung. Hewitt war als Titelverteidiger angereist, nachdem er 2001 den Wettbewerb in Sydney für sich entschieden hatte. Im Laufe der Saison hatte Federer ihn dann in Miami besiegt. Dies war ihr bis dato wichtigstes Duell.

Bereits vor dem Match gegen Federer stand fest, dass Hewitt zum zweiten Mal in Folge das Jahr als Nummer eins der Welt beenden würde, trotzdem warf er sich in jeden Ballwechsel. Die beiden 21-Jährigen deckten den Platz außergewöhnlich gut ab und vollführten aus der Bedrängnis heraus oft spektakuläre Schläge. Dieses Dreisatzmatch wurde ein Klassiker. Einige der Ballwechsel, mit denen sich Federer und Hewitt gegenseitig quer über den Platz jagten, gehören wirklich zu den besten, die sie sich je geliefert haben!

Im ersten Satz schaffte es Federer bei eigenem Aufschlag nicht, den Satz nach Hause zu bringen. Im zweiten dann vergab Hewitt einen Matchball und verlor den Satz noch. Im dritten Satz schließlich konnte er eine 5:4-Führung bei eigenem Aufschlag nicht nutzen. Doch Federer, der in jener Phase seiner Karriere noch ziemlich flatterhaft agierte, gab seinerseits seinen Aufschlag zu Null ab, mit zwei Doppelfehlern bei den letzten beiden Punkten.

Im darauffolgenden Spiel dann machte Hewitt mit seiner außergewöhnlichen Ausdauer und Beständigkeit von der Grundlinie das 7:5, 5:7, 7:5 perfekt und holte sich anschließend auch in Schanghai den Titel.

Zu jener Zeit führte er auf der Tour mit 6:2-Siegen gegen Federer. Cahill, bis Ende 2001 Hewitts Coach, hatte seinen Beitrag zu dieser Führung geleistet. Was hatte der junge Hewitt, was Federer nicht hatte?

„Beide hatten enorm viel“, sagte Cahill. „Doch Lleyton war der bessere Spieler in den entscheidenden Momenten. Er nahm eine Gelegenheit wahr, und dann machte er den Sack zu, ohne Fehler. Ob das ein Breakball war oder die Chance zu einem zweiten Break oder ein 15:30 bei eigenem Aufschlag und 3:2-Führung im ersten Satz. Manche jungen Spieler liefern in diesem Moment zwei halbherzige Punkte ab und verlieren in Nullkommanichts ihr Service-Spiel. Lleyton wusste, wie wichtig bei 15:30 der nächste Punkt für das Match war, und konzentrierte sich darauf, den ersten Aufschlag reinzubringen, den Punkt nicht abzugeben, zum 30 beide auszugleichen und anschließend einen cleveren freien Punkt zum 40:30 zu kriegen. Problem gelöst.“

Zudem spielte zu jener Zeit Federers hartnäckiges Vorrücken ans Netz Hewitt in die Karten: Er hatte ein gutes Ballgefühl und die Revolution in der Saitentechnologie ermöglichte den Spielern bei voll durchgezogenen Schlägen mehr Spin und Präzision.

Cahill erklärte: „Vor allem in dieser Zeit brannte Lleyton darauf, sich zu messen. Das ganz Große zu erreichen. Er war unerbittlich, das war höchst selten. Der einzige Spieler, mit dem man das im Grunde vergleichen kann, ist für mich jemand wie Rafa [Nadal]. Lleyton war schon so, als Rafa noch nicht in Erscheinung getreten war; er ließ sich durch nichts ablenken. Schon mit 17, 18, 19 hätte bei Lleyton rund um den Platz der dritte Weltkrieg ausbrechen können. Egal, ob er Probleme mit der ATP oder zu Hause oder mit seiner Freundin hatte: Sobald er den Platz betrat, fühlte er sich geborgen. Das war der Ort, an dem er die übrige Welt vergessen konnte. Alles, was er wollte, war zu gewinnen. Das ist eine seltene Eigenschaft. Vielen Tennisspielern fällt es schwer, sich im Spiel zu konzentrieren, wenn sie im Privatleben nicht glücklich sind oder Probleme haben. Für Lleyton kein Problem."

Hewitt – dynamisch, präzise und frühreif – war der erste große Rivale in Federers Karriere, der erste Konkurrent, der durchgängig seine Schwächen herausarbeitete. Beiden war der Aufstieg des jeweils anderen früh klar, sowohl durch Gespräche mit ihrem Trainer als auch durch eigene Erfahrungen, angefangen bei dem hitzigen Juniorenduell in Zürich.

Hewitt erreichte die Spitze als Erster. Dass Federer rasch aus den Nebelregionen darunter aufstieg, war ihm bewusst, und er prophezeite deswegen auch in Schanghai freiheraus, dass Federer einen Grand-Slam-Titel holen werde.

Der nur wenige Monate ältere Hewitt hatte bereits zwei dieser Titel gewonnen. Federer wurde zunehmend ungeduldig. Zu ungeduldig, so machte es im Laufe der Saison 2003 den Eindruck.

Am erfolgreichsten spielte Federer im Davis Cup – unterstützt von seinen Teamkameraden – und bei regulären Turnieren über zwei Gewinnsätze. Er gewann das Hartplatzturnier von Marseille in der Halle und das von Dubai unter freiem Himmel, außerdem das Sandplatzturnier von München und zog dann ins Finale von Rom ein, wo er Felix Mantilla unterlag. Doch als Federer zu Roland Garros nach Paris zurückkehrte, als Nummer fünf der Setzliste und mit berechtigten Hoffnungen, brach er erneut unter dem Grand-Slam-Druck zusammen.

Statt einen Siegeszug zu beginnen und als erster Angriffsspieler seit Yannick Noah die French Open zu gewinnen, verlor er in der ersten Runde auf dem Philippe-Chatrier-Court in drei Sätzen 6:7 (6), 2:6, 6:7 (3) gegen Luis Horna aus Peru.

Das war ein weiterer Moment der Ernüchterung für Federer auf einer der großen Bühnen, und es war die zweite Erstrundenniederlage in Folge bei Roland Garros, nachdem er 2002 gegen Arazi ausgeschieden war.

Horna war ein solider, laufstarker Sandplatzspieler und hatte als Junior die French Open gewonnen, doch er war nur die Nummer 88 der Welt und hatte noch nie einen Einzelsieg im Hauptfeld eines Grand Slam gefeiert.

Wäre Federer nur halbwegs in Normalform gewesen, hätte er sicherlich gewonnen. Doch das Rampenlicht schien ihn zu blenden: Seine Taktik war unklar, er leistete sich Rahmentreffer bei der Rückhand und schickte gequälte Blicke zu Lundgren auf die Tribüne.

Nachdem er die ersten drei Spiele verloren hatte, gewann er fünf in Folge, dennoch konnte er den ersten Satz nicht nach Hause bringen und vergab beim Stand von 6:5 im Tiebreak seinen einzigen Satzball mit einem Vorhandfehler. Dieser verpatzte Schlag stand sinnbildhaft für einen Nachmittag, den er mit 88 unerzwungenen Fehlern in nur drei Sätzen beendete.

Die Schlagzeile der französischen Sportzeitung *L'Équipe* fasste das Geschehen poetisch zusammen: „Schiffbruch in ruhigen Gewässern". Auch Federer selbst wirkte nach diesem Schiffbruch merkwürdig ruhig.

„Vielleicht sollte er einfach schreien oder einen Schläger zertrümmern und alles rauslassen", meinte Lundgren.

Das war ein ziemlich amüsanter Ratschlag nach all den Bemühungen, Federer zu mehr Ruhe und Konzentration zu verhelfen. Denn nach wie vor rang er um die richtige Balance.

„Einige Zeit war ich definitiv zu ruhig auf dem Platz", erzählte Federer mir viele Jahre später. „Mir wurde klar, dass ich mehr Feuer und Eis brauchte. Als ich jung war, hatte ich keine Ahnung, was das heißen sollte: die richtige Energie, die richtige Intensität haben. Ich dachte nur: Was soll das sein? Geht es darum, wie man auftritt? Oder wie man sich auf dem Platz bewegt? Tatsächlich geht es um diese hochkonzentrierte Punkt-für-Punkt-Einstellung. Als junger Mensch schweift man ab. Das ist der Kampf."

Federer bemühte sich bei unserem Interview, diesen Kampf zu beschreiben:

„Wenn du jung bist, denkst du: ‚Und, was gibt's zum Mittag? Was machen wir danach?' Manchmal bist du in Stimmung, manchmal bist du es nicht. Und das Problem ist, wenn du es nicht bist, verlierst du einen Punkt nach dem anderen, das ist wie eine Lawine. Dann geht es 15:0, 30:0, 40:0, 0:15, 0:30, 0:40. Und dann denkst du: ‚Oh mein Gott, ich muss mich konzentrieren.'"

Auch Lundgren spürte dieses Ringen:

„Roger war klar, dass es falsch war, herumzuschreien und den Frust herauszubrüllen und sich aufzuregen, die gesamte Gefühlspalette zu zeigen. Die anderen Spieler sind nicht dumm. Wie können sie dich schlagen? Nicht durch spielen. Sie schlagen dich mental, und das hat er verstanden. Doch dann wurde er zu sanft, also war das auch nicht gut. Und plötzlich hat er einen Weg gefunden."

Für Federer kam das alles andere als plötzlich. Dieser Prozess hatte sich über zwei Jahre gezogen, er begann im Anschluss an Hamburg 2001 und fand 2003 in Wimbledon seinen Abschluss, gerade als sich viele Kritiker offen fragten, ob Federer tatsächlich über die Mentalität eines Champions verfüge.

Bis dahin hatte er an 16 Grand-Slam-Turnieren teilgenommen und war noch nie über das Viertelfinale hinausgekommen. Sechsmal war er schon in der ersten Runde ausgeschieden.

Nicht nur Hewitt hatte sich zum Anführer ihrer Tennisgeneration aufgeschwungen. Auch Marat Safin und Juan Carlos Ferrero waren mit ihren 23 Jahren bereits Grand-Slam-Champions (Ferrero hatte soeben die French Open gewonnen). Nalbandian, 21, hatte das Finale von Wimbledon erreicht. Roddick, 20, war 2003 in das Halbfinale der Australian Open eingezogen, nachdem er im

Viertelfinale gegen Younes el-Aynaoui einen Matchball abgewehrt hatte, in einer Partie, an der er wachsen konnte und deren fünften Satz er mit 21:19 für sich entschied – der bis dahin längste Satz der Grand-Slam-Geschichte. Darüber hinaus hatte Roddick unmittelbar vor Wimbledon auf dem Weg zum Rasentitel im Queen's Club Andre Agassi besiegt.

Federer war ohne Frage ein Spieler mit brillanten Schlägen, er begeisterte die Zuschauer und war bei den Kollegen in der Kabine beliebt, dennoch musste er das Gefühl haben, den Anschluss zu verlieren, auch wenn er soeben in Halle seinen ersten Rasentitel gewonnen hatte.

Roddick erklärte mir: „Die Leute schießen sich vorschnell auf eine Geschichte ein. Als Roger nicht sofort über das Viertelfinale eines Slam hinausgelangte, wurde er schon festgelegt, vor allem, weil er so elegant war und es bei ihm so einfach aussah, er nicht stöhnte und schwitzte. Bei ihm sah alles anders aus als bei dem Rest von uns."

Federer war definitiv das Gegenteil vom muskulösen Roddick mit seiner jähen, unbarmherzigen Kraft; bei ihm schien die Anstrengung, der Schweiß, die nervöse Energie aus jeder Pore zu quellen.

„Jeder wird in einen bestimmten Topf geworfen und dann wird ein Etikett draufgepappt", erklärte Roddick. „Wenn Roger genau die gleichen Ergebnisse erzielt hätte, aber nur 1,78 Meter groß wäre und ein bisschen unansehnlicher gespielt hätte, wäre ihm nicht das Etikett des Weichen aufgedrückt worden. Das erhielt er, weil er so gut war, weil er sich auf eine bestimmte Weise bewegte und eine bestimmte Körperhaltung hatte. ‚Weich' war das naheliegende Etikett. Oder auch einfach das bequemste, mit dem sich alle anfreunden konnten."

Diese Perspektive vonseiten eines Spielers ist nachvollziehbar. Sportjournalisten neigen zu übereilten Analysen und fühlen sich weniger einer langfristigen Sicht verpflichtet, die den Spielern ausreichend rhetorischen Spielraum lässt, um sich in ihrem eigenen Tempo zu entwickeln. Trotzdem ergeben sich Etiketten nur selten völlig ohne Grund, und zu jener Zeit war wohl die Frage berechtigt: Hatte Federer den nötigen Biss?

Sampras auf jeden Fall war davon überzeugt. Nach seinem – noch nicht offiziell verkündeten – Rücktritt ernannte er Federer zum Favoriten auf den Wimbledon-Titel 2003. Sampras wusste genau, dass ein Triumph im All England Club möglich war, auch wenn es in Paris nicht glatt gelaufen war. Er hatte es selbst oft genug erlebt. Wie zum Beweis war das Jahr von Sampras' bestem Ergebnis bei den French Open – der Halbfinaleinzug 1996 – auch das einzige Jahr, in dem er zwischen 1993 und 2000 Wimbledon nicht gewann.

Federer war frisch und fühlte sich inzwischen auf Rasen weitaus wohler als früher, auch wenn er erst spät seine ersten Schritte auf diesem Belag gemacht und das Spiel in Basel auf Sand begonnen hatte.

Unzufrieden mit einigen Presseberichten nach seinem frühen Ausscheiden in Paris stand er im All England Club nur für die allernötigsten Interviews zur Verfügung und verbrachte so viel Zeit wie möglich mit Vavrinec und Lundgren in dem gemieteten Haus im Herzen Wimbledons.

„Damals war ich noch nicht so bekannt", erzählte er mir. „Das Schweigen gegenüber den Medien war für mich sehr unüblich, aber ich bin nach Wimbledon gekommen und habe gedacht: ‚Gut, ich muss mich jetzt konzentrieren. Ich kann nicht schon wieder in der ersten Runde verlieren.' Ich verspürte einen Riesendruck."

Die ersten beiden Partien gegen Hyung-taik Lee und Stefan Koubek entschied er ohne Satzverlust für sich, bevor er bei seinem Sieg über den jungen US-Amerikaner Mardy Fish erstmals einen Satz abgab.

Doch in der vierten Runde kam er in Not. Sein Gegner war Feliciano Lopez, ein weiterer Rivale aus Juniorentagen, mit dem er sich nun auch bei den Profis messen musste, und beim Aufwärmen spürte Federer eine ungekannt heftige Blockade im unteren Rücken. Beim Stand von 1:1 im ersten Satz rief er nach dem Trainer, erhielt jedoch keine eindeutige Antwort, welche Art von Verletzung das sein könnte. Im Nachhinein gab Lundgren an, es habe sich um einen eingeklemmten Nerv gehandelt, weil Federers Rücken aus der Balance geraten war.

„Ich habe mir zwei Spiele gegeben, um zu sehen, wie es läuft", sagte Federer.

Er konnte weder bei seinen Schlägen voll durchziehen noch sich normal bewegen, und so hoffte er auf eine Regenpause (der Centre Court besaß seinerzeit noch kein Dach).

„Ich schaute hinauf zum Himmel und hoffte auf ein Wunder, ein paar dunkle Wolken, irgendetwas, das mich retten würde", sagte er. „Ich änderte meine Taktik. Ich wartete auf seine Fehler und versuchte ihn bei wichtigen Schlägen unter Druck zu setzen."

Beim Stand von 5:4 schlug Lopez zum Gewinn des ersten Satzes auf, brachte seinen Aufschlag aber nicht durch, und letztlich siegte Federer, dessen Rücken sich zunehmend entspannte, mit 7:6 (5), 6:4, 6:4, wobei er im dritten Satz nach einem 0:3-Rückstand zurückkam.

„Ich habe keine Ahnung, wie ich das gewonnen habe", erklärte Federer und gestand, erstmals in seiner Profilaufbahn an Aufgabe gedacht zu haben.

„Angesichts der Auslosung wäre das extrem ärgerlich gewesen", sagte er.

Im Feld war kein Grand-Slam-Sieger mehr vertreten, nachdem es reichlich überraschende Ergebnisse gegeben hatte, etwa den Coup von Ivo Karlovic gegen Hewitt in der ersten Runde auf dem Centre Court und den Fünfsatzerfolg des ungesetzten Mark Philippoussis über Agassi in der vierten Runde.

Federer war als Nummer vier der Setzliste der am höchsten gesetzte noch verbliebene Spieler, trotzdem war er nicht der klare Favorit. Roddick war unzweifelhaft gefährlich und unterstrich das im Viertelfinale durch einen ungefährdeten Dreisatzsieg über Jonas Björkman, indessen Federer Sjeng Schalken abfertigte und sich nach einem regenbedingten zusätzlichen Erholungstag am Mittwoch schon sehr viel besser fühlte.

Damit standen sich im Halbfinale Federer und Roddick gegenüber, ein Duell der neuen Generation und ihr erstes von vielen bei einem der wichtigsten Turniere, zudem ihre erste Begegnung auf Rasen.

Roddick brannte für den Wettkampf. Als jüngster von drei Brüdern wusste er sich mit flotten Sprüchen zu helfen. Er hatte früher oft seinem älteren Bruder John nachgeeifert, der in seiner Juniorenzeit das Team der Universität von Georgia anführte und als einer der besten nationalen Collegespieler ausgezeichnet wurde. Der Durchbruch auf der Tour blieb ihm jedoch verwehrt.

Als Jugendlicher war Andy ein Grundlinienwühler ohne Durchschlagskraft gewesen, dann wuchs er zu einer Naturgewalt heran: mit explosivem Aufschlag, einer tödlichen Vorhand und einem großen Mundwerk. Nach seiner Erstrundenniederlage bei den French Open hatte er sich überraschend von seinem langjährigen Coach und Mentor, dem in Florida lebenden Franzosen Tarik Benhabiles, getrennt und Brad Gilbert verpflichtet, das wortgewaltige Taktikgenie, das es bis auf Platz vier der Weltrangliste geschafft hatte. Gilbert hatte als Coach Agassi in unbekannte Höhen geführt.

Roddick und Gilbert hatten entschieden, dass Roddick trotz seines furchteinflößenden Aufschlags kein klassisches Rasentennis spielen würde. Anstatt auf Serve-and-Volley zu setzen, sollte er auf Gelegenheiten zum Angriff warten und dann mit seiner peitschenden Vorhand ans Netz vorrücken.

Der Plan ging auf, zumindest, bis er auf Federer traf. Das dürfte für Roddick allerdings nicht gerade unerwartet gekommen sein. Er hatte sämtliche ihrer drei vorangegangenen Begegnungen verloren, darunter das Viertelfinale in Basel 2002, bei dem Federer nach einem Lob von Roddick einer der spektakulärsten Schläge (nicht nur) seiner Karriere gelang: ein Überkopfslice fast von der Rückwand des Platzes, der an dem fassungslosen, ans Netz vorgerückten US-Amerikaner vorbeizischte.

„Es kam mir so vor, als wäre er der Akteur eines Videospiels, während wir anderen versuchten, Tennis zu spielen", sagte Roddick über jenen Moment.

Roddick warf im Spaß seinen Schläger nach dem grinsenden Federer, um ihn sich dann auf der anderen Seite des Netzes wieder abzuholen. Doch die Szene war ein ernsthafter Vorgeschmack auf Kommendes: Ein solider Versuch von Roddick wurde von einem Geniestreich Federers gekontert, gefolgt von dem Versuch Roddicks, sein Leid durch einen Witz zu überspielen.

In Wimbledon hatte Roddick Grund zur Hoffnung. Für ihn war es das zweite Grand-Slam-Halbfinale, für Federer das erste. Zudem konnte sich Roddick auf den Rat von Gilbert stützen, der Agassi zu Siegen über Federer gecoacht hatte.

„Vor dem Match habe ich ehrlich gedacht, dass die Chancen 50:50 standen, vielleicht sogar 55:45 zugunsten von Roddick", gestand mir Gilbert. „So wie Andy aufschlug, hatte ich ein gutes Gefühl, dass er es schaffen könnte. Und in dem Jahr hatte keiner aus den Halbfinals schon einmal im Halbfinale von Wimbledon gestanden."

Möglicherweise hätte sich das Match anders entwickelt, wenn Roddick seinen Satzball bei 6:5 im Tiebreak des ersten Satzes bei eigenem Aufschlag verwandelt hätte. Doch er umlief seine Rückhand und setzte eine einfache Vorhand aus dem Halbfeld – einer seiner Paradeschläge – oben ins Netz.

Für Federer war dieser unerzwungene Fehler ein Signal. Er gewann die folgenden beiden Punkte und den Satz. Im Auftaktspiel des zweiten Satzes wehrte er einen Breakball mit einem perfekt dosierten Rückhandhalbvolley ab, der so viel Spin hatte, dass er nach dem Aufprall praktisch liegenblieb.

Showtime.

„Das gehört mit zum Schönsten, was ich an Tennis je gesehen habe", staunte Mary Carillo, die altgediente US-amerikanische Reporterin, die das Match für NBC kommentierte.

Gilbert bezeichnete das Ende des Tiebreaks des ersten Satzes und den Beginn des zweiten Satzes reumütig als „jene sieben Minuten".

„Ich bin mir sicher, dass Andy Ihnen dasselbe sagen würde: dass er sich jene sieben Minuten zurückwünscht", sagte Gilbert.

Doch Gilbert entgingen nicht die ungeheuren Fortschritte Federers, seit er ihn 1998 in Basel gegen Agassi gesehen hatte. „Seine Rückhand hatte sich enorm verbessert, und sein Aufschlag war jetzt so unglaublich präzise“, sagte Gilbert. „Er sprang so viel höher ab bei seinem Aufschlag. Bei diesen beiden Schlägen hatte er sich unwahrscheinlich weiterentwickelt.“

Auch Federer spielte nicht wirklich klassisches Rasentennis, sondern blieb bei seinem zweiten Aufschlag häufig hinten und ließ sich auf Grundlinienduelle mit Roddick ein, um dann irgendwann zuzuschlagen. Viele seiner bemerkenswertesten Winner waren Passierbälle, die er aus beiden Ecken mit derselben Präzision und Dynamik spielte.

Roddick gab ohne Frage sein Bestes und hechtete im zweiten Spiel des zweiten Satzes sogar nach einem Rückhandvolley, den Federer jedoch mühelos erlief, um Roddick dann mit einer kurzen Cross-Vorhand aus dem Handgelenk zu passieren. Er gelangte in den Tunnel und parierte Roddicks Kraft mit erlesener Fechtkunst, wobei er den Ball millimetergenau platzierte. Federer blieb tief versunken in seiner eigenen Blase, abgesehen von einem Lächeln, das er sich erlaubte, als er den zweiten Satz und eine hochklassige Rally mit einem extrem cross geschlagenen Vorhandhalbvolley aus der Vorwärtsbewegung beendete.

„Einfach verrückt“, sagte Roddick. „Ich weiß nicht, ob irgendjemand anderes diesen Schlag hinkriegen würde. Fast als wollte er da draußen einen Trickschlag vorführen. Doch es funktionierte, und mir blieb nur noch zu sagen: ‚Zu gut.‘“

Roddick wurde auf die Rolle reduziert, dem Künstler die Farben anzureichen. Federers Statistik wies am Ende 61 Winner und lediglich zwölf unerzwungene Fehler auf. Knapp 20 Jahre danach sieht Roddick keinen Grund, sich Vorwürfe wegen des 6:7 (6), 3:6, 3:6 zu machen:

„Ich erinnere mich noch an die verschlagene Vorhand im Tiebreak, denn sie hätte den Unterschied machen können, aber ich denke, dass ich gut gespielt habe und einfach keine Chance hatte. Keine Ahnung, ob das gut oder schlecht ist, aber ich konnte besser schlafen mit dem Gefühl, dass ich zumindest meinen Job erledigt hatte. Es war unübersehbar, dass sein Spiel wie für Rasen gemacht ist. Dabei wird allzu oft übersehen, wie variabel er auf Rasen spielen kann. Er hat Wimbledon gewonnen, wenn er zu 95 Prozent hinten geblieben ist. Er hat gewonnen, wenn er zu 80 Prozent Serve-and-Volley gespielt hat. Er konnte also sein Spiel an die jeweiligen Erfordernisse anpassen."

Diese taktische Variabilität unterschied Federer in der Tat von seinen Vorbildern. Er verließ sich in Wimbledon – anders als Becker, Edberg oder Sampras – nicht Jahr für Jahr auf denselben Matchplan. Mit seinem großen Repertoire und seiner umfassenden Komfortzone passte er sich nicht nur an seine Gegner an, sondern auch an die Schläger- und Saitentechnologie – und nicht zuletzt an den Rasen, der zu Beginn der 2000er-Jahre vom All England Club verändert wurde zugunsten einer festeren Oberfläche, die für einen berechenbareren, ein wenig höheren Absprung sorgte, der den Grundlinienspielern stärker entgegenkam.

Doch das Tennis bei diesem ersten von Federers vielen Wimbledon-Triumphen ähnelte noch sehr dem, was er in seiner Kindheit und Jugend aus Wimbledon gesehen hatte. Federers Gegner im Finale 2003 war Mark Philippoussis, ein 1,96 Meter großer Australier mit der Figur eines Schranks, der auf Rasen reines Serve-and-Volley spielte, doch in jenem Jahr dank seiner unzähligen Asse, darunter 46 in fünf Sätzen gegen Agassi, nicht allzu häufig zum Volley gezwungen wurde.

Wie Federer hatte Philippoussis erstmals mit 19 Jahren seine Visitenkarte durch einen Grand-Slam-Überraschungserfolg über Sampras hinterlassen, als er in der dritten Runde der Australian Open 1996 unter geschlossenem Dach in drei Sätzen gewonnen hatte. Der Sohn eines griechischen Vaters und einer italienischen Mutter trug den Spitznamen „Scud", aufgrund der Geschosse, die er mit seinem Schläger produzierte, doch er war weit mehr als nur ein Haudrauf. Er verfügte über eine außergewöhnliche Schlagtechnik, etwa bei der einhändigen Rückhand. Nach meiner Ansicht gehört er zu den talentiertesten Spielern, die nie einen Grand-Slam-Titel gewonnen haben.

In Australien stieg er am Abend seines Siegs über Sampras zum Star auf, und so genoss er in den folgenden Jahren ausgiebig das australische Nachtleben. Konstanz war eines seiner Probleme. Ein anderes waren Verletzungen. Im Jahr 1998 zog er in das Finale der US Open ein, wo er seinem Landsmann Patrick Rafter unterlag. Ein Jahr darauf knackte es im Viertelfinale unheilvoll im linken Knie, als er gegen Sampras mit einem Satz in Führung lag. Er gab auf und musste sich in den kommenden Jahren drei Knieoperationen unterziehen und 2001 zwei Monate im Rollstuhl verbringen. Bei Wimbledon 2003 war er wieder zurück, vorübergehend. Mit inzwischen 26 Jahren nahm er seine Karriere und seine Möglichkeiten nun ernster.

Er verfügte über die Mittel und das Talent, um Wimbledon zu gewinnen, doch Federer war auf dem Weg in eine neue Dimension und konnte jederzeit aus jeder erdenklichen Position auf dem Platz Schaden anrichten. Das Finale nahm einen ähnlichen Verlauf wie das Halbfinale gegen Roddick. Federer gewann den ersten Satz in einem engen Tiebreak und übernahm dann im zweiten früh das Kommando, indem er Philippoussis das erste Mal mit einer Reihe brillanter Passierbälle breakte.

Im Tiebreak des dritten Satzes stürmte er zu einer 6:1-Führung und hatte damit fünf Championship-Bälle. Sein erster Grand-Slam-Titel war greifbar und löste ein Gedankenfeuerwerk aus. Äußerlich wirkte er cool, doch das war Fassade. Vor seinem ersten Championship-Ball rang er mit den Tränen, in seinem Kopf rauschte ein Dialog, an den er sich noch Jahre danach genau erinnern konnte.

„Ich dachte: ‚Gleich ist es so weit. Ich werde Wimbledon-Sieger sein', also sagte ich mir: ‚Komm schon, reiß dich zusammen'", erzählte er in dem Dokumentarfilm *Roger Federer: Spirit of a Champion.* „‚Mach bitte einen Fehler, verschlag einfach einen Ball, Mark. Mach einfach einen Fehler, okay, damit ich keinen Winner brauche.'"

Federer hatte in den 14 Tagen von Wimbledon unzählige Winner erzielt und im Finale nicht einen Breakball abwehren müssen, aber sein Wunsch wurde ihm erfüllt: Philippoussis setzte nach der Abwehr von zwei Matchbällen beim dritten gegen den ans Netz vorrückenden Federer einen Rückhandreturn ins Netz. Ein weiterer Winner war nicht erforderlich.

Federer machte noch einen Schritt nach vorne, sank dann auf die Knie, beide Arme nach oben gereckt, und schaute zu Vavrinec, Lundgren und dem Physiotherapeuten Pavel Kovac in der Spielerbox.

Potenzial und Leistung verschmolzen in dem Ergebnis von 7:6 (5), 6:2, 7:6 (3). Für ein internationales Publikum, das erstmals seinem fließenden Spiel begegnete, sah alles bemerkenswert einfach aus, doch Federer wusste: „Wenn ich gewinne, sieht alles so einfach aus, und wenn ich verliere, wirkt es wie: ‚Ach, der Kerl kämpft ja gar nicht.' Aber ich kämpfe immer, und in diesen letzten beiden Wochen habe ich alles gegeben."

Wer Federer kannte, ahnte, was kommen würde: Tränen in seinem Stuhl am Rande des Platzes und noch mehr Tränen bei der Siegerehrung.

„In unserer Familie sind wir alle nah am Wasser gebaut", erzählte Lynette Federer einmal.

Wie nicht anders zu erwarten, ließen sich die britischen Boulevardzeitungen diese Gelegenheit nicht entgehen. So titelte etwa der *Daily Mirror* „It's Roger Blubberer" (Roger Flenner hat's geschafft).

Federer, der endlich das 1998 ausgelassene Wimbledon Champions' Dinner nachholen konnte, bekannte nach Erhalt des Pressespiegels, dass er nichts gegen weniger „Tränenbilder" gehabt hätte.

„Ein paar mehr mit dem Pokal wären schön gewesen", meinte er.

Doch davon sollte es in den nachfolgenden Auflagen von Wimbledon genug geben. Die Wachablösung hatte zwei Jahre gedauert, nun war sie vollzogen. Wie Sampras hatte Federer seinen ersten Wimbledon-Titel mit 21 Jahren gewonnen. Eine Last war von ihm abgefallen, eine Reihe von Schwächen ausgemerzt, und er war bereit für die höchsten Gipfel.

Christian Marcolli, Federers ehemaliger Schweizer Leistungspsychologe, schaute aus der Ferne zu. Marcolli und Peter Carter hatten vereinbart, dass sie sich beide eine Zigarre anstecken würden, wenn (nicht falls) Federer seinen ersten Grand-Slam-Titel gewinnen würde. Traurig und bewegt trat er auf den Balkon seiner Wohnung im schweizerischen Baar und genoss seine Zigarre, allein.

In Ecublens verfolgte die Familie Christinet, die Federer zwei Jahre bei sich aufgenommen hatte, die Übertragung im Beisein von Reportern des Schweizer Fernsehens auf ihrem Sofa. Als Federer die Trophäe in die Höhe streckte, erhoben die Christinets ihre Champagnergläser. „Wenn ich ihn weinen sehe, bewegt mich das zutiefst", sagte Cornelia Christinet und musste sich zusammenreißen. „Bei uns war er ein 14-jähriger Junge, natürlich, spontan, voller Lebensfreude. Für mich ändert sich nichts. Er wird immer der Roger bleiben, der er bei uns war."

Der disziplinversessene französische Trainer Christopher Freyess, der alles daran gesetzt hatte, Federer in Ecublens zu zähmen, schaute 2003 live im All England Club zu. „Ich hatte einen Platz auf dem Centre Court, nicht in der Loge, einfach irgendwo in einer Ecke", erzählte er mir erst kürzlich. „Und da saß ich also an diesem wunderbaren Ort, die Augen auf ihn unten auf dem Rasen gerichtet, und sagte mir: ‚Mon Dieu, sieh mal an, wie weit er es gebracht hat.'"

Freyess hielt einen Moment inne, dann fuhr er fort: „Und jetzt denke ich, wie weit er es danach noch gebracht hat."

Kapitel 7

MELBOURNE, AUSTRALIEN

Kurz nach Federers Wimbledon-Triumph im Juli 2003 öffnete Peter Smith sein E-Mail-Postfach und entdeckte eine Nachricht des frischgebackenen Champions.

Sie betraf Peter Carter, Smiths langjährigen Schüler und Freund.

„Roger schrieb: ‚Jedes Mal, wenn ich gut spiele oder mir ein guter Schlag gelingt, denke ich an Carts da oben. Ich richte den Blick zum Himmel und weiß, dass Carts mir zuschaut und stolz auf mich ist.' Ich glaube, Roger wollte mir damit sagen, dass er Peter diesen Erfolg verdankte und alles dafür geben wollte, der bestmögliche Spieler zu sein."

Knapp 20 Jahre danach ist Smith immer noch berührt von dieser Nachricht. Im Jahr 2011 wurde bei ihm Parkinson festgestellt, sodass er inzwischen nicht mehr im gewohnten Maß arbeiten kann. „Es ist sehr langwierig, und ich bin schon in einem fortgeschrittenen Stadium."

Dennoch bewahrt er seine unverändert lebendigen Erinnerungen an Carter und weiß, wie viel Federers Erfolg ihrem gemeinsamen Freund bedeutet hätte.

„Roger hatte sich ernsthaft vorgenommen, das zu werden, was Carts ihm gesagt hatte: der beste Spieler der Welt. Nicht einfach nur der talentierteste oder begnadetste Spieler der Welt, sondern der beste", sagte Smith.

Das Paradoxe daran war, dass durch Federers neu erworbene Reife und Mission Smiths erfolgreichster Schützling, Lleyton Hewitt, seinen Vorsprung endgültig einbüßen sollte.

Doch als geborene Kämpfernatur war Hewitt nicht bereit, die Herrschaft einfach abzugeben. Als Federer im September 2003 mit der Schweizer Davis-Cup-Mannschaft zum Halbfinale in Melbourne eintraf, war Hewitt nicht nur vorbereitet, sondern geradezu begeistert.

Hewitt war von der Spitze der Weltrangliste auf Rang sieben abgerutscht, nachdem er 2003 bei keinem der Grand Slams das Halbfinale erreicht hatte. In Wimbledon war er als Titelverteidiger in der ersten Runde gegen den wenig bekannten kroatischen Hünen (2,11 m) Ivo Karlovic gescheitert. Bei den US Open war er unter anderem wegen Hüftproblemen im Viertelfinale Juan Carlos Ferrero unterlegen gewesen.

Doch Hewitt war entschlossen, seine Saison zu retten. Der Davis Cup bot ihm die Gelegenheit dazu.

In Australien ist der Davis Cup seit Langem mehr als ein reines Sportereignis. Er hatte einst zur Herausbildung einer nationalen Identität beigetragen: In den 1950er- und 1960er-Jahren hatte er einer fernen Welt die typisch australische Mentalität des „Zupackens" vor Augen geführt, dank eines scheinbar unerschöpflichen Repertoires von ans Netz stürmenden Talenten unter Führung ihres Kapitäns Harry Hopman.

In jener Zeit besaß der Davis Cup noch ein vergleichbares Prestige wie die großen Turniere, inklusive der Grand Slams, und zwischen 1950 und 1967 gewannen die Australier 15-mal den Pokal, wobei sie sich neunmal im Finale gegen die Vereinigten Staaten durchsetzten.

Damals war eine solche Vorherrschaft noch einfacher zu verteidigen. Der amtierende Champion musste nicht jede Saison aufs Neue von vorn beginnen, sondern war automatisch für das Finale qualifiziert, während die übrigen Nationen im Laufe der Saison in einem als Challenge Round bekannten Modus den Herausforderer ausspielten.

Der amtierende Champion genoss zudem den Vorteil, das Finale ausrichten zu dürfen. Die Anreise aus Europa oder den Vereinigten Staaten nach Australien war in jenen Jahren strapaziös, darüber hinaus begegneten die Herausforderer großartigen Spielern wie Frank Sedgman, Lew Hoad, Ken Rosewall, Rod Laver, Roy Emerson oder John Newcombe, die von einem lautstarken Publikum unterstützt wurden.

Der Modus war zweifellos unfair und blieb es bis 1981, als die Challenge Round abgeschafft und die Weltgruppe mit 16 Mannschaften in vier Runden eingeführt wurde.

Auch wenn die australischen Triumphe in der Folge seltener wurden, behielt der Davis Cup seine immense Bedeutung für das Land. Federer hatte dies durch Gespräche mit Carter begriffen, dessen Jugendtraum es gewesen war, im Davis Cup für Australien anzutreten. Letztlich hatte er es immerhin zum inoffiziellen Schweizer Davis-Cup-Kapitän gebracht.

Carter stellte Federer viele der großen australischen Spieler und Trainer früherer Zeiten vor, wenn diese zu Beginn von Federers Karriere ihren Weg kreuzten. Die meisten Australier waren extrovertiert und liebten es, Witze zu machen. Außerhalb des Platzes waren sie freundliche Kerle – auf dem Platz harte Kämpfer.

Federer konnte sich damit identifizieren, er hatte selbst diese beiden Seiten in sich, und er lernte das australische Tenniserbe zu schätzen. In seiner Schulzeit war er nicht gerade durch besonderen Lerneifer aufgefallen, doch die Geschichte seines Sports faszinierte ihn, und seine Neugier wuchs in dem Maße, wie er selbst mehr und mehr Tennisgeschichte zu schreiben begann.

„Ich habe viele Fragen gestellt, und als ich auf die Tour kam, war ich von tollen Menschen umgeben, die meine Lehrmeister wurden", erzählt Federer in dem Dokumentarfilm *Strokes of Genius* von 2018. „Sie sagten: ‚Der dort stand 1968 im Halbfinale von Wimbledon, und der dort hat 1954 im Doppel gewonnen.' Und ich sagte nur: ‚Oh, wow! Erzählt mir alles!'"

Federer war fasziniert von den Menschen, die 1968 am Übergang von der Amateurzeit zur Open-Ära mitgewirkt hatten, wodurch auch Profis bei den wichtigsten Turnieren wie Wimbledon antreten durften. Ihm war bewusst, dass es diesen Vorreitern, die während ihrer eigenen Karrieren oft nur wenig verdient hatten, zu verdanken war, dass er und andere Stars der Gegenwart ein Vermögen anhäufen konnten.

„Ich war immer schon der Meinung, dass ich älteren Menschen Respekt schulde, aber besonders älteren Tennisspielern, denn sie sind meine größte Inspiration und Motivation", erzählte er. „Sie haben etwas Außergewöhnliches erreicht, von dem ich noch heute profitiere. Ich wünsche mir, dass alle Nachwuchsspieler, wenn sie sich auf der Tour etablieren, superneugierig sind und alles über Tennis erfahren wollen. Über die Rekorde von Arthur Ashe. Warum immer Jimmy Connors? Warum Martina Navratilova? Warum Gabriela Sabatini? Oder wer auch immer. Dass sie einfach wissen, was an diesen Menschen so interessant ist! Jeder hat eine superinteressante Geschichte, jeder einzelne Spieler und jede einzelne Spielerin. Sie müssen gar nicht die Nummer eins gewesen sein."

Das ist typisch für Federer: im Gespräch überschwänglich und abschweifend, mit einem Hang, vergangene Unterhaltungen oder auch innere Monologe wieder hochzuholen.

Doch die meisten seiner Tenniskollegen interessierten sich noch nicht einmal halb so viel wie er für die großen Spieler der Vergangenheit. Hewitt war wie Federer eine Ausnahme. Er mochte gelegentlich gereizt auf australische Presseleute reagieren und sich verweigern, dennoch repräsentierte er begeistert seine Nation.

Mit fünf Jahren hatte er 1986 im Fernsehen verfolgt, wie sich der australische Star Pat Cash im Davis-Cup-Endspiel im Kooyong-Stadion von Melbourne nach einem 0:2-Satzrückstand zurückkämpfte und Mikael Pernfors – und damit Schweden – in fünf Sätzen niederrang.

Hewitt konnte mir die Partie praktisch Punkt für Punkt nacherzählen, denn er besaß sie auf Video.

„Zu dem Match komme ich immer wieder zurück", erzählte er mir. „Das war eines der großartigsten Davis-Cup-Matches aller Zeiten."

In der Familie Hewitt lag der Wunsch, Profisportler zu werden, relativ nahe. Hewitts Vater Glynn und sein Onkel Darryl hatten ihr Geld mit Australian Football verdient. Seine Mutter Cherilyn war eine der besten australischen Spielerinnen im Korbball gewesen (eine der wichtigsten Frauensportarten des Landes) und später Sportlehrerin.

Hewitt spielte bis 13 parallel Australian Football und Tennis, ehe ihm ungefähr im selben Alter wie Federer klar wurde, dass er sich auf einen Sport konzentrieren musste. Der eher kleingewachsene, doch mit einem starken Willen gesegnete Hewitt traf die richtige Entscheidung. Mit 15 Jahren wurde er der jüngste Spieler, der sich für das Hauptfeld der Australian Open qualifizieren konnte, und wie Federer wurde er schon in der Jugend als Trainingspartner in die Davis-Cup-Mannschaft seiner Heimat eingeladen. Die Australier nennen die Trainingspartner „Orange Boys", weil sie früher die Aufgabe hatten, den Davis-Cup-Spielern Obst zu bringen. Als ein solcher Orange Boy erlebte Hewitt 1997 die Erstrundenpartie gegen Frankreich im White City Stadium von Sydney. John Newcombe war der australische Kapitän, Tony Roche der Coach und Patrick Rafter der entscheidende Spieler. Nach einem 0:2-Satzrückstand kämpfte Rafter sich zurück, bei den Seitenwechseln von einem fluchenden und ihm Mut zusprechenden Newcombe angetrieben, um schließlich in einem abermaligen Fünfsatz-Thriller den französischen Spitzenspieler Cedric Pioline niederzuringen. Australien zog in die nächste Runde ein.

Hewitt berichtete: „Ich verbrachte eine großartige Woche unter diesen Männern, zu denen ich damals voller Bewunderung aufschaute. Ich hätte mir keine bessere Atmosphäre wünschen können. Newk sagte mir, dass ich hoffentlich in drei oder vier Jahren selbst dort auf dem Platz stehen würde."

Es sollte bei Weitem nicht so lange dauern.

Bereits im Jahr danach versetzte der 16-jährige Hewitt die Tenniswelt in Erstaunen, als er gegen Andre Agassi das ATP-Turnier in seiner Heimatstadt Adelaide gewann.

Der erste Anruf, den Smith nach dem Sieg erhielt, kam von Peter Carter. Er hatte Smith zuvor noch geneckt und erklärt, dass Hewitt ein beeindruckendes Talent sein möge, doch dass Federer besser sei.

„Diesmal jedoch sagte Carts: ‚Ich habe deinen Jungen gerade spielen sehen. Scheint, als hätte er Fortschritte gemacht'", berichtete Smith lachend.

Hewitt und Federer mussten ihren Plan aufgeben, gemeinsam im Juniorendoppel der Australian Open anzutreten, da Hewitts

Überraschungssieg in Adelaide ihm eine Wildcard für das Hauptfeld der Australian Open einbrachte.

Während Federer zur Nummer eins bei den Junioren aufstieg, wurde Hewitt Vollzeitprofi. Im Jahr 1999 stürmte er in die Top 25 der ATP-Weltrangliste und wurde eine Stütze der australischen Davis-Cup-Mannschaft, die auswärts in Nizza gegen Frankreich den Pokal holte.

Auf der Höhe seines Könnens war Hewitt ein unermüdlicher und wieselflinker Konterspieler, und nachdem er zwei Jahre in Folge als Nummer eins beendet und Wimbledon und die US Open gewonnen hatte, verfolgte er nun das große Ziel, zu Hause den Davis Cup zu holen. Doch um das Finale ausrichten zu dürfen, mussten die Australier zunächst die Schweiz mit dem aufstrebenden Federer aus dem Weg räumen.

Beide Mannschaften verband der Wunsch, Peter Carter zu gedenken. John Fitzgerald, der australische Kapitän, stammte aus Adelaide, wo Carter in seiner Jugend trainiert und gelebt hatte. Die beiden Verbände, Tennis Australia und Swiss Tennis, vereinbarten die Einrichtung der Peter Carter Memorial Trophy, die bei jeder Davis-Cup-Begegnung zwischen Australien und der Schweiz an den Gewinner gehen sollte.

Zusätzlich ehrten beide Mannschaften Carter mit einer Schweigeminute vor den Einzeln des Eröffnungstags im Melbourne Park, der als Austragungsort der Australian Open bekannt geworden ist.

Die Australier hätten für das Halbfinale einen Rasenplatz importieren können, doch angesichts der Leistung Federers in Wimbledon wäre das leichtsinnig gewesen. Stattdessen entschieden sie sich für denselben Hartplatzbelag, der auch bei den Australian Open zum Einsatz kam. Der Rebound Ace genannte Belag hat eine gummierte Oberfläche, die für einen relativ hohen Absprung der Bälle sorgt. Unter bestimmten Bedingungen ist der Belag gelenkschonender, bei hohen Temperaturen jedoch wird er klebrig und kann damit zu einem größeren Verletzungsrisiko führen.

Doch im September war es in Melbourne kühl, sogar ein wenig ungemütlich, und die Eröffnungspartie musste wegen Regen unter dem geschlossenen Dach der Rod Laver Arena stattfinden. Hewitt fertigte Michel Kratochvil in drei Sätzen ab, anschließend gelang Federer dasselbe in einer Neuauflage des Wimbledon-Finales gegen Mark Philippoussis.

Am folgenden Tag trafen Federer und Rosset, der spielende Kapitän der Schweizer, auf Wayne Arthurs und Todd Woodbridge, den herausragenden australischen Doppelspieler, der bis zum Rücktritt von Mark Woodforde viele Jahre mit diesem zusammengespielt hatte.

In einem engen Match setzten sich Arthurs und Woodbridge schließlich mit 4:6, 7:6 (5), 5:7, 6:4, 6:4 durch, wobei Federer bei 3:3 im fünften Satz nach zwei Doppelfehlern seinen Aufschlag abgab.

Australien führte also mit 2:1, und Federer und Hewitt mussten am Sonntag zum ersten der beiden noch zu spielenden Einzel antreten.

Unter den Zuschauern in der vollbesetzten Rod Laver Arena war auch die populäre belgische Tennisspielerin Kim Clijsters, zu jener Zeit Hewitts Freundin und in dem Sinne eine Australierin ehrenhalber. Auch Peter Carters Eltern Bob und Diana waren angereist.

Die Australier brauchten nur noch einen Sieg, um das Halbfinale für sich zu entscheiden, doch angesichts der Entwicklung des Matches erschien es höchst unwahrscheinlich, dass Hewitt für diesen Sieg sorgen würde, denn Federer konnte zunehmend seinen Willen und sein kompletteres Spiel durchsetzen.

Federer trug bei dieser Gelegenheit nicht sein Pokerface zur Schau, vielmehr trat sein Erfolgshunger offen zutage, und nachdem er im ersten Satz bei eigenem Satzball eine Vorhand verschlagen hatte, rief er mehrfach laut „Fuck“ – ebenso wie Hewitt nach einem Fehler beim nächsten Punkt. Das erinnerte kurzzeitig an ihr Schimpfwort-Duell als Teenager in Zürich. Aber diesmal verlor keiner von beiden die Konzentration.

Federer gewann den ersten Satz 7:5 und den zweiten 6:2 und schlug reihenweise Winner, ob er nun ideal zum Ball stand oder nicht. Im dritten ging er mit 5:3 in Führung, nachdem er Hewitt mit einer Inside-Out-Vorhand gebreakt hatte. Er ballte die Faust und brüllte in Richtung seiner Teamkameraden. Dann schlug er zum Matchgewinn auf.

Bei 30 beide war er nur noch zwei Punkte vom Sieg entfernt.

„In diesem Moment hätte man sein Haus auf Roger verwettet", erklärte Roger Rasheed, Hewitts Coach, der auf der Tribüne der Laver Arena saß, während die Schweizer Fans mit ihren Kuhglocken bimmelten und die australischen Fans mit nachlassender Überzeugung Hewitt anfeuerten.

Beim folgenden Punkt gelang Hewitt bei Federers erstem Aufschlag ein großartiger langer Vorhandreturn, der gerade noch die Grundlinie kratzte. Federer, der fälschlich vermutete, der Ball würde im Aus landen, reagierte zu spät und verschlug eine Rückhand. Bei 30:40 hatte Hewitt Breakball, und diesen verwandelte er mit einem weiteren langen Return, den Federer mit einem Slice ins Netz setzte.

Damit stand es 5:4, und beim Seitenwechsel war Rosset, der Schweizer Kapitän, in höchster Not. Er kauerte vor dem sitzenden Federer, legte ihm die Hand aufs Bein und deckte ihn auf Französisch mit Ratschlägen und Mut machenden Worten ein.

Ohne Erfolg. Hewitt hielt seinen Aufschlag, auch wenn Federer noch zweimal bis auf zwei Punkte an den Sieg herankam. In der Folge entschied der temperamentvolle Australier, der gewissermaßen von innen erleuchtet erschien, den Tiebreak für sich und sorgte dafür, dass die Partie in den vierten Satz ging.

Rasheed sagte: „Für Lleyton war es wichtig, die besten Spieler in den Nahkampf zu ziehen. Denn wenn er sich wie in einem Rocky-Balboa-Kampf fühlte, gelangte er in einen anderen Bewusstseinszustand, den nur er selbst verstand. Er entwickelte einfach diesen Glauben an sich selbst, nach dem Motto: Ich schaffe die Wende. Ich werde wieder stärker. Fast wie Popeye, der die nächste Dose Spinat leert."

Der Rocky-Vergleich war für Hewitt bedeutsam; er feuerte sich in seinen Matches immer wieder mit „C'mon, Balboa!" an.

Der vierte Satz war eng, doch schließlich breakte Hewitt Federer zum 7:5, mit einem reflexhaften beidhändigen Rückhandvolley, als sich beide am Netz gegenüberstanden. Der folgende fünfte Satz endete mit einer Demütigung Federers, der körperlich (und emotional) zusammenbrach. Mit einem platzierten Schmetterball zum 5:7, 2:6, 7:6 (4), 7:5, 6:2 besiegelte Hewitt endgültig sein Comeback und den Halbfinaltriumph.

„Das ist so viel besser als der Sieg in Wimbledon oder bei den US Open“, jubelte Hewitt.

Auf dem Platz bewahrte Federer die Fassung. Außerhalb war das anders. Verantwortlich dafür waren mehrere Faktoren. Er war der Anführer des Schweizer Davis-Cup-Teams und hatte 2001 seinen Einfluss geltend gemacht, um Jakob Hlasek als Kapitän abzusetzen. Der gemeinsame Sieg mit Rosset und seinen anderen Freunden war eins seiner großen Ziele, und das war soeben gescheitert, auch wenn die Schweiz das Halbfinale höchstwahrscheinlich ohnehin verloren hätte, weil Philippoussis als haushoher Favorit in das abschließende, nicht mehr ausgetragene Einzel gegangen wäre.

Es war vor allem jedoch die Erinnerung an Carter, weshalb die Niederlage so schmerzte. Carter hatte Federer lange Zeit Hewitt als Maßstab vorgehalten: als den Spieler, den er schlagen musste, aber auch als einen Spieler, der nicht über dasselbe Repertoire und langfristige Potenzial verfügte. Als Federer nach der Partie mit Carters Eltern zusammenkam, übermannten ihn die Gefühle.

„Das war ein harter Moment für Roger, wie bei der Beerdigung in Basel“, sagte Rosset. „Es lässt dich nicht kalt, wenn du jemanden, der dir so viel bedeutet, derart leiden siehst. Es bricht dir das Herz.“

Federer suchte in dem Kämmerchen Zuflucht, in dem der Besaiter gearbeitet hatte, erzählte Georges Deniau, der auf Rossets Bitten das Schweizer Team unterstützte.

„Ich habe kaum je einen Mann so herzzerreißend weinen sehen“, so Deniau gegenüber der französischen Zeitschrift *Tennis*. „Niemand wagte es, ihn zu stören. Nach einiger Zeit bin ich zu ihm rein. Er verbarg den Kopf in den Händen.“

Viele Jahre danach erzählte mir Federer, dass das Match für ihn nach wie vor „eine meiner härtesten Niederlagen“ gewesen sei, doch dass er seitdem tief in sich die Fähigkeit gespürt habe, die Besten besiegen zu können. Er hatte seinen Hauptkontrahenten Hewitt beinahe drei Sätze lang dominiert. Er war zwar nicht kaltblütig genug gewesen, um die Aufgabe zu Ende zu bringen, doch er war dabei, auf ein neues Level zu kommen. Das spürte er.

Das Erstaunliche war, dass sich der Davis Cup nicht wie ein Schatten über den Rest seiner Saison legte. Das wurde über die Jahre eines von Federers Markenzeichen: Er hatte die Fähigkeit, sich rasch von Enttäuschungen zu erholen, selbst wenn sie brutal waren.

„Er erholt sich extrem schnell“, sagte mir Paul Annacone, einer seiner langjährigen Coaches. „Ja, er ist völlig niedergeschlagen, aber am späten Abend oder am nächsten Morgen hat er sich wieder gefasst. Ich kenne niemanden, der besser die Balance hinbekommt, sich einerseits über einen Sieg zu freuen und andererseits sich aber auch nach einem Rückschlag weiterzuentwickeln.“

Bei dem ersten Turnier nach der Davis-Cup-Niederlage konnte Federer in Wien seinen Hallentitel verteidigen. Nicht zuletzt Rückenschmerzen führten dazu, dass er bei den anderen europäischen Hallenturnieren scheiterte, doch schließlich schwang er sich noch einmal zu Höchstleistungen auf – und zwar beim Masters Cup, dem Saisonabschlussfinale, das für zwei Jahre von Schanghai nach Houston gewandert war.

Das exklusive Turnier der besten acht Männer war zu den Glanzzeiten von Jimmy Connors und John McEnroe eine ständige Einrichtung im New Yorker Madison Square Garden gewesen, doch seit 1989 nicht mehr in den Vereinigten Staaten ausgetragen worden. Der entscheidende Mann hinter der Rückkehr in die Vereinigten Staaten war der Besitzer des Westside Tennis Club von Houston, Jim McIngvale, ein gelegentlich aufbrausender Möbelmagnat mit dem Spitznamen „Mattress Mack“.

McIngvale war – und ist – ein typisch amerikanischer Selfmademan: Er träumte groß, arbeitete hart, zeigte seinen Reichtum und war ein großzügiger Wohltäter, außerdem nimmt er kein Blatt vor den Mund und ist ohne jegliche diplomatische Zurückhaltung. Er und seine Frau Linda sind große Tennisfans, und trotz der Riesenentfernung, die ihren Club von Wimbledon und Roland Garros trennt, ließen sie nichts unversucht, um die Lücke zu schließen.

Sie boten zu dieser Zeit auf ihrer 46-Plätze-Anlage alle vier Grand-Slam-Beläge an, auch Rasen und Sand, was in Nordamerika Seltenheitswert hat.

McIngvale zahlte annähernd sieben Millionen US-Dollar für die Austragungsrechte des Masters Cup, den manch einer aus der Tenniswelt hinter vorgehaltener Hand als „Mattress Cup“ bezeichnete. Noch einmal 20 Millionen gab er für ein neues Stadion und die sonstige Infrastruktur aus.

Das alles war weit kostspieliger als anfangs gedacht, und so war er nachvollziehbarerweise ein wenig angespannt und empfindlich. Als Federer am Tag vor dem Turnierstart auf einer Pressekonferenz erklärte, dass ein Stadion mit 7500 Plätzen für ein Ereignis dieser Bedeutung ein wenig klein und der Platz nicht nur leicht abschüssig sei, sondern auch einige unebene Stellen aufweise, reagierte McIngvale gereizt.

Er stellte Federer vor seinem ersten Gruppenspiel gegen Agassi in der Kabine zur Rede. ATP-Offizielle schalteten sich ein, damit der Stolz und die Begeisterung eines der wenigen US-amerikanischen Geschäftsmänner, die erheblich ins Tennis investierten, keinen Schaden nahmen.

Federer bat schlussendlich um Entschuldigung. McIngvale nahm an und erklärte anschließend, Federer sei „ein guter Junge und ein großartiger Spieler“.

Doch die offizielle Mitschrift von Federers Kommentar zum Stadion wurde in Sowjetmanier von der Website des Turniers entfernt und ist nach wie vor fast nicht zu finden.

„Ich weiß nicht, warum geschrieben wurde, ich hätte Kritik geäußert“, sagte Federer später. „Das war nur mein erster Eindruck. Ich kann mich bei meiner Ankunft auch anders äußern und sagen, dass alles toll ist. Aber das war eben mein Eindruck. Wenn ich den nicht laut aussprechen darf, werde ich keine Pressekonferenzen mehr machen.“

Dennoch lernte er hier zeitig, welche Folgen allzu freimütige Aussagen haben konnten. Ihm wurde klar, dass angesichts seiner zunehmenden Prominenz alles, was er sagte, umgehend analysiert und aufgebläht wurde, insbesondere wenn er dadurch einen Konflikt auslöste oder sichtbar machte.

Er lernte diese Lektion aus journalistischer Sicht vielleicht ein wenig zu gut. Von seinen seither mehr als tausend Pressekonferenzen in mehreren Sprachen sorgte kaum eine für Aufregung. Er vermeidet Politik, kulturell strittige Themen und öffentliche Abrechnungen (zumindest, wenn er keinen Schläger in der Hand hält).

Der Wirbel in Houston schadete seiner Leistung hingegen nicht im Geringsten. Im Gegenteil: Er wuchs über sich hinaus.

Nach seiner Auseinandersetzung mit McIngvale ging er auf den Platz und spielte unter Druck furchtlos auf, um schließlich nach zwei abgewehrten Matchbällen Agassi erstmals zu besiegen, mit 6:7 (3), 6:3, 7:6 (7).

Federer hatte nunmehr sowohl Sampras als auch Agassi bezwungen. Sie waren die beiden prägenden Figuren des Herrentennis in den 1990er-Jahren, zwei US-Amerikaner, deren Stil und Persönlichkeit gegensätzlich waren, die jedoch beide voll auf Angriff spielten: Sampras am Netz, Agassi von der Grundlinie.

„Es ist einfach schön, solche Spieler einmal in deiner Karriere zu besiegen", erklärte Federer hinterher.

In seinem nächsten Gruppenspiel wartete ein weiterer Angstgegner. Nalbandian, der schroffe Argentinier mit komplettem Spiel und beidhändiger Rückhand, hatte Federer bei den Junioren und in ihren ersten fünf Profibegegnungen geschlagen, zuletzt im Viertelfinale der vorangegangenen US Open. Doch diesmal überrollte Federer Nalbandian mit 6:3, 6:0, hauptsächlich von der Grundlinie, eine Taktikänderung gegenüber ihren vorherigen Matches.

Anschließend fertigte er den amtierenden French-Open-Champion Juan Carlos Ferrero mit 6:3, 6:1 ab, beendete somit die Gruppenphase unbesiegt und zog in das Halbfinale ein, wo Andy Roddick auf ihn wartete.

McIngvale schwenkte die US-amerikanische Fahne nicht nur, er trug sie auch auf seinen Poloshirts spazieren. Ungeniert feuerte er Agassi und Roddick an und bezeichnete sie als „meine Jungs".

Dieser Chauvinismus schmeckte den übrigen sechs Teilnehmern – ausnahmslos Europäer und Südamerikaner – ganz und gar nicht. Schließlich war man beim Masters Cup, nicht beim Davis Cup.

„Das zeugt schon von fehlendem Respekt", erklärte Nalbandian.

Doch bis zum Halbfinale bekam McIngvale, was er wollte: ein volles Stadion bei den Night Sessions und Roddick und Agassi unter den letzten Vier.

Federer jedoch hatte für das Wochenende andere Pläne. Er war wieder im Flow, so wie in Wimbledon.

Sein erstes Opfer war Roddick, der 2003 ebenfalls sein erstes Grand-Slam-Turnier (die US Open) gewonnen hatte und bei dem er im Halbfinale gegen Nalbandian einen Matchball hatte abwehren müssen. Roddick kam in Houston an, nachdem er gerade in New York als Gastgeber die TV-Comedy-Show *Saturday Night Live* präsentiert und seine älteren US-amerikanischen Landsleute Agassi und McEnroe parodiert hatte.

„Mein Leben ist ein Zirkus geworden", sagte er.

Im August hatte Federer nur noch ein Sieg zum Aufstieg an die Spitze der Weltrangliste gefehlt, als er im Halbfinale des Masters-Turniers von Montreal auf Roddick getroffen war. Federer hatte zum Matchgewinn aufgeschlagen, doch dann hatte er sich von der Situation beeindrucken lassen und die erste Niederlage gegen Roddick kassiert, mit 4:6, 6:3, 6:7 (3).

Roddick sagte mir: „Ich weiß noch, wie ich dachte, dass ich genau das gebraucht hatte: ihn in einem engen Spiel zu besiegen. Doch in dem Moment denkst du einfach nur von Woche zu Woche, nicht daran, welche historische Bedeutung dieser Mensch womöglich haben könnte. Für mich ging es weniger um ein Duell, wichtig war mir nur, dass ich gut spielte und ablieferte. Bei der Niederlage in Basel und den anderen davor dachte ich, dass er vermutlich einfach der bessere Spieler war, dass er weiter war, vielleicht so zwei Jahre. In Wimbledon dann und bei dem Match in Kanada hatte ich erstmals das Gefühl, dass wir um die Nummer eins in der Welt kämpften oder uns zumindest beide Hoffnungen darauf machen konnten."

Roddick schaffte es durch seinen Sieg in New York als Erster an die Spitze. Bereits nach der Gruppenphase in Houston stand fest, dass er das Jahr als Nummer eins beenden würde, unmittelbar vor Federer.

Im Halbfinale jedoch besiegte Federer ihn in zwei Sätzen mit 7:6 (2), 6:2 und triumphierte anschließend auch im Best-of-Five-Finale mit 6:3, 6:0, 6:4 über Agassi. Als einer der besten Returnspieler der Welt kam Agassi bei Federers Aufschlag zu keiner einzigen Breakchance.

Seit den US Open hatte Agassi kein Turnier mehr gespielt, denn seine und Steffi Grafs Tochter Jaz Elle war auf die Welt gekommen. Möglicherweise wäre er in Houston gar nicht angetreten, hätte er sich nicht McIngvale verbunden gefühlt. Agassi schätzte McIngvales wohltätiges Engagement, seinen Unternehmergeist und die Unterstützung des US-amerikanischen Tennis. Angesichts der fehlenden Matchpraxis stellte der Finaleinzug für Agassi einen großen Erfolg dar. Agassis Coach Darren Cahill zumindest war zufrieden. Doch als er in die Umkleidekabine kam, sah er erstaunt, dass Agassi mit gesenktem Kopf dasaß.

„Er hat kein Wort gesagt", berichtete Cahill. „So hatte ich ihn noch nie gesehen. Normalerweise steckt er eine Niederlage problemlos weg und hakt sie in zwei oder drei Minuten ab, doch jetzt saß er 20 oder 30 Minuten mit hängendem Kopf da."

Cahill ging zu ihm, legte ihm sanft eine Hand auf den Rücken und sagte ihm, wie stolz er auf sein Abschneiden in Houston sei und dass er mit Federer einfach auf einen großartigen Spieler getroffen sei.

„Lass uns nach vorne schauen", sagte Cahill.

Agassi hob den Blick und erwiderte: „Partner, unser Sport ist für immer verändert. Er wird nie mehr derselbe sein. Dieser Kerl führt das Spiel auf ein ganz neues Level. Auf ein Level, das wir noch nie gesehen haben."

Cahill war verblüfft. „Andres Selbstvertrauen ist normalerweise und zu Recht unerschütterlich", erzählte er. „Große Champions wie er denken immer: ‚Wenn ich mein Spiel zusammenbringe und mein bestes Tennis spiele, kann ich sie schlagen.' Das war vermutlich das erste Mal, dass ich mitbekam, wie eine Sportlegende dachte: ‚Gott, wenn dieser Kerl so spielt, habe ich keine Chance.'"

Agassi, der zu dem Zeitpunkt 33 Jahre alt war, wusste genau, wovon er sprach. Er sollte Federer nie wieder besiegen. Dessen eindrücklicher Erfolg in Houston bot einen Vorgeschmack auf folgende Saisons, die einmal mit zu den überragendsten der Tennisgeschichte zählen sollten.

Doch bevor es so weit war, kam es im Dezember zu einer Überraschung. Es war das Ende der Saison, sie markierte Federers Durchbruch, und die Nummer eins rückte in greifbare Nähe. Da gab Federer bekannt, dass er und Lundgren sich trennten.

Die Nachricht kam wie ein Blitz aus heiterem Himmel. Die Schweizer Presse hatte gerade erst Geschichten zu dem besonderen Verhältnis zwischen Federer und Lundgren veröffentlicht. Darin hatte sich Lundgren auch zur Vorbereitung im Dezember und zu ihren ambitionierten Zielen geäußert. Sogar Robert Federer hatte sich zustimmend zu Wort gemeldet: „Peter ist rund um die Uhr für Roger da."

Nach der schwierigen Entscheidung im Jahr 2000, mit Lundgren statt mit Carter auf die Tour zu gehen, traf Federer nun erneut eine riskante Entscheidung und veränderte ein erfolgreiches Team.

Dieses Muster durchzieht seine gesamte Karriere. Bei aller Leutseligkeit und aller Loyalität gegenüber alten Freunden wie Yves Allegro und Marco Chiudinelli war Federer nicht so sentimental, an Verbindungen festzuhalten, wenn ihm seine innere Stimme zu einer Veränderung riet.

Trotz des Zeitpunkts erklärte er, dass es keine überstürzte Entscheidung gewesen sei. Vielmehr habe er seit Beginn der Saison 2003 und verstärkt in den letzten Monaten darüber nachgedacht.

„Das war ein längerer Prozess", erklärte Federer in Genf bei einer eilig einberufenen Pressekonferenz, nachdem die *Neue Zürcher Zeitung* die Trennung öffentlich gemacht hatte. „Wir hören zu einem Zeitpunkt auf, an dem ich so gut dastehe wie nie zuvor. Das hat den Entschluss nicht gerade leichter gemacht. Aber ich bin überzeugt, dass dies der richtige Schritt ist."

Federer sprach davon, sie seien in eine Routine verfallen: „Am Ende der Saison hatten wir beide das Gefühl, dass es nicht mehr wie früher war. Ich habe ihm meine Entscheidung letzte Woche mitgeteilt. Er war enttäuscht, aber er hat meine Argumente verstanden. Wir haben immer Einjahresverträge abgeschlossen. Wir sind am Ende eines Zyklus angekommen."

Auch wenn einige aus dem Umfeld von Lundgren und Federer behaupten, Vavrinec habe eine entscheidende Rolle bei der Trennung gespielt, hat Federer dieser These stets widersprochen.

„Natürlich wird eine solche Entscheidung innerhalb des Teams diskutiert", sagte er. „Aber ich allein habe die Entscheidung getroffen. Ich bin es, der zufrieden sein muss. Niemand sonst."

Lundgren klingt immer noch wehmütig, wenn er an das Ende denkt. Dennoch erzählte er mir, dass es zwar nicht gerade eine gemeinsame Entscheidung gewesen sei, sie für ihn aber in gewisser Weise eine Erleichterung dargestellt habe. Seine Freundin und ihre beiden gemeinsamen Kinder lebten in Schweden, wo sie gerade ein Haus bauten. Sein Vertrag mit Federer sah 40 Arbeitswochen vor, verbunden mit zahlreichen Reisen. Lundgren sagte, er habe kurz vor dem Burnout gestanden, ohne dass ihm das bewusst gewesen sei. Er war selbst ein erfolgreicher Spieler auf der Tour gewesen und anschließend beinahe nahtlos ins Trainerfach gewechselt.

„Im Grunde hatte ich das Gefühl, kein eigenes Leben zu haben, und das ging nicht gegen Roger", sagte er. „Als Roger anrief und sagte, dass wir aufhören sollten, war ich fertig. Natürlich habe ich eine Leere gespürt. Wir hatten so viele Jahre zusammengearbeitet und so viel Zeit miteinander verbracht, und dann ist es plötzlich von einem Tag auf den anderen vorbei. Aber ich hatte das Gefühl, dass ich ihm alles gesagt hatte, was ich wusste; es war für ihn an der Zeit, einer anderen Stimme zuzuhören. Als wir auseinandergingen, war ich beinahe froh über seinen Entschluss."

Lundgren nahm sich eine mehrmonatige Pause vom Tenniszirkus, bevor er den Job als Coach eines Federer-Rivalen annahm – bei der ehemaligen Nummer eins Marat Safin, auch er ein außergewöhnliches Talent (mit Selbstbeherrschungsproblemen).

Federer bereitete sich mit seinem Konditionstrainer Pierre Paganini in Biel/Bienne auf die Saison 2004 vor und flog im Anschluss mit Vavrinec und dem Physiotherapeuten Pavel Kovac nach Australien. Sein enger Freund Reto Staubli, ein ehemaliger Schweizer Meister, der an der Feier nach dem Wimbledon-Sieg 2003 teilgenommen hatte, begleitete ihn.

Federer hatte zu dieser Zeit keinen offiziellen Coach, was ausgesprochen ungewöhnlich war für einen herausragenden jungen Spieler, der sich jeden beliebigen Trainer hätte leisten können. Doch Federer hatte es nicht eilig, Lundgren zu ersetzen. Der elf Jahre ältere Staubli erklärte sich bereit, einen Teil seines Urlaubs bei einer Schweizer Bank zu opfern, um ihm als informeller Ratgeber und Hitting Partner zur Seite zu stehen. Darüber hinaus buchte er die Trainingsplätze und beobachtete mehrere von Federers kommenden Gegnern.

Staubli war offiziell kein Coach, dennoch übernahm er 2004 zweifellos einen großen Teil der Aufgaben, die normalerweise ein Trainer erledigt. Allerdings enthielt er sich sämtlicher Ratschläge zu Federers Schlägen und Technik.

Federers Plan war, bis zum Start der Australian Open auf ernsthafte Wettkämpfe zu verzichten. Im Jahr 2003 hatte er mehr als 90 Einzel bestritten – eine außerordentliche Anzahl auf Tour-Ebene –, und Paganini, aber auch sein eigenes Gespür riet ihm, dass er es auf dem Weg zu den Australian Open ruhiger angehen lassen sollte.

Er absolvierte Hartplatz-Showmatches in Hongkong und im Kooyong Lawn Tennis Club in Melbourne, wobei er Agassi in ihrer inoffiziellen Begegnung unterlag. Dennoch wirkte Federer entspannt – nicht mehr wie ein zwar vielversprechendes Talent, das aber noch nichts Großes erreicht hatte. Bei Beginn der Australian Open war er bereit und stürmte durch die ersten drei Runden, ohne in einem Satz mehr als vier Spiele abzugeben.

Damit war in der vierten Runde die Revanche gegen Hewitt perfekt, in eben dem Stadion, in dem Federer vier Monate zuvor auf wie neben dem Platz zusammengebrochen war. Dieses Mal war es Hewitt, der früh in Führung ging und den ersten Satz für sich entschied, während es Federer nicht gelang, Länge in seine Grundschläge zu bringen und mit der gewohnten Präzision aufzuschlagen. Doch als Hewitt im zweiten Satz beim Stand von 2:3 und 40:15 aufschlug, unterlief ihm ein Doppelfehler, und beim folgenden ersten Aufschlag erhielt er einen Fußfehler gegen sich, der ihn ein Ass kostete. Verunsichert durch die Entscheidung des Linienrichters, gab Hewitt den Punkt und danach auch seinen Aufschlag ab.

Im Tennis, in dem das Momentum eine große Rolle spielt, kann sich eine Partie aus dem geringsten Anlass drehen. Nunmehr hielt Federer die Zügel in der Hand und gab sie erstmal nicht wieder her. Er gewann acht der folgenden neun Spiele, trotz einer Unterbrechung mitten im einseitigen dritten Satz wegen eines Feuerwerks unweit der Rod Laver Arena.

Es war Australia Day, ein nationaler Feiertag. Aber es fühlte sich nicht nach einem Feiertag fürs australische Tennis an, als Federer klar in Führung ging. Im vierten Satz gelang Federer beim Stand von 2:2 ein Break gegen Hewitt – ein Break, in dem Federer einer der besten Punkte seiner Laufbahn gelang: Nachdem er einige Bälle gerade noch erreicht hatte, spielte er in voller Streckung einen Lob, sah die Richtung von Hewitts Schmetterball perfekt voraus und punktete aus vollem Lauf mit einem geblockten Vorhand-Winner.

Rasheed stand in der Spielerloge der Mund offen, und damit war er nicht allein. Doch als Federer wie im September zum Sieg aufschlug, sollte Hewitt noch einmal eine Chance bekommen.

Nach einem frühen Doppelfehler verschlug Federer bei Einstand einen gewöhnlichen Rückhandslice und verhalf dem Australier so zu einem Breakball.

„Natürlich kam in dem Moment der Gedanke an den Davis Cup wieder hoch", gestand Federer. „Er macht das Spiel, und die Zuschauer kommen wieder zurück."

Doch Federer reagierte mit einem Aufschlag nach außen, der Hewitt weit aus dem Feld trieb. Der Australier schrie beim Return laut auf, als wäre ihm bereits klar, dass der Ball knapp im Aus landen würde. Breakball abgewehrt, und obwohl Hewitt sein Bestes gab – beim nächsten Punkt hechtete er nach dem Ball und rollte sich anschließend auf dem Hartplatz wie ein Torwart ab –, konnte er nicht verhindern, dass Federer das Match auf dieselbe Weise beendete wie Hewitt im Davis Cup: mit einem Schmetterball.

„Ich bin sehr, sehr glücklich, dass mir die Revanche geglückt ist", sagte Federer nach dem 4:6, 6:3, 6:0, 6:4. „Mir ging so vieles durch den Kopf. Auf gar keinen Fall wollte ich noch einmal einen solchen Albtraum erleben."

Das Ergebnis war ein erneuter deutlicher Hinweis darauf, dass die Spieler, die ehemals mit Federer auf einer Stufe gestanden hatten, bei seinem steilen Aufstieg immer weniger Schritt halten konnten. Im Viertelfinale hatte Nalbandian in vier Sätzen das Nachsehen, im Halbfinale Ferrero in drei. Damit stand fest, dass Federer nach dem Turnier erstmals an die Spitze der Weltrangliste vorrücken würde.

„Die Nummer eins der Welt ist nur ein Nebeneffekt, wenn du die großen Turniere gewinnst", so Federer.

Das letzte Hindernis auf dem Weg zum Australian-Open-Titel war Safin. Er war der erste Spieler aus Federers Generation, der sich zum Grand-Slam-Champion aufgeschwungen hatte. Nur 17 Monate älter als Federer, hatte er seinen Durchbruch mit einem Sieg über Sampras im Finale der US Open 2000 gefeiert, mit einer Leistung, die noch außergewöhnlicher war als die von Federer bei seinem Wimbledon-Sieg über Sampras ein knappes Jahr darauf.

Federer setzte sich gegen Sampras in einem fünften Satz durch, der genauso gut auch andersherum hätte ausgehen können. Dagegen fegte der seinerzeit 20-jährige Safin Sampras mit 6:4, 6:3, 6:3 vom Platz und ließ Sampras wie einen alternden Champion aussehen, den die Geschwindigkeit der gegnerischen krachenden Angriffsschläge und Konter überforderte.

Einige Wochen darauf stieg Safin zur Nummer eins auf; die offizielle Anerkennung wurde ihm verwehrt, da die ATP im Jahr 2000 mit dem neuen Format „the Race" experimentierte, bei dem das Rennen um die Punkte in einer Saison stärkeres Gewicht hatte als das traditionelle, seit 1973 geltende Ranglistensystem, das den Zeitraum der vorangegangenen 52 Wochen abbildete.

Diesem Marketing-Experiment war ein kurzes Leben beschieden, und schon bald wurde Safin als offizielle Nummer eins geführt.

In vielerlei Hinsicht ist der Vergleich Federers mit Safin besonders lehrreich – auch wenn irgendwann Nadal und Djokovic kaum noch Raum für andere Vergleiche ließen.

Zwar spielte Safin die Rückhand beidhändig und nicht einhändig, doch verfügte er in vielerlei Hinsicht über dieselben Voraussetzungen wie sein Schweizer Kollege: eine Weltklasseathletik, ein phänomenales Ballgefühl, ein effektives Volleyspiel, eine mühelose, elastische Kraftentwicklung und meisterhafte Spin-Schläge.

Federers Spiel war ein wenig fließender, und er war auf jeden Fall schneller auf den Beinen. Doch wenn der mit 1,93 Meter acht Zentimeter größere Safin fit war, konnte er rennen wie ein Reh. Durch sein kantiges Äußeres und die stolze Ausstrahlung verfügte er zudem unzweifelhaft über Sex-Appeal. Sein Gang glich dem eines Holzfällers, der zufrieden in die Wälder stapft, und obwohl er seinem Job mit stark schwankender Begeisterung nachging, konnte man den Blick nicht von ihm abwenden, wenn er mit rollenden Schultern und baumelnden Goldketten über den Platz patrouillierte und sich bereit machte, den Gegner – oder seinen Schläger – zu zerstören (wer konnte das schon vorhersagen?).

Federer war vielleicht der Mann, den man sich als Freund für die eigene Tochter wünschte. Safin war der Kerl, den sich die Tochter als Freund wünschte.

Außerhalb des Platzes verfügte Safin zweifellos über mehr Charisma. Er war spontan, schlagfertig und lieferte nie vorgestanzte Antworten. Er beherrschte drei Sprachen: Russisch, Spanisch und ein lebhaftes, wenn auch unperfektes Englisch. Auf dem Platz war Safins Ausstrahlung eine andere, geprägt von Expressivität, hitzköpfigem Temperament und dem Hang, an den unerwartetsten Stellen des Platzes Winner (und Fehler) zu produzieren.

Letzteres ließ sich einst ebenso über Federer sagen. Die beiden teilen sich auch die zweifelhafte Ehre, eine Strafe wegen mangelnden Einsatzes bei einem Profiturnier erhalten zu haben. Doch während der Schweizer lernte, seine Tennisdämonen zu zähmen und zu kanalisieren, konnte Safin seine innere Balance nie über längere Zeit aufrechterhalten.

„Ich langweile mich viel zu schnell", gestand er einmal. „Und ich raste viel zu schnell aus."

Unzählige Schläger mussten darunter leiden, und im Gegensatz zu Federer hatte Safin immer wieder auch mit schweren Verletzungen zu kämpfen, vielleicht auch, weil er zugunsten des Geldes Schmerzen ignorierte.

Es stellt sich unweigerlich die Frage, was aus ihm hätte werden können, wenn er als Teenager mit einem Fitnessguru wie Paganini zusammengekommen wäre, Zeit mit einem Leistungspsychologen wie Marcolli verbracht hätte oder eine Partnerin wie Vavrinec gefunden hätte, die weiß, was es braucht, um als Tennisspieler an der Spitze zu bestehen, die unterstützt und nicht davor zurückschreckt, Wahrheiten auszusprechen.

Safin war fraglos ein herausragendes Talent, und nach meiner Überzeugung hätten er, Federer und Nadal sich in den 2000er-Jahren erbarmungslos vorantreiben können, wie die Dreierrivalität, die später die Schlagzeilen beherrschen sollte.

Doch es kam anders. Während Federer seine Fähigkeiten und Möglichkeiten zu beinahe 100 Prozent ausschöpfte, war das bei Safin nicht der Fall.

Dadurch war er nicht weniger interessant, nur weniger erfolgreich. Am Ende wurde er doch in die International Tennis Hall of Fame aufgenommen, als erster Russe und drei Jahre vor seinem Davis-Cup-Kameraden Jewgeni Kafelnikow.

„Je höher ich aufstieg, desto schwerer wurde mein Kopf", berichtete er mir 2021 in der Corona-Pandemie über Zoom aus Moskau. „Hin und wieder blitzte so ein Funken Wow auf, das ist wirklich schön, doch die meiste Zeit war da nur ein bleierner Druck. Ich habe ihn immer gespürt, und irgendwann kam der Burnout."

Safin wurde 1980 in Moskau geboren. Seine Eltern sind als Tataren Muslime und Nachfahren der Turkvölker, die vor Jahrhunderten über Zentralasien herrschten.

Beide spielten Tennis. Seine Mutter Rauza Islanova war in der Sowjetunion zeitweise die Nummer zwei bei den Frauen und wäre in einer anderen Zeit vermutlich als Profispielerin auf die Tour gegangen. Stattdessen wurde sie Trainerin im Spartak Tennis Club, einem der führenden Sportvereine Moskaus, der von Safins Vater Mischa geleitet wurde. Obwohl Safin eigentlich von einer Karriere als Fußballer träumte, wurde aus ihm standesgemäß ein Tennisstar. Seine Kindheit verbrachte er auf denselben Plätzen wie zwei andere zukünftige Stars, Anastasia Myskina und Anna Kournikova, deren Jugendtrainerin Safins Mutter war.

Sie trainierte auch ihre eigenen Kinder, Marat und seine etliche Jahre jüngere Schwester Dinara, die ebenfalls einmal die Nummer eins der Welt werden sollte. Die beiden sind das einzige Bruder-Schwester-Paar, das bei den Herren und Damen die Weltrangliste anführte. Islanova beherrschte offenkundig ihr Handwerk, und als ihr geliebter und begabter Sohn zwölf Jahre alt war, kamen sie und Marat überein, dass er das Land verlassen sollte, um in einem freundlicheren Klima bessere Trainingsbedingungen unter freiem Himmel zu finden.

Also flog er nach Florida in Nick Bollettieris Akademie. Bollettieri weiß noch, dass er vor der schwierigen Entscheidung stand, Safin oder dem unwesentlich älteren Marcelo Rios ein Stipendium zu geben. Er entschied sich für den Chilenen Rios, der ebenfalls später die Nummer eins wurde, allerdings nicht die Ausstrahlung von Safin besaß. „Das war eine Entscheidung, von der man sich wünscht, dass man sie nie treffen muss", erzählte mir Bollettieri.

Der zurückgewiesene Safin kehrte nach Moskau zurück und brach bald darauf nach Spanien auf, ein anderes beliebtes Ziel ambitionierter russischer Tennisspieler. Er war 13 und sah seine Eltern und seine jüngere Schwester nur zweimal im Jahr für jeweils zwei Wochen. Er kehrte auch später nicht mehr zu seiner Familie nach Russland zurück, allerdings folgten ihm schließlich seine Mutter und Schwester nach Valencia. Auch wenn er heiter sagte: „Was dich nicht umbringt, härtet ab", gestand er doch ein, dass die frühe

Trennung von der Familie seiner emotionalen Entwicklung und Stabilität schadete.

„Wenn du schon als junger Mensch allein bist, passieren so viele Sachen in deinem Leben, und du kannst sie niemandem erzählen, um sie zu verarbeiten", erzählte mir Safin. „Du behältst sie für dich und weißt nicht, was du mit ihnen anfangen sollst. Und am Ende trägst du sie dann mit dir herum."

Nach vierjähriger Zusammenarbeit mit Rafael Mensua als Coach im spanischen Valencia sorgte er erstmals für Aufsehen in der Tenniswelt, als er 1998 bei den French Open Andre Agassi und Titelverteidiger Gustavo „Guga" Kuerten ausschaltete.

Topfit und mit der richtigen Einstellung war Safin beinahe unaufhaltsam, doch bei den Australian Open 2004 war er nach einem Bänderriss im linken Handgelenk nicht in Höchstform. Die Verletzung hatte seine Saison 2003 ruiniert, sodass er auf Rang 86 der Welt abgestürzt war.

Doch in Melbourne kam er gesund, wenn auch als Ungesetzter, an und kämpfte sich durch eine Reihe von Marathonmatches, darunter zwei Fünfsatzsiege gegen Roddick im Viertelfinale und gegen Agassi im Halbfinale.

Ganz anders Federer, der von niemandem in Melbourne in einen fünften Satz gezwungen worden war. Die zunehmende Erschöpfung war für Safin gewiss ein Problem, doch vor dem Finale hatte er zwei Tage zur Erholung, Federer dagegen nur einen.

„Es ist schön, dass er wieder zurück ist", sagte Federer. „Wir freuen uns alle, aber es macht uns auch Angst."

Federer und Safin verband seit Langem eine freundschaftliche Beziehung. Im Februar 2000 zogen sie während des Kopenhagener ATP-Turniers gemeinsam um die Häuser. Safin war 20, Federer 18, und Safin erzählte, sie seien an der Tür eines Nachtclubs abgewiesen worden, weil niemand sie erkannte oder ihnen glaubte, dass sie im Einzel-Halbfinale standen.

„Ziemlich lustig, wenn man heute daran zurückdenkt", sagte Safin.

Im Jahr 2001 gewannen sie in Gstaad sogar gemeinsam den Doppeltitel. Safin sagte über Federer: „Er ist ein sehr sensibler Mensch. Sehr einfühlsam und emotional."

Doch nun spielten sie um einen Grand-Slam-Titel. Von Beginn des Finales an duellierten sie sich in einem Höllentempo von der Grundlinie. Keiner der beiden Spieler wich auch nur einen Schritt zurück, und beide jagten in die Ecken, um die Geschosse des anderen zurückzubringen. Harte Schläge und Breaks gingen hin und her, ehe schließlich Federer im Tiebreak des ersten Satzes die Oberhand behielt. In Führung liegend, neigte und neigt Federer immer wieder zu Nervenflattern, doch aus diesem Finale ließ er systematisch die Spannung, wenn nicht sogar den Reiz heraus. Die Punkte, von denen viele am Netz gewonnen oder verloren wurden, waren regelmäßig eine Augenweide, mit Federers Vorhand als dem dominanten Schlag, und als ein erschöpfter Safin den Zuschauern zu Beginn des dritten Satzes zurief „Mir geht's gut!", war das im Grunde eine tapfere Selbstbehauptung. Federer sicherte sich den Sieg mit 7:6 (3), 6:4, 6:2 und ließ sich nach einem Moment des Zögerns auf die Knie sinken, beide Arme gen Himmel gereckt.

Sein zweiter großer Titel wurde nicht von „Roger Blubberer"-Schlagzeilen begleitet. Dieses Mal blieb er gefasst – wohl auch als Ausdruck eines Spielers, der inzwischen solche Erfolge von sich erwartete.

Doch Federer durchlebte zweifellos immer noch Momente der Trauer. Wenn er an Peter Carter dachte und daran, wie schön es gewesen wäre, wenn er den Triumph miterlebt hätte. Denn nach Carters Überzeugung hatte Federer das Zeug zum „besten Spieler, den die Welt je gesehen hat".

Doch so weit war Federer noch nicht, auch wenn er an der Spitze der Weltrangliste stand und mit zwei aufeinanderfolgenden Grand-Slam-Titeln eine Serie von acht Grand-Slam-Turnieren mit acht verschiedenen Titelträgern bei den Herren beendet hatte. Federers Aufstieg machte Schluss mit diesem Wechsel.

„Mein Ziel ist es, so lange wie möglich die Nummer eins zu bleiben", erklärte er.

Im Laufe des Jahres 2004 baute er seine Spitzenposition weiter aus: Er zog in elf Endspiele ein und entschied diese allesamt für sich. Er triumphierte auf allen drei wichtigen Bodenbelägen – siebenmal auf Hartplätzen und je zweimal auf Sand und Rasen – sowie auf vier Kontinenten: Australien, Asien, Nordamerika und Europa. Am Ende stand eine Bilanz von 74:6 Siegen.

Doch es gab auch Enttäuschungen, angefangen mit einem überraschenden 3:6, 3:6 bei den Miami Open gegen einen vielversprechenden, doch noch wenig bekannten spanischen Teenager namens Rafael Nadal.

Zudem unterlag die Schweiz im Viertelfinale des Davis Cup gegen Frankreich, trotz Federers beiden Einzelsiegen gegen Nicolas Escudé und Arnaud Clement. Auch bei den French Open strauchelte Federer erneut und verlor in der dritten Runde glatt in drei Sätzen gegen den dreimaligen French-Open-Sieger Gustavo Kuerten, der noch immer mit Hüftproblemen zu kämpfen hatte. Vor allem jedoch war da aus Federers Perspektive der erneut medaillenlose Trip zu den Olympischen Spielen, bei denen er im Doppel zusammen mit Yves Allegro in der zweiten Runde scheiterte und in der dritten Runde des Einzels von einem jungen Tschechen besiegt wurde, der über eine verblüffend mühelose Wucht verfügte: Tomas Berdych.

Doch insgesamt bot die Saison weit mehr Anlass zur Freude als zur Enttäuschung, insbesondere bei den Australian Open, in Wimbledon und bei den US Open. Bei seinem Durchmarsch in Wimbledon verteilte Federer nach Belieben 6:0-Sätze, gegen Alex Bogdanovic in der ersten Runde, Alejandro Falla in der zweiten Runde und Hewitt im Viertelfinale, das er mit 6:1, 6:7 (1), 6:0, 6:4 für sich entschied. Nach einem Dreisatzsieg über den Franzosen Sebastien Grosjean, der sich aufgrund von Regen über zwei Tage hinzog, kam es zu einer erneuten Begegnung mit Andy Roddick, dieses Mal im Finale.

Roddick schaute wieder auf eine glänzende Rasensaison und hatte beschlossen, sich bis zu einer Niederlage nicht mehr zu rasieren. Zum Finale trat er mit einem wild wuchernden Bart an, nachdem er seinen Titel im Queen's Club verteidigt und in Wimbledon bis dahin nur einen Satz abgegeben hatte.

Roddick und sein Trainer Brad Gilbert waren entschlossen, Federer weder Zeit noch Raum zu lassen, seinen Tennis-Zauberstab auszupacken. Die Idee war, durch Roddicks gnadenlose Wucht die Punkte abzukürzen, oftmals von der Grundlinie. Über weite Strecken des Matches ging der Plan auf.

Von der Tribüne aus konnte man Federers Überraschung und Roddicks Entschlossenheit spüren. Roddick stürmte zu Beginn drauflos wie ein Stier, der in die Arena gelassen wurde.

Er sagte: „Gegen Roger musst du Stärke zeigen. Ohne jede Frage. Ich wollte nicht in längere Ballwechsel verwickelt werden, in denen er macht, was er will, und dir mit seinen spektakulären Sachen kommt."

Im dritten Spiel gelang Roddick ein Break zur frühen Führung, und diesen Vorteil verteidigte er auch nach einer kurzen Regenunterbrechung und brachte so den ersten Satz nach Hause.

Federer gestand: „Ich wurde überrascht. Dabei wissen alle um seine Power."

Federer reagierte und ging im zweiten Satz mit 4:0 in Führung, doch Roddick kämpfte sich zurück und glich zum 4:4 aus, gab den Satz aber trotzdem ab, da Federer ihn mit einem Vorhandwinner zum dritten Mal breakte.

Doch Roddick brach nicht zusammen. Im dritten Satz ging er mit 4:2 in Führung, bevor die Spieler erneut vor dem Regen vom Platz flüchten mussten. Federer beriet sich im Clubhaus mit Staubli und Vavrinec und kehrte mit einer veränderten, aggressiveren Taktik zurück. Er setzte verstärkt auf Serve-and-Volley und Chip-and-Charge, um ans Netz vorzurücken.

Das erwies sich als richtiger Schachzug. Ihm gelang das Rebreak, und er holte sich den dritten Satz im Tiebreak.

Roddick erzählte: „Die meisten Gegner hätten gedacht: ‚Verdammt, heute haut Roddick mich vom Platz', doch er hielt Kurs und legte noch eine Schippe drauf. In dem Moment wurde sozusagen sein Tennis-IQ sichtbar."

Dennoch musste Federer bei 2:3 im vierten Satz noch sechs Breakbälle abwehren. Doch dieser vierte Satz sollte auch der letzte bleiben: Federer holte sich mit 4:6, 7:5, 7:6 (3), 6:4 seinen zweiten Wimbledon-Titel.

„Ich schleuderte das Spülbecken auf ihn, und er ging ins Bad und holte seine Wanne“, so Roddicks unvergessliche Formulierung auf dem Platz.

Kürzlich konnte ich Roddick fragen, ob er seiner Ansicht nach an jenem regnerischen Nachmittag gegen Federer tatsächlich alles aufgeboten habe, oder ob das einfach nur ein guter Spruch gewesen sei.

„Beides, denke ich“, erwiderte er. „Aber ich kann eben nur das machen, was ich kann. Worin bin ich ihm überlegen? Ich kann draufhauen und den anderen vom Platz schießen. Ich kann mich nicht plötzlich ändern und schlau sein wollen und ihm mit Slice kommen, denn das würde in einem Fiasko enden. Natürlich hätte ich anders spielen können, aber ich habe gespielt, wie ich spielen musste. Meine Aufgabe gegen Roger war es, einen ziemlich riskanten Matchplan ziemlich lange ziemlich perfekt umzusetzen.“

Ich wollte von Roddick wissen, ob er sonst noch einmal derart gut gespielt und trotzdem verloren habe.

Er ließ sich Zeit mit seiner Antwort, was bei seiner Schlagfertigkeit höchst ungewöhnlich war. Schließlich erwiderte er mit sanfter Stimme: „Mehrere Male. Und jedes Mal gegen Roger.“

Er lachte, eher wehmütig als amüsiert. „Wenn ich so gut gespielt habe, gab es niemanden sonst, gegen den ich verloren hätte“, fügte er hinzu.

Die brutale Schönheit von Federers Tennis bescherte Roddick unzählige Enttäuschungen, doch das Wimbledon-Finale von 2004 sieht Roddick bis heute als verpasste Chance an – nicht als ein Match, das nur Federer gewinnen konnte.

Auch Gilbert sieht das so: „Das Match gehört zu den Top drei oder vier, bei denen ich in meiner Trainerlaufbahn mit einer Niederlage wirklich gehadert habe. Ich meine, Gott, er hatte seine Chancen. Andy prügelte in dem Match auf den Ball ein, und normalerweise hatte er Probleme mit Federers Aufschlag, aber er hat ihn viermal gebreakt. Es war ein hochklassiges und extrem intensives Match, trotzdem hatte ich das Gefühl, dass Andy es gewinnen müsste. Dieser Sieg hat Fed auf ein neues Level gehoben. Er hatte zum ersten Mal einen Grand-Slam-Titel verteidigt, und in der Folge wuchs er in Riesenschritten zu wahrer Größe heran. Bis dahin hatte ich den Unterschied nicht als sonderlich groß angesehen."

Doch worin zeigte sich dieser nun große Unterschied in den darauffolgenden Monaten und Jahren?

Gilbert, einer der besten Strategen des Spiels, erkannte, dass Federers Aufschlag besser wurde, noch präziser und schwieriger zu lesen. Er erkannte, dass Federers Return konstanter wurde, obwohl er nahe an der Grundlinie stand, nicht weit hinten wie manche seiner Rivalen. „Ihm gelangen von dort so viele Returns wie einem Andre [Agassi]", sagte Gilbert. „Aber Fed hat sie nicht reingehämmert. Er hat sie einfach zurückgebracht."

Gleitende lange Returns ohne Druck hätten in Zeiten von Serve-and-Volley nicht funktioniert, da die ans Netz stürmenden Spieler sie zu Winnern genutzt hätten, doch seinerzeit spielten weniger Männer Serve-and-Volley, auch Federer nicht. Es ging darum, die Trends zu erkennen und sich anzupassen.

Federers wahre Stärke war für Gilbert seine Fähigkeit, bei eigenem Aufschlag auf den Return draufzugehen, zumeist mit der Vorhand. Dank seiner Schnelligkeit konnte er die Vorhand in Bereichen des Platzes einsetzen, wo das vielen anderen unmöglich gewesen wäre.

„Um 2005, 2006 habe ich keinen Besseren gesehen, der punktgenau aufschlägt, um dann mit dem nächsten Schlag dem Gegner nach Belieben wehzutun", schilderte Gilbert. „Das hatte sich meiner Ansicht nach enorm verbessert: seine Fähigkeit, durch Eins-zwei-Kombinationen so viele freie Punkte zu erzielen. Das katapultierte ihn in eine vollkommen andere Stratosphäre, und das hat Roddick am meisten Probleme bereitet."

Laut Federer stellte die Vorhand aus dem Halbfeld sozusagen die zeitgenössische Version von Serve-and-Volley dar. „Früher ging es darum, ans Netz vorzurücken, aber heute musst du die Chance nutzen, wenn du nach dem Aufschlag diesen Ball im Halbfeld bekommst, sonst bezahlst du dafür."

Von Roddick wollte ich wissen, wie es sich anfühlte, in dieser Phase oder auch danach gegen Federer zu spielen, und inwiefern es sich von Begegnungen mit anderen Tennisgrößen unterschied.

Roddick erwähnte nicht als Erstes die Vorhand. Er sprach über Federers Rückhand-Chip:

„Der Ball schien beinahe nach hinten zu rotieren, wenn er bei dir ankam, sodass man ihn schon richtig gut treffen musste, sonst blieb er sozusagen einfach am Schläger kleben. Das war eine ganz eigene Art von Chip. Man konnte ihn nicht einfach kontern. Man musste etwas machen. Tim Henman hackte seinen Chip, und der kam hart. Bei Pete dasselbe. Der Chip kam auf dich zu. Rogers konnte langsam ankommen und dann auf so eine merkwürdige Weise stoppen, und man konnte einfach nicht draufgehen."

Als Nächstes erwähnte Roddick Federers Aufschlag, den nach wie vor – auch noch gegen Ende seiner Laufbahn – am meisten unterschätzten Aspekt seines Spiels.

„Der kam mit rund 200 Sachen an, ohne nach 200 Sachen zu klingen", erklärte Roddick. „Er ist einfach nicht vom Schläger abgeprallt. Er fühlte sich weich an und war schnell da, wenn das Sinn macht."

Hatte er eine Ahnung, wie das physikalisch funktionierte?

„Ich bin kein Wissenschaftler", erwiderte Roddick. „Ich war voll damit beschäftigt, das Problem zu lösen."

Agassi nannte Federer einen der besten „Ziel-Aufschläger", weil er auch bei wichtigen Punkten die Ecken und Linien traf.

Viele Spieler berichten von der Flugkurve von Federers Topspin-Vorhand und wie der Ball kurz vor der Grundlinie herunterfällt – nicht der „Cliffhanger" seiner Jugend, doch damit vergleichbar. Roddick verblüffte daran vor allem, dass Federer diesen extremen, verzögert wirksam werdenden Topspin ohne irgendwelche offenkundigen außergewöhnlichen Maßnahmen erreichte.

„Andere Spieler haben das Gewicht auf dem hinteren Fuß; bei Rafa [Nadal] ist der Schläger am Ende hinterm Ohr", sagte Roddick.

„Normalerweise erzielst du solch ein Resultat nur durch eine deutlich ausgeprägte Bewegung, aber Roger muss gar nichts Extremes anstellen, damit der Ball so reagiert."

Bei den Returns bewunderte – und hasste – Roddick Federers Körperbeherrschung. „Ich konnte ihm einen Aufschlag mit 225 Sachen hinknallen, mit allem, was ich hatte, und er neutralisierte ihn mit einer Ausholbewegung von gerade mal 15 Zentimetern; er hielt einfach nur den Schläger hin", so Roddick.

Auch hier machte wieder einmal Federers Reaktionsfähigkeit den Unterschied.

„Das ist schon eine Ansage, wenn du mit 225 Sachen aufschlägst, und dieser Kerl wird nicht hektisch", sagte Roddick. „Das kannst du nur, wenn du die absolute Kontrolle über deine Hände hast. Wenn ich mit 225 aufschlage, machen die meisten eine übertriebene Bewegung. Sie bringen ihren Körper in Sicherheit. Er hatte die vollkommene Kontrolle, selbst wenn er unter Druck war. Insofern war das für mich irritierender als vieles andere."

Für Roddick liegt in dieser außerordentlichen Körperbeherrschung ein wesentlicher Schlüssel für Federers lange Karriere.

„Stell dir einfach nur all die überflüssigen Bewegungen vor, die wir anderen im Laufe unserer Karriere machen und die er nicht macht", sagte Roddick. „Damit erspart er sich viele Meilen und sehr viel Stress. Der Schläger ist wie eine Verlängerung seiner Hand, und genau so fühlte es sich auch an, wenn man ihm gegenüberstand."

Die neue selbstbeherrschte Federer-Version bot einem Gegner wie Roddick zudem wenig an, was ihn zusätzlich motiviert hätte. Federer war nicht einfach zu entziffern und bot keinerlei Reibungsfläche.

„Er gibt dir einfach keinen Grund, ihn zu hassen, das ist ziemlich nervig", sagte Roddick laut lachend. „Lleyton und ich sind zusammengerasselt, und dadurch entstand diese Atmosphäre, wo du dir denkst: ‚Der Kerl kann mich mal!' In gewisser Weise wünscht man sich, dass man sich über irgendetwas aufregen kann. Wahrscheinlich braucht man das gegen bestimmte Gegner, und bei den meisten finde ich auch etwas. Bei Pete und Andre war das für mich schwer, weil sie meine Helden waren. Roger schaut dich nicht schief an und versucht auch nicht vor dem Match, dich mit Blicken einzuschüchtern, oder zeigt dir im falschen Moment die Faust. Er bietet dir einfach nichts an, und das bist du einfach nicht gewohnt bei jemandem, der dir in deinem Beruf gewissermaßen im Wege steht.

Ich denke, das hat ihm enorm geholfen. In einem Jahrzehnt, wo so viele Spieler nur nach einem Grund gesucht haben, in den Infight zu gehen, hat er sich einfach in nichts verwickeln lassen. Man konnte keine Schlägerei daraus machen."

Im Grunde entsprach das genau dem Federer, der die Harmonie mehr schätzt als den Streit und dem es – vielleicht seine Schweizer Seite – wichtig ist, dass alles so glatt läuft wie Ski auf einer gut präparierten Piste. Er legt Wert auf sein Image; auch deswegen veränderte er sein Auftreten. Seit er seine Emotionen im Zaum halten konnte, gab es keine atmosphärischen Störungen mehr. Sein nicht selten meisterhaftes Werk konnte für sich selbst sprechen.

Doch es konnte auch vernichtende Züge annehmen. Das bekam Hewitt im Finale der US Open 2004 in aller Konsequenz zu spüren, als Federer ihn in nur einer Stunde 51 Minuten mit 6:0, 7:6 (3), 6:0 demütigte.

Ein solches Ergebnis gegen eine geborene Kämpfernatur wie Hewitt übersteigt das Vorstellungsvermögen – noch dazu gegen einen Spieler, der diese Rivalität einst dominiert hatte und gerade wieder im Aufwind war, nachdem er bis zum Finale 16 Siege in Folge gefeiert hatte. Im Turnierverlauf hatte Hewitt keinen einzigen Satz abgegeben, doch Federer marschierte in gerade einmal 18 Minuten durch den ersten Satz, mit einem Vorhandwinner beim ersten Punkt und einem Ass bei seinem ersten eigenen Aufschlag. Hewitt, der sich offensichtlich nur allzu bewusst war, woher der Wind wehte, half sich selbst nicht gerade mit zwei Doppelfehlern bei Breakbällen gegen ihn.

Im zweiten Satz kämpfte er sich zurück, als Federer begann, tatsächlich Fehler zu machen, und bei 5:4 seinen Aufschlag nicht zum Satzgewinn durchbrachte. Den Tiebreak dominierte der Schweizer dann jedoch, und im dritten Satz kehrte er zurück zu seinem Flirt mit dem perfekten Tennismatch, das er sich als Jugendlicher so oft ausgemalt hatte.

Grundlinie. Halbfeld. Aufschlag. Return. Angriff. Verteidigung. Egal wo, egal was, er hatte die Kontrolle. Demütigungen im Tennis können beim Zuschauen wehtun, sie sind so quälend wie die zermürbenden Klavieretüden eines Kindes. Ein chancenloser Gegner kann sich nirgendwo auf dem großen Freiluftfeld in einer Ecke verkriechen oder sich auswechseln lassen, doch zumindest demütigte Federer Hewitt mit Stil.

„Zu gut, Kumpel", sagte Hewitt, der auf die andere Netzseite ging, um seinem vormaligen Wimbledon-Doppelpartner zu gratulieren, der damit drei Grand-Slam-Titel in einer Saison gewonnen hatte und weltweit ein Star geworden war.

„Ich glaube nicht, dass ich jemals in meinem Leben jemanden so gut habe spielen sehen", sagte Hewitt im Anschluss.

Dabei waren die Statistiken alles andere als überirdisch. Federer brachte lediglich 56 Prozent seiner ersten Aufschläge ins Feld. Das Verhältnis von Winnern zu unerzwungenen Fehlern – 40 zu 26 – war hervorragend, doch kaum beispiellos. Dennoch hinterließen der erste und der dritte Satz einen außerordentlichen Eindruck. Seit Richard Sears 1884 hatte kein Mann mehr in einem US-Open-Finale zwei Sätze zu Null gewonnen.

Alan Schwartz, Präsident der United States Tennis Association, ergriff bei der Siegerehrung das Mikrofon und wandte sich an die Zuschauer:

„Für alle, die sich fragen, wie es ist, im Tunnel zu sein: Heute haben Sie es gesehen." Dann richtete er das Wort an Federer: „Roger, du bist der lebende Beweis dafür, wie einfach dieses Spiel ist. Ich habe nie jemanden derart mühelos spielen sehen."

Der neue US-Open-Champion lächelte. Solche Kommentare, die bereits der 23-jährige Federer unzählige Male vernommen hatte, waren zwar schmeichelhaft, sie schmälerten aber auch seine Leistung. Sein Spiel war zweifellos betörend, doch der Glanz verführte auch dazu auszublenden, wie viel Federer investieren musste, um es derart „einfach" aussehen zu lassen.

Sampras, der sich beinahe ebenso fließend bewegte, musste sich in seiner Laufbahn mit einem ähnlichen Widerspruch auseinandersetzen. „Nur weil es einfach aussieht, heißt das nicht, dass es nicht schwer wäre", äußerte sich Sampras mir gegenüber. „Möglicherweise sieht es so aus, als würden Roger und ich uns nicht anstrengen oder nicht alles geben. Aber wir sind einfach sehr effizient: unsere Bewegungen, unser Spiel und unsere Schläge. Ein Schwung des Schlägers, eine Vorhand, ein Aufschlag und, boom, das war's, während die meisten Spieler rackern, rackern, rackern."

Die Einschätzung ärgerte Federer, selbst wenn er den Grund dafür verstand.

„Ich denke, zu Beginn meiner Karriere war meine mühelose Art, Tennis zu spielen, ein großes Problem, denn jemand sieht dich und denkt: ‚Okay, sehr talentiert'", erklärte Federer in der Dokumentation *Strokes of Genius*. „Wenn ich verloren habe, hat mir jeder gesagt: ‚Warum hast du dich nicht mehr angestrengt?' Und wenn ich gewinne, sagen alle: ‚Oh mein Gott. Wie wunderschön er spielt!'"

Federer spürte, dass es in der Analyse keine „goldene Mitte" gab. Er wusste gut, wie sehr er sich quälte, auch wenn sein Spiel noch so lässig und leichtfüßig erscheinen mochte. Virtuose Auftritte wurden zu seinem Markenzeichen, aber im weiteren Verlauf seiner Karriere war er oftmals stolzer auf die Matches, bei denen er falsche Töne traf und erst noch einmal die Tonleitern durchgehen musste, ehe er eine Möglichkeit fand, sich durchzusetzen.

„Das sind für mich heute die vielleicht befriedigendsten Siege, weil ich nicht immer meinen Kampfgeist und meinen Charakter zeigen konnte – in meinen Augen ebenfalls große Qualitäten von mir", sagte er. „Sonst hätte ich in meiner Laufbahn nicht mehr als tausend Matches gewonnen. Aber es war immer auch ein zweischneidiges Schwert. Für mich war das die meiste Zeit meiner Karriere ziemlich kompliziert."

Natürlich hätten viele Tennisspieler gern ein solches „Problem". Federer mangelte es selten an positivem Feedback, und dass er sein Spiel einfach aussehen ließ, schüchterte zudem all jene ein, die sich sichtbar mühten, mit ihm mitzuhalten.

Spieler wie Roddick, der am Shirt und an der Schirmmütze zupfte und sich unwirsch bewegte. Spieler wie Hewitt, der sich unter Roger Rasheed gut fünf Kilo zusätzliche Muskelmasse antrainierte, um seinem Spiel mehr Durchschlagskraft zu verleihen.

Zu Beginn des Jahres 2004 führte Hewitt im direkten Vergleich mit Federer 7:2. Nach sechs Niederlagen in Folge, darunter zwei beim Masters Cup in Houston, wo Federer seinen Titel verteidigte, lag Hewitt am Jahresende mit 7:8 zurück.

Hewitt verfügte schlicht nicht über die Waffen, um Federer wehzutun. Auch in Hewitts Domäne, dem Grundlinienspiel, vermochte Federer sich durchzusetzen. Wenn Federer angriff, so tat er das aus einer Position der Stärke heraus, und er verfügte über die Technik und die Antizipationsfähigkeit, um eine der größten Stärken von Hewitts Spiel zu neutralisieren: seine Passierbälle.

Federer gewann im US-Open-Finale 31 von 35 Punkten am Netz, die einzige Statistik jenes Tages, die tatsächlich nicht von dieser Welt war.

Was also sollte Hewitt machen?

Peter Smith wusste noch, dass er einmal bei einem Turnier unweit von Hewitt saß, als er registrierte, wie dieser mit sich selbst sprach.

Smith erzählte: „Ich kann mich nicht mehr erinnern, wo das war. Wir saßen an irgendeiner Wand, und ich hörte Lleyton vor sich hinmurmeln: ‚Er ist zu schnell.' Also fragte ich ihn: ‚Wer ist zu schnell?' Und Lleyton sagte: ‚Roger ist zu schnell.'

Damals hielt jeder Lleyton für den schnellsten Spieler, der je einen Tennisplatz betreten hat", sagte Smith. „Doch er sah mich an und meinte: ‚Er ist so schnell. Niemandem fällt das auf, aber er ist so schnell.'"

Diese quälenden Gedanken – Agassi in der Umkleide von Houston, Hewitt im Selbstgespräch – bezeugten, was Federer verkörperte.

Vor der Saison 2005 formulierte Sampras die allgemeine Haltung gegenüber der Zeitschrift *Sports Illustrated*: „Niemand kann ihm das Wasser reichen. Die nächsten vier oder fünf Jahre ist sein einziger Maßstab das Buch der Rekorde."

Obwohl Federer erst vier Grand-Slam-Turniere gewonnen hatte, richtete sich die Aufmerksamkeit bereits auf Sampras' Rekord von 14 Siegen. Bei Federers Rückkehr nach Melbourne, wo er den Titel bei den Australian Open verteidigen wollte, wurde ernsthaft diskutiert, ob erstmals seit 1969 ein männlicher Tennisspieler den Grand Slam schaffen könnte; damals hatte Rod Laver die vier bedeutendsten Turniere in einem Jahr gewonnen.

Die Wahrscheinlichkeit eines Grand Slam ist gering, doch für Federer schien er nicht außer Reichweite zu liegen. Anders als Sampras gewann er auch regelmäßig auf Sand. Er verfügte auf allen Bodenbelägen über die notwendigen Fähigkeiten und nötige Überlegenheit, um diesen Traum zu träumen.

Zudem hatte er nun einen neuen Coach: Tony Roche, einen zurückhaltenden Australier mit markantem Kinn, der als Spieler die French Open gewonnen hatte – der einzige Grand-Slam-Titel, der Federer noch fehlte.

Roche war als Teilzeitberater ohne einen formellen Vertrag tätig. Sein technisches und taktisches Verständnis wurde weithin geschätzt, und er hatte die ehemaligen Weltranglistenersten Ivan Lendl und Patrick Rafter trainiert.

Federers Entschluss, ihn in sein kleines, feines Team, dem auch Vavrinec und seine Eltern angehörten, zu holen, signalisierte, dass er sich nicht vor Veränderungen scheute, selbst nach der außergewöhnlichen Saison 2004.

Zur Eröffnung des Jahres 2005 stürmte er durch die fünf Partien beim ATP-Turnier von Doha und gewann den Titel, um dann nach Melbourne aufzubrechen, wo er ohne Satzverlust fünf weitere Gegner abservierte.

Andre Agassi, inzwischen 34 Jahre alt und an Nummer acht gesetzt, hatte in der Saisonpause alles versucht, um weiterhin um die Spitze mitspielen zu können. Er hatte sechs Kilo abgenommen, um schneller zu werden und seine anfällige Hüfte zu schonen. Als viermaliger Australian-Open-Gewinner war er mit runderneuertem Optimismus und frischer Energie nach Melbourne gekommen, begleitet von seiner Frau Steffi Graf und den gemeinsamen beiden Kindern.

Federer demontierte ihn im Viertelfinale mit 6:3, 6:4, 6:4.

Anschließend erklärte Agassi: „Seine nächsten Gegner sollten mich besser nicht um Rat fragen."

Doch Federers nächster Gegner, Safin, konnte sich inzwischen auf den Rat eines wahrhaftigen Experten stützen, nachdem er im April seinerseits einen neuen Coach engagiert hatte: Peter Lundgren.

Aufgrund seiner früheren Nähe zu Federer wusste Lundgren, wie viel der Schweizer von Safins Spiel hielt. Ihm war bewusst, dass bei einem solchen Spieler Federers fragile Seite hervorkam. Bei der großen Masse war das nicht mehr der Fall.

„Es gibt ein paar Spieler, gegen die er nicht gern spielt, und das kann man ihm am Gesicht ablesen", sagte Lundgren. „Ich sehe es seiner Miene an, wenn er Druck hat."

Die erste Begegnung zwischen Federer und Safin mit Lundgren in Safins Ecke hatte bei den World Tour Finals in Houston stattgefunden. Federer hatte ihr Halbfinale glatt in zwei Sätzen gewonnen – 6:3, 7:6 (18) –, musste sich allerdings durch einen epischen Tiebreak mit insgesamt 38 gespielten Punkten kämpfen, bevor er schließlich seinen achten Matchball verwandeln konnte.

Lundgren berichtete mir in Houston, wie es für ihn war, gegen Federer zu coachen: „Es war schwierig für mich, ein merkwürdiges Gefühl. Aber ich denke, Marat hat gezeigt, dass er mit dem besten Spieler der Welt mithalten kann. Also werden wir fürs nächste Jahr versuchen, noch ein paar Dinge zu verbessern, und dann kann er hoffentlich Roger das ein oder andere Mal schlagen."

Es war der bis dahin längste Tiebreak in einem hochrangigen Herreneinzel. Der weit berühmtere Tiebreak zwischen John McEnroe und Björn Borg im vierten Satz des Wimbledon-Finales von 1980 endete bereits bei 18:16.

Bemerkenswert an beiden Marathon-Tiebreaks war die Qualität unter Druck, mit mehr Winnern als verschlagenen Bällen.

„Wir haben uns beide an die Grenzen getrieben", so Federer.

Letztlich sollte Safins Doppelfehler bei 18:18 – sein erster in dem Satz – den Ausschlag geben.

Safin sagte: „Wahrscheinlich habe ich einfach zu viel riskiert, weil ich wusste, dass Roger Federer auf der anderen Seite stand und ich deswegen ein kleines bisschen mehr draufpacken musste."

Federer hockte in seinem Kopf – ohne Frage ein stürmischer Ort –, doch vor der Revanche in Melbourne versuchte Lundgren, Safin klarzumachen, dass dieser ebenso in Federers Kopf hockte.

Als sie sich zur Vorbereitung auf das Match zusammensetzten, fragte Lundgren Safin nach seinen Erwartungen.

„Ich hoffe, dass ich ein paar Spiele machen kann", antwortete Safin.

Lundgren fragte ihn noch einmal und bekam dieselbe Antwort. Er wurde lauter: „Jetzt hör mir mal zu: Ich habe Roger trainiert, und ich kann dir sagen, dass du einer der wenigen Spieler bist, vor denen er Respekt hat."

Damit stand Lundgren auf.

„Das war alles, was ich gesagt habe. Ich habe nicht über Taktik oder sonst etwas gesprochen. Marat schaute mich einige Sekunden an und sagte kein Wort, und ich wusste, dass er es begriffen hatte."

Was danach kam, war eines der großartigsten Tennisspiele aller Zeiten, ein Kampf der Titanen, der sich von der besten Sendezeit bis in den frühen Morgen hinzog, voller Kraft, Inspiration und Kampfgeist, und in dem beide Männer, nicht nur Safin, ihre Anspannung laut hinausbrüllten.

Für seine Verhältnisse hatte Safin seine Gefühle gut im Griff. „Mir war klar, dass ich erledigt war, wenn ich ausflippte."

Man sieht Federer nur selten schwitzen. Doch als die Partie sich hinzog und einen dramatischen Bogen entwickelte, wirkte sogar er leicht derangiert: Seine langen Haare glänzten und waren ein wenig zerzaust, der Reißverschluss seines verschwitzten blauen Poloshirts verrutschte gelegentlich.

Es war, als würden Federer und Safin genau dort weitermachen, wo sie in dem Tiebreak von Houston aufgehört hatten. Für alle, die bis weit nach Mitternacht in der Rod Laver Arena ausharrten, wird dieses Match für immer auf der kurzen Liste der unvergesslichen Spiele stehen.

„Ich habe so viele Tennismatches gesehen; das hier ist in meinen Top 10 oder sogar Top 5“, sagte Lundgren.

Jeder einzelne Satz war eng. Viele Punkte waren kurz und explosiv, doch bei den besten stand Stärke gegen Stärke: Federers lupenreine Vorhand gegen Safins lupenreine beidhändige Rückhand; Federers federleichter Touch am Netz gegen Safins perfekt getimte Passierbälle.

Um das Geschehen tatsächlich zu begreifen, muss man dabei gewesen sein. Aber auch wenn man sich das Spiel nach so vielen Jahren noch einmal anschaut, wird man nicht enttäuscht. Es war ein Match voller Höhepunkte und mit nur wenigen Talsohlen. Trotz Safins unverkennbarem Einsatz sicherte sich Federer den ersten Matchball.

Das war im Tiebreak des vierten Satzes, beim Stand von 6:5 und Aufschlag Federer. Er versuchte es mit einem Überraschungsangriff und spielte bei zweitem Aufschlag Serve-and-Volley. Safin feuerte einen Rückhandreturn cross. Federer sprang zum Rückhandvolley, erreichte auch den nächsten, hohen Passierball im Sprung und spielte einen großartigen Rückhand-Stopp, den nur wenige in der Situation hätten spielen können. Der Ball blieb im T-Feld praktisch liegen, doch Safin erreichte ihn und hob einen verwegenen Lob über Federer hinweg.

Der Schweizer rannte nach hinten und machte unter Zeitdruck etwas für ihn Ungewöhnliches: Anstatt einen schweren Schlag einfach aussehen zu lassen, verkomplizierte er die Situation noch zusätzlich und versuchte, den Ball zwischen den Beinen hindurchzuspielen, nicht etwa, ihn zu umlaufen, um besser zum Schlag zu stehen. Als sein „Tweener“ im Netz einschlug, warf Federer den Kopf in den Nacken und heulte den Mond an.

Safin sagte mir: „Jemandem mit Händen aus Stein wird dieser Schlag in tausend Jahren nicht gelingen, aber bei Roger musst du mit allem rechnen. Ich rückte einfach ans Netz vor und schloss die Augen, und er verschlug ihn um einen Hauch.“

Safin hatte an seinem 25. Geburtstag ein neues Leben geschenkt bekommen, und das nutzte er gut: Er holte sich die folgenden beiden Punkte und erzwang einen fünften Satz. Nach mehr als drei Stunden war das Spiel ausgeglichen. Kaum jemand verließ die Arena.

„In meinem Kopf hat etwas Klick gemacht, als er diesen Ball zwischen den Beinen hindurch verschlug, und mir wurde bewusst, dass sich für mich ein Fenster geöffnet hatte", berichtete Safin und rollte sich eine Zigarette, während er sich die Situation noch einmal vergegenwärtigte. „Ich dachte: ‚Das ist die Chance. Das ist die Chance.' Von da an wusste ich, dass ich gewinnen würde. Das war wahrscheinlich das erste Mal in meinem Leben, dass ich an mich glaubte."

Bei Federer hinterließ die Anstrengung Spuren. Unter seinem linken Fuß hatte er bereits eine Blase, und nach dem vierten Satz ließ er sich wegen eines eingeklemmten Nervs am rechten Zeigefinger behandeln.

Doch der fünfte Satz war die Wartezeit wert, da beide Kontrahenten versuchten, den entscheidenden K.-o.-Schlag zu setzen.

Federer wehrte Safins erste beiden Matchbälle ab, als der Russe beim Stand von 5:3 aufschlug. Es sollte noch eine weitere halbe Stunde dauern, bis sie schließlich zum Schluss kamen.

Lundgren, der aus Safins Spielerbox zuschaute, kommentierte das Spiel in Echtzeit für Safins Agenten Gerard Tsobanian. „Er wusste, wann Roger bestimmte Schläge spielen würde, wann er etwas riskieren würde", erzählte Tsobanian. „Er wusste, wohin er bei Breakball gegen sich aufschlagen würde."

Bei 4:5 und 30:40 wehrte Federer erneut einen Matchball ab, mit einem Volley nach einem umkämpften Ballwechsel. Safin wiederum wehrte bei 6:6 einen Breakball ab, als Federer eine Vorhand aus dem Lauf verschlug.

Bei 6:7 wehrte Federer zwei weitere Matchbälle ab, und dann noch einen bei 7:8.

Zu einer anderen Zeit und mit einer anderen mentalen Einstellung hätte Safin nicht standgehalten, doch an jenem Tag ging er bei seinem siebten Matchball auf Risiko und schlug, seitlich aus dem Feld gedrängt, eine Rückhand longline. Der überraschte Federer rannte nach rechts, stolperte zu Boden, schaffte es aber noch, den Ball zurückzubringen, bevor ihm sein Schläger entglitt.

Nach mehr als vier Stunden war der Sieg in diesem großartigen Halbfinale zum Greifen nahe. Safin schlug eine lockere Vorhand ins freie Feld, und ein kniender Federer musste zusehen, wie der Ball zum zweiten Mal aufprallte.

Safin ballte nicht die Faust, zerriss sich nicht das Hemd und brüllte auch nicht wie ein Holzfäller, der gerade einen Mammutbaum umgelegt hatte. Stattdessen ließ er seine beiden nach oben gereckten Arme sinken, als wollte er sagen: „Geschafft!“, und stützte sich dann auf das Netz, wo er auf Federer wartete, der sich wieder erhob und seinen Schläger einsammelte, um ihm zu gratulieren.

„Dieses Match war einfach zu viel“, sagte Safin. „Ich wollte nur, dass es vorbei war. Vorbei.“

Das Ergebnis lautete 5:7, 6:4, 5:7, 7:6 (6), 9:7. Doch es sind andere Dinge, die man im Gedächtnis behalten sollte: wie die Zuschauer bei unzähligen Ballwechseln aufstöhnten; wie Federer gegen Ende des vierten Satzes den Schläger zu Boden warf, als sein New-Age-Lack unter Safins Druck Risse bekam; wie Federer kurz nach seiner Niederlage mit gesenktem Kopf in einen Gang der Laver Arena humpelte.

Obwohl er geschwächt war, hatte es einer herausragenden Leistung bedurft, um sein Momentum zu kontern. Derweil stand Safin auf dem Platz dem ehemaligen zweifachen Australian-Open-Champion Jim Courier Rede und Antwort. Trotz der späten Stunde war die Arena noch vollbesetzt, und auch wenn Safins Geburtstag offiziell vorbei war, sangen ihm die Zuschauer ein Ständchen.

Im Endspiel schlug Safin auch Hewitt und sicherte sich seinen zweiten Grand-Slam-Titel.

Es war kein Vorzeichen kommender Triumphe. Es war vielmehr sein letzter großer Erfolg.

„Ich war gefangen in meinen inneren Konflikten, vollkommen gefangen, und komplett durcheinander, in Bezug auf mein Leben und auf meine Karriere“, erzählte mir Safin.

Weitere Verletzungen taten ihr Übriges. Im Alter von 29 Jahren trat er zurück.

Doch die Australian Open 2005 waren definitiv ein Vorgeschmack auf das, was Federer in Zukunft erwartete. Er war zweifellos der weltbeste Tennisspieler, zunehmend trieb er aber nun auch andere zu wahrer Größe an. Und während er und Safin sich an einem warmen australischen Sommerabend duellierten, schauten seine gegenwärtigen (und zukünftigen) Rivalen aus der Ferne genau zu.

Kapitel 8

PALMA DE MALLORCA, SPANIEN

Es war eines der seltsamsten Tennismatches der Geschichte, und in der ausverkauften Palma Arena warteten 7000 Zuschauer darauf, dass Roger Federer und Rafael Nadal gegeneinander antraten.

„Hätten wir 15.000 Plätze gehabt, wären sie ebenso schnell ausverkauft gewesen“, sagte der Veranstaltungsdirektor Alberto Tous.

Als die Fans am 2. Mai 2007 eintrafen, war der temporär angelegte Indoor-Platz mit zwei Planen abgedeckt. Mit Beginn der Feierlichkeiten wurden die Planen langsam zurückgezogen, um den Clou des Ganzen zu enthüllen: Auf einer Seite des Netzes bestand der Belag aus rotem Sand, auf der anderen aus frisch verlegtem Rasen.

Das Ganze war der verrückte Einfall des argentinischen Werbefachmanns Pablo del Campo gewesen. Nadal hatte 72 Spiele hintereinander auf Sand und zweimal in Folge die French Open gewonnen; Federer hatte 48-mal auf Rasen und viermal hintereinander in Wimbledon gesiegt. In Palma sollten sie auf ihren bevorzugten Belägen gegeneinander antreten.

Die Idee war unkonventionell, das musste man ihr lassen. Dieser „Battle of Surfaces“, wie er genannt wurde, war vor allem ein Indikator dafür, wie groß das Interesse war, Federer und Nadal gegeneinander spielen zu sehen.

Ihre Rivalität war inzwischen Thema Nummer eins im Tennis, und es überraschte mich, dass beide tatsächlich zustimmten, ihre Frühjahrssaison zu unterbrechen und für ein Showturnier auf unsicherer Basis (vielleicht für 400.000 Euro pro Mann) eine Verletzung zu riskieren.

Mallorca war Nadals Heimat, und die beiden Tennisstars hatten denselben Bekleidungssponsor (Nike) und dieselbe Managementagentur (IMG). Del Campo, der seit 2005 versucht hatte,

Federer die Idee schmackhaft zu machen, hatte es am Ende geschafft.

Fiebertraum oder nicht, das Match fand statt.

„Es ist ein bisschen verrückt, und manche fragen sich vielleicht: ‚Warum jetzt? Das ist schlechtes Timing'", meinte Federer im Vorfeld. „Doch wir spielen Tennis auch gerne mal nur zum Spaß."

Dem ist nichts hinzuzufügen. Showturniere im Tennis sind oft sehr unterhaltsam, voller Trickshots und Frotzeleien. Aber schnell wurde klar, dass dies kein üblicher Schaukampf war. Federer und Nadal, die sichtlich Schwierigkeiten im lockeren Umgang miteinander hatten, warfen sich in Passierbälle und spulten viele derselben Muster ab wie bei Spielen, die Punkte brachten.

Nur das Konzept war ein Witz: Sie mussten wegen der unterschiedlichen Beläge bei jedem Seitenwechsel auch die Schuhe wechseln. Rasenplatzschuhe funktionieren wegen der Noppensohle nicht gut auf Sand, und Federer gestand, dass er nach dem Anziehen von Sandplatzschuhen manchmal das Gleiten vergaß.

Federer und Nadal hatten Glück, dass es überhaupt Rasen gab. Ein erster Schwung Indoor-Rasen musste wegen Wurmbefall und zu schlechtem Wuchs ausgewechselt werden, sodass die Organisatoren am Vorabend des Matches Puttinggreen von einem der örtlichen Golfplätze herangekarrt hatten.

Der Ball sprang, wie zu erwarten, nicht gerade ideal ab. Das galt auch für den Matchball beim Tiebreak im dritten Satz: Federer verpatzte Nadals Vorhand, mit der dieser seinen Sieg 7:5, 4:6, 7:6 (10) einfuhr.

Sieht man sich heute dieses Spiel an, wirkt der hybride Tennisplatz genauso sonderbar wie damals: ein Zwei-Farben-Kontrast, der den Eindruck vermittelt, man schaue auf einen Splitscreen. Obwohl im Jahr darauf am selben Ort eine Neuauflage stattfinden sollte, harrt das Experiment bis heute seiner Wiederholung.

Der Name „Battle of Surfaces" war eine Anspielung auf den „Battle of Sexes", das Zeitgeist-Match, bei dem die Wimbledon-Siegerin Billie Jean King 1973 im Houston Astrodrome den selbsternannten Chauvinisten Bobby Riggs besiegte. Absolut gesehen war der „Battle of Sexes“ sicher bizarrer. Während sich der 55 Jahre alte Riggs in einer von weiblichen Models gezogenen Rikscha auf den Platz fahren ließ, schwebte die 29-jährige King in einer mit Blumen geschmückten, von männlichen Trägern mit nacktem Oberkörper getragenen Sänfte herein.

Doch zumindest spielten King und Riggs auf beiden Seiten des Netzes auf demselben Belag.

„Ich muss zugeben, dass es ein seltsames Match war“, sagte Nadal, als wir uns 2020 darüber unterhielten. „Tatsächlich war es für uns beide ziemlich schwierig, aber ich hatte schon Spaß. Das wird uns für den Rest unseres Lebens in Erinnerung bleiben. Das war einmalig.“

Die beiden haben viele gemeinsame Erinnerungen.

Nadal, ein „Vamos!“ schreiendes Wunderkind mit Vorhandpeitsche, wurde zunächst auf Mallorca von seinem Onkel Toni Nadal gecoacht.

Wie Federer, der beim ATP-Turnier in Basel Balljunge gewesen war, war Nadal früh mit der Tenniselite in Berührung gekommen. Von 1998 bis 2002 wurde auf Mallorca ein ATP-Turnier auf Sand ausgetragen. Zu den Gewinnern gehörten die späteren Grand-Slam-Champions Juan Carlos Ferrero, Marat Safin und Gaston Gaudio.

Nadal besuchte das Turnier mit seiner Familie, und im Jahr 2000 – da war er 14 – wurde ihm dank seiner herausragenden Ergebnisse bei den Junioren die Ehre zuteil, bei der Eröffnungszeremonie des Davis-Cup-Finales im Palau Sant Jordi in Barcelona die spanische Flagge zu tragen. Das dunkle Haar kurz geschnitten, stand er ein bisschen verlegen neben den spanischen Stars Alex Corretja, Albert Costa und Ferrero auf dem Indoor-Sandplatz, als die Nationalhymne gespielt wurde. Wer hätte damals ahnen können, dass sich Nadal zum größten aller spanischen Tennisstars mausern würde?

Zu diesem Zeitpunkt war Spanien die bei Weitem stärkste „alte“ Tennisnation, die den 1900 ins Leben gerufenen Davis Cup noch nicht gewonnen hatte. Es ging hoch her in den drei Tagen, an denen Spanien dem 100-jährigen Warten ein Ende machte, indem Ferrero im entscheidenden Match bei ausverkaufter Halle vor 14.500 Zuschauern Lleyton Hewitt in vier Sätzen besiegte.

Der spanische König Juan Carlos verfolgte das Spiel aus der ersten Reihe. Auch Nadal sah sich alles genau an, und 17 Monate später gewann er sein erstes Tour-Match, nachdem er eine Wildcard für die Mallorca Open erhalten hatte: Er stürzte Ramon Delgado aus Paraguay, der zu den Top 100 gehörte.

Nadal war erst 15, und es war nicht das erste Mal, dass er einen älteren Besucher seiner Heimatinsel aus dem Hinterhalt überfiel. Ein Jahr vorher war der australische Star Pat Cash für ein Showturnier mit Boris Becker im Santa Ponsa Country Club nach Mallorca gekommen.

Als der älter gewordene Becker wegen einer Verletzung, die er sich kurz vor dem Match zugezogen hatte, zurückziehen musste, beschloss Cash, dass die Show weitergehen müsse. Er erklärte sich einverstanden, gegen den vielversprechendsten Youngster der Insel anzutreten, um dem zahlenden Publikum etwas zu bieten. Cash, 36 Jahre alt, hatte natürlich noch nie von Nadal gehört und konnte keine Vorstellung davon haben, was für einen 14-Jährigen er da treffen oder, besser gesagt, erleben würde.

„Nadal hüpfte auf den Platz, als wäre das seine große Chance, und das Publikum ging sofort auf seinen jugendlichen Überschwang ein“, äußerte sich Cash gegenüber der *Londoner Times*. „Wer meint, dass Lleyton Hewitt auf dem Platz aufdreht, sollte erst mal Nadal sehen. Geballte Fäuste, Herumgetue, Jubelschreie. Wenn ich einmal Vamos hörte, hörte ich es 100-mal.“

Cash gewann den ersten Satz, Nadal den zweiten und mit dem entscheidenden Tiebreak das Match.

„Da war er am Netz, tauchte nach scheinbar unmöglichen Volleys und schnellte hoch, um erneut die Siegesfaust zu schwenken“, erinnerte sich Cash. „Teilweise hielt ich ihn für respektlos, doch als ich meinen anfänglichen Ärger überwunden hatte, von einem Kind geschlagen worden zu sein, wurde mir klar, dass ich gerade einem Talent begegnet war, das einmal die größten Tennistrophäen gewinnen könnte. Am nächsten Tag rief ich einige meiner Sponsoren an und sagte ihnen, sie sollten in diesen Jungen investieren. Ich bin mir sicher, dass sie ihr Zögern heute bedauern."

Manche Sponsoren brauchten keinen Anruf. Nike hatte Nadal schon mit zwölf Jahren verpflichtet.

„Der ideale Zeitpunkt für uns war mit elf, zwölf, dreizehn", sagte Mike Nakajima, ein ehemaliger Leiter des Tennisbereichs bei Nike. „Wir haben Maria Sharapova mit elf unter Vertrag genommen. Sie konnte sechs Worte Englisch, und das Erste, was sie zu mir sagte, war: ‚Ich mag Ihre Socken nicht.'"

Rafaels Englisch war nicht viel besser, doch er war höflicher.

Der erste Nadal, über den ich als Sportjournalist berichtete, war gar nicht Rafael. Es war sein Onkel väterlicherseits, Miguel Angel, ein kräftiger Innenverteidiger, der bei der Fußballweltmeisterschaft 1994 in den Vereinigten Staaten in der spanischen Nationalmannschaft gespielt hatte.

Rafael war damals acht Jahre alt und liebte Fußball fast so leidenschaftlich wie sein Onkel. Manchmal besuchte er die Spiele des FC Barcelona, wo sein Onkel spielte, obwohl er wie sein Vater Sebastian Fan von Real Madrid war.

Es ist also nicht schwierig zu erkennen, woher Rafaels Wunsch kam, Profisportler zu werden. Ein Blick auf Miguel Angels imposante Gestalt verschafft einem auch Klarheit darüber, woher Rafael seine kompakte Statur hat. Miguel Angel beendete seine Fußballerkarriere erst mit 38 Jahren – kein Wunder, dass auch sein Neffe einen langen Atem haben sollte, trotz vieler Schmerzen.

Die Nadals leben seit Generationen auf Mallorca. Ihr „Königreich" ist Manacor, eine gemütliche, attraktive Kleinstadt im Inneren der Insel, die zu Nadals Kindheit weniger als 40.000 Einwohner zählte. Nadal lebte mit seinen Eltern, Großeltern und weiteren Familienmitgliedern in einem fünfstöckigen Mehrfamilienhaus am Hauptplatz der Stadt, mit Blick auf die Kirche aus dem 18. Jahrhundert und Zugang zum örtlichen Tennisclub mit seinen roten Sandplätzen. Manacor liegt nur wenige Kilometer entfernt von dem Fischerdorf und Ferienort Porto Cristo, wo die wohlhabende Großfamilie Nadal direkt am Meer ein Anwesen besitzt.

Rafael wuchs in einem behüteten und idyllischen Umfeld auf. Er pendelte als Heranwachsender zwischen Manacor und Porto Cristo wie auch zwischen Fußball und Tennis. Letzteres lernte er als Dreijähriger durch Toni, einen weiteren Onkel väterlicherseits, kennen.

Fußball behielt die Oberhand, bis Nadal zwölf war. Er war ein flinker Linksaußen, der, oft mit dem Kopf, ein Tor nach dem anderen erzielte. Gleichzeitig war er spanischer und europäischer Tennisjuniorenmeister seiner Altersgruppe.

Sein Vater Sebastian war der Meinung, es wäre an der Zeit, eine Entscheidung zu treffen.

Wie Federer im gleichen Alter stützte Nadal seine Entscheidung auf sein klares Erfolgspotenzial im Tennis, auf die Tatsache, dass er für seinen sportlichen Erfolg selbst verantwortlich sein wollte (was bei einem Individualsport gegeben war), und – dies ist die bemerkenswerteste Parallele zu Federer – auf einen neuen Fußballtrainer, der ihn für ein Spiel auf die Ersatzbank verbannte, weil er wegen einer Tennisverpflichtung ein Fußballtraining verpasst hatte.

„Wäre dieser Trainer nicht gewesen, wäre ich vielleicht Fußballer geworden", so Nadal.

Wie Federer begann Nadal als Teenager, die Tage unter der Woche ohne seine Familie zu verbringen. Weil es in Manacor an guten Trainingspartnern mangelte, musste er häufig in einem regionalen Trainingscenter in der Inselhauptstadt Palma etwa 50 Kilometer weiter westlich trainieren. Und um sich das Pendeln zu ersparen, besuchte er bald dasselbe Internat wie zuvor sein Vater und sein Onkel Toni. Doch er hatte Heimweh und kehrte nach Manacor zurück.

Wie bei Federer war die Schule nicht gerade seine Leidenschaft. Ich fragte ihn einmal, welches sein Lieblingsfach gewesen sei. Er dachte eine Weile nach und sagte dann: „Sport."

Spanische Tennisfunktionäre, die sich seines außergewöhnlichen Potenzials sehr bewusst waren, versuchten die Nadals zu überreden, ihren Sohn aufs Festland nach Barcelona zu schicken, das Leistungssport-Zentrum Spaniens.

Diesen Weg war der beste mallorquinische Tennisspieler gegangen: Carlos Moya, ein großer, unabhängiger und unglaublich gutaussehender Mann (und tatsächlich der erste mallorquinische Tennisstar, der auf der Tour ein ärmelloses Shirt trug).

Moya, mit flatterndem langem Haar und einer fulminanten Vorhand gesegnet, gewann 1998 die French Open und bekam den Pokal am Vorabend der Fußballweltmeisterschaft in Frankreich von Pelé überreicht. Moya rückte im Jahr darauf für kurze Zeit auf Platz eins der Weltrangliste vor und zeigte Nadal, dass großer Erfolg im Tennis kein Hirngespinst bleiben muss. Mit zwölf traf ihn Nadal zum ersten Mal, und als Nadal 14 war, begannen sie regelmäßig miteinander zu trainieren. Das war eine großzügige Geste Moyas, die Nadal einen enormen Schub gab. Wie viele talentierte Teens können schon regelmäßig mit einem aktiven Grand-Slam-Champion trainieren?

Die Familie Nadal war überzeugt, dass es für Rafael persönlich besser sei, sein Spiel auf Mallorca weiterzuentwickeln, selbst wenn sie dafür auf finanzielle Unterstützung des spanischen Tennisverbands verzichten musste.

„Sein Vater hatte einfach das Gefühl, es wäre am besten, wenn Rafael daheim bliebe, umgeben von seiner Familie und von Menschen, die ihn unterstützten", erzählte mir Toni. „Wenn man früh sein Zuhause verlässt, ist das vielleicht fürs Tennis gut, aber nicht unbedingt für die persönliche Entwicklung. Das Training war ein Problem, wir fanden kaum Spieler auf Rafaels Level, doch mit harter Arbeit bekamen wir das hin."

Sie waren bereits von Jofre Porta beraten worden, einem in Palma ansässigen und bekannten Trainer. Toni leitete große Veränderungen ein: Er schulte den neunjährigen Rafael vom beidhändigen Vorhandspieler zum einhändigen Vorhandspieler um, weil er und Porta wussten, dass es im Herrentennis kaum Spieler gab, die auf beiden Seiten beidhändig spielten. Keiner von ihnen war an die Spitze der Weltrangliste gelangt – obwohl Monica Seles es bei den Damen geschafft hatte.

Zur gleichen Zeit begann Rafael, seine Vorhand mit links zu spielen, obwohl er mit der Rechten aß, schrieb, Körbe warf und

Golf spielte. Rafael war im Fußball mit dem linken Fuß stärker. Wie jeder, der regelmäßig Tennis spielt, weiß, sind Linkshänder oft im Vorteil, weil ihr Spiel ungewohnt ist, es Umkehreffekte ermöglicht und die Chance bietet, den Gegner mit Slice-Aufschlägen nach außen zu treiben und sich auf diese Weise Angriffsmöglichkeiten zu eröffnen.

Toni fiel auf, dass sein Neffe bei beidhändigen Grundschlägen auf der linken Seite die meiste Kraft und den größten Erfolg hatte.

„Auf dieser Seite schien er sich natürlicher zu bewegen", erzählte mir Toni. „Diese Seite musste die Vorhandseite sein."

Die Entscheidung traf letztendlich Rafael. Als Rechtshänder wäre Nadal bei seinem Talent, seinem Charakter und seiner Präsenz mit Sicherheit ebenfalls ein potenzieller Champion geworden. Doch er hätte Federer nicht so viel taktisches Kopfzerbrechen bereitet, und dieser hätte seine verlässlichsten Waffen – die Inside-Out-Vorhand und den kurzen, cross gespielten Rückhand-Chip – effektiver einsetzen können.

Der Nachteil dieser Entscheidung war, dass Nadal Schmerzen in der linken Schulter bekam. Er entwickelte daraufhin seinen charakteristischen Vorhandstil: Er ließ den Schläger über dem Kopf ausschwingen, nachdem er den Schlägerkopf mit unglaublicher Geschwindigkeit auf den Ball gedroschen hatte.

Porta und die anderen Trainer tauften diese charakteristische Vorhand „Nadalada", ein Begriff, der sich leider niemals etablierte.

Ich traf die Nadals zum ersten Mal 2003 in Wimbledon, als Rafael mit 17 sein Grand-Slam-Debüt gab. Ich hatte ihn bis dahin weder live noch auf dem Bildschirm spielen sehen. Streamingdienste, YouTube, Twitter und Instagram gab es damals noch nicht. Manche Spiele wurden nur regional übertragen.

Seinerzeit nahm das Publikum Nachwuchstalente im Tennis noch nicht so früh unter die Lupe. Genaueres Hinsehen hätte mir bei meiner damaligen Beurteilung vielleicht helfen können: In meinem ersten Artikel über Nadal, den ich nach seinem Sieg über Delgado 2002 für die *International Herald Tribune* schrieb, erwähnte ich, dass er wie das junge französische Talent Richard Gasquet eine gute einhändige Rückhand spiele (Journalist zu sein ist immer wieder eine demütigende Erfahrung).

Es war trotzdem ermutigend, auf der Tribüne eines Außenplatzes des All England Club zu sitzen und ihn bei seinem Zweitrundenmatch gegen Lee Childs, einen überforderten britischen Wildcard-Spieler, mit offensichtlichem Vergnügen über den Rasen flitzen zu sehen. Berichte der spanischen Presse über Nadals Potenzial waren wahrlich nicht übertrieben.

Aus der Entfernung wirkte er wie ein erwachsener Mann. Nur aus der Nähe konnte man sehen, wie jung er noch war. Seine kantige Statur schien noch in der Entwicklung zu sein. Er hatte Pausbacken. Rasieren musste er sich nicht.

Das Beeindruckendste war damals wie heute seine erbarmungslos fokussierte und positive Wettkampfeinstellung. Enttäuschung mochte sich kurz auf seinem Gesicht abzeichnen und sogar in sein Denken vordringen, doch sie war augenblicklich wieder weg, abgeschüttelt, damit er sich auf seine Aufgabe und den nächsten Ball konzentrieren konnte.

Federer hatte über Jahre hinweg lernen müssen, seine Psyche und vor allem seine Erwartungen in den Griff zu bekommen. Nadal schien den Bogen von Anfang an rauszuhaben: keine Sportpsychologen, keine zertrümmerten Tennisschläger.

„Nie", sagte Nadal. „Wenn ich einen Schläger geworfen hätte, hätte mich mein Onkel sofort vom Platz geschmissen."

Nadal nahm den Moment nicht nur an, er umarmte und herzte ihn ungestüm und ungeduldig, und als er im März 2004 in der dritten Runde der Miami Open bei einem Abendspiel auf Federer traf, blieb er dieser Einstellung treu.

Obwohl oft kolportiert wird, dies sei ihre erste Begegnung gewesen, war es tatsächlich die zweite. Nadal und Tommy Robredo hatten Federer und seinen Freund Yves Allegro einige Tage zuvor in Indian Wells in der zweiten Runde mit 5:7, 6:4 und 6:3 im Doppel geschlagen.

Doch Federer hatte noch nicht den ganzen Nadal erlebt – denn dieser Spieler konnte auch allein Probleme bereiten und den Platz abdecken.

Diejenigen, die dachten, Nadal ließe sich einschüchtern, hätten sich das Ergebnis seines ersten Tour-Matches gegen Moya im Jahr zuvor zu Gemüte führen sollen: Nadal hatte ihn in Hamburg mit 7:5 und 6:4 besiegt. Nicht einmal heiß geliebte und wohlwollende Vorbilder aus der Kindheit waren vor Nadals Drive und Talent sicher.

Allerdings war Federer nicht Nadals langjähriges Idol, wie heute manchmal angenommen wird. Der Altersabstand zwischen ihnen war signifikant – fast fünf Jahre –, doch Federer hatte sich gerade erst vom talentierten zum Spitzenspieler gemausert. Für den jungen Nadal war Federer kaum der Gegner, den man unbedingt irgendwann einmal schlagen musste. Anders als bei Federer gegen Sampras in Wimbledon oder Naomi Osaka gegen Serena Williams bei den US Open.

Federer hatte sich erst seit Kurzem, dafür hartnäckig als Nummer eins etabliert. Als er in Miami antrat, hatte er bei den Australien Open, in Dubai und in Indian Wells gegen Tim Henman gewonnen und 55 von 62 Sätzen für sich entschieden. Er fühlte sich krank, aber doch gesund genug, um zu spielen, und hatte am Vorabend ein anstrengendes Dreisatzmatch gegen Nikolay Davydenko absolviert.

„Besteht eine realistische Chance, dass Nadal Federer heute schlägt?“, fragte der altgediente britische Journalist und frühere Tennisspieler John Barrett, der das Match für die BBC kommentierte.

Und als sich Nadal beim Stand von 1:2 im ersten Satz auf den Aufschlag vorbereitete, antwortete Doug Adler, Barretts Co-Kommentator: „Das Letzte, was man möchte, ist, gegen einen 17-jährigen Nachwuchsspieler zu verlieren.“

Barrett stimmte zu: „Ich denke, wenn Federer in der Stimmung ist, denke ich, wird er …“

Er stoppte mitten im Satz. Nadal warf den Ball in die Luft. Was folgte, war der erste Schlag, der Federer das wahre Ausmaß der vor ihm liegenden Aufgabe zeigte. Er antwortete mit einem Slice in

Nadals mutmaßliche Rückhandecke. Nadal war schnell genug, den Ball zu umlaufen und eine Vorhand zu spielen. Federer donnerte eine Rückhand in die andere Ecke – zu Recht konnte er erwarten, damit einen Winner zu landen. Nadal sprintete über das Rückfeld und schlug mit ausgestrecktem Arm eine weitere Vorhand, hielt so den Ballwechsel in Gang, ehe er ihn mit einem Hagel von Schlägen, die sich als Passierbälle tarnten, gewann.

Es war ein faszinierender Ausblick auf die vielen Ballwechsel zwischen Federer und Nadal, die in den kommenden Jahren folgen sollten. Barrett war klug genug, seinen Satz nicht zu Ende zu führen, wie vermeintlich schlecht die Chancen für einen Überraschungserfolg Nadals standen.

Schon damals war Nadal in mancher Hinsicht der Nadal, den wir heute kennen. Er war besessen davon, seine Wasserflaschen bei Seitenwechseln genau an die richtige Stelle zu positionieren, und ja, auch das: Er zupfte bereits an Shirt und Hose. Andere Ticks tauchten erst später auf, wie das zwanghafte Berühren von Schultern, Nase und Ohren vor dem Service.

Er ließ sich viel Zeit zwischen den Ballwechseln, nicht ganz so viel wie später. Im Allgemeinen hatte er damit Erfolg, sogar großen Erfolg, während Federer seine liebe Mühe hatte, sich auf Nadals starken Spin, seine Kraft und Energie einzustellen.

Federer war weit entfernt von seiner Bestform, patzte bei Routineschlägen mit der Vorhand und bei Volleys, aber nicht zuletzt deshalb, weil Nadal solchen Druck ausübte.

Bälle, die andere ausgeknockt hätten, konnten Nadal nichts anhaben. Er punktete mit seiner Schnelligkeit und seiner Fähigkeit, aus scheinbar angreifbaren Positionen heraus noch Druck auszuüben. Seine Passierschläge waren um eine Klasse besser; Federer machte bei seinen ersten sechs Vorstößen zum Netz nicht einen einzigen Punkt.

Doch der Youngster war nicht vollständig immun gegen die Situation: Bei seinen ersten Breakbällen wackelte er bei den Returns. Er fing sich schnell – ein Zeichen, dass er auch in Stresssituationen einen klaren Kopf behielt. Den weiteren Verlauf des Matches diktierte er häufig aus seiner Position hinter der Grundlinie, selbst wenn Federer dichter an die Grundlinie rückte und den Rhythmus beschleunigte. Nadal brachte 81 Prozent seiner ersten Aufschläge durch und musste keinen einzigen Breakball abwehren, nicht einmal, als er kaltblütig zu seinem überraschenden Matchgewinn aufschlug, wobei er beim letzten Punkt ans Netz vorrückte, nachdem er Federers Rückhand gekontert hatte (ein weiterer Vorgeschmack auf zukünftige Matches).

Endergebnis: 6:3, 6:3 für Nadal in nur 69 Minuten.

„Man fragt sich, was die Zukunft für diesen erstaunlich talentierten Linkshänder bereithält", so Barrett.

Wer Nadal dabei zusah, wie er Federer in Miami voller Freude zerlegte, dem war klar, dass der Spanier bereits jetzt ein Champion war. Es war nur eine Frage der Zeit, wann auch sein Körper nachzog.

2004 war es noch nicht so weit. Wegen einer Stressfraktur im linken Fuß verpasste er den Hauptteil der Sandplatz-Turniersaison und Wimbledon. Nach einer Art Tennis-Lotteriespiel gewann schließlich Gaston Gaudio die French Open, ein Ein-Slam-Wunder aus Argentinien. In einem emotionalen Finale, das beider Karrieren den Rest zu geben schien, wehrte er zwei Matchbälle seines favorisierten Landsmanns Guillermo Coria ab.

Was mich betrifft, lösten sich sämtliche noch bestehenden Zweifel an Nadals Potenzial und Selbstvertrauen in Drucksituationen in nichts auf, als er gegen Ende des Jahres 2004 im Davis-Cup-Finale im spanischen Sevilla auf Andy Roddick traf.

Das Finale wurde vor 27.200 Zuschauern ausgetragen – damals ein Rekord für ein Tennismatch –, und Anfang Dezember war es so kalt, dass man im Freiluftstadion gelegentlich den eigenen Atem sah.

Nadal sollte ausschließlich Doppel spielen, doch seine Mannschaftsführer waren nicht auf den Kopf gefallen. Sie wussten, was sie an ihm hatten, und beschlossen, für den nationalen Ruhm internationalen Streit zu riskieren: Sie nominierten Nadal für ein Einzel am Eröffnungstag als Ersatz für den schwächelnden Ferrero.

Roddick, ein Tennispatriot, der so für den Davis Cup brannte, dass er dafür auch schlechtere Ergebnisse auf seiner regulären Tour in Kauf nahm, war motiviert. Doch Nadal spielte überragend und gewann 6:7 (6), 6:2, 7:6 (6) und 6:2.

Ich lebte damals in Sevilla, saß (in Pullover und Schal) auf der Tribüne und schrieb:

„Die Tenniswelt ist voller junger Spieler, die von der Grundlinie aus beim Training toll aussehen, doch wahre Größe beinhaltet auch die Fähigkeit, eine große Gelegenheit beim Schopf zu packen. Obwohl Spanien zu Recht dafür bekannt ist, dass man hier das Leben überschwänglich umarmt, waren die Topspieler auf dem Platz in der Regel verschlossen: Sergi Bruguera, Alex Corretja, Albert Costa, Moya und Ferrero. Nadal dagegen macht aus seinem Herzen keine Mördergrube. Er ballt die Faust, vollführt Sprünge, brüllt und hüpft vor Freude in die Luft. Alles in allem wiegelt er das Publikum auf – à la Jimmy Connors oder Lleyton Hewitt. Das ist vielleicht nicht das Richtige, um im Laufe einer langen Saison bei der Stange zu bleiben oder sich bei seinen Kollegen beliebt zu machen, doch sicher eine Möglichkeit, sich bei den Spaniern beliebt zu machen. Am Ende seiner heutigen Galavorstellung waren sie jedenfalls völlig in seinen Bann gezogen."

Noch immer stand er auf Platz 51 der Weltrangliste. Das konnte und sollte nicht so bleiben. 2005 startete er durch: Mit 19 Jahren gewann er elf Titel, darunter sein Debüt bei den French Open. Im Juli war er auf Rang zwei der Weltrangliste geklettert.

Federer erreichte im April 2005 beim Finale in Miami einen knappen Fünfsatzsieg über Nadal, indem er sich nach dem Verlust der ersten beiden Sätze wieder gefangen und im dritten Satz mit 1:4 zurückgelegen hatte.

Die Intensität des Zweikampfs reichte aus, um Federer kurz aus der Fassung zu bringen – wie es ihm schon gegen Safin bei den Australian Open ein paar Monate vorher passiert war. Nachdem er sich im dritten Satz zurückgekämpft hatte, vergab er beim Stand von 4:4

einen Breakball. Als Nadal sein Aufschlagspiel gewann, warf Federer seinen Schläger aufs Spielfeld.

„Ich habe eine Gelegenheit nach der anderen verschenkt; ich hatte echt das Gefühl, ich würde die ganze Zeit einen Berg hochklettern", sagte Federer. „Ich hatte einfach genug. Deshalb habe ich den Schläger aufs Feld geknallt. Vielleicht hat mir das gutgetan, vielleicht bin ich so aufgewacht."

Nadal fasste das seltene Schauspiel als Kompliment auf. In den folgenden Jahren stellte er sich auf Federers Stimmungsschwankungen ein.

„Natürlich ist es überraschend, wenn Federer den Schläger wirft", sagte er. „Aber es zeigt einem, dass man dem Sieg näher ist."

Nadal kam dem Sieg in der Tat näher. Als er im Tiebreak des dritten Satzes mit 5:3 führte, fehlten nur noch zwei Punkte zum Titelgewinn. Doch Federer rappelte sich gerade noch rechtzeitig auf, gewann die nächsten vier Punkte und damit den Satz und zeigte anschließend mehr Stehvermögen.

Er gewann das Match mit 2:6, 6:7 (4), 7:6 (5), 6:3 und 6:1.

„Für mich war das ein großes Match, weil ich wusste, was für ein großartiger Spieler eines Tages aus Nadal werden würde", sagte Federer.

Er brauchte nicht lange zu warten. Zwei Monate später in Paris schaffte es Federer auf dem Sandplatz nicht, das Spiel zu drehen, und verlor an Nadals 19. Geburtstag im Halbfinale ihres ersten Grand-Slam-Matches in vier Sätzen. Zwei Tage später schlug Nadal Mariano Puerta im Finale und zog damit mit Björn Borg, Mats Wielander, Boris Becker, Michael Chang und Pete Sampras gleich, die alle mit unter 20 Jahren Grand-Slam-Titel im Einzel gewonnen hatten.

Nach dem Titelgewinn brach Nadal zum ersten Mal nach einem Sieg in Tränen aus (die Parallelen zu Federer sind begrenzt).

„Er wird eine Legende werden", so Puerta.

Spieler, die gut genug sind, um ein großes Turnier zu gewinnen, sind alle bemerkenswert, sie verdienen alle unsere Aufmerksamkeit. Man denke nur an die Millionen Menschen, die einen

Tennisschläger in die Hand nehmen. Die Chance, an die Spitze der Pyramide zu gelangen, geht gegen null. Doch die Wunderkinder haben, was immer auch geschieht, eine besondere Anziehungskraft. Ihrem Erfolg scheint etwas Schicksalhaftes anzuhaften; wir verfolgen begeistert, wie sie die üblichen Tritte auf der Leiter überspringen, und fragen uns fasziniert, welche Gipfel sie dank ihres Vorsprungs wohl erklimmen werden.

Der spanische Tennissport hat schon viele Stars hervorgebracht, angefangen mit Manolo Santana, der in den 1960er-Jahren vier große Turniere gewonnen hatte. Nadal war Spaniens erster Superstar: ein echtes Wunderkind und eine unwiderstehliche Mischung aus selbstbewusstem Charisma und traditionellen Werten wie Bescheidenheit und Familiensinn. Es war sicher auch nicht von Nachteil, dass er gut aussah. Tennis hatte in Spanien noch den Beigeschmack des Elitären, das in privaten Clubs der gehobenen Gesellschaft stattfand. Nadal katapultierte den Sport in den Mainstream.

Das Interesse beschränkte sich aber nicht auf Spanien: Meine Geschichte über seinen Sieg bei den French Open und die anschließende Jubelfeier erschien auf der Titelseite der *New York Times*.

Englisch war für Nadal damals eine Herausforderung; mein Spanisch war brauchbar, wenn auch kein Ohrenschmaus, nach all den Jahren, die ich in Sevilla gelebt hatte. Kurz vor Mitternacht in Paris, auf der Feier seines bahnbrechenden Siegs im Café de l'Homme, einem Restaurant an der Place du Trocadéro mit Blick auf den Eiffelturm, führte ich mit ihm ein Interview. Es war ein überraschend ruhiges Fest, und erst im Laufe der Jahre wurde deutlich, dass die Nadals große Siege nüchtern betrachten, sogar eher herunterspielen.

Der neue Champion war von Familie und Freunden umgeben. Er trug einen dunklen Anzug und eine konservative Krawatte – ein ziemlicher Kontrast zu den weißen Caprihosen und dem fluoreszierenden grünen ärmellosen Shirt, die er während des Turniers angehabt hatte.

„Ich hoffe, dass mich das alles nicht verändert", sagte er. „Ich möchte der bleiben, der ich immer gewesen bin. Ich hoffe, ich kriege das hin. Bestimmt kriege ich das hin."

Diesbezüglich war es sicherlich von Vorteil, Miguel Angels Neffe zu sein. Die Nadals waren jahrzehntelangem Promi-Kult ausgesetzt gewesen und viel besser als die meisten Familien darauf vorbereitet, eine Grenze zwischen Privatleben und Öffentlichkeit zu ziehen.

Ich hatte mit Federer kurz vor den French Open 2005 zum ersten Mal über Nadal gesprochen, bei einem Interview für die *New York Times* und die *International Herald Tribune*. Es fand in der Penthouse-Suite des Hôtel de Crillon statt, Federers fürstlicher Bastion mit beeindruckender Aussicht auf die Place de la Concorde und die Assemblée Nationale.

Es lief bereits sehr gut für Federer, der das zweite Jahr an der Spitze der Weltrangliste stand, und auch ebenso gut für Vavrinec. Federer hatte zu dieser Zeit keinen Vollzeitagenten und sich von IMG getrennt. Seine Eltern unterstützten ihn bei seinen geschäftlichen Angelegenheiten, und Vavrinec, die ihre Tenniskarriere wegen chronischer Fußprobleme aufgegeben hatte, war seine persönliche Assistentin, Pressesprecherin und Freundin in Personalunion.

Es war eine Rolle mit unscharf definierten Grenzen, mit der sie beide erst zurechtkommen mussten. Während des Interviews probierte Vavrinec Designerkleidung für ein geplantes Magazin-Fotoshooting an. Sie unterbrach uns ab und zu, um Federer um seine Meinung zu ihrem aktuellen Casual-chic-Outfit zu befragen. Er widmete ihr seine volle Aufmerksamkeit, antwortete „Ja", „Nein" oder „Nicht schlecht" und nahm dann höflich den Gesprächsfaden wieder auf: „Was sagtest du?"

„Nadal, ich sagte Nadal."

„Ziemlich beeindruckend, nicht wahr?", antwortete Federer. „Er ist jetzt schon größer als ich, und er ist fünf Jahre jünger. Stell dir vor, wie er in fünf Jahren aussehen wird! Es ist gut fürs Tennis, dass es diese unterschiedlichen Menschen- und Spielertypen gibt. Ich war mit 18, 19 anders."

„Na ja, das bewahrt dich sicherlich davor, selbstgefällig zu werden."

„Ich finde es auch gut, dass er Linkshänder ist. Es gibt heute nicht mehr viele herausragende Linkshänder."

Er sprach über die Rücktritte von Thomas Muster, Goran Ivanisevic, Petr Korda und Marcelo Rios, alles hervorragende Linkshänder. Er hätte seinen eigenen Trainer erwähnen können: Tony Roch, ebenfalls Linkshänder.

„Es gibt zu wenige", sagte Federer. „Es ist gut, dass er da ist, denn es verändert die Dimensionen des Platzes, die eigene Spielweise. Die Spins kommen von der anderen Seite, auch das wird interessant. Das verändert die ganze Spielanlage."

Das war in verschiedener Hinsicht eine verblüffende Antwort, nicht zuletzt, weil Federer lange die Tendenz hatte, über Nadal zu sprechen, als sei er eine Art Naturphänomen, eine Riesenwelle oder ein Tropensturm („Unglaublich beeindruckend, oder?").

Was mich an diesem Tag jedoch beeindruckte, abgesehen von Vavrinec, die uns weitere folkloristische Blusen vorführte, war die Tatsache, dass Federer bereits im Spielwächtermodus war. Dieser Youngster trat gerade erst in Erscheinung, war bereit, sie alle (respektvoll) zu Brei zu schlagen, und Federer fand, es sei gut für den Sport, dass er eine stilistische Variante einbrachte. Vielleicht war das seine Art, sich von den direkten Auswirkungen, die Nadal auf ihn (und sein Einkommen) haben könnte, zu distanzieren, aber ich bin davon überzeugt, dass auch echte Neugier im Spiel war. Federer sieht sich viele Tennisspiele an, auch Wiederholungen seiner eigenen Matches.

„Ich meine, wir haben doch Marat oder Lleyton oder Andy oder Coria gar nicht mehr gegen Linkshänder spielen sehen", sagte er. „Immer nur gegen Rechtshänder."

Schade, dass die Nadals nicht mithören konnten … Sie hatten sich ja ganz bewusst für links entschieden und hätten sich sicher gefreut und bestätigt gefühlt.

Federer wusste natürlich, was ihn und alle anderen erwartete.

„Ich konnte schon vor einer ganzen Weile sehen, dass er groß herauskommen wird", sagte er über Nadal. „Es war nur eine Frage der Zeit. Als das spanische Team ihn für das Davis-Cup-Finale letztes Jahr ausgesucht hat, dachte ich: ‚Viel Glück, Andy!'"

Zumindest für den Rest des Jahres 2005 wagte sich Nadal nicht weit in Federers Hoheitsbereich vor. Sie spielten in diesem Jahr nicht mehr gegeneinander. Nach den French Open gewann Nadal fünf weitere Titel bei Turnieren, die Federer ausließ; in Wimbledon und bei den US Open schied er frühzeitig aus.

Federer gewann beide dieser großen Turniere, schlug Roddick in drei Sätzen im All England Club und Agassi in vier Sätzen in New York. Agassi, mit 35 Jahren der älteste Grand-Slam-Einzelfinalist bei den Herren seit Ken Rosewall 1974, wehrte sich mit bemerkenswerter Vehemenz gegen die Niederlage.

Doch als es im Interview darum ging, Federers Tennistugenden ins rechte Licht zu rücken, war er unschlagbar.

Agassi vor dem Finale: „Die Aufgabe ist ganz einfach. Die meisten haben Schwächen, und die meisten haben einen herausragenden Schlag. Federer hat keine Schwächen und mehrere herausragende Schläge. Das bedeutet, es gibt ein Problem."

Agassi nach dem Finale: „Pete war großartig, keine Frage. Doch es gab eine Stelle, an der er verwundbar war. Man wusste, was zu tun war. Und wenn man das schaffte, konnte man dem Spiel seinen eigenen Stempel aufdrücken. Eine solche Stelle gibt es bei Roger nicht. Ich glaube, er ist der Beste, gegen den ich je gespielt habe."

Die Zahlen zu diesem Zeitpunkt waren schwindelerregend. Federer hatte alle sechs seiner bisherigen Grand-Slam-Finals sowie 23 Turnierfinalspiele in Folge gewonnen. Der Open-Ära-Rekord bei den Herren hatte bis dahin bei zwölf gelegen und wurde gemeinsam von Björn Borg und John McEnroe gehalten. Seine Siege hatte Federer auf sämtlichen Hauptbelägen erzielt: 16 auf dem Hartplatz, vier auf Rasen und drei auf Sand.

Wir trafen uns im Rahmen seiner Pressetour am Tag nach seinem Finalsieg bei den US Open in einer Sportbar am Times Square. Er war verhaltener als gewöhnlich, denn er war erst um drei Uhr morgens ins Bett gegangen. Er schien eher zufrieden als euphorisch, als er in einem dick gepolsterten Sessel Platz nahm und die Beine ausstreckte. Federers Bewegungen haben sowohl auf als auch abseits des Platzes etwas Katzenhaftes, und ich schrieb in der *Times,* dass er mich an eine „gut gepflegte und zufriedene Katze“ erinnerte.

Ich erwähnte seine Siegesserie mit 23 in Folge gewonnenen Finals. „Darauf bin ich wirklich stolz“, sagte er. „Ich war am Anfang ja nicht gerade berühmt für Beständigkeit, also habe ich den Spieß umgedreht, und es macht mich wirklich stolz, zu wissen, dass ich, wenn es wirklich darauf ankommt, einen Weg finden, mein Niveau halten und es jedes Mal durchziehen kann. Auch wenn ich natürlich weiß, dass diese Serie sehr schnell enden kann.“

Schon fragte man sich interessiert, wie lange er brauchen würde, um Sampras' Rekord von 14 Grand-Slam-Titeln zu knacken. Nur zwei Jahre nach dessen offiziellem Rückzug schien das nicht mehr unerreichbar.

„Ich betrachte die Grand Slams nicht gerne als das Einzige, was zählt“, sagte Federer. „Für mich bedeutet das dann, dass die anderen Turniere, bei denen ich gegen die besten Spieler oder vor Tausenden von Menschen spiele, eigentlich nicht zählen. Ich habe 32 Titel gewonnen und sechs davon bei Grand Slams – wie man sieht, habe ich die meisten also bei anderen Turnieren gewonnen.“

Das war ein sehr berechtigter Einwand. In einer mit Informationen übersättigten Medienlandschaft erregen eben oft nur maximal verrückte Zahlen Aufsehen. Die Grand-Slam-Zählung fiel zu dieser Zeit am meisten aus dem Rahmen, war aber keine verlässliche Referenz, wenn man bedenkt, dass ein Allzeittennisstar wie Borg nur einmal an den Australian Open teilgenommen hat und selbst ein Spieler wie Jimmy Connors nur zweimal, obwohl er 25 Jahre Profispieler war.

Über Jahrzehnte hinweg Vergleiche zu ziehen ist schwierig, manchmal auch sinnlos. Sogar Agassi hatte die Australian Open in den ersten acht Jahren seiner Profikarriere ausgelassen und verpasste sie später wegen Verletzungen zwei weitere Male. Vielleicht blieb er gerade deshalb auch bis weit über 30 so frisch, wer weiß.

„Ich bin nicht überrascht, dass Andre weitermachen will, selbst mit 35“, sagte Federer zu mir. „Warum nicht, solange er keine

Schmerzen beim Spielen hat und es ihm Spaß macht, ein paar Turniere pro Jahr zu spielen?"

Für jeden, der nach Anhaltspunkten für Federers langfristige Pläne suchte, war dies ein deutlicher Hinweis. Federer hatte Agassi genau beobachtet.

Nadal würde er bald noch genauer beobachten.

Der Spanier war in der Tat der eigentliche Knackpunkt, doch zunächst musste er Ende 2005 und Anfang 2006 wegen wiederkehrender Probleme mit dem linken Fuß die Tour erneut absagen. Seine Ärzte standen vor einem Rätsel. Ein Spezialist in Spanien diagnostizierte eine angeborene Fehlstellung des Kahnbeins, eines kleinen Fußwurzelknochens. Möglicherweise könne er kein Wettkampftennis mehr spielen. Nadal war am Boden zerstört, sein Vater blieb optimistisch, und schließlich fanden sie einen Weg, den Knochen mit Spezialeinlagen und maßgeschneiderten Schuhen, die von Nike in Oregon entworfen wurden, zu entlasten.

Nadal konnte seinen Weg an die Spitze fortsetzen, hatte aber auch begriffen, dass Tenniskarrieren schnell vorbei sein können. Schon vorher hatte er jeden Ball gespielt, als wäre es sein letzter – jetzt hatte er das Gefühl, es könnte tatsächlich so weit kommen.

Nachdem er die Australian Open 2006 verpasst hatte, kehrte er zur Tour zurück und rächte sich, indem er Federer beim Finale in Dubai auf dem Hartplatz schlug – schon damals hatte dieser dort seinen zweiten Wohnsitz und wegen des warmen Wetters eine Trainingsbasis.

Es war das Jahr, in dem sie Erzrivalen wurden. Sie spielten insgesamt sechsmal gegeneinander, häufiger als in jeder weiteren Saison. Nadal gewann vier Spiele, drei davon auf Sand. Alle diese Duelle außer einem waren Finals, und eins davon entpuppte sich als Ultramarathon: ein Konditionstest in fünf Sätzen bei den Italian Open, den Nadal in fünf Stunden und fünf Minuten mit 6:7 (0), 7:6 (5), 6:4, 2:6 und 7:6 (5) gewann.

Selbst nach all den Jahren ist dieses Match in meinen Augen in rein sportlicher Hinsicht ihr zweitbestes gewesen – es war sicherlich das bissigste, denn Federer beschuldigte Toni Nadal, Rafael aus der Spielerbox heraus verbotenerweise zu coachen.

Nadal holte im letzten Satz einen 1:4-Rückstand auf und wehrte bei seinem letzten Aufschlagspiel zwei Matchbälle ab, nachdem Federer bei seinem Paradeschlag, der Vorhand, zwei unerzwungene Fehler gemacht hatte. Diese Ausrutscher und die darauf folgenden beim Tiebreak machten unmissverständlich klar, wie viel Raum Nadal in Federers Kopf inzwischen einnahm.

Gegen andere ließ Federer es laufen. Gegen Nadal machte er Druck.

Federer war immer noch die Nummer eins, immer noch Seriensieger in Wimbledon und bei den US Open, den beiden renommiertesten Turnieren der Welt. Doch Nadal hatte Federer neue Grenzen gesetzt, ihn verletzlich gemacht.

Man könnte das für eine Übertreibung halten, bedenkt man, dass Federer 2006 und 2007 drei von vier großen Einzeltiteln gewann und sich über die Rekordspanne von 237 aufeinanderfolgenden Wochen an der Spitze der Weltrangliste hielt. Doch selbst im Verlauf dieser extrem erfolgreichen Saisons drängte sich das Bild von Nadal, der ihn wieder und wieder auf Sand schlug, wie auch das Bild von Federer auf, der den Kopf hängenließ und an Selbstvertrauen verlor, als das Muster sich wiederholte.

Hätte er dieselben Spiele gegen unterschiedliche Spieler verloren, wären die Auswirkungen geringer gewesen. Dass er sie gegen ein und denselben Gegner verlor, der fünf Jahre jünger war, verstärkte den Effekt – und heizte das Publikumsinteresse an.

Die Zeitspanne, in der Federer frei, uneingeschränkt und komfortabel vor der jagenden Meute herumtanzte, war kürzer, als vielen in Erinnerung ist: eine volle Saison im Jahr 2004 (wenn man die Niederlage in Miami nicht mitzählt) und der größte Teil der Saison 2005. Die sich schnell – und zu Ungunsten Federers – entwickelnde Rivalität mit Nadal stutzte ihn in gewisser Weise auf ein menschliches Maß, was allerdings in meinen Augen auch zu seiner anhaltenden Popularität beitrug. Sein weiches, kreatives Spiel hypnotisierte selbst Laien, zweifellos ein Pluspunkt. Seine guten Manieren und sein ausgesprochen freundlicher Umgang mit den Fans trugen ebenso dazu bei: Er spielte, auch wenn er Schmerzen hatte, teils nur aus Respekt vor den Fans. Auf der anderen Seite war Federer kein Tennisungeheuer (oder höchstens für eine oder zwei Saisons). Und seit Nadal deutlich gemacht hatte, dass Federers Siege eben nicht vorprogrammiert waren, war auch die Gefahr gebannt, dass die Fans seiner – kleinen oder großen – Titelgewinne überdrüssig wurden.

„Um sich mit jemandem so zu identifizieren, wie das Publikum es mit Roger tut, braucht es das Gefühl, dass die betreffende Person verwundbar ist“, sagte Andy Roddick zu mir. „Überleg mal, wie das Publikum Andre als jungen Draufgänger mit Piratenlook sah und wie anders, als er seine schweren persönlichen Krisen durchgemacht und sich dann wieder aufgerappelt hat. Ich glaube, die Menschen wollen sich mit jemandem identifizieren können. Wenn Roger also bei seinem Job etwas nicht hinkriegt, denken die Leute: Vielleicht ist er im Kleinen ja wie wir alle. Er selbst wird uns keine Begründung liefern. Er ist gar nicht unsicher genug, um sich selbst verteidigen zu müssen.“

Für Martina Navratilova spielt auch die Nationalität eine Rolle: „Ich meine, er ist aus der Schweiz, also neutral. Er bedroht niemanden.“

Bei Martina Hingis reichte die Schweizer Staatsangehörigkeit allerdings nicht aus, um sie zum Publikumsliebling zu machen.

Navratilova, die in Wimbledon neunmal im Einzel gewann, war eine Weile lang selbst diejenige Kraft, der niemand standhalten konnte. In den 1980er-Jahren gewann sie sechs große Titel nacheinander. Trotzdem war sie selten beim Publikum beliebt und nahm den Matches in ihrer Glanzzeit oft jede Spannung.

„Ich habe die Spielerinnen am Netz immer zerlegt und war schneller und stärker, deshalb hatte man Mitleid mit meiner Gegnerin“, so Navratilova. „Bei Roger hat niemand Mitleid mit dem Gegner. Die Menschen bewundern einfach sein Tennis und machen sich keine Sorgen um den, den er auseinandernimmt und kein Spiel gewinnen lässt.“

Doch Nadal auseinanderzunehmen war ein Ziel, das Federer nur selten erreichte. Selbst sein sicherster Hafen, der Rasen des All England Club, wurde schon bald zur Gefahrenzone.

Nadal war kein reiner Sandplatzspezialist, auch wenn der Rest der Welt eine Weile brauchte, um das herauszufinden. Toni hatte sich in Nadals Jugend sehr darauf konzentriert, ihn für jede Art von Platz fit zu machen, und außerdem darauf bestanden, dass er gegen unbedeutendere Spieler ans Netz ging, auch wenn das mit einer Niederlage enden mochte.

Obwohl sein langer Ausschwung bei der Vorhand und sein wenig furchteinflößender Aufschlag nicht gerade ideal für schnelle Plätze waren, besaß er die erforderliche Schlagkraft, Sportlichkeit und Mentalität. Nadal hatte keine Angst, eine Chance zu ergreifen – was jeder, der ihm bei seinen ersten Interviews in rudimentärem Englisch vor großem Publikum zugehört hatte, bestätigen und auch bewundern konnte.

Tonis Schwäche als Profispieler hatte darin gelegen, dass er keine „Waffe“ besessen hatte. Sein Neffe sollte besser gerüstet sein.

„Ich war Defensivspieler und nicht besonders erfolgreich, deshalb sollte Rafael ein aggressiver Spieler werden“, erklärte er mir. „Wie sich zeigt, passt diese Spielweise zu seiner Persönlichkeit.“

Dabei steckt Rafael Nadal im Grunde voller Widersprüche. In seiner Autobiografie *Rafa. Mein Weg an die Spitze* erzählt seine Mutter Ana Maria von der ständigen Angst ihres Sohnes, dass seiner Familie etwas Schlimmes zustoßen könnte. Er ermahnte sie, auf der Strecke nach Palma langsam zu fahren und nachts das Feuer im Kamin zu löschen, rief sogar aus dem Restaurant an, um sicherzugehen, dass sie es nicht vergessen hatte.

Anders als viele andere spanische Tennisspieler hatte Nadal Wimbledon von klein auf im Visier gehabt. Toni wies ihn immer wieder auf die Bedeutung des Turniers hin, obwohl spanische Stars wie Sergi Bruguera, Alberto Costa und Moya in Roland Garros gewonnen hatten. Mit 14 sprach Rafael offen darüber, dass er im All England Club gewinnen wollte. Schließlich hatte Santana 1966 bewiesen, dass auch ein Spanier das schaffen konnte. Vor Nadals

Debüt hatte der fünf Jahre ältere Feliciano Lopez, ein Linkshänder, mit seinem eleganten Angriffsspiel und seiner knackigen, druckvollen Rückhand zweimal die vierte Runde in Wimbledon erreicht.

„Spanier erzielen auf diesen Belägen mittlerweile gute Ergebnisse“, sagte Nadal bei seinem ersten Wimbledon-Turnier zu mir. „Das sieht man besonders an den jungen Talenten, die auf diesen Belägen spielen und ihr Spiel entwickeln wollen. Ich glaube, das ist gut fürs Tennis.“

Es half Nadal, dass in Wimbledon nicht immer nur die großen Aufschläger und Netzspieler belohnt wurden. Der Ball sprang jetzt etwas höher ab, sodass Grundlinienspieler mehr Returns ins Spiel bringen und mehr Schaden mit Passierbällen anrichten konnten. Die Bespannung mit Polyestersaiten und die moderne Schlägertechnologie kamen Grundlinienspielern entgegen und führten zu einer Homogenisierung des Spiels bei den vier großen Turnieren und darüber hinaus.

Nadal gegen Federer auf Rasen hatte wenig gemein mit Sampras gegen Ivanisevic auf Rasen. Nadal gegen Federer in Wimbledon war in stilistischer Hinsicht ganz ähnlich wie Nadal gegen Federer bei den Australian Open: viele Grundlinienduelle, gelegentliche Ausflüge ans Netz und konsequentes Angriffstennis, wenn ein Ball zu kurz oder zu hoch kam.

2006 erreichte Nadal sein erstes Wimbledon-Finale und zwang Federer zu vier Sätzen. Nadal war einfach glücklich, dabei zu sein, auch wenn Federer nach seinem vierten Wimbledon-Sieg in Folge ebenso erleichtert wie erfreut aussah.

2007, als Nadal wieder im Finale stand, hatte er andere Erwartungen.

Es war ein einmaliges Jahr in Wimbledon. Der Aufbau über dem Centre Court war entfernt worden, um die geplante Installation eines Schiebedachs zu erleichtern. Der Centre Court war – nur für einen Sommer – dem Himmel und der Sonne preisgegeben, die beim Finale ausgiebig schien.

Es kam zu einem fünften Satz, und Nadal hatte Federer bei dessen Aufschlag im dritten und noch einmal im fünften Spiel mit 15:40 in der Mangel. Beide Male zog Federer sich unter unfreiwilliger Mithilfe Nadals aus der Affäre, der bei zweien der vier Breakbälle machbare Returns verpatzte und einen weiteren um Vorhandbreite verpasste.

Anschließend nahm Federer Nadal mit einem genialen Inside-In-Vorhand-Winner, mit dem er den engen Ballwechsel beendete, den Aufschlag ab. Es stand 4:2. Das Blatt hatte sich endgültig gewendet. Federer beendete sein bisher härtestes großes Finale mit einem Volley und ließ sich, beide Hände vors Gesicht haltend, auf den Rasen fallen, als wäre er von einem Flugobjekt getroffen worden.

Schon vor der Landung brach er in Tränen aus, und obwohl sich Nadal zusammenriss, saß er dann ebenfalls schluchzend bei laufendem Wasser in einer Duschkabine, niedergeschlagen, weil er im fünften Satz so zögerlich gespielt hatte.

Federer hatte mit seinem fünften Wimbledon-Sieg in Folge Borgs Rekord im modernen Herrentennis eingeholt – exakt das, wobei er Pete Sampras 2001 kurz vor dem Ziel gestoppt hatte.

Borg, der gleichmütige Schwede, saß bei Federers Triumph in der ersten Reihe der Royal Box, der königlichen Loge, die blonde Mähne inzwischen ergraut. Nadal mit seinem starken Topspin, der beidhändigen Rückhand und seinem Killerinstinkt war zwar weit häufiger mit Borg verglichen worden, doch Federer kannte Borg und empfand seine Gegenwart als motivierend.

„Sehr passend“, sagte Federer. „Ihn dort zu sehen war großartig.“

Ich fand es faszinierend, dass Borg seine Emotionen unterdrückt hatte und dabei ausgebrannt war, während Federer seine Emotionen unterdrückte und leidenschaftlich immer (und immer) weiter spielte.

Selbst Federers Kleidung war am Ende dazu angetan, Tennisgeschichte zu schreiben: Zur Preisverleihung erschien er in einem weißen Jackett und langer weißer Hose, ganz wie in vergangenen Zeiten (auch wenn er die Hose versehentlich verkehrt herum angezogen hatte).

Wieder einmal mit dem Pokal in der Hand sprach er auf dem Spielfeld mit der BBC-Reporterin Sue Barker und wurde nach Nadal befragt. „Ich bin froh über jedes Spiel, das ich jetzt noch gewinne, ehe er alles abräumt“, so Federer. „Er wird immer stärker.“

Es war der elfte Grand-Slam-Titel für Federer, und durch einen Sieg bei den US Open zwei Monate später sollte er sein Gesamtergebnis auf zwölf verbessern. Und doch akzeptierte Federer bereits, dass er zunehmend als Teil eines Zweiergespanns gesehen wurde. „Am Anfang wollte ich keinen Rivalen.“

Federer und Nadal waren in dieser Zeit in stilistischer Hinsicht in manchen Dingen sehr gegensätzlich – ein Kontrast, den Nike sorgsam kultivierte, genauso wie bei Sampras und Agassi in den 1990er-Jahren.

Federer stand für elegante, mühelose Kraft und antrainierte Coolness, Nadal für loderndes inneres Feuer und einen angespannten Bizeps. Federer war weich und klassisch, Nadal schroff und Avantgarde. Federer war Tradition, Nadal war Jugend.

Zwischen ihren Ritualen vor dem Spiel lagen Welten. Der US-Amerikaner James Blake, damals die Nummer vier in der Welt, schlug Nadal 2006 im Halbfinale in Indian Wells und verlor dann gegen Federer im Finale.

„Es war echt lustig für mich, ihre unterschiedliche Dynamik in der Umkleidekabine zu beobachten“, erzählte mir Blake. „Beide sind großartig, doch vor dem Match setzt Rafa seine großen Bose-Kopfhörer auf und rennt die Umkleide auf und ab, macht Sprints, tapt die Finger. Er ist wie ein Tier im Käfig. Und einen Tag später spiele ich gegen Roger, und wir reden über sein Haus in der Schweiz, und dass er gerade ein Stück Land gekauft hat, und was er und Mirka vorhaben. Ehrlich, als ob wir bei himmlischer Ruhe in einem Café säßen.“

Und doch konnten beide Konkurrenten den Schalter auf erstaunliche Weise umlegen, wenn es Zeit war, ins Gefecht zu ziehen und sich in Champions mit Stahlaugen zu verwandeln. Nadal verwandelte sich schon in der Umkleide, Federer erst auf dem Platz.

„Ich glaube, die Leute wissen nicht, was für ein Killer Roger wirklich ist“, sagte Blake. „Weil er vor dem Match so entspannt ist und sagt: ‚Oh ja, komm in die Schweiz und schau dir die Landschaft an, sie ist schön, und bla, bla, bla‘, und dann geht er raus und verpasst dir eine Abreibung. Er hat immer noch diese absolute Kämpfermentalität, diese siegesgewisse Haltung. Aber er lässt sie nicht so raushängen, wie man sich das vielleicht vorstellt, à la Rocky Balboa.“

Nadal präsentierte sich seinen Kollegen als Warrior, mit all seinen Ritualen vor dem Spiel und Kängurusprüngen im Stadiontunnel, und er schüchterte sie damit ein. Federer war eher 007, genauso tödlich, doch in der Lage, sein Bedrohungspotenzial herunterzuspielen. Man sah ihn nicht schwitzen, er wirkte, als käme er gerade wieder einmal rechtzeitig für die Cocktails.

Es gab aber auch Gemeinsamkeiten, im Großen wie im Kleinen.

Beide Männer waren sensibel und einfühlsam und stammten aus einem Elternhaus, in dem gutes Benehmen einen Wert hat: ein fester Händedruck, Augenkontakt, Respekt, wenn jemand sich anstrengt oder einem einen Gefallen tut. Das Motto der Familie Federer ist: „Es ist nett, wichtig zu sein, aber wichtiger, nett zu sein.“ Nadal und seine Familie vertreten die Auffassung: „Du bist nicht besonders, weil du bist, wer du bist, sondern weil du tust, was du tust.“

Beide waren als Kinder vom Fußball besessen und hätten auch Profifußballer werden können. Und obwohl beide die Schule mit 16 leichten Herzens an den Nagel hängten, interessierten sie sich dafür, was in der Welt vor sich ging, durch die sie auf der Jagd nach Ruhm reisten. Beide hatten ein enges Verhältnis zu ihren Eltern und sich in ihrer Jugend voll auf einen früheren Tennisprofi verlassen, der seine eigenen Karrierepläne nicht hatte umsetzen können. Selbst ihre Konditionstrainer suchten sie nach gleichen Kriterien aus. Pierre Paganini wie auch Joan Forcades waren tiefgründige und nachdenkliche Menschen, die lieber im Hintergrund arbeiteten, anstatt den Tenniszirkus mitzumachen.

Paganini und der Mallorquiner Forcades, der nebenbei als Lehrer arbeitete, erkannten, dass eine traditionelle Vorbereitung für ihre Schützlinge nicht geeignet war. Sie verzichteten auf Trainingsläufe und Gewichtheben und konzentrierten sich stattdessen auf Bewegungsabläufe, die einen direkten Bezug zu dem abrupten Stopp-Start-Rhythmus des Tennis hatten.

„Ich glaube nicht, dass Roger in 20 Jahren auch nur einen Lauf absolviert hat", so Yves Allegro.

Beide, Federer und Nadal, waren außerdem auf einer grundlegenderen Ebene in eine Kultur und Herkunft eingebettet, die Selbstgefälligkeit dämpft und sie vor Schaden von außen bewahrte: Federer in der Schweiz und Nadal im Kokon seiner Großfamilie auf Mallorca.

Eine Zeit lang gab es zwischen ihnen eine echte Sprachbarriere, doch als sich Nadals Englisch verbesserte (Federers Spanisch nie), erkannten sie allmählich – wie bei einem Foto, das in der Dunkelkammer entwickelt wird –, dass sie mehr gemeinsam hatten, als sie dachten.

„Wir wissen beide, welchen Respekt wir voreinander haben", sagte Federer vor mehr als zehn Jahren zu mir. „Ich sehe es in seinen Augen, und er sieht es in meinen Augen."

Für beide Männer ist es keine enge Freundschaft in dem Sinn, aber es ist etwas Besonderes.

„Freundschaft ist ein großes Wort", so Nadal in unserem letzten Interview. „Ich habe eine sehr gute Beziehung zu Roger. Wir begegnen uns mit großem Respekt und Vertrauen. Und das ist das Wichtigste. Ich kann Federer nicht mit einem Freund aus Mallorca vergleichen, mit dem ich schon mein ganzes Leben befreundet bin, aber Roger und ich schätzen, was wir zusammen erlebt haben."

Federer hatte beispielsweise miterlebt, wie Nadal außerhalb des Spielfelds an Selbstvertrauen gewann (auf dem Spielfeld war das von Anfang an kein Problem).

„Wir treffen uns gern und plaudern und versuchen darauf hinzuwirken, dass sich der Tennissport gut weiterentwickelt", sagte Federer. „Ich erinnere mich an Rafa, als er jünger war. Er war so scheu, sah zu mir auf und sagte: ‚Was immer Roger will, mir ist es recht.' Und dann entwickelte er sich zu einer sehr ausgeprägten Persönlichkeit, und wir hatten immer noch eine gute Zeit."

Beide sind insofern „oldschool", als sie der Ansicht sind, dass persönliche Beziehungen und Traditionen wert sind, bewahrt zu werden, und dass sich ihr Sport nicht zu vielen Veränderungen unterziehen sollte.

Nadal sagte zu mir: „Wir haben uns oft unterhalten, und wir haben zu vielen Dingen ganz ähnliche Meinungen – etwa, was wir über unseren Sport und das Sportlerleben denken."

Beide arbeiten auf Wunsch ihrer Trainer bis zu einem gewissen Grad mit analytischen Hilfsmitteln, bevorzugen aber persönlich, den Kopf frei zu halten und unter Druck ihren Instinkten zu vertrauen.

„Roger zum Beispiel ist kein großer Freund von Tennisstatistik", sagte Nadal. „Genau wie ich. Er schätzt und respektiert die Geschichte des Sports und die Geschichten der Champions, so wie ich. Letztlich haben wir vieles gemeinsam. Wir haben gelernt, einander im Laufe der Jahre besser zu verstehen."

Und über noch etwas waren sie sich einig: dass ihre Rivalität hervorragend fürs Geschäft war.

Sie lieferten sich viele erinnerungswürdige Duelle, 2008 war dann das Jahr, das sie im kollektiven Gedächtnis für immer miteinander verband.

Es war ein Drama in zwei Akten: ein enttäuschender auf Sand, ein brillanter auf Rasen.

Zur Enttäuschung entwickelte sich das Finale der French Open, es war ihr drittes in Folge im Stade Roland Garros. Die Geräuschkulisse vor dem Match war unglaublich. Wenn ich die Augen schließe, sehe ich noch, wie Larry Ellison, US-amerikanischer Milliardär, Software-Mogul und passionierter Freizeitspieler, fünf Minuten vor dem Finale seinen Platz einnahm. Als einer der reichsten Männer der Welt hatte er sich eine hawaiianische Insel gekauft (nämlich Lanai) und Hunderte Millionen Dollar in die immer bedeutungsloser werdende Segelregatta America's Cup investiert. Doch an diesem Sonntagnachmittag in Paris war Ellison anzusehen, dass er seinen Sitz gegen keinen Ort der Welt eintauschen würde. Er war wie alle anderen gespannt, das neueste und vielleicht größte Duell zwischen Federer und Nadal zu verfolgen.

Es war in nur einer Stunde und 48 Minuten vorbei. Und es dauerte auch nur so lange, weil Nadal bei seinen Aufschlagspielen herumtrödelte.

Das Endergebnis lautete 6:1, 6:3 und 6:0 und war das eindeutigste, das es im Einzel der Herren bei einem Grand-Slam-Finale je gegeben hatte, seitdem John McEnroe im Wimbledon-Finale 1984 gegen Jimmy Connors nur vier Spiele abgegeben hatte.

Nadal nahm Federer im Eröffnungsspiel den Aufschlag ab und gewann bald darauf 22 von 25 Punkten hintereinander.

Federer wäre nicht Federer gewesen, hätte er nicht versucht, die Karten neu zu mischen. Er geriet in Rückstand und fing sich wieder, doch Nadal war zu schnell, zu opportunistisch und zu gnadenlos präzise. Er machte nur sieben unerzwungene Fehler im gesamten Match. Federer versuchte es mit Netzangriffen, nur um Peitschenhiebe zu riskieren, als die Passierbälle an ihm vorbeizischten.

Die Karten wurden tatsächlich neu gemischt. Am Ende sah Federer nur wenig mehr beschämt aus als Nadal. Als Federers letzter Annäherungsschlag auf der Vorhandseite ins Aus ging, hob Nadal, der vor Freude, in Roland Garros gewonnen zu haben, so oft ausgeflippt war, lediglich beide Arme, lächelte und schlurfte zum Handschlag ans Netz.

„Erstens sind meine Freudenausbrüche nicht geplant. Ich folge da meinem Gefühl“, so Nadal. „In den anderen Jahren habe ich in vier Sätzen gewonnen, es war enger als diesmal. Diesmal gab es keinen Moment maximaler Spannung. Und angesichts meiner Beziehung zu Roger schien es mir richtig, mich so zu verhalten.“

Es war eine freimütige, vernünftige Antwort: ein Markenzeichen Nadals. Doch Federers Schlappe überraschte ihn ebenso wie alle anderen.

Sie hatten nur wenige Wochen zuvor auf Sand in Hamburg gegeneinander gespielt. Nadal hatte verhindert, dass Federer das Spiel drehte, und in drei engen Sätzen gewonnen. Doch in Hamburg springt der Ball nicht so hoch ab, und die Bedingungen sind schwieriger. In Paris hatte Nadal einen Gang eingelegt, über den

Federerer nicht verfügte, und als erster Tennisspieler seit Borg bei den Herren die French Open ohne Satzverlust gewonnen.

Borg, der beim Finale wieder in der ersten Reihe saß, sah die Rivalität zwischen Federer und Nadal mit ganz anderen Augen als ein Jahr zuvor in Wimbledon. Genau genommen sollte man vielleicht eher von einer Rivalität zwischen Nadal und Federer sprechen: Nadal führte den direkten Vergleich nun mit 11:6 an und hatte neun Spiele gegen Federer auf Sand gewonnen.

„Er hat sich definitiv verbessert", so Federer. „Er ist viel besser in der Defensive und viel besser im Angriff. Wenn du überhaupt nicht in der Lage bist, dein eigenes Spiel zu spielen, und er von der Grundlinie aus machen kann, was er will, tja, dann führt das am Ende manchmal zu solchen Resultaten. Für den Gegner ist das hart, wie man sieht."

So hart, dass man sich fragen musste, welche Folgen das für Federer nach der Sandplatzsaison 2008 haben würde.

„Ich habe Rafa in einem Satz 6:0 geschlagen; ich habe ihn in Finals vorher geschlagen; ich habe ihn bei früheren Gelegenheiten ziemlich komfortabel geschlagen", antwortete Federer. „Aber das hat mir auf Sand keinen Vorteil gegen ihn verschafft."

Er war aus verschiedenen Gründen in einer schwierigen Phase. Im März hatte ich veröffentlicht, dass er sich gerade von Pfeifferschem Drüsenfieber erholte. Ich hatte das nur getan, weil Federer – im Zeitalter vor den sozialen Medien – entschieden hatte, dass es am klügsten sei, mit mir und der *Times* zu sprechen, damit wir die Nachricht verbreiteten und seine Schwierigkeiten ins richtige Licht rückten.

Er hatte 2008 nur zwei Turniere gespielt und beide verloren. Novak Djokovic hatte ihn im Halbfinale der Australian Open in drei Sätzen geschlagen; er gewann damals mit gerade mal 20 Jahren seinen ersten Grand-Slam-Titel.

„Ich habe ein Monster erschaffen, deshalb weiß ich, dass ich jedes Turnier gewinnen muss", sagte Federer, der bei der Pressekonferenz nach seiner Niederlage die Bestürzung der Anwesenden spürte. „Aber Halbfinale ist trotzdem immer noch ziemlich gut, wissen Sie."

Dann verlor Federer nach einer fünfwöchigen Wettkampfpause in der ersten Runde in Dubai gegen Andy Murray, einen weiteren 20-Jährigen. In dieser Pause hatte er sich in der Schweiz und in Dubai untersuchen lassen, denn er war innerhalb von sechs Wochen zum dritten Mal krank geworden. Die Ärzte sagten ihm, er habe sich mit Pfeifferschem Drüsenfieber infiziert, sehr wahrscheinlich schon im Dezember 2007. Die Krankheit kann grippeähnliche Symptome auslösen und zu anhaltender Erschöpfung führen. Häufig wird empfohlen, wegen der Gefahr eines Milzrisses auf große körperliche Anstrengung zu verzichten.

Der talentierte Kroate Mario Ancic war wegen Pfeifferschem Drüsenfieber zwei Monate lang ans Bett gefesselt gewesen und hatte die ersten sechs Monate der Saison 2007 pausieren müssen. Letztlich beendete er deswegen seine Karriere. Auch Robin Söderling, ein weiterer Rivale Federers, erklärte deswegen in den 2010er-Jahren seinen Rücktritt.

„Es gab einen Fußballspieler in meinem Heimatverein in der Schweiz, der zwei Jahre pausieren musste", sagte Federer bei einem Telefonat zu mir. „Du hörst: zwei Jahre, und du hörst: sechs Monate. Da denkst du: ‚Oh mein Gott.'"

Er habe dann von den Ärzten die Erlaubnis erhalten, das Training kurz vor dem Event in Dubai wieder aufzunehmen.

„Endlich habe ich grünes Licht, und endlich kann ich wieder 100 Prozent geben. Das hat keinen Spaß gemacht, auf Sparflamme zu kochen", sagte er. „Aber trotzdem, es war wichtig, und man muss auch solche Momente durchstehen. Ich weiß das. Im Laufe einer Karriere, einer langen Karriere, vielleicht als Nummer eins, muss man eben auch Verletzungen und Krankheiten durchstehen."

Er habe seine Krankheit aus Angst, von Murrays und Djokovics Siegen abzulenken, nicht öffentlich erwähnen wollen und schien verlegen, dass er es dann doch getan hatte. Aber er hatte das Gefühl, sich vor dem Spiel in Indian Wells erklären zu müssen. Falls die Fans und die Sportkollegen sein Spielniveau infrage stellten, sollten sie zumindest Bescheid wissen.

In seinen Augen hatte er seine Führung noch lange nicht eingebüßt.

„Ich finde es nicht fair, so beurteilt zu werden“, sagte er. „Für mich war der Aufstieg der Jüngeren nur eine Frage der Zeit. Jetzt, wo sie da sind, sind sie gut und alles, aber ich bin immer noch die Nummer eins der Welt. Ich finde, dass sie ihre Sache gut machen. Aber ich finde auch, es wäre ziemlich verfrüht, fast ein bisschen grob gegen mich, nach allem, was ich in den letzten Jahren geleistet habe. Ich finde es nicht fair, einfach zu sagen: ‚Der Kerl hat zwei Spiele verloren. Er hat zwei Turniere gespielt und beide nicht gewonnen, und jetzt ist es vorbei für ihn.‘“

Schon zu Beginn seiner Karriere hatte Federer besonders feine Antennen für die Atmosphäre um ihn herum. Er nahm eine negative Einstellung auf den Rängen fast mit derselben Geschwindigkeit wahr, mit der er einen Halbvolley aus dem Handgelenk ins Mittelfeld passierte, und häufig versuchte er, unbequeme Fragen abzuwenden, ehe sie überhaupt aufkamen.

Doch die Herausforderung im Jahr 2008 war größer denn je. Federer zog den geschätzten spanischen Trainer und ehemaligen Tennisprofi José Higueras hinzu, er sollte ihn während der Sandplatzsaison, die im portugiesischen Estoril begann, unterstützen. Higueras lebte mittlerweile auf einer Ranch im kalifornischen Palm Springs und hatte Michael Chang und Jim Courier bei den French Open zum Sieg verholfen. Das war der einzige große Titel, der Federer noch fehlte.

„Roger war nicht in Bestform, denn der Körper braucht ungefähr 18 Monate, um sich vollständig vom Drüsenfieber zu erholen“, erzählte mir Higueras. „Ich traf ihn in Estoril. Nach dem Abendessen bat er mich auf sein Zimmer, und am Ende schauten wir uns bis in die Morgenstunden Matches an. Was mich wirklich an ihm beeindruckte, war, wie interessiert er an allem war. Er kannte die Junioren, er kannte alle, und das fand ich, ehrlich gesagt, sehr erfrischend.“

Higueras überzeugte einen skeptischen Federer, auf Sand einen Vorhand-Stopp in sein Repertoire aufzunehmen, um das Tempo zu variieren. Federer, der eine schnelle Auffassungsgabe besitzt, gewann in Estoril. Doch auch Higueras’ geballtes Sandplatz-Knowhow konnte Federer gegen den Angriff im Finale von Roland Garros nicht helfen.

„Rafa war auf der Höhe seines Könnens, und für Roger war ein Spiel auf Sand offenbar immer schwierig, nicht nur spielerisch, sondern auch mental. Als er begann, an Boden zu verlieren, konnte er es einfach nicht richten“, äußerte sich Higueras.

Higueras arbeitete nur ein paar Wochen mit Federer und hatte geplant, anschließend seine Familie in Spanien zu besuchen. Doch kurz nach dem Finale erhielt er eine Nachricht von Federers Agenten Tony Godsick, ob er Federer nach Halle (Westfalen) zu dem Rasenplatzturnier begleiten würde, das eine Woche später stattfand.

„Ich hatte meine Flüge schon gebucht, aber nach dieser Abreibung konnte ich nicht Nein sagen“, so Higueras. „Also fuhren wir für ein paar Tage nach Zürich und dann nach Halle. Auf dem Trainingsfeld war es, als hätte er soeben die French Open zum fünften Mal hintereinander gewonnen, wissen Sie, diese Freude, Bälle zu schlagen und zu spielen. Ich bekam richtig gute Laune. Das ist etwas, was er entweder von jemandem gelernt hat oder was ihm in die Wiege gelegt wurde: Die Fähigkeit, so eine Niederlage abzuschütteln und nicht länger mit sich herumzuschleppen, ist ziemlich beeindruckend. Das ist ihm während seiner Karriere immer wieder verlässlich gelungen.“

Federer gewann in Halle ohne Satzverlust und bekam so wieder etwas Schwung. Die Tatsache allerdings blieb, dass er 2008 vor Wimbledon nur in Estoril und Halle gesiegt hatte. Beides sind Vorbereitungs-Turniere. Das war ein Grund zur Sorge. Nadal dagegen wurde nach den Siegen über Andy Roddick und Djokovic im Queen’s Club auf einem besseren Rasenplatz als in Halle immer stärker.

„Nadal war einfach eine Abrissbirne“, sagte Brad Gilbert.

Als Wimbledon begann, hatte Federer die Botschaft verstanden. Er verbesserte sich und segelte ohne Satzverlust ins Finale. Nadal verlor nur einen Satz.

Das Rematch war gesetzt.

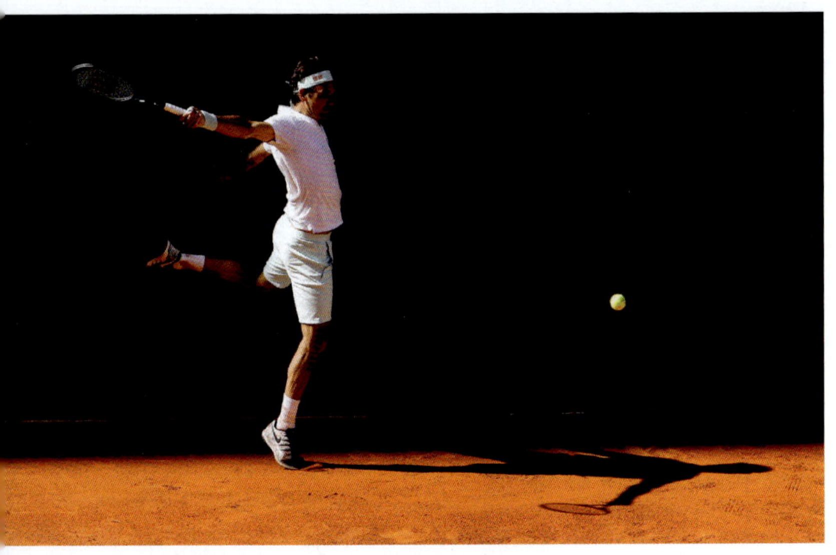

Federers geschmeidige einhändige Rückhand bei einem Match in Madrid. Seine Augen fixieren den Treffpunkt. © Ella Ling

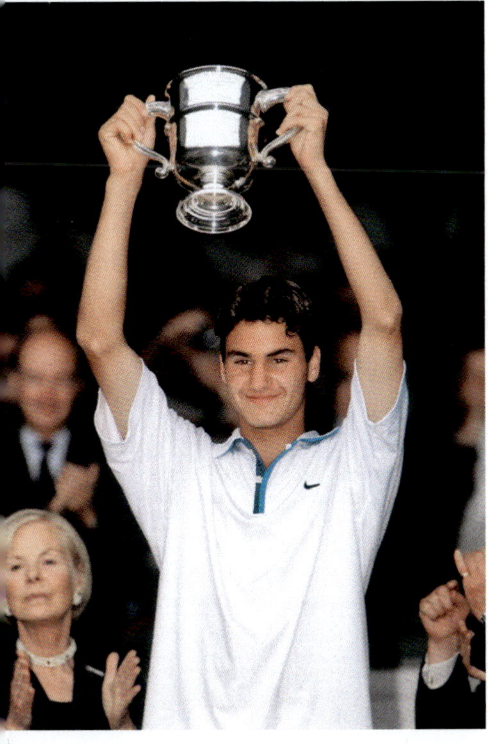

Mit 16 Jahren gewinnt Federer den Juniorenwettbewerb in Wimbledon.
© Mike Hewitt / Getty Images

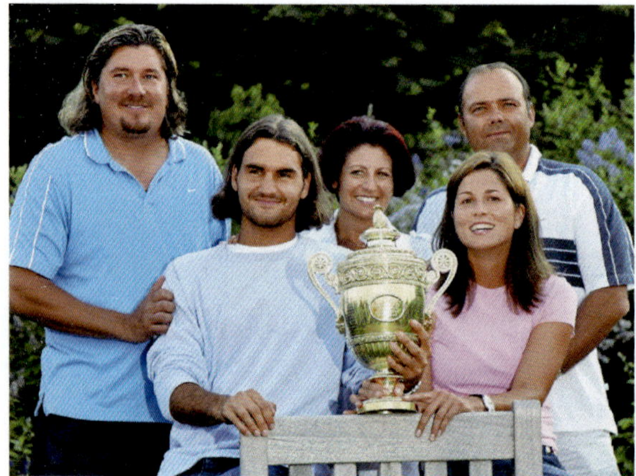

Der neue Wimbledon-Champion posiert im Juli 2003 mit Mirka Federer, Lynette Federer, Trainer Peter Lundgren (l.) und dem Physiotherapeuten Pavel Kovac am All England Club.
© Thomas Coex / AFP via Getty Images

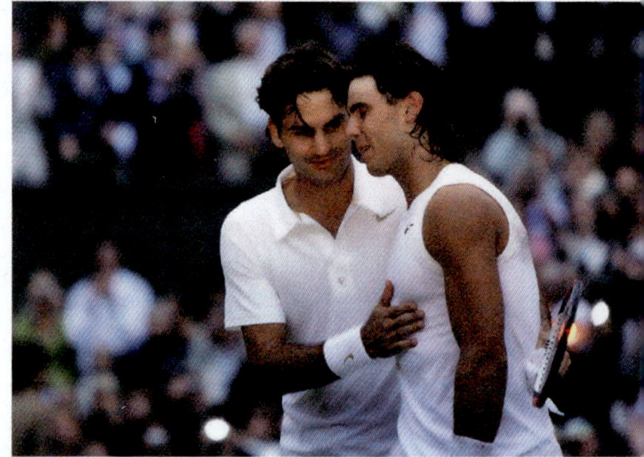

Federer und Nadal begegnen sich nach Ende des Wimbledon-Finales von 2008 in der Abenddämmerung am Netz. Es war eines der großartigsten Tennis-Matches aller Zeiten.
© Ella Ling

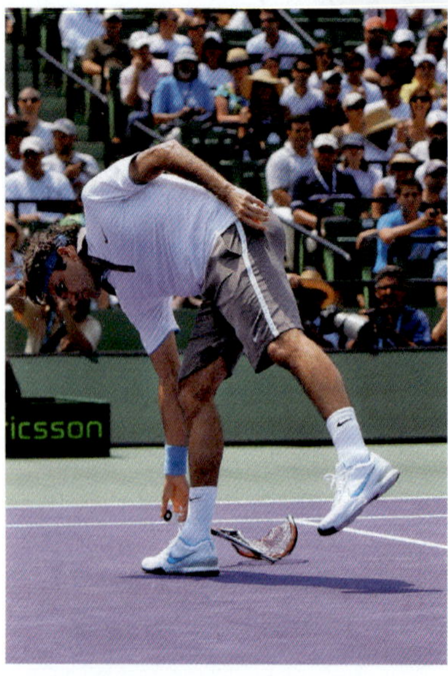

Beim Match gegen Novak Djokovic in Miami im Jahr 2009 zertrümmert Federer frustriert einen Schläger. Ein seltener Rückfall für jemanden, der sich auch in Momenten der Verzweiflung zu beherrschen gelernt hatte.
© Ella Ling

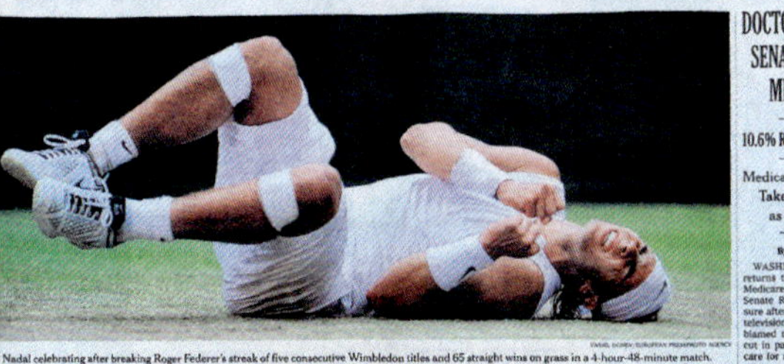

"All the News
That's Fit to Print"

The New York Times

Late Editio
Today, limited sunshine
showers, high 84. Tonig
patchy fog, low 74. Tomo
sunshine, very warm,
Weather map appears o

)L. CLVII . . No. 54,364

NEW YORK, MONDAY, JULY 7, 2008

fael Nadal celebrating after breaking Roger Federer's streak of five consecutive Wimbledon titles and 65 straight wins on grass in a 4-hour-48-minute match.

ı Epic Battle,
A Reign Ends
At Wimbledon

By CHRISTOPHER CLAREY
WIMBLEDON, England — No
ı had beaten Roger Federer

Decades Later, Toxic Sludge Torments Bhopal

By SOMINI SENGUPTA

BHOPAL, India — Hundreds of tons of waste still languish inside a tin-roofed warehouse in a corner of the old grounds of the Union Carbide pesticide factory here, nearly a quarter-century after a poison gas leak killed thou-

dues in the neighborhood wells far exceeding permissible levels.

Nor has anyone bothered to address the concerns of those who have drunk that water and tended kitchen gardens on this soil and who now present a wide range of ailments, including cleft palates and mental retardation,

the mess they left. But the question of who will pay for the cleanup of the 11-acre site has assumed new urgency in a country that today is increasingly keen to attract foreign investment.

It was here that on Dec. 3, 1984, a tank inside the factory released 40 tons of methyl isocyanate gas,

QUIETLY, BRAZIL ECLIPSES AN ALLY

A Softer Turn to the Left Than Venezuela's

DOCTORS PRE
SENATE TO U
MEDICARE

10.6% REDUCTION

Medical Associat
Take Aim at G
as Battle Gr

By ROBERT PE
WASHINGTON —
returns to work this
Medicare high on the a
Senate Republicans u
sure after a barrage o
television adve
blamed them for a 1(
cut in payments to d
care for millions of ol
cans.
The advertisement
American Medical A
urge Senate Republic
verse themselves and
legislation to fend off t
How to pay doctc
the federal health ins
gram is an issue that
are forced to confront
because of what is wi
to be an outdated rei
formula. But the dis
showcases the contin
of health care issues, l

Nadals Sieg auf der Titelseite der *New York Times*: eine seltene Bühne für ein Tennis-Match, doch das Wimbledon-Finale der Herren von 2008 verhalf der Sportart zu höheren Weihen. Mit freundlicher Genehmigung des Autors

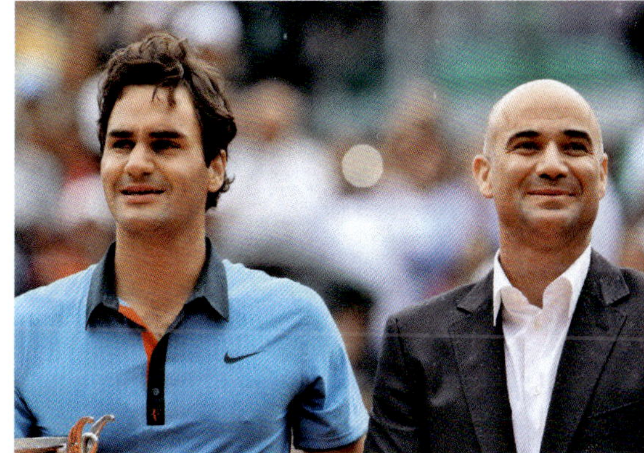

Nachdem Federer 2009 endlich die French Open gewinnt, fließen die Tränen. Sein früherer Rivale Andre Agassi überreicht ihm in Roland Garros den Pokal. © Ryan Pierse / Getty Images

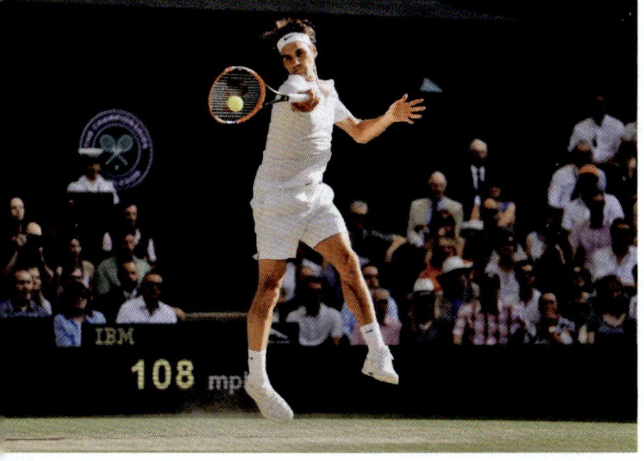

Unverkennbar Federer: seine Inside-Out-Vorhand, aus dem Sprung geschlagen. © Julian Finney / Getty Images

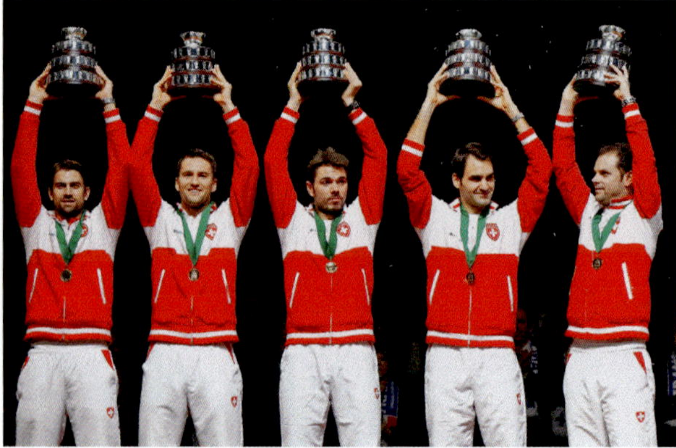

Die Schweiz gewinnt 2004 in Lille zum ersten Mal den Davis Cup. V.l.n.r.: Michael Lammer, Marco Chiudinelli, Stan Wawrinka, Roger Federer und Kapitän Severin Lüthi.
© Julian Finney / Getty Images

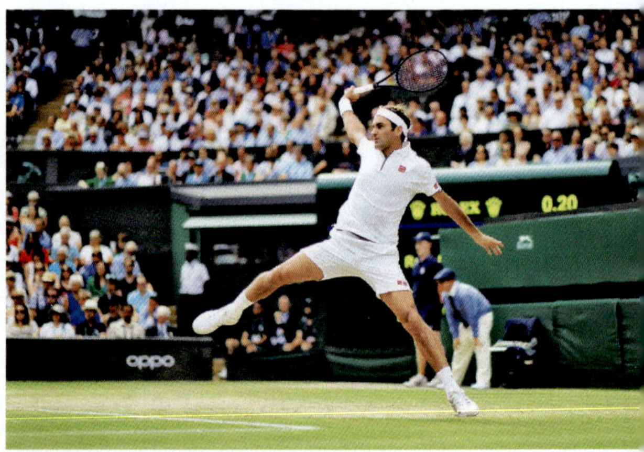

„Es spricht Bände, wie wenig er beim Schlagen das Gesicht verzieht. Tennis zu spielen ist für ihn ganz natürlich, mühelos, es fließt ihm aus Körper und Geist."
Ella Ling, Sportfotografin
© Ella Ling

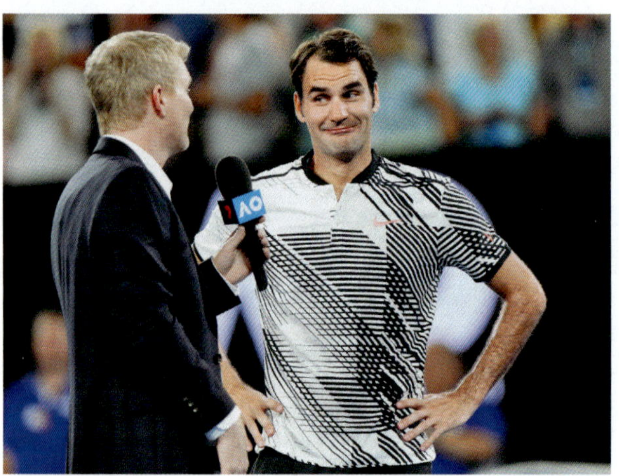

Das Interview auf dem Platz nach dem Sieg, hier mit Jim Courier bei den Australian Open 2017. Federer hat im Laufe der Jahre Hunderte solcher Interviews gegeben.
© Ella Ling

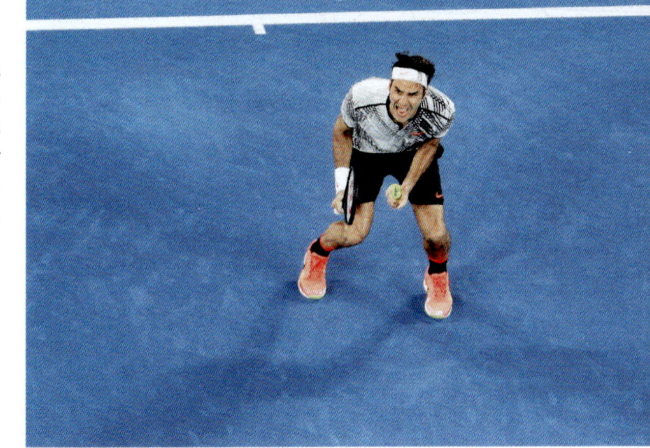

Comeback geschafft. Der Moment des Sieges bei den Australian Open 2017: Federers überraschendster Grand-Slam-Titel.

© Ella Ling

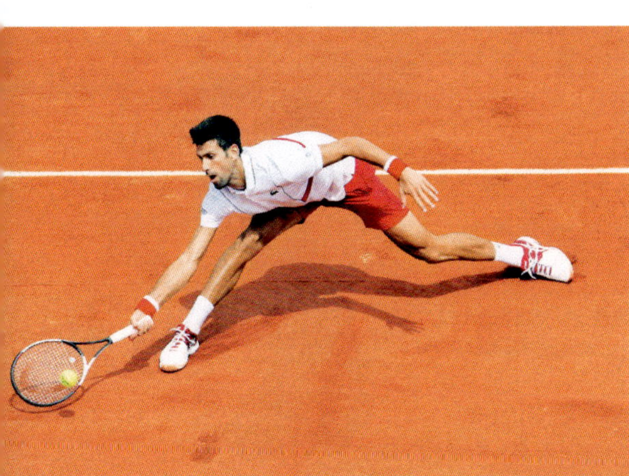

Djokovic, der gelenkigste aller Tennisspieler.

© Ella Ling

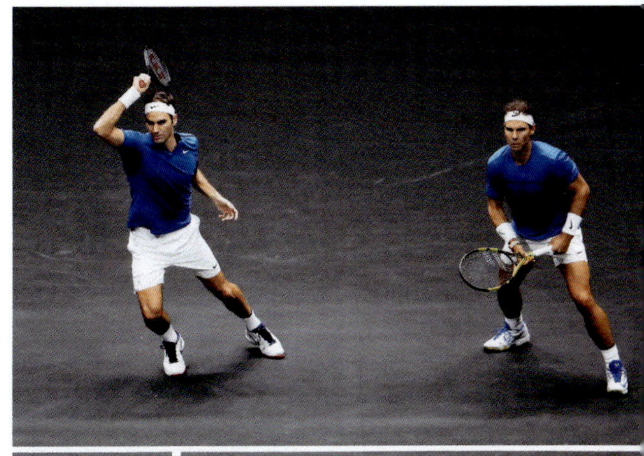

Federer und Nadal bestreiten ihr erstes gemeinsames Doppel beim Laver Cup 2017 in Prag.

© Clive Brunskill / Getty Images für den Laver Cup

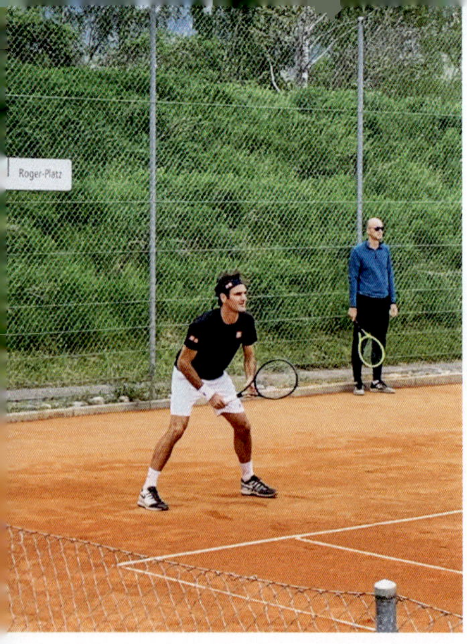

Coach Ivan Ljubicic behält die Ruhe, während Federer 2019 auf dem Roger-Platz trainiert, dem nach ihm benannten Platz im schweizerischen Felsberg.
Mit freundlicher Genehmigung des Autors

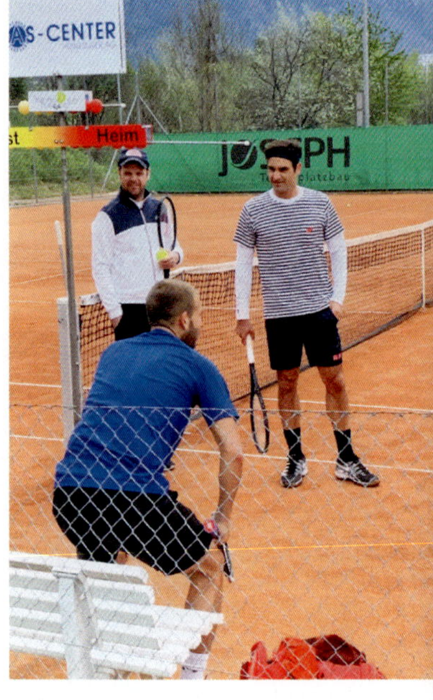

Federer auf dem Sandplatz zwischen den Trainern Lüthi und Ljubicic, während sein Übungspartner Dan Evans sich aufwärmt.
Mit freundlicher Genehmigung des Autors

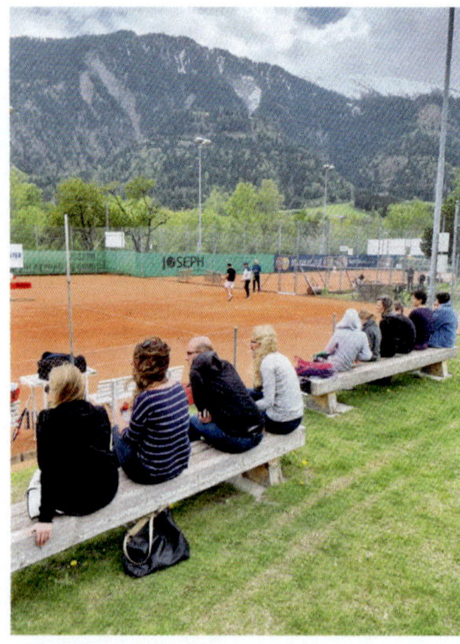

Clubmitglieder mit Aussicht auf die schneebedeckten Alpen und eine Trainingseinheit mit Federer im Tennisclub Felsberg. Bis zum Schluss wurde nicht geklatscht.
Mit freundlicher Genehmigung des Autors

Eine der schmerzlichsten Niederlagen für Federer: das Wimbledon-Finale von 2019.
© Matthias Hangst / Getty Images

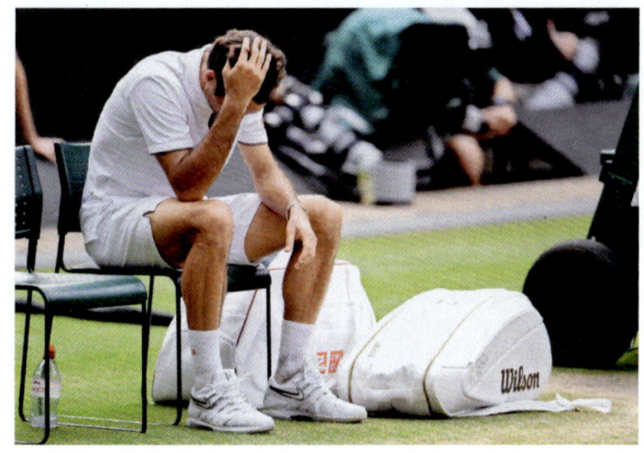

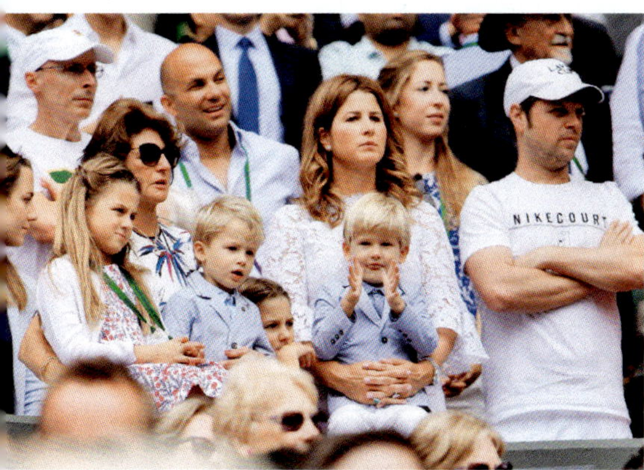

Federer spielt schon so lange, dass ihm nun seine Kinder bei der Arbeit zuschauen können: die Zwillinge in der ersten Zuschauerreihe, zusammen mit Pierre Paganini, Mirka Federer, Lynette Federer und Severin Lüthi.
© Ella Ling

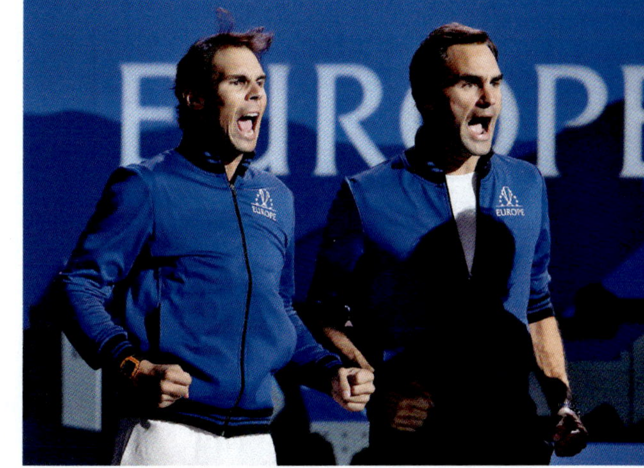

Beim Laver Cup 2019: Federer und Nadal bringen sich in Stimmung.
© Julian Finney / Getty Images für den Laver Cup

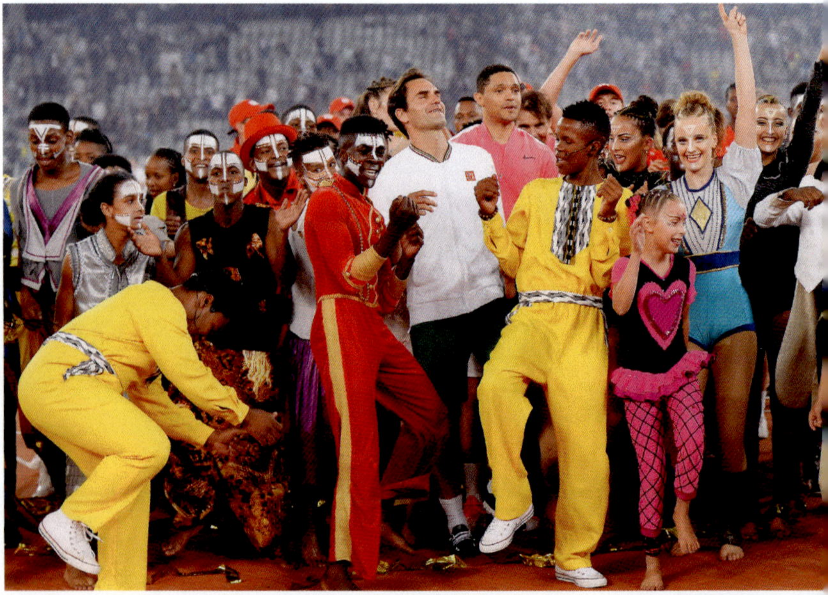

Federer und der südafrikanische Komiker Trevor Noah feiern 2020 beim Schauturnier in Kapstadt, das rekordverdächtige 51.954 Zuschauer anlockte, kurz bevor die Pandemie weltweit zu Grenz- und Stadionschließungen führte.
© Ashley Vlotman / Gallo Images / Getty Images

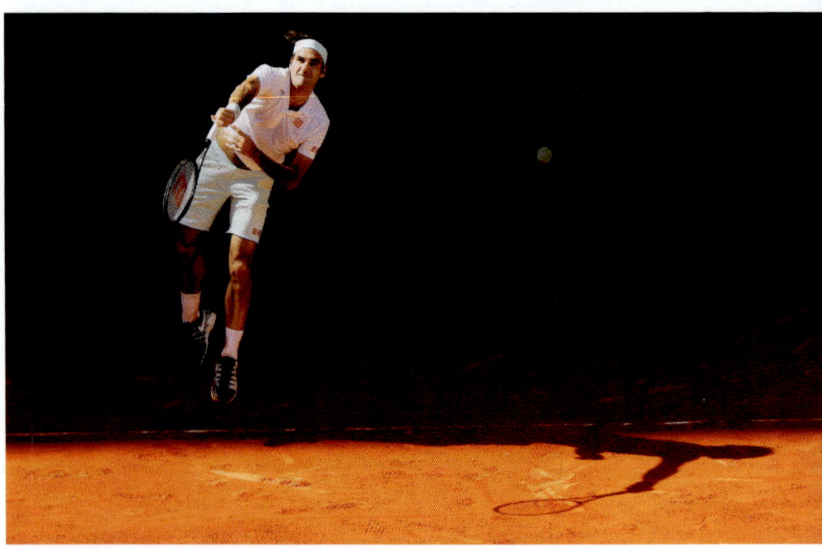

Es gibt kraftvollere Aufschläge, aber Federers Markenzeichen sind präzise Schläge, auch unter Druck. © Ella Ling

„Das ist sicher für alle ein Traumfinale“, sagte Federer.

Und in der Tat gab es traumhafte Ballwechsel. Es war sogar das fesselndste Match, das je auf diesem stimmungsvollsten und geschichtsträchtigsten Platz im Tennissport ausgetragen wurde.

Federers Ziel war, Borgs Rekord im modernen Herrentennis zu knacken und zum sechsten Mal hintereinander Wimbledon zu gewinnen. Nadals Ziel war, sein erstes Wimbledon-Turnier und als Erster seit Borg das schwierige Doppel French Open–Wimbledon für sich zu entscheiden.

„Ich denke, in der öffentlichen Wahrnehmung herrscht das Gefühl vor, es sei quasi Nadals Bestimmung, nach einem so engen Finale letztes Jahr und nachdem er Roger in Paris wirklich dominiert hat, hier auch zu gewinnen“, sagte Darren Cahill vor dem Finale zu mir. „Aber ich bin einfach begeistert davon, wie Roger sein Spiel seit Paris verbessert hat. Ich denke, er ist bei diesem Wimbledon-Turnier in seiner diesjährigen Bestform. Sie ist ebenso gut wie bei seinen anderen Finals hier. Sein Aufschlag ist wieder top. Er platziert ihn wunderbar, serviert näher an die Linie und damit viele Asse. Und was ich ebenfalls mag, ist seine schnelle Beinarbeit und die Leichtfüßigkeit. Die Schärfe ist in sein Spiel zurückgekehrt.“

Eine weitere Dreisatzniederlage schien ausgeschlossen.

Aber auch Nadal war wild entschlossen, als er sich auf sein drittes Wimbledon-Finale in Folge gegen Federer vorbereitete. Ja – er brauchte kurz vor dem Finale eine Schmerzspritze in die vermaledeite Sohle seines linken Fußes, das war leider nicht ungewöhnlich. Er sah sich diesmal nicht als Favorit. Doch zur Abwechslung fühlte er sich auch nicht als Underdog.

Es war aus seiner Sicht ein offenes Match. Vielleicht war diese Einstellung einer der Faktoren, die es genau dazu machten: zu einem offenen Match.

Nadal gewann die ersten beiden Sätze, obwohl er im zweiten mit 1:4 hinten lag. Und obwohl Federer bei seinen Return-Spielen immer mehr Chancen nutzte und häufiger ans Netz ging, war Nadal drauf und dran, auch im dritten Satz die Führung zu übernehmen. Bei 3:3 lag Federer bei eigenem Aufschlag 0:40 zurück, dann zog er seinen Kopf aus der Schlinge. Als er 5:4 in Führung lag, wurde das Spiel wegen Regen für mehr als eine Stunde unterbrochen.

Federer, der erneut ohne offiziellen Trainer antrat, wurde von Vavrinec aufgemuntert, als er den Platz verließ. Wie Jon Wertheim in seinem Buch *Strokes of Genius* über das Finale 2008 schreibt, soll Vavrinec ihren Freund daran erinnert haben, dass er, nicht Nadal, der fünfmalige Champion war. Doch Federer sagte später, dass er sich nicht daran entsinne.

„Sie würde so etwas nicht sagen“, äußerte er in einem Interview mit der *Sunday Times*.

Über eine Stunde später kehrte Federer mit neuer Energie auf den Rasen zurück, gewann den Tiebreak und erzwang einen vierten Satz. Das Finale war im Begriff abzuheben: Federer setzte zum Höhenflug an. Doch Nadal ließ ihn nicht davonziehen.

Natürlich ist es für uns Zuschauer am tollsten, so ein Match live zu erleben. Wimbledon sollte auf der Liste aller leidenschaftlichen Tennisfans stehen: Es ist voller und weniger exklusiv, als man es sich vorstellt, aber es wird seinem Ruf gerecht. Allein die Geräuschkulisse des Centre Court ist umwerfend, die Art, wie sich die Stimmung des Publikums in ein Rauschen umsetzt, die Laute sich mischen und über den Platz rollen.

Auch das Spiel lässt sich besser beurteilen, wenn man live dabei ist, denn so kann man wirklich erfassen, mit wie viel Spin Nadal und Federer die Vorhand schlagen, wie schnell sie von der Grundlinie aus zu einem Stoppball spurten, und vor allem, wie heftig der Schlagabtausch ist, wenn sie sich gegenseitig zerlegen.

Das Fernsehen hat bis jetzt leider noch keinen Weg gefunden, all das zu vermitteln. Aber mehr als ein Jahrzehnt später kann natürlich auch niemand mehr live beim Finale von 2008 dabei sein. Wer heute das Video des Spiels anschaut und in einem beliebigen Moment der letzten zwei Stunden des Finales auf „Play“ drückt, kann nachfühlen, welches Drama sich da ereignete: Es ist präsent in der intensiven Konzentration der beiden Rivalen und in den gestochen scharfen und unmittelbaren Reaktionen des Publikums.

Es war ein Wechselbad der Gefühle – und damit genau das, was ein Tennismeisterwerk braucht.

Im Nadal-Lager herrschte nach seiner 5:2-Führung im Tiebreak des vierten Satzes heitere Zuversicht. Bei eigenem Aufschlag fehlten ihm nur noch zwei Punkte zum Titelgewinn.

Konnte er jetzt Federer in Wimbledon besiegen? Offenbar nicht. Sein zweiter zaghafter Aufschlag berührte das Netz: Doppelfehler. Dann spielte er einen kurzen Ball, der Federer die Möglichkeit zum Angriff eröffnete, und setzte einen Rückhand-Passierball, den er schon Tausende Male gegen schwächere Gegner durchgebracht hatte, ins Netz.

Sein Vorsprung war auf 5:4 geschrumpft und schließlich völlig dahin, als Federer zwei Punkte bei eigenem Aufschlag gewann. Nadal überstand einen Satzball und einen langen Ballwechsel und hatte beim Stand von 7:6 schließlich seinen ersten Matchball. Federer zauderte nicht, schlug seinen ersten Aufschlag lang nach außen, und Nadal patzte mit der Vorhand. Es stand 7:7 – Zeit für Nadal, aus dem Lauf einen Vorhand-Winner longline zu schlagen. Das hätte die Entscheidung sein können, doch Federer konterte Nadals zweiten Matchball mit einem Rückhand-Winner longline.

Hier überboten sich zwei Tennismeister, die auch unter Druck extrem präzise spielten. 8:8.

Federer gewann die nächsten beiden Punkte, und damit war es zum Glück Zeit für einen fünften Satz.

Über dieses Spiel hier und jetzt zu schreiben ist eine reine Freude – ganz anders als damals vor Ort. Die Regenpause brachte es mit sich, dass wir bereits gegen den Redaktionsschluss unserer europäischen Zeitungen anschrieben. Die Tatsache, dass nun ein fünfter Satz anstand, erhöhte unseren Druck um ein Weiteres.

Ich verbrachte den Rest der Partie damit, den Blick hektisch zwischen Platz und Laptop zu wechseln, und wünschte mir, ich könnte dieses Traumfinale einfach nur genießen.

In solchen Situationen, wenn jede Minute zählt, bereiten wir Journalisten zwei verschiedene Versionen der Story vor: je eine pro potenziellen Sieger. In der einen Version untermauerte Federer seine

Dominanz im schwindenden Licht des Tages, in der anderen wurde sie von Nadal beendet. Es dauerte dann noch mehr als eine Stunde, bis feststand, welchen der beiden Texte ich umsonst geschrieben hatte.

Zum letzten Mal wurde das Spiel wegen Regen beim Stand von 2:2 unterbrochen. Zu diesem Zeitpunkt hatte Federer zum Gleichstand aufgeschlagen. Als das Match nach einer knappen halben Stunde fortgesetzt wurde, schlug Federer hintereinander zwei Asse und gewann das Spiel.

Er schien bereit zum Titelgewinn, und als Nadal bei 3:4, 30:40 servierte, hatte er einen Breakball.

Nadal rettete den Punkt mit einer Vorhand und einem Schmetterball nach einem kurzen, defensiven Lob. Auch er schien bereit zum Titelgewinn.

„Roger! Rafa! Roger! Rafa!“ Die Zuschauer im Centre Court wurden sich nicht einig.

Als Nadal bei 4:5, 30:30 servierte, fehlten Federer nur noch zwei Punkte zum Sieg, doch Nadal hielt beherzt dagegen.

Die Ziffern auf der Anzeigetafel sprangen ein ums andere Mal auf Gleichstand: 5:5. 6:5. 6:6. 7:6. 7:7.

Inzwischen war es richtig dunkel geworden – was die Fernsehzuschauer kaum bemerkten, denn die Kameras verstärken das verfügbare Licht. Es war eigentlich kaum noch möglich zu spielen, und auf den Tribünen gingen zusätzlich die Blitzlichter los, weil einige der 15.000 Zuschauer das Geschehen weiterhin mit der Kamera festhalten wollten.

Wer könnte ihnen einen Vorwurf machen? Die Spannung des Spiels, wie schwierig es im Dunkeln auch auszumachen war, brachte es mit sich, dass alle ausharrten.

Federer holte sich im nächsten Spiel drei Breakbälle, während Vavrinec sich auf ihrem Sitz zurücklehnte und irgendwann die Augen schloss, weil sie es nicht mehr aushielt, ihren Freund auf einem Drahtseil balancieren zu sehen. Federer vergab den vierten Breakball, weil er einen Vorhand-Angriffsball ins Aus schlug.

„Ich konnte kaum noch sehen, gegen wen ich spielte", so Federer später.

Es war immer noch Nadal, der bei 8:7 mit neuen Bällen zum Matchgewinn aufschlagen sollte, und (es war nach 21 Uhr) er würde dieses Spiel gewinnen müssen, wollte er nicht eine unruhige Nacht verbringen und das Finale am Montag fortsetzen.

Den Abschluss dieses Tennisepos zu zerstückeln, wäre nicht angemessen gewesen. Selbst Federer verstand das, obwohl er sicher nicht die Absicht hatte, Nadal über die Ziellinie zu helfen. Es war das letzte Jahr in Wimbledon unter diesen Spielbedingungen. Der Aufbau des Schiebedachs war bereits angebracht. 2009 würden das Dach und die Beleuchtung einsatzbereit sein. Finals konnten dann unabhängig vom Wetter garantiert am selben Tag beginnen und enden.

Aber noch war es nicht so weit – und 2008 war Nadals Jahr in vielerlei Hinsicht. Federer wehrte bei 40:30 mit einem seiner besten und härtesten Rückhand-Returns in diesem Match einen dritten Matchball ab, doch Nadal blieb ungerührt und gewann den nächsten Punkt mit einem ersten Aufschlag, den Federer nicht kontrollieren konnte.

Matchball Nummer vier. Nadal, dessen Haar im Nacken klebte, zog seine übliche Aufschlagroutine durch, brachte einen weiteren ersten Aufschlag ins Spiel und schlug dann eine offen gesagt uninspirierte und konservative Rückhand, die relativ kurz hinter dem Netz landete.

Federer ging nach vorne, um mit einem Schlag zu kontern, der bei seinen fünf Wimbledon-Siegen in Folge der entscheidende Trumpf gewesen war: seine Vorhand.

Sie ging ins Netz. Und Nadal ging zu Boden, ließ sich auf den Rücken und auf das, was einmal Rasen war, fallen.

Wimbledon hatte einen neuen Champion und das Herrentennis eine neue Dynamik: 6:4, 6:4, 6:7 (5), 6:7 (8), 9:7.

Federer sah aus, wie man es vom Verlierer eines solchen Matches erwarten konnte: niedergeschlagen, in sich gekehrt, verwundet.

„Wahrscheinlich bei Weitem meine härteste Niederlage“, sagte er später mit roten Augen. „Ich meine, was Härteres als das hier jetzt gibt's nicht.“

Nadal wirkte angemessen beseelt: Er kletterte in die Spielerbox, um seine Familie und sein Team zu umarmen. Das erinnerte an Pat Cash nach seinem Wimbledon-Sieg 1987, doch Nadal setzte noch eins drauf, indem er über das Dach der Kommentatorenkabinen zur königlichen Loge lief, um den spanischen Kronprinzen Felipe und Prinzessin Letizia zu begrüßen.

„Es ist der beste Sieg seiner Karriere; mental war er noch nie so stark“, sagte Toni Nadal. „Nicht einmal bei den French Open.“

Federer ist anderer Ansicht. Er glaubt, dass unter anderem die Erfolgsserie im Finale der French Open Nadal das Selbstvertrauen und die Stärke gaben, ihm die Wimbledon-Krone abzunehmen. Federer beschwerte sich außerdem über die schlechten Sichtverhältnisse und die Entscheidung, das Spiel trotz Dämmerung fortzusetzen.

„Es wäre für die Fans brutal gewesen, für die Medien, für uns, für alle, morgen wiederzukommen, doch was soll man tun?“, sagte Federer. „Es ist jetzt natürlich schwer für mich, das größte Turnier der Welt vielleicht wegen ein bisschen zu wenig Licht verloren zu haben.“

Nadal jedoch hatte ja dieselben Lichtverhältnisse, und er hatte es geschafft, das Spiel zu gewinnen.

„Ich glaube, ich habe schon bewiesen, dass ich nicht nur ein Sandplatzspieler bin“, sagte Nadal. „Hier zu gewinnen ist etwas ganz Besonderes für mich. Es ist der traditionellste der vier Grand Slams. Es ist echt das Turnier.“

Ist das nun wirklich die entscheidende Frage, was das größte Match aller Zeiten ist?

Denken wir an Borgs Fünfsatzsieg über McEnroe im Wimbledon-Finale 1980. Da spielte ebenfalls ein Linkshänder gegen einen Rechtshänder, es gab größere charakterliche und stilistische Unterschiede, und das Spiel am Netz überwog das Grundlinienspiel. Für meine und die vorausgehenden Generationen wird das wohl immer der Inbegriff von Wimbledon bleiben.

McEnroe beurteilte Nadals und Federers Duell als „das beste Match, das ich je gesehen habe". Doch McEnroe war in diesem Finale von 1980 natürlich viel zu sehr mit Spielen beschäftigt, um objektiv ein vergleichendes Urteil abgeben zu können. McEnroe hatte sieben Matchbälle, vier mehr als Federer: fünf davon im Tiebreak, den er 18:16 gewann, sodass das Match in den fünften Satz ging. Obwohl viele Aufschlagspiele im fünften Satz einseitig waren, endete er mit einem todsicheren, longline gespielten Rückhand-Winner Borgs; Federers und Nadals Duell endete dagegen mit einem grenzwertigen Patzer.

Wegen Djokovics Durchhaltevermögen und seiner enormen mentalen Stärke verdient auch sein Sieg über Nadal bei den Australian Open 2012 in einem fast sechsstündigen Match Anerkennung. Ich persönlich habe aus sentimentalen Gründen außerdem eine Schwäche für den hochemotionalen Fünfsatzsieg Goran Ivanisevics über Patrick Rafter im Wimbledon-Finale 2011, das an einem People's Monday stattfand, als die Karten in den freien Verkauf gingen und jedermann den Centre Court erleben konnte. Doch ich weiß, dass hier mein Herz und nicht der Verstand spricht.

Offensichtlich ist wohl, dass auch das größte Match nicht ohne Drumherum auskommt. Es braucht eine Menge Werbung und eine Wahnsinnshintergrundgeschichte, und es muss natürlich ein spannendes Spektakel mit Hechtsprüngen und dergleichen sein, das die Vorstellungen davon, was Menschen mit einem Tennisschläger in der Hand anstellen können, sprengt.

Suchen Sie sich eins aus, wenn es sein muss. Ich würde mich für Borg–McEnroe entscheiden, wenn Sie mich festnageln wollten. Bei einem Match wie dem Wimbledon-Finale 1980 oder 2008 geht es nicht zuletzt auch darum, was als Nächstes passiert.

Wenn Borg und McEnroe mehr als 40 Jahre nach ihrem Duell miteinander lachen und sich wissende Blicke zuwerfen, zeugt das von dem Band, das dieses Match zwischen ihnen knüpfte. Ihre Rivalität stand 1980 erst am Anfang, sie dauerte nicht lange, da sich Borg, ein

Jahr nachdem McEnroe ihn im Wimbledon-Finale und im Finale der US Open geknackt hatte, aus dem Tennissport zurückzog. Alles in allem spielten beide nur vier Saisons gegeneinander.

Die Rivalität zwischen Federer und Nadal währte lange genug, um sich in die Tennislandschaft einzuprägen, um quasi zur Institution zu werden. 2008 standen sie noch mehr oder weniger am Anfang ihres Wettstreits. Und doch fühlten Nadal und Federer, wie sehr dieses Match in der Dämmerung andere und auch sie selbst berührte. Ich vermute, das wird beiden Grund genug sein, sich auch in fernerer Zukunft wiederzusehen – so wie im Winter 2016, als Federer für ein Event, das nicht annähernd so surreal war wie der „Battle of Surfaces", wieder nach Mallorca flog.

Sowohl er als auch Nadal erholten sich gerade von Verletzungen, und Nadal hatte nach größeren Anstrengungen und Investitionen seine Tennisakademie in Manacor eröffnet. Er brauchte Federer als Magnet, und so stieg Federer in der Schweiz in ein Flugzeug und leistete ihm für diesen Tag Gesellschaft.

Sie saßen Seite an Seite auf der Bühne, tief miteinander verbunden, als wären sie an diesem Abend im All England Club – die Gesichter von Blitzlichtern erhellt, Nadal stolz den Goldpokal und Federer niedergeschlagen den Silberteller in den Händen.

Kapitel 9

PARIS, FRANKREICH

Es war eine knappe Stunde nach dem Finale der French Open 2008, in dem der große Roger Federer zerrieben worden war wie einer jener roten Ziegel, die für den Sandbelag in Roland Garros verwendet werden.

Ob er wirklich selbst noch glaube, dieses Turnier eines Tages zu gewinnen?

„Ja", antwortete Federer bei seiner Pressekonferenz nach der Niederlage.

„Wirklich?", fragte derselbe Reporter, wenig überzeugt.

„Würde ein ‚Nein' Sie glücklich machen?", konterte Federer ungewohnt gereizt. „Dann: Nein. Suchen Sie sich die Antwort aus. Ich sage: Ja."

Skepsis war sicherlich angebracht. Federer hatte gegen Rafael Nadal in drei Sätzen bloß vier Spiele gewonnen und dabei ein bisschen gewirkt, als wollte er mit Pfeil und Bogen eine lasergesteuerte Rakete aufhalten. Er hatte drei French-Open-Finals gegen Nadal in Folge gespielt und jedes Jahr weniger mithalten können.

Doch man konnte genauso gut mit Federers Augen in die Zukunft sehen. Er war zu diesem Zeitpunkt zweifellos der zweitbeste Sandplatzspieler der Welt und konnte auf diesem Belag normalerweise jeden (außer Nadal) schlagen.

Der Senkrechtstarter Novak Djokovic hatte gerade seinen ersten Grand-Slam-Titel gewonnen, war aber noch nicht auf dem Gipfel seiner Sandplatzkunst angelangt. Stan Wawrinka war gerade erst unter die Top 10 vorgestoßen. Die Sandplatzmeister Juan Carlos Ferrero und Guillermo Coria hatten nachgelassen. Gustavo Kuerten hatte seinen Rücktritt angekündigt.

Aus Federers Perspektive gab es nur einen, der ihm den Weg verbaute, seine Sammlung von Grand-Slam-Titeln zu vervollständigen.

Warum sollte er nicht glauben, dass er die Aufgabe in Roland Garros würde lösen können, genauso wie er zu Beginn seiner Karriere Lleyton Hewitt und sein eigenes Temperament in den Griff bekommen hatte?

„Also, ich meine, er ist schwer zu schlagen, aber es ist nicht unmöglich. Das ist ein großer Unterschied", sagte Federer über Nadal.

Federer war von Hause aus ein Sandplatzspieler. Er hatte auf Basler Sandplätzen Tennis spielen gelernt: in den wärmeren Monaten draußen und in den kälteren in beheizten Traglufthallen, die in Clubs wie dem Old Boys über den Plätzen errichtet werden.

„Sandplätze mit ‚Bubble' sind in der Schweiz sehr verbreitet, sodass der Club auch im Winter den Betrieb aufrechterhalten kann", erzählte mir Federer. „Ich habe zwar manchmal auch auf Teppich oder ähnlichen Belägen gespielt, aber in meiner Juniorenzeit meistens auf Sand."

Hartplätze wie in Nordamerika sind in der Schweiz selten; Sand ist der vorherrschende Belag. Er bietet Vorteile für alle Altersgruppen. Weil mehr Reibung entsteht, wenn der Ball auf den Boden trifft, ist das Spiel langsamer. Das fördert die Vorbereitung von Punkten und die Entwicklung einer ganzen Bandbreite von Schlägen inklusive Stoppbällen. Auf schnelleren, weniger körnigen Oberflächen kann ein Schlägerschwung die Entscheidung bedeuten. Auf Sand ist normalerweise mehr Geduld erforderlich.

Im Laufe der Jahre habe ich als Zuschauer eine Vorliebe für Sandplatzduelle entwickelt: aufgrund der Bewegung, der Taktik und, in rein ästhetischer Hinsicht, weil die Schatten am späten Nachmittag auf dem roten Sand in Rom oder Paris immer länger werden.

Patrick McEnroe, ehemaliger Direktor der Abteilung für Spielerentwicklung bei der United States Tennis Association, war der Ansicht, dass es in den 2010er-Jahren im Herrentennis auch deshalb an erstklassigen US-amerikanischen Spielern fehlte, weil die Europäer einen Entwicklungsvorteil hatten, sozusagen auf dem Sandplatz aufwuchsen. Zu viele junge Amerikaner könnten zwar Bälle schlagen, aber kein Tennis spielen. Sand war vielleicht das beste aller Klassenzimmer: Er dämpfte rohe Kraft und förderte die Vorbereitung von Punkten. Er hatte aber noch weitere Vorteile.

Einer der vielen Gründe, weshalb Federer mehr als 20 Jahre lang auf der Tour erfolgreich sein konnte, war vielleicht, dass er als junger Mann seinen Körper nicht auf Hartplätzen geschunden hatte. Sand ist generell weniger belastend für die Gelenke – für Federers Temperament war er allerdings nicht immer einfach.

Bei seinem ersten Match auf der ATP-Tour 1998 wurde er in Gstaad von Lucas Arnold Ker auf Sand geschlagen und verlor auch später immer wieder auf diesem Belag.

„Ich habe meine ersten elf Matches verloren, das war hart", sagte Federer viele Jahre später zu mir. Die Zahl hatte sich in sein Gedächtnis eingebrannt. „Bei vielen war es eng, aber elf ist elf. Ein ziemliches Ding."

Eine dieser frühen Niederlagen auf Sand erlitt Federer 1999 bei seinem Grand-Slam-Debüt bei den French Open. Sein Gegner war Patrick Rafter, der charismatische australische Netzspieler, der die US Open 1997 und 1998 gewonnen hatte. Rafter war wie geboren für schnelle Plätze, er wusste aber auch, wie man auf Sand gleiten und angreifen konnte, weil er wie die australischen Größen Rod Laver und Roy Emerson im sonnigen Queensland aufgewachsen war. Dort hatte er auf Plätzen aus zerriebenen Termitenhügeln gespielt.

„Sie sind sehr rutschig; man gleitet viel", sagte Rafter. „Es ist das, was in Queensland einem Sandplatz am nächsten kommt."

Rafter hatte 1997 das Halbfinale der French Open und wenige Tage vor seinem Eintreffen in Roland Garros das Finale der Italian Open erreicht (beide werden auf Sand ausgetragen). Federer, der Rafter noch nie getroffen hatte, war 17 und glücklicher Besitzer einer der Wildcards für das Hauptfeld, die normalerweise für vielversprechende junge französische Spieler reserviert waren. Doch Federers damaliger IMG-Agent, der frühere französische Tennisspieler Regis Brunet, war gut vernetzt, und Federer stand Ende 1998 auf Platz eins der Junioren-Weltrangliste, obwohl er bei den French Open der Junioren in der ersten Runde im Einzel und im Doppel verloren hatte.

Weil Rafter ein Star war und an Nummer drei gesetzt worden war, wurde das Match im zweitgrößten Stadion ausgetragen: dem Court Suzanne Lenglen, der 10.000 Zuschauer fasst.

Es ist eine elegante, moderne Arena mit phänomenalen Blickachsen und großartigen Pressesitzen direkt hinter der Grundlinie – der beste Platz, um ein Tennisspiel zu verfolgen und den Überblick zu behalten, ohne dass man sich beim Ballwechsel den Hals verrenken muss. Ich war einer von Tausenden auf der Tribüne und wahrscheinlich einer der wenigen, die wegen Federer und nicht wegen Rafter gekommen waren. Als Tennisautor muss man immer Ausschau halten nach der nächsten Sensation, und zwei Agenten, die ich gut kannte, hatten Federer als Anwärter erwähnt. Was mich am meisten faszinierte, war, dass diese beiden Agenten nicht mit ihm arbeiteten, sie also kein Interesse daran hatten, ihn aufzubauen. Sie wussten einfach, dass er etwas Besonderes war.

Wildcards können den Aufstieg von jungen Spielern entscheidend beeinflussen, denn sie ersparen die übliche Ochsentour der Satellitenturniere oder ermöglichen, Qualifizierungsrunden zu überspringen oder zu verkürzen, so kann man schnell wichtige Punkte machen und bekannt werden, ein wichtiger Faktor für potenzielle Sponsoren. Spieler der Grand-Slam-Nationen – Australien, Großbritannien, Frankreich und die Vereinigten Staaten – haben den größten Vorteil, weil sie früh Zugang zu den bedeutenden Turnieren erhalten können. Doch obwohl Federer Schweizer ist, erhielt er als Jungspund zahlreiche Wildcards: mehr als zehn für die Tour, darunter 1999 als amtierender Juniorenweltmeister auch eine für Wimbledon. In Paris hoffte er, die Gelegenheit nutzen und sein Ranking verbessern zu können. Damals erhielt ein Außenseiter, der einen hoch eingestuften Spieler schlug, zusätzlich zu den regulären Punkten noch Bonuspunkte.

„Es hätte die doppelte Anzahl Bonuspunkte gegeben, wenn ich Rafter in einem Slam geschlagen hätte“, sagte Federer. „Statt 45 Punkte hätte ich also 90 bekommen. Es war offensichtlich, dass ich ihn niemals schlagen würde, aber man fängt trotzdem an zu träumen: ‚Was wäre, wenn? Kannst du dir vorstellen, was das für mein

Ranking bedeuten würde?' Vor dem Match spielt man im Kopf schon alles durch."

Federers Eleganz sprang zu diesem Zeitpunkt noch nicht ins Auge. Er hatte noch nicht Bekanntschaft mit Anna Wintour, Chefredakteurin der US-amerikanischen *Vogue,* geschlossen. Er trug ausgebeulte Tennisklamotten und eine Baseballmütze, oft falsch herum. Er drückte zwischen Ballwechseln aufs Tempo, als könne er die Entscheidung kaum erwarten; er war übereifrig, um den nächsten Winner ins Feld zu klatschen. Damals war sein Spiel noch ungenau, manchmal schien er nicht recht zu wissen, wie er Geist und Körper koordinieren sollte. Doch seine Schlagtechnik war fraglos auffällig, sein Bewegungsablauf beim Service flüssig und seine Kraft für einen 17-Jährigen beeindruckend. Als er schwungvoll begann und den ersten Satz gewann, hatte ich das befriedigende Gefühl, zur rechten Zeit am rechten Ort zu sein – das, wonach ein Journalist sein ganzes Berufsleben lang strebt. Unglücklicherweise hatte Federer damit sein Pulver schon verschossen. Er gewann nur noch fünf Spiele, und Rafter erledigte ihn mit 5:7, 6:3, 6:0 und 6:2.

„Ich war immer ein großer Matchspieler, habe gegen Topleute auf dem Platz immer gut gespielt, doch ich wusste, dass ich mich gegen Rafter mit seinem Kickaufschlag und meiner einhändigen Rückhand schwertun würde", erzählte mir Federer. „Nach dem ersten Satz hatte er meine Spielweise durchschaut und zerlegte mich. Mir fehlten noch ein paar Werkzeuge, um solche Ballwechsel zu überstehen, und Pat war ein Veteran. Er wusste, was er tat."

Und doch war Rafter beeindruckt – nicht nur, weil er als freundlicher Mensch freundlich sein wollte.

„Er ist sehr talentiert", sagte Rafter. „Er kann alles. Er hat einen guten Aufschlag. Er beherrscht den Volley. Manche Returns schlägt er druckvoll. Er ist auch sonst gefährlich. Hat eine ziemlich gute Vorhand und eine gute Rückhand. Er ist sehr jung. Er muss anfangen, hart zu arbeiten. Ich denke, wenn er hart arbeitet und echte Leistungsbereitschaft zeigt, kann aus ihm ein exzellenter Spieler werden."

Rafters frühe Analyse war erstaunlich langlebig, doch Roland Garros blieb für Federer ein herausforderndes Umfeld, obwohl er fließend Französisch sprach und schon so früh auf rotem Sand gespielt hatte. Im Jahr 2000 erreichte er die vierte Runde und 2001 das Viertelfinale, beides exzellente Resultate für seinen damaligen Entwicklungsstand. 2002 verlor er in der ersten Runde gegen Hicham Arazi aus Marokko, und 2003 – damals war er schon unter die Top 5 vorgestoßen – warf Luis Horna aus Peru ihn in der ersten Runde aus dem Turnier.

Gegen Arazi und Horna gewann Federer nicht einen Satz. Er habe Schwierigkeiten gehabt, sich auf dem Court Philippe Chatrier zu orientieren, weil dieser so groß sei und die Spieler außerhalb der Linien mehr Bewegungsspielraum als üblich hätten.

„Die Größe hat mir wirklich Probleme bereitet", sagte Federer zu mir. „Sie hat mich ein bisschen verunsichert."

Vor allem der Druck schien ihm zuzusetzen. 2004 verlor er in der dritten Runde mit 6:4, 6:4 und 6:4 gegen Kuerten – ein irreführendes Resultat, wenn man sich an Kuertens drei French-Open-Titeln und seiner Vorliebe für Sand orientiert. Kuerten, der unter chronischen Hüftschmerzen litt, hatte seine Glanzzeit 2004 längst hinter sich und war nur an Nummer 28 gesetzt.

Federer dagegen war an Nummer eins gesetzt und hatte Wimbledon und die Australian Open gewonnen. „Ich hätte ihn schlagen sollen, aber wieder hat es irgendwie nicht geklappt."

Diese Niederlage im Hinterkopf, beschloss Federer, Anfang 2005 nach Paris zu kommen und so viel wie möglich auf dem Centre Court zu trainieren, um mit dem Platz warm zu werden. Als ich ihn kurz vor dem Beginn des Turniers interviewte, strotzte er vor Selbstvertrauen und konterte mit Gegenbeweisen, als ich all die großen Angriffsspieler anführte, die die anderen drei Grand-Slam-Turniere gewonnen hatten, in Paris aber gescheitert waren. Auf der Liste standen unter anderem Boris Becker, Stefan Edberg und Pete Sampras. Federer gehörte zu diesem Zeitpunkt ebenfalls dazu.

„Es ist wirklich schwierig, mit Serve-and-Volley-Spiel die French Open zu gewinnen", so Federer.

„Pete hat oft versucht, hinten zu bleiben", sagte ich.

„Ja, aber er war wegen seines gewaltigen Aufschlags dazu prädestiniert, öfter ans Netz zu gehen, und seine Grundlinientechnik war sehr flach", sagte Federer. „Außerdem spielte er mit dem kleinen Schläger."

Federer meinte den Wilson Pro Staff 85, den Sampras niemals aufgab – eine Entscheidung, die er inzwischen bereut. Federer schlug Sampras mit demselben Schläger 2001, wechselte 2002 aber zu einer etwas größeren Version, um sich mehr Fehler erlauben zu können.

„Ich sage nicht, dass Pete die French [Open] mit einem anderen Schläger gewonnen hätte, aber es wäre hilfreich gewesen", sagte Federer. „Meiner ist ein 90er, und ich bleibe, glaube ich, viel, viel öfter hinten. Du kannst mich nicht vergleichen, vor allem nicht mit McEnroe. Aber Edberg, Becker, Sampras – sie alle sind so viel öfter ans Netz vorgerückt. Hätten sie es nicht versucht, hätten sie verloren. Wenn man es schaffte, sie an der Grundlinie festzunageln, war man der Bessere. Und ich habe das Gefühl: Wenn ich an der Grundlinie bin, bin ich der Bessere."

Was mir bei Interviews mit Federer immer gefallen hat, ist, dass er sich um direkte Antworten bemüht, auch wenn er dann womöglich arrogant klingt. Er weiß, dass dieses Risiko besteht, und bleibt trotzdem lieber „natürlich", wie er es ausdrückt, weil es das Gespräch vereinfacht und er sich nicht in Widersprüche verwickelt, die er später erklären muss.

Er war wirklich davon überzeugt, dass er eine bessere Schlagtechnik hatte als seine Vorbilder in Roland Garros, und wenn man die Vergleiche zieht, hatte er recht. McEnroe war zweifellos ein begnadeter Netzspieler und schlug sehr selten mit Topspin. Edberg schwächelte bei langen Ballwechseln auf der Vorhand. Becker bewegte sich auf allen Belägen nicht so gut wie Federer (es sei denn, Boris hechtete über den Rasen). Sampras konnte ihm auf Sand nicht das Wasser reichen und litt außerdem an Thalassämie, einer erblich bedingten Bluterkrankung, die in den oft langen, zermürbenden Sandplatz-Matches seine Ausdauer beeinträchtigte.

„Wimbledon wird in meinem Herzen immer die Nummer eins bleiben, das ist klar. Wegen der großartigen Gefühle, die ich dort erlebt habe, und wegen meiner Idole“, sagte Federer. „Sie haben alle dort gewonnen. Trotzdem bin ich mir bewusst, was es für meinen Platz in der Geschichte bedeuten würde, wenn ich die French [Open] gewinne. Deshalb werden sie für mich mit Blick auf die Vorbereitung auch immer etwas ganz Besonderes bleiben. Ich werde ja nur noch sieben bis zehn, bis vielleicht maximal 15 Chancen haben.“

„15?“, stotterte ich.

Federer war damals 23. 15 weitere French Open sprachen für sehr langfristige Pläne.

Federer lachte: „Hey, wenn du dir Andre anschaust, bist du schon fast so weit.“ Agassi sollte später im Jahr mit 35 das Finale der US Open erreichen. „Ich mag die Herausforderung. Auf Sand habe ich viele schwierige Gegner, mehr als auf anderen Belägen, und ich denke, aus diesem Grund arbeite ich auf diesem Belag noch härter. Es ist einfach schade, schön schade, dass ich auf allen Belägen so gut spiele, sodass ich mich nicht optimal auf Sandplatz-Matches vorbereiten und auf Sand nicht genug Trainingsstunden absolvieren oder Turniere spielen kann.“

Im Rückblick verpasste Federer 2004 – ein Jahr, bevor Nadal Roland Garros stürmte – eine große Gelegenheit. Nadals Debüt im Jahr 2005 veränderte die Gleichung und vereitelte die Pläne aller anderen Spieler. Was Michael Phelps im Schwimmbecken war, war Nadal auf rotem Sand.

„Nach 2004 wurde ich viel besser“, erzählte Federer mir zu einem viel späteren Zeitpunkt seiner Laufbahn. „Ich gewann meine Semis und meine Finals, doch dann gab es das Problem, dass Rafa munter wurde. Und Rafa war eben Rafa. Und es war sehr schwer.“

Wenn man Federer zuhörte, glich Nadal eher einer nordischen Gottheit mit einem Zauberhammer als einem mallorquinischen Normalsterblichen mit Babolat-Schläger. Doch wer konnte ihm das vorwerfen? Bei seinem French-Open-Rekord zeigte Nadal keine menschliche Schwäche. 2009 hatte er vier Titel hintereinander gewonnen und mit 45:0 Siegen bei allen Best-of-Five-Matches auf Sand, einschließlich der Finals des Davis Cup und der Masters-Serie, einen Rekord aufgestellt.

„Unfassbar, dass das möglich ist“, sagte der Amerikaner Sam Querrey, einer von vielen Spielern, die Nadal auf Sand zum Opfer fielen. „Weil ich ihm letztes Jahr beim Davis Cup auf Sand einen Satz abgenommen habe – und ich bin kein Sandplatzgenie. Die meisten haben wahrscheinlich gedacht, jetzt ist er müde geworden oder da hat einer einfach einen unglaublichen Tag und der andere einen Ruhetag.“

2009 gab es allerdings schon Gründe, sich um Nadal Sorgen zu machen. Zwei davon waren nur seinen engsten Vertrauten bekannt.

Die interessierte Öffentlichkeit wusste zu diesem Zeitpunkt nur, dass Federer ihn beim Sandplatzfinale in Madrid eine Woche vor Beginn der French Open geschlagen hatte. Doch das schien verständlich angesichts des schnellen Platzes – Madrid liegt 640 Meter über dem Meeresspiegel –, und vor allem, weil Nadal am Abend zuvor für seinen Sieg über Djokovic im Halbfinale mehr als vier Stunden gebraucht hatte.

Was die Öffentlichkeit nicht wusste, war erstens, dass Nadal eine Sehnenentzündung in den Knien hatte, und zweitens, dass sich seine Eltern Sebastian und Ana Maria getrennt hatten.

Sebastian Nadal hatte seinen Sohn im Februar informiert – auf dem Rückflug von den Australien Open, die Nadal mit einem Sieg über Federer zum ersten Mal gewonnen hatte. Nadal, der gerade die beste Phase seiner jungen Karriere erlebte, war fassungslos.

In seiner 2011 (deutsch 2012) erschienenen Autobiografie *Rafa* schrieb er, dass er auf der restlichen Heimreise nicht mehr mit seinem Vater sprach. Im Gespräch mit seinem englischen Ko-Autor John Carlin, der zu dieser Zeit als Journalist für die spanische Zeitung *El País* arbeitete, fand er bewegende Worte für seine Gefühle:

„Meine Eltern waren die Stütze meines Lebens, und diese Stütze bröckelte nun. Die Kontinuität, die ich in meinem Leben so schätzte, war dahin, und die emotionale Ordnung, auf die ich angewiesen war, hatte einen schweren Schlag erhalten. Eine andere Familie mit erwachsenen Kindern (ich war 22 und meine Schwester 18 Jahre alt) hätte eine Trennung der Eltern vielleicht besser verkraftet. In einer Familie wie der unseren, in der eine so enge Verbundenheit und Einigkeit herrschte, in der es keine erkennbaren Konflikte gegeben hatte und alle nur Harmonie und gute Stimmung erlebt hatten, war das unmöglich. Zu erfahren, dass meine Eltern nach nahezu 30 Jahren Ehe eine solche Krise durchmachten, brach mir das Herz. Meine Familie war für mich immer der heilige, unantastbare Kern meines Lebens, mein Stabilitätszentrum und ein lebendiger Hort meiner wunderbaren Kindheitserinnerungen. Plötzlich und ohne jede Vorwarnung hatte das Bild der glücklichen Familie Risse bekommen. Ich litt mit meinem Vater, meiner Mutter und meiner Schwester, die alle eine furchtbare Zeit durchmachten. Alle waren betroffen, meine Onkel, meine Tante, meine Großeltern, meine Cousins und Cousinen. Unsere ganze Welt geriet ins Wanken, und zum ersten Mal, seit ich denken konnte, gestaltete sich der Umgang innerhalb der Familie unnatürlich und befangen; anfangs wusste keiner, wie er reagieren sollte. Bis dahin war ich immer gern nach Hause gekommen, nun war es seltsam und unbehaglich."

Nadal lebte noch bei seinen Eltern, was auf Mallorca für sein Alter nicht ungewöhnlich war. Doch selbst auf seinen Reisen fand er keine Ruhe, wie er bei einem Interview ein Jahr später gestand: „Oft litt ich aus der Ferne, weil ich weit weg war von zu Hause. Du weißt nicht, ob sie dir die Wahrheit sagen, ob die Dinge gut oder schlecht stehen."

Nadal war sehr niedergeschlagen. Trotzdem gewann er zwischen Februar und dem Beginn von Roland Garros vier weitere Turniere.

In praktischer Hinsicht war das größere Problem sein Körper, vor allem seine Knie. Sie ließen ihm seit den Miami Open im März keine Ruhe. Dort hatte er im Viertelfinale gegen ein überragendes Talent, den Argentinier Juan Martin del Potro, in drei Sätzen durch Tiebreak verloren.

Tennis ist ein zermürbender, monotoner Sport, bei dem man höchst selten 100 Prozent Leistung erbringen kann, und Nadal spielte höchst selten ohne Schmerzen. Wegen seiner sehr früh auftretenden Verletzungen, seiner körperlich sehr belastenden Spielweise und seiner unorthodoxen Vorhandtechnik waren viele Experten davon überzeugt, dass er mit 30 bei der Tour nichts mehr würde reißen können.

„Er hat so früh so viele Siege eingefahren, dass er vielleicht mit 26 in Rente gehen wird wie Borg", sagte Sebastien Grosjean, einer der führenden französischen Spieler.

Wir alle hatten unrecht. Nadals Drang, sich zu messen, war noch stärker als sein linker Arm (oder sein rechter?). 2009 legte er nach dem Finale in Madrid eine kurze Pause ein und beschloss dann, seine(n) Titel in Roland Garros zu verteidigen.

Federer kam voller Elan aus Madrid, wo er Nadals Siegesserie nach 33 Erfolgen auf Sand beendet hatte, doch die Wunden aus vorausgegangenen Saisonniederlagen waren noch nicht verheilt.

Die schlimmste von ihnen hatte sich in Melbourne ereignet, ausgerechnet in der Stadt, die ihm schon so viel Freude, aber auch Schmerz bereitet hatte. Federer erreichte das Finale der Australian Open 2009 trotz Rückenschmerzen und hatte den Vorteil, einen Ruhetag mehr als Nadal zu haben. Die Australian Open sind das einzige Grand-Slam-Turnier, bei dem die Halbfinals im Einzel der Männer an verschiedenen Tagen ausgetragen werden. Federer gewann sein Halbfinale gegen Andy Roddick donnerstagabends ohne Satzverlust. Nadal warf am späten Freitagabend seinen Landsmann Fernando Verdasco aus dem Turnier, allerdings in einem echten Kraftakt.

Mit fünf Stunden und 14 Minuten war es das längste Match in der Geschichte des Turniers seit Beginn der Aufzeichnungen. Es war ein Duell der Extraklasse: unter Ausnutzung des gesamten Raums, aus dem Lauf heraus gespielte Winner und Hammer-Aufschläge, selbst wenn dabei Doppelfehler herauskamen.

Das Publikum hatte fasziniert bis nach ein Uhr nachts durchgehalten, und Nadal und Verdasco verdienten die stehenden Ovationen, mit denen die Zuschauer sie feierten.

Nadal fiel das Stehen nicht mehr ganz so leicht. Er musste sich nun in weniger als 48 Stunden erholen, bevor er Federer zum ersten Mal seit dem Wimbledon-Finale 2008 wieder gegenüberstand. Es gab Eisbäder, Eismassagen und Proteinsupplemente. Nadal und sein Team taten, was sie konnten. Toni Nadal lieferte eine seiner besten Kabinenansprachen, zitierte US-Präsident Barack Obama, der kurz zuvor ins Amt eingeführt worden war und dessen Mantra lautete: „Yes, we can!"

Nadal erzählte mir, dass er sich diesen Satz bei jedem Seitenwechsel vorgesagt habe – und wie demoralisierend es für Federer gewesen sein musste, zu realisieren, dass er, Nadal, der überlegene Spieler war, obwohl er körperlich alles andere als frisch war.

Er schlug Federer erneut in fünf Sätzen. Dieses Match hätte mehr begeisterte Besprechungen verdient.

Bei diesem Sieg – 7:5, 3:6, 7:6 (3), 3:6, 6:2 – lag Nadal im Eröffnungssatz hinten und musste im dritten Satz alle sechs Breakbälle abwehren. Der fünfte Satz war eher unspannend, denn Nadal nahm Federer früh den Aufschlag ab, ging in Führung und blieb es.

„Vielleicht hätte ich im fünften Satz gar nicht mehr auf dem Platz stehen sollen", meinte Federer. „Ich hätte den ersten und den dritten Satz gewinnen sollen, den Rest der Geschichte kennen wir."

Die Niederlage verhinderte, dass er den Rekord von Sampras, 14 Grand-Slam-Einzeltitel, einstellte. Aber das war weniger problematisch, als ein weiteres wichtiges Match gegen Nadal verloren zu haben.

Federer war schon den Tränen nah, als ihm Rod Laver, ein Champion, der alle australischen Werte verkörperte, über die Peter Carter und Tony Roche gesprochen hatten, die Trophäe des Zweitplatzierten überreichte. Kurz nachdem Federer seine Rede begonnen und der Menge gedankt hatte, konnte er die Tränen nicht mehr zurückhalten.

„Gott, das bringt mich um", brachte er noch heraus, und obwohl das Publikum ihn lautstark anfeuerte, musste er vom Mikrofon wegtreten.

Seine Worte seien falsch verstanden worden, so Federer später. Was ihn „umbrachte", war die Rede, die er halten sollte, nicht etwa die Finalniederlage. Und es war ihm deutlich anzusehen, wie sehr er am Boden zerstört war.

Nadal führte im direkten Vergleich nun mit 13:6 und bei den Grand-Slam-Finals mit 5:2 (wenn man Roland Garros nicht mitzählte, stand es 2:2). Das „Battle of Surfaces"-Konzept funktionierte nicht mehr: Nadal wilderte nun in Federers Revier.

In einer weniger aufgeklärten Zeit und an einem weniger aufgeklärten Ort wäre Federers Zusammenbruch nach dem Match nicht so freundlich aufgenommen worden. Man kann sich kaum vorstellen, dass eine der australischen Tennisgrößen bei der Zeremonie nach einer Niederlage dermaßen die Fassung verloren hätte. In den Glanzzeiten von Laver, Ken Rosewall und John Newcombe hätte man diese Vorstellung sicherlich als „unmännlich" betrachtet.

Doch Federer, der bei Sieg wie Niederlage so oft zu Tränen gerührt war, hatte das emotionale Spektrum des männlichen Champions erweitert. Er hatte 2006 auf demselben Platz aus anderen Gründen geweint: als er nach seinem Erfolg über den Überraschungsfinalisten Marcos Baghdatis von Laver die Siegestrophäe erhalten hatte.

„Das waren Tränen der Erleichterung", sagte er.

Federer, der seine Gefühle immer wieder so offen zeigte, war es dennoch unangenehm, in diesem Moment die Aufmerksamkeit auf sich zu ziehen, denn der Moment gehörte Nadals Triumph.

„Ich wollte den Leuten in Australien nicht leidtun", erzählte er mir später. „Ich wollte den Leuten auch in Wimbledon nicht leidtun. So sollte es nicht sein. Vielmehr sollten das Tennis, der Glücksmoment, die Freude für den Sieger im Vordergrund stehen. Sicher, man kann enttäuscht sein, aber es sollte nicht alles, was kurz vorher passiert ist, überschatten."

Nadal reagierte bemerkenswert: souverän und feinfühlig. Da Federer nicht in der Lage war, seine Rede fortzusetzen, wurde Nadal aufs Podium gebeten. Er nahm den Pokal entgegen, stellte sich dann neben Federer, legte seinen Arm um ihn und die Stirn an seinen Kopf, um ihn zu trösten.

Federer kehrte auf Nadals Drängen zum Mikrofon zurück. „Ich versuch's noch mal", sagte er. „Ich will nicht das letzte Wort haben;

dieser Kerl hier verdient es. Also, Rafa: Gratuliere. Du hast unglaublich gespielt. Du verdienst es, Mann. Du hast wieder ein fantastisches Finale gespielt, also: das Allerbeste für die Saison!"

Anschließend dankte Federer „den Legenden" dafür, dass sie gekommen waren, und verlor wieder die Fassung, kam aber schnell zum Ende und überließ die Bühne seinem Rivalen.

„Also, guten Abend allerseits", sagte Nadal, ehe er sich zu Federer umdrehte. „Als Erstes, Rog: sorry für heute."

Das Publikum lachte.

„Ich weiß wirklich, wie du dich gerade fühlst", fuhr Nadal fort. „Es ist wirklich hart. Doch denk daran: Du bist ein großer Champion. Du bist einer der Besten in der Geschichte. Du wirst Sampras' 14 ganz sicher verbessern."

Ich beschäftige mich seit Anfang der 1970er-Jahre mit Tennis und kann mich an keine andere psychologische Dynamik dieser Art erinnern. Nadal hatte in der Konkurrenz und im Sport jetzt eindeutig die Führung übernommen – obwohl Federer 2008 die US Open zum fünften Mal hintereinander gewonnen hatte. Doch Nadal wollte seinen Rivalen unbedingt auf dem Podest halten, zumindest, wenn kein Ball im Spiel war.

Offen gesagt, wirkte das unaufrichtig, eine befremdliche Form des Wunschdenkens. Als ein paar andere Journalisten und ich uns am nächsten Tag in einem Hotel in Melbourne mit Nadal trafen, drängten wir ihn zu einer Auskunft.

„Roger hat im Augenblick 56 Titel oder so, und ich habe 32; das ist ein großer Unterschied", sagte er. „Er hat 13 Grand Slams gewonnen, ich sechs. Er hat 14 Masters-Serien. Ich habe zwölf. Das ist das einzige Feld, wo wir dicht beieinander liegen. Keine Diskussion, keine Diskussion", wiederholte er.

Vielleicht bin ich ein bisschen schwer von Begriff, doch an diesem Tag wurde mir zum ersten Mal wirklich klar, dass Nadal auf den Spielverlauf fixiert war: Der Nervenkitzel beim Jagen war ihm viel wichtiger als die Befriedigung des Tötens. So viele Champions streben vor allem nach Erlösung: vom Druck, von den Erwartungen, den bevorstehenden Herausforderungen.

Nadal war anders. Es ging ihm nicht darum, sich daran zu weiden, dass er Federer überholte. Es ging ihm darum, jeden einzelnen Ball zu spielen.

„Ich liebe den Wettkampf, nicht nur beim Tennis", sagte er zu uns. „Ich liebe den Wettkampf in allen Aspekten des Lebens. Wenn ich antrete, liebe ich es, auf dem Platz zu stehen und um den Sieg zu kämpfen."

Er machte eine kurze Pause, die linke Augenbraue verräterisch hochgezogen.

„Vielleicht", sagte er, „ist der Kampf um den Sieg mir wichtiger als das Gewinnen."

Nadal ist immer noch viel zu jung, um an seinen Grabstein zu denken, doch wenn er je einen bei Amazon bestellt, sollte dieser Satz darauf stehen.

Was auf Federers Grabstein stehen sollte, weiß ich nicht so genau. Sein Leitmotiv ist schwieriger auszumachen. Wie Nadal, Borg und die meisten großen Tennisspieler konnte er als Jugendlicher nicht verlieren und schmiss Schachbretter und dergleichen um. Doch er hätte nicht vier Jahrzehnte lang die Tour spielen können, hätte ihm das Spielen nicht genauso viel Freude gemacht wie die Ergebnisse.

„Ich bin ehrlich gesagt eigentlich niemand, der Kästchen abhakt", sagte er einmal zu mir, nachdem er aus der Perspektive eines Außenstehenden ziemlich viele Kästchen abgehakt hatte.

Federer scheint sich als Mittelpunkt eines harmonischen Umfelds am wohlsten zu fühlen: im Zentrum der Aufmerksamkeit, die er galant von sich weglenken kann, während er trotzdem das Zentrum der Aufmerksamkeit bleibt. Er ist ziemlich gut im Sich-bewundern-Lassen, aber er ist auch anpassungsfähig: ein Zeichen von Selbstsicherheit und emotionaler Intelligenz. Letzten Endes hat er sich auf eine Tenniswelt eingestellt, in der er nicht das Alphamännchen ist, doch ich hatte immer das Gefühl, dass er sich nach der Zeit zurücksehnte, in der er unbestreitbar der Dreh- und Angelpunkt von allem war.

„Roger Federer ist Schönheit; das bringt er mit", sagte Jim Courier zu mir. „Rafa ist Mumm, und er soll einmal gesagt haben: ‚Ich weiß, wenn ich aus einem Match mit Roger einen Kampf machen kann, wenn es ein echter Kampf, ein Streit und ein Krieg wird, dann weiß ich, dass ich gewinne, denn ich fühle mich dabei wohler als er.' Ich denke, da ist was dran. Rogers Spiel ist unglaublich schön und unglaublich leicht anzuschauen und für ihn offenbar unglaublich leicht zu spielen, und er hat selbst gesagt, dass er den Jahren nachtrauert, in denen er keinen Rivalen hatte, in denen es so leicht für ihn war. Er trauert dieser Welt ohne Reibung nach, in der er Mitte der 2000er-Jahre – Sandplätze ausgenommen – lebte. Danach gab es für ihn jede Menge Reibung."

Nadal blüht auf, wenn es spannend wird. Courier sagt gerne, er „wird von Zweifeln angetrieben", und er scheint sich am wohlsten zu fühlen, wenn das Ziel in Sichtweite ist, aber noch außer Reichweite und der Schweiß ihm vom Nasenrücken tropft.

„So, wie wir es bei Rafa gesehen haben, ist er einfach: von Grund auf bescheiden", sagte Courier. „Dadurch bleibt er geerdet und motiviert. Er ist überzeugt, dass er es jeden Tag beweisen muss und dass nichts von dem, was er schon geleistet hat, heute noch zählt. Er ist keiner, der darüber spricht, wie selbstbewusst er ist, so wie Roger, der es manchmal bis zu einem Punkt treibt, wo er unglaublich arrogant rüberkommt, für Roger ist das aber einfach eine Tatsache."

Santiago Segurola, langjähriger Sportredakteur der spanischen Tageszeitung *El País*, bezeichnete Nadal als „Mann von einer Mittelmeerinsel, der in Wirklichkeit ein Calvinist in kurzen Hosen ist".

Das trifft den Nagel auf den Kopf, selbst wenn man es mit derlei Vergleichen nicht zu weit treiben sollte: Nadal trägt eine Armbanduhr im Wert von einer Million US-Dollar und hat sich vor Kurzem für sechs Millionen US-Dollar eine 24 Meter lange Yacht gekauft.

Ein Interview mit Nadal oder Federer in ihrem Tour-Hotel macht sofort deutlich, dass man sich ihre Unterkunft nicht leisten könnte. Und manchmal nehmen beide gar nicht wahr, wie 99 Prozent der Menschheit leben: Federer schlug einem Untergebenen aus der Mittelschicht einmal hilfreich vor, eine Rolex zu kaufen. Trotz der zahlreichen Fettnäpfchen, in die zu treten sich anbietet, haben beide Männer zugleich etwas Unschuldiges an sich, was sich ihren fundamentalen Werten und der Tatsache verdankt, dass ein Champion beim Tennis nur vorankommt, wenn er sich anstrengt. Jedes Match bietet eine neue Gelegenheit, ins Taumeln zu geraten. Es mag für die Stars einige Freilose für die erste Runde und so viele Ersatzwagen geben, wie man sich wünscht, aber auswechseln lassen können sie sich nicht. Diese Erkenntnis schärft den Geist, beschleunigt den Schritt und verhindert Langeweile wie existenzielle Furcht, wenn man es wirklich genießt, dass der Ball Tag für Tag auf die Saiten trifft.

Federer und Nadal scheinen wirklich Spaß daran zu haben. Das haben sie unter Beweis gestellt, indem sie aneinander gewachsen sind.

Nadal verbesserte wegen Federer seine Rückhand, sowohl seinen beidhändigen Drive als auch seinen einhändigen Slice, seinen Aufschlag und geht bei Ballwechseln dichter an die Grundlinie, um sie zu verkürzen. Nadal inspirierte Federer dazu, sein Netzspiel zu verbessern, seine Rückhand mit mehr Überzeugung zu schlagen, und sogar, einen neuen Trainer hinzuzuziehen.

Severin Lüthi, ein Freund seit den Anfängen in Ecublens und nun Kapitän der schweizerischen Davis-Cup-Mannschaft, war in Federers Team eine feste Größe. Higueras war Ende 2008 in die USA zurückgekehrt, um für die United States Tennis Association zu arbeiten. Federer war schon lange daran interessiert, Darren Cahill zu engagieren, den cleveren und redegewandten Australier, der bei Hewitt und Agassi so gute Arbeit geleistet hatte und seiner Zeit voraus gewesen war, indem er die Spielmuster ihrer Gegner per Video analysiert hatte.

„So toll Roger ist, es ist immer gut, wenn noch ein paar Augen draufschauen“, erklärte mir Higueras.

„Manchmal werde ich gefragt: ‚Was willst du Roger überhaupt noch beibringen? Er weiß doch schon alles‘“, sagte Lüthi einmal zu mir. „Im Laufe der Jahre ist mir aber klar geworden, dass er es noch mal hören will, selbst wenn es sich um eine Kleinigkeit handelt, etwa: ‚Steh tiefer zum Ball.‘ Denn manchmal sagt er: ‚Auch ich vergesse Dinge, oder es ist mir einfach nicht klar.‘“

Cahill war von seinem Posten als Kapitän des australischen Davis-Cup-Teams zurückgetreten und fühlte 2009 bei Federer vor. Als dessen Rückenschmerzen sich gebessert hatten, beschlossen die beiden, sich im März in Dubai zu einem zwölftägigen Probetraining zu treffen. Wie viele erwartete auch ich, dass beide exzellent zusammenpassen würden, und war überrascht, als Federers Agent Tony Godsick Mitte März anrief, um mir mitzuteilen, dass Federer und Cahill in Zukunft nicht zusammenarbeiten würden.

Mir war diese Trainingspartnerschaft geradezu schicksalhaft erschienen, besonders wegen Cahills enger Beziehung zu Peter Carter. Selbst Federers Mutter Lynette hatte Jahre zuvor mit Cahill darüber gesprochen, wie sich das Ganze realisieren ließe, sobald Agassi zurücktreten würde.

„Ich habe einen flüchtigen Einblick in sein Leben bekommen, seine Art zu trainieren, seine Professionalität", erzählte mir Cahill über die Zeit in Dubai. „Für einen Trainer ist er ein absoluter Traum, keine Frage."

Doch Federer war nach dem Probetraining noch nicht bereit, sich zu verpflichten, und Cahill hatte Verbindungen zum Sportfernsehsender ESPN und arbeitete als Coach für das Spielerentwicklungsprogramm von Adidas, dessen Fortbestand ihm sehr am Herzen lag. Er war ebenso überrascht, dass er unterschwelliges Unbehagen spürte.

„Roger erinnert mich jeden einzelnen Tag an Peter, ich brauche ihn nur anzuschauen", sagte Cahill. „Allein schon in seiner Nähe zu sein weckt in mir wunderbare, aber auch schwierige Erinnerungen. Ich weiß wirklich nicht, wie ich es erklären soll, ich hatte das Gefühl: Tue ich es aus den richtigen Gründen? Wäre Peter wütend auf mich? Mir ging vieles durch den Kopf, was mit der Frage zu tun hatte, ob es die richtige Entscheidung war und ob ich der Richtige für Roger war. Es fühlte sich nie ganz richtig an, weil Roger Peters Junge war. Für mich war er immer Peters Junge. Ich habe nicht deshalb abgesagt, ich versuche Ihnen nur zu erklären, wie ich mich tief in meinem Inneren fühlte."

Am Ende stand Federer in Roland Garros ohne prominenten Trainer da. Doch zu diesem Zeitpunkt verdiente Lüthi sicherlich mehr Anerkennung für seinen Einsatz. Mit seinem schläfrigen Blick und den widerspenstigen Haaren wirkte Lüthi auf mich immer, als habe er gerade ein Mittagsschläfchen gehalten. Als Spieler hatte er es nie bis zur Tour geschafft. Für Günter Bresnik, einen der erfahrensten Tennistrainer überhaupt, trügt der Schein.

„Lüthi ist der am meisten unterschätzte Trainer der Tour", sagte Bresnik zu mir. „Er ist außerdem sehr bescheiden, zurückhaltend, will nie im Vordergrund stehen, ist aber die ganze Zeit präsent. Er hat in einer schwierigen Phase wirklich gute Arbeit geleistet. Ich würde sagen, in technischer Hinsicht ist er nicht der beste Trainer. Er ist kein Spielentwickler, der seinem Schützling Schläge beibringt, aber er ist da und versteht, was ein Spieler braucht, wann er gepuscht werden muss, wann man ihn in Ruhe lassen muss, er passt den richtigen Moment ab, um etwas zu sagen, er ist definitiv einer der Besten der Welt."

Als Österreicher spricht Bresnik wie Lüthi Deutsch und versteht dessen Unterhaltungen mit Federer, die meist auf Schweizerdeutsch stattfinden.

Das Frühjahr 2009 war ereignisreich, sowohl in sportlicher wie in privater Hinsicht. Im März verlor Federer im Halbfinale der Miami Open gegen Djokovic und zertrümmerte aus Ärger über seine Niederlage einen weiteren Schläger. Am 11. April heirateten Federer und Vavrinec in Basel. Vavrinec war bereits seit ein paar Monaten schwanger. Die Frischvermählten verschoben die Flitterwochen auf einen späteren Zeitpunkt des Jahres.

Die Sandplatzsaison winkte, und Federer wackelte schon zu Beginn der French Open. In der zweiten Runde hatte er große Probleme gegen den Argentinier Jose Acasuso, der den Schläger frei schwingen ließ, ehe er mit 7:6 (8), 5:7, 7:6 (2) und 6:2 gewann. Federer musste im Eröffnungssatz bei einem Rückstand von 3:6 im Tiebreak vier Satzbälle abwehren. Auch im dritten Satz geriet er nach einem Doppelbreak Acasusos so ins Hintertreffen, dass er einen weiteren Satzball abwehren musste.

Am Samstag brauchte Federer wieder vier Sätze, um den Franzosen Paul-Henri Mathieu in der dritten Runde zu schlagen, doch am Sonntag – ein freier Tag für Federer – ging eine Schockwelle durch Roland Garros, als dem Schweden Robin Söderling gelang, was noch keinem zuvor gelungen war: Er schlug Nadal in einem Best-of-Five-Match auf Sand.

Söderling hatte einen kolossalen Schlag, einen Wolfsblick und eine Frisur, die eines mittelalterlichen Schmieds würdig gewesen wäre. Seine Gefährlichkeit war bekannt. Er war an Nummer 23 gesetzt und hatte in der vorausgegangenen Runde gerade David Ferrer geschlagen, einen weiteren spanischen Star, der keinen Punkt ohne Kampf abgab.

Angesichts von Nadals Format und seiner 31 Siege in Serie bei den French Open war Söderlings Matchgewinn dennoch einer der größten Überraschungserfolge der Tennisgeschichte. Er war umso erstaunlicher vor dem Hintergrund des Matches, das Söderling und Nadal im Mai in Rom ausgetragen hatten: Nadal hatte mit 6:1 und 6:0 gewonnen.

Diesmal gelang es dem Mallorquiner nicht, bei seinen Grundschlägen und Returns konsistent in die Tiefe zu spielen, und er ließ Söderling Raum für knallharte Schläge in Nadals Vorhand und beidhändige Rückhandschläge aus dem Feld. Anstatt sich von Nadals Topspin nach hinten treiben zu lassen, rückte der 1,95 Meter große Söderling selbstbewusst nach vorne und schwang den Schläger frei und setzte Nadal dadurch unter Zeitdruck. Der Schwede, den die frühere Nummer zwei der Welt, Magnus Norman, gut vorbereitet hatte, gewann 27 von 35 Punkten am Netz, eine bemerkenswerte Trefferquote gegen einen Spieler mit Nadals Defensivqualitäten. Doch sie waren dieses Mal nicht so wirkungsvoll wie sonst – vielleicht auch aus den genannten Gründen, von denen nur seine engsten Vertrauten wussten.

„Sein Spiel hat mich nicht überrascht“, sagte Nadal. „Ich war eher überrascht von meinem.“

Vom französischen Publikum bekam er keinerlei Unterstützung. Begierig, einem Führungswechsel beizuwohnen, schrie es für

Söderling, skandierte immer wieder „Ro-bin", bis dieser seinen 6:2-6:7(2)-6:4-7:6(2)-Sieg in der Tasche hatte.

Die Reaktion des Publikums verletzte Nadal.

„Ich hatte das Gefühl, das Stadion war gegen mich", so Nadal Jahre später zu mir, immer noch enttäuscht. „So etwas ist schwierig zu verstehen, weil ich diesen Ort sehr liebe, und ich liebe die Franzosen. Ich liebe Paris wahrscheinlich mehr als irgendeine andere Stadt auf der Welt."

Doch das Publikum in Roland Garros hatte schon immer ein Herz für Underdogs, und gegen Nadal war eben jeder ein Underdog.

„Ich versuchte zu denken: ‚Nicht denken!'", sagte Söderling.

Die Aufgabe, Nadal auf Pariser Sand zu schlagen, war erledigt. Söderling hatte sie für Federer abgehakt, und da Djokovic bereits in der dritten Runde gegen Philipp Kohlschreiber ausgeschieden war, war das Offensichtliche nun nicht mehr zu ignorieren: Das war die Gelegenheit für Federer, die French Open zu gewinnen.

Nadal, immer noch sein erster Cheerleader, brachte klar zum Ausdruck, dass er ihn unterstütze, und dann flog er nach Hause, um seinen Geburtstag zur Abwechslung einmal nicht in Paris, sondern auf Mallorca zu feiern.

„Es wäre gut für ihn, seinen Grand Slam zu vollenden", sagte Nadal. „Federer hatte das Pech, hier drei Finals und ein Halbfinale zu verlieren. Wenn es einer verdient, dann er."

Doch den Sieg zu verdienen und ihn zu erringen ist zweierlei. Andy Murray hatte ihn sicherlich „verdient", als er fünfmal das Finale der Australian Open erreichte, doch es war ihm nie gelungen, hier den Titel zu gewinnen. Federer war daran gewöhnt, der große Favorit zu sein, aber hier urplötzlich der große Favorit zu werden, war neu und löste eine unbekannte Art von Druck aus.

„Roger wird heute Nacht nicht so gut schlafen, das steht fest", sagte Fabrice Santoro, der französische Veteran.

Auch die Stunden, in denen er wach war, waren anders als gewohnt.

„Allein zu wissen, dass es diese Spannung im Team gibt", sagte Federer zu mir. „Auf einmal war es, als würden alle sagen: ‚Oh Mann, das könnte deine Chance sein.'"

Am Tag nach Söderlings Überraschungserfolg, der wie ein Erdbeben über Roland Garros hereinbrach, stand Federer gegen Tommy Haas auf dem Platz. Der gefährliche Deutsche hatte mitgeholfen, Federers Debüt bei den Olympischen Spielen im Jahr 2000 zu vermasseln. Diesmal machte Haas den Eindruck, als hätte er die Absicht, Federer seinen Nadal-freien Weg in Paris zu vermasseln.

Federer begann gut, brachte seine ersten sechs Aufschlagspiele ohne Punktverlust durch, geriet aber, nachdem er den ersten Satz im Tiebreak verloren hatte, ins Straucheln und wirkte gereizt, weil er gepatzt hatte.

Haas gewann auch den zweiten Satz. Als Federer im dritten Satz bei 3:4 servierte, schlug er zweimal hintereinander eine Vorhand ins Aus, die er normalerweise gemacht hätte, und schenkte Haas bei 30:40 einen Breakball.

Das Publikum schien verhalten. Der Applaus vor seinem nächsten Aufschlag war alles andere als donnernd. Federer verpatzte den ersten Aufschlag durch die Mitte und servierte beim zweiten auf Haas' Rückhand. Der Deutsche antwortete mit einem cross gespielten Loop, und Federer, der die richtige Ecke geahnt hatte, tat, was er schon Tausende Male unter Druck getan hatte: Er umlief die Rückhand, sodass er direkt hinter dem Doppelfeld im Sprung eine Vorhand schlagen konnte.

Auf diesen Paradeschlag hatte er sich an diesem windigen, sonnigen Nachmittag alles andere als verlassen können, doch er sprang und traf und schlug einen Inside-Out-Winner in einem spitzen Winkel.

Breakball abgewehrt und, wie sich herausstellen sollte, Wendepunkt eingeleitet.

„Brachialer Mut", so der Eurosport-Kommentator Frew McMillan.

„Ehrlich, ich machte den Punkt und sagte: Voilà!", erklärte Federer später.

Etwas in ihm hatte sich verlagert, und obwohl er nach seiner schicksalhaften Vorhand relativ emotionslos blieb, schrie er nach dem Gewinn der beiden nächsten Punkte, mit denen er seinen Aufschlag durchbrachte, triumphierend. Es stand 4:4, das Publikum ging mit, schrie bei Federers Winner und bei Haas' Doppelfehler und verpfuschtem Vorhandvolley, der ihn das nächste Aufschlagspiel kostete.

Federer war unterwegs zu einem glücklicheren Ort und gönnte Haas nur noch zwei Spiele, ehe er das Match mit 6:7 (4), 5:7, 6:4, 6:0 und 6:2 gewann.

In späteren Jahren wurden sie enge Freunde – was eine Menge über Haas' Fähigkeit zu vergeben aussagt. Denn dieses Match vergaß sicher keiner von beiden.

Im Viertelfinale schlug Federer Gaël Monfils, einen weiteren gefährlichen Spieler, und wurde vom Publikum fast genauso enthusiastisch unterstützt wie der gelenkige Franzose.

Federer war nie der Typ, der sich in seinem Hotel verbarrikadierte, egal, wie nett dieses Hotel war (in diesem Fall das Fünf-Sterne-Hotel Park Hyatt Paris-Vendôme). Lieber genießt er die Orte, an denen er arbeitet. Und bei einem Streifzug durch Paris mit Mirka erhielt er viel positives Feedback.

„Wenn ich hier durch die Straßen laufe oder zum Abendessen gehe, heißt es ständig: ‚Das ist dein Jahr. Du musst es machen!'", sagte Federer. „Sie schreien von ihren Rollern herunter und aus dem Auto. Wenn die Ampel rot ist, steigen sie sogar aus und bitten mich um ein Autogramm oder ein Foto."

Doch in diesem Halbfinale gegen den aufstrebenden Juan Martin del Potro, einen 20-jährigen, zwei Meter großen Argentinier mit einer kraftvollen ultraflachen Vorhand, die die Erde zum Beben bringt, stand die Ampel erneut auf Rot. Der Winner knüppelnde del Potro diktierte das Spiel und löste mit seinem ärmellosen Shirt in Federer sicherlich unangenehme Erinnerungen an Nadal aus.

Federer lag zwei zu eins Sätze zurück, konnte den Rückstand aber aufholen und einen fünften Satz erzwingen. Beide verloren früh ihre Aufschlagspiele, ehe Federer nach einem Doppelfehler del Potros, dessen Service bei 3:3 ins Netz ging, erneut die Führung übernahm. Seinen ersten Matchball beim Stand von 5:3 konnte Federer nicht verwandeln. Das gelang ihm erst im zweiten Anlauf – mit einem todsicheren Vorhand-Winner, den er direkt nach dem Aufspringen nahm.

„Ich war, glaube ich, nicht unbedingt der bessere Spieler", so Federer. „Ich bin dank meiner Erfahrung durchgekommen: Ich habe an so vielen Grand Slams teilgenommen, und er bis jetzt an keinem."

Als Federer del Potro zum Handschlag erwartete, stützte er sich für einen Moment mit hängendem Kopf schwer aufs Netz. Es war mit Händen zu greifen, wie anstrengend diese Aufholjagd gewesen war. Aber wenn seine Frau, die im siebten Monat schwanger war, damit umgehen konnte, dann konnte er das auch.

„Mir geht es großartig", sagte sie fröhlich zu mir bei einem Gespräch, nachdem ihr Mann den Kopf noch einmal aus der Schlinge gezogen hatte.

Alles, was zwischen Federer und dem Karriere-Grand-Slam stand, war Söderling, der zwei weitere besser gesetzte Spieler geschlagen und so gezeigt hatte, dass seine großartige Leistung im Match gegen Nadal kein glücklicher Zufall gewesen war.

Im Viertelfinale hatte er die Nummer zehn der Weltrangliste, Nikolay Davydenko, ohne Satzverlust bezwungen. Im Halbfinale besiegte er die Nummer zwölf, Fernando Gonzalez, in fünf Sätzen.

„Es war schwierig, aber nicht so schwierig, wie ich mir das vorgestellt hatte", sagte Söderling. „Die größte Herausforderung für mich war vielleicht, Nadal hier in Paris auf Sand zu schlagen. Ich hatte das Gefühl, dass ich mit dem Turnier noch nicht fertig war. Deshalb wollte ich mehr, obwohl ich schon ein großes Match gespielt hatte. Dieses Gefühl habe ich immer noch."

In einem normalen Jahr wäre ein „Lauf", wie Söderling ihn hingelegt hatte, das Hauptgesprächsthema in Roland Garros gewesen, diesmal nicht. Alle Aufmerksamkeit richtete sich auf Federer, der Sampras' Grand-Slam-Rekord einstellen wollte und gleichzeitig versuchte, das zu erreichen, was diesem nie gelungen war: „die French" zu gewinnen.

Wenn er es schaffte, wäre Federer im Rennen um den Titel „größter Spieler aller Zeiten" – auch wenn klar ist, dass es bei dieser Debatte niemals einen unangefochtenen Sieger geben kann.

„Zu viel hat sich geändert, als dass man [die Epochen] wirklich vergleichen könnte", so Brad Gilbert.

Das moderne Tennis hat eine lange Geschichte, selbst wenn man nicht bis zum heute als „Real Tennis“ bezeichneten Hallentennis zurückgeht, das erstmals im Mittelalter an den Königshöfen Europas gespielt wurde. Das Turnier in Wimbledon fand zum ersten Mal 1877 statt, und die frühen Champions brauchten nur ein Match zu gewinnen, um ihren Titel zu verteidigen: die sogenannte Challenge Round.

Bis 1968 waren nur Amateursportler zur Teilnahme an den Grand-Slam-Turnieren und am Davis Cup berechtigt, damals ein großes Ereignis. Der US-Amerikaner Bill Tilden, der herausragende Spieler der 1920er-Jahre, durfte bis 1925 nicht an den Tennis-Meisterschaften Frankreichs teilnehmen – erst ab diesem Zeitpunkt wurden Spieler aus dem Ausland in beschränkter Zahl überhaupt zugelassen. Er verpasste Wimbledon häufig und nahm nie an den Australian Championships teil, denn nach Australien hätte er mit dem Dampfschiff noch länger gebraucht als nach England.

Tildens zehn Grand-Slam-Titel mit Sampras' 14 Titeln zu vergleichen wäre nicht fair. Nach dem Zweiten Weltkrieg wurden die besten Amateure bei den Herren oft frühzeitig Profis und nahmen an Touren teil, die häufig von dem amerikanischen Star Jack Kramer organisiert wurden. Spieler wie Kramer, Pancho Gonzales, Lew Hoad, Rosewall und Laver verpassten viele Grand Slams und führten nur selten Buch über ihre Teilnahmen. Das war nicht die Währung, in der sie rechneten, obwohl Laver sicher gefeiert wurde, als er 1962 einen echten Grand Slam schaffte, indem er alle vier großen Turniere im selben Kalenderjahr gewann.

1969, ein Jahr nachdem auch Profis zu den wichtigsten Tennisturnieren zugelassen worden waren, gelang Laver ein zweiter Grand Slam, und am Ende hatte er elf Grand-Slam-Turniere im Einzel gewonnen.

„Über solche Zahlen sprachen wir damals nicht“, sagte Laver zu mir.

Sie fragen sich sicherlich, wie viele Turniere Laver noch hätte gewinnen können, hätte er auch zwischen 1963 und 1967 daran teilnehmen dürfen. Doch dann muss man auch einkalkulieren, dass er bis 1962 härtere Gegner gehabt hätte, denn dann wären alle Spitzenspieler der Welt – Hoad, Rosewall und Gonzales – ebenfalls teilnahmeberechtigt gewesen.

Die Frage, wer im Herrentennis der Größte aller Zeiten ist, lässt sich, wie man sieht, nicht beantworten, selbst wenn man nur die Open-Ära in Betracht zieht. Björn Borg, Jimmy Connors, John McEnroe und andere Stars der 1970er- und 1980er-Jahre ließen die Australian Open, das geografisch abgelegenste und seinerzeit am wenigsten prestigeträchtige Grand-Slam-Turnier, oft aus. Für die Generation von Connors und Borg war die Grand-Slam-Zählung nicht das Nonplusultra. Wenn sie damals gewusst hätten, was sie heute wissen, wären sie vielleicht öfter nach Australien gereist.

„Jetzt haben die Grand Slams übernommen", sagte Connors im Podcast *Match Point Canada*. „Ich habe die Australian Open zweimal gespielt. Ich habe auf dem Höhepunkt meiner Karriere sechs- oder siebenmal die French Open verpasst, mir meinen Namen und meinen Ruf also im Grunde mit zwei Turnieren erworben: den US Open und Wimbledon. Ich habe 20 Jahre gebraucht, um vielleicht 50 Grand-Slam-Turniere zu spielen. Diese Jungs machen vier pro Jahr. Es geht immer nur darum, was heute passiert. So ist es bei jedem Sport."

Immerhin unterliegen Federers und Sampras' Titelsammlungen einem fairen Vergleich. Beide konkurrierten in derselben Zeit, als Spieler alle großen Turniere als lohnende (Reise-)Ziele betrachteten – nicht zuletzt auch wegen der Sponsoren, die häufig Bonusklauseln in die Verträge schrieben, die an eine erfolgreiche Grand-Slam-Teilnahme geknüpft waren.

Federer bestritt zwischen 2000 und 2016 schließlich 65 Grand-Slam-Turniere in Serie. Und auch wenn Sampras' Chancen, die French Open zu gewinnen, in der Spätphase seiner Karriere praktisch gegen null tendierten, nahm er bis zu seiner letzten Saison 2002 jedes Jahr daran teil.

Sampras saß beim Finale 2009 nicht auf der Tribüne, dafür aber reiste Agassi, Sampras' langjähriger Rivale, auf Einladung der französischen Organisatoren aus Las Vegas an.

Auch er hatte die French Open ein einziges Mal nach einer langen Wartezeit und gegen einen Überraschungsgegner (Andrei Medvedev 1999) gewonnen. Medvedev, ein breitschultriger, nachdenklicher Ukrainer – in Interviews war er fast so gut wie Agassi –, stand damals nur noch auf Platz 100 der Weltrangliste. Agassi gewann den Titel erst nach einer Aufholjagd nach zwei verlorenen Sätzen.

Federer ließ es nicht zu einem solchen Drama kommen. Er war selbstbewusst genug, um zu wissen, dass er Söderling in allen neun vorausgegangenen Matches geschlagen und gerade erst in Madrid auf Sand besiegt hatte. Er hatte die volle Unterstützung des Publikums, das ihn mit Standing Ovations begrüßte, als er nach Söderling den Platz betrat.

Trotzdem gab es ein paar Zwischenfälle. Als Söderling bei 1:2 servierte, lief ein Mann die Treppe im unteren Tribünenabschnitt hinunter, übersprang die Barriere und rannte auf Federers Seite auf den Platz. Er lief auf Federer zu, schwenkte eine Fahne und versuchte, ihm eine Mütze aufzusetzen.

„Ich hatte echt Angst, als er mir nahe kam", sagte Federer.

Glücklicherweise hatte der Mann, ein bekannter Flitzer, der nach öffentlicher Aufmerksamkeit giert, nicht die Absicht, Federer körperlich zu verletzen. Es dauerte aber länger, bis ein Wachmann ihn niederstreckte und mit Kollegen vom Platz führte.

Anschließend gewann Söderling sein Aufschlagspiel, während Federer zum ersten Mal unsicher wirkte.

„Es hat mich ein bisschen aus dem Rhythmus gebracht", sagte er. „Ein Spiel später dachte ich, ich hätte mich vielleicht hinsetzen und mir ein, zwei Minuten Zeit nehmen sollen, um das zu verarbeiten."

Dennoch: Es war der Tag gekommen, an dem Federer die Geister der French Open für immer verscheuchen sollte, auch wenn es kein idealer Tag für ein Tennismatch war. Es war windig, und während der letzten beiden Sätze fiel die meiste Zeit Regen.

Turnierdirektor Gilbert Ysern erwog, das Finale zu unterbrechen. Doch die Wettervorhersage für den späteren Nachmittag war wenig verheißungsvoll, und für Montag war heftiger Regen angekündigt. Ysern war klar, dass das Match so schnell wie möglich über die

Bühne gehen musste. Federer trug seinen Teil dazu bei: Er spielte im zweiten Satz einen brillanten Tiebreak, schlug Asse bei seinen vier Aufschlagspielen, und im Eröffnungsspiel des dritten Satzes nahm er Söderling den Aufschlag ab.

Als er beim Stand von 5:4 zum Matchgewinn aufschlug, hämmerte sein Herz wie 2003 in Wimbledon gegen Philippoussis. Federer drohte einzubrechen und musste bei 30:40 einen Breakball abwehren. Doch mit einem seltenen Vorstoß ans Netz machte er den nächsten Punkt und brachte dann unter dem Geschrei des Publikums einen ersten Aufschlag ins Spiel, den Söderling zurück ins Netz schlug. Federer warf sich im feuchten Sand auf die Knie und hielt die Hände vors Gesicht.

Im Alter von 27 Jahren hatte er seine Grand-Slam-Sammlung vervollständigt.

„Das könnte mein größter Sieg sein oder auch derjenige, der den größten Druck von mir nimmt", sagte er nach dem 6:1-7:6(1)-6:4-Erfolg. „Für den Rest meiner Karriere kann ich jetzt entspannt bleiben und muss nie wieder hören, dass ich die French Open nicht gewonnen habe."

Zumindest der zweite Teil dieses Satzes erwies sich als wahr. Federers Karriere aber dauerte viel zu lange, als dass er bei allen noch kommenden Herausforderungen entspannt geblieben wäre. Doch war er sicherlich glücklich, wie er da im Nieselregen von Paris kniete. Zum damaligen Zeitpunkt war er bei den Herren erst der sechste, der alle vier Grand-Slam-Turniere gewonnen hatte. Die anderen waren: Don Budge, Fred Perry, Roy Emerson, Laver und Agassi, der Federer passenderweise den Pokal überreichte.

„Da schien das Schicksal seine Hand im Spiel gehabt zu haben", sagte Agassi zu uns in der Spieler-Lounge. „Viele Menschen sagen ja, Glück zu haben ist besser, als gut zu sein. Ich wäre lieber Roger als glücklich. Der Kerl hat seinen Platz im Tennis und diesen Titel verdient. Es wäre fast ein kleines Verbrechen gewesen, hätte er es nie geschafft. Er ist seit fünf Jahren ununterbrochen der Zweitbeste auf Sand, und wäre da nicht dieses Kind aus Mallorca, hätte er das ein oder andere dieser Turniere gewonnen."

Federer hatte seine Rechnung auf jeden Fall beglichen, und obwohl ein Sieg über Nadal zweifellos mehr Symbolkraft gehabt hätte, hatte sich ihm eine Gelegenheit geboten – und er hatte sie ergriffen.

„Klar, es wäre großartig, Rafa bei den French zu schlagen, doch ich finde nicht, dass das für meine Karriere unbedingt nötig ist", sagte Federer später zu mir. „Manche denken vielleicht anders, aber in all meinen US-Open-Finals habe ich auch nie gegen Rafa gespielt. Es ist, wie es ist. Man kann sich die Auslosungen nicht zurechtbiegen. Man muss denjenigen schlagen, der auf der anderen Seite des Netzes steht. Verstehen Sie mich nicht falsch, es wäre schon großartig, aber ich weiß wirklich nicht, ob es auch außergewöhnlich wäre."

Der Sieg bei den French Open zählt zu den drei wichtigsten seiner Karriere, zusammen mit dem Sieg in Wimbledon 2003 und dem Überraschungserfolg bei den Australian Open 2017.

„Roland Garros ist mir schließlich doch noch ans Herz gewachsen", sagte Federer zu mir. „Schließlich musste ich auch das Turnier hier – wie drückst du es aus? – umarmen. Es war nicht wie: ‚Hey, French Open, das ist es!'", er schnipste mit den Fingern. „Das wird immer Wimbledon bleiben. Ich weiß noch, wie Becker, Edberg und Sampras dort den Pokal hochhielten, und keiner von den dreien schaffte es bei den French."

Das lange Warten auf Roland Garros – zehn Jahre nach seinem Debüt gegen Rafter – verlieh dem Ereignis noch einmal mehr Bedeutung.

„Ich hatte die anderen Slams bis 2004 gewonnen", sagte Federer. „Dass ich so viel länger darauf warten musste, machte es so besonders. Ich glaube, die Fans haben das gespürt. Ich habe es gespürt, und deshalb ist Paris für mich ein persönlicher Entwicklungsschritt. Die French haben mich wirklich herausgefordert, und ich musste 2009 so hart dafür arbeiten. Mental war es für mich ein riesiger Gewinn: die unglaublich engen Partien gegen Tommy Haas und DelPo. Selbst Monfils war schwierig und dann Söderling im Regen. Weil ich wusste, dass Rafa rausgeflogen war, hat mich das auf vielen Ebenen gefordert, denn wann wird das noch mal geschehen? Ich betrachte die French als eine Herausforderung, die ich in den Griff bekommen habe, und mit einer ganzen Menge gemischter guter Gefühle."

Knapp ein Jahr nach Federers Sieg trafen wir uns erneut in Paris. Er war im Spätherbst zum Hallentraining in Roland Garros angereist. Die normalerweise überfüllten Gänge waren ebenso leer wie der Court Chatrier.

„Man sollte sich Zeit nehmen für diese Momente, sie sind so schön", sagte er. „Einfach irgendwo auf der Tribüne sitzen, oder? Runterschauen und nachdenken."

Sein Gedächtnis funktioniere wie eine Diashow, mit aufeinanderfolgenden Einzelbildern. „Ich auf Knien, fassungslos", sagte er. „Der Schläger, der direkt neben mich fällt. Der leuchtend orangerote Sand. Wie ich den Pokal hochhalte und küsse. Fast in Tränen ausbreche während der Hymne. Das sind die Momente, die mir gerade am gegenwärtigsten sind."

Der Moment, der ihn dann wirklich zu Tränen rührte, wie er es ein Jahr später beschrieb, ereignete sich tatsächlich erst nach der Zeremonie und dem Adrenalinrausch.

Denn sein Vater Robert war krank und hatte nicht zum Finale kommen können. Federer besuchte ihn in seinem Hotelzimmer, während seine Mutter und Mirka an der offenen Tür standen.

„Er war sehr krank, lag im Bett und hatte die Decke bis hierher hochgezogen", sagte Federer, auf sein Kinn zeigend. „Ich so: ‚Hey, wie geht es dir?' Und er so: ‚Schlecht.' Und da zeigte ich ihm die Trophäe und sagte: ‚Schau, wir haben es geschafft!' Das war ein sehr starkes Gefühl."

Sie waren einen langen Weg gegangen, Vater und Sohn, seit der Zeit, als Robert seinen launischen Sprössling von einem Basler Sandplatz aus allein nach Hause hatte fahren lassen.

Paul Annacone sagte über Robert Federer: „Wir unterhielten uns manchmal über Tennis. Und Robbie sagte gelegentlich so was wie: ‚Roger, nimm die verdammte Rückhand. Chip das Ding nicht.' Und dann lachten sie und stießen ihre Ellbogen aneinander, und Roger nahm seinen Vater in den Schwitzkasten. Sie waren sehr liebevoll, sehr herzlich miteinander."

Später am Abend kehrte Federer in sein Pariser Hotelzimmer zurück, den Pokal noch in der Hand. Eigentlich dulden die Organisatoren der French Open nicht, dass der Pokal das Gelände verlässt. Die Sieger erhalten nur eine kleinere Kopie. Aber Federer hatte so lange gebeten und gebettelt, bis ihm für eine Nacht eine Ausnahme gewährt worden war.

„Sie sagten: ‚Wir haben nur den einen, sorgen Sie also dafür, dass Sie ihn nicht verlieren oder er gestohlen wird'", sagte Federer.

Nach all den Jahren und all den Niederlagen gegen Nadal ging er kein Risiko ein. Er stellte den Pokal auf seinen Nachttisch.

„Ich schlief neben dem Coupe des Mousquetaires", sagte er lachend. Als er am nächsten Morgen die Augen aufschlug, war der Pokal noch da. Nein, er hatte es nicht geträumt.

Kapitel 10

LOS ANGELES, VEREINIGTE STAATEN

Ein glücklicher, entspannter Federer entpuppte sich als besonders gefährlicher Federer, und so bestiegen Pete Sampras und seine Frau Bridgette kurzerhand in Los Angeles ein Flugzeug und landeten am Morgen des Wimbledon-Finales 2009 in London.

Zu diesem Zeitpunkt hielten Sampras und Federer mit je 14 Grand-Slam-Titeln im Einzel gemeinsam den Rekord. Sampras vermutete aber, dass dieser Zustand nicht mehr lange währen würde, denn Federer schwamm auf der Welle seines Erfolgs bei den French Open und sollte nun gegen Andy Roddick um den Wimbledon-Sieg kämpfen.

Erst am Freitag hatte Sampras die Einladung des All England Club erhalten. Am Samstag saß er schon im Flieger.

„Es war eine dieser Aktionen, die man nur wegen des Sports unternimmt", erzählte mir Sampras. „Ich habe es aus Respekt vor dem Rekord und vor Roger getan. Irgendwie fügte sich alles so zusammen, dass ich ins Flugzeug stieg und überzeugt war, das Richtige zu tun."

Sampras hatte Wimbledon gemieden, seit er 2002 in der zweiten Runde in fünf Sätzen gegen den kaum bekannten George Bastl aus dem Turnier geflogen war. Diese schmerzliche Niederlage ereilte ihn auf dem ehemaligen Platz Nummer 2, der unter dem Spitznamen „der Friedhof" bekannt war, da zahlreiche gesetzte Spieler hier das Glück verließ.

Sampras, der mit seinem Spiel kämpfte, hatte in einer Pause beim Seitenwechsel eine aufmunternde Notiz seiner Frau erhalten, und obwohl der siebenmalige Champion nach der Niederlage versicherte, dass er seine Wimbledon-Karriere nicht auf so deprimierende Weise beenden wolle, tat er genau das.

Bastl, ein Kollege Federers im Schweizer Davis-Cup-Team, belegte Platz 145 der Weltrangliste und hatte es nur als „Lucky Loser" (glücklicher Verlierer) ins Turnier geschafft: Er hatte in der Qualifikation verloren, aber aufgrund eines späten Rückzugs dennoch einen Platz im Hauptfeld erhalten.

„Ich wollte wirklich nicht so in Wimbledon enden, auf Platz 2", gestand mir Sampras Jahre später. Er war noch immer unglücklich darüber, nun zum alten Eisen zu gehören, aber vor allem war er unzufrieden mit seiner damaligen Leistung.

Im Jahr 2009 stand „der Friedhof" kurz vor seiner Erneuerung, als Teil eines langfristigen Modernisierungsvorhabens in Wimbledon, bei dem einen gelegentlich das Gefühl beschleicht, dass hier Charme und Tradition unnötigerweise geopfert wurden.

Andere große Veränderungen seit den Zeiten, als Sampras das Tennis dominierte, waren damals bereits abgeschlossen – keine davon bedeutender und symbolischer als das neue, 1000 Tonnen schwere Dach des Centre Court mit seinen lichtdurchlässigen Paneelen, das selbst in voll geöffnetem Zustand einen gelegentlichen Schatten auf die Royal Box, die königliche Loge, warf.

Es veränderte zweifellos die Atmosphäre dieses stimmungsvollsten aller Tennisplätze, aber nach mehr als einem Jahrhundert, in dem die Spiele wegen Regen unterbrochen werden mussten, besaß Wimbledon nun einen verlässlichen – und äußerst kostspieligen – Plan B. Der natürlich dazu führte, dass in der ersten Turnierwoche kein einziger Tropfen Regen fiel.

Die Tennisgötter haben eben Humor.

„Zum ersten Mal überhaupt warten Menschen in Wimbledon auf Regen", scherzte Ian Ritchie, der Geschäftsführer des Clubs.

Seit Sampras' Rücktritt hatte sich zwischen ihm und Federer eine Freundschaft entwickelt. Im November 2007 bestritten sie gemeinsam drei Showmatches in Asien sowie im März 2008 ein weiteres im New Yorker Madison Square Garden, das fast 20.000 Fans anlockte.

Die gemeinsame Asienreise knüpfte ein Band zwischen ihnen.

„Pete war einer meiner Helden", erzählte mir Federer. „Ich wollte diese Erfahrungen noch während meiner aktiven Laufbahn machen, nicht erst nach meinem Rücktritt. Meines Erachtens hat es einen großen Einfluss, wenn man sich schon früh dafür entscheidet."

Die Tournee war lukrativ, aber sie passte auch zu Federers Wunsch, enge Beziehungen zu den Spielern aufzubauen, die er als Jugendlicher bewundert hatte. Später würde er Stefan Edberg als seinen Coach anwerben.

Der damals 36-jährige Sampras hatte der Reise erst nach einiger Überlegung zugestimmt. Er war froh, dem Reisezirkus entkommen zu sein, und zufrieden, den Alltag mit seiner Frau und seinen beiden Söhnen Christian und Ryan in Los Angeles zu verbringen. Er spielte viel öfter Golf als Tennis und wusste, dass er wieder regelmäßig trainieren musste, um gegen Federer Spiele mit Unterhaltungswert und auf Augenhöhe abliefern zu können.

„Ich kannte Roger nicht sehr gut, und dann sind wir durch ganz Asien gereist, sind gemeinsam geflogen, haben gemeinsam zu Abend gegessen, lernten uns richtig gut kennen und hatten einige ziemlich gute Matches", erzählte mir Sampras. „Roger ist ein kleiner Schelm. Er kann ziemlich albern sein, und ich war kein aktiver Spieler mehr und deshalb auch viel entspannter und unbeschwerter."

Federer nahm Vavrinec mit und Sampras seinen Bruder Gus, der gleichzeitig sein Manager war. Während seiner Tenniskarriere fiel es Sampras schwer, Berufs- und Privatleben zu trennen, und er sagte mir, dass er in seiner besten Zeit wohl kaum eine solche Showmatch-Serie mit einem Tennisveteran wie John McEnroe angetreten hätte.

„Ich hätte wohl eher darauf verzichtet, aber Roger war offen dafür", sagte Sampras. „Wir hingen miteinander ab, wir quatschten rum, redeten über Tennis, über Sport im Allgemeinen, einfach wie zwei Jungs, die sich kennenlernen. Seitdem sind wir über SMS und andere Medien in Kontakt."

Die beiden sind unterschiedliche Persönlichkeitstypen: Sampras ist einsprachig und introvertiert, Federer weltläufig und extrovertiert.

Doch im Einzelgespräch ist Sampras viel offener und lebhafter, und die beiden Champions stellten fest, dass sie tatsächlich mehr gemeinsam haben als ihre einhändige Rückhand, ihre Vorhand aus dem Lauf, ihren schwer zu lesenden Aufschlag und ihre Liebe zu Wimbledon.

Beide sind Söhne durchsetzungsstarker Einwanderinnen, und beide haben auf tragische Weise einen vertrauten Coach verloren, der gleichzeitig ein enger Freund war.

Peter Carter starb 37-jährig in Südafrika. Tim Gullikson, der Sampras zur Weltranglistenspitze und zu sechs Grand-Slam-Titeln geführt hatte, erlag 1996 im Alter von 44 Jahren einem Hirntumor. Ich kannte Tim und seinen Zwillingsbruder Tom. Die in Wisconsin geborenen Brüder waren sehr respektvoll im Umgang mit anderen und sicherlich zwei der besten Menschen im Tennisbetrieb überhaupt. Ich erinnere mich an ein Gespräch mit Tim, das wir 1994 in Europa führten, nachdem er auf einer Reise mit Sampras in seinem Hotelzimmer das Bewusstsein verloren hatte. Er zog sich dabei Schnittverletzungen und Prellungen im Gesicht zu, aber er spielte es herunter. Damals wusste er noch nicht, wie schwer krank er war.

Bei den Australian Open 1995 brach Sampras während des Viertelfinalspiels gegen Jim Courier auf dem Platz in Tränen aus, nachdem Gullikson erneut einen Zusammenbruch erlitten hatte und die Heimreise antreten musste, um sich behandeln zu lassen. Gullikson war danach nicht mehr in der Lage, gemeinsam mit Sampras an Tennisturnieren teilzunehmen, coachte ihn aber aus der Ferne, solange sein Zustand dies noch zuließ.

Sowohl Sampras als auch Federer mussten ihre Trauer in jungem Alter und auf der Tour verarbeiten, und beide fanden im Gedenken an ihren jeweiligen Mentor Inspiration. Später arbeiteten sie mit denselben Trainern: José Higueras und Paul Annacone.

Auf ihren Reisen war Sampras, der sein letztes Spiel als Tennisprofi mit 31 Jahren bestritten hatte, insbesondere davon überrascht, wie offen Federer für neue Erfahrungen war.

„Roger liebt das Reisen“, sagte Sampras. „Er genießt es, neue Städte und neue Leute kennenzulernen. Er ist einfach ein anderer Charakter, mit viel weniger Berührungsangst als ich. Als ich unterwegs war, bedeutete das für mich nur Arbeit und Stress ohne Ende. Auf mir lastete der Druck, die Nummer eins zu sein und

Grand-Slam-Turniere zu gewinnen. Damit kam ich sicherlich in mancherlei Hinsicht schlechter klar."

Sampras erinnerte sich, dass es ihm gegen Ende eines großen Turniers immer am besten ging – nicht nur weil er kurz vor dem Gewinn eines weiteren Titels stand, sondern weil der Umkleideraum fast leer war.

In dieser Ruhe fand er seinen Frieden und seine Belohnung.

„Die letzten paar Tage in Wimbledon waren immer meine besten, weil niemand mehr da war", so Sampras. „Mein Gefühl war dann: Das habe ich mir verdient, mich nicht mehr vor 30 anderen umziehen zu müssen."

Das Zwischenmenschliche zehrte an Sampras' Kräften – kein Problem für Federer mit seiner dröhnenden Stimme, der gerne scherzt und plaudert, aber beim Betreten des Platzes dann auch den Schalter umlegen kann.

„Roger kann sich Menschen öffnen", sagte Sampras. „Wenn ich in eine Umkleide komme, gehe ich zu meinem Schließfach und kapsele mich ab. Roger kommt rein und ist viel umgänglicher, er begrüßt jeden. Er ist ganz einfach ein netterer Mensch."

Sampras fiel es schwer, die Beziehungen zu seinen Gegnern zu pflegen, vor allem wenn er sie eigentlich als Freunde bezeichnen wollte, wie etwa Jim Courier. Federer hingegen knüpfte enge Bande zu seinen Kollegen, ließ sich mehrfach in den ATP-Spielerrat wählen und rief schließlich den Laver Cup ins Leben, ein Mannschaftsturnier.

„In der Generation, die ich als Heranwachsender beobachtete – McEnroe, Lendl, Connors –, herrschte echte gegenseitige Abneigung", so Sampras. „In unserer Generation gab es diese Abneigung nicht, es war mehr ein Abstand-Halten zwischen Andre, Jim, Michael [Chang] und [Boris] Becker. Ich schaffte es einfach nicht, die beiden Welten voneinander zu trennen. Jim und ich waren gut befreundet. Wir konnten den Abstand überwinden, indem wir gemeinsam zu Abend aßen, Doppel spielten oder reisten. Als ich dann recht früh gegen Jim zu spielen begann, war das einfach unangenehm, als würde ich gegen meinen Bruder spielen, vielleicht nicht ganz so extrem. Es ließ mich einfach gedanklich nicht los, soll heißen: Wenn ich ihn besiegte, hatte ich beinahe ein schlechtes Gewissen. Das war kein schönes Gefühl, wenn ich am Vorabend oder während des Matches dachte: ‚Er ist doch ein guter Typ.'"

Sampras empfand die Tour nicht als zweite Heimat, sondern eher als Hafen voller Felsen, die es zu umschiffen galt.

„Wenn ich an meine Laufbahn zurückdenke, dann erklärt das, warum ich gegenüber vielen meiner Gegner so reserviert war", sagte Sampras. „Weil ich das einfach nicht wollte. Ich wollte sie abseits des Platzes nicht zu gut kennenlernen. Klare Fronten waren mir lieber, das kam meiner Persönlichkeit mehr entgegen. Ich weiß, dass Roger und Rafa sich blendend verstehen und die ganze Zeit miteinander reden. Mir kam dann im Verlauf des Spiels irgendein Gedanke über diese andere Person in den Kopf. Damit konnte ich nicht umgehen."

Im Jahr 2009 ließ sich allerdings kaum mehr bestreiten, dass auch Nadal seine Zelte in Federers Kopf aufgeschlagen hatte, so sehr dieser auch imstande war, sich innerlich abzuschotten. Doch in diesem Jahr 2009 war Nadal nirgendwo in Wimbledon anzutreffen: Er konnte aufgrund einer Sehnenentzündung im Knie seinen Wimbledon-Titel nicht verteidigen.

Nadals Abwesenheit verschaffte Federer eine Atempause und erhöhte seine Siegchancen. Aber für alle, die auf eine Neuauflage des fantastischen Finales von 2008 gehofft hatten, war Nadals Fernbleiben eine Enttäuschung.

Federer hatte seinen Sieg in Roland Garros in der Schweiz gefeiert und sich dort erholt. Er traf am All England Club ein, ohne auf Rasen gespielt zu haben seit jener Pleite gegen Nadal im Vorjahr.

Offenbar hatte ihn die Niederlage nicht dauerhaft entmutigt. Auch nicht der Verlust der Weltranglistenführung oder die Niederlage gegen Nadal bei den Australian Open im Januar, wo er vor Tränen kaum reden konnte.

Federer spielt nicht nur schön, er ist auch mental robust und in der Lage, schwere Schläge gegen sein Ego wegzustecken und wieder auf die Füße zu kommen.

Man bedenke nur, was im nächsten Grand-Slam-Turnier nach seiner Wimbledon-Niederlage von 2008 geschah: Zum fünften Mal in Folge gewann er die US Open. Trost und Stärke zog er aus dem Feedback seiner Fans: „Schade, dass du in Wimbledon verloren hast, Roger, aber was für ein Match!"

Federer dämmerte allmählich, dass das Finale von 2008 einige Mauern zwischen den Rafa- und Roger-Lagern eingerissen hatte, jedenfalls für eine gewisse Zeit. Das Match hatte über das Tennis hinaus weltweit Beachtung gefunden und viele Menschen berührt, vielleicht mehr als das Ergebnis. Da gab es die gegensätzlichen Spielweisen, den Sportsgeist und natürlich den dramatischen Abschluss.

„Es war alles dabei", sagte Federer in einem Hintergrundinterview für *Strokes of Genius*. „Erst später habe ich erkannt, was für ein großartiges Match das war. Damals ging ich zurück in den Umkleideraum und weinte. Als ich den Ort des Geschehens verließ, weinte ich immer noch. Ich erinnere mich noch lebhaft an den Moment, als ich durch das Millennium Building zum Ausgang ging. Ich dachte mir: ‚Oh mein Gott, das ist der schlimmste Tag meines Lebens.' Und die Leute können mir noch so oft erzählen, dass es ein tolles Match war: Es ist mir egal. Ich habe verloren. Mir wäre es lieber gewesen, in drei Sätzen zu verlieren. Dann wäre es wenigstens eine klare Sache gewesen und nicht diese emotionale Achterbahnfahrt.'"

Doch als die US Open 2008 begannen, war sein Blick wieder klar. Die Niedergeschlagenheit war einer ruhigen Zufriedenheit gewichen. Natürlich wäre es schön gewesen, eines der großartigsten Matches aller Zeiten zu gewinnen, klar, doch zumindest hatte sein Sport einen Sieg errungen.

Der Titelgewinn bei den French Open war ein weiterer Beleg dafür, dass Federer seine Durchschlagskraft zurückgewonnen hatte. Annacone verglich diesen Moment mit Sampras' Sieg bei den US Open 2002, den dieser kaum zwei Monate nach seiner überraschenden Niederlage gegen Bastl in Wimbledon errungen hatte.

„Ich erinnere mich daran, wie es bei Pete war", erzählte mir Annacone. „Monatelang hieß es: ‚Was läuft hier schief? Schalte mal einen Gang runter. Du hast geheiratet. Du hast dieses getan. Du hast jenes getan.' Ich wusste, dass Pete noch nicht fertig war. Ich glaube, dass die größten Spieler angesichts von Herausforderungen über sich hinauswachsen, und genau das war auch bei Roger der Fall.“

Er hat auch Glück gehabt: Söderling hatte Nadal für ihn aus dem Feld geschlagen. Trotzdem musste sich Federer erst noch durch Fünfsatzspiele gegen Haas und del Potro kämpfen, bis er im Finale stand und gewann.

Die Rückkehr nach Wimbledon fühlte sich wie eine Rückkehr nach Hause an, und nach Roland Garros strahlte Federer das Wohlbefinden eines Champions aus.

In Abwesenheit Nadals spielte er sein Eröffnungsmatch auf dem Centre Court, eine Ehre, die üblicherweise dem Titelverteidiger vorbehalten ist. Auf dem frischen Rasen fertigte er Yen-hsun Lee rasch in drei Sätzen ab.

Mit diesem Sieg kündigte er seinen nüchternen Vormarsch ins Finale an, wobei er im Halbfinale Haas bezwang, der Federer in Roland Garros lange unter Druck gesetzt hatte. Die Wende kam in Form von Federers Inside-Out-Vorhand, mit der er spät im dritten Satz einen Breakball gegen sich abwehrte.

„Das ist Vergangenheit und abgehakt“, sagte Haas. „Ich bin sein Freund und weiß, wie viel es ihm bedeutete, die French Open zu gewinnen, deswegen freue ich mich, dass er diesen Punkt gemacht hat.“

Weniger erfreut war Haas, dass er gegen Federer in Wimbledon nicht einen einzigen Breakball erzielte; für den Schweizer, der so gut aufschlug wie nie zuvor, war es eines jener ganz besonderen Turniere. Seine Rückenprobleme, die ihn zu Saisonbeginn belastet hatten, waren verschwunden – jedenfalls fürs Erste.

„Ich hatte echt Schmerzen“, sagte mir Federer. „Es ist immer dasselbe. Man springt mit dem rechten Bein ab und landet auf dem linken. Das gefällt dem Rücken natürlich nicht, und wenn man das zehn Jahre oder länger macht, gibt es Ärger.“

Einen Schlüsselmoment erlebte Federer im Mai in Rom, kurz vor Roland Garros, als er Lüthi und sein Team bat, ihn in einer Trainingsstunde auf Sand an seine Grenzen zu bringen.

„Ich sagte zu ihnen: ‚Ihr müsst mich über den Platz jagen, den Ball sogar außerhalb des Doppelfelds spielen, egal. Ich muss jeden Ball erwischen und dabei alles machen dürfen: gleiten, den Rücken strecken oder mich tief herunterbeugen, einfach irgendwie den Ball zurückbringen. Ich muss in der Lage sein, solche Bälle zu schlagen, sonst bin ich unsicher, ob mein Rücken das schafft.‘ Denn ich hatte deswegen manchmal Angst."

Auch Federers Aufschlag hatte unter dieser Angst gelitten.

„Deshalb versagte mein Aufschlag in jenem Jahr in Australien gegen Nadal im fünften Satz. Ich hatte Sorge, mein Rücken würde nicht durchhalten", erklärte er. „Das war unbewusst. Ich brauchte einfach mal gezielte Übungen, eine ganze Serie von Aufschlägen hintereinander, um zu sehen, dass mein Rücken das schafft. Danach lief es."

Das Finale in Wimbledon galt es trotzdem noch zu bestreiten – gegen einen vertrauten Gegner, dessen Aufschlag gleichzeitig der Gradmesser seines Selbstvertrauens und seines Power-Spiels war. Roddick war zu neuer Stärke erwacht und beweglicher, seit er auf Drängen seines neuen Trainers Larry Stefanki 15 Pfund abgenommen hatte. Stefanki, ein oft zitierter und selbstbewusster US-Amerikaner, war dafür bekannt, führende Spieler schnell zu beeinflussen.

„Larry kam am ersten Tag herein und sagte mir, ich sei zu dick, um Tennis zu spielen", erzählte mir Roddick. „Wenn ich ein besserer Tennisspieler werden wollte, musste ich mir verkneifen, beleidigt zu sein."

Federer und Roddick hatten beide erst kürzlich, im April, geheiratet: Federer seine Freundin Mirka Vavrinec und Roddick Brooklyn Decker, die als Model und Schauspielerin arbeitete. Beide Spieler waren in der nötigen Form und geistigen Verfassung, um Wimbledon zu gewinnen. Roddick hatte allerdings das schwierigere Los gezogen: Er musste Lleyton Hewitt im Viertelfinale und Andy Murray im Halbfinale bezwingen.

Für Roddick war es das dritte Wimbledon-Finale. Nach seiner Zweitrunden-Niederlage im Vorjahr hatte er zu einer beeindruckenden

Form zurückgefunden. Mit seinem Talent für bildhafte Sprache fand er kreative Worte, um seine Wimbledon-Erfahrung von 2008 zu beschreiben: „Wenn du den Rolling Stones aus der ersten Reihe zugeguckt hast, und plötzlich bist du sieben oder acht Reihen dahinter, und da steht vor dir ein Riese, der mit den Armen wedelt und schreit, dann siehst du nicht mehr viel. Die Show verblasst dann gegenüber den anderen."

In welcher Reihe stand er also in diesem Jahr?

„Näher dran", sagte Roddick. „Ich kann jetzt sehen, was Mick Jagger anhat."

Das sorgte für große Heiterkeit. Doch für Roddick stand in diesem Finale viel auf dem Spiel. Und es ging ans Eingemachte. Er war Federer einmal voraus gewesen und hatte vor ihm die Weltranglistenspitze erobert, aber seitdem war er trotz aller Anstrengungen von ihm weit in den Schatten gestellt worden.

„Ich war deswegen nie verbittert", sagte Roddick vor dem Finale. „Ich bin enttäuscht gewesen oder traurig. Viele träumen von dem, was für mich ein besonders schlimmer Tag ist. Ich habe immer irgendwie das Gesamtbild gesehen, das hat mir geholfen."

Mit Unterstützung Stefankis hatte er mit 26 Jahren wieder Vertrauen in seine Fähigkeiten gefasst und setzte nun seine schlagkräftigen Waffen umsichtiger ein.

„Ich glaube, er hat gute Chancen", sagte mir Stefanki. „Vor allem wenn er ruhig und entspannt ist und an seinen Stil glaubt. Was bedeutet, dass er nicht immer mit brutaler Kraft agieren muss."

Doch die Statistik ließ sich vor dem Finale nicht gänzlich ignorieren. Dass Federer gegen Roddick eine Bilanz von 18:2 Siegen vorweisen konnte, hatte seine Gründe. Von insgesamt sieben Grand-Slam-Begegnungen hatte er keine einzige verloren.

Es schien also klar, was Roddick aufbieten musste, um Federer dazwischenzufunken.

„Es war vermutlich das Spiel seines Lebens", sagte Patrick McEnroe, der Kapitän des US-amerikanischen Davis-Cup-Teams.

Der oft urkomische Roddick kann auch respektlos und bissig sein. Er wird ungern ausgetrickst und unterstellt bisweilen zu Unrecht entsprechende Versuche. Während sich Federer nahezu poetisch bewegte, war Roddicks Spiel faustkämpferische Prosa: abrupte Bewegungen, große Schnitte und Schweiß, so viel Schweiß, dass es von seinem Hemd, den Shorts und der Kappe nur so tropfte.

„Ich habe übrigens keine Ahnung, wie er das macht", sagte Federer, der nur selten zulässt, dass ihn jemand beim Schwitzen beobachtet.

Doch ich gestehe, dass ich Roddick mittlerweile bewunderte: für sein Talent, Gedanken und Emotionen rasch in kluge Worte zu kleiden (Schreibsperre war ein Fremdwort für ihn), aber vor allem für seine Fähigkeit, immer weiterzukämpfen, auch wenn sich der Verdacht, dass er in der falschen Tennisära geboren war, immer stärker aufdrängte.

Er blieb sich selbst treu und gab im Finale sein Bestes. Den ersten Satz gewann er mit 7:5, indem er Federer mit seiner verbesserten beidhändigen Rückhand und zeitlich gut angelegten Angriffen überraschte.

Roddick stand kurz davor, auch den zweiten Satz zu gewinnen: Mit wilden Aufschlägen und Returns hatte er sich im Tiebreak einen Vorsprung von 6:2 erkämpft. Er brauchte nur noch einen einzigen Punkt, um sich im Finale weit in Führung zu bringen.

„Eine Zweisatzführung, und das bei seinem Aufschlag, das sah nicht gut aus", erzählte mir Federer.

Doch Federer wehrte alle vier Satzbälle ab. Im Gedächtnis geblieben ist vor allem der letzte, als Roddick beim Stand von 6:5 aufschlug. Seinen zweiten Aufschlag beantwortete Federer mit einem flachen, cross geschlagenen Chip-Return mit der Rückhand, ein Schlag, der Roddick und andere seit Jahren zur Verzweiflung trieb. Doch Roddick hatte jetzt eine klarere Taktik und schnellere Beine, und so nahm er den Ball an, ließ eine Vorhand in Federers Vorhandecke krachen und stürmte zum Netz.

Federer schlug einen hohen Vorhand-Passierball die Außenlinie entlang, so hoch, dass Roddick überlegte, ihn durchgehen zu lassen. Er entschied sich schließlich dagegen. Sein hoher Rückhand-Volley geriet dadurch aus dem Lot und landete weit außerhalb des

Spielfelds. Es stand 6:6. Und zwei Punkte später war der Satzausgleich geschafft.

„Die Entscheidung fiel mir wahnsinnig schwer", sagte Roddick über den verirrten Volley, als wir 2020 darüber sprachen. „Es herrschte ein etwas stärkerer Wind, und es sah so aus, als würde er den Ball wieder hineinwehen. Es heißt immer: im Zweifel spielen, und leider spielte ich ihn dann so, als ob ich zweifeln würde. Aber ich finde das hier weniger wichtig als andere."

Das lag daran, dass er sich den Tiebreak zufällig einige Jahre später noch einmal ansah, während er in einem Fitnessstudio auf einem Heimtrainer strampelte. Der Satzball, der ihm mindestens ebenso wichtig vorkam, war der erste beim Stand von 6:2.

Roddick hatte aus vollem Lauf eine Vorhand geschlagen, die kurz vor Federers Füßen an der Grundlinie landete. Federer retournierte den kraftvollen Schlag mit einem Rückhand-Halb-Volley, den er lässig und unerreichbar für Roddick cross schlug. Es war ein entspannter Schlag, der nur jemandem gelingen konnte, dem es nichts ausmachte, unter Druck zu stehen.

„Ich finde es erstaunlich, dass sich alle darauf stürzen, dass ich diesen doch recht schwierigen Volley verschlagen habe – er flog sehr hoch, und Federer stand schon wieder im Spielfeld –, und nicht etwa auf den Schlag, mit dem er den Satzball abwehrte", so Roddick. „Weil alle immer nur von dem Volley reden, hatte ich diesen Schlag ganz vergessen. Bis ich ihn wieder sah. Ich kann kaum glauben, dass er das geschafft hat."

Federer gewann den Tiebreak im dritten Satz, obwohl sein 5:1-Vorsprung zunächst auf 6:5 dahinschmolz. Doch beim Satzball gelang ihm ein starker erster Aufschlag. Mit seiner Vorhand stürzte er sich auf den kurzen Return, und es stand 2:1 nach Sätzen.

Danach gewann Roddick den vierten Satz, und zum zweiten Mal in Folge wurde das Finale der Herren erst im fünften Satz entschieden, der in die Verlängerung ging.

Da es nun keine Regenpausen mehr gab, konnten Federer und Roddick das Tageslicht bestens nutzen, und das taten sie. Aufschlag um Aufschlag brachten sie durch – entgegen jeder Erwartung und Logik.

Sampras, der nach dem dritten Spiel des Matches in der Royal Box eingetroffen und von Federer vom Platz aus begrüßt worden war, hatte auf dem Nachtflug aus Los Angeles kein Auge zugetan.

Sampras sagte: „Schon der Adrenalinstoß, der mich bei der Rückkehr an diesen Ort durchfuhr, löste eine Menge Emotionen in mir aus. So vieles ging mir durch den Kopf: Er wird vielleicht diesen Rekord brechen, klar, aber allein, dass ich wieder auf diesem Platz war. Es war wie ein Wirbelwind, ein unheimliches, surreales Gefühl, das etwa fünf Stunden anhielt."

Auch in den Augen derjenigen, die nicht unter einem Jetlag litten, flossen die Spiele in jenem fünften Satz ineinander, als sich die Asse und Service-Winner zu häufen begannen. Einmal blickte Federer besorgt zu seiner Frau Mirka hinüber, die mittlerweile im achten Monat schwanger war. „Ich war etwas beunruhigt. Ich dachte mir: ‚Das ist ein sehr langes, hartes Match, auch wenn viele Ballwechsel ziemlich kurz sind.'"

Aber es schien unmöglich, das Spektakel abzukürzen. Beim Stand von 8:8 geriet Federer bei eigenem Aufschlag mit 15:40 ins Hintertreffen und wehrte den ersten Breakball mit einem gut platzierten Aufschlag ab, den zweiten dann mit einem durchgezogenen Vorhand-Volley.

Roddick konnte nicht wissen – und hätte nicht wissen wollen –, dass dies seine letzten Breakbälle des Finales waren. Er war in der prekären Lage, als Zweiter aufschlagen zu müssen, weshalb er jeweils ausgleichen musste, um weiter im Spiel zu bleiben.

Ein Jahr später würden ein weiterer großer US-amerikanischer Aufschlagspieler, John Isner, sowie der Franzose Nicolas Mahut die Sportwelt in Staunen versetzen: Isner setzte sich im fünften Satz eines Erstrundenspiels in Wimbledon, das sich über drei Tage erstreckte, schließlich mit 70:68 durch.

2009 bei Roddick und Federer war der fünfte Satz hinsichtlich der Anzahl von Spielen der bei Weitem längste, den es je in einem Grand-Slam-Einzelfinale gegeben hatte. Und als er sich immer weiter hinzog, sagte sich Federer, dass ihm nach dem Finale von 2008 das Glück dieses Mal aber hold sein müsse.

Die Chance bot sich, als Roddick beim Stand vom 14:15 aufschlug. Der Amerikaner hatte 37-mal in Folge seinen Aufschlag durchgebracht und wirkte nun etwas erschöpft. Seine Beinarbeit und sein Timing waren nicht mehr so präzise, seine Grundschläge begannen danebenzugehen. Federer rang ihm zweimal den Einstand ab und sicherte sich schließlich einen Breakball, der gleichzeitig auch Matchball war.

Roddicks erster Aufschlag misslang. Der zweite war gut, aber dann verschlug er beim fünften Schlag des Ballwechsels eine Vorhand und beendete damit nach vier Stunden und 18 Minuten dieses epische Finale.

Federer feierte seinen Sieg: Er sprang in die Luft, statt zu Boden zu sinken, eine Respektsbezeugung für einen Gegner, den er schätzte. Er wollte nicht, dass Roddick nach einer so schwer verdaulichen Niederlage auf den Händedruck am Netz warten musste.

„Sport oder Tennis kann manchmal grausam sein, das wissen wir alle“, sagte Federer. „Auch ich habe Grand-Slam-Finalspiele nach fünf Sätzen verloren. Das ist schwer.“

Federer klang, als spräche er über uralte Tennisgeschichten und nicht über die beiden Fünfsatzniederlagen gegen Nadal in den letzten zwölf Monaten. Doch sein Comeback war so schnell und so nachhaltig, als ob er sich in einer Zeit vor Nadal befinden und ein Grand-Slam-Turnier nach dem anderen abhaken würde.

Er hatte Sampras überholt, der den Grand-Slam-Rekord populär gemacht hatte, als er Roy Emersons Marke von zwölf Siegen erfolgreich eingeholt hatte.

„Tut mir leid, Pete, ich habe versucht, ihn abzuhalten“, sagte Roddick bei der Übergabe der Trophäe.

Vielleicht war es das größte Match in Roddicks Leben. Er spielte mit höchster Präzision und Überzeugung. Es hat dennoch nicht ganz gereicht.

„Es tut mir wirklich leid für Andy“, sagte Sampras. „Das war seine Chance. Er ist gescheitert, aber Roger, die ganz Großen am Schluss, er hatte einfach ein bisschen mehr.“

Sampras' Satzbau war hier vielleicht nicht ganz lupenrein – es war auch ein langer Nachmittag gewesen –, aber das Kompliment war unmissverständlich. Federer hatte dieses Finale zwar nur mit hauchdünnem Vorsprung gewonnen, sein Gesamtwerk war dennoch deutlich imposanter.

Sampras brauchte zwölf Jahre und 52 Grand-Slam-Turniere, um 14 davon zu gewinnen. Federer hatte für seine 15 Siege sechs Jahre und 41 Teilnahmen benötigt.

Im Finale hatte Federer 50 Asse serviert – ein persönlicher Rekord –, Roddick 27. Zudem wirkte Federer während des gesamten Spiels erstaunlich ausgeglichen.

Es flossen noch nicht einmal Tränen auf dem Rasen.

„Nein, dieses Mal nicht", meinte Federer. „Es war vielleicht später emotionaler, als ich mein gesamtes Team traf, Mirka und die Gruppe. Aber auf dem Platz war es nicht der Tag für Tränen. Ich glaube, es war eher einer dieser Momente, wo ich dachte: ‚Ich hab's geschafft!' So ein energiegeladener, verrückter Moment. Als ich das Bildmaterial später noch mal sah, dachte ich mir: ‚Oh mein Gott. Ich hüpfe herum wie ein Junge, der nicht glauben kann, dass er gewonnen hat.'"

Selbst Jahre später klang Federer erleichtert, als wir auf dieses Match zurückblickten. „Es ist eine dieser Partien, wo man nicht einmal mehr Lust hat, sich das Ende anzusehen", sagte er. „Es fühlte sich wirklich an wie ein Münzwurf."

Roddick hatte den Münzwurf gegen Federer in Wimbledon verloren, und das Publikum litt mit ihm, selbst viele, die den ganzen Nachmittag lang Federer angefeuert hatten.

Während Roddick geknickt auf seinem Stuhl saß, schwollen einige Stimmen zu einem donnernden Chor an: „Roddick! Roddick! Roddick!"

„Ein unglaubliches Gefühl", erzählte mir Roddick. „Wahrscheinlich einer der coolsten Augenblicke meiner Karriere."

Das war aber noch nicht alles. Als er in den Tagen nach dem Finale mit seiner Frau in New York herumlief, drückten ihm zahlreiche Menschen – Baristas wie Bauarbeiter – ihr Mitgefühl aus.

„Ich kam wirklich kaum weiter als einen halben Block, ständig sprach mich jemand auf das Match an“, erzählte Roddick. „Das war mir noch nie passiert, und es waren nicht alles Tennisfans. Einfach Leute, die irgendwie etwas von dem Match mitbekommen hatten, und das war cool. Ich bekam eine Menge Kommentare und Nachrichten von vielen meiner Idole und von Menschen, zu denen ich aufblicke. Eine solche Reaktion hatte ich in meiner Karriere noch nie erlebt.“

Für Roddick gab es eine klare Trennlinie zwischen der Zeit vor Wimbledon 2009 und jener danach. Dieses Finale brachte ihm viele Sympathien ein.

„Ich glaube tatsächlich, dass mich die Menschen im Nachhinein anders sehen würden, wenn ich dieses Match nicht verloren hätte“, sagte Roddick. „Die Zeit, in der ich als Tennisspieler die Leute polarisiert habe, endete damit. Wenn ich gewonnen hätte, wäre es vielleicht anders gewesen.

Wenn du elf Jahre später ein Starbucks-Café betrittst und sich die Leute an dieses eine Match erinnern! Daran ändert auch der Sieg bei den US Open oder all die anderen Dinge nichts – es wird für immer das sein, woran man sich am meisten erinnert. Und in gewisser Weise war ich eine Schachfigur beim historischen Tauziehen zwischen Roger und Pete. Ich glaube, das hat zu dem Gefühl beigetragen, dass ich zwischen den beiden nur eine Nebenrolle spielte. Und Pete? Der fliegt sonst nirgendwohin. Es war klar, dass er der Krönungsmesse des Königs beiwohnen wollte und ich nur derjenige war, der versuchte, Bambi zu erschießen.“

Roddick hatte einfach Pech. Heute ist er damit im Reinen, aber das war nicht immer so. Einige Monate nach ihrem Match stand Federer erneut in einem harten fünften Satz. Es war das Finale der US Open, der Gegner hieß Juan Martin del Potro, und Federer unterliefen bei eigenem Aufschlag zwei Doppelfehler, die ihn den Satz und später das Match kosteten.

„Es kann schon sein, dass ich beim Anschauen des Spiels ‚Fuck you, Roger‘ gesagt habe“, erzählte Roddick lachend. „Ich liebe Juan Martin, deshalb habe ich mich sehr für ihn gefreut, aber gleichzeitig war ich sauer auf Roger, weil er irgendwie versagt hatte. ‚Versagen' ist ein hartes Wort, das zu häufig verwendet wird, aber ihm gingen ein wenig die Nerven durch. Er hat den fünften Satz irgendwie verschenkt, deshalb war ich an dem Tag wohl wütender auf ihn als sonst in meiner Laufbahn."

Roddicks Laufbahn dauerte nur noch drei weitere Jahre; bis zu seinem Rücktritt 2012 kam er in keinem Grand-Slam-Turnier mehr über das Viertelfinale hinaus.

Aus einer schwierigen Ausgangslage – als Nachfolger der großen US-amerikanischen Generation von Sampras, Agassi, Courier und Chang – hatte er das Beste gemacht. Die vier Amerikaner hatten zusammen 27 Grand-Slam-Titel gewonnen, er selbst nur einen – was immer noch mehr ist, als jeder andere Amerikaner seit 2003 von sich behaupten kann. Mit jedem Jahr, das seither vergangen ist, erscheint Roddicks Karriere in einem positiveren Licht und spiegelt gleichzeitig den tiefen Fall des US-amerikanischen Herrentennis wider.

„Ich glaube eigentlich immer an Andy", verriet mir Federer gegen Ende von Roddicks Karriere. „Einmal hat er sich wohl sogar bei mir dafür bedankt, dass ich ihm immer die Stange gehalten habe, was ich auch in Lleytons Fall getan habe, als ihn die Leute abschrieben. Ich glaube, deshalb respektieren wir uns in unserer Generation gegenseitig: weil wir alle gemeinsam den Durchbruch geschafft haben und wissen, wie gut wir sind und wie schwer es ist, ganz oben zu bleiben. Ich finde es schön, dass wir füreinander einstehen, denn es ist alles nicht so leicht, wie es aussieht. Wir spielen jeden Tag nach einem K.-o.-System. Es ist nicht wie beim Fußball. Da kann man sonntags aus dem Stadion gehen, es steht 1:1, und alle schlafen gut, denn keiner hat verloren. Bei uns gibt es nur Schwarz oder Weiß. Man kann sich nicht verstecken, und dazu kommt die Plackerei, elf Monate im Jahr."

Doch diese Schwerstarbeit wirkt sich offensichtlich nicht auf jeden gleich aus. Während Roddick mit 30 ausschied, macht Federer weiter und weiter.

Und während Federer Mitglied auf Lebenszeit im All England Club ist, musste Roddick mit seiner vertanen Chance fertigwerden, als er 2015 als Fernsehkommentator für die BBC nach Wimbledon zurückkehrte.

Er hatte sich schon zuvor schwergetan, die Niederlage zu verarbeiten, war gelegentlich nachts mit dem Gefühl aufgewacht, einen „Schlag in die Magengrube“ bekommen zu haben. Doch als er zum ersten Mal nach seinem Rücktritt den Club wieder betrat, holten ihn die Erinnerungen erst richtig ein: „Bis dahin hatte ich den großen Schmerz nicht so bemerkt. Es war einfach so, dass ich dieses Tor als Champion durchschreiten und als Mitglied des Ordens dort herumlaufen wollte.“

Wimbledon ist ein Ort, an dem Geschichte, Traditionen und Protokoll eine große Rolle spielen. Auch als Nichtmitglied des Ordens ist Roddick als dreimaliger Finalist Teil dieser Geschichte und befindet sich in derselben Liga berühmter Spieler wie Ivan Lendl, Ken Rosewall und Patrick Rafter, die alle in Wimbledon das Glück verließ.

Sampras und Federer spielten in einer eigenen, höheren Liga: Es sind die beiden erfolgreichsten Spieler im All England Club in der Open-Ära – ein weiteres Bindeglied zwischen ihnen, auch wenn sie ihre jeweilige Dominanz sehr unterschiedlichen Spielweisen verdankten.

Dieser Kontrast beschäftigte Sampras jahrelang und verblüffte ihn auch ein wenig. Kurz vor dem Turnier in Indian Wells im März 2011 organisierte er deshalb einen gemeinsamen Abend in Los Angeles. Annacone war damals gerade Federers Coach geworden.

Sampras und Federer, der ein großer NBA-Fan ist, besuchten zusammen ein Spiel der Los Angeles Lakers und trafen dort Kobe Bryant, der seinerseits ein großer Tennis-Fan und informeller Berater von Spielern wie Maria Sharapova und Novak Djokovic war, bevor er 2020 bei einem Hubschrauberabsturz tragisch ums Leben kam.

Später trafen sich Sampras, Federer und Annacone mit ihren Ehefrauen zum Abendessen im Privatzimmer eines Restaurants in Beverly Hills. Sampras hatte Annacone mit Fragen zum Stand der Dinge auf der Tour überhäuft und wollte genau verstehen, wie Federer ihn 2001 in der vierten Runde des Wimbledon-Turniers mit einem klassischen Serve-and-Volley-Spiel geschlagen, aber seine späteren Wimbledon-Titel überwiegend von der Grundlinie aus gewonnen hatte.

„Zu diesem Zeitpunkt hatte Roger schon eine gefühlte Million Grand-Slam-Spiele auf dem Buckel, aber er ist immer noch wie ein kleiner Junge, schaut immer noch zu den Tennislegenden auf", sagte Annacone. „Pete spricht nur mit wenigen Menschen unbefangen, aber in einem so intimen Rahmen ist er großartig. Und so setzten wir uns alle hin, und ich hörte praktisch nur zu, und Pete meinte: ‚Okay, mein Lieber, was zur Hölle ist da eigentlich los im Tennis?' Und Roger sagte: ‚Wie meinst du das?' Und Pete wieder: ‚In Wimbledon sieht man überhaupt keine neuen Gesichter mehr. Wie kommt das? Wie kann das sein?' Und Roger denkt kurz darüber nach und erklärt Pete dann im Grunde, wie eine Ära in die nächste übergegangen ist, und so geht es stundenlang weiter. Wenn ich damals Journalist gewesen wäre, hätte ich heimlich alles aufgezeichnet."

Als alle auf Rasen noch Serve-and-Volley spielten, so Federer, wäre es ein Fehler gewesen, es selbst nicht zu tun, denn dann hätte man zu viele Passierbälle schlagen müssen. Doch sowohl die Ausrüstung als auch die Spielweisen hätten sich geändert, und dabei habe er erkannt, dass er auch von der Grundlinie aus einen Vorsprung auf seine Kontrahenten habe, auf Hartplätzen und sogar auf Sand – sofern der Gegner nicht Nadal heiße.

Das neue Schema F auf Rasen war nicht mehr Serve-and-Volley, es war Serve-und-schmettere-so-früh-wie-möglich-die-Vorhand-und-dann-Volley-falls-nötig. Das ist immer noch Angriffstennis, nur eine andere Form.

Es gibt aber auch Experten, die das anders sehen.

„Ich glaube, dass Roger sich vom Serve-and-Volley-Spiel verabschiedet hat, weil alle das taten", sagte Craig O'Shannessy, ein Pionier der Tennisanalyse, der unter anderem mit Djokovic und Kevin Anderson zusammengearbeitet hat. „Aber wenn man sich die Gewinnprozentsätze anschaut, dann waren sie immer hoch. Ob in Wimbledon nun zu 30 Prozent oder nur zu sechs Prozent Serve-and-Volley gespielt wird, immer liegen die Gewinnchancen im

Bereich von 65 bis 70 Prozent. Natürlich hat Roger dort acht Titel gewonnen und hervorragend gespielt, aber statistisch betrachtet ist es keine gute Idee, auf Serve-and-Volley zu verzichten.“

Tennis handelt von der beständigen Suche nach dem richtigen Gift sowie dem passenden Gegengift. Das ist oft ein zyklischer Prozess, weshalb die Strategie Serve-and-Volley eines Tages einen erneuten Siegeszug in Wimbledon antreten kann – sofern genügend Champion-Anwärter sich die Technik in jungem Alter aneignen und sie unter Hochdruck perfektionieren.

Doch bis dahin sprechen Federers Erfolge und die von Sampras für sich. Beide waren mit ihren sehr unterschiedlichen Herangehensweisen die besten Rasenspieler ihrer Generation.

Der Rückflug nach Los Angeles nach dem Finale von 2009 war lang, aber Sampras war froh, diese Blitzreise unternommen zu haben, auch wenn sein Rekord eingestellt wurde.

„Ich hätte mir niemals vorstellen können, dass es nur sechs Jahre dauert, bis jemand die 14 übertrifft“, sagte er.

Sampras sollte in den folgenden Jahren noch mehr Überraschungen erleben.

Kapitel 11

FEUSISBERG, SCHWEIZ

„Willkommen in der Schweiz!", rief Roger Federer und breitete seine Arme in Richtung Zürichsee aus. Seine Stimme klang stolz wie die eines Besitzers.

Federer hatte die Spitze des Tennisbergs zurückerobert und schien auch so bester Dinge zu sein, als ich ihn am 7. August 2009 besuchte.

Ich war von Frankreich aus herbeigeeilt, da er früher als erwartet in den Tenniszirkus zurückkehren wollte. Auf seinen Vorschlag hin trafen wir uns zum Brunch in der Nähe seiner Villa, genauer gesagt auf der großen Außenterrasse des Panorama Resort und Spa, das seinen Namen der herrlichen Aussicht auf den Zürichsee verdankt.

„Ich wohne gleich da unten", sagte er und zeigte in Richtung See und auf das wohlhabende Städtchen Wollerau. „Schön ruhig. Du fährst fünf Minuten, und schon stehst du zwischen den Kühen. Ich mag das."

Es war ein wunderbarer Spätvormittag – die Sonne schien, die Luft war kristallklar, und es wehte ein kleines Lüftchen. Bis heute kann ich mich an keinen Moment erinnern, an dem Federer besserer Laune war (außer wenn er einen Matchball bei einem Grand-Slam-Turnier verwandelt).

In diesem Interview ging es ausnahmsweise nicht um Tennis. Ich wollte mit ihm über das Elterndasein reden. Zwei Wochen zuvor, am 23. Juli, hatte Mirka in Zürich die eineiigen Zwillingstöchter Charlene und Myla auf die Welt gebracht.

„Es muss faszinierend sein, sich selbst zu sehen, ohne in den Spiegel zu gucken", sagte Federer über seine Töchter. „Sie werden uns jede Menge Streiche spielen."

Mit verlässlichem Schweizer Timing waren die Federers Eltern geworden: in der kurzen Zeitlücke zwischen Wimbledon, wo

Federer seinen 15. Grand-Slam-Titel gewonnen hatte, und den US Open, wo er demnächst versuchen würde, seinen sechsten Einzeltitel in Folge zu erringen.

„Wir haben nicht wirklich auf ein bestimmtes Zeitfenster abgezielt, wir hatten einfach Glück, dass es in diese Lücke passte", sagte Federer. „Ich hatte schon Angst. Du weißt ja, wie es ist: Nach der 25. Woche kann das Baby jederzeit kommen. Deshalb dachte ich zu Beginn der French Open daran, dass wir noch zwei Grand Slams überstehen müssen."

In Wimbledon sprach er auch mit Mirka darüber, was passieren sollte, falls die Wehen einsetzten.

„Mirka meinte: ‚Du gehst auf den Platz und spielst, und danach kommst du. Du kannst ja nicht vor dem Spiel wegrennen, das geht nicht'", erzählte Federer.

Doch weder Roger noch Mirka verpassten am Ende eine einzige Runde, obwohl es knapp war. Federer gewann Wimbledon am 5. Juli, und eine gute Woche später, deutlich vor ihrem Entbindungstermin, begab sich Mirka auf Anraten ihrer Ärzte in die Privatklinik Bethanien, eine der Züricher Top-Kliniken. Federer stieß dazu und schlief die folgenden neun Tage, bevor die Zwillinge per Kaiserschnitt entbunden wurden, sowie weitere zehn Tage nach der Geburt in ihrem Zimmer.

„Es fühlte sich an wie der dritte Grand Slam in Folge: erst Paris, dann Wimbledon, dann Krankenhaus", sagte Roger.

Anfang des Jahres hatten sie bei einem Turnier in Doha, der Hauptstadt von Katar, von Mirkas Schwangerschaft erfahren.

„Ich war ziemlich schockiert, aber auf schöne Weise", sagte er. „Mir drehte sich der Kopf, und ich scherzte mit Mirka herum: ‚Pass auf! Heb das nicht hoch! Du solltest dich hinlegen!' Und sie meinte nur: ‚Hör auf damit! Sprich nicht mit mir, als wäre ich hochschwanger!'"

Zwei Wochen später bei ihrer ersten Vorsorgeuntersuchung in Melbourne, wo Federer die Australian Open bestritt, stellte sich heraus, dass sie Zwillinge bekamen. Roger schwirrte erneut der Kopf.

„Ich dachte so: ‚Oh mein Gott! Das ist das Beste, was mir je passiert ist!'"

Am nächsten Tag ging er auf den Platz und fertigte den jungen, gefährlichen Juan Martin del Petro im Viertelfinale mit 6:3, 6:0, 6:0 ab.

„Die Zwillinge haben mir Flügel verliehen, stimmt's?", lachte Federer.

Nach seiner Niederlage gegen Nadal im Finale warteten die Federers bis März, bevor sie Mirkas Schwangerschaft bekanntgaben, und ihr Arzt riet ihnen, nicht gleich zu erwähnen, dass es Zwillinge werden.

„Man weiß einfach nie, was passieren kann", sagte Roger. „Aber ehe man sich's versieht, sind schon sieben Monate vorbei, und letztlich fragte mich niemand ernsthaft, ob es nun Zwillinge sind oder nicht. Also sagte ich mir: ‚Gut, dann spiele ich das Spiel einfach bis ganz zum Ende weiter.'"

Das bedeutete, bei Pressekonferenzen von „dem Baby" zu sprechen, und er hatte sich das so angewöhnt, dass er sogar während unseres Interviews noch gelegentlich „das Baby" erwähnte.

„Ich musste wirklich mit mir kämpfen", erzählte er. „Einmal sagte ich zu einem Paar: ‚Wir freuen uns riesig darauf, Babys zu haben', und fragte mich: ‚Verrate ich schon alles?'"

Federer wusste, dass ich Vater dreier Töchter bin, und erkundigte sich nach meiner Familie.

„Ich bin von Frauen umgeben, und jetzt bist du es auch", sagte ich.

„Wie findest du das? Ist es gut?", wollte er wissen.

„Na ja, es bringt deine weiche Seite zum Vorschein. Ich bin mir nicht sicher, ob es das ist, was du brauchst", antwortete ich.

Federer schüttelte sich vor Lachen. „Genau!"

Es war seit Langem klar, dass Federer den Sport und die Tour weit über das Übliche hinaus liebte, aber in der folgenden Zeit erkannte ich zum ersten Mal, dass seine Liebe zum Sport selbst für einen Tennis-Champion übermäßig groß war.

Viele frischgebackene Väter, darunter auch Andre Agassi, sind bald nach der Geburt ihrer Kinder auf den Platz zurückgekehrt,

Federer jedoch wollte offenbar die ganze Familie mit auf Tour nehmen. Mirka und die Zwillinge hatten das Züricher Krankenhaus erst am Dienstag verlassen. Heute war Freitag, und Myla und Charlene besaßen bereits Schweizer Pässe. In wenigen Stunden würden sie ihr erstes Flugzeug besteigen.

„Natürlich wollte ich das nur machen, wenn alle gesund und munter sind", sagte Roger. „Mirka hatte gestern ihre Untersuchung. Die Babys waren zehn Tage im Krankenhaus, und alles ist in bester Ordnung. Also machen wir es. Große Familie. Große Reise. Rauf auf die Karawane. Ich bin sehr gespannt, wie wir zurechtkommen werden."

Als US-Amerikaner, der mit einer Pariserin verheiratet ist und weltweit über Sportereignisse berichtet, habe ich jede Menge Langstreckenflüge mit kleinen Kindern absolviert. So gern ich meine Töchter in meiner Nähe habe, ist „gespannt" nicht der Ausdruck, der mir unmittelbar einfällt, wenn ich ans Packen denke, an unterbrochenen Nachtschlaf und an die Sitznachbarn in der Economy-Klasse, die der Anblick von übernächtigten Babys in Angst und Schrecken versetzte.

Die Federers reisten allerdings nicht in der Economy-Klasse. Obwohl sie zu zweit oft auf Linienflügen den Atlantik überquert hatten, nahmen sie sich für ihren ersten Familienausflug einen Privatjet, der sie nach Montreal bringen sollte. Mit an Bord war ein Kindermädchen.

„Das ist eine große Hilfe, aber Mirka ist sehr zupackend", sagte Federer. „Es macht ihr nichts aus, nachts aufzustehen oder zu jeder Tages- und Nachtzeit die Babys zu stillen und Windeln zu wechseln. Wenn sie das nicht tun kann, hat sie das Gefühl, etwas zu verpassen."

Ursprünglich hatte Federer geplant, in der Woche nach Montreal in Cincinnati auf die Tour zurückzukehren, aber Mirka hatte klargestellt, dass sie schon früher abreisen könnten, wenn keine medizinischen Gründe dagegensprächen. Am Donnerstag entschieden sie sich für Montreal – nur einen Tag vor der Abreise, weshalb ich mich ins Zeug legen musste, um Roger noch vor dem Abflug in der Schweiz abzufangen.

„Jeden Tag sagte Mirka: ‚Fliegen wir? Fliegen wir?'", erzählte Federer. „Sie war startklar."

Wer sich fragt, wie Federer auch als Familienvater mehr als zehn Jahre lang erfolgreich weiterspielen konnte, findet hier einen Großteil der Antwort.

„Sie ist wie ein Fels in der Brandung", sagte Federer – ein Ausdruck, mit dem er seine Frau oft beschreibt. „So robust, vielleicht kommt das vom Tennis. Sie ist sehr willensstark. Das zeigt sich auch darin, wie sie seit den Geburten mit allem umgeht. Ich habe von Mirka nichts anderes erwartet, weil sie so ein wunderbarer Mensch ist, aber dass sie mir zeigt, was für eine großartige Mutter sie sein wird und schon ist, das ist großartig."

Wie so oft, wenn Federer ein Gespräch auf Englisch führt, waren die Begriffe und Zeitformen nicht ganz so geschliffen wie sein Tennisspiel, doch selbst eine präzise Übersetzung seiner Äußerungen könnte nicht wirklich seine warme Ausstrahlung und positive Energie einfangen. Seine Körpersprache ist offen, er verschränkt die Arme nicht vor der Brust. Seine tiefliegenden Augen sind voller Heiterkeit. Er bedient sich eines fröhlichen, verschwörerischen Tonfalls, und wenn er gelegentlich vom Hundertsten ins Tausendste kommt, dann – erstaunlich nach so vielen Siegen und bei dem luxuriösen Lebenswandel – weil er es seinem Gesprächspartner recht machen möchte: Er will all den Stoff bereitstellen, den man braucht, um diesen Moment einzufangen.

Auf dem Platz sollten sich ihm in den kommenden Jahren viele Hürden in den Weg stellen, insbesondere die anhaltenden Spitzenleistungen von Nadal und der Aufstieg, Fall und Wiederaufstieg von Djokovic. Doch hinter den Kulissen unterstützte Mirka Rogers Profikarriere uneingeschränkt. Sie stürzte sich mit Begeisterung in das Reiseleben und hat sich als außergewöhnliches Organisationstalent entpuppt.

„Ich glaube, dass Roger seine Karriere zur Hälfte Mirka verdankt, weil sie sich um unglaublich viele Dinge kümmert", sagte Marc Rosset, der beide schon vor ihrer Verbindung kannte. „Wenn du als Spitzensportler mit einer Schauspielerin verheiratet bist und sie sagt: ‚Oh, du gehst trainieren oder zum Turnier, lass uns doch lieber dieses oder jenes machen', dann kann deine Karriere schnell beendet sein."

Mirka war keine Trophäenfrau, sie verstand aber bestens, was ihr Mann brauchte, um Trophäen zu gewinnen. Die Tochter eines Juweliers genoss durchaus die Annehmlichkeiten des Tennisruhms: Unterkünfte und Besitztümer der Spitzenklasse, Reisen auf Fünf-Sterne-Niveau oder auch den ungezwungenen Umgang mit anderen Prominenten wie der amerikanischen Chefredakteurin der *Vogue*, Anna Wintour, ein großer Tennis-Fan und ihre informelle Beraterin.

„Ich glaube, Anna hat sowohl Mirka als auch Roger stark beeinflusst", sagte Max Eisenbud, Vizepräsident von IMG und langjähriger Manager von Maria Sharapova.

Und Mirka verstand das Profitennis sehr genau. Sie war selbst eine Top-100-Spielerin und Mitglied des olympischen und Fed-Cup-Teams gewesen. Wenn ihre chronischen Fußbeschwerden ihre Karriere nicht früh beendet hätten, hätte sie sicher noch mehr erreicht.

Es ist heute kaum vorstellbar, aber einige von Federers Freunden versuchten den damals 19-Jährigen nach den Olympischen Spielen 2000 von einer Beziehung mit der 22-jährigen Mirka eher abzubringen. Sie spürten, dass eine Beziehung mit der damals reiferen und eleganteren Mirka schnell ernst werden könnte.

„Wir sagten alle irgendwie: ‚Roger, tu's nicht. Du bist zu jung dafür. Bewahre dir deine Freiheit noch ein wenig', aber er schlug unseren Rat in den Wind", erzählte mir Sven Groeneveld. „Und offensichtlich hat er die richtige Entscheidung getroffen."

Schon lange bevor er ein großer Tennis-Star wurde und seinen ersten Wimbledon-Titel gewann, hatten Mirka und Roger eine ernsthafte Beziehung. Federer wusste das zu schätzen und vertraute darauf.

„Wir sind zusammengekommen, als ich noch null Titel hatte, und wir haben das alles irgendwie gemeinsam durchgestanden, und jetzt haben wir eine Familie", sagte mir Federer. „Es ist eigentlich unglaublich."

Ihm gefiel auch, dass sie das Spiel auf hohem Niveau verstand und selbst spielte.

„Ich bin nie aus diesem Grund eine Beziehung zu einer Tennisspielerin eingegangen“, erzählte mir Federer. „Aber in meiner Situation ist es wirklich hilfreich, weil sie weiß, was es dazu braucht, und sie hat auf sehr gutem Niveau gespielt, wenn auch nicht auf meinem. Sie hat selbst unzählige Stunden investiert. Wenn ich also zu ihr sage: ‚Hör mal, ich muss trainieren gehen‘, dann ist sie die Erste, die antwortet: ‚Ich weiß, ich weiß, dass du das brauchst, und du brauchst vielleicht nur 20 Prozent von dem, was ich gebraucht habe.‘“

Yves Allegro, Federers Freund und früherer Doppelpartner, ist auch heute noch ein enger Vertrauter von Roger und Mirka.

Mit Beginn ihrer Beziehung stellte er eine rasche Veränderung bei Roger fest.

„In diesem Alter sind Frauen den Männern schon ein wenig voraus, und sie war drei Jahre älter“, sagte Allegro zu mir. „Roger begann sich ein wenig anders zu kleiden, wirkte allmählich ein bisschen reifer. Ich glaube, dass Mirka Tennis so gut verstand, weil sie damals ja noch selbst spielte. Es war perfekt, um ihm Stabilität zu geben. Sie nimmt zweifellos eine Schlüsselrolle in seiner Karriere ein und hat ihn auch sehr unterstützt, als Peter Carter starb.“

Bill Ryan war Federers Manager, als dieser mit Mirka zusammenkam. „Sie hatte eindeutig die Hosen in ihrer Beziehung an“, sagte Ryan. „Man konnte sehen, wie verliebt er in sie war.“

Mirka gehörte jahrelang zu Federers Beraterstab, auch nachdem langgediente Trainer wie Tony Roche, José Higueras und Paul Annacone zum Team gestoßen waren.

„Ich erinnere mich nicht, dass sie jemals sagte: ‚Paul, sag mal, wieso kannst du Roger nicht dazu bringen, dieses oder jenes zu tun?‘“, berichtete Annacone. „So war es nie. Doch je wichtiger der Anlass, desto wahrscheinlicher war es, dass sie sich mit der einen oder anderen Frage einmischte.“

Annacone blendete zurück auf den Vorabend des Halbfinalspiels bei den French Open 2011. Der Gegner hieß Djokovic, er hatte zuvor 43 Matches in Folge gewonnen, bevor Federer diese Serie mit einer seiner besten Vorstellungen beendete.

„Wir saßen am Abend davor alle zusammen, und Mirka sagte: ‚Okay, Jungs, was denkt ihr?'", berichtete Annacone. „Und dann redeten wir lange nur über Spieltaktik."

Als Annacone 2010 in Zürich eintraf, um eine Art Probelauf zu absolvieren, aß er mehrfach gemeinsam mit Roger und Mirka zu Abend. Annacone hatte Mirka durch seinen früheren Arbeitgeber Tim Henman und Federers Manager Tony Godsick bereits auf Gesellschaften kennengelernt.

„Mirka war sehr direkt", sagte Annacone. „Sie hakte nach, sagte etwa: ‚Hier hat Roger strategische Probleme, wie denkst du darüber?' Es ging ihr im Grunde darum, Informationen zusammenzutragen. Ich hatte nie das Gefühl, unter Druck zu stehen, und das galt auch für Rogers Verhalten. Nie fühlte ich mich davon eingeengt oder fand, dass sie ihre Grenzen überschritten, und je mehr Zeit ich mit ihnen verbrachte, desto mehr respektierte und verstand ich ihre Beziehung und die Rollenverteilung. Denn Roger liebt sie bedingungslos, und sie ist stark und intelligent und kennt das Tennis und das Leben. Und sie beschützt jene, die sie liebt, uneingeschränkt – ihren Ehemann, ihre Familie und übrigens auch alle, die in dieser Gruppe mitarbeiten."

Andere Bekannte der Federers stellten fest, dass Roger und Mirka gerne auch mal „Good Guy, Bad Guy" spielen, mit anderen Worten, dass ihre Geradlinigkeit und Konfrontationsbereitschaft es ihm erlaubt, seine bevorzugte Rolle beizubehalten.

„Roger liebt es ruhig, er ist kein Freund von Konflikten, aber sie kann knallhart und kämpferisch sein", sagte ein früherer Spieler, der auf Anonymität bestand, weil er sein Verhältnis zum Paar nicht beschädigen wollte. „Sie hat viel Einfluss auf Roger, sein Tennis und seinen Terminkalender. Ich hätte damit Schwierigkeiten gehabt. Meiner Ehe hätte das nicht gutgetan."

Doch Roger und Mirka waren es von Anfang an gewohnt, Arbeit und Beziehung als Einheit zu sehen.

Im Januar 2002 spielten die beiden zusammen im Hopman Cup für die Schweiz, beide mit langem dunklem Zopf und weißen Nike-Stirnbändern. Als sie auf dem Platz von dem früheren australischen Topspieler Fred Stolle interviewt wurden, der mehrfach auf ihre

Beziehung anspielte (und Mühe hatte, Mirkas Nachnamen korrekt auszusprechen), erröteten sie und konnten ein Kichern kaum unterdrücken.

Heute ist es umso ergreifender, sich diese Szene anzuschauen, denn Mirkas Spielerinnenkarriere war fast zu Ende.

„Ich erinnere mich, dass sie beim Hopman Cup vor dem Spiel gegen Arantxa Sanchez Vicario weinte, und ich fragte sie: ‚Warum weinst du denn?'", erzählte mir Federer. „Und sie sagte: ‚Du verstehst nicht. Mein Fuß schmerzt so sehr. Ich kann kaum laufen und muss auf den Platz und ein Match spielen.' Und ich antwortete: ‚Dann spiel halt nicht', aber sie sagte: ‚Natürlich werde ich spielen, aber es tut so weh.' Ganz so ging es mir nie. Gut, ich war nahe dran und bin trotzdem auf den Platz gegangen, aber diese Sache mit Mirka war wohl eine andere Nummer, weil sie kurz darauf tatsächlich ihren Rücktritt erklärte."

Sie verlor in der ersten Qualifikationsrunde für die Australian Open sowie in Indian Wells und Miami. Die Schmerzen ließen nicht nach, und sie pausierte mehrere Monate, bevor sie sich für eine Fersenoperation entschied. Während ihrer Erholungsphase im Herbst 2002 bat Roger sie, ein Hotel für ihn zu buchen. Mit der Zeit übernahm sie einen immer größeren Teil der Reiseplanung für Roger und seinen damaligen Coach, Peter Lundgren.

Dann erfuhr Mirka von den Ärzten, dass die Operation ein Fehler gewesen war, sie konnte sich nicht mehr so bewegen, wie es für eine Profispielerin erforderlich gewesen wäre. Sie war damals erst 24 Jahre alt.

„Ich habe so hart an einem Comeback gearbeitet und so sehr darauf gehofft, aber ich konnte nichts mehr tun", sagte Mirka im Frühjahr 2005 in Paris, als sie trotz ihres Rücktritts immer noch Schmerzen hatte.

Zu diesem Zeitpunkt reiste sie bereits mit Roger und koordinierte seine Werbeaktivitäten und Pressetermine. Damals trennte sich Roger von IMG und verließ sich fortan für das Management seines boomenden Geschäfts auf seine Eltern, Mirka und einen Schweizer Rechtsberater.

„Ich glaube, dass sich ihre Karriere in gewisser Weise mit mir fortsetzte, vor allem in den ersten Jahren", erzählte mir Federer 2016. „Es kam ihr wahrscheinlich entgegen, dass meine Karriere gerade dann, als sie sich zurückzog, Fahrt aufnahm, denn so konnte sie sich gleich auf die nächste Aufgabe stürzen. Sie hatte noch nicht einmal Zeit für den Gedanken: ‚Mein Fuß schmerzt so sehr und meine Ferse ist die Hölle, ich kann wahrscheinlich nie wieder spielen.' Bis heute ist der Fuß nicht wirklich verheilt, daher denke ich, dass sie die richtige Entscheidung traf, anstatt drei Jahre in der Reha zu verbringen."

Als ihm 2003 mit dem Wimbledon-Sieg der große Durchbruch gelang, musste Mirka von heute auf morgen eine Lawine von Interview- und Auftrittsanfragen bewältigen.

„Es gab diesen riesigen Boom, und jeder wollte so viel von uns wissen", erzählte mir Roger. „Wir waren völlig unvorbereitet."

Er imitierte Mirkas Stimme: „‚Oh, mein Telefon hört nicht auf zu klingeln! Es ist verrückt. Ich weiß nicht, was ich machen soll.'"

Dann fiel er in seine eigene Stimme zurück: „Und ich meinte: ‚Schalt es einfach ab, ich möchte mit diiiiiir Zeit haben'", sagte er und zog den Vokal flehentlich in die Länge.

Erneut imitierte er Mirkas Stimme: „Und sie sagte: ‚Das kann ich doch nicht machen.'"

Federer gab diesen Dialog in englischer Sprache wieder, Mirka und er sprechen allerdings Schweizerdeutsch miteinander, obwohl beide mehrere Sprachen sprechen (Mirka auch Englisch und Slowakisch). Unabhängig von der Sprache barg die Vereinbarkeit von Berufs- und Privatleben in jenen frühen Jahren einiges Konfliktpotenzial.

„Anfangs gab es manchmal Fragen, bei denen ich das eine dachte und sie das andere, und wir sagten: ‚Okay, lass uns nicht streiten'", erzählte mir Federer 2005. „Und wenn doch, dann vergessen wir es zumindest anschließend und umarmen uns wieder. Inzwischen ist es kein Problem mehr, aber bei diesem ersten Wimbledon-Titel gab es Zeiten, wo sie unglaublich erschöpft und vielleicht ein wenig reizbar war, und ich auch. Bis heute hört unser Arbeitstag nie wirklich auf. Manchmal checkt sie frühmorgens ihre E-Mails oder muss noch einen Anruf machen, und ich denke so: ‚Hmmm', aber es ist kein Problem."

Nach Federers überraschendem Bruch mit Lundgren im Dezember 2003 wuchs Mirkas Einfluss weiter.

„Mirka ist eigentlich diejenige, die für Federer alle anfallenden Probleme löste", sagte Paul Dorochenko, der französische Physiotherapeut und Konditionstrainer, der mit beiden in ihrer Jugend gearbeitet hat. „Ehrlich gesagt glaube ich, dass die Trennung von Lundgren mehr ihre Entscheidung war als seine. Sie ist wirklich nicht sehr freundlich, eher kalt. Aber sie hat viel Gutes für Federer getan, weil sie sich um alles kümmerte, sodass Roger nur noch Tennis spielen musste. Sie erledigte alle Aufgaben, die hinter den Kulissen anfielen, und davon gab es eben immer mehr."

In der Tenniswelt gehen die Meinungen über Mirka stärker auseinander als über Roger, das liegt womöglich daran, dass sie ihre Familie so sorgfältig abschirmt und bewusst wenig mit der Außenwelt kommuniziert, sieht man einmal von all den Momenten ab, wo sie in der Spielerbox ihr Gesicht verzieht, die Fäuste anfeuernd ballt oder verzweifelt aufstöhnt. Nebenbei hat sie in der Spielerbox im Laufe der Jahre mehr Kaugummi gekaut als ein durchschnittlicher Baseball-Coach.

„Ich mag sie wirklich und respektiere sie sehr", sagte Federers langjähriger Rivale Andy Roddick.

Maria Sharapova erzählte mir, dass sie nach ihrem überraschenden Wimbledon-Sieg im Alter von 17 Jahren beim Champions-Dinner am selben Tisch wie Mirka und Roger saß, der soeben seinen zweiten Titel bei den Herren in Folge gewonnen hatte.

„Als ich beim Ball aufstand, um neben ihm die Trophäe in Empfang zu nehmen, sagte Mirka zu mir, dass mein Kleid schief hänge, und ich dachte nur: ‚Oh mein Gott, mein Kleid darf auf keinen Fall schief hängen, wenn ich neben Roger Federer stehe!'", erzählte mir Sharapova. „Ich sagte also: ‚Herzlichen Dank, Mirka.' Ich war so unbedarft."

Marc Rosset, der Schweizer Starspieler und einst Mentor Federers, wies darauf hin, dass Mirka in den ersten Jahren die weitgehend undankbare Aufgabe hatte zu entscheiden, welche Medien Zugang zu Federer erhielten.

„Mirka wurde anfangs stark kritisiert, weil die Schweizer Presse unglücklich darüber war, dass sie den Umweg über sie nehmen musste, um an Roger heranzukommen", sagte Rosset. „Aber bevor man jemanden kritisiert, sollte man sich in ihn oder sie hineinversetzen. Sie hatte eine schwierige Rolle. Sie war die PR-Managerin und so weiter, und natürlich tat sie alles dafür, dass die Situation für Roger möglichst normal war und er sich auf sein Tennis konzentrieren konnte. Sie hat ihren Mann beschützt, was normal ist. Anfangs gab es viele Beschwerden, aber ich kann wirklich nichts Schlechtes über sie sagen. Sie tat das, was aus ihrer Sicht am besten für ihn war, und wenn Roger das akzeptiert und zufrieden damit ist, steht es uns nicht zu, es zu kritisieren."

Groeneveld ist davon überzeugt, dass Mirka eine klare Vision für Federer hatte.

„Sie wusste, was zu tun war", sagte er. „Als es darum ging, eine Entscheidung wegen Peter Lundgren zu treffen, war sie gefragt, und natürlich hat sie eine Rolle bei der Entscheidung gespielt, das zu beenden. Mit Trainerfragen tut sich Roger wirklich schwer. Er ist seinen Leuten gegenüber wahnsinnig loyal. Es fällt ihm schwer, sich von jemandem zu trennen."

Federer behauptet seit Langem, dass er Mirka zwar um Rat hinsichtlich der Trennung von Lundgren gefragt habe, es letztlich aber seine eigene Entscheidung gewesen sei – eine Entscheidung, die Lundgren zufolge auch für ihn zur richtigen Zeit gekommen sei, auch wenn sie schmerzhaft gewesen sei.

Für den überwiegenden Teil des Jahres 2004 hatte Federer keinen formalen Coach, und erst Ende 2005 tat er sich wieder mit IMG zusammen. Ron Yu, der zu Federers regelmäßigem Besaiter wurde, erinnerte sich, dass Mirka an ihrem ersten langen Gespräch, das 2004 in Federers Hamburger Hotel stattfand, teilnahm. Später übernahm Godsick die PR-Aufgaben, was Mirka von der Last befreite, die meisten Presseanfragen abschlägig zu bescheiden. Sie blieb aber weiterhin stark in Federers Karriere eingebunden.

„Klar, als wir noch keine Kinder hatten, und besonders als ich weder Coach noch Manager hatte, haben wir praktisch täglich beim Frühstück, Mittag- und Abendessen allein am Tisch gesessen", erzählte mir Federer kurz nach der Geburt von Myla und Charlene. „Du kannst dir also vorstellen, dass wir unendlich viel Zeit hatten, über alles zu reden. Das war eine sehr interessante Zeit in unserem Leben. Heute sitzen wir zu sechst oder zu acht am Tisch. Es ist kaum noch Raum dafür, kein Vergleich mehr zu damals. Deshalb müssen wir uns sehr genau überlegen, wie wir ein wenig Zeit für uns freischaufeln."

Federer räumte ein, dass sein Tennisspiel immer noch ein wichtiges Thema zwischen Mirka und ihm ist, wenn sie „Zeit für sich" haben.

„Ich weiß, dass es auch ihr Spaß macht", sagte er grinsend. „Ich spreche gern mit ihr über Tennis, weil ich weiß, dass niemand mich öfter beim Training und bei Spielen beobachtet hat als sie, und deswegen bitte ich sie manchmal um Rat."

Es wäre natürlich ideal, Mirkas Ansichten über all diese Dinge zu erfahren, aber sie und Roger entschieden Mitte der 2000er-Jahre, ihr Privatleben abzuschirmen, und dass sie keine Interviews mehr geben würde.

Ihre Hochzeit im kleinen Kreis, die am 11. April 2009 in Basel stattfand, war ein so sorgfältig gehütetes Geheimnis, dass selbst einige Mitglieder des Schweizer Davis-Cup-Teams nicht davon wussten. In allen meinen Interviews mit Federer war er nur ein einziges Mal wirklich verärgert, als ich nämlich 2012 das Haus seiner Familie nahe Lenzerheide in den Schweizer Alpen erwähnte.

„Schreib nicht, wo ich wohne", blaffte er mich an. „Das mag ich nicht."

Der Ort wurde später allgemein bekannt, doch der Weltstar Federer, der zu Recht als liebenswürdig gilt, pochte immer stärker auf die Einhaltung klarer Grenzen. Und so kam es, dass Mirka, die einst seine Pressesprecherin war, nicht mehr mit der Presse sprach. Alle Fragen, die das Paar betrafen, beantwortete fortan Federer.

Für jeden, der das große Ganze verstehen wollte, bedeutete das zweifellos einen Verlust. Ehepartnern von Tennisspielern fällt üblicherweise keine so zentrale Rolle zu, wie es bei Mirka der Fall war. Sie könnte vieles beleuchten und vielleicht auch widerlegen, wie etwa das Gerücht, dass sie vor ihrer Beziehung mit Roger eine Affäre mit einem Mitglied der Herrscherfamilie von Dubai gehabt haben soll. Doch vor allem wäre es faszinierend zu erfahren, was sie über die Karriere ihres Mannes denkt. Sie war entscheidend daran beteiligt, seine Qualitäten auf dem Platz zu optimieren und seine Marke aufzubauen.

„Ich bin nicht sein Coach, es genügt schon, wenn ich ihn berate", erklärte sie 2005 der französischen Sportzeitung *L'Équipe* in einem ihrer letzten Interviews. „Roger liebt es, über Tennis zu sprechen. Ich kenne das Spiel und die Taktiken. Weil er intelligent ist, arbeitet er wie ein Filter: Er merkt sich nur die besten Informationen. Es ist vielleicht das, was uns am stärksten verbindet: Wir kommen beide aus derselben Welt, der Tenniswelt. Ich werde nie auf die Idee kommen, ihn am Abend vor einem Grand-Slam-Finale zu einem Einkaufsbummel mitzunehmen."

Nicht alles in ihrer Arbeitsbeziehung lief rund. Das Roger-Federer-Parfüm, in das sie beide investiert hatten, floppte, aber immerhin blieb ihnen das „RF"-Monogramm, das später modifiziert und mit weitaus größerem Erfolg eingesetzt wurde, erst von Nike und heute von Uniqlo.

„Keine Kappe haben wir so oft verkauft wie die RF-Kappe, und Nike produziert Unmengen an Kappen. Dabei ist Tennis für Nike nur ein sehr kleiner Geschäftszweig", sagte Mike Nakajima, der 30 Jahre für das Unternehmen gearbeitet hat. „Mirka hat viel größeren Einfluss darauf, was Roger trägt, als er selbst. Sie hat sich, sagen wir mal, wesentlich deutlicher darüber geäußert, was Roger mag und was nicht, welche Farben ihm stehen und welche nicht. Aber wissen Sie was? Es gibt schon einen Grund dafür, dass wir eine bessere Hälfte haben. Manchmal war Roger vielleicht zu zurückhaltend, um zu sagen: ‚Mir gefällt wirklich nicht, was ihr hier gemacht habt', und ich glaube, hier übernahm Mirka diesen Job."

Im Laufe der Jahre hat sie noch etliche weitere Jobs übernommen, darunter ein weiteres eineiiges Zwillingspaar (interessanterweise bekam auch Federers Schwester Diana Zwillinge). Mirkas und Rogers Söhne Leo und Lenny wurden am 6. Mai 2014 geboren, was Roger gerade genug Zeit ließ, um noch rechtzeitig zu den Italian Open und den French Open zu reisen. Die logistischen Herausforderungen des Ganzen waren bisweilen beängstigend, aber Mirkas Ziel war es, jeden Ort auf ihrer Reise in ein Stück Heimat zu verwandeln. Dazu gehörte auch das gelegentliche Anmieten eines Wohnmobils.

Geld hilft zweifellos dabei, manche Unebenheit zu glätten. Sie flogen oft in Privatjets, und die Federers beschäftigen Betreuerinnen für ihre Kinder. „Wir haben mehrere, um sicherzustellen, dass sie sich nicht überarbeiten und die Atmosphäre stimmt", verriet mir Federer.

Als Charlene und Myla älter wurden, stellten die Federers eine amtlich zugelassene Lehrkraft ein, die mit der Familie mitreiste und die Kindergarten- und Grundschulausbildung übernahm. Dabei fand der Unterricht in Hotelzimmern oder anderen Räumen statt, die zu Klassenzimmern umfunktioniert wurden.

„Es erscheint uns als das Richtige, damit wir zusammenbleiben können", sagte mir Federer 2015. „Ich war mir anfangs nicht sicher, ob ich das wirklich für die Kinder wollte, aber ich muss sagen, dass es uns zusammenhält. Den Kindern macht es Spaß, und ich bin sehr gerne mit meiner Familie zusammen, ebenso wie Mirka. Sie ist auch gerne mit mir zusammen, und so sehen wir uns praktisch jeden Tag, und ich finde, das ist gerade wichtiger, als wenn sie auf eine normale Schule gingen und wir voneinander getrennt wären. Aber die Dinge können sich schnell ändern."

Federer sollte 2016 und 2020 viel Zeit zu Hause verbringen, in ersterem Fall aufgrund von Knieoperationen, in letzterem wegen der Corona-Pandemie. (Er verzichtete außerdem 2017 und 2018 auf die Sandplatzturniere.)

„Kinder gewöhnen sich an alles, aber die Mädchen fragten: ‚Wann geht's wieder los?'", berichtete mir Federer von seiner sechsmonatigen Pause im Jahr 2016. „Sie hatten nämlich Lust, wieder zu reisen. Da hieß es dann: ‚Wann fahren wir das nächste Mal nach

Australien? Oder wann fahren wir wieder nach New York?‘ Und ich meinte: ‚Das dauert noch ein Weilchen.‘“

Doch die Familie hat ihr Globetrotter-Leben beibehalten, und inzwischen haben sowohl die Federers als auch ihre Kinder an den meisten Orten, die sie besuchen, Freunde gefunden.

„In den 20 Jahren, in denen ich mittlerweile auf der Tour bin, habe ich sehr viele Menschen kennengelernt. In jeder Stadt kennen wir irgendjemanden und freuen uns immer, uns mit ihnen zu treffen“, erzählte mir Federer. „Und deshalb fühlt sich unser Leben auf Tour tatsächlich ein wenig so an, als wären wir zu Hause.“

Annacone kann sich kaum an ein Turnier während seiner Trainerjahre erinnern, wo nicht „mindestens drei oder vier Paare oder Freunde“ anwesend waren.

„Sie gingen zum Abendessen aus und verbrachten einige Tage miteinander, saßen herum, quatschten, gingen spazieren oder so“, sagte Annacone. „Und dieses separate Leben trieb Roger an, weiterhin Tennis auf hohem Niveau zu spielen.“

Nach seinen Erfahrungen mit Sampras, der viel zurückgezogener lebte, hatte er Sorge, dass Federer das ausgiebige soziale Leben erschöpfte. Er sprach darüber mit Godsick, Lüthi und schließlich auch Federer.

„Roger bemerkte nur: ‚Ich glaube nicht, dass ich schon so alt geworden bin, dass mir das einen Teil meiner Kraft raubt‘“, sagte Annacone. „In jedem Fall hat Roger nie ein Match deswegen verloren. Ich habe nie dagesessen und zu mir gesagt: ‚Verdammt, das ist jetzt passiert, weil er Besuch von Freunden hatte.‘ Er ist in allen Dingen unglaublich effizient, beim Training und auch emotional. Alles, was er tut, scheint geeignet, seine Batterien aufzuladen. Die sozialen Kontakte, all das andere … Man hat den Eindruck, dass er daraus eher Kraft zieht, als dass er sie verliert.“

Seine Töchter haben ihm während seiner Trainingseinheiten sogar schon gute Ratschläge gegeben.

„Einmal forderten sie mich auf, an den Linien entlangzuspielen“, erklärte mir Federer bei den Australian Open 2016. „Sie hielten das für eine gute Idee. Ich sagte dann: ‚Okay, das versuche ich mal.‘“

Ein weiterer ihrer Vorschläge lautete, schlitzäugig in eine Ecke zu gucken, den Ball aber in eine andere zu schlagen.

„Ich antwortete: ‚Okay, das versuche ich auch mal. Es ist schwieriger, als ihr glaubt, aber ich werde es versuchen'", sagte er.

Federer betont oft, dass das Reisen seine Kinder nicht anstrengt, da sie nie etwas anderes gekannt hätten. „Nur für uns ist es anstrengend", sagte er und bezog sich dabei auf Mirka und sich selbst. „Denn wir sind diejenigen, die sich Sorgen machen. Für die Kinder ist es sogar leicht, denn wir sorgen dafür, dass es für sie so leicht wie möglich ist."

Federer war nicht der erste Topspieler seiner Generation, der mit Familie im Schlepptau reiste. Auch Lleyton Hewitt und seine Frau Bec nahmen ihre 2005 geborene Tochter Mia und den 2008 geborenen Sohn Cruz mit auf Tour. Mit der Geburt ihrer Tochter Ava im Jahr 2010 stieß ein fünftes Mitglied hinzu. Hewitt, der 2016 vom Profitennis zurücktrat, spielte oft Showmatches mit Cruz, der dann auch mit Federer und Nadal einige Bälle wechseln durfte. Hewitts Beispiel trug zweifellos dazu bei, Federers Vertrauen in die eigenen Reisepläne für seine Familie zu stärken.

„An diese Zeit, in der sie mit mir unterwegs waren, werden sie sich ein Leben lang erinnern", sagte Hewitt. „Wahrscheinlich hat mich das beflügelt, noch ein wenig länger zu spielen, damit sie auch etwas davon hatten."

Doch Hewitts letzte große Saison war 2005. Federer heimste weiterhin einen Sieg nach dem anderen ein, während er die große Familie und seine Tennisambitionen zu vereinbaren suchte.

„Ich hätte das nicht geschafft", erzählte mir Roddick. „Ich war schon ohne familiäre Verpflichtungen ein Nervenbündel. Ich brauchte das Tennis, und jetzt muss ich Familie und Job trennen. Ich hätte beides nicht zusammenbringen können."

Im Jahr 2017 befragte Roddick Federer nach den damit verbundenen Herausforderungen, und Federer antwortete, dass es besonders lustig sei, wenn er einige Wochen lang mit seiner Familie in einem Zimmer lebte. Das sei beispielsweise bei den Western & Southern Open in Cincinnati einmal der Fall gewesen.

Roddick war entgeistert.

„Ich sagte: ‚Was in aller Welt meinst du mit Wir-haben-alle-in-einem-Zimmer-geschlafen? Waren das mehrere Durchgangszimmer?' Und Roger meinte: ‚Nein, wir hatten ein gemeinsames großes Zimmer', und ich antwortete: ‚Na bitte. Niemand sonst macht so etwas, ohne dabei den Verstand zu verlieren. Mit vier Kindern und seiner Frau in einem Zimmer zu wohnen und dann ein Masters-Turnier zu gewinnen, ist nicht von dieser Welt.'"

Doch Federer hilft es, sein Leben in verschiedene Bereiche zu gliedern. Der Besuch eines Pariser Museums oder eines Parks in Melbourne mit seinen Kindern lenkt ihn von den Gedanken um den Tenniszirkus ab, so kann er das nächste Spiel wieder mit voller Konzentration angehen. „Vor einem abendlichen Match sind alle anderen auf ihrem Zimmer und versuchen sich zu erholen, sind voll verkabelt und wollen nur gut vorbereitet sein und sich perfekt ernähren. Roger hingegen ist mit seinen Kindern unterwegs im Central Park", sagte John Tobias, ein führender Tennismanager. „Ich glaube, dass diese entspannte Herangehensweise seinem Spiel wirklich zugutekommt. Andere denken den ganzen Tag lang an das Match und stehen so unter Hochspannung, dass sie sich abstrampeln müssen, wenn es dann an der Zeit ist." Die Rückkehr zu seiner Familie hilft ihm auch, eine Niederlage schneller zu verdauen – eine Stärke, die er schon besaß, als Mirka und er noch kinderlos waren.

„Sein privates Glück fängt ihn immer auf", sagte mir Chris Evert. „Ich finde es einfach toll, dass sie ihm überallhin folgen, wie eine reisende Schaustellertruppe. Die ganze Familie ist so eng. Das bewundere ich aufrichtig, und ich schätze Roger auch menschlich sehr. Er hat ein gutes Herz, was man in einer so harten Sportart nicht oft findet. Diese Liebenswürdigkeit ist selten anzutreffen."

Annacone erinnert sich an Wimbledon 2011, als Federer im Viertelfinale gegen Jo-Wilfried Tsonga verlor, nachdem er erstmals in einem Grand-Slam-Einzel einen Zweisatzvorsprung verspielt hatte. Zumindest oberflächlich betrachtet war es ein niederschmetternder Moment.

„Mein Gedanke war: ‚Was sage ich nachher nur, was für ein Statement soll ich abgeben?'", erzählte mir Annacone. „Na ja, nach seiner Pressekonferenz hüpfen wir ins Auto und fahren zu seiner Wohnung, die in Wimbledon nur eine halbe Minute entfernt liegt, und kaum ist er durch die Tür, legt er seine Taschen ab, begibt sich auf alle viere und nach 30 Sekunden kugelt er sich mit den Zwillingen Myla und Charlene lachend und kichernd auf dem Boden herum."

Nachdem Federer wieder aufgestanden war, schlug Annacone einen Spaziergang vor, um das Match zu besprechen. Er fragte Federer, wie er es schaffe, eine schwere Niederlage gedanklich abzuschütteln und so rasch wieder einen scheinbar sorglosen Moment mit seinen Kindern zu teilen.

Federer soll so geantwortet haben: „Schau mal, ich habe viele Titel gewonnen und viele verloren, und ich finde wirklich, dass sich das ausgleicht. Ich kann dir Beispiele für unverdiente Siege geben und andere Beispiele für bedeutende Niederlagen. Meistens gewinne ich, aber als Antriebskraft genügt mir das Wissen, dass es passieren kann und dass es sich ausgleicht."

Wie um sein Argument zu unterstreichen, gewann Federer im folgenden Jahr erneut Wimbledon. Es war sein erster Grand-Slam-Titel seit den Australian Open 2010.

Der französische Spieler Pierre-Hugues Herbert hat einmal gesagt, dass ihm das Reisen mit seiner Familie ein Gefühl von „Leichtigkeit" auf dem Platz und abseits davon beschere. Federer würde dem zustimmen, aber in gewisser Weise haben er und Mirka einfach ihre Kinder in ihre langjährige Reisepraxis integriert.

In seiner Jugend litt Federer tatsächlich unter Flugangst. „Mir wurde an Bord immer furchtbar schlecht", sagte er. Das war bald kein Problem mehr, und schon früh in seiner Profikarriere beschlossen er und Mirka, die offiziellen Hotels, in denen die meisten anderen Spieler mitsamt ihren Trainern übernachten, zu meiden.

„Ich sehe sie oft genug auf dem Platz, da ist mir ein wenig Abstand und Privatsphäre wichtig", erzählte mir Federer 2005. „Wir versuchen auch, in möglichst zentral gelegenen Hotels unterzukommen, damit wir etwas von der Stadt mitbekommen und nicht nur das Hotelzimmer und die Anlage sehen.“

Bei seinem Besuch in Paris im selben Jahr genoss er seinen ersten Besuch im Louvre, und so ging es in vielen großen Städten weltweit.

„Das sind so kleine Dinge, die man mit der Zeit unternimmt, um Abstand vom Sport zu gewinnen und mal etwas anderes zu machen“, sagte er. „Denn das Tennis nimmt zwar einen sehr großen Raum ein, aber es gibt auch andere Dinge im Leben, das Private, das ich mit meiner Freundin und meiner Familie teile. Das soll auch intakt bleiben, ich kann nur gutes Tennis spielen, wenn ich zufrieden bin.“

Schon damals legte Federer viel Wert darauf, sich körperlich und geistig fit zu halten, seine Termine und Trainingseinheiten intelligent zu planen, aber auch gut zu überlegen, wie viel Zeit er im Rampenlicht und in Gruppen verbringen wollte. Er ist extrovertiert, wenn auch nicht ganz so gesellig, wie Pete Sampras vielleicht vermutet, wenn er Federer beim Smalltalk oder beim Faustcheck in der Umkleide oder im Spielerrestaurant beobachtet.

Federer ist es wichtig, mit seinen Kräften – oder vielmehr mit seinem Enthusiasmus – hauszuhalten, sodass er andere übermütig begrüßen kann, wenn er in solche öffentlichen Situationen gerät, was zwangsläufig geschieht.

Viele von uns könnten daraus etwas lernen. Jahre später unterhielten Federer und ich uns noch einmal darüber.

„Ich nehme Dinge zwar sehr ernst, bin aber auch sehr entspannt und kann deshalb auch schnell loslassen“, sagte er 2019. „Ich glaube wirklich, dass viele Spieler, vor allem die jungen, davon profitieren würden, wenn sie vom Platz gehen und sagen könnten: ‚Okay, jetzt lasse ich alles hinter mir. Ich bin ein Profispieler, aber jetzt entspanne ich mich, und zwar auf meine Art, egal was mir dabei hilft.‘“

Federer hielt kurz inne und zeigte mir seine geballte linke Faust.

„Denn wenn du ständig so bist“, sagte er und schaute dabei seine Faust an, „dann verausgabst du dich.“

„Hattest du also nie ansatzweise das Gefühl, ausgebrannt zu sein?“, wollte ich wissen.

Er dachte eine gute halbe Minute nach, bevor er antwortete.

„Wenn ich mich doch einmal ausgezehrt fühle, dann versuche ich, meine Aktivitäten auf das absolute Minimum zu reduzieren, nämlich Training, Spiele und Familie“, sagte er. „Diese drei Bereiche sind gesetzt, dann gibt man eben weniger Interviews und Autogramme, stellt sich weniger in die Öffentlichkeit. Ich trainiere lieber außerhalb des Spielorts, um mich schnell zu sammeln, um mir meine Kraft für den Hauptzweck aufzusparen, nämlich für das Match. Es gab einmal eine dreimonatige Phase, in der ich die ATP-Tourleitung bat, mich zu unterstützen – ich war einfach müde von der ständigen Anstrengung, vor der Presse zu stehen. Da belastete es mich am meisten, aber das war nur kurz. Es begann in Indian Wells und Miami und dauerte bis zum Ende der Sandplatzsaison.“

Er erinnerte sich nicht genau, ob es 2012 oder 2013 war, vermutlich 2012, weil er 2013 nicht in Miami spielte.

„Wahrscheinlich hatte es auch etwas mit Myla und Charlene zu tun, weil mich die Kinder in Atem hielten“, sagte er. „Wenn ich heute an 2010 und 2011 zurückdenke, dann erinnere ich mich nur an die Momente abseits des Tennis, nicht an meine Leistungen auf dem Platz. Ich war frischgebackener Vater, weißt du, und wahnsinnig glücklich darüber, aber in 2010 und 2011 verschwamm alles. Wenn du mich fragen würdest: ‚Wie hast du bei den French Open 2010 abgeschnitten?‘, könnte ich es dir nicht sagen. ‚Wie hast du 2011 in Melbourne gespielt?‘ Keine Ahnung. Für 2012 kommen die Erinnerungen zurück, weil ich da Wimbledon gewonnen habe und so weiter, aber vielleicht war ich damals auch müde von all der Kinderbetreuung. Ich tüftelte zusammen mit Mirka aus, wie wir das künftig machen wollten.“

Ich berichtete im November 2011 über das Pariser Hallenturnier und erinnere mich, dass Federer uns erzählte, wie wenig Schlaf er vor dem Finale gegen Jo-Wilfried Tsonga gefunden habe.

Eine der Zwillingsschwestern hatte ihn und Mirka um vier Uhr morgens geweckt.

„Mirka sagte: ‚Okay, wir nehmen sie mit in unser Bett‘“, erzählte Federer. „Ich protestierte nicht einmal. Ich holte sie ins Bett. Morgens um vier möchte man wirklich nicht diskutieren.“

Federer besiegte Tsonga und holte sich den Titel. Obwohl sich das Reisen mit kleinen Kindern ohne Zweifel auf seine Schlafdauer auswirkte, scheint er auch mit relativ wenig Schlaf im Gepäck erfolgreich Wettkämpfe bestreiten zu können.

Annacone erzählte: „Ich bekomme in Kalifornien einen Anruf und frage ihn: ‚Ist es in Dubai nicht gerade viertel vor drei in der Nacht?‘ Und er so: ‚Jau.‘ Und ich wiederum: ‚Okay, was machst du denn gerade?‘ Und er: ‚Nichts. Ich habe nur ein paar E-Mails gelesen.‘ Deshalb glaube ich, dass spätnachts seine Therapiezeit ist. Das ist seine Zeit für sich, seine Ich-Zeit, und ich meine das gar nicht böse, aber da muss er weder Pauls Spieler noch Mirkas Ehemann noch Mylas und Charlenes Papa noch die Ikone Roger Federer sein.“

Annacone sagte, dass er zu Beginn seiner Trainerjahre mit Federer besorgt über dessen Schlafmuster gewesen sei.

„Es bereitete mir viel Kopfzerbrechen, weil ich es nicht verstand“, sagte er. „Ich musste viel mit Severin darüber reden. Ich sprach mit Tony und Mirka darüber. Ich behaupte nicht, dass er nie schlief. Ich hatte nur noch niemanden erlebt, der an so viele Dinge so flexibel herangeht. Wenn er in Wimbledon ist, wohnt er jedes Mal woanders, er ist nicht abergläubisch, muss nicht immer am selben Ort trainieren, hat kein Lieblingsessen. Das passt dazu. Aber ich war immer überrascht, wie wenig Schlaf er brauchte, um energiegeladen und optimistisch zu sein.“

Die Franzosen und die Deutschen haben einen wunderbaren Ausdruck, der auf Federer passt: „das Angenehme mit dem Nützlichen verbinden“. Er bedeutet nicht nur, Geschäftliches mit Vergnüglichem zu kombinieren, sondern umfasst auch alltägliche Verrichtungen. Wenn du den Geschirrspüler ausräumen sollst, finde einen Weg, es auf originelle und unterhaltsame Weise zu tun.

Das hat entscheidend zu seiner langen Karriere beigetragen. Zu viel Routine kann die Spielfreude abtöten; zu viel unablässige Konzentration kann einen auslaugen. Pierre Paganini, sein intuitiver Konditionstrainer, verstand dies zweifellos, aber dasselbe gilt für Mirka, die das auf die schmerzliche Tour lernte.

„Schon früh, als ich Nummer eins wurde, beschlossen Pierre und ich, dass weniger mehr ist“, erzählte mir Federer 2011. „Wir müssen auf unsere Körper achten, denn Mirkas Körper ging zuerst den Bach runter, weil sie vielleicht zu viel trainierte. Deshalb glaube ich, dass sie mich auch beraten und mir Tipps geben kann. Ihr Körper ist heute noch anfällig, wenn sie Sport macht. Meiner nicht, und das ist eigentlich unglaublich, denn ich habe so viel mehr Sport gemacht als sie. Wahrscheinlich ist also auch ein wenig Glück dabei und dank der Menschen um mich herum auch Geschick. Und da ist es sicher eine große Hilfe gewesen, mit ihr zusammen zu sein.“

Mirka half ihm, sowohl das große Ganze im Blick zu behalten als auch die Details.

„Wie zum Beispiel: Trainiere nicht sechs oder sieben Stunden, ohne dich behandeln zu lassen“, sagte er. „Sie verausgabte sich ständig, und dann bums! Oder sie erklärt mir, wie man eine Blase behandelt, was vielleicht etwas albern klingt, aber es summiert sich. Sie war einfach sehr fürsorglich, weil sie es auf die harte Tour gelernt hatte.“

In den letzten Jahren hat Federer das Glück ein wenig verlassen. Sein Rücken bereitet ihm schon seit Langem Probleme, und vor allem haben ihm seine Knie den Dienst versagt. Seiner ersten Operation überhaupt unterzog er sich 2016 nach einer Verletzung, die er sich in Melbourne zugezogen hatte, als er sich beim Einlassen des Badewassers für seine Kinder das Knie verrenkte. 2020 kamen zwei weitere Knieoperationen hinzu, da stand er schon kurz vor seinem 40. Geburtstag.

2020 war – nicht nur für den Sport – das schwierige Pandemiejahr, in dem die Tour fünf Monate lang pausierte. Federer war schon immer ein Meister des Timings, nicht nur bei seinen Grundschlägen. Und wenn es überhaupt eine Saison gab, die man guten Gewissens fast vollständig auslassen konnte, dann war es 2020.

Auch ihm bescherte die Pandemie viel Zeit an einem einzigen Ort zusammen mit der Familie. Einen Großteil davon verbrachte er in dem Bergrefugium in Valbella, das Mirka und er als Ferienhaus gebaut hatten, schließlich aber ihr Haus am See in Wollerau als Hauptwohnsitz ersetzte.

„Ich glaube, für meine Kinder und mich war es ein Glücksfall, diese Ruhe zu finden, weit abseits des Getümmels", sagte er mir 2019 vor Beginn der Pandemie.

Mirka und die Kinder fahren regelmäßig Ski (Roger wartet jetzt bis zu seinem Rücktritt). Leo und Lenny haben bisher mehr Interesse am Tennis gezeigt als Charlene und Myla und beweisen einiges Talent, doch Roger, der selbst ohne übertriebenen Druck seiner Eltern aufgewachsen ist, bleibt verhalten.

Er weiß, welche Schwierigkeiten er überwinden musste, um überhaupt auf die Tour zu gelangen, geschweige denn einer der erfolgreichsten Spieler aller Zeiten zu werden. Vorhersagen à la „goldenes Kind" beziehungsweise „goldene Zwillinge" lehnt er ab. Wie seine Eltern hat er aber durchaus Erwartungen.

„Was ich mir für sie in Bezug auf Sport wünsche, ist, dass sie Freude daran finden. Deshalb versuche ich ihnen zu erklären, dass es Spaß macht, wie viel Spaß es machen sollte und was sie dabei lernen können", sagte er. „Man fühlt sich tatsächlich so wie damals meine Eltern, das heißt: ‚Okay, ich habe jetzt einige Zeit investiert. Ich habe meine Kinder zum Tennis- oder Fußballtraining oder zum Skikurs gebracht, was auch immer, und wenn sie dann zurückkommen und ich höre, wie furchtbar sie waren, dann frustriert mich das schon. Weil ich mir die Zeit genommen habe, sie hinzubringen und ihnen zuzusehen, und sie sich nicht wirklich anstrengen.' Das hat so an den Kräften meiner Eltern gezehrt. Dann denkt man sich: ‚Ich bringe dich jetzt einfach nicht mehr hin, und übrigens, es hat uns auch eine Stange Geld gekostet, dich da anzumelden. Da ist es mir lieber, wenn du einfach nur zu Hause ein Buch liest oder allein und ohne Zusatzkosten gegen die Wand spielst. Aber verschwende nicht die Zeit deines Trainers.' Das war die Botschaft meiner Eltern, und ich glaube, dass Mirka und ich da sehr ähnlich ticken. Wir verlangen nicht mehr, als dass sie sich ordentlich anstrengen."

Idealerweise gehen Eltern mit gutem Beispiel voran. Das Vorleben korrekter Verhaltensweisen wirkt besser als Ermahnungen.

Federer, in seiner Jugend selbst eine überdrehte Sportlernatur, erwartet kein vorbildliches Verhalten.

Doch er hat getan, was er konnte, um den Zwillingen zu zeigen, was es bedeutet, sich anzustrengen, und das schließt Ausdauer mit ein: Er hat lange genug erfolgreich am Wettbewerb teilgenommen, dass jedes seiner Kinder sich daran erinnern wird, wie er in Wimbledon auf dem Centre Court oder bei den US Open auf den Trainingsplätzen stand.

Das war Mirkas seit Langem offen erklärter Traum, den sie vielleicht teilweise gehegt hatte, weil sie dachte, dass er ihren Mann motivieren könnte.

Wahre Größe im Sport ist ein beunruhigend flüchtiges Ding. Doch Federer gelang es im Verlauf von 20 Jahren, sie verlässlicher und dauerhafter erscheinen zu lassen, wobei ihm seine Coaches, Trainer, Therapeuten und Freunde, sein Manager und offensichtlich vor allem seine Frau wertvolle Hilfe leisteten.

„Ich glaube nicht, dass sie heute noch möchte, dass ich für sie spiele", erzählte mir Federer. „Das ist ihr vermutlich nicht mehr wichtig. Anfangs half es ihr wohl sehr, es so zu sehen. Und später hatten wir einfach nur einen Mordsspaß, allein mit allem klarzukommen, und dann mit den Kindern war alles so neu und großartig und inspirierend und fröhlich."

Wie sich herausstellen sollte, war sein Optimismus an jenem sonnigen Morgen im August 2009, als der Zürichsee in der Ferne schimmerte, voll berechtigt. Große Familie. Große Reise. Rauf auf die Karawane. Sie sind tatsächlich zurechtgekommen. Er hat tatsächlich mit seinen Kindern im Schlepptau weitergespielt, länger, als selbst er oder Mirka es sich hätten vorstellen können.

Kapitel 12

NEW YORK, VEREINIGTE STAATEN

„Der beste Schlag meines Lebens", sagte Roger Federer bei den US Open 2009.

Man könnte gut behaupten, dass er seitdem dafür bezahlt.

Den besagten Ball schlug Federer kurz vor dem Ende des Halbfinales gegen Novak Djokovic. Federer lag mit 2:0 Sätzen in Führung, und beim Stand von 5:6 und 0:30 aus Sicht von Djokovic servierte dieser gegen den drohenden Matchverlust. Im weiteren Verlauf schlug Djokovic einen Stoppball, Federer parierte. Djokovic konterte mit einem Lob-Volley, der Federer zu einem Sprint zurück an die Grundlinie zwang. Kurz bevor der Ball zum zweiten Mal aufschlug, traf ihn Federer zwischen seinen Beinen, mit dem Rücken zum Netz stehend. Der Ball flog cross und unerreichbar am verdutzten Djokovic vorbei.

0:40. Und obwohl Federer beim nächsten Punkt einen Return-Winner mit der Vorhand schmetterte und damit seinen 40. Matchgewinn in Folge bei den US Open besiegelte, wollten alle nur über jenen „Tweener" sprechen (der Begriff leitet sich vom englischen Ausdruck „between-the-legs shot" ab).

Es gibt schwierige Herausforderungen im Tennis: Man versuche nur einmal, einen kraftvollen Aufschlag mit einem Stopp zu kontern oder einen tiefen Lob mit einem angewinkelten Rückhand-Schmetterball zu beantworten (oder Nadal auf Sand zu besiegen).

Doch ein Tweener, der 2009 nur selten gespielt wurde, ist pure Show. Mit einer Handgelenksbewegung verwandelt er eine hochdefensive Position in einen Angriff. Obwohl er oft schiefgeht und häufig die falsche Schlagentscheidung darstellt, war Federers Tweener perfekt – anders als jener, den er Jahre zuvor beim Matchball gegen Safin in Australien versucht hatte.

„Dass ich ihn mit so viel Tempo und Präzision schlagen konnte, ist etwas, was einem nur sehr, sehr selten passiert", sagte Federer.

Der ausnehmend gut getimte Winner ging vielleicht auf Federers tiefe Zufriedenheit nach seinen Titelgewinnen bei den French Open und in Wimbledon und der Geburt seiner Töchter zurück. Es war zudem der letzte Beweis seiner Fähigkeit, in New York über sich hinauszuwachsen, insbesondere gegen Djokovic, den er nun in drei aufeinander folgenden US Open besiegt hatte, darunter im Finale von 2007.

„Ich habe das Gefühl, dass er entspannter spielt", sagte Djokovic. „Weil er jetzt Vater ist und geheiratet und alle Rekorde gebrochen hat. Er geht einfach auf den Platz und möchte so gut wie möglich spielen und gewinnen. Das macht ihn noch gefährlicher. Dieser Ball, den er da geschlagen hat – du hast die Reaktion des Publikums ja gesehen. Was soll ich dazu noch sagen?"

Wer hätte angesichts dieses schwindelerregenden Höhepunkts Federers die Vorhersage gewagt, dass seine Siegesserie bei den US Open bald abreißen und von einer langen Reihe von unerklärlichen Niederlagen abgelöst werden würde? Oder dass er nie wieder Djokovic in New York oder in irgendeinem anderen Best-of-Five-Match auf einem Hartplatz schlagen sollte?

Von den vielen Wendungen in Federers Karriere war diese eine der überraschendsten. Als ich an jenem Sonntagabend im Pressezentrum der US Open zwischen klappernden Tastaturen und unter Abgabedruck meinen neuesten Bericht für die *New York Times* verfasste, hatte ich jedenfalls keinerlei Vorahnung.

Juan Martin del Potros Kantersieg gegen Nadal mit 6:2, 6:2, 6:2 im anderen Halbfinale dieses Tages gab mir zwar zu denken, aber Nadal spielte mit einem Bauchmuskelriss und hatte sich durch ein Jahr voller Verletzungen gekämpft. Federer hatte alle sechs seiner bisherigen Spiele gegen den 20-jährigen del Potro gewonnen, einen mit seinen 1,98 Meter Länge bedrohlich großen, aber sanftmütigen Spieler, der für seine harten, flachen Grundlinienschläge bekannt ist. Seiner argentinischen Heimatstadt verdankt er den Spitznamen „Turm von Tandil". Zwar hatte del Potro Federer kürzlich bei den

French Open auf Sand in einen fünften Satz gezwungen, doch zu Jahresbeginn hatte Federer ihn bei den Australian Open vernichtend geschlagen. Die schnelle Oberfläche in New York, auf der die Bälle flacher abspringen, schien perfekt für Federer, um del Potro mit seinem wegrutschenden Slice Kopfschmerzen zu bereiten.

„Obwohl del Potro am Sonntag hervorragend gespielt hat, ist Federer der große Favorit", schrieb ich.

Das Finale fand am frühen Montagabend statt, da Regen den Turnierplan durcheinandergewirbelt hatte. Es entpuppte sich als harter Schlagabtausch über fünf Sätze, mit Vorhand-Winnern und Zwischenrufen von Zuschauern, die bisweilen die Aufschlagbewegungen der Spieler störten.

Federer hatte gute Chancen, das Spiel zu bestimmen, schwächelte überraschenderweise aber. Im zweiten Satz gelang es ihm nicht, seinen Aufschlag zum Satzgewinn durchzubringen, und im Tiebreak des vierten Satzes spielte er nicht sein bestes Tennis und gab mit einem Doppelfehler den ersten Punkt ab. Es gelang ihm noch nicht einmal, ruhig zu bleiben: Gegen Ende des dritten Satzes legte er sich mit dem US-amerikanischen Stuhlschiedsrichter Jake Garner an, als del Potro sich nach einem Aus-Ruf des Linienschiedsrichters zu viel Zeit mit einer Challenge ließ.

Federer, der im Herzen Traditionalist ist, hatte die Einführung der elektronischen Ballverfolgung 2006 abgelehnt. Auch drei Jahre später ärgerte er sich noch darüber, dass ihm das System aufgezwungen wurde. Vielleicht erklärt das, warum ein Mann mit grandiosem Platzgefühl so oft mit seinen Interventionen falsch lag.

„Jetzt mal ehrlich!", rief Federer, als er sich hinsetzte. „Ich durfte schon nach gefühlten zwei Sekunden nicht mehr challengen, aber er gönnt sich jedes Mal zehn oder so. Warum lassen Sie das zu? Haben Sie da drin irgendwelche Regeln oder was?"

Federer hatte hinsichtlich der späten Challenges nicht ganz unrecht, und Garner versuchte ihn zu beruhigen.

„Hören Sie auf, mir Ihre Hand zu zeigen", schnauzte Federer ihn an. „Erzählen Sie mir nicht, dass ich den Mund halten soll, okay?

Wenn ich reden will, dann rede ich. Mir ist scheißegal, was er gesagt hat. Ich sage nur, dass er zu lange wartet."

Das war nicht der vorbildliche Federer, an den sich das Publikum gewöhnt hatte. Die Szenen erinnerten an Zeiten, in denen er reizbarer gewesen war, ein Anzeichen dafür, dass er Gefahr witterte – wie Monate zuvor in Miami, als er beim Spiel gegen Djokovic seinen Schläger zertrümmert hatte.

Del Potro, dessen Karriere durch schwere Handgelenks- und Knieverletzungen später beeinträchtigt war, ließ sich diese Chance nicht entgehen: Er preschte vor, konterte Federers Topspin-Bälle und fand erstaunlich mühelos Lücken, die es ihm ermöglichten, sich zu einem 3:6-7:6-4:6-7:6-6:2-Überraschungssieg durchzukämpfen.

Wer glaubt, dass das Publikum immer fest hinter Federer stünde, war bei diesem Finale nicht dabei. Die Sympathien waren gut verteilt, und als es ans Eingemachte ging, wirkte del Potro in seinem ersten Grand-Slam-Finale deutlich cooler als Federer in seinem 21.

Als ich den Wortwechsel mit Garner Revue passieren ließ, erinnerte ich mich an eine Beobachtung von Paul Dorochenko, Federers ehemaligem Konditionstrainer.

„Der Federer, den wir heute auf dem Spielfeld erleben, ist ein Kunstprodukt – ein Kunstprodukt des Marketings von Nike, es spiegelt die Werte wider, die das Tennis ausstrahlen soll: den Gentleman und so weiter", erzählte er mir. „Aber tief im Inneren ist Federer nie ein Gentleman gewesen. Er ist ein Kämpfer. Wenn er Nadal lächelnd seine Hand ausstreckt, überzeugt mich das überhaupt nicht."

Mit dieser Meinung ist er in der Minderheit, sie ist dazu ziemlich provokativ. Sind wir am Ende die Summe unserer Handlungen oder die Summe unserer Gedanken, gleich ob unterdrückt oder offen gezeigt?

Das Finale der US Open 2009 wirkte wie ein unbedachter Moment Federers. Er stach heraus, weil sein Verhalten auf dem Platz und abseits davon jahrelang so vorbildlich gewesen war. Zwei seiner Kindheitshelden – Sampras und Stefan Edberg – hatten dieselbe Zurückhaltung an den Tag gelegt, was aber auch irreführt, wenn man an andere große Meister denkt, die ihm vorausgingen: Jimmy Connors, John McEnroe und selbst Agassi, der jedenfalls zu Beginn seiner Karriere, bevor er seine philosophische Ader entdeckte, gern fluchte, bisweilen mit der Wahrheit auf Kriegsfuß stand und einmal in Richtung des Schiedsrichters gespuckt hatte.

Doch von allen Grand-Slam-Turnieren hat die US Open das größte Potenzial, an den Nerven zu zehren. Es ist das letzte der vier Turniere und kündigt das Ende einer langen Saison an, inklusive Jetlag und Rangkämpfen. Die Spieler müssen sich ebenso wie die Fans durch den Verkehr von Manhattan und Queens kämpfen, um das Gelände zu erreichen. Es ist ein Endsommer-Happening mit Cocktails, Tennisfanatikern, sonnengebräunten Bewohnern von Long Island und nächtlichem Gebrüll. Trotz des mittlerweile weitläufigen Geländes kann das Gedränge sehr erdrückend sein.

Federer, der an einem friedlicheren Ort aufgewachsen ist, hat der ganze Lärm lange nichts ausgemacht. Er hatte Manhattan lieben gelernt und bezog jedes Jahr ein anderes Hotel, um die Stadt auf neue Art zu erleben.

Am Freitag vor Beginn der US Open 2009 konnte ich ihn in seiner Suite im Peninsula mitten in Manhattan interviewen. Das makellose Zimmer zeugte von Mirkas Einfluss: Elf frisch bespannte Schläger waren auf dem Kamin aufgereiht; alle Griffe lehnten im gleichen Winkel an der Wand.

„Mirka greift mir unter die Arme, weißt du“, sagte Federer. „Ich schätze Ordnung. Ich war früher so unordentlich. Es gab mal eine Zeit, da wollte ich nicht, dass es aufgeräumt ist.“

„Vielleicht ist es heute schön, Ordnung in einer ungeordneten Welt zu haben“, schlug ich vor.

„Genau“, sagte Federer. „Vor allem hier, wo ich doch drei Wochen zu bleiben hoffe.“

Das hieß jedoch nicht, dass er hier Wurzeln schlagen wollte.

„Anfangs reden alle davon, was für ein Aufwand es ist“, sagte er. „Es geht immer nur darum, wie lange man zum Turnier unterwegs ist, das Gelände sei so groß, und da ist New York und der Verkehr und so weiter. Aber ich habe mir angewöhnt, diese Turniere mit anderen Augen zu betrachten. Was gibt es abseits des Spielfelds zu entdecken? Ich weiß, wie es auf der Anlage aussieht, das allein macht ein Turnier doch nicht aus. Man sollte auch schauen, was die Stadt zu bieten hat, und dies hier ist eine unglaubliche Stadt. Sie wird nie langweilig, es gibt immer etwas zu tun, die besten Restaurants, hervorragendes Shopping. Es ist wie ein großer Rausch.

Die Zeiten, als ich nur fernsehen und aufs Gelände und mit den anderen abhängen wollte, sind vorbei", sagte er. „Ich bin jetzt in einer Phase, wo ich mehr von meinen Reisezielen sehen und die Geschichte des Landes verstehen will. Früher war alles ganz anders, denn wenn man seine Sache gut machen will und als kommender Champion gilt, dann saugt es einen auf. Dann will man dem gerecht werden, steht unter Druck und denkt den ganzen Tag lang nur ans Tennis. Das hat sich definitiv verändert. In den letzten drei Jahren und vor allem, seit ich die Nummer eins bin, habe ich eine neue Sicht aufs Tennis, das hat mir geholfen. Ich bin ausgeglichener. Ich spüre den Druck nicht mehr, obwohl er objektiv natürlich vorhanden ist. Dadurch habe ich viel mehr Spaß am Spiel."

Ganz sicher haben ihm seine fünf Finalteilnahmen in Folge bei den US Open Spaß gemacht: in chronologischer Reihenfolge besiegte er Lleyton Hewitt, Andre Agassi, Andy Roddick, Djokovic und Andy Murray, ohne jemals in einen fünften Satz gezwungen zu werden.

Doch del Potro verhinderte 2009 einen sechsten Titelgewinn in Folge, ähnlich wie Nadal ihm einen sechsten Titelgewinn in Folge in Wimbledon verwehrt hatte.

„Fünf ist fantastisch", sagte Federer in New York. „Sechs wäre ein Traum gewesen. Aber man kann nicht alles haben. Ich glaube, diesmal werde ich es schnell wegstecken, weil ich einfach einen tollen Sommer hatte."

Trotzdem war es natürlich eine verpasste Chance, eine, die Federer in seinen besten Zeiten nicht verspielt hätte. Aber mit seiner Affinität zu schnellen Plätzen würde es sicher ein nächstes Jahr in Flushing Meadows geben.

Und tatsächlich gelangte Federer 2010 wieder in Reichweite des Titels: Am Ende eines weiteren Halbfinales gegen Djokovic erspielte er sich im fünften Satz beim Stand von 5:4 zwei Matchbälle.

Djokovic konnte seine ersten Aufschläge nicht durchbringen, machte aber dennoch beide Punkte. Mit einem furchtlos durchgeschwungenen Volley-Winner verkürzte er auf 30:40, und ein fast ebenso furchtlos geschlagener Vorhand-Winner brachte ihn zum Einstand.

Federer hätte beim zweiten Matchball sicherlich mehr riskieren können, doch Djokovic war wagemutiger, brachte daraufhin seinen Aufschlag durch und nahm Federer das nächste Spiel ab.

Er schlug zum Matchgewinn auf, wobei er einen Breakball mit einer weiteren starken Vorhand abwehrte, die Federer nicht parieren konnte. Es hieß erneut Einstand, und zwei Punkte später stand Djokovic – und nicht Federer – im Finale.

„Das war eines dieser Spiele, die du nie vergisst", sagte Djokovic zu Mary Joe Fernandez, der einfühlsamen CBS-Reporterin, die das Interview nach dem Match führte (obwohl sie mit Federers Manager Tony Godsick verheiratet ist – ein für die Tenniswelt typischer Konflikt). „Um ehrlich zu sein, habe ich nur die Augen geschlossen und die Vorhand beim Matchball so schnell wie möglich geschlagen. Ich dachte mir: Wenn sie reingeht, dann geht sie rein; wenn sie ins Aus geht, dann eben eine weitere Niederlage gegen Federer bei den US Open."

Zwölf Monate später wiederholte sich die Szene auf demselben Platz und wieder beim Halbfinale. Inzwischen war Djokovic nach ganz oben aufgestiegen: Er hatte Titel auf sämtlichen Belägen eingeheimst und stand nach seinem ersten Wimbledon-Sieg im Juli erstmals auf Platz eins der Weltrangliste.

Federer hatte in Paris den Spielverderber gegeben: Er hatte Djokovics Serie von 43 Siegen beendet, indem er ihn im Halbfinale der French Open schlug. Nun aber, in New York, trieb Djokovic Federer erneut in die Enge.

Es war ein mühsames, kräftezehrendes Match. Federer gewann die ersten beiden Sätze. Djokovic kämpfte sich zurück ins Spiel und gewann die nächsten beiden. Im fünften Satz ging Federer mit 5:3 in Führung und schlug zum Finaleinzug auf.

Beim Stand von 40:15 hatte Federer abermals zwei Matchbälle und wurde von den 23.000 Zuschauern im steilwandigen Arthur-Ashe-Stadion angefeuert. Ein geringerer Kontrahent wäre in sich zusammengesackt, aber – wie schon im Vorjahr – nicht so Djokovic. Er stolzierte über den Platz, nickte und nahm dann mit gespitzten Lippen seine Return-Position ein. Manche glaubten, er hätte resigniert und würde Federers Überlegenheit anerkennen. Mein Eindruck war ein anderer.

Federer entschied sich für einen weiten Slice-Aufschlag. Djokovic machte einen Satz nach rechts und spielte knapp hinter dem Doppelfeld eine wilde und unerreichbare Vorhand cross, die so präzise geschlagen war, dass Federer sich kaum bewegte.

Djokovic kostete den Moment voll aus; er ging zu seinem Handtuch und reckte dem Publikum dabei beide Arme entgegen. Das trug ihm einige Jubel-, aber auch Spottrufe ein: ein Vorgeschmack darauf, wie die Fans auf nahezu alles, was er in den nächsten zehn Jahren im Tennis produzieren sollte, reagierten. Mit einem Lächeln kehrte er dann für den zweiten Matchball auf das Spielfeld zurück, als ob er sagen wollte: „Was immer auch passiert, meine Moral zerstörst du nicht."

Mit grimmigem Gesichtsausdruck führte Federer einen Aufschlag auf Djokovics Körper aus, den dieser mit einer Rückhand parierte. Der Return landete recht tief, aber nicht zu tief. Federer umlief den Ball, um eine Inside-Out-Vorhand zu schlagen. Doch sein sonst so erfolgreicher Schlag prallte an der Netzkante ab.

Im zweiten Jahr hintereinander hatte Djokovic zwei Matchbälle abgewehrt, diesmal bei Aufschlag Federer, und der sichtbar angegriffene Federer gab bald danach sein Aufschlagspiel mit einem Doppelfehler ab. Bei den nächsten drei Spielen, gleichzeitig die letzten, hatte man eher den Eindruck, einem Trauerspiel beizuwohnen.

Für Federer war das ein harter Moment, Djokovic fühlte sich dagegen bestätigt. Nach dem Handschlag am Netz feierte er seinen Sieg: Er spannte seinen ganzen Körper an und sandte einen Urschrei in

Richtung seines Teams in der Spielerbox aus. Mary Joe Fernandez holte Djokovic wie im Jahr zuvor ans Mikrofon.

„Sehr ähnliche Situation", sagte Djokovic. „Ich habe die Vorhand so hart wie möglich geschlagen, und das ist immer ein Glücksspiel. Wenn der Ball im Aus ist, hast du verloren. Wenn er drin ist, hast du vielleicht eine Chance. Ich hatte also heute Glück."

Das Interview war deutlich fröhlicher als Federers Pressekonferenz nach dem Match, es stellte einen der Tiefpunkte in einer ansonsten meist souveränen Karriere dar.

„Ich habe nicht den besten Aufschlag erwischt", sagte er über den ersten Matchball. „Aber wie er den zurückgebracht hat … Er hat an seinen Sieg nicht mehr wirklich geglaubt, und dann gegen so jemanden zu verlieren, ist sehr enttäuschend; wenn man spürt, dass er mental damit eigentlich schon abgeschlossen hat. Und dann gelingt ihm der Glücksschlag, und man ist raus."

Ein Reporter fragte ihn, ob der Vorhand-Winner mit Glück, Risiko oder Selbstvertrauen zu erklären sei.

„Selbstvertrauen? Soll das ein Witz sein?" Federer strich sich mit den Händen übers Gesicht. „Manche spielen einfach so. Ich erinnere mich an einige Niederlagen bei den Junioren. Wenn sie 2:5 im dritten Satz zurücklagen und dann einfach irgendwie draufhauten. Ich habe nie so gespielt, weil ich mehr daran glaube, dass sich harte Arbeit auszahlt. Darum fällt es mir so schwer zu begreifen, wie man bei einem Matchball einen solchen Schlag spielen kann. Aber wer weiß, vielleicht hat er das schon die letzten 20 Jahre so gemacht. In dem Fall wäre es für ihn völlig normal. Da müssen Sie ihn fragen."

Die US Open 2011 wirkten wie ein weiterer unbedachter Moment Federers, obwohl ihm manche Beobachter auch zustimmten.

„Novak war doch am Abstürzen, er hatte schon aufgegeben", sagte Jim Courier. „Und er profitierte davon, im Augenblick des Zorns einen Winner zu schlagen. So sollte man nicht spielen, und Roger hat es ausgesprochen. Ich behaupte nicht, dass keine Missgunst im Spiel war. Ich meine, Novak hat das Recht, diesen Schlag zu wählen. Es gibt keine Regel, die das verbietet. Aber wenn es die richtige Art zu spielen wäre, dann würde Novak es immer so machen. Er spielt Statistiktennis. Das war das Gegenteil davon. Roger weiß das, Novak weiß das, und es ärgert Roger."

Federers verbitterte Äußerung wäre vielleicht anders aufgenommen worden, wenn Djokovic in dem Moment nicht das Herrentennis dominiert hätte. Seine Bilanz zu diesem Zeitpunkt im Jahr 2011 lautete 63 Siege versus zwei Niederlagen, und er stand kurz davor, mit einem Viersatzsieg im Finale gegen Nadal seinen dritten Grand-Slam-Titel des Jahres zu gewinnen.

Die Behauptung, Djokovics großes Selbstvertrauen habe keine Rolle gespielt, als er unter Druck gut spielte, erschien mir wesentlich weniger freundlich als Djokovics selbstkritisches Interview auf dem Platz.

Federer, der Niederlagen sonst mit klarem Blick analysiert, klang wie ein schlechter Verlierer. Und man sollte schon darauf hinweisen, dass Djokovic beim zweiten Matchball weder mit offenen noch mit geschlossenen Augen einfach nur draufhauen musste. Denn Federer verschlug seine Vorhand, bevor Djokovic eine weitere Chance bekam, das Schicksal herauszufordern.

Dieser Fehler von Federer war nicht der Schlag, der im Gedächtnis haften blieb; ein anderer Schlag beendete die Doppelherrschaft Federer/Nadal und zeigte, dass Djokovic seinen Claim als erfolgreichster Spieler der Open-Ära absteckte.

„Wenn man nach vier Stunden im fünften Satz Matchbälle gegen sich hat und dann diesen Vorhand-Winner schlägt, ist man sicher etwas erstaunt über die Umstände, unter denen man diesen Ball geschlagen hat", sagte Djokovic. „Man rechnet keinesfalls damit, sowas aus dem Ärmel zu schütteln. Am Ende ist alles eine Einstellungsfrage, glaube ich – ob man mit dem Druck umgehen kann, oder ob man einsteigen und seine Chancen nutzen kann."

Für mich ist Djokovic der faszinierendste Spieler von allen, die in dieser goldenen Tennisära große Siege errungen haben. Mit seinem Bürstenschnitt und seiner ganz eigenen Mischung aus Großzügigkeit und Kampfgeist scheint er ebenso engagiert seinen inneren Zen-Garten zu harken wie nach der Verwandlung eines Matchballs sein Tennishemd zu zerreißen.

Seine Ambivalenz und Komplexität stellen Journalisten vor große Rätsel, und selbst wenn man sie zu lösen geglaubt hat, weisen einen seine Fans online und offline umgehend darauf hin, dass der Mann von den westlichen Medien einfach falsch verstanden wird. Dazu ist er laufend bestrebt, nicht nur sein Spiel zu verändern, sondern auch sich selbst.

Unbestritten ist, dass er eine schwerere Kindheit hatte als Federer oder Nadal. Djokovic wuchs eben nicht in einer bequemen Mittelklassefamilie oder in einem stabilen Staatswesen auf, sondern in der Zeit des blutigen Auseinanderbrechens Jugoslawiens. Im Alter von elf, zwölf Jahren musste er während des Trainings immer wieder Zuflucht in Luftschutzräumen suchen, weil das serbische Belgrad zwischen März und Juni 1999 von NATO-Flugzeugen bombardiert wurde. Es war jene Zeit, die von Serben oft als „die 78 Tage der Schande“ bezeichnet wird.

„Was dich nicht umbringt, härtet ab“, sagte mir Djokovic einst. „Wir erinnern uns an all diese Dinge und werden sie nie vergessen, weil sie so stark und tief im Inneren nachwirken. Das sind traumatische Erfahrungen. Zweieinhalb Monate lang hörten wir täglich mindestens dreimal die Sirenen, die die Flieger mit ihren Bomben ankündigten. Ständig, wirklich ständig war ein furchtbarer Lärm in der Stadt. Deshalb löst ein lautes Geräusch heute noch ein kleines Trauma in mir aus.“

In einem Beruf, in dem die Schreie des Publikums zum Klangteppich gehören (jedenfalls sofern nicht eine Pandemie für leere Reihen sorgt), muss das schwierig zu ertragen sein. Wie Federer und Nadal hätte sich Djokovic leicht für einen anderen Sport entscheiden können. Sein Vater Srdjan und sein Onkel Goran nahmen im ehemaligen Jugoslawien an Skirennen teil. Djokovic stand zum ersten Mal mit drei Jahren im serbischen Bergkurort Kopaonik auf den Brettern. Seiner Familie gehörten dort einige kleinere Saisongeschäfte, darunter eine Pizzeria mit Kunstgalerie.

„Natürlich dachten wir, dass Novak einmal Skifahrer werden würde, denn wir waren ja alle Skifahrer“, erzählte mir Goran Djokovic.

Ohne Peter Carter in Basel hätte sich Federer vielleicht für den Fußball entschieden. Ohne seinen Onkel Toni in Manacor hätte Nadal womöglich dasselbe getan. Djokovics Tennismuse war eine charismatische und kluge Frau in den 50ern: Jelena Gencic, eine frühere jugoslawische Handball-Nationalspielerin mit hellen blauen Augen und einer sanften, kultivierten Stimme, die bei Schülern (und reisenden Sportreportern) für Gänsehaut sorgte. Mit Monica Seles und Goran Ivanisevic hatte Gencic schon zwei junge Tennistalente gecoacht, die später Grand-Slam-Champions wurden. Doch davon ahnte Novak Djokovic nichts, als er im Sommer 1993 auf den drei Hartplätzen auftauchte, die neben dem Restaurant seiner Familie entstanden waren – einer dieser Zufälle, die ein Leben verändern können.

Gencic gab dort gerade einen Tenniskurs.

„Es war am ersten Tag meines ersten Jahres in Kopaonik", sagte mir Gencic, als ich im November 2010 für die *New York Times* und die *International Herald Tribune* in Serbien unterwegs war. „Und er stand den ganzen Morgen vor den Tennisplätzen und sah uns zu, und ich sagte: ‚Hey, gefällt es dir? Weißt du, was das ist?'"

Auf Gencics Einladung hin kam Djokovic am Nachmittag mit sorgfältig gepackter Ausrüstungstasche zurück, um mitzumachen. Er spielte schon seit einiger Zeit Tennis und verfolgte per Satellitenfernsehen die Profiturniere. Und hier begann seine unwahrscheinliche Reise: Er traf am richtigen Ort und zur rechten Zeit auf die richtige Mentorin.

„Schläger, Handtuch, Wasserflasche, eine Banane, ein trockenes Wechsel-T-Shirt, Armband und Kappe", sagte Gencic. „Ich fragte: ‚Okay, wer hat dir deine Tasche gepackt? Deine Mutter?' Oh je, war er wütend. Er sagte: ‚Nein, ich spiele Tennis.'"

Von Anfang an fiel ihr auf, wie sensibel er war und wie aufmerksam er zuhörte.

„Jedes Wort", erinnerte sie sich. „Ein toller Junge. Sehr intelligent. Ich sagte immer: ‚Hast du mich verstanden?', und er antwortete: ‚Ja, aber bitte sag's noch einmal.' Er wollte ganz sichergehen."

Am dritten Tag wandte sich Gencic an Djokovics Eltern Srdjan und Dijana: Sie hätten ein zlatno dete, ein „goldenes Kind".

„Ich habe dasselbe über Monica Seles gesagt, als sie acht Jahre alt war", erzählte sie. „Nach drei- oder viermal mit Monica habe ich ihrem Vater Karolj gesagt, dass sie die weltweite Nummer eins werden würde."

Gencic, selbst kinderlos, arbeitete sechs Jahre lang intensiv mit Djokovic in Kopaonik und Belgrad, sie beriet ihn auch später noch.

„Sie hat mir alles beigebracht", erzählte mir Djokovic. „Meiner Meinung nach ist das Alter zwischen sechs, sieben und zwölf die wichtigste Zeit in deiner Tenniskarriere. In dieser Zeit lernst du Tennis spielen, du musst dir gute Techniken erarbeiten und brauchst einen wirklich guten Coach."

Im Profitennis gibt es zu wenige Frauen, die auf höchstem Niveau coachen. Das muss sich ändern, aber die Feststellung lohnt, dass Djokovic nicht der einzige Weltranglistenerste ist, der in seinen prägenden Jahren von einer Frau trainiert wurde. Jimmy Connors, Marat Safin und Andy Murray wurden alle früh und gut von ihren Müttern gecoacht.

Gencic arbeitete an jedem Element von Djokovics Tennisspiel und brachte ihn vorsichtig zu der Einsicht, dass eine zweihändige Rückhand besser zu seinen Fähigkeiten passte als die einhändige Variante, die sein Idol Pete Sampras bevorzugte.

Gencic war zu Recht davon überzeugt, dass die Zukunft im Tennis darin liegen würde, den Ball nach dem Aufprall früh anzunehmen, und die äußeren Bedingungen in Kopaonik, das auf fast 1800 Meter Höhe liegt und wo die Bälle entsprechend schnell fliegen, verlangten Djokovic schnelle Reaktionen und Bewegungen ab.

Seles hatte das Damentennis verändert. Sie war die erste Spielerin, die imstande war, nahe der Grundlinie zu verharren und von beiden Seiten mit ihren kraftvollen und oft stark angewinkelten beidhändigen Grundlinienschlägen anzugreifen.

Agassi spielte bei den Herren auf ähnlich schonungslose Art, und Gencic bestand darauf, dass auch Djokovic lernte, mit Tempo umzugehen und selbst Tempo zu produzieren, ohne zurückzuweichen. Sie legte viel Wert auf das Spiel am Netz, obwohl sich Djokovic auf der Tour dann einen Ruf vor allem als Abwehrkönig mit phänomenalen Returns erarbeitete.

„In seiner Anfangszeit spielte er ausgezeichnete Volleys", sagte sie.

Auf Stretching legte sie besonders viel Wert, was Djokovic offensichtlich ernst nahm, wie jeder weiß, der schon einmal gesehen hat, wie er einem gegnerischen Ball in eine Ecke hinterherjagt und dabei beinahe in einen Spagat hineingleitet.

„Novak war kein besonders kräftiger Junge", erzählte mir Gencic. „Er ist heute sehr biegsam und beweglich, aber weißt du auch warum? Weil ich bewusst nicht zu hart mit ihm arbeitete."

Gencic zeigte mir ihren Schläger, einen abgewetzten Prince, dem die Griffkappe fehlte.

„Das ist das schwerste Ding, das er handhaben musste", sagte sie. „Wir haben nur an seinen Beinen, seiner Schnelligkeit, seiner Kondition auf dem Platz gearbeitet, nicht im Kraftraum. Wir haben uns gestreckt und spezifische Tennisbewegungen geübt, damit er flexibel, wendig und schnell wird. Und heute spielt er einfach herausragend."

In den Augen eines breiteren Publikums zeichnet sich Djokovics Spiel vor allem durch seine Gelenkigkeit aus. Alles andere ist so stabil und kompakt, dass man es leicht unterschätzt.

„Novak ist außergewöhnlich, aber auf eine irgendwie langweilige Art", sagte Brad Stine, der langgediente US-Coach, der unter anderem Jim Courier und Kevin Anderson betreut hat.

Dabei kann sich kein anderer Spieler so verdrehen und winden.

„Schon vor Novak sind Spieler über den Platz geglitten, aber es gab noch niemanden, der wie er nach dem Gleiten direkt wieder stehen und einen Angriffsball schlagen konnte", sagte Ivanisevic, Wimbledon-Sieger von 2001, der Djokovic später gemeinsam mit Marian Vajda coachte.

Djokovics Gelenkigkeit ist eine Gabe, aber sie beruht auch auf jahrelangen Gewohnheiten. Wer ihn zwischen den Spielen bei einem Turnier beobachtet, erwischt ihn immer wieder dabei, wie er seinen Körper in irgendeine extreme Position verdreht oder Klimmzüge mit den Fingern an einem Türrahmen macht.

In einem Interview mit der *Londoner Times* wurde Djokovics Frau Jelena einmal gefragt, wie ihr Leben außerhalb der Tennis-Tour eigentlich aussehe.

„Das ist leicht zu beantworten", sagte Jelena. „Alles dreht sich ums Stretching. Er liegt ständig auf dem Boden, mit den Beinen mal hier, mal da."

Das brachte Djokovic zum Lachen, und auch Gencic, die 2013 im Alter von 76 Jahren starb, hätte diese Antwort sicher gefallen.

Wie Djokovic mir einmal in Wimbledon erzählte: „Sie hat mir beigebracht und mich davon überzeugt, dass ich biegsam bleiben muss. Dann kann ich mich nicht nur gut auf dem Spielfeld bewegen und mich nach einem Match gut erholen, sondern auch viele Jahre spielen."

Todd Martin, der frühere US-amerikanische Starspieler, der einst Djokovic coachte, beobachtete ihn bei der täglichen Arbeit mit seinem Team, zu dem auch der Physiotherapeut Miljan Amanovic gehörte.

„Novak wacht auf, und bevor er auch nur seinen ersten Orangensaft getrunken hat, legt er seine Beine auf Miljans Schulter, und die beiden umarmen sich praktisch", erzählte mir Martin. „Bevor er irgendwas anderes tut, dehnt er erst einmal den Oberschenkelmuskel, und ich sage Ihnen, das macht er eiskalt."

Gencic arbeitete nur nebenberuflich als Coach. Ihren Lebensunterhalt verdiente sie als Journalistin; sie war Redakteurin einer Kunstsendung beim staatlichen jugoslawischen und später serbischen Fernsehen. Sie brachte Djokovic Kultur nahe: russische Dichtung und klassische Musik, darunter auch Tschaikowskis Ouvertüre 1812.

„Ich konnte sehen, wie großartig er sie fand", sagte Gencic. „Ich riet ihm: ‚Wenn du ein Match spielst, Novak, und plötzlich fühlst du dich nicht gut, dann denk an diese Musik, denk daran, wie viel Adrenalin du in deinem Bauch und deinem Körper hast. Diese Musik spornt dich zu größeren Leistungen an.'"

Die Familie Djokovic hatte keinen Tennis-Hintergrund, aber natürlich kannten sie Seles. Die Spielerin ungarischer Abstammung stammt aus der serbischen Stadt Novi Sad, sie war mit ihrer Familie in die USA ausgewandert, hatte zu diesem Zeitpunkt schon acht Grand-Slam-Titel errungen und war an die Spitze der Weltrangliste vorgerückt.

Seles hatte außerdem viele Millionen US-Dollar verdient, und da Jugoslawien in der Krise steckte, schien das „goldene Kind“ Novak eine größere zeitliche und finanzielle Investition wert zu sein.

Das Problem war nur, das Geld aufzutreiben.

„Srdjan und seine Frau jammerten nicht, sondern dachten nach“, erzählte mir Gencic.

Sie liehen sich Geld von Freunden und steckten ihre eigenen mageren Ressourcen in das Familienprojekt. Es half, dass Gencic nichts für ihren Unterricht verlangte, und als Präsidentin des Tennisclubs bei Partizan Belgrad gelang es ihr auch, Djokovic eine kostenlose Ausrüstung samt Prince-Schlägern zu besorgen. Doch um sich zu entwickeln, brauchte er internationale Wettbewerbe, und das Geld dafür war furchtbar knapp.

„Srdjan machte wie verrückt Druck“, sagte Goran Djokovic über seinen älteren Bruder. „Manchmal mögen ihn die Leute nicht, aber er hat die Energie eines Bullen. Es waren keine guten Zeiten. Es gab Sanktionen, der Krieg begann. Es war keine einfache Zeit für Serbien, für Jugoslawien, und dann all das Geld, das wir in Novak investierten. Er musste derjenige sein, der vor der Familie stand, der alles bekam, was er brauchte: den neuen Schläger, gutes Essen und überhaupt. Natürlich würden wir auch sehr gut leben, wenn er nicht Tennis spielen würde, aber wir hatten diese Vision. Wir wollten keine schlechte Stimmung, nur positive Energie. Natürlich redeten die Leute manchmal: ‚Diese Familie ist verrückt, für wen halten die sich? Wie können die nur glauben, dass aus Novak mal was wird?‘“

Als ich Djokovic 2019 in Monte Carlo besuchte, wo er heute mit Jelena und seinen zwei Kindern im Luxus lebt, erzählte er mir von einem der Momente, die ihn in seiner Kindheit geprägt haben.

Sein Vater versammelte die Familie in ihrer Belgrader Mietwohnung und knallte einen Zehn-D-Mark-Schein auf den Küchentisch.

„Zehn D-Mark waren wie zehn US-Dollar, und mein Vater sagte: ‚Mehr haben wir nicht'", erzählte Djokovic. „Er sagte, dass wir mehr denn je zusammenhalten und das gemeinsam durchstehen und einen Weg finden müssten. Das war ein sehr starker, wirkungsvoller Moment, in meiner Entwicklung, meinem Leben, unser aller Leben."

Als Djokovic zwölf wurde, war Gencic klar, dass er Serbien verlassen musste, um auf passende Wettbewerber zu stoßen und Fortschritte zu machen. Sie kontaktierte einen alten Freund, Nikola „Niki" Pilic. Der frühere jugoslawische Starspieler aus Kroatien hatte 1973 das Finale der French Open erreicht, und sein Streit mit dem nationalen Tennisverband hatte dazu geführt, dass die Herren das Wimbledon-Turnier im selben Jahr boykottierten.

Pilic leitete nun eine Tennisakademie nahe München. Gencic überzeugte ihn, Djokovic aufzunehmen, obwohl die Akademie Spieler unter 14 Jahren generell ablehnte.

Djokovic reiste unter den für Serbien geltenden Restriktionen mit seinem Onkel Goran nach München. Sein Onkel kehrte bald nach Serbien zurück und ließ Djokovic für drei Monate an einem Ort, dessen Sprache er nicht beherrschte. (Als Federer mit 14 Jahren sein Elternhaus verließ, konnte er immerhin am Wochenende mit dem Zug nach Basel reisen.)

„Alles wirkt sich auf deine Einstellung, deine psychologische Stärke aus", erzählte mir Djokovic. „Ich war schon mit zwölfeinhalb drei Monate allein, also musste ich Verantwortung lernen. Ich musste tapfer sein, um allein zu sein und mich anzutreiben. Ich lernte, unabhängig zu sein."

Djokovic verbrachte noch mehrere Jahre in Pilics Akademie. Er gehörte zu einer Garde von herausragenden serbischen Spielern, die ihr Land verlassen mussten, um den Durchbruch zu schaffen, darunter die beiden künftigen Weltranglistenersten der Damen, Ana Ivanovic und Jelena Jankovic.

„Novak wurde wirklich sehr früh erwachsen", sagte der kroatische Starspieler Ivan Ljubicic, der später zusammen mit Djokovic bei dem italienischen Coach Riccardo Piatti trainierte. „Novak weiß, was er will. Er weiß, wie er es bekommt, und das hilft ungemein.

Alle Topspieler – Rafa, Roger – haben diese Fähigkeit. Entweder strampelt man sich ab und verrennt sich, oder du lernst schnell. Und deswegen lernten sie schnell."

Doch Djokovic fehlte ein ähnliches Sicherheitsnetz, wie seine künftigen Rivalen es besaßen. Mehr noch als Federer oder Nadal musste er es schaffen angesichts all der Opfer, die seine Familie gebracht hatte. Und obwohl Gencic prognostiziert hatte, dass er mit 17 Jahren die Top 5 erreichen würde, brauchte er dafür doch etwas länger.

„Wir lagen um zwei Jahre daneben, weil wir nicht das Geld hatten, um alles zu erreichen, was ich wollte", erzählte sie mir.

Immerhin trat er mit 17 erstmals bei einem Grand-Slam-Turnier an: Er qualifizierte sich bei den Australian Open 2005 für das Hauptfeld und stieß in der ersten Runde in der Rod Laver Arena auf Marat Safin.

Safin gewann mit 6:0, 6:2, 6:1 und holte sich später den Titel.

„Ich stand auf Platz vier der Weltrangliste, und er hatte gerade die Qualis überstanden, was erwartet man da also?", sagte mir Safin. „Ich spielte gut. Ich war gekommen, um das Turnier zu gewinnen. Er war gekommen, um zu schauen, was wohl passieren würde. Aber überleg mal, wie es für ihn ausging. Er sollte mir eigentlich ein paar Abendessen spendieren!"

Wie Federer ist auch Djokovic sprachbegabt, sogar mehr noch als dieser: Er spricht vier Sprachen fließend (Serbisch, Deutsch, Italienisch und Englisch) und beherrscht weitere recht gut (Französisch, Spanisch und etwas Russisch).

Auch im Profitennis lernte er schnell. Ende 2005 hatte er die Top 100 erreicht. Ein Jahr später stand er in den Top 20, und Ende 2007 war er die Nummer drei hinter Federer und Nadal – die er beide beim ATP-Masters-1000-Turnier im kanadischen Montreal besiegte.

Er war damals 20 Jahre alt und stand kurz vor seinem ersten Grand-Slam-Titel, den er dann 2008 bei den Australian Open errang, nachdem er erneut Federer geschlagen hatte, diesmal in drei Sätzen im Halbfinale.

„Der König ist tot, es lebe der König“, verkündete Djokovics Mutter.

Doch die Weltranglistenspitze erklomm Djokovic erst 2011 durch einen Sieg über Nadal im Finale von Wimbledon.

„Vier Jahre lang hieß es Roger, Rafa, Rafa, Roger“, sagte Dijana. „Jetzt heißt es Novak, Novak, Novak, Novak.“

Damit hatte sie nicht ganz unrecht. Ihr Sohn beendete das Jahr 2011 mit einer Bilanz von 4:1 Siegen gegen Federer und 6:0 Siegen gegen Nadal (auf drei unterschiedlichen Belägen, darunter Sand). Allerdings: Es fällt schwer, sich vorzustellen, dass Lynette Federer in den Jahren von Federers Dominanz Ähnliches dachte, geschweige denn laut gesagt hätte. Der Djokovic-Clan war offensichtlich konfrontativer. Und diese Herangehensweise gereichte ihrem Sohn in puncto Imagebildung sicher nicht immer zum Vorteil.

Im Vergleich zu ihrem Mann war Dijana dabei noch zurückhaltend. Srdjan sagte einmal über Federer, er sei „vielleicht der beste Tennisspieler der Geschichte, aber als Mensch ist er das Gegenteil“. Srdjan machte sich auch darüber lustig, dass Federer kurz vor seinem 40. Geburtstag noch immer spielt.

„Nadal und Novak sitzen ihm beide im Nacken, deshalb kann er einfach nicht akzeptieren, dass sie irgendwann besser als er sein werden“, sagte Srdjan dem serbischen Sportsender Sport Klub. „Los, Mann, zieh Kinder groß, mach was anderes, geh Skifahren.“

Offensichtlich hatte Srdjan weder vergessen noch verziehen, dass Federer ihn und andere Personen in Djokovics Spielerbox bei den Monte Carlo Open 2008 zur Ruhe ermahnt hatte.

Diese Geschichten wirken alle etwas kleinkariert, und sie sind es auch. Federer hat nicht mit gleicher Münze zurückgezahlt. Aber die Kampflust der Djokovic-Eltern gründet wohl auch darin, dass sie sich mehr Respekt für ihren Sohn wie auch für ihr Land wünschen.

Die Djokovics sind orthodoxe Christen, sie sehen in Novaks Aufstieg eine Art göttlichen Fingerzeig. Robert Federer trägt natürlich oft eine RF-Kappe, auf der Tribüne hat er aber noch nie ein T-Shirt mit dem Abbild seines geliebten Sohnes zur Schau gestellt, wie Srdjan und Dijana anlässlich des Matches von Djokovic gegen

Federer bei den US Open 2010. Als ich Srdjan bald darauf in seinem Belgrader Büro besuchte, entdeckte ich an der Wand ein Gemälde, das den verstorbenen Patriarchen Pavle zeigte, das Oberhaupt der serbisch-orthodoxen Kirche. Novaks strahlendes Gesicht war gleich darunter gemalt, im wahrsten Sinne des Wortes eine „Ikone" des Sports.

„Im schlimmsten Moment für das serbische Volk hat Gott ihn gesandt, um allen zu zeigen, dass wir ein normales Volk sind und keine Mörder und Wilden", sagte Srdjan 2021 in einem Interview in Serbien über Novak.

Novak machte lange Zeit die frustrierende Erfahrung, dass er allein aufgrund seiner serbischen Staatsangehörigkeit reflexartig als Außenseiter galt. In unseren frühen Interviews hat er das oft erwähnt. Seine Überlegung im Jahr 2006, für Großbritannien statt für Serbien zu spielen, gründete in wirtschaftlichen Erwägungen und in dem Bedürfnis, mehr Unterstützung zu erhalten. Letztlich entschied er sich dagegen.

„Ich hatte nie die professionellen Möglichkeiten, mich in meinem Land als Profispieler zu entwickeln und erfolgreich zu sein", erklärte er mir. Daher habe er unter anderem in München trainieren müssen.

„Wir haben Möglichkeiten ausgelotet, woandershin zu gehen, einfach um mir und meiner Familie zu helfen, damit wir besser leben können", sagte er. „Ich glaube, es war eine gute Entscheidung, dass wir letztlich geblieben sind. Wenn du bei deinen Leuten und deiner Religion bleibst, ist alles ganz anders. Für mich fühlt es sich völlig anders an, wenn ich nach Hause komme. Man fühlt sich zugehörig."

Obwohl Djokovic mittlerweile seine Zelte im Steuerparadies Monaco aufgeschlagen hat, verkörpert er bis heute die bedrängte serbische Nation. Er ist ein resoluter Botschafter seines Landes – weitaus mehr als Federer, der eigentlich weltweit bekannteste Schweizer.

Im Zuge der Implosion Jugoslawiens wurde Serbien unter Slobodan Milosevic zum internationalen Paria. Das serbische Staatsgebiet und der Einfluss schrumpften stetig. Mit der Unabhängigkeit

Montenegros verlor Serbien seinen Meereszugang – in dieser Region hatte die Familie Djokovic ihre Wurzeln. Auch das Kosovo sagte sich los – hier wurden Srdjan und seine Geschwister geboren.

„Ein im Kosovo geborener Serbe aus Montenegro, der hat schon ein ganz besonderes Temperament", erzählte mir Gencic. „Die Djokovics sind ein sehr dickköpfiges Völkchen."

Die NATO-Angriffe von 1999, die Djokovic so stark geprägt haben, waren die Antwort auf das brutale Vorgehen Serbiens gegen albanische Separatisten im Kosovo, wo ein Großteil der Bevölkerung albanischer Abstammung ist. Die abtrünnige Provinz erklärte 2008 mit Unterstützung westlicher Mächte wie der USA und Deutschlands ihre formale Unabhängigkeit, aber Serbien und zahlreiche andere Länder erkennen die Republik Kosovo bis heute nicht als souveränen Staat an.

Für die Djokovics ist dies ein heikler Punkt. Auch Novak lehnt die Unabhängigkeit des Kosovo ab.

„Ich habe die Geschichtsbücher gelesen", so Djokovic zu mir einmal. „Es ist Teil meines Landes und Teil meiner Familie."

Ein derartiges politisches Engagement ist Federer fremd. Er hat ein Gespür für Stimmungen und auch die Gabe, solche Stimmungen aufzunehmen.

Federer nutzt seine privilegierte Situation nicht aus und hat im Verlauf seiner Karriere politische Äußerungen sorgfältig vermieden. Seine Lobbyarbeit beschränkt sich auf tennisinterne Angelegenheiten; so sprach er sich etwa kürzlich für die Zusammenlegung der Damen- und der Herren-Tour aus oder lehnt seit Langem jede Art von Coaching während des Matches ab.

In dieser Hinsicht ist er ein Champion, dessen Diskretion besser in die 2000er-Jahre passt als in die 2020er-Jahre. Heute ist es gang und gäbe, dass Sportlerinnen und Sportler ihr Podium nutzen und ihre Meinung zu allen möglichen Themen kundtun – von Rassismus über Sexismus bis Klimawandel.

Federer wurde für einen seiner Sponsoren, die Bank Credit Suisse, kritisiert, weil sie in fossile Brennstoffe investiert. Die Aktivisten verwendeten in den sozialen Medien den Hashtag

#RogerWakeUpNow, und einer ihrer Posts wurde auch von der prominenten Klimaaktivistin Greta Thunberg geteilt.

Anfang 2020 reagierte Federer darauf mit folgender Erklärung:

„Als Vater von vier kleinen Kindern und als leidenschaftlicher Förderer umfassender Bildung respektiere und bewundere ich die Klimabewegung der Jugend, und ich bin den jugendlichen Klimaaktivisten dankbar dafür, dass sie uns alle dazu drängen, unser Verhalten zu überprüfen und innovative Lösungen zu finden. Wir sind es ihnen und uns schuldig, zuzuhören. Ich bin dankbar für die Mahnungen, dass ich als Privatmensch, als Sportler und als Unternehmer Verantwortung trage, und ich verpflichte mich dazu, diese privilegierte Position zu nutzen, um mich mit meinen Sponsoren über wichtige Themen auszutauschen."

Es gab eine Zeit, als Sponsoren nicht gern sahen, wenn sich ihre Athleten für gesellschaftliche Themen engagierten. Heute befürworten sie oft ein solches Engagement, wie 2020 im Fall von Naomi Osaka nach ihrem Sieg bei den US Open. Sie hatte während des Turniers gegen Rassendiskriminierung und Polizeigewalt protestiert.

Djokovic, der schon immer polarisierender und mit offeneren Worten auftritt als Federer, war vielleicht seiner Zeit voraus.

In dem Artikel, den ich 2019 nach meinem Interview mit Djokovic verfasste, beschrieb ich Nadal als den Kämpfer, Federer als den Publikumsliebling und Djokovic als den Suchenden. Er ist rastlos, hält stetig Ausschau nach besseren Methoden und neuen Einflüssen, was ihm fraglos dabei half, die gewaltigen Hindernisse auf dem Weg in die Spitzengruppe des Herrentennis zu überwinden.

„Federer und Nadal haben mich dazu inspiriert, das Beste aus mir und meinem Tennis herauszuholen", sagte er mir einmal.

Als Federer in Erscheinung trat, waren die besten Spieler der Vorgängergeneration – Agassi und Sampras – alt geworden oder nicht mehr auf der Höhe ihres Könnens. Djokovics Aufstieg fiel mit den besten Jahren Federers und Nadals zusammen. Er wurde ihr Rivale und übertraf sie in mancherlei Hinsicht: mit mehr Siegen als beide

Spieler und einer noch besseren Bilanz bei den Grand-Slam-Matches, die mehr denn je den Ruf und das Vermächtnis eines Spielers begründen.

„Wenn ich gegen Rafa spiele, habe ich mehr das Gefühl, das Spiel kontrollieren zu können; wenn ich den Ballwechsel abkürzen will, kann ich das machen“, sagte mir Federer einmal. „Bei Novak ist es anders. Er spielt den Ball so kräftig und flach und tief ins Spielfeld hinein, da kannst du nicht einfach sagen: ‚Okay, ich setze mal alles auf eine Karte‘, weil er dir quasi Handschellen anlegt. Da muss man schon bereit sein, sich auf harte Ballwechsel einzustellen.“

Djokovic hat Federer schon so manchen Nachmittag und Abend verdorben: So schlug er ihn in den Wimbledon-Finalspielen von 2014, 2015 und 2019. Letztere Niederlage war besonders schmerzhaft für Federer, da er vorher – erstaunlich, aber wahr – wieder einmal zwei Matchbälle abgewehrt hatte.

Die Duelle Federer gegen Nadal finden die meiste Beachtung innerhalb und außerhalb der Tenniswelt, die intensivsten Kämpfe aber finden zwischen Djokovic und Nadal beziehungsweise Djokovic und Federer statt.

Aus meiner Sicht zeichnet die Duelle zwischen Djokovic und Federer etwas aus, das den anderen Paarungen der „Großen Drei“ fehlt. Federer und Nadal sind im Laufe der Jahre Freunde und ATP-Partner geworden. Federer und Djokovic erinnern bis heute an Kollegen, die um dieselbe Beförderung konkurrieren. Zwischen beiden ist es nie zu Auseinandersetzungen etwa in der Umkleide gekommen. Aber es stellt sich ein besonderes Gefühl ein, wenn beide ihre Angriffsposition auf dem Platz einnehmen, und vielleicht ist es diese unterschwellige Spannung, die Federer dazu verleitet, einen Punkt mit viel Druck zu erzwingen, statt seiner Inspiration zu folgen.

Nadal zeigte sich in seinen Anfangsjahren Federer gegenüber enorm respektvoll, auch wenn er diesen regelmäßig schlug. Djokovic neigte zur Grenzüberschreitung; er imitierte die Spielweisen anderer Spieler hervorragend – was das Publikum wesentlich mehr amüsierte als seine Gegner. Schon früh erarbeitete er sich außerdem einen Ruf als listiger Spieler, der seine Kontrahenten zu verunsichern suchte: Oft nahm er Verletzungs- und Toilettenpausen in Anspruch, die zu Recht oder auch zu Unrecht als Versuche betrachtet wurden, den Rhythmus des Gegners zu stören.

Fairerweise sei erwähnt, dass Djokovic seine Atemprobleme nicht vorgetäuscht hat, er wurde mehrfach wegen einer Nasenscheidewandverkrümmung operiert. Seine Konditionsprobleme hat er schon vor langer Zeit gelöst, und er gehört auch zu den Spielern, die ihren Gegnern besonders oft für einen gelungenen Schlag Beifall spenden.

Aber obwohl beide sich regelmäßig außerhalb des Spielfelds im ATP-Spielerrat begegnen, stehen sich Federer und Djokovic nicht wirklich nahe.

„Ich glaube, bei Novak schwingt für Roger mehr emotionaler Ballast mit als bei Rafa", sagte mir Paul Annacone. „Ich habe mit Roger nie darüber gesprochen. Er hat mir nie gesagt, Novak sei ein Idiot. Aber vielleicht ist es das, vielleicht gibt es da diese zusätzliche Anspannung, die Roger erhöht kampfbereit macht, wenn es gegen Novak geht."

Wenn Federer auf Angriff schaltet, zeigt sich ein feiner Kontrast hinsichtlich der Spielart: Federers unterschätzter Aufschlag versus Djokovics unvergleichliche Returns; Federers Volleys versus Djokovics präzise Passierbälle; Federers Stoppbälle im Vorderfeld versus Djokovics temporeiches Spiel.

Im Gegensatz zu Nadal ist Djokovic ein Rechtshänder, der ohne extremen Topspin spielt. Es gelingt ihm nicht, den Ball beständig hoch auf Federers einhändige Rückhand zu spielen. Wenn beide an der Grundlinie verharren, steht Stärke gegen Stärke: Federers Inside-Out-Vorhand gegen Djokovics elastische Rückhand, Federers abwechslungsreiches Spiel gegen Djokovics Beweglichkeit. Keiner von beiden gibt gerne nach, und beide retournieren Bälle nach kurzem Abprall mit überragendem Timing, was bedeutet, dass ihnen das Spielfeld sehr beengt vorkommen muss.

„Ich glaube, dass Novak der Einzige ist, der auf jedem Belag von der Grundlinie aus mit Roger mithalten kann", sagte mir Pete Sampras. „Er kommt mit Rogers Schlägen zurecht, weil er sich so gut bewegt, und wenn Novak es schafft, diese Bälle zurückzubringen, dann bricht Roger vielleicht ein wenig in Panik aus und denkt sich: ‚Was mache ich jetzt?'"

Gegen Djokovic zu spielen, kann sich anfühlen, als würde man gegen eine Wand ankämpfen. Ivanisevic, der Spieler gegen Djokovic coachte, bevor er ihn selbst trainierte, sagte mir dazu:

„Wenn Novak in Topform ist, dann hat man das Gefühl, ein Videogame zu spielen, das man ums Verrecken nicht gewinnen kann. Alles kommt zurück. Wie im *Terminator,* wo der Androide ständig getötet wird und trotzdem immer wieder aufsteht. Es ist unmöglich, Punkte zu machen. Deshalb kann man einem Spieler kaum raten, etwas Bestimmtes zu tun. Dann heißt es nur: Spiel einfach. Spiel und bete."

Seit jenem Tweener in New York hat Federer durchaus einige Höhenflüge gegen Djokovic erlebt. Sein Halbfinalsieg bei den French Open 2011 war aus meiner Sicht eine der besten Leistungen seiner gesamten Karriere: ein Paradebeispiel für Angriffstennis auf Sand von der Grundlinie aus, das mit Vollgas begann, nämlich mit einem 70-minütigen ersten Satz, den Federer im Tiebreak gewann.

Es war zackiges Tennis – *L'Équipe* nannte es „Pingpong-Tennis" – auf der eigentlich langsamsten Oberfläche überhaupt, die in diesem Jahr aber gar nicht so langsam war, denn es blieb durchgehend trocken, und gespielt wurde mit einem neuen Babolat-Ball. Federer und Djokovic verzögerten das Match immer wieder, ohne dabei an Spieltempo zu verlieren. Ich verfolgte einen Großteil des Spiels vom Rand aus. Es war eine Sternstunde des Sports: ein präzises, mutiges, einfallsreiches, akrobatisches und intensives Spiel.

Das Publikum in Roland Garros stachelte Federer an, und so schlug er verschiedene Rückhand-Spins, traf fast immer mit seiner Vorhand und schlug in entscheidenden Spielphasen reihenweise Service-Winner, darunter das Ass, mit dem er um 21.38 Uhr, bei Einbruch der Dunkelheit, das Match im Tiebreak des vierten Satzes beendete.

„Ich hoffte einfach nur, dass wir es an dem Abend beenden könnten, denn sonst wäre es am nächsten Tag reine Glückssache gewesen", sagte mir Federer. „Ich fühlte mich auf dem Platz richtig gut und war eigentlich auch sehr ruhig."

Wenn er dieses Niveau und diese Stimmung beibehalten hätte, dann hätte er vermutlich auch Nadal im Finale geschlagen. Denn Nadal, der König der Sandplätze, wackelte in diesem Jahr. Doch Federers Aufstand verpuffte wieder einmal: Nachdem er den ersten Satz trotz einer 5:2-Führung abgegeben hatte, verlor er in vier Sätzen.

„Roger hätte in diesem Jahr die French gewinnen müssen", sagte mir Annacone. „Mit Ausnahme der Matchbälle im Halbfinale der US Open gegen Novak war diese Niederlage für mich am schmerzlichsten, weil ich das Gefühl hatte, Rogers Selbstvertrauen vor diesem Finale nicht genügend gestärkt zu haben. Ich spürte, dass Nadal verwundbar war."

Auf Federers glänzenden Sieg gegen Djokovic im Wimbledon-Halbfinale 2012 folgte dagegen keine Enttäuschung. Federer schlug Andy Murray und holte sich damit seinen 17. Grand-Slam-Titel. Als Murray bei der Preisverleihung in Tränen ausbrach, sah er mitfühlend zu.

Und doch besiegte Federer Djokovic bis heute nicht mehr bei einem Grand-Slam-Turnier. Zwar schlug er ihn in den kommenden zehn Jahren noch acht Mal, aber jeweils in Best-of-Three-Spielen, zwei davon in Gruppenspielen nach dem Round-Robin-Prinzip (jeder gegen jeden) bei den ATP Finals.

Nur einmal sollten sie sich noch bei den US Open begegnen: im Finale von 2015, wo Federer so eindeutig wie nie der Publikumsliebling war und doch verlor.

„Fast überall ist es das Gleiche, wenn ich gegen Roger spiele", sagte Djokovic. „Das ist einfach so. Ich muss es akzeptieren. Ich muss dafür arbeiten, und vielleicht habe ich irgendwann mal eine Mehrheit der Zuschauer auf meiner Seite."

Diese Bemerkung machte Djokovic nach dem Wimbledon-Finale im Sommer, das er in vier Sätzen gewann – ein Vorgeschmack auf das Spiel in New York.

Nadals Stern leuchtete zu der Zeit blasser. Djokovic war die klare Nummer eins und Federer die eindeutige Nummer zwei. Djokovic war der neue Marktführer, was verlässliche Grand-Slam-Form anbelangte. Im Moment aber hatte er erst ein einziges Mal die US Open gewonnen, Federer fünfmal.

Vor dem Finale 2015 hatte Federer 28 Sätze in Folge gewonnen, er war überzeugt, eine realistische Chance auf den Titel zu haben. Djokovic bereitete sich auf das Spiel vor, indem er sich am Vorabend den Film *300* ansah, der in allen brutalen Einzelheiten den heftigen, jedoch vergeblichen Kampf der zahlenmäßig unterlegenen spartanischen Krieger gegen die Perser behandelt.

Gerald Butler, der Hauptdarsteller des Films, ist ein Freund Novaks und saß während des Matches in seiner Spielerbox. Djokovic schlug sich besser als die Spartaner, aber auch er sah sich in der Unterzahl gegenüber einem beschwingten New Yorker Publikum, das seine Aufschlagfehler und Unforced Errors (unerzwungene Fehler) bejubelte und „Roger" skandierte, so als wäre Federer ein durch und durch amerikanischer Spitzensportler und kein neutraler Schweizer.

Federer zeigte mit seinen 34 Jahren eine bemerkenswerte Leistung. Trotzdem hatte erneut der 28-jährige Djokovic die Nase vorn.

Ich fragte Djokovic einmal, wie sich aus seiner Sicht ein Spiel gegen Federer von einem gegen seine anderen Hauptrivalen wie Nadal und Murray unterscheide.

„Roger ist der am wenigsten berechenbare von allen. Er hat so viel Talent und beherrscht jeden Schlag", antwortete Djokovic. „Ich glaube, für jeden Tennisspieler oder Sportler ist es am schwierigsten, mit Unberechenbarkeit umzugehen – nicht zu wissen, was als Nächstes kommt. Das beherrscht Roger, dieses variantenreiche Spiel, und man fragt sich: Was kommt als Nächstes?"

Djokovic sprach über SABR – „Sneak Attack by Roger", Überraschungsangriff à la Roger: Während der Gegner noch in der Aufschlagbewegung steckt, stürmt Federer bereits ans Netz und retourniert den Service als Halb-Volley an der T-Linie. „Wird er seinen SABR auspacken? Rückt er ans Netz? Bleibt er hinten? Spielt er einen Chip? Man muss die ganze Zeit raten, und deshalb ist es so schwer, gegen Roger zu spielen."

Federer mischte seine Karten tatsächlich neu und griff dieses Mal regelmäßig am Netz an. Damit folgte er einem Ratschlag seines Co-Trainers Stefan Edberg, der nach der freundschaftlichen Trennung von Annacone Ende 2013 zu seinem Team gestoßen war. Aber Djokovic war mittlerweile der Stoßdämpfer des Tennis par excellence und außerdem ein guter Verwandlungskünstler geworden. Eine Taktik, die im ersten Satz gegen ihn erfolgreich ist, wird im vierten höchstwahrscheinlich nicht mehr funktionieren. Auch er kann unberechenbar sein.

Federers letzte Chance, einen fünften Satz zu erzwingen, kam, als Djokovic beim Stand von 5:4 zum Matchgewinn aufschlug, aber drei Breakbälle gegen sich hatte. Doch Djokovic wehrte alle drei ab. Noch entscheidender war, dass er im Laufe des Abends 19 von 23 gegen sich gerichtete Breakbälle entschärfen konnte.

„Man muss seinen Risikoeinsatz genau dosieren", sagte Federer. „Manchmal gelang mir das gut und manchmal weniger gut."

Djokovics Sieg mit 6:4, 5:7, 6:4, 6:4 bescherte ihm seinen zehnten Grand-Slam-Titel, Federer hielt weiter seinen Rekord mit 17 Titeln.

Mit diesem Sieg glich Djokovic die Bilanz gegenüber Federer aus, die sich nun auf je 21 Siege belief; in den Folgejahren zog er davon, vermutlich für immer.

Federer blieb mit Bedauern zurück, aber auch mit der Erinnerung an die Sprechchöre und Jubelrufe fern der Heimat.

„Diese Gänsehautmomente sind ganz sicher einer der Gründe, warum ich noch immer spiele", sagte Federer. „Es ist unglaublich für mich, eine solche Unterstützung in einem Land zu erfahren, das so weit weg von der Schweiz liegt und eine so großartige Sportnation ist. Die Menschen hier lieben Gewinnertypen."

Djokovic sah das naturgemäß anders. Als wir uns am Morgen nach seinem Sieg für ein Interview trafen, erklärte er mir seinen Umgang damit.

„Tatsächlich habe ich versucht, mich selbst zu manipulieren", sagte er, als wir in einem Van durch Manhattan fuhren. „Die Leute schrien ‚Roger', und ich stellte mir vor, dass sie ‚Novak!' schrien."

Das war ein bemerkenswertes Geständnis – ergreifend und anrührend. Aber Djokovic schien sich fürs Erste mit seinem Schicksal abgefunden zu haben: Er wurde in Serbien verehrt, darüber hinaus eher weniger.

„Ich durchlebe auf dem Platz viele Gefühle", sagte Djokovic. „Da geht es mir wie allen anderen. Ich glaube nur, dass ich es mit der Zeit geschafft habe, meine Erfahrung zu nutzen, um in schwierigen Situationen mit diesem Druck umzugehen. Viel hat auch mit meinem Charakter zu tun und mit der Tatsache, dass ich unter Umständen aufgewachsen bin, die eher ungewöhnlich sind. Umstände, in denen die meisten anderen Jungs eben nicht aufgewachsen sind. Das hat mich und meinen Charakter geformt, und die Erinnerungen daran geben mir das Quäntchen Stärke, das ich in Momenten wie dem gestrigen Abend einsetze."

Djokovics Stimme klang heiser, sein Bürstenhaarschnitt war leicht derangiert. Er hatte Abschürfungen an seinem rechten Arm und Handgelenk, die er sich bei einem Sturz zu Beginn des Finales zugezogen hatte. Wir waren aus dem Van ausgestiegen und gingen nun zügig durch den Central Park zu einem Fototermin. Djokovic, der während der US Open normalerweise auf dem Anwesen seines Freundes Gordon Uehling in New Jersey übernachtete, hatte sich dieses Jahr entschieden, mit seiner Familie Quartier in einem Hotel in Manhattan zu beziehen.

„Einer meiner engen Freunde hat etwas Wahres zu mir gesagt: Diese Stadt ist so voller Energie, dass sie dir viel Kraft geben kann, wenn du eine gewisse Zeit hier bist", sagte Djokovic. „Aber wenn du zu lange bleibst, raubt sie dir Kraft."

Ich fragte ihn, ob ihm die Stadt die Kraft gegeben habe, die er brauche, um dieses Jahr den Titel zu gewinnen.

„Ja schon, aber ich fühle, dass sie mir seit heute wieder Kraft raubt. Deshalb muss ich allmählich sehen, dass ich nach Hause komme."

Wir näherten uns unserem Ziel, und es blieb nur noch Zeit für eine einzige weitere Frage: Was müsste passieren, damit ein Grand-Slam-Publikum ihn auf gleiche Weise anfeuert wie Federer in New York?

Djokovic dachte einen Augenblick darüber nach und antwortete mir dann ausführlich. Er spricht eher in Absätzen als in Sätzen.

„Ehrlich gesagt glaube ich, dass es vor allem um Beständigkeit geht", sagte er. „Echte Tennisfans respektieren jemanden, der für seinen Sport brennt – der nicht nur Siege einfährt, sondern seine Leidenschaft für das Tennis unter Beweis stellt, der das Publikum, die Turniere, seine Gegner und den Sport ganz allgemein respektiert. Es hat sicher auch damit zu tun, wofür man steht. Respektiert man Werte, auf die es im Leben ankommt, und ist man ein gewissenhafter Mensch, der Tennis spielt, aber auch viel zurückgeben kann?

Ich glaube, es kommt auf das Gesamtpaket an. Daran versuche ich zu arbeiten. So bin ich erzogen worden, und ich hoffe, dass das Publikum das anerkennt. Aber unter den jetzigen Umständen kann ich nichts anderes erwarten, wenn ich gegen Roger spiele."

Djokovic gab mir die Hand und verabschiedete sich.

„Deine Bühne", sagte ich und zeigte auf die Felsen, von denen man auf den Wollman Rink, eine öffentliche Eisbahn im Central Park, blicken kann.

Djokovic stieg hinauf, hinter ihm die Skyline von Manhattan und vor ihm eine Phalanx von Fotografen. Bald würde er die Trophäe der US Open erneut in seinen Händen halten.

Kapitel 13

LILLE, FRANKREICH

Es waren noch 48 Stunden bis zum Finale des Davis Cup 2014, und Roger Federer schlug locker einige Bälle auf dem Hallen-Sandplatz. Dabei sah er ausnahmsweise viel älter aus, als er tatsächlich war.

Er glitt nicht auf der grobkörnigen roten Oberfläche dahin, mit der das Pierre-Mauroy-Stadion ausgelegt worden war. Er beugte sich nicht tief für Volleys herab und machte während seiner kurzen und stockenden Trainingseinheit keinen Satz in eine der Ecken.

Der lang erwartete erste Davis-Cup-Titel für die Schweiz war zum Greifen nah, und Federer rannte im halben Tempo gegen die tickende Uhr an. Er versuchte sich von einer Rückenverletzung zu erholen, bevor am Freitag die Spiele gegen das französische Team begannen.

Seine Mitspieler zählten auf ihn: Zum vierköpfigen Kader gehörten Marco Chiudinelli, Federers Jugendfreund aus Basel, und Michael Lammer, sein Freund und früherer Mitbewohner in Biel. Kapitän war Severin Lüthi, Federers langjähriger persönlicher Trainer und Vertrauter, der ihn das ganze Jahr über auf seinen Reisen begleitete und sein Spiel besser kannte als jeder andere.

Dann war da auch noch Stan Wawrinka, der schlagkräftige Schweizer Topspieler, für den Federer Mentor gewesen war und der sich relativ spät zu einem der besten Spieler der Welt entwickelt hatte: Mit 28 Jahren hatte er zu Beginn dieser Saison bei den Australian Open seinen ersten Grand-Slam-Titel gewonnen.

Federer hat einen Großteil seiner langen Karriere damit verbracht, Erfolgen im Einzel nachzujagen, weshalb er seinem eigenen Terminplan und seinen persönlichen Zielen stets höchste Priorität einräumte. Der Gewinn des Davis Cup, der immer noch das renommierteste Team-Turnier des Sports ist, war sicherlich eines seiner persönlichen Ziele. Er bot ihm die Gelegenheit, die letzten Lücken in seinem Tennis-Lebenslauf zu schließen.

In dieser Woche in Frankreich stand nun vor allem das gemeinsame Interesse im Vordergrund: Sie wollten eine Aufgabe zu Ende bringen, die man vor langer Zeit begonnen hatte.

„Ich weiß, dass ich nie wieder so ein cooles Team haben werde wie dieses", sagte mir Federer.

Schon bevor er bei einem der Grand-Slam-Turniere oder auch bei einem der anderen namhaften Turniere, etwa in Monte Carlo, Rom oder Indian Wells, angetreten war, hatte er am Davis Cup teilgenommen.

Mit nur 17 Jahren war er 1999 erstmals bei einem Davis-Cup-Turnier dabei, zu Hause auf einem schnellen Hallenplatz in Neuchâtel; der Gegner hieß Italien. Mit verkehrt herum aufgesetzter Kappe auf seinem blondierten Haar spielte Federer mit einer frühreifen Souveränität, die damals nicht selbstverständlich war. Im ersten Best-of-Five-Spiel seiner Karriere schlug er den altgedienten Davide Sanguinetti mit 6:4, 6:7, 6:4, 6:4.

„Ich dachte, es würde schwer werden mit Roger auf dem Platz", erinnerte sich der frühere Schweizer Kapitän Claudio Mezzadri, als wir Federer beim Training für das Finale in Frankreich zusahen. „Roger hatte keinerlei Erfahrung mit Best-of-Five oder dem Davis Cup oder einem großen Publikum. Deshalb war ich sehr überrascht, denn er war einfach cool und entspannt und spielte ein wunderbares Match. Als Kapitän musste ich ihm kaum etwas sagen. Als er das Spielfeld verließ, musste er mir unbedingt von all seinen Gefühlen erzählen. ‚So ist das also, wenn dir drei- oder viertausend Leute zujubeln', solche Dinge. Als hätte er alles in seinem Kopf aufgezeichnet und würde es jetzt für mich abspulen."

Die Schweiz schlug Italien, verlor dann aber im Viertelfinale im April gegen Belgien. Federer unterlag dabei in beiden seiner Einzel. Er verlor das erste in fünf Sätzen gegen Christophe Van Garsse, einen talentierten Spieler, der auf der Tour zwar nie sonderlich auffiel, aber im Davis Cup oft inspiriert aufspielte. Im entscheidenden

Match gegen Xavier Malisse musste sich Federer nach vier Sätzen geschlagen geben.

So emotional diese Niederlagen waren, hatte Federer nun aus eigener Erfahrung begriffen, was den Davis Cup auszeichnete: Jedes Match war bedeutsam, und ein durchschnittlicher Spieler wie Van Garsse konnte hier seine große Bühne finden.

In seiner Jugend nahm Federer an jeder Runde für die Schweiz teil und führte 2001 sogar einen offenen Aufstand gegen den damaligen Kapitän Jakob Hlasek an, was erkennen ließ, dass er durchaus bereit war, seine neue Bekanntheit und Beliebtheit an geeigneter Stelle einzusetzen.

Ohne ihn hatte die Schweiz keine Chance auf einen Sieg und damit das Weiterkommen.

Nach den US Open im September tauchte Federer regelmäßig auf, um in der Relegationsrunde zu spielen und die Schweiz davor zu bewahren, in die Davis-Cup-Version der Zweiten Liga abzusteigen. Normalerweise klappte das, obwohl die Schweiz zweimal tatsächlich abstieg.

Doch es blieb ein merkwürdiger und unbefriedigender Zustand. Federer nahm beinahe jährlich am Davis Cup teil – nur nicht dann, wenn es wirklich darauf ankam.

„Ich konnte nicht darauf verzichten", sagte er mir 2010. „Ich wünschte, wir hätten nur einmal in den letzten sechs Jahren die erste Runde ohne mich gewonnen und ich hätte dann die Möglichkeit gehabt, im Viertelfinale oder so einzusteigen. Aber das ist bedauerlicherweise nie passiert. Ich denke, der Tag wird kommen, an dem ich vor allem mit den Jungs spielen möchte, weil es alles meine engen Freunde sind. Es bricht mir das Herz, diese Entscheidung zu treffen, aber ich kann nicht allen meinen Träumen gleichzeitig nachjagen, deshalb muss einiges davon warten."

Als er schließlich doch voll einstieg, ging es schief. 2012 traten die Schweizer in Bestbesetzung im heimischem Fribourg in der ersten Runde gegen die USA an. Am Eröffnungstag gewann Mardy Fish überraschend durch einen 9:7-Erfolg im fünften Satz gegen

Wawrinka, während sich Federer nach vier Sätzen John Isner geschlagen geben musste.

Federer, der den sensiblen Wawrinka normalerweise mit Samthandschuhen anfasste, war auf Krawall gebürstet und kritisierte Wawrinkas Leistung gegen Fish, anstatt über seine eigene Niederlage zu sprechen: „Vor allem ist es sehr schade, dass Stan sie nicht mit einem Sieg gegen Fish am ersten Tag unter Druck setzen konnte. Es war sehr knapp, und das hätte alles verändern können. Denn danach, als es gegen Isner ging, wussten wir, dass alles möglich war."

Federer fand, Wawrinka habe „nicht sehr gut gespielt", und nachdem sie gemeinsam das Doppel verloren hatten, äußerte er sich ähnlich: „Ich habe ein gutes Doppel gespielt; Stan war nicht schlecht, aber er hatte oft Probleme mit seinem Aufschlag."

Hier zeigte sich also ein ziemlich undiplomatischer Federer. Vielleicht hatte er sogar recht, aber er war sicherlich nicht der ideale Überbringer dieser Nachricht. Als wir uns später in der Saison erneut unterhielten, zeigte er, wie leid es ihm tat.

„Bei manchen Pressekonferenzen kann man nicht sagen, was man denkt, weil es einfach nicht funktioniert", sagte er. „Ich habe gesagt, dass Stan leider nicht ganz seine Bestleistung abrufen konnte, und sofort heißt es: Federer kritisiert Stan. Ich dachte mir nur: ‚Ehrlich, Leute?' Ich habe zwei Matches verloren und er, okay, auch zwei, aber ich bin die Nummer eins im Team. Es ist mein Fehler, nicht seiner. Man lernt dazu, und anstatt zu sagen: ‚Hm, er hat nicht großartig gespielt', sagt man also einfach: ‚Ich habe beschissen gespielt.'"

Dabei kicherte Federer und schüttelte mit dem Kopf, aber viel zu lachen gab es für die Schweizer nach der 5:0-Niederlage gegen die US-Amerikaner nicht.

„Wir hatten große Pläne, und dann verloren wir plötzlich in der ersten Runde. Das war eine ziemliche Enttäuschung", sagte mir Lammer. „Da wurde uns klar, wie schwer der Weg ist."

2013 schwänzte Federer den gesamten Davis Cup, und Wawrinka, Chiudinelli und Lammer sorgten für den Verbleib der Schweiz in der Weltgruppe, indem sie Ecuador in Neuchâtel schlugen.

„Das Gefühl war: ‚Lasst es uns noch mal retten‘, weil alle noch den Traum hatten, die Trophäe eines Tages in den Händen zu halten“, sagte Lammer: „Jeder kannte Rogers Situation. Da hieß es nicht: ‚Komm her, du musst das tun.‘ Er hatte so viele Ziele. Es fiel ihm schwer, diese Entscheidungen zu treffen. Ich glaube, dass jeder wusste, dass er spielen wollte, aber wir wollten überhaupt keinen Druck ausüben.“

2014 wollte Federer es dann noch einmal versuchen – auch wenn er das erst im letzten Moment bekanntgab. Nachdem er zuvor angedeutet hatte, wohl nicht zu spielen, reiste er im Februar doch für die Schweiz zur Erstrundenbegegnung nach Serbien.

Das war vielleicht eine ganz kluge Strategie: erst wenig versprechen, dann mehr liefern als erwartet. Zusammen mit Wawrinka traf er in Novi Sad ein – hier war die frühere Weltranglistenerste Monica Seles aufgewachsen. Und Federer führte die Schweiz zum Sieg.

Doch der größte Star Serbiens war nicht gekommen, um ihnen die Stirn zu bieten. Novak Djokovic hatte sich entschlossen, nicht an dieser Runde teilzunehmen.

Und hier zeigten sich erneut die Herausforderungen, vor denen der Davis Cup stand. Die Topspieler kamen nur unregelmäßig, und so wurden viele große Möglichkeiten vergeben, fanden Spitzenbegegnungen nicht statt. In dieser goldenen Ära des Herrentennis, die von großen und langjährigen Rivalitäten gekennzeichnet ist, begegneten sich die Rivalen kaum jemals im Davis Cup – zweifellos einer der Gründe, weshalb das ehrwürdige Turnier immer mehr an Anziehungskraft verlor.

Bevor das Format 2019 geändert wurde, standen sich etwa Federer und Nadal nie im Davis Cup gegenüber. Federer und Djokovic hatten nur eine Begegnung, und diese fand 2006 statt, bevor Djokovic eine ernstzunehmende Bedrohung war.

Alle Topspieler gewannen die Trophäe mindestens einmal, auch Andy Murray mit Großbritannien. Sie mussten sich dafür nur nicht gegenseitig schlagen.

Die Stars waren sich der Geschichte des Cups bewusst und wussten, welchen Beitrag er geleistet hatte, um Begeisterung für das

Tennis in ihren Ländern zu wecken. Nadal und Djokovic hatten ihre Siege als Sprungbrett zu größeren Erfolgen als Einzelspieler genutzt: Djokovics Titelgewinn von 2010 mit Serbien etwa hatte den Boden für seine hervorragende 2011er-Saison bereitet. Aber da sich die vier Runden des Davis Cup über das ganze Jahr verteilen, war es für alle führenden Spieler einfach zu anstrengend, sich jedes Jahr für das gesamte Turnier zu verpflichten.

„Vor allem wenn du dir anschaust, wie viel Tennis wir von Januar bis November an all den anderen Orten spielen", sagte mir Federer. „Wenn du einen Davis-Cup-Tie [eine Begegnung zwischen zwei Mannschaften] spielst, wird dich das wahrscheinlich ein Masters 1000 kosten."

Die Spieler drängten auf eine Reform, und Federer, in seiner Funktion als langjähriger Präsident des ATP-Spielerrats, verlor schließlich die Geduld mit dem Präsidenten des Internationalen Tennisverbands, Francesco Ricci Bitti, der den Davis Cup veranstaltete. Bei einem Meeting in Wimbledon stellte Federer ihn einmal wütend zur Rede – ein ungewöhnlicher Moment.

„Roger stauchte ihn vor allen anderen wegen des Davis Cup zusammen: was sie getan hätten, dass sie nicht zuhörten oder nur so täten, als würden sie zuhören, dass es keine Veränderungen gebe", sagte Justin Gimelstob, damals Mitglied des ATP-Direktoriums. „Roger prangerte ihn wegen allem an. Es war eine Lehrstunde."

Ricci Bitti, ein weltläufiger Italiener, stimmte während seiner Amtszeit zwar einigen kleineren Änderungen zu, aber da die Einnahmen aus dem Davis Cup für den Internationalen Tennisverband unverzichtbar waren, weigerte er sich, über die Abschaffung des jährlichen Modells zu diskutieren oder auch nur den Finalisten ein Freilos für die erste Runde im Folgejahr zuzugestehen.

Es blieben die zwiespältigen Gefühle: Federer war das Turnier wichtig, vielleicht sogar wichtiger, als es ihm lieb war, aber es belastete ihn auch.

Die Saison von 2014 bot ihm die Chance, endlich den Ballast abzuwerfen. Den Davis Cup mit einem einzigen Topspieler zu gewinnen, ist eine beängstigende Aufgabe, denn es bedeutet normalerweise, dass dieser Spieler in jeder Runde innerhalb von drei Tagen sowohl zwei Einzel als auch das Doppel gewinnen muss. Hatte man aber zwei große Spieler in seinen Reihen, verbesserte das die eigenen Chancen ungemein. Und 2014 war nicht nur Federer am Start, sondern hatte sich auch Wawrinka zu einem Topspieler entwickelt.

Als die Schweizer in Frankreich eintrafen, stand Federer auf Platz zwei und Wawrinka auf Platz vier der Weltrangliste. Doch die Frage war nicht nur, ob Federer rechtzeitig vor dem Finale seine Verletzung ausheilen konnte, sondern auch, ob es Federer und Wawrinka gelingen würde, ihr angeschlagenes Verhältnis wieder zu kitten.

In der Vorwoche hatten sich beide Spieler im Halbfinale der ATP World Tour Finals in London gegenübergestanden. Federer hatte vier Matchbälle abgewehrt, bevor er schließlich mit 4:6, 7:5, 7:6 gewann. Seine chronischen Rückenprobleme verschlechterten sich gegen Ende der Partie, sodass er schließlich das Finale gegen Djokovic am folgenden Tag absagte.

„Ich begreife wirklich nicht, wie das passiert ist", sagte mir Federer. „Ein Schritt hier oder da. Vielleicht war der Rücken müde oder der Körper, oder es waren diese angespannten Momente im Tiebreak. Es war wirklich Pech."

Allerdings gab es ein weiteres Problem. Mirka Federer hatte während des Halbfinales vom Spielfeldrand aus zugesehen, und gegen Ende des dritten Satzes hatte Wawrinka seinen Unwillen darüber ausgedrückt, dass sie zwischen seinen ersten und zweiten Aufschlägen laute Geräusche machte. Mirka bezeichnete ihn daraufhin als „Heulsuse".

„Habt ihr gehört, was sie gesagt hat?", sagte Wawrinka zu Federer und dem Stuhlschiedsrichter Cedric Mourier.

„In Wimbledon hat sie dasselbe gemacht", er bezog sich dabei auf Federers Viertelfinalsieg einige Monate zuvor. „Jedes Mal, wenn ich auf ihrer Seite des Spielfelds stehe, ruft sie kurz vor meinem Aufschlag."

Angesichts von Federers Prominenz und seinem makellosen Ruf hätte dieser Schlagabtausch zu jedem Zeitpunkt Wellen geschlagen, nun ereignete er sich auch noch in der Medienmetropole London und Federer und Wawrinka standen kurz davor, gemeinsam um den Davis Cup zu kämpfen. Cedric Mourier kommentierte den Vorfall entgegen dem Protokoll sogar gegenüber einer französischen Nachrichtenagentur.

„Der Streit entbrannte so richtig", erzählte mir Federer später. „Ich schaute Stan an und danach Mirka, und ich stand dazwischen und hatte nicht einmal mitbekommen, was geschehen war. Es war so eine Sache, die in der Hitze des Gefechts passiert. Es eskalierte wahnsinnig schnell. Mirka ist nur da, um mich zu unterstützen, und nicht, um ihn abzulenken. Ich glaube, dass er das auch weiß."

Nach dem Match unterhielten sich Federer und Wawrinka länger in einem separaten Raum der O2-Arena. An dem Gespräch nahm auch Lüthi teil, der Wawrinka über die Jahre hinweg immer wieder beraten hat.

Es gelang ihnen, einen gemeinsamen Nenner zu finden.

„Das Letzte, was Mirka will, ist, auf meinen Gegner zu schimpfen", sagte Federer. „Sie hat das in den letzten 15 Jahren nicht getan und wird jetzt nicht damit anfangen, vor allem nicht, wenn es um Stan geht."

Aber als Wawrinka sechs Jahre später gefragt wurde, welches Ereignis in seiner Karriere er am meisten bedauere, antwortete er, es sei „mit großem Abstand" die Niederlage gegen Federer in London gewesen. Mirkas Zwischenrufe erwähnte er nicht.

„Es war das Halbfinale des Masters, des renommiertesten Turniers nach den Grand Slams, an dem nur die acht besten Spieler der Welt teilnehmen", sagte er der Schweizer Zeitschrift *L'Illustré*. „Ich habe meine Chancen aus der Hand gegeben. Das war richtig, richtig hart. In der Nacht danach habe ich kaum geschlafen. Ich habe viel darüber gegrübelt und mit Menschen, die mir nahestehen, darüber gesprochen. Was mich rettete, war die Aussicht auf das Davis-Cup-Finale mit dem Schweizer Team."

Am Sonntag saß er im Eurostar, zusammen mit Lüthi und dem neuesten Mitglied des Schweizer Teams, David Macpherson, der über Jahre hinweg die US-amerikanischen Top-Doppelspieler Bob und Mike Bryan gecoacht hatte.

Lüthi und Macpherson waren befreundet, und Lüthi hatte ihn während der ATP World Tour Finals um Rat hinsichtlich des bevorstehenden Doppels gegen die Franzosen beim Davis-Cup-Finale gebeten. Auch Mike Bryan war mit von der Partie.

„Wir machten Sevi ein paar Vorschläge, und Mikey sagte scherzhaft: ‚Warum nehmt ihr nicht Mac mit nach Lille?'", erzählte mir Macpherson. „Ich weiß nicht, ob er es wirklich ernst meinte, aber Sevi fragte: ‚Äh, ginge das überhaupt?' Und ich sagte: ‚Na klar, wenn Roger es möchte, sage ich nicht Nein.'"

Federer gefiel der Plan. Wawrinka und er hatten 2008 zusammen die Goldmedaille im Doppel bei den Olympischen Spielen in Beijing gewonnen – ein Höhepunkt ihrer beiden Karrieren –, aber ihre letzten vier Davis-Cup-Spiele gemeinsam verloren. Irgendetwas passte da offenbar nicht.

Aufgrund seiner Rückenverletzung reiste Federer erst später nach Lille, doch bei seiner Ankunft gab es keine Anzeichen für eine andauernde Verstimmung zwischen ihm und Wawrinka. „Wir haben uns nur lächelnd angeschaut, und das sagte alles", erzählte Wawrinka. „Das Kapitel war abgeschlossen."

„Es herrschte keine gespannte Atmosphäre", sagte auch Macpherson. „Wir waren ein kleines familiäres Team."

Nach dem ersten Team-Abendessen lud Federer Macpherson auf sein Zimmer ein, um über das Doppel zu sprechen.

„Nur wir beide, und ich schätze, dass wir ungefähr 90 Minuten auf seinem Zimmer zubrachten", sagte Macpherson. „Ich war überrascht, wie eingehend er sich mit dem Doppel beschäftigte und genau wissen wollte, was er als Doppelspieler besser machen könnte. Er studiert das Spiel, und es war ein sehr wichtiges Doppel, wie es in seiner Karriere nicht oft vorkommt. Man konnte spüren, dass er nichts unversucht lassen wollte."

Macpherson stellte später Notizen und Videoclips über ihre potenziellen französischen Kontrahenten zusammen, ebenso wie Highlights aus den Spielen, die Federer und Wawrinka zur Goldmedaille in Beijing geführt hatten. Auch Filmmaterial aus ihren letzten schwierigen Spielen war dabei.

An jedem Abend traf Macpherson mit dem Team zusammen, um 20 Minuten über Doppel-Matches zu sprechen. Seine Ratschläge waren detailliert, aber die wichtigsten Erkenntnisse lauteten, dass Wawrinka seine Rückhand-Returns durchziehen sollte, anstatt Chip-Returns zu spielen, und dass der Netzspieler bei Federers und Wawrinkas Aufschlagspielen viel aktiver und aggressiver sein musste.

Der ganze Aufwand wäre umsonst gewesen, wenn Federer nicht hätte spielen können. Manche redeten ihm zu, sich eine Spritze gegen den Schmerz geben zu lassen. Denn wann würde sich ihm wieder eine Chance bieten, den Davis Cup zu gewinnen?

„Fast hätte ich es getan", erzählte er mir. „Ich betete nur, dass ich es nicht tun musste, und am Ende war es auch nicht nötig, was mich sehr erleichtert hat."

Zu diesem Zeitpunkt hatte sich Federer noch keiner Operation unterzogen, noch nicht einmal eine Kortisonspritze erhalten.

„Ich glaube, dass man seinen Körper zur Ruhe kommen und ihn ausheilen lassen muss", erklärte er mir. „Und ohnehin habe ich viel zu viel Angst vor den ganzen Medikamenten und Spritzen."

Doch zu spielen hieß noch lange nicht, gut zu spielen. Die französischen Spieler standen damals in der Weltrangliste nicht weit hinter Federer und Wawrinka, und Gaël Monfils, Jo-Wilfried Tsonga und Richard Gasquet hatten alle noch kurz zuvor in den Top 10 gestanden. Amüsanterweise wohnten alle vier Franzosen aus steuerlichen Gründen in der Schweiz, sodass manch einer witzelte, es handele sich um ein rein schweizerisches Davis-Cup-Finale.

Im Gegensatz zu Federer und Wawrinka hatten die Franzosen Zeit gefunden, sich wochenlang auf Sand speziell auf dieses Finale vorzubereiten. Mit dem täglich ausverkauften Stadion in Lille besaßen sie außerdem einen gewichtigen Heimvorteil.

Ich besuche Davis-Cup-Spiele seit den 1980er-Jahren und habe schon über so ziemlich alles berichtet – von Finalbegegnungen mit Starbesetzung bis zur untersten Leitersprosse: einem Match der

Europa/Afrika-Zone in Stufe 4, das in der botswanischen Hauptstadt Gaborone stattfand und an dem so unterschiedliche Länder wie Island, der Sudan und Madagaskar teilnahmen. Keiner der Spieler hatte auch nur einen einzigen ATP-Punkt.

„Was Wimbledon anbelangt, ist der Zug für mich abgefahren, aber zumindest konnte ich mir einen meiner Träume erfüllen", sagte der 27-jährige Harivony Andrianafetra aus Madagaskar, als wir 1997 in Gaborone miteinander sprachen.

Einige meiner besten Erfahrungen als Sportreporter verdanke ich dem Davis Cup, einige meiner lautesten ebenso.

Auf dem höchsten Niveau glich die Atmosphäre unter dem alten Format einem WM-Spiel im Fußball – einmal abgesehen davon, dass ein Tag mit Davis-Cup-Einzelspielen mehr als acht Stunden dauern kann, was sowohl die Spieler als auch die Zuschauer erschöpft.

Da gab es das Jahr 1991, als den Franzosen ein Überraschungssieg gegen Pete Sampras, Andre Agassi und die anderen US-Amerikaner gelang, den sie mit einer Polonaise mit ihrem charismatischen Kapitän Yannick Noah an der Spitze feierten. Oder das Jahr 1995, wo Sampras in Moskau eine der großartigsten und meistunterschätzten Leistungen seiner Karriere zeigte, indem er die Russen auf seiner am wenigsten geliebten Oberfläche (Sand) und praktisch im Alleingang bezwang. Oder auch das Jahr 2008, als ein spanisches Team ohne den verletzten Nadal im argentinischen Mar del Plata antrat und einen Auswärtssieg gegen David Nalbandian, Juan Martin del Potro und die anderen Argentinier einfuhr.

Und schließlich war da 2014, in einem Vorort von Lille.

Am Eröffnungstag des Finales zwischen Frankreich und der Schweiz waren 27.432 Menschen ins Stadion geströmt, ein neuer Rekord für ein offizielles Tennis-Match und ein paar wenige mehr als die 27.200 Menschen, die täglich dem Siegeszug von Nadal und Spanien beim Davis Cup 2004 in Sevilla beigewohnt hatten.

Wawrinka gab den französischen Fans wenig Grund zum Feiern: Im ersten Einzel fertigte er Tsonga mit 6:1, 3:6, 6:3 und 6:2 ab. Doch im zweiten Einzel gab Monfils Gas und deklassierte Federer dank einer seiner besten, konzentriertesten Vorstellungen mit 6:1, 6:4, 6:3. Das Publikum dankte es ihm lautstark.

So stand es nun 1:1. Das Doppel am Samstag und die beiden umgekehrten Einzelpaarungen am Sonntag würden die Entscheidung herbeiführen. Die Frage war, ob Federer nach seiner Leistung gegen Monfils das Doppel bestreiten konnte beziehungsweise sollte. Lammer und Chiudinelli standen bereit und hatten die ganze Woche über mit Macpherson gearbeitet, aber beide hatten keine Erfahrung mit Drucksituationen dieser Art und standen in der Weltrangliste weit hinter den französischen Spielern.

Bald nach seiner Niederlage gegen Monfils beantwortete Federer die Frage selbst.

„Ich bin bereit", ließ er Lüthi und Macpherson wissen, nachdem er sich mit Wawrinka beraten hatte.

„Das zu hören gab uns enormen Auftrieb", sagte Macpherson. „Rogers Selbstvertrauen war unerschütterlich."

Obwohl Monfils Federer eindeutig zugesetzt hatte, galt das nicht für Federers Rücken. Trotz seiner Niederlage in drei Sätzen war er beruhigt und optimistisch. „Im Laufe des Matches wurde ich lockerer", sagte Federer. „Ich glaube, dass ich 30 große Aufschläge gebraucht hätte. Ich hätte gleiten müssen. Ich hätte verteidigen müssen. Ich hätte Angriffstennis spielen und Informationen schnell verarbeiten müssen."

Am nächsten Tag kamen Wawrinka und er auf den Platz, spielten aggressiv und brillant und schlugen Gasquet und Julien Benneteau 6:3, 7:5, 6:4. Es erinnerte an ihre Leistung bei den Olympischen Spielen von Beijing und war ein Hinweis darauf, dass sie trotz der atmosphärischen Störungen in London auf einer Wellenlänge lagen.

Für Wawrinka ist es sicher eine Herausforderung gewesen, in Federers Schatten seinen Weg zu gehen. Es war eine ähnliche Situation, wie sie Andy Roddick in den USA als Nachfolger von Sampras, Agassi und Courier erlebte, mit dem Unterschied, dass Federer als Schweizer ein großer Fisch in einem kleinen Teich war.

Wawrinka, der mit 16 Jahren erstmals mit Federer Bälle schlug, hat schon vor langer Zeit darauf verwiesen, dass er in seinen

Anfangsjahren von Federers Beispiel, Zuspruch und sogar Erfahrungsberichten über Kontrahenten profitiert hat.

Federer hat den vier Jahre jüngeren Wawrinka, der erst zur Tour stieß, als Federer schon die Nummer eins war, stets unterstützt. Noch entscheidender war vielleicht, dass Federer sich bereit erklärte, die Dienste seines hochgeschätzten Konditionstrainers Pierre Paganini mit Wawrinka zu teilen.

„Roger war auf der Tour für mich wie ein großer Bruder", sagte Wawrinka gegenüber *L'Illustré*.

Welcher Rat Federers für ihn am wertvollsten gewesen sei?

„Immer achtsam zu bleiben", antwortete Wawrinka. „Seit 20 Jahren muss er mit den täglichen Anforderungen umgehen, die die Medien, die Fans, die Reisen, die Turniere und das Training an ihn stellen. Seine Tage sind randvoll, und trotzdem bleibt er bemerkenswert ruhig. Selbst wenn er etwas weniger Angenehmes tun muss, gibt er dabei sein Bestes, mehr als jeder andere. Im Laufe der Jahre habe ich versucht, mich dem anzunähern."

Es hilft sicherlich, dass Federer sich selbst so gut kennt und Zusagen nur gibt, wenn er bereit ist, sich einer Sache voll zu widmen. Er hat auf die Teilnahme am Davis Cup oft verzichtet. Aber 2014 verpflichtete er sich, am gesamten Wettbewerb teilzunehmen, und obwohl sein Rücken nicht mitspielte, biss er in Lille die Zähne zusammen, wie so oft bei Turnieren weltweit: Von seiner Debutvorstellung auf der Tour bis Ende 2020 gab er nicht ein einziges Mal mitten im Match auf, vermutlich seine verblüffendste Leistung im Tenniszirkus.

„Damit spielt er in einer Liga mit Cal Ripken Jr.", sagte Andy Roddick unter Verweis auf den standhaftesten Baseball-Spieler der USA. „Im Tennis ist das fast ein Ding der Unmöglichkeit. Natürlich würde jeder lieber einen Grand Slam gewinnen, als einen solchen Rekord aufstellen, aber ich glaube nicht, dass irgendjemand das im Verlauf einer 20-jährigen Karriere noch einmal schafft. Und es ist ja nicht so, als hätte er sich bei Spielen nicht verletzt."

Am Sonntag benötigten die Schweizer nur noch einen weiteren Sieg. Federer holte ihn gegen Gasquet und zeigte stilvoll all das, was ihm Tage zuvor auf dem Übungsplatz nicht gelungen war: Er glitt über den Platz, beugte sich tief herunter und sprang natürlich auch mit einem Satz in die Ecken.

„Es ist unglaublich, wie viel Stärke er im Laufe des Wochenendes zurückgewonnen hat", sagte der französische Kapitän Arnaud Clement.

Sein letztes Aufschlagspiel holte sich Federer zu Null und besiegelte seinen 6:4-6:2-6:2-Sieg mit einem wunderbar platzierten Rückhand-Winner. Schon vor dem zweiten Aufprall sank er auf die Knie und stürzte vornüber auf den Sand; sein Oberkörper wurde dabei von Emotionen geschüttelt. Er erhob sich rasch wieder, um Lüthi und seinen Mitspielern in die Arme zu fallen.

„Am Montag oder Dienstag hätte ich nie gedacht, dass ich in der Lage wäre, drei Matches an drei Tagen zu spielen", sagte Federer.

Der Davis Cup wurde 1900 ins Leben gerufen. Es hatte mehr als ein Jahrhundert gedauert, bis sich die Schweiz in die Siegerliste eintragen durfte.

„Schon mit 17 war das mein Ziel, und es hat so lange gedauert, bis es geschafft war", sagte mir Federer. „Vielleicht war deshalb die Freude noch ein wenig größer. Ich glaube, dass man das auch merken konnte."

Auf die Schweizer wartete eine ausgelassene Nacht: Es gab Champagner für alle und zur Feier des Tages ein paar Zigaretten für Wawrinka. Nach einem kurzen Heimflug am Montag im Privatjet wurde ihnen in der Schweiz ein Heldenempfang bereitet.

Aber vorher hatte Federer in der Umkleide noch eine letzte Bitte an seine Jugendfreunde Lammer und Chiudinelli.

Jetzt, wo die Trophäe endlich gesichert war und das Adrenalin seine Wirkung verlor, versteifte sich sein Rücken wieder.

„Roger sagte: ‚Könntet ihr mir bitte die Socken ausziehen? Ich bin total geschafft und kann mich nicht mehr herunterbeugen'", sagte Lammer. „Er hat sich so in diese Woche hineingehängt. Das vergessen alle sehr leicht. Er wirkt immer so geschmeidig, so entspannt, dabei leidet er und spielt unter Schmerzen, er zeigt es nur nicht."

Kapitel 14

DUBAI, VEREINIGTE ARABISCHE EMIRATE

Roger Federer hat nie ein offizielles Match auf Court No. 1 des Madinat Jumeirah Tennisclubs bestritten. Es wurden auch nie Tickets verkauft, um ihn dort spielen zu sehen, und doch gibt es kaum einen Platz, auf dem er mehr Zeit verbracht hätte. Es ist ein lichtgedämpfter Ort inmitten der hellen Lichter Dubais, an dem er häufig während der Tourpausen trainiert hat und wo er sich im November und Dezember 2016 mit jugendlichem Elan auf sein erstes richtiges Comeback vorbereitete.

„Ich bin immer noch hungrig", teilte mir Federer von Dubai aus mit, kurz bevor er Anfang 2017 in den Flieger nach Perth, Australien stieg. „Und jetzt fühle ich mich erfrischt und ausgeruht."

Um den Club zu erreichen, muss man den Haupteingang des Jumeirah Al Qasr Hotels passieren, vorbei an einem Kreisverkehr mit vergoldeten Pferdestatuen auf grünem Rasen und einem imposanten Brunnen, der das Pferdemotiv wiederholt. Zumindest von der Architektur her präsentiert sich Dubai hier als das Las Vegas des Persischen Golfs (auch wenn Glücksspiel und Alkohol offiziell verboten sind).

Danach spaziert man durch eine palastartige Lobby mit Topfpalmen und neoarabischen Elementen und wartet auf einen Golfwagen samt Fahrer, der einen über Brücken und Kanäle kutschiert, an Pfauen und farbenfrohen Kamelskulpturen vorbei, bis man ein stuckverziertes Clubhaus erreicht, das sich inmitten der pharaonischen Dimensionen fast schon bescheiden ausnimmt.

Man steigt aus, geht beschwingt am Empfang vorbei und lässt sich auf einer der langen Holzbänke mit Blick auf einen blauen Plexipave-Hartplatz nieder, auf dem im Februar 2017 der Tennistrainer Marko Radovanovic drei Schulkindern, die unterschiedlich stark spielten und motiviert waren, eine spielerische Trainingsstunde gab.

Die Kinder schienen keine Ahnung zu haben, dass sie sich auf heiligem Tennisboden befanden.

„Das ist Federers Platz, der einzige Platz, auf dem er hier trainiert", erklärte Radovanovic zwischen den Trainingseinheiten. „Er kommt schon seit 15 Jahren hierher."

Aber auch andere Stars kommen nach Dubai, um unter der milden Wintersonne im Freien zu trainieren, wie Novak Djokovic ein paar Wochen zuvor. Doch kein anderer Tennis-Superstar hat so viel Zeit hier verbracht wie Federer, der 2002 erstmals beim ATP-Turnier in Dubai antrat und 2003 erstmals den Titel holte. Später kaufte er ein Luxus-Penthouse in Dubai Marina, im Wolkenkratzer „Le Rêve", was auf Französisch „der Traum" heißt und zu dem Gärten gehören, die vom australischen Landschaftsarchitekten Andrew Pfeiffer entworfen wurden, ein Fitnesscenter, an dessen Gestaltung Federer persönlich mitgewirkt hat, und ein Concierge-Service, der es einem per Knopfdruck ermöglicht, einen Ferrari, einen Hubschrauber oder einen Privatjet zu buchen. Von hier aus hat man einen fantastischen Ausblick auf den Golf, die künstliche Inselgruppe Palm Jumeirah und das Burj Al Arab, das spektakulär hohe, segelförmige Hotel, wo sich Federer und Andre Agassi 2005 auf der Hubschrauber-Plattform ein Tennisduell lieferten, um die Dubai Open zu promoten – und im Anschluss vorsichtig über den Rand und 211 Meter in die Tiefe spähten.

Radovanovic, ein geselliger Serbe, denkt immer wieder gern daran zurück, wie er Federers Zwillingstöchtern ein paar Trainingsstunden gab.

Zum Dank signierte ihm Federer einen „Roger-Federer-Kalender" mit einer persönlichen Neujahrsbotschaft, der jetzt in Belgrad hängt.

„Den hat meine Mutter abgezogen und sich an die Wand gehängt", sagte Radovanovic mit einem Lachen. „Ich habe nur die besten Erinnerungen an Roger und seine Kids, die sehr nett und süß waren. Das war der Traum eines jeden Tennistrainers."

2016 war dagegen für Federer alles andere als ein Traumjahr gewesen. Am Tag nach seiner Halbfinalniederlage bei den Australian Open gegen Djokovic ließ er seinen Töchtern in ihrem Melbourner

Hotel ein Bad einlaufen, da machte er eine Bewegung und hörte gleichzeitig ein Knacken in seinem linken Knie.

Das Knacken stellte sich als Meniskusriss heraus. Federer musste sich zum ersten Mal in seiner Karriere operieren lassen: in dem Sinne kein schlechter Schnitt für einen 34-Jährigen im 18. Profijahr. Am 3. Februar dann, sechs Tage nach seinem Match gegen Djokovic, unterzog er sich in der Schweiz einer Arthroskopie.

Sein Konditionstrainer Pierre Paganini, der so umsichtig und kreativ mit Federer gearbeitet hatte, um ihn verletzungsfrei zu halten, wurde regelrecht emotional, als wir über die Rehabilitation seines Schützlings sprachen.

„Rog hat zwei Wochen lang mit seinem Physiotherapeuten gearbeitet, und als wir wieder mit dem Fitnesstraining anfingen, war das wie ein Schritt vorwärts und zwei zurück", sagte Paganini. „Als ob er wieder laufen lernen musste. Man kann der positivste Mensch der Welt sein, und trotzdem gibt es immer wieder Momente, in denen man sich fragt: ‚Wird er jemals wieder in der Lage sein, Weltklassetennis zu spielen?'"

Umso größer die Überraschung, als Federer schneller als gedacht – keine zwei Monate später – für die Miami Open auf die Tour zurückkehrte.

„Ich bin einfach nur sehr, sehr glücklich", sagte er in einer Pressekonferenz vor dem Turnier. „Ich hätte nicht gedacht, nach der OP wieder hier stehen zu können, wenn ich ehrlich sein soll."

Seine Rückkehr verlief, wie alles, was Federer in der Öffentlichkeit macht, erstaunlich reibungslos. Und doch sollte es anders kommen: Federer musste seine Teilnahme aufgrund eines Magenvirus noch vor dem Erstrundenmatch absagen, und als er wirklich auf die Tour zurückkehrte, war das Mitte April auf Sand in Monte Carlo. Er verlor im Viertelfinale gegen den Franzosen Jo-Wilfried Tsonga und reiste weiter nach Madrid, wo er wieder vor Ort seine Teilnahme absagen musste, da sich seine Rückenprobleme im Training verschlimmert hatten.

In der dritten Runde der Italian Open (Rom Masters) verlor er gegen den jungen Österreicher Dominic Thiem, eine Niederlage, die angesichts Thiems späterer Erfolge weniger schlimm erscheint als in Rom selbst, als Federer sichtlich Probleme hatte, sich schmerzfrei zu bewegen.

Die Höhepunkte der Saison standen bevor. Federer litt, aber wie immer fand er einen Weg, seine Schwierigkeiten in den Griff zu bekommen.

Weiterhin fest entschlossen, bei den French Open zu spielen, reisten er und sein Team weiter nach Paris. Sie checkten in ihr Hotel ein, und Federer und Paganini gingen in den leeren Ballsaal, um ihr Konditionstraining zu absolvieren, bevor sie sich zum Stade Roland Garros aufmachen wollten.

„Ich lief herum, und plötzlich hielt ich einfach an und sagte zu Pierre: ‚Was machen wir hier eigentlich?'", erzählte mir Federer. „Und Pierre meinte: ‚Was ist los, meinst du dein Knie?' Ich sagte: ‚Mein Knie fühlt sich an, als würde es 100 Kilo wiegen. Mein Rücken ist auch nicht 100 Prozent in Ordnung. Warum mache ich das hier? Warum will ich überhaupt in Paris antreten?'"

Sie hörten mit dem Training auf und unterhielten sich fast eine Stunde lang. Federer äußerte danach seine Zweifel gegenüber dem Rest des Teams: dem Physiotherapeuten Daniel Troxler sowie seinen beiden Trainern Severin Lüthi und Ivan Ljubicic, Federers Freund und Ex-Rivale, der im Dezember zu ihnen gestoßen war, um Stefan Edberg zu ersetzen.

Federer entschloss sich zu einer Trainingsrunde auf dem roten Sand von Roland Garros und landete auf Court 1, dem kreisförmigen Show Court, der auch als „Stierkampfarena" bekannt ist.

„Es war okay, aber ich war einfach nie auch nur annähernd bei 100 Prozent", erzählte er mir. „Das war der Moment, wo wir gesagt haben: ‚Wir brechen das jetzt hier ab und bereiten uns auf den Rasen vor.' Ich habe es versucht, weißt du, ich habe es wirklich versucht."

Seine Absage beendete seine Rekordserie von 65 Grand-Slam-Turnierteilnahmen in Folge (2000 bis 2016), ein Rekord, der mittlerweile von Feliciano Lopez gebrochen wurde. Aber das spielte für Federer keine große Rolle. Was für ihn am meisten zählte, war nicht die Teilnahme als solche, sondern die Chance zu gewinnen.

Trotzdem schmerzte es, Paris auszusetzen. Noch heute klingt Federer leicht verlegen, als hätte er einen Weg finden müssen, das zu vermeiden. Für einen Weltklasse-Planer ist es sicher nicht leicht, einen Plan aufzugeben. Das Problem war nur, dass ihm der Rasen 2016 keine Zuflucht gewähren sollte.

„Vielleicht hätte ich mir nach den Australian Open, als ich operiert worden war, mehr Zeit lassen können oder sollen", sagte er.

Er ging nach Halle, wo er drei Titel in Folge und insgesamt acht Mal gewonnen hatte, wurde jedoch im Halbfinale überraschend vom deutschen Teenager Alexander Zverev geschlagen. Dann folgte Wimbledon, wo er ohne Satzverlust durch die ersten vier Runden rauschte, bevor er einen 0:2-Satzrückstand aufholen musste, um Marin Cilic in einem Halbfinalspiel zu besiegen, das Federer zwei Erkenntnisse lieferte. Die erste war, dass er das Durchhaltevermögen und die Nervenstärke bewiesen hatte, um drei Matchbälle abzuwehren. Und die zweite, dass er eindeutig verwundbar war.

Die nächste Runde bestätigte das, als er auf Milos Raonic traf, einen analytischen Kanadier mit brutalem Aufschlag und einer Entourage aus Tennis-Superstars, zu der auch John McEnroe als neuer Trainingsberater gehörte. Raonic hatte deutliche Fortschritte gemacht, war viel beweglicher geworden und hatte sein Netzspiel verbessert. Aber für mich und viele andere, die sich dieses Halbfinale ansahen, bleiben nicht die 23 Asse in Erinnerung, die Raonic schlug, oder die acht Breakbälle, die Federer nicht verwandeln konnte, oder die zwei aufeinanderfolgenden Doppelfehler, die Raonic zum vierten Satz verhalfen.

Woran sich viele von uns erinnern, ist der Ballwechsel zu Beginn des fünften Satzes, als Federer bei 1:2 und Einstand aufschlug. Raonic schlug einen flachen Rückhand-Chip die Linie entlang, der etwas kurz geriet, worauf Federer Richtung Netz vorrückte und einen Vorhand-Halbvolley cross spielte, der Raonic offensiv nach vorn zwang, um ihn mit seiner Vorhand zu parieren.

Als Federer zur Seite hechtete, stolperte er und stürzte zu Boden. Ungewöhnlich für den Baryshnikov des Tennis war aber nicht nur der Sturz selbst, sondern wie ungeschickt er auf seiner Brust landete und sein Schläger über den Centre Court rutschte.

Ich kann mich noch an das kollektive Raunen im Pressebereich erinnern, obwohl wir Journalisten eigentlich schon viel gesehen haben. Aber das war neu, und da wir Sportjournalisten einen ausgeprägten Sinn für Symbolik haben, schien das Ganze mit einer tieferen Bedeutung aufgeladen: Vielleicht war Federer einfach nicht mehr beweglich genug, um sich seine jüngeren Gegner vom Leib zu halten?

Er blieb kurz mit dem Gesicht auf dem Rasen liegen, richtete sich dann aber wieder auf, ging zu seinem Stuhl und rief nach dem Physiotherapeuten, was bei ihm etwa so selten vorkommt wie dieser unelegante Sturz. Immerhin war das ein Mann, der auf der Tour noch nie ein Match aufgegeben hatte. Er kehrte auf den Court zurück, gab jedoch sein Aufschlagspiel ab und verlor den fünften Satz 6:3.

Die Niederlage war besonders hart für Ljubicic, der aus Raonic, den er von 2013 bis 2015 trainiert hatte, den Spieler gemacht hatte, der er heute war. Aber Ljubicic, wie so viele von uns, die das Match an diesem Nachmittag verfolgt hatten, wusste, dass Federer weit von seiner früheren Bestform entfernt war.

In meinem Bericht in der *New York Times* entschied ich mich daher, das Ende einer Ära einzuläuten:

„Federer, ein bemerkenswerter Champion und Botschafter des Tennis, hat sich eindeutig das Recht verdient, so lange weiterzuspielen, wie es ihm gefällt, und zwar ohne Geschnatter von den billigen Plätzen, auch wenn jetzt ein 18. Grand-Slam-Einzeltitel immer weniger wahrscheinlich wird. Tennis ist, wie das Leben selbst, eine zyklische Angelegenheit. Siebenfache Wimbledon-Sieger fallen, und neue Anwärter steigen auf, um den Status quo herauszufordern. Aber angesichts all des Grand-Slam-Frusts und der Ambitionen, die der 29-jährige Murray in der Blüte seines Lebens in sich trägt, sieht es ganz danach aus, als liege Raonics schwerste Aufgabe dieses Jahr in Wimbledon nicht hinter ihm, sondern noch vor ihm."

Zumindest lag ich mit dem letzten Satz richtig. Raonic unterlag im Finale Andy Murray, der seine bisher beste Saison spielte und nur wenige Wochen später bei den Olympischen Spielen in Rio seine zweite Goldmedaille im Einzel gewinnen sollte.

Für Federer würde es jedoch keine Olympischen Sommerspiele geben und damit auch keine neue Chance auf den letzten großen Einzeltitel, der ihm noch fehlte. Zum ersten Mal in seiner Karriere endete für ihn die Saison nach Wimbledon. Der Sturz im Match gegen Raonic gab ihm zu denken.

„Ich verliere nie so mein Gleichgewicht und stolpere dann noch komisch", meinte er zu mir. „Keine Ahnung, ob meine Muskulatur nicht kräftig genug war oder was da los war. Es war echt seltsam, aber das Problem dabei war, dass ich wieder auf mein linkes Knie gefallen bin, was mich wirklich erschreckt hat. Außerdem hatte ich meine Breakbälle verspielt. Selbst wenn ich fit gewesen wäre, hätte ich das Match vielleicht verloren, das soll jetzt keine Entschuldigung sein. Trotzdem war der Sturz wirklich seltsam. Wie oft bin ich in meiner Karriere gestürzt? Selten, und dann auch noch in einem Moment wie diesem: im Halbfinale eines Grand Slam."

Er beschloss, sich auszuruhen und seinen Körper und sein Knie zu schonen, um sich auf 2017 zu konzentrieren. Die folgende sechsmonatige Pause war mit Abstand die bis dahin längste seiner Karriere. 2020/21 folgte eine einjährige Auszeit.

„In diesem Jahr habe ich eigentlich nur ein Turnier gespielt, bei dem ich in Topform war", erzählte er mir und meinte damit die Australian Open. „Ich glaube aber nicht, dass es mich die Saison gekostet hat, auf Rasen zu spielen. Ich glaube einfach, dass mein Körper und mein Knie eine Pause brauchten, und dadurch, dass ich die sechs Monate pausiert habe, hatten mein Körper und mein Knie die nötige Zeit, um zu heilen. Jetzt kann ich zurückblicken und sagen: Also, wenn es jetzt nicht läuft, habe ich zumindest alles getan, was ich konnte."

In einem gewissen Sinn bot die Auszeit auch einen Ausblick auf den Ruhestand.

„Ich habe einen Vorgeschmack bekommen", erzählte mir Federer. „Plötzlich konnte ich mich organisieren und sagen: ‚Okay, wir sind jetzt vier Wochen am Stück zu Hause. Mit wem wollen wir heute Abend essen gehen, Mirka? Oder mit wem wollen wir uns treffen?'"

Der Rücktritt war dennoch keine ernsthafte Option – auch wenn Federer vor sieben Jahren, 2009, mit seinem Sieg bei den French Open den Karriere-Grand-Slam erreicht hatte und deswegen immer mal wieder darüber nachdachte.

Er habe sogar, so Federer, gelegentlich bei Mirka das Terrain vorsondiert.

„Wenn ich zum Beispiel in einem schwachen Moment gefragt habe: ‚Echt jetzt? Müssen wir das noch machen?', hat sie gesagt: ‚Entscheide du, aber ich finde schon. Du spielst super, und ich weiß, wann du gut spielst und wann nicht.' Sie ist da sehr ehrlich und war schon immer der Meinung, dass ich alles erreichen kann, solange ich spiele. Ist doch schön, so was von seiner Frau zu hören."

Mirka, die ihre eigene Karriere aus gesundheitlichen Gründen früh hatte beenden müssen, war auch diejenige, die seine Verletzung schnell relativierte.

„Sie sagt dann so was wie: ‚Das ist doch nur 'ne kleine Verletzung'", Federer sprach mit etwas hellerer Stimme, um sie nachzumachen. „‚Dein kleines Knieproblem. Das ist doch nichts. Schau dir doch mal die anderen Jungs an, was die haben, oder was ich hatte. Das ist schlimm. Also mach dir mal keine Sorgen. Vertrau mir. Das Einzige, worüber wir uns Sorgen machen müssen, ist, dass du in deiner Karriere um die 1400 Matches gespielt hast. Das könnte ein Problem werden, aber diese Kniegeschichte, komm schon, Mann, das sind doch Peanuts.'"

Federer fand das gleichermaßen amüsant wie beruhigend. Während seiner langen Pause blieb er dennoch nicht untätig: Er entspannte in der Schweiz und verfolgte weiterhin die Tour. „Ich hätte nicht gedacht, dass ich so oft die Liveergebnisse checken würde", erzählte er mir lachend.

Im November 2016 ging er mit seiner Familie nach Dubai. Diese Reise hatten sie schon oft gemacht, ein schneller Wechsel in wärmere Gefilde und in eine radikal andere Kultur, und obwohl Dubai über eine riesige Indoor-Skihalle verfügt, kann man sich keinen extremeren Gegenentwurf zum Schweizer Alpendorf mit seinen Chalets und Kopfsteinpflasterstraßen vorstellen als diese boomende Golfstaaten-Metropole mit ihren Wolkenkratzern und der flachen, endlosen Wüstenmatrix. In einer Hinsicht blieb jedoch alles beim Alten: Federer konnte auch hier ein relativ ruhiges Leben ohne größere Einschränkungen führen: „Das ist mir wichtig und eine der Gemeinsamkeiten, die die Schweiz und Dubai haben."

Nachdem er 2002 und 2003 am Turnier in Dubai teilgenommen hatte, war er, direkt nachdem er Wimbledon zum zweiten Mal und Gstaad zum ersten Mal gewonnen hatte, im Juli 2004 hierher zurückgekehrt, um Urlaub zu machen. Dubai ist im Juli brüllend heiß, aber Federer, den sein Aufstieg an die Weltspitze erschöpft hatte, wollte einfach nur ein paar Tage in der Hitze und am Strand verbringen. Er war so ausgelaugt, dass er selbst den Gang vom Liegestuhl zum Wasser als Anstrengung empfand. Er rief Paganini an und scherzte, dass er nicht zurückkommen würde.

Er gönnte sich noch ein paar Tage, bevor er nach Nordamerika flog und seine ersten Canadian Open und US Open gewann, wo er seine bis dahin beste Performance zeigte und Lleyton Hewitt vom Platz fegte.

Dubai war offensichtlich ein Jungbrunnen. Also kehrte er im Oktober desselben Jahres zurück, um unter der Hand mit dem Australier Tony Roche zu trainieren, den Federer schließlich als Teilzeitcoach verpflichtete. Dubai hatte das richtige Klima und die richtige lockere Atmosphäre, lag außerdem günstig zwischen Europa und Asien, war flugtechnisch gut vernetzt und gewann zunehmend an Attraktivität.

Federer lag damit im Trend, denn immer mehr Sportler und Prominente ließen sich in Dubai nieder. Viele lockte die Steuerfreiheit, Federer hingegen beließ seinen Wohnsitz in der Schweiz, was sicher zu seiner anhaltenden Popularität in der Heimat beitrug. „Er ist wirklich ein ziemlich reicher Kerl, und normalerweise mögen das die Leute hier nicht, aber bei ihm machen sie eine Ausnahme", sagte

Margaret Oertig-Davidson, eine Schweizer Universitätsdozentin und Autorin von *Schokolade ist nicht alles. Ein Leitfaden zur Schweizer Kultur.* „Irgendwie hat er sie geknackt, wahrscheinlich, weil er auf dem Boden geblieben ist, oder die Leute das zumindest glauben. Er scheint seine ‚Swissness' beibehalten zu haben, und darauf ist man hier stolz."

Der französische Jungstar Lucas Pouille war einer der Tennisspieler, die aus steuerlichen Gründen nach Dubai gezogen waren, und im Dezember 2016 ein regelmäßiger Trainingspartner Federers im Madinat Club.

Federer brachte oft junge, vielversprechende Spieler in den Club und trainierte einige Wochen mit ihnen. Er sog ihre Begeisterung auf, während er ihnen im Gegenzug die kostbare Gelegenheit gab, von ihm zu lernen und sich zu verbessern – ähnlich wie Marc Rosset es mit ihm gemacht hatte, als er selbst noch zum Nachwuchs gehörte.

Mackenzie McDonald, ein schneller Amerikaner, der 2016 an der University of California (UCLA) die NCAA-Titel im Einzel und Doppel gewann, war einer der Spieler, die auf Federers Einladung hin nach Dubai gekommen waren.

„Wenn man damit aufwächst, ihm beim Spielen zuzusehen, und er jetzt immer noch an der Weltspitze steht, und man dann in seiner Nähe sein und von ihm lernen kann, ist das ziemlich cool", meinte McDonald zu mir. „Er hat einen Plan A, einen Plan B, einen Plan C, und so geht das weiter, durchs ganze Alphabet. Wenn eine Sache nicht funktioniert, stellt er einfach um, so makellos ist er als Athlet. Seine Vor- und Rückhand sind der Knaller, seine Beine sind superstark. Seine Statur ist ideal für das Spiel, und er verwandelt es in eine Schachpartie. Durch ihn ist mir klar geworden, dass ich weniger eindimensional denken und wandlungsfähiger werden muss. Ich bin schnell, aber ich kann noch schneller werden, wenn ich mich so effizient bewege wie er. Es gibt vielleicht kein Geheimrezept, aber er arbeitet extrem intelligent. Ich glaube, er weiß einfach genau, wie viel Zeit er wann und wo investieren muss."

Vielen Spielern, so McDonald, fehle es heute an Federers ausgeprägter Körperkontrolle und sauberer Technik: „Heute gehen die Kids auf den Platz und schlagen auf den Ball, ohne im Gleichgewicht zu sein. Sie hauen einfach drauf. Ihr ganzer Körper wird durchgeschüttelt, aber bei ihm sieht man, dass er die richtige Entwicklung hatte und die richtigen Trainer, die ihm die richtigen Dinge vermittelt haben, und das hat sich ausgezahlt."

Als 2017 die Saison sich mit Riesenschritten näherte, beschloss Federer, der die sozialen Medien erst spät für sich entdeckt hat, eine seiner Trainingseinheiten mit Pouille auf Periscope zu übertragen, um sich nach seiner langen Wettkampfpause wieder seinen Fans zu nähern. Der Livestream bot einen seltenen, 37 Minuten und 4 Sekunden währenden Einblick in Federers Methoden und zeigte auch die kurzen, hochintensiven und sehr abwechslungsreichen Intervallübungen mit Paganini, zum Beispiel ihr gemeinsames Jonglieren mit drei Tennisbällen, um die Augen-Hand-Koordination in der Bewegung zu trainieren.

„Das Ganze ist nie nur Routine", erklärte Emmanuel Planque, Pouilles Coach, in einem *L'Équipe*-Interview. „Sein Team lässt sich immer etwas Neues einfallen. Sie versuchen immer, ihn zu überraschen, damit er stimuliert und auf Zack bleibt. Severin macht eine Pause, Ivan übernimmt. Sie wechseln sich ab. Damit ein Spieler wie er sich verbessert, muss man ihn bei Laune halten. Ich glaube, ihre Strategie funktioniert ganz gut."

Federer, der mit einem eigenen Mikro ausgestattet war, bewies sogar Showmaster-Qualitäten, riss Witze und gab Tipps, etwa dass der Aufschlagrhythmus das Erste sei, was man nach einer längeren Pause angehen müsse. Er sprach Französisch mit Paganini, Schweizerdeutsch mit Lüthi, Englisch mit Ljubicic und Englisch und Französisch mit Pouille, als sie während einer Pause am Spielfeldrand saßen und über den bevorstehenden Hopman Cup sprachen, das Mixed-Team-Turnier in Perth, Australien, das Federer für sein Comeback ausgesucht hatte und wo er seit 2002 nicht mehr angetreten war.

„Das letzte Mal habe ich dort mit meiner Frau gespielt", sagte er zu Pouille. „Und vor 16 Jahren mit Hingis. Und dieses Jahr, oder nächstes, spiele ich mit Belinda Bencic. Gott, wie die Zeit verfliegt."

Die Periscope-Übertragung machte noch eine Sache deutlich: Federers Begeisterung war ungetrübt.

„Er war wie ein Zwölfjähriger", sagte Planque über die in diesem Winter gemeinsam verbrachte Zeit. „Er alberte beim Warm-up herum, machte Stefan Edberg und Bernard Tomic nach und schrie fröhlich herum. Es war super. Wir hatten echt Glück, dass wir diese Momente mit ihm teilen durften. Sie sind kostbar, und was die Technik angeht, ist er immer noch das Nonplusultra. Für mich ist das jedes Mal wie eine Fortbildung, eine Coaching-Klinik sozusagen. Ich habe den Meister direkt vor mir. Ich schaue zu und lasse mich inspirieren. Ich habe über 150 Seiten Notizen gemacht."

Planque war auch nicht entgangen, dass Federer nicht nur fit war wie nie, mental und von seiner Beinarbeit her, sondern sich nach seiner langen Pause sogar weiterentwickelt hatte: „Er hat seine Rückhand technisch stark verbessert, vor allem beim Return. Er hat seine Art zu retournieren verändert. Er steht weiter vorn, ist kompakter. Er ist angriffslustiger und steht näher zum Ball. Er hat mehr Kontrolle."

„Es ist schon beunruhigend", witzelte Planque, der seinem Schützling Pouille immer wieder riet, sich nicht davon entmutigen zu lassen, wenn er ein Match nach dem anderen klar gegen Federer verlor.

„Dabei dachte ich ja schon, dass er sein Potenzial ausgeschöpft hätte."

Wie sich herausstellen sollte, wusste Planque genau, wovon er sprach, und auch Federers Trainer waren optimistisch.

Lüthi, ein recht ausgeglichener Typ, der nicht zu unbesonnenen Prognosen neigt, sagte Federer zweimal, er glaube, dass dieser gut genug spiele, um die Australian Open zu gewinnen.

Ljubicic hatte seine Tenniskarriere im Alter von 33 Jahren beendet, zermürbt von Verletzungen und der Erkenntnis, dass er nicht mehr so viel Zeit von seiner Familie getrennt verbringen wollte.

„Wenn man feststellt, dass man im Training zu 80 oder 90 Prozent leidet und versucht, Übungen zu finden, die die Schmerzen in

Schach halten, dann macht das nicht mehr wirklich Spaß", hatte Ljubicic mir nach seinem Rücktritt im April 2012 erklärt. „Matches zu bestreiten, ist da noch der einfachste Part. Die Vorbereitung, das Training, das Reisen mit zwei Kindern, das ist das Komplizierte. Und ich will nicht alleine reisen. Also dachte ich mir, das war's. Das ist es nicht mehr wert."

Mit seinen 1,90 Metern, dem glattrasierten Kopf und der Baritonstimme ist Ljubicic ein stattlicher Typ, und wie alle, die vom blutigen Zerfall Jugoslawiens direkt betroffen waren, hat er viel erlebt. Geboren in Banja Luka im Innern des heutigen Bosnien und Herzegowina, musste er im Mai 1992 im Alter von 13 Jahren mit seiner Mutter und seinem Bruder aufgrund der zunehmenden Spannungen in der Stadt aus dem Land fliehen, da die serbische Bevölkerung der kroatischen Minderheit zunehmend feindlich gegenüberstand.

Nach Umwegen über Ungarn und Slowenien landeten sie schließlich als Flüchtlinge im neuen unabhängigen Kroatien; die Grenze hatten sie zu Fuß passiert.

Ljubicic, bereits ein vielversprechender Nachwuchsspieler, hatte die Reise zwar mit zwei Schlägern, jedoch ohne seinen Vater angetreten, der in Banja Luka bleiben musste und monatelang keinen Kontakt zu seiner Familie aufnehmen konnte. Sie fanden schließlich in Kroatien wieder zusammen, aber für Ivan ging die Reise bald weiter: 1993 zog er nach Italien, um mit einer kleinen Gruppe anderer junger Spieler aus dem ehemaligen Jugoslawien seine Tenniskarriere weiterzuverfolgen.

Da war er 14, im selben Alter wie Federer, als dieser Basel verließ, um nach Ecublens zu gehen.

„Offiziell startete meine Tenniskarriere 1998, aber gefühlt war das schon 1993", sagte Ljubicic. „Da bin ich von zu Hause weg, und da haben mir meine Eltern klargemacht, dass Tennis das ist, was ich machen soll, weil das im Grunde meine einzige Chance war."

Es war eine harte Zeit, aber über die Jahre hat Ljubicic die Klarheit zu schätzen gelernt, die damit einherging.

„Wenn ich so zurückblicke, kann ich mich wohl glücklich schätzen, denn in gewisser Weise hatte ich keine andere Wahl, und wahrscheinlich ist das der Grund, warum ich Erfolg hatte", sagte er mir. „Manchmal ist alles einfacher, wenn man keine andere Wahl hat. Du weißt, was du zu tun hast, und kannst dich zu 100 Prozent darauf konzentrieren. Wenn du aber die Wahl hast und dich entscheidest, kann da immer eine kleine Stimme in deinem Kopf sagen, dass du vielleicht doch etwas hättest anders machen sollen. In der Situation, in der ich mich damals befand, Anfang der 90er, hatte ich keine anderen Optionen. Und ehrlich gesagt bin ich erstaunt, dass Jungs wie Roger und Rafa, die so viele Möglichkeiten hatten, es geschafft haben, sich auf eine Sache zu konzentrieren und am Ball zu bleiben."

Ljubicic hatte das Glück, den italienischen Tenniscoach Riccardo Piatti kennenzulernen, der sich wie kaum ein anderer darauf versteht, junge Talente aufzubauen, und der Ljubicic die ersten drei Jahre kostenlos trainierte.

„Piatti sagte: ‚Solange du nicht in den Top 100 bist, nehme ich keinen Pfennig von dir.' Das war unglaublich, denn so konnte ich mich darauf konzentrieren, mit einem der besten Trainer der Welt zu trainieren, ohne ständig über meine wirtschaftliche Situation nachdenken zu müssen."

Ljubicic schaffte es 2006 auf Platz drei der Weltrangliste und erreichte im selben Jahr das Halbfinale der French Open, nachdem er im Jahr zuvor Kroatien zum Davis-Cup-Sieg geführt und mit über 100.000 Fans in der kroatischen Hauptstadt Zagreb gefeiert hatte. Er blieb Piatti bis zu seinem Rücktritt treu, der in dieser Zeit auch andere Spieler wie den Franzosen Richard Gasquet und Djokovic trainierte. Das Djokovic-Arrangement hatte sogar Symbolcharakter: ein Serbe und ein Kroate, die eng zusammenarbeiteten.

„Ich glaube, sich selbst zu kennen, ist im Tennis sehr wichtig", sagte Ljubicic. „Und genau das ist mir sofort an Djokovic aufgefallen, als ich ihm zum ersten Mal begegnet bin. Er war 17 oder 18 und wusste genau, was er wollte, was er brauchte, und was er nicht wollte oder nicht brauchte. Das alles wusste er schon sehr früh, und genau das macht einen Champion aus. Bei mir hat das ein bisschen länger gedauert. Ich war 24 oder 25, als ich erkannte, welche Art von Training ich brauche, und welche Art von Menschen um mich herum."

Ljubicic lernte Federer bei einem Satellite-Turnier in der Schweiz kennen, als dieser gerade einmal 16 war. „Manchmal macht es einfach Klick, wie bei uns. So ist das manchmal mit Freundschaften. Sie ergeben sich einfach."

Sie gingen häufig zusammen zum Abendessen und trainierten zusammen, und da ich mir einige ihrer Trainingseinheiten angesehen habe, kann ich bestätigen, dass sie nicht immer ganz bei der Sache waren.

„Wahrscheinlich hätte es sich nicht gelohnt, unsere Trainingseinheiten zu filmen und dem Tennisnachwuchs zu zeigen", lachte Ljubicic. „Aber wir hatten Spaß, und das war für uns das Wichtigste."

Federer in entspannter Trainingsatmosphäre zu beobachten, kann auch Spaß machen, sogar mehr, als wenn es bei ihm darauf ankommt. Er ist lebhafter und versucht ziemlich waghalsige Schläge: spitzwinklige Rückhandslices, vollgeschnittene Vorhand-Halbvolleys von der Grundlinie oder Passierschläge aus dem Handgelenk aus unmöglichen Positionen und Winkeln heraus. Der außergewöhnliche SABR („Sneak Attack by Roger"), bei dem er sich schnell vorbewegt, um einen gegnerischen Aufschlag direkt zu retournieren, war zunächst nur ein improvisierter Übungsschritt.

„Man kommt sich manchmal wie ein Zaungast vor, sogar wenn man auf der anderen Seite des Netzes steht", meinte Ljubicic.

Ljubicic konnte nur drei der 16 Matches für sich entscheiden, die er auf der ATP-Tour gegen Federer spielte. Sie sind sich nie bei einem Grand-Slam-Turnier begegnet, aber Federer gewann einschließlich des Miami-Open-Finales 2006 alle vier Finalspiele.

Ljubicic hat Federer häufig verteidigt, und 2010, als Federer seit über einem Jahr keinen Grand-Slam-Titel mehr geholt hatte, garantierte Ljubicic mir, dass er definitiv weitere gewinnen würde.

So kam es auch: Federer gewann 2012 erneut Wimbledon. Bis Anfang 2017 konnte er aber kein weiteres Grand-Slam-Finale mehr für sich entscheiden. Er kam öfter nah dran – und verlor dann alle drei Finalspiele gegen Djokovic. Er mischte immer noch vorne mit, aber eben nicht mehr ganz an der Spitze. Er hatte seit 2011 nicht mehr die ATP World Tour Finals gewonnen, das fünftwichtigste Herrenturnier, und in den Saisons 2013 bis 2016 nur drei Masters-1000-Titel geholt – während Djokovic 16 Finalspiele für sich entscheiden konnte.

Ljubicic glaubte weiter an Federer, was mit einer der Gründe war, weshalb er zugestimmt hatte, mit seinem Freund zusammenzuarbeiten. Im Gegensatz zum wesentlich älteren Edberg hatte er den Vorteil, dass er gegen viele potenzielle Gegner Federers selbst gespielt und die anderen während seiner Zusammenarbeit mit Raonic im Blick hatte.

Federers Entscheidung, Ljubicic anzuheuern, war wiederum ein weiterer Indikator dafür, wie sehr er langfristige Beziehungen schätzte.

Lüthi lernte Federer kennen, als dieser elf Jahre alt war. Ljubicic kennt ihn seit ihrer Teenagerzeit.

Der Kroate ist ein entspannter und überschwänglicher Typ, jemand, der Fragen selbstbewusst und ausführlich beantwortet, ganz anders als Edberg, der zurückhaltender ist. Umso erstaunlicher, dass Ljubicic sich nicht mehr öffentlich äußerte, als er zu Federers Team stieß. Das geschah nicht auf Anweisung seines neuen Arbeitgebers, sondern weil er sich selbst zurücknehmen und nicht riskieren wollte, seine Botschaft an Federer zu verwässern.

Er fühle sich mit diesem neuen Ansatz wohl, erzählte er mir, auch wenn er Journalisten natürlich weniger gefalle.

„Ich schweige jetzt lieber und lasse Federer für sich sprechen, mit dem Schläger und mit dem Mund. Es ist seltsam für mich, mit niemandem außer Roger über Tennis zu reden, aber das ist es wert."

2016 war ein interessanter Moment im Herrentennis: ein Wendepunkt, wie sich noch herausstellen sollte. Als die Spieler Anfang des Jahres nach Melbourne kamen, war das nicht unbedingt klar.

Djokovic dominierte nach Belieben, er gewann seine erste French Open und war damit nach Rod Laver im Jahr 1969 der Erste, der alle vier Grand-Slam-Titel in Folge gewinnen konnte und damit einen „unechten" Grand Slam landete (der sich von einem „echten"

Grand Slam nur noch insofern unterscheidet, als die Siege nicht im selben Kalenderjahr erfolgt waren). Aber auch ein „echter" schien angesichts Djokovics Fähigkeit, auf allen Belägen zu glänzen und selbst größtem Druck standzuhalten, nur noch eine Frage der Zeit.

Stattdessen geriet er langsam und völlig unerwartet ins Schleudern. Der US-Amerikaner Sam Querrey besiegte ihn überraschend in der dritten Runde von Wimbledon, und Stan Wawrinka schlug ihn im Finale der US Open: Es war das dritte Mal, dass Wawrinka Djokovic auf dem Weg zu einem Grand-Slam-Titel ausgeschaltet hatte.

Djokovic gewann den Rest der Saison kein weiteres Turnier mehr und wurde sogar im letzten Match von Murray als Nummer eins der Weltrangliste ersetzt, als dieser ihn bei den ATP World Tour Finals in London besiegte. Federer, der viel Tennis schaut, wenn er auf der Tour ist, verfolgte das Geschehen aufmerksam aus der Ferne.

„Das war keine leichte Aufgabe, und Murray hat geliefert, davor ziehe ich meinen Hut", befand Federer von Dubai aus. „Der Junge hat Ende des Jahres einfach alles abgeräumt. Das ist für niemanden einfach, weil in der Halle meiner Meinung nach die Unterschiede geringer sind. Ich finde, Novak war der Spieler des Jahres der ersten sechs Monate und Andy der letzten sechs Monate."

Ich fragte Federer, wie er Djokovics überraschenden Einbruch bewerte.

„Vielleicht ist es einfach nur menschlich und nachvollziehbar, dass Novak schwächelt. Er hat ja auch alles erreicht, was er sich vorgenommen hat", erklärte er, sich auf den Sieg bei den French Open beziehend. „Da muss man sich neu erfinden oder was auch immer. Aber es ist gut für alle, zu sehen, dass einem vielleicht nicht immer alles zufliegt. Und ich glaube, dass das eine tolle Story für nächstes Jahr ist. Andy ist eine tolle Story. Novak ist eine tolle Story. Rafa ist natürlich immer eine gute Story. Und wenn ich zurückkomme, wird das hoffentlich auch eine schöne Story. Ich glaube, der Saisonstart, vor allem der australische Sommer, wird spektakulär."

Nadal hatte die Saison 2016 ebenfalls frühzeitig im Oktober abgebrochen, um eine Handgelenksverletzung auszukurieren, die ihn den Großteil der Saison geplagt und nach den ersten beiden Runden bei den French Open zur Aufgabe gezwungen hatte.

Während seiner Auszeit beschloss er, Carlos Moya, seinen langjährigen Freund und Mentor aus Kindertagen, als Assistenztrainer für die Saison 2017 zu verpflichten. Im gleichen Jahr eröffnete er seine nach ihm benannte Tennisakademie in Manacor und lud Federer ein, bei der Einweihung am 19. Oktober dabei zu sein.

„Ich war total überwältigt von der Akademie und was Nadal da aufgebaut hat", erzählte mir Federer. „Ich finde es so mutig und cool, dass er das für seine Heimatinsel und seinen Heimatort gemacht hat. Alle sind daran beteiligt – seine Freundin, seine Schwester, seine Eltern, sein Agent, einfach alle. Ich hatte das Gefühl, das einzig Richtige war, ihm auch zu helfen. Weil ich mich gefragt habe, was ich mir wohl wünschen würde. Und die Antwort war, dass mein größter Konkurrent mich anrufen und mir sagen würde: ‚Du brauchst meine Hilfe? Ich komme.' Und das habe ich dann getan.

Ich sagte: ‚Brauchst du mich? Sag einfach Bescheid. Du kriegst mich für einen Tag: Kinderklinik, Presse, Eröffnung, was auch immer.'"

Alles außer Tennis, wofür zu diesem Zeitpunkt keiner von beiden fit genug war.

„Ich hätte gern so etwas wie ein Benefizspiel veranstaltet, aber ich hatte Probleme mit meinem Bein und er seine Handgelenksverletzung", sagte Federer. „Wir haben dann ein bisschen mit den Kids gedaddelt und gesagt: ‚Okay, mehr geht gerade nicht.'"

Es schien nur logisch, anzunehmen, dass ihre Zeit an der Spitze vorbei war. Aber keine drei Monate später waren beide wieder bereit für die Australian Open 2017.

Sie sollten sich zu einem der überraschendsten Grand-Slam-Turniere der Open-Ära entwickeln: Djokovic scheiterte in der zweiten Runde an Denis Istomin, einem an Position 117 gesetzten Usbeken, der auf dem Platz eine Wrap-around-Sonnenbrille trug und eine schwache Turnierbilanz vorzuweisen hatte.

Es war ein Schock, von dem Federer jedoch nicht wirklich profitieren konnte. Er war in der anderen Hälfte des Tableaus, hatte seit über einem Jahr keinen Titel mehr geholt und war an Position 17 gesetzt, die niedrigste Platzierung bei einem Grand-Slam-Turnier, seit die Setzliste 2001 in Wimbledon für alle vier Turniere von 16 auf 32 Spieler angehoben worden war.

Er hatte in den ersten beiden Runden zwei Qualifikanten geschlagen, den Veteranen Jürgen Melzer und den Newcomer Noah Rubin, doch nun wartete in der dritten Runde ein anspruchsvollerer Gegner auf ihn: der an Position zehn gesetzte Tomas Berdych, in der britischen Presse der „tschechische Vollstrecker mit dem Engelsgesicht" genannt, der auf der Tour mit die härtesten, flachsten Bälle schlug. Doch zu Berdychs Leidwesen waren seine Nerven an diesem Tag nicht so stählern wie seine Grundschläge, und auch seine Beinarbeit war zu mechanisch, obwohl er Federer bereits in Wimbledon, bei den US Open und bei den Olympischen Spielen hatte schlagen können.

Dieses Mal bezwang ihn Federer nach nur 90 Minuten mit 6:2, 6:4 und 6:4, nachdem er ihn mit überraschenden Angriffen, Schlägen aus spitzen Winkeln und Halbvolleystop-Winnern aus dem Gleichgewicht gebracht hatte.

„Ich habe schon so oft gegen ihn gespielt und würde fast sagen, dass das heute sein bestes Tennis war", sagte Berdych. „Ich konnte fast keinen Ballwechsel kontrollieren, egal, ob ich Aufschlag hatte oder nicht. Das war echt ungewöhnlich. Nach dem Match war ich mir sicher, dass er es bis ins Finale schaffen und auch gewinnen würde."

Es war einer dieser Abende, an denen Federers Schläger mehr ein Zauberstab war. Er verbuchte 40 Winner bei nur 17 unerzwungenen Fehlern, zerpflückte Berdychs zweiten Aufschlag und verwandelte 20 von 23 Punkten am Netz. Er hatte keinen Breakball gegen sich.

„Der Ball weiß ja nicht, wie alt du bist, und er hat ganz sicher nicht mitbekommen, dass der Typ auf dem Platz 35 ist", meinte Jim Courier, der zweifache Australian-Open-Gewinner, als er an diesem Abend den Melbourne Park verließ. „Das war vom Feinsten. Magisch."

Federer war gut gelaunt, aber maßvoll.

„Mir war von Anfang an klar, dass ich gefährlich sein kann", sagte er. „Ich wusste, dass der Weg lang und sehr steinig werden würde, aber ich dachte vor dem Turnier, dass ich zumindest für ein Match gegen so gut wie jeden etwas ausrichten kann. Aber ob ich das nun in jedem Match schaffe? Ich bin mir noch nicht sicher, aber das Ergebnis heute gibt mir Selbstvertrauen."

Seine Auslosung sah immer noch nach Bootcamp aus, doch ein großes Hindernis wurde ihm aus dem Weg geräumt, als Murray, erstmals in einem Grand-Slam-Turnier an Position eins gesetzt, überraschend Mischa Zverev (Alex' älterem Bruder) unterlag, einem der letzten Serve-and-Volley-Spieler.

Im Viertelfinale setzte sich Federer gegen den an Position fünf gesetzten Japaner Kei Nishikori, einen ausgezeichneten Counterspieler, durch, der sein Spiel auf den Hartplätzen der IMG Academy in Bradenton, Florida perfektioniert hatte.

Als Federer den letzten Satz mit 6:3 gewann, reagierte er mit diesem Sprung, bei dem er die Hände an den Seiten hält und staunend die Augen aufreißt und den er sich sonst erst für später im Turnier vorbehält.

Mit dem Ausscheiden von Djokovic und Murray trat zum ersten Mal seit 2001 der Fall ein, dass die an Position eins und zwei gesetzten Spieler der Herren nicht das Viertelfinale eines Grand-Slam-Turniers erreichten.

„Zwei riesengroße Überraschungen, kein Zweifel", sagte Federer dazu.

Anscheinend zahlten sowohl Djokovic als auch Murray den Preis für eine kräftezehrende Vorjahressaison, während Federer nur so vor Energie strotzte und das seltene Gefühl zu genießen schien, ausnahmsweise keine alpengroßen Erwartungen schultern zu müssen.

Er bügelte Mischa Zverev glatt in drei Sätzen weg und traf im Halbfinale auf seinen Freund und Landsmann Wawrinka. Der hatte in den letzten drei Jahren drei Grand-Slam-Titel gewonnen, während Federer keinen einzigen für sich hatte verbuchen können.

Was an diesem Donnerstagabend folgte, war ein intensiver Schlagabtausch mit starken Momenten auf beiden Seiten eines Courts, von dem nicht nur Federer glaubte, dass er in diesem Jahr schneller war. Federer gewann die ersten zwei Sätze, worauf Wawrinka frustriert seinen Schläger wie einen dürren Zweig mit dem Knie zerbrach.

Wawrinka nahm eine medizinische Off-Court-Auszeit, kehrte besser gelaunt und mit Tape unter seinem rechten Knie auf den Court zurück und entschied die nächsten beiden Sätze gegen einen zum Ende des vierten Satzes müde wirkenden Federer für sich. Federer sagte später, er habe schon erwartet, dass seine Form im Verlauf des Turniers nachlassen würde. Er nahm nun seinerseits eine medizinische Off-Court-Auszeit, was bei Federer in etwa noch seltener vorkommt als eine Behandlung auf dem Platz.

Er hatte schon länger Probleme mit den Adduktoren an der Innenseite seines Oberschenkels und ließ sich in seiner siebenminütigen Auszeit von Troxler massieren. Als er auf den Platz zurückkam, wehrte er im dritten Spiel einen Breakball ab und nutzte seine Chance, als Wawrinka wackelte und im sechsten Spiel seinen Aufschlag abgab.

Federer blieb am Ball, gewann am Ende 7:5, 6:3, 1:6, 4:6, 6:3 und war damit der älteste Spieler im Herrentennis, der ein Grand-Slam-Finale im Einzel erreichte, seit Ken Rosewall 1974 im Finale der US Open im Alter von 39 Jahren gegen Jimmy Connors verloren hatte.

„Es lief viel besser als gedacht. Das habe ich mir auch im fünften Satz gesagt", so Federer. „Ich habe mir selbst gesagt: ‚Entspann dich einfach, Mann. Das Comeback ist jetzt schon genial. Lass es laufen und schau einfach, was passiert.'"

Auf wen er im Finale treffen würde, wusste er noch nicht. Die Australian Open sind das einzige der vier Grand-Slam-Turniere, das seine Halbfinalspiele an unterschiedlichen Tagen austrägt. Nadal, der selbst gerade sein Comeback feierte, würde erst am Freitag gegen den jungen Bulgaren Grigor Dimitrov spielen.

Federer, Lüthi und Ljubicic zogen sich in ihr Hotel zurück, um das Match live zu verfolgen und in seine Einzelteile zu zerlegen. Und davon gab es viele. Nadal und Dimitrov spielten 4 Stunden und 56 Minuten, bevor sich Nadal schließlich im fünften Satz mit 6:4 durchsetzen konnte.

Es war ein erstklassiges Match, das beste dieses großartigen Turniers (bis jetzt), und es war sowohl für Nadal als auch für Federer sehr aufschlussreich.

Für Nadal war die Begegnung mit Dimitrov, von seiner einhändigen, elastisch durchgeschwungenen Rückhand bis hin zu seiner federleicht wirkenden Beinarbeit und seinen ausgezeichneten Instinkten, eine Vorwegnahme des Finalspiels gegen Federer. Dimitrov war sogar schon als „Baby Fed“ bezeichnet worden – den Spitznamen mochte er nicht wirklich. Sein ähnlicher Stil bedeutete jedoch für Federer und seine Coaches, dass ihre Analyse direkte Auswirkungen auf das Finale haben würde, schließlich war es bezeichnend, dass Dimitrov mit seiner flachen, die Linie entlang gespielten Rückhand konsequent erfolgreich war und trotzdem, trotz aller mutiger Brillanz, und das war der Haken an der Sache, verloren hatte.

„Gegen Federer im Finale eines Grand-Slam-Turniers zu spielen, ist etwas Besonderes“, sagte Nadal. „Und es ist aufregend für mich, aber auch für uns beide, dass wir immer noch da sind, dass wir immer noch bei den wichtigen Turnieren fighten.“

Die Revanche war ihr erstes Aufeinandertreffen in einem Grand-Slam-Finale seit den French Open 2011 und die erste Begegnung, bei der sie so niedrig gesetzt waren wie nie: an Position 9 und 17.

Federer hatte Nadal zwar einen Ruhetag voraus, was einen kleinen Vorteil vermuten lässt, allerdings fiel ihre Matchbilanz 23:11 zugunsten Nadals aus, bei den Australian Open sogar 3:0. Außerdem war Nadal 2009 in Melbourne in derselben Situation gewesen und hatte sich sogar nach einem noch längeren Halbfinalspiel gegen Fernando Verdasco wieder gefangen und Federer im Finale geschlagen.

„Das ist lange her“, sagte Nadal. „Das wird ein ganz anderes Match. Ein besonderes. Wir waren lange nicht mehr in dieser Situation.“

Natürlich konnte man schon davon ausgehen, dass sich Federer und Nadal irgendwann wieder in einem Finale begegnen würden, aber dass es in diesem Jahr in Melbourne so weit sein würde, war für alle eine große Überraschung, schließlich hatte man fest mit Djokovic und Murray gerechnet. Federer und Nadal hatten nicht nur die Erwartungen des Publikums übertroffen, sondern auch ihre eigenen.

„Das Viertelfinale wäre schon großartig gewesen", so Federer. „Oder auch das Achtelfinale."

Stattdessen war der 18. Grand-Slam-Einzeltitel zum Greifen nah. Früher war Nadal sein härtester Gegner gewesen, jetzt war es vermutlich angenehmer, nicht gegen Djokovic antreten zu müssen, wenn eine große Trophäe auf dem Spiel stand.

Das Gefühl, in Melbourne in einer Art Zeitmaschine zu sitzen, beschränkte sich aber nicht nur auf Federer und Nadal. Am Abend zuvor hatte die mittlerweile 35-jährige Serena Williams ihre ein Jahr ältere Schwester Venus im Finale der Damen besiegt, nachdem sie das letzte Mal 2009 in einem Grand-Slam-Finale gegeneinander angetreten waren, und, was nur Venus und wenige Eingeweihte wussten, ihren 23. Grand-Slam-Titel gewonnen, während sie im zweiten Monat schwanger war. Das war unmöglich zu toppen.

Dennoch – Federer versus Nadal, nicht immer feinste Krimikost, bot diesmal schon auch großartige Unterhaltung.

Federers Strategie war im Kern recht einfach: aggressiv über die Rückhand gehen, ohne sich im Matchverlauf zu weit hinter die Grundlinie zurückzuziehen. Also alles beim Alten. Er war so in den letzten Jahren schon oft mit ähnlicher Absicht gegen Nadal ins Match gestartet, nur um sich dann allmählich dem immer stärker werdenden Druck seines erbarmungslosen Topspins zu beugen.

Jetzt hatte er aber eine geeignetere Waffe, um seine Pläne in die Tat umzusetzen, denn er war zu einem Schläger mit einer Fläche von 97 Quadratzoll gewechselt. Die Entscheidung war endgültig 2014 gefallen, nachdem er den Schläger ein Jahr intensivst getestet und auf sein Spiel abgestimmt hatte. Der Wechsel weg von seinem alten Modell gab ihm mehr Power und mehr Fläche, was den Sweetspot vergrößern und Fehltreffer reduzieren sollte. Damit war sein Schläger fast so groß wie die 100-Quadratzoll-Rackets von Nadal und Djokovic, und obwohl Federer anfangs befürchtete, dass sein Ballgefühl leiden würde, spürte er, dass er während seiner langen Auszeit eins mit seinem neuen Schläger geworden war.

Er hatte Nadal bereits 2015 in ihrem letzten Match mit dem 97er geschlagen, das war in Basel in der Halle gewesen, auf einem schnellen Hartplatz während eines Best-of-Three-Matches. Dieses Finale hingegen wurde auf neutralerem Boden ausgetragen, auch wenn Federer aufgrund seines Status als Underdog und Veteran wieder der Publikumsliebling sein würde.

Federer war entschlossen, seine Rückhandslices und geblockten Returns zu reduzieren, um Nadal aus dem Gleichgewicht zu bringen und daran zu hindern, sich für seine Weltklasse-Vorhand in Position zu bringen.

Paul Annacone, der Federer und Lüthi zufällig ein paar Stunden vor dem Finale im Spielerrestaurant traf und das Match im Fernsehen kommentieren würde, setzte sich zu ihnen und sagte: „Also, Kumpel. Was werde ich heute sehen?"

Federer antwortete: „Du wirst RF an der Grundlinie sehen, und ich werde durchziehen."

Annacone sagte: „Du willst also die ganze Zeit durchziehen? Drei Sätze lang, fünf Sätze lang, so lang es eben dauert?"

Federer sagte: „Jepp. Ich bleibe einfach stehen und lasse mich nicht zurückdrängen. Ich vertraue voll auf die Rückhandseite."

Das funktionierte fast zwei Stunden lang gut, und Federer ging mit 2:1 Sätzen in Führung. Doch Nadal kämpfte sich zurück und entschied den vierten Satz für sich, worauf Federer eine Off-Court-Verletzungspause nahm, um seine Adduktoren behandeln zu lassen.

Das wurde natürlich sofort von Pat Cash kritisiert. Der ehemalige australische Tennisstar bezichtigte Federer des „legalen Mogelns", weil er damit den Spielfluss unterbreche.

Nadal schien das jedoch nicht aus der Ruhe zu bringen. Er nahm Federer im ersten Spiel des fünften Satzes den Aufschlag ab und ging 3:1 in Führung.

Der Spielstand sprach gegen Federer, aber Tatsache war auch, dass Nadal zwar führte, aber nicht dominierte. Er musste bei seinem ersten Aufschlagspiel drei Breakbälle und einen weiteren bei seinem nächsten Aufschlag abwehren, während Federer weiterhin souverän mit der Rückhand punktete und seine Rückhandreturns auch dann durchzog, wenn Nadal ihm auf den Körper servierte.

Vor allem Federers innerer Dialog war neu.

„Ich habe mir gesagt, dass ich frei aufspielen muss", erklärte Federer. „Konzentriere dich auf den Ball, nicht auf den Gegner. Sei im Kopf frei. Sei in deinen Schlägen frei. Geh rein. Der Mutige wird belohnt. Ich wollte nicht untergehen, indem ich nur pariere und sehe, wie Rafas Vorhand auf mich einprasselt."

Was folgte, war ein regelrechtes Feuerwerk an brillanten, früh genommenen Schlägen. Federer verlor kein Spiel mehr, nahm Nadal im sechsten Spiel den Aufschlag ab, um auf 3:3 auszugleichen, und legte im achten Spiel ein weiteres Break nach, indem er Nadal beim ersten Punkt mit einem frech gechipten Rückhand-Slice überraschte, den Nadal, mittlerweile an Federers druckvolle Schläge gewöhnt, zu spät kommen sah.

Nadal kämpfte sich jedoch von 0:40 auf Einstand zurück, und dann kam der Punkt, der das Finale zusammenfassen sollte: ein superschneller, 26 Schläge umfassender kühner Ballwechsel von der Grundlinie, der den Spielern alles abverlangte und den Federer mit einer offenen Vorhand-Peitsche die Linie entlang nach einer Rückhand von Nadal, die zwar wehtat, aber wohl nicht genug, für sich entscheiden konnte.

Das war absolutes Weltklassetennis. Und es spricht für Nadals Nervenstärke, dass er beim nächsten Punkt einen Aufschlag-Winner erzielte. Federer jedoch kam jetzt richtig in Fahrt. Beim nächsten Breakball servierte Nadal seinen typischen Slice-Aufschlag weit auf Federers Rückhand, in der Annahme, dass dieser wieder mit einem gechipten Return reagieren würde. Diesmal schlug Federer jedoch eine Rückhand kurz cross, die Nadal erneut überraschte.

Die Zeit war gekommen, bei einem Stand von 5:3 (mit neuen Bällen) zum Titelgewinn aufzuschlagen, und obwohl Federer mit 15:40

in Rückstand geriet, wehrte er den ersten Matchball mit einem Ass ab und den zweiten mit einem Vorhand-Winner inside-out in der Rücklage.

Er konnte zwar seinen ersten Matchpoint nicht verwandeln, schlug dann jedoch im zweiten Anlauf einen sauberen Aufschlag durch die Mitte und eine Midcourt-Vorhand kurz cross, die Nadal nicht abwehren konnte, aber sofort infrage stellte.

Der Jubel verzögerte sich, beide starrten auf die große Anzeigetafel, Nadal mit in die Hüfte gestemmten Händen. Die elektronische Überprüfung bestätigte schnell, dass der Ball tatsächlich auf der Seitenlinie gelandet war.

Endstand: 6:4, 3:6, 6:1, 3:6, 6:3 für Federer, der die Arme in die Höhe riss und mit Blick auf sein Team in die Luft sprang, bevor er ans Netz ging, um Nadal die Hand zu schütteln und ihn zu umarmen.

Die Rod Laver Arena war wahrscheinlich bei einem Tennismatch nie lauter (sie wird übrigens auch als Veranstaltungsort für Rockkonzerte genutzt), und dann kamen auch schon die Tränen, als sich Federer beim Publikum bedankte und auf ein Knie sank.

Es war ein langer Weg bis zu seinem 18. und höchst unwahrscheinlichen Grand-Slam-Titel, der sogar noch überraschender war als sein Durchmarsch 2009 bei den French Open – der einzige andere, seiner Meinung nach, auch nur annähernd vergleichbare Sieg.

Hier war er acht Jahre älter, hatte seit fast fünf Jahren keinen Grand-Slam-Titel gewonnen und seit sechs Monaten kein offizielles Turnier mehr gespielt. Und anders als in Paris musste er Nadal bezwingen.

Es war ein Match, das sich wie das Wimbledon-Finale 2008 lohnt, noch einmal zu sehen. In ihren Zwanzigern hatten sie sich gegenseitig in der Abenddämmerung im All England Club beflügelt, und in ihren Dreißigern hatten sie sich noch einmal unter den Flutlichtern des Melbourne Park herausgefordert.

„Na ja, ich habe solche Matches schon oft gegen ihn gewonnen", sagte Nadal. „Diesmal hat er gewonnen, also gratuliere ich ihm einfach."

Ihre Rivalität zeichnete sich durch eine erstaunliche Kontinuität aus, sowohl in der Häufigkeit wie auch in der Qualität ihrer Begegnungen, aber Federers Sieg in Melbourne signalisierte nun eine neue Dynamik.

Moya erzählte mir später, dass Federers Taktik und Ausführung sie 2017 schon erschreckt habe; Nadal war wohl nicht bereit, das zuzugeben, zumindest nicht in der Nacht des Finales.

„Er hat mich nicht überrascht", sagte Nadal. „Er hat aggressiv gespielt, und das verstehe ich, wenn man gegen mich spielt. Es wäre nicht klug gewesen, sich auf lange Ballwechsel von der Grundlinie einzulassen. Ich glaube nicht, dass er so gewonnen hätte. Er hat sich reingehängt, und das war genau richtig."

Ein paar Wochen später fragte ich Federer, ob sich dieser irreale Titelgewinn anfühle, als sei er vorherbestimmt gewesen.

„Ich hatte eher das Gefühl, dass die French Open vorherbestimmt waren", sagte er. „Diesen Titel musste ich mir hart erarbeiten."

„Natürlich waren die Matches gegen DelPo und Haas auch hart", meinte er mit Blick auf seine Fünfsatzmatches in Paris. „Aber das hier hat sich nicht auf dieselbe Art vorherbestimmt angefühlt. Ich hatte das Gefühl, dass ich vom Kopf her zu frisch war, es am Ende zu sehr wollte, mich insgesamt zu gut fühlte und auf der Welle meines Comebacks ritt, es gab nichts zu verlieren. So in etwa war das. Es war eine Riesenüberraschung. Dieser Sieg hat sich anders angefühlt als alle anderen."

Meine nächste Frage zielte darauf ab, wie viel er sich vom Tennis noch erwarte.

Federer hatte bei der Preisverleihung in Melbourne eine interessante Bemerkung gemacht: „Ich hoffe, ich sehe euch nächstes Jahr wieder. Wenn nicht, war das ein wunderbarer Lauf, und nichts macht mich glücklicher, als hier gewonnen zu haben."

Der letzte an Position 17 gesetzte Spieler, der einen Grand-Slam-Einzeltitel gewonnen hatte, war Pete Sampras bei den US Open 2002. Sampras hatte danach seine Karriere beendet. Wäre es verlockend, Sampras' Beispiel zu folgen?

„Ich denke, in irgendeinem Winkel meines Gehirns ist mir der Gedanke schon gekommen, wie ich das jemals toppen könnte", antwortete er. „Andererseits war die Freude so groß, und ich habe immer wieder zu meinem Team geschaut, wie sie nach dem Matchball in Australien aufgesprungen sind, einfach unglaublich. Es war so schön. Ich glaube, ich möchte das wieder erleben."

Er hatte zu viel Energie in sein Comeback gesteckt, um aufzuhören, und steckte mitten in den Vorbereitungen für den Laver Cup. Dieses Team-Event, das später im Jahr stattfinden sollte, hatten er und sein Agent Tony Godsick ins Leben gerufen.

„Das Ziel meiner sechsmonatigen Auszeit war, noch ein paar Jahre weiterzumachen und nicht nur für dieses Turnier zurückzukommen", sagte Federer. „Ich verstehe, wenn die Leute sagen: ‚Das wäre doch der perfekte Moment, um zu gehen.' Aber ich habe so viel Arbeit investiert und liebe das so sehr und habe immer noch so viel Sprit im Tank."

Was er dann auch tatkräftig unter Beweis stellen sollte.

Zunächst einmal feierte er seinen Sieg in den Alpen und schleppte seine Replik des Norman Brookes Challenge Cup zu Familienfondue und Fotos in ein Bergchalet nach Lenzerheide, um nur eines der Abenteuer der Trophäe zu nennen.

„Ich nenne sie Norman", sagte Federer. „Ich habe mit Norman zu Abend gegessen, und wir haben viel Zeit miteinander verbracht. Ich weiß, es ist nur eine Replik, aber das macht nichts."

Er flog nach Dubai, wo er in der zweiten Runde gegen den russischen Qualifikanten Jewgeni Donskoi verlor, und reiste dann in die Vereinigten Staaten, wo er in Indian Wells und Miami ins Finale rauschte und sich in beiden Turnieren ohne Satzverlust gegen Nadal durchsetzte.

Ich habe Brad Gilbert, einen der wohl scharfsinnigsten Tennistrainer, einmal nach Federers Glanzzeit gefragt.

„Laut Statistik war er ganz klar von 2004 bis 2006 am besten", so Gilbert. „Aber ich habe ihn nie auch nur annähernd so gut erlebt wie 2017 in Indian Wells und Miami. Ich saß bei beiden Turnieren am Spielfeldrand, und er hat Rafa beide Male vom Platz gefegt. Das war die beste Leistung, die ich je bei ihm gesehen habe. Es war schon irre, wie gut er seine Rückhand schlug. Beim Finale in Miami muss Rafa bestimmt gedacht haben: ‚Wow! Was ist mit dem passiert?‘ Aber das hat Rafa dann dazu gezwungen, selbst besser zu spielen. Es klingt vielleicht verrückt, das über Federer zu sagen, wo doch seine beste Zeit zehn Jahre zurückliegen soll. Ich finde, dass einige von den Jungs, gegen die er jetzt gespielt hat, besser waren als in 2004, 2005 und 2006.“

Aber auch Federers Timing war exzellent, da während seiner Renaissance sowohl Djokovic als auch Murray zurückfielen.

Sie waren die Nummer eins und zwei der Welt, als das Jahr begann, und das Bemerkenswerte – und vielleicht sogar Erstaunliche – daran war, dass Federer 2017 auf seinem Weg zu seinen sieben Titeln kein einziges Mal gegen einen der beiden antreten musste. 2018, 2019 und 2020 auch nicht gegen Murray.

Bei Djokovic lag das an einer Kombination aus Eheproblemen, Burnout und seinem rechten Ellenbogen, der schließlich im Februar 2018 operiert werden musste. Bei Murray war das Problem eine komplizierte Hüftverletzung, die ihn nach Wimbledon gezwungen hatte, die Saison zu beenden.

Dafür war Federer nicht verantwortlich, aber es machte ihm die Sache natürlich leichter. Anstatt bei einem Grand-Slam-Turnier an zwei oder drei Mitgliedern der „Big Four“ auf der Höhe ihrer Kunst vorbeizukommen, musste er nur Nadal besiegen.

Und selbst das stand in Wimbledon nicht an, als der Spanier, der gerade zum zehnten Mal die French Open gewonnen hatte, in einem Marathon-Achtelfinale gegen Gilles Müller verlor, das sich im fünften Satz bis zu einem spektakulären 15:13 hinzog, und Djokovic im Viertelfinale gegen Berdych ellenbogenbedingt das Handtuch werfen musste.

Federer hatte die Sandplatzsaison komplett ausgesetzt, um sich zu schonen und seine Chancen auf Rasen zu erhöhen. Eine Strategie, die sich auszahlte: Er rauschte ohne Satzverlust durch die Auslosung im All England Club, schlug Raonic, ohne zu wackeln, im Viertelfinale und schaltete schließlich Berdych im Halbfinale und Marin Cilic in einem seltsamen und enttäuschenden Finale aus.

Cilic, der bereits 2016 in Wimbledon kurz davor gewesen war, Federer zu schlagen, ging mit einer Blase am linken Fuß in die

Partie und begann, als er im zweiten Satz 0:3 zurücklag, auf seinem Stuhl zu schluchzen, während er bei einem Seitenwechsel behandelt wurde.

Aus Enttäuschung, nicht wegen der Schmerzen.

„Natürlich war das emotional sehr hart. Weil ich wusste, was ich in den letzten Monaten alles durchgemacht hatte, um mich vorzubereiten", sagte Cilic.

Federer kam ihm zumindest im letzten Satz ein wenig entgegen, gewann dann aber 6:3, 6:1 und 6:4, um schließlich an Sampras und William Renshaw vorbeizuziehen und als erster Herren-Einzelspieler acht Mal Wimbledon zu gewinnen.

Kurz darauf sank Federer, selbst in Tränen aufgelöst, in seinen Stuhl, als er zur Spielerbox hochsah, wo seine siebenjährigen Zwillingstöchter und seine dreijährigen Zwillingssöhne saßen.

Später erzählte er mir, als wir durch die Gänge des All England Club gingen und ein Fernsehstudio nach dem anderen aufsuchten, dass er selbst nicht mit dieser Reaktion gerechnet hätte.

„Das war wirklich der erste Moment, den ich da draußen für mich hatte", sagte er. „Und ich schätze, da ist mir gedämmert, Mann, ich habe wieder Wimbledon gewonnen und einen Rekord gebrochen, und meine Familie ist da, um das mit mir zu teilen. Ich hatte so gehofft, dass die Jungs auch da sein würden, nicht nur die Mädchen. Ich war einfach so glücklich. Ich glaube, da ist mir auch klar geworden, wie viel ich dafür getan hatte, um hier zu sein. Da kam alles zusammen."

Er hatte seinen 19. Grand-Slam-Titel geholt, und auch wenn er im Viertelfinale der US Open gegen del Potro verlor, weil sich seine Rückenschmerzen zurückmeldeten, blieb es doch eine erinnerungswürdige Saison.

Fast alles, was Federer in diesem Jahr anfasste, schien glattzugehen. Auch der erste Laver Cup in Prag Ende September. Godsicks und Federers Lieblingsprojekt basierte auf dem Ryder Cup aus dem Golfsport, den sich Godsick genauer angesehen hatte und bei dem ein europäisches Team gegen ein Team aus dem Rest der Welt antritt.

„Go Rest of the World" ist nicht gerade der einprägsamste Schlachtruf, aber die Spieler hatten den Geist des neuen Events (und die lukrativen Antrittsprämien und Preisgelder) schnell verinnerlicht. Das Turnier war auf knackige drei Tage komprimiert, garantierte mit steigender Matchqualität einen spannenden Finaltag und hatte mit dem schwarzen Court, der stimmungsvollen Beleuchtung und den erhöhten Spielerboxen, die eine einfache Interaktion mit den Kameras und für diverse Social-Media-Kanäle ermöglichten, seinen ganz eigenen Look.

Aber was die ausverkaufte Turnierpremiere in der O2-Arena wirklich ausmachte, war die Starpower Federer/Nadal, die sich in Prag mitten in ihrer neu aufgeflammten Rivalität miteinander verbündeten. Sie hatten die vier Grand-Slam-Titel des Jahres unter sich aufgeteilt, Nadal war nach seinem US-Open-Sieg wieder die Nummer eins und Federer die Nummer zwei.

Nach der Auslosung auf dem Prager Altstädter Ring fuhr ich mit den beiden im Van zurück ins Mannschaftshotel (Tennisjournalismus findet öfter in herumfahrenden Wagen statt). Beide hatten sich seit Tagen nicht mehr rasiert, Nadal war gut gelaunt und Federer aufgedreht und begeistert, wie ein Firmengründer, der sich soeben die letzte Finanzierungsrunde für sein Start-up gesichert hatte. Er kicherte über so ziemlich alles, was Nadal sagte.

Es war eine fröhliche, holprige Fahrt über das Prager Kopfsteinpflaster, die so unterhaltsam war wie ihre gemeinsame Saison, aber das Bemerkenswerteste daran war, dass Björn Borg, der europäische Teamkapitän, auf dem Rücksitz saß und ihnen schweigend zuhörte. Jahrzehnte zuvor war Björn Borg der Superstar gewesen, er hatte ebenfalls einen Part in einer besonderen Rivalität gespielt. Federer und Nadal hatten das Konzept nun zur Vollendung gebracht: Sie standen im Begriff, zum ersten Mal gemeinsam ein Doppel zu spielen (die paar Spiele beim Wohltätigkeitsturnier anlässlich der Flutkatastrophe in Australien 2011 nicht mitgezählt).

„Ich hoffe, wir haben nicht zu lange gewartet, weil wir jetzt zu alt sind", sagte Federer. Aber die symbolische Bedeutung schien in dieser Phase wichtiger als das Ergebnis.

„Sieh's mal so, wir sind schon unser Leben lang Rivalen, also wird es etwas ganz Besonderes sein, wenn wir jetzt zusammen auftreten, einzigartig", meinte Nadal. „Ich glaube, es wird großartig."

Wir redeten darüber, wie viel sie einander für ihre andauernden exzellenten Leistungen schuldeten, und ob sie so lange so viel erreicht hätten, wenn sie sich nicht gegenseitig befeuert hätten.

„Einerseits glaube ich ja, andererseits nein", sagte Federer. „Ich glaube, dass ich wegen Rafa vielleicht weniger erreicht habe, aber gleichzeitig habe ich das Gefühl, dass er mich zu einem besseren Spieler gemacht hat."

Nadal stimmte zu – überraschend, wenn man bedenkt, wie sehr er normalerweise darauf besteht, dass sein Antrieb von innen heraus kommt.

„Ich habe meine persönliche Motivation, aber natürlich ist es einfacher, die Dinge zu sehen, die man verbessern muss, wenn man jemanden vor sich hat", sagte er.

„Sie legen dich frei; sie ziehen dich aus", sagte Federer.

„Genau", meinte Nadal. „Wenn man der Beste ist und nicht sieht, was andere besser machen als man selbst, ist es schwer, auf den Platz zu gehen und genau zu verstehen, was man tun muss, um besser zu werden. Jemanden wie Roger so viele Jahre vor mir zu haben, hat mir natürlich geholfen und mich dazu gebracht, mit einer anderen Sicht auf die Dinge zu trainieren."

Vor dem Doppel am Samstag gab es allerdings noch einige Details zu klären.

„Wo spielst du normalerweise?", fragte Nadal Federer, der sich über die ungewöhnliche Frage zu freuen schien.

Bis Samstag hatten sie schließlich entschieden, dass Federer auf der Einstandseite und Nadal auf der Vorteilseite spielen würde, und sie harmonierten ganz gut, von einem Beinahezusammenstoß einmal abgesehen, als Nadal nach hinten wich, um einen Schmetterball zu schlagen. Abgestimmt in ihren blauen Shirts, weißen Shorts und weißen Bandanas, schienen sie sich auch ähnlicher als sonst. Der Linkshänder Nadal und der Rechtshänder Federer waren wie gespiegelt: beide 1,80 Meter groß, schnell und offensichtlich glücklich, während der Seitenwechsel mit Borg, wie immer ein Mann weniger Worte und ein guter Zuhörer, ihre Taktik zu besprechen, die man dank der Mikros gut mitverfolgen konnte.

Sie bezwangen ihre stark aufspielenden Kontrahenten Sam Querrey und Jack Sock, und auch Europa obsiegte, wobei Federer das entscheidende Match am Sonntag gegen Nick Kyrgios in einem Hybrid-Event gewann, das irgendwo zwischen Zurschaustellung und ernstem Geschäft oszillierte.

Federer blieb auf Erfolgskurs und reiste nach Asien, wo er das Shanghai Masters gewann und Nadal erneut glatt in zwei Sätzen besiegte. Dann gewann er zum achten Mal sein Heimatturnier in Basel, bevor er überraschend im Halbfinale der ATP Finals in London gegen David Goffin verlor. Er erholte sich mit seiner Familie auf den Malediven. Dort traf er auf Cilic, der im selben Ressort Urlaub machte, was ein ziemlicher Zufall war, auch wenn die Malediven bei einem Tennisstar eher die Regel als die Ausnahme sind, und kehrte schließlich nach Dubai und auf seinen Court im Madinat Jumeirah Club zurück, um sich auf 2018 vorzubereiten.

Er marschierte ins Finale der Australian Open, ohne auch nur einen Satz abzugeben, und musste erneut weder gegen Nadal noch gegen Djokovic (oder Murray) antreten. Dieses Mal hatte Cilic jedoch vor, ihm ordentlich Dampf zu machen, schließlich stand nicht weniger als eine Grand-Slam-Trophäe auf dem Spiel.

Sie hatten während ihres Urlaubs zusammen trainiert, zweimal eine Dreiviertelstunde Bälle geschlagen, ohne Trainer, Fitnesscoaches oder Agent weit und breit, und sich zu Drinks und Desserts getroffen, Federer mit seiner Familie und Cilic mit seiner Verlobten.

Und jetzt spielten sie um die Australian-Open-Trophäe.

Das war typisch Federer: Er war mit seinen Konkurrenten befreundet und konnte ohne Skrupel seinen Charme ausknipsen, wenn der Ball ins Spiel kam, und sich ganz auf die vor ihm liegende Aufgabe konzentrieren (was sagte James Blake 2006 in Indian Wells?).

Cilic erzwang einen fünften Satz und erspielte sich im ersten Spiel zwei Breakchancen bei Aufschlag Federer, die dieser jedoch abwehren konnte, nur um im Anschluss Cilic den Aufschlag abzunehmen und seine ungeheure Vielseitigkeit unter Beweis zu stellen, indem er wiederholt seinen Chip-Return gegen den 1,90 Meter großen Hünen einsetzte – den er im Finale gegen Nadal 2017 auf demselben Court so gut wie gar nicht eingebracht hatte.

Federer hatte sich innerhalb eines Jahres vom Außenseiter zum klaren Favoriten vorgekämpft, auch wenn er sich zu Beginn der Australian Open diesem Label widersetzt hatte.

„Ich glaube nicht, dass ein 36-Jähriger als Favorit eines Turniers gelten sollte", hatte Federer gesagt.

Das hatte er sich aber selbst zuzuschreiben – schließlich hatte er eines der spektakulärsten späten Comebacks der Sportgeschichte hingelegt, indem er drei der vier letzten Grand-Slam-Einzeltitel gewonnen und seinen Rekord auf einprägsame 20 Titel erhöht hatte.

In der Schweiz zündete sich Christian Marcolli, Federers ehemaliger Leistungspsychologe, auf der Terrasse seines Hauses im ländlichen Küttigen seine 20. Zigarre an und dachte dabei wieder an Peter Carter.

„Ich habe alle Zigarrenstummel als eine Art Beweis aufbewahrt", erzählte mir Marcolli. „Das waren alles besondere, einzigartige und sehr emotionale Momente. Ich habe mir immer einen Moment nach jedem Sieg gegönnt, um diese Zigarren zu rauchen."

Federer war nicht der Einzige, der mit Spitzenleistungen auffiel. Serena Williams kehrte nach der Geburt ihrer Tochter Olympia im Alter von 36 Jahren auf die Tour zurück und erreichte in den folgenden beiden Saisons vier Grand-Slam-Finale.

Sportwissenschaftliche Erkenntnisse und ein besseres Verständnis für Ernährung, Training und die nötigen Ruhephasen spielen hier sicher eine Rolle, aber auch die Möglichkeiten eines Spielers wie Federer, ein hochqualifiziertes Team zusammenstellen und es sich leisten zu können, seine Familie mit auf die Tour zu nehmen. Hilfreich war vermutlich auch, zu wissen, dass andere ebenfalls an ihre Grenzen gingen.

„Ich liebe diese Geschichten", sagte Federer über den US-Football-Spieler Tom Brady, den italienischen Torwart Gianluigi Buffon und den NHL-Star Jaromir Jagr. „Ich wollte immer lange ein großer

Athlet oder Spieler bleiben, und das habe ich erreicht. Aber zu sehen, dass andere das vor mir geschafft haben und immer noch schaffen, ist sehr hilfreich und motivierend."

Federer hatte 2005 im Finale der US Open gegen Agassi gespielt, als dieser 35 war. Aber Agassi hat in diesem Alter keinen Grand-Slam-Titel mehr gewonnen – geschweige denn drei.

Um einen Präzedenzfall zu finden, muss man ein ganzes Stück in der Geschichte zurückgehen, und zwar bis zu Rosewall, dem kleinen Australier mit dem ironischen Spitznamen „Muscles", der 1970 die US Open mit 35 und 1971 die Australian Open mit 36, im Jahr darauf mit 37 gewonnen hat. Rosewall erreichte sogar 1974 mit 39 das Finale der US Open und von Wimbledon, verlor jedoch beide Male glatt gegen Jimmy Connors.

Mit seinen 1,75 Metern und 68 Kilo hatte er eine andere Statur als Federer und konnte sich deshalb so gut durchsetzen, weil er meistens auf Rasen spielte, wo der Ball flach absprang. Hinzu kam, dass er mit einem Holzschläger spielte und seine Vorhand mit wenig und seine Rückhand gänzlich ohne Topspin schlug, vielmehr formvollendet gerade oder mit Schnitt.

Was Rosewall und Federer jedoch gemein haben, ist die geschmeidige Beinarbeit und saubere Technik.

„Ich sage immer, es lag an der Art, wie wir uns auf dem Platz bewegt haben, anmutig, aber schnell", erzählte mir Rosewall, als wir uns 2020 in Melbourne wieder einmal auf einen Kaffee trafen. „Ich bin sicher, Roger wäre grandios gewesen, wenn er mit unseren Holzschlägern gespielt hätte. Seine Technik hätte wunderbar funktioniert. Das trifft nicht auf viele heutige Spieler zu."

Rosewall war 85 Jahre alt, wog immer noch 68 Kilo und hatte einen festen Händedruck und eine lockere, unprätentiöse Art, was sicher auch mit daran lag, dass er jahrzehntelang auf den Barnstorming-Touren viel herumgekommen war.

„Wir schliefen jede Nacht woanders", erzählte er. „Es gab sogar ein Spielfeld aus Segeltuch, das auf dem Boden einer Turnhalle oder auf dem Eis ausgebreitet wurde, wenn wir in einer Eishockeyhalle spielten. Unsere Füße wurden dann immer kalt."

Ständige Promotion gehörte ebenfalls dazu.

„Wir mussten kämpfen, um Aufmerksamkeit zu bekommen", sagte er. „Für unsere Pro-Tour gab es noch keine nennenswerten Sponsoren oder Marketing, also standen wir immer parat, um mit allen zu sprechen oder ein Fernsehinterview zu geben."

Wie viele der großen australischen Spieler von damals schätzte er Federers Spiel und seinen Respekt vor der Geschichte des Sports. Er hatte es sich zur Gewohnheit gemacht, ihm jedes Jahr zur Unterstützung einen halbseitigen Brief zu schreiben und diesen zu Beginn der Australian Open in der Spielerumkleide abzugeben.

„Heutzutage kommt man ja kaum noch in die Umkleide rein", sagte Rosewall. „Ich will ihn auch nicht stören, aber ich finde, er ist fantastisch für den Sport. Ich bin ein großer Bewunderer seiner Haltung auf und außerhalb des Platzes. Er hat dem Druck standgehalten, und er scheint keine Ermüdungserscheinungen zu haben."

Rosewall war, wie Rod Laver, mit dem er eine freundschaftliche Erzrivalität pflegte, von der Amateur- auf die Profitour gewechselt, was dazu führte, dass er nicht mehr an Grand-Slam-Turnieren und am Davis Cup teilnehmen durfte, bis mit Beginn der Open-Ära im Jahr 1968 die Richtlinien endgültig geändert wurden.

Rosewall gewann noch im selben Jahr die French Open, das erste Grand-Slam-Turnier, das sowohl für Amateure als auch für Profis „offen" war, und holte insgesamt acht Grand-Slam-Titel. Am meisten bedauerte er, nie Wimbledon gewonnen zu haben. Sicherlich hätte „Muscles" noch viele Titel mehr gewonnen, wenn er nicht elf Jahre Grand-Slam-Tennis verpasst hätte, als er 1957, mitten in seiner Blütezeit, zu den Profis gewechselt war. Wie Federer, brillierte er in jungen Jahren und in seinen späten Dreißigern. Aber nicht einmal Federer ist es gelungen, zwischen seinen ersten und letzten Grand-Slam-Titel 19 Jahre zu legen.

Rosewall hatte während seiner Karriere keine größeren Verletzungen und bekam erst mit 55 Jahren Schulterprobleme.

„Was Ken geschafft hat, ist einfach unglaublich", sagte mir Federer 2016 in Australien, kurz vor seiner ersten Operation. „Ich schaue auf jeden Fall zu ihm auf, und was er geleistet hat, gibt mir die Hoffnung, dass ich, wenn ich gesund bleibe, noch viele Jahre spielen kann."

Mit bemerkenswerten Männern wie Rosewall im Hinterkopf, hatten Federer und Paganini 2004, kurz nachdem er sich erstmals an der Spitze der Weltrangliste positioniert hatte, einen langfristigen Plan für Federer erarbeitet, der das Prinzip „Weniger ist mehr" beinhaltete. Sie lagen damit richtig, aber nur, weil Federer das Talent hatte, aus dem Handgelenk Halbvolley-Winner aus dem Backcourt zu passieren und harte Aufschläge auf die Linie zu pfeffern.

Das machte er mit 36 immer noch genauso, wie er es mit 22 getan hatte, und im Februar 2018, zwei Wochen nachdem er Cilic in Melbourne besiegt hatte, reiste er aus der Schweiz in die niederländische Hafenstadt Rotterdam, um dort an einem Hallenturnier teilzunehmen.

Diesmal war aber nicht Federers Liebe zum Tennissport der Grund. Vielmehr war er kurz davor, Nadal an der Spitze der Weltrangliste abzulösen. Das Erreichen des Halbfinales in Rotterdam sollte ihm die dafür notwendige Punktzahl sichern, weshalb er die Gunst der Stunde nutzte und beim Turnierdirektor Richard Krajicek, einem ehemaligen Wimbledon-Gewinner, eine Wildcard beantragte.

Da in Rotterdam 32 Spieler ausgelost wurden, musste Federer die ersten drei Runden gewinnen. Er schlug den belgischen Qualifikanten Ruben Bemelmans in der ersten, den deutschen Tennisveteranen Philipp Kohlschreiber in der zweiten und den Niederländer Robin Haase in der dritten Runde, nachdem er, um der Bedeutung des Moments gerecht zu werden, den ersten Satz verloren hatte.

Anschließend verdiente sich Federer noch ein paar Extra-Lorbeeren, indem er Dimitrov im Finale 6:2, 6:2 bezwang.

Als Federer in sein Comeback gestartet war, wäre er zufrieden gewesen, noch einmal Wimbledon zu gewinnen. Stattdessen hatte er viel mehr erreicht, als er selbst oder jemand in seinem näheren Umfeld erwartet hätte.

„Als wir anfingen, habe ich viel mehr Vorhersagen getroffen als jetzt, und ich lag oft falsch", erzählte mir Lüthi. „Jetzt lasse ich mich von ihm überraschen. Beziehungsweise erwarte ich eigentlich, von ihm überrascht zu werden. Das Beste ist wahrscheinlich, alles auf uns zukommen zu lassen und ihn nicht einzuengen. Sicher frage ich mich manchmal, wie lange er noch spielen wird, aber das Beste in dieser Phase ist, einfach zu leben, den Moment zu genießen. Wenn man das schafft, kann das einem Kraft und Stärke geben. Es kann aber auch ein Problem sein, weil man nicht hungrig bleibt, deshalb muss man immer die richtige Balance finden."

Für Federer war die Herausforderung eher mental denn physisch, sogar nach der Knieoperation.

„Du musst dich selbst kennen, und du musst ehrlich zu dir selbst sein. Wenn man, sagen wir mal, nach Rotterdam geht, muss man die Begeisterung dafür mitbringen. Wenn einem in dieser Phase das Feuer fehlt, bleibt man besser zu Hause. So einfach ist das."

Federer war mit genau dem richtigen Feuer angereist, und als er am Morgen nach dem Turnier auf die ATP-Website klickte, war er wieder die Nummer eins der Welt – und der älteste Spieler, der die Rangliste anführte, seit die ATP im Jahr 1973 ihr erstes computerbasiertes Ranking eingeführt hatte.

Kapitel 15

INDIAN WELLS, KALIFORNIEN

Es war Reisetag in der Wüste, und Roger Federer war schon vor der Morgendämmerung auf den Beinen. Wir trafen uns auf dem Rollfeld von Thermal, einem Ort in der Nähe von Indian Wells, wo Federer tags zuvor das Finale der BNP Paribas Open 2018 gegen Juan Martin del Potro verloren hatte.

Federer, wieder die Nummer eins, war enttäuscht. Er hatte bei einem Stand von 5:4 im dritten Satz zum Titelgewinn aufgeschlagen und trotz dreier Matchbälle den Sack nicht zugemacht – ein Schicksal, das Federer selten, aber doch öfter als andere Topspieler ereilte. Tatsächlich hat er über 20-mal nach einem Matchball verloren, Nadal und Djokovic weniger als 10-mal.

„Ich weiß, es ist übel, das zu sagen, aber ich bezeichne Federer manchmal sogar als Underachiever, wenn man all die Matches in den großen Turnieren bedenkt, die er verloren hat, obwohl er in Führung lag", hatte Günter Bresnik, einer der Topcoaches im Tennis, einmal gesagt. „Der Junge sollte eigentlich 30 Grand-Slam-Titel in der Tasche haben."

Die Gründe dafür waren unklar. Eine unterschwellige Nervosität? Geringe Fehlertoleranz? Eine schlechte Angewohnheit, die man nur schwer wieder loswird? „Ich glaube, es liegt daran, dass sein Stil so offensiv ist", sagte Paul Annacone, sein Ex-Trainer. „Als er noch jünger und beweglicher war, war das noch anders. Aber jetzt ist er älter und muss noch offensiver gegen die Topspieler vorgehen. Das ist in den wichtigen Momenten, wenn der Druck hoch ist, oft schwierig. Wenn Rafa nervös ist, spielt er sichere Bälle und bewegt sich großartig. Novak spielt superflache, hochpräzise Bälle, aber mit wenig Risiko. Roger geht viel mehr Risiko ein."

Doch Federer, der Erfahrung damit hatte, wie man Dinge in die richtige Perspektive rückte, bewältigte die Nachwirkungen gut. Er war auch nicht mürrisch, als er sich an diesem kühlen Morgen gähnend und leicht unausgeschlafen mit mir unterhielt.

„Fünf Stunden", sagte er. „Nicht genug nach so einem Spiel."

Kurz darauf wurde er an Bord des Privatjets gelassen, der ihn nach Chicago bringen sollte, und ich durfte ihn auf diesem vierstündigen Flug begleiten. Das war die Chance, mehr über den Geschäftsmann Federer und den nächsten Austragungsort des Laver Cup zu erfahren. Dass ich eingeladen wurde, in diesem privaten Umfeld mit Federer zu sprechen, zeigt, wie gut unsere Beziehung ist, aber natürlich auch, wie wichtig Federer und Godsick ihr Herzensprojekt war.

Der Laver Cup, nach der australischen Tennislegende Rod Laver benannt, gründete auf einem einfachen Konzept: im Jahresrhythmus drei knackige Tennistage, an denen die besten Spieler aus Europa gegen die besten aus dem Rest der Welt in Teams antreten, was Federer die noch nie dagewesene Möglichkeit bot, mit statt gegen Nadal und Djokovic zu spielen.

Die Umsetzung war jedoch aufgrund der unterschiedlichen Interessen kompliziert. Für eine vergleichsweise kleine internationale Sportart, die nur etwa 200 männlichen und weiblichen Profis auf der Tour ein gutes Auskommen beschert, gibt es ein Übermaß an Dachverbänden, wenn man die Men's Tour, die Women's Tour, die International Tennis Federation und die vier Grand-Slam-Turniere mitzählt, die sich zwar oft absprechen, aber ansonsten unabhängig agieren.

Sich abzustimmen, ist daher schwieriger, als es sein sollte, was es dem Tennis auch zunehmend erschwert, innovativ zu bleiben und sinnvolle Reformen einzuleiten. Der Sport ist dadurch wie ausgebremst; jedes neue Event, jede Veränderung im vollgestopften Terminkalender sorgt zwangsläufig dafür, dass man einander ins Gehege kommt.

Federer und Godsick wussten das alles, als sie den Laver Cup 2017 in Prag ins Leben riefen, und bekamen es umso deutlicher zu spüren, als sie 2018 die zweite Ausgabe in Chicago organisierten.

„Das ist das Verrückte am Tennis", hatte mir Federer vor Prag erzählt. „Egal an welcher Schraube man dreht, das ganze Gebäude beginnt zu wackeln. Alles Neue läuft wie eine Schockwelle durchs ganze System, an das sich die Spieler gewöhnt haben. Das muss aber nicht unbedingt etwas Negatives sein."

Für einen Superstar engagiert sich Federer intensiv hinter den Kulissen. Das zeigte sich bereits früh, als er eine Führungsrolle in der Schweizer Davis-Cup-Mannschaft übernahm. Von 2008 bis 2014 fungierte er zudem als Präsident des ATP-Spielerrats, der erfolgreich große Preisgelderhöhungen bei den Grand-Slam-Turnieren und anderen Tour-Events durchsetzen konnte.

Das Herrentennis war auch schon früher von engagierten Topspielern wie Arthur Ashe, Cliff Drysdale und Stan Smith geprägt, die im Verlauf ihrer Karriere daran arbeiteten, den Einfluss der Spieler zu erhöhen, und im Mikrokosmos der nationalen Verbände und Turnierbesitzer an den Machtverhältnissen rüttelten. Die großen Stars vor Federer, etwa Sampras, Agassi und Boris Becker, zeigten hingegen kaum Interesse daran, ihre Energie mit Tennispolitik zu verschwenden.

„Vielleicht ist das so ein Generationending, aber zu meiner Zeit hätte sich keiner der ganz Großen die Zeit genommen und eingemischt", erzählte mir Sampras. „Ich wollte mich nicht ablenken lassen, indem ich mich in die Politik oder Preisgelddebatte der verschiedenen Verbände einmische. Es war schon hart genug für mich, zu spielen und zu gewinnen."

Federer seinerseits engagierte sich zunehmend, und Nadal, Murray und Djokovic schlossen sich ihm in unterschiedlichem Maße an. 2011 und 2012 kam es in diesem Zusammenhang zu, wenn auch seltenen, Spannungen zwischen Federer und Nadal, als sie sich über die Änderungen im Ranking-System und die Wahl des nächsten Hauptgeschäftsführers der ATP-Tour uneins waren. Der Disput wurde öffentlich, als ich 2012 bei den Australian Open gegenüber Nadal erwähnte, dass Federer es nicht mögen würde, wenn sich Topspieler öffentlich negativ über die Tour äußerten. „Das sehe ich ganz anders", schnappte Nadal. „Er macht es sich zu leicht: ‚Ich sage nichts. Alles ist gut, ich komme rüber wie ein Gentleman, und die anderen verbrennen sich die Finger.'"

In bissigeren Zeiten, in denen sich die Stars eher selten verbündeten, wäre ein solcher Kommentar business as usual gewesen. Aber dass Nadal auf diese Weise über Federer herfiel, wirkte eher wie eine Netztirade. Die Wogen waren zwar schnell geglättet, doch erinnerte Nadals Ausbruch daran, dass selbst einander noch so freundlich gesonnene Rivalen im Kern immer noch um Einfluss und Titel konkurrieren.

Letzten Endes offenbarte sich Djokovic als der radikalste der großen Drei, als er das Establishment offen herausforderte und 2020 sogar eine neue Spielergewerkschaft gründete, die sich als unabhängige Stimme der traditionellen Herrentour verstand.

Federer zog es immer vor, aus dem System heraus zu agieren und mit Lobbyarbeit und Überzeugungskunst zu punkten. Passenderweise hatte er sich mit Paul Annacone und Ivan Ljubicic zwei Trainer ausgesucht, die in ihren Spielerkarrieren selbst stark in die ATP-Politik involviert gewesen waren und sich bestens in allen wichtigen Themen auskannten. „Wir haben im Vorfeld ziemlich viel gesprochen", so Annacone.

Dennoch sorgte der Laver Cup für reichlich Spannung in der Öffentlichkeit und hinter verschlossenen Türen – definitiv mehr Spannung, als es Federer in seinen goldenen Tennisjahren lieb gewesen sein dürfte.

Der Internationale Tennisverband (ITF) betrachtete den Laver Cup als Störung für den Davis Cup. Dieses andere Team-Event hatte sowieso schon Schwierigkeiten, die besten Herrenspieler, darunter Federer, zur regelmäßigen Teilnahme zu verpflichten, und war gerade dabei, sein Format zu verändern. Außerdem kollidierte der Austragungstermin Ende September mit anderen ATP-Turnieren, was es noch schwieriger machte, die nötige Aufmerksamkeit auf sich zu ziehen und die Topstars anzulocken.

Die Grand-Slam-Turnierleitungen vertraten verschiedene Auffassungen: Der All England Club und die Fédération Française de Tennis blieben auf Distanz, während Tennis Australia und die United States Tennis Association tatsächlich in den Laver Cup investierten. Das Presseteam der Australian Open reiste sogar den ganzen Weg von Melbourne nach Prag, um im Rahmen ihrer Vereinbarung für das Event tätig zu werden.

Ich bin der Meinung, dass es im Tennis eine ganze Schwemme an Turnieren gibt, aber keine Schwemme an übergreifenden Turnieren. Es sollte daher einen Platz für eine Veranstaltung wie den Laver Cup geben, der mit Federer eine gute Chance hat, international für Begeisterung zu sorgen, statt nur lokales oder regionales Interesse zu wecken. Ich hatte bereits über viele Ryder Cups berichtet, die Inspirationsquelle aus dem Golfsport für den Laver Cup, und für mich gehört der Ryder Cup mit seinem Matchplay-Modus zu den fesselndsten Sportevents überhaupt, das vom ersten Schlag an puren Nervenkitzel verspricht. Der Ryder Cup ist wie der Laver Cup ein Showevent ohne Weltranglistenpunkte, konnte sich aber in den vielen Jahren seines Bestehens ein großes Renommee unter den Spielern erarbeiten. Außerdem bietet er europäischen Spielern die immer noch seltene Gelegenheit, gemeinsam anzutreten, mit dem Unterschied, dass die Golfer sowohl die europäische Tour als auch ihren Kontinent repräsentieren. Im Tennis gab es bis dato keine separate europäische Tour, dabei war Europa ohne Zweifel die dominierende Kraft im Herrentennis: vielleicht sogar zu dominierend für das langfristige Wohl des Laver Cup.

Der erste Laver Cup in Prag entpuppte sich in Sachen Unterhaltungswert als Volltreffer: enge Matches, ausverkaufte Ränge und Federer und Nadal als Verbündete, auch wenn das Event aufgrund der Anlaufkosten sowie der üppigen Antrittsgebühren und Preisgelder, die an die Spieler gezahlt worden waren, viel Geld verloren hatte.

Für Federer war es jedoch wichtig, dass die zweite Ausgabe auf diesem positiven ersten Eindruck aufbaute, weshalb er jetzt auf dem Weg nach Chicago war, während Mirka und die Kinder nach Florida reisten, um das Basislager für die Miami Open aufzuschlagen.

„Der Laver Cup liegt mir sehr am Herzen, daher spare ich mir dafür natürlich immer ein wenig Energie auf", sagte Federer. „Ich spiele nicht mehr jedes Turnier, aber da gehe ich aufs Ganze, und dann brauche ich wieder eine Auszeit."

Federer besitzt kein eigenes Flugzeug, sondern bekommt eine Maschine von einer Firma zur Verfügung gestellt, die Anteile an Privatjets verkauft. Diesen Service nimmt Federer in Anspruch, wenn er in Nordamerika und Europa unterwegs ist.

Auf diese Weise versucht er die Reibungen zu reduzieren, die sein kompliziertes, weltumspannendes Leben mit sich bringt: Er möchte die Reisen, die Jetlags und das Leben allgemein für sich und seine Familie so angenehm wie möglich gestalten.

„Ich brauche das alles nicht", sagte mir Federer mit Blick auf das Flugzeug. „So macht es alles einfacher, leichter. Es ist eine Investition in sich selbst, in Sachen Energie und Zeitmanagement. So komme ich schneller an den vielen Check-ins und Schlangen und Menschen und Fotos vorbei, kann direkt ins Flugzeug steigen und mich jetzt schon entspannen."

Er verfügte seit geraumer Zeit über die Mittel, um diese „Reibungen" deutlich zu reduzieren: Er war auf dem Weg, der erste Tennisspieler und einer der wenigen Athleten überhaupt zu werden, die in ihrer aktiven Karriere eine Milliarde US-Dollar verdient hatten (neben dem Golfspieler Tiger Woods und dem Boxer Floyd Mayweather). Lediglich 130 Millionen US-Dollar stammten aus Preisgeldern, der Rest setzte sich aus Sponsorengeldern, Werbeverträgen, Antrittsgebühren und besonderen Events zusammen, wie die lukrativen Showturniere, die Godsick in Südamerika organisiert hatte.

Federers Leistungen in diesem Bereich sind so beeindruckend wie die auf dem Platz. Und obwohl Business und Tennis untrennbar miteinander verbunden sind, hatte er hinsichtlich der Verdienstmöglichkeiten nicht die günstigsten Startbedingungen.

Er stammt zwar aus der wohlhabenden Schweiz, aber nicht aus einem Land mit einem großen Markt, wie die USA, Japan, Deutschland oder Frankreich. Das machte ihn anfangs für Sponsoren weniger interessant.

„Wenn man Schweizer ist, repräsentiert man ein kleines Land", sagte Regis Brunet, Federers erster Agent bei IMG. „Wenn du richtig Geld verdienen willst, reicht es nicht aus, die Nummer zehn in der Welt zu sein."

Brunet, ein ehemaliger französischer Tennisspieler, wusste das aus erster Hand, da er bereits den Schweizer Marc Rosset vertreten hatte, der es bis zur Nummer neun gebracht hatte.

„Man muss die Nummer eins sein, wenn man zu einem weltweiten Phänomen werden will", sagte mir Brunet. „Wenn man die Nummer eins ist und Amerikaner, kann man einen Haufen Geld machen. Aber als Schweizer konnte man zu diesem Zeitpunkt nur so viel Geld wie ein Amerikaner verdienen, wenn man sehr viel besser war als der Amerikaner und eine absolut außergewöhnliche Nummer eins."

Brunet sah Federer zum ersten Mal beim Junior Orange Bowl 1995, als Federer bei den unter 14-Jährigen im Biltmore Hotel in Coral Gables nahe Miami spielte. Damals wimmelte es nur so vor Agenten auf der Suche nach der nächsten ganz großen Nummer, und Brunet hatte es auf den Belgier Olivier Rochus abgesehen. Aber Brunets guter Freund Christophe Freyss empfahl ihm, auch Federer in den Blick zu nehmen. Freyss war der französische Coach, der Federer im nationalen Leistungszentrum der Schweiz in Ecublens betreute.

„Christophe hatte mir erzählt, dass Roger nicht einfach war, weil er ein ganz schöner Hitzkopf sein konnte, aber auch ordentlich Talent hatte", erzählte mir Brunet.

„Also sah ich ihn mir an, und nach fünf Minuten, oder vielleicht waren es auch zehn, rannte ich zur nächsten Telefonkabine, die ich finden konnte – damals gab es ja noch keine Handys –, und rief Christophe an und fragte ihn, ob er in Basel ein Treffen mit Rogers Eltern organisieren könne. Ich wusste, dass ich schnell sein musste, weil die anderen Agenten auch nicht lange brauchen würden, um seine Fähigkeiten zu erkennen."

Brunet störte sich nicht an Federers Temperament und war besonders von seiner technischen Versiertheit beeindruckt, vor allem aber von seiner Fähigkeit, mit 14 mehrere gute Rückhandschläge spielen zu können.

„Jeder schlägt eine gute Vorhand, aber seine Rückhand hat ihn meiner Meinung nach wirklich von allen anderen abgehoben", sagte Brunet.

Er kehrte nach Frankreich zurück und reiste nach Basel, wo er Lynette und Robert Federer traf. Er kannte Lynette noch von ihrer ehrenamtlichen Tätigkeit bei der ATP Basel. Die Federers kannten auch IMG, und sie beruhigte die Tatsache, dass es sich um „ein amerikanisches Unternehmen" mit einer internationalen Reichweite handelte.

„In dieser Phase sprechen Agenten viel mehr mit den Eltern als mit dem Spieler", so Brunet. „Und Rogers Eltern waren großartig. Sie waren gebildet, stellten die richtigen Fragen, und wenn sie jemandem ihr Vertrauen schenkten, geschah das zu 100 Prozent. Wenn alle Eltern so wären, wäre alles leichter."

Der formelle Vertrag stand noch aus, aber die Federers hatten ihre Zusage gegeben. 1997 schloss Brunet einen Vertrag mit Nike ab, damit Federer deren Tennisbekleidung und -schuhe trug, und weil auch Adidas Interesse bekundete, hatte er ein Druckmittel in der Hand, sodass Nike laut Brunet 500.000 US-Dollar für fünf Jahre zahlte: eine schöne Summe für einen Juniorspieler.

„Das war der größte Vertrag, den wir je für einen Spieler in diesem Alter geschlossen hatten", sagte Brunet. „Im Schnitt hätte man für einen sehr guten Schweizer Juniorenspieler vielleicht 20.000 US-Dollar pro Jahr gezahlt und dann erst mal abgewartet. Aber Nike hat die Summe verfünffacht und sich auf fünf Jahre festgelegt, weil sie so an Roger geglaubt haben. Ich habe ihn bei Nike als zukünftige Nummer eins gepitcht, aber um ehrlich zu sein, habe ich alle als zukünftige Nummer eins gepitcht. Das Wichtigste war aber nicht die Summe, sondern die Sicherheit, die der Vertrag Roger bot, und dass er, wenn er schnell in die Top 50 oder 20 kam, seine sportliche Leistung widerspiegelte."

Obwohl Spieler teils gezwungen sind, eine Schlägerfirma nach der Höhe ihres Angebots auszusuchen statt nach ihren Vorlieben, gelang es Federer, einen Deal mit dem Unternehmen Wilson abzuschließen, das den Schläger herstellte, den er benutzte und mochte.

1998 beendete er die Saison als Nummer eins bei den Junioren, nachdem Roger beim Orange Bowl den U18-Titel gewonnen hatte, was die Federers, laut Paul Dorochenko, bei sich zu Hause in der Schweiz feierten.

„Das Jahr war fast vorbei", sagte Dorochenko, „und Federers Vater drückte mir, Peter Carter und Peter Lundgren jeweils einen Umschlag in die Hand. Die Federers badeten nicht gerade in Geld. Sie waren natürlich nicht arm, aber auch nicht reich, und die Summe war ordentlich, etwa 1000 Schweizer Franken."

Vor allem erinnerte sich Dorochenko daran, was danach passierte …

„Ich fuhr nach Hause, es schneite wie verrückt, und die Fenster waren alle beschlagen. Also kurbelte ich sie herunter, und als ich die Scheine aus dem Umschlag nahm, fegte sie ein kräftiger Windstoß aus dem Fenster", erzählte er mir. „Ich habe noch versucht, zumindest ein paar mit meinen Scheinwerfern zu finden, aber dafür hat es zu sehr geschneit. Am nächsten Morgen bin ich aufgestanden und wieder raus und habe noch ein paar Scheine gefunden, die sich im Baum verfangen hatten."

Irgendwo in dieser Geschichte dürfte eine Metapher versteckt sein.

Brunet und Robert Federer sprachen oft über Rogers Zukunft. Robert glaubte an das Talent seines Sohnes, aber da er selbst nur in seiner Freizeit spielte, war ihm die Meinung eines Experten wichtig.

„Robbie fragte: ‚Glaubst du, dass er groß rauskommen wird? Dass er gut sein wird?'", erzählte Brunet. „Und ich sagte: ‚Robbie, komm schon! Dein Sohn ist unglaublich, aber ob er unter die Top 10, 20 oder 100 kommt, hängt von so vielen Dingen ab: Verletzungen, Motivation, Mädchen.' Es war wirklich schwer zu sagen, wer von den Junioren groß rauskommen würde."

Eine von Brunets wichtigsten Aufgaben war, Federer Wildcards für internationale Turniere zu besorgen, damit er schneller auf die Profitour wechseln konnte. Das klappte gut, aber nicht ohne Schwierigkeiten.

1999 hatte Brunet zwei Wildcards für das von IMG ausgerichtete Hallenturnier in Marseille. Sein Dilemma war, dass er drei vielversprechende junge Spieler vertrat: Federer und die Franzosen Arnaud Clement und Sebastien Grosjean, die beide den Sprung in die

Top 10 schaffen würden. Brunet musste sich jedoch für zwei Spieler entscheiden und wählte Federer und Clement. Federer machte Brunet in Marseille alle Ehre, indem er den amtierenden French-Open-Champion Carlos Moya in der ersten Runde bezwang. Dafür ließ Grosjean Brunet als seinen Agenten fallen.

„Er war wütend auf mich und blieb erstmal wütend“, sagte Brunet. „Heute lachen wir darüber, aber ich habe Grosjean wegen Roger verloren.“

Federers Sieg über Moya, der nur wenige Wochen später kurz zur Nummer eins aufsteigen sollte, machte es ihm definitiv einfacher, sich die nächste Wildcard für die ebenfalls von IMG ausgerichteten Miami Open im März zu sichern – und das vor anderen Spielern aus größeren Märkten.

Wildcards, so sinnvoll sie auch sein mögen, sollten jedoch bald der Vergangenheit angehören. Die letzte benötigte Federer im Februar 2000 in Marseille. Diesmal erreichte er das Finale.

„Ich fand immer, dass Federer und seine Familie ein gutes Verhältnis zu Geld haben“, sagte Dorochenko. „Ich erinnere mich noch daran, wie er es in Marseille ins Finale geschafft hatte, und als er nach Hause kam, gab er seiner Mutter den Scheck und sagte: ‚Hier. Es kommt langsam was rein.‘“

Das Verhältnis zu Brunet und IMG verschlechterte sich irgendwann, als Federer und seine Eltern erfuhren, dass Stephane Oberer, Rossets langjähriger Coach und nun Technischer Leiter des Schweizerischen Tennisverbands Swiss Tennis, ohne ihr Wissen Provisionen von IMG aus Federers Sponsorenverträgen erhalten hatte, weil er hinter den Kulissen zwischen Federer und IMG vermittelt hatte.

Viele Coaches versuchen, diese Art von Arrangements zu vermeiden, laut Brunet sei die Zahlung einer Vermittlergebühr aber eine gängige Praxis, die in der Regel „vertraulich“ behandelt würde.

Er erklärte, dass die Person, die die Federers informiert hatte, Bill Ryan war, der Lundgren und Borg bei IMG repräsentiert hatte und nun nach seiner Trennung von Brunet auch Federer vertrat.

Ryan bestätigte mir, dass er die Federers informiert hatte. Er sei überrascht gewesen, dass ihn niemand über dieses Arrangement informiert hatte, als er angefangen habe, sich um Federers Angelegenheiten zu kümmern. Er habe es selbst herausgefunden.

„Ich würde so einen Deal nie machen", sagte Ryan. „Im Grunde nimmt man dem Spieler Geld weg."

Gemäß Brunet sei Federer trotz Vermittlungsgebühr an Oberer nicht zu kurz gekommen.

„Roger musste deshalb nicht mehr Provision zahlen", sagte Brunet. „Es blieb vielleicht weniger Geld für uns bei IMG. Aber es ging nicht gegen Roger. Für ihn entstanden dadurch keine Nachteile. Es war einfach nur eine geschäftliche Vereinbarung, die man machen kann, wenn jemand einem etwas ermöglicht und man ihn dafür belohnen will."

Ryan konnte ziemlich schroff sein. Obwohl ihm viele Spieler, die er betreute, bedingungslos vertrauten, war er bei anderen in der Branche unbeliebt, wie zum Beispiel bei Mike Nakajima, einem früheren Leiter des Tennisbereichs bei Nike, der Federer bereits aus seiner Teenagerzeit kannte.

„Wir waren nie auf einer Wellenlänge, und ich habe mich immer gefragt, warum das größte Arschloch der Welt den nettesten Spieler auf der Tour vertritt", sagte Nakajima ganz offen über Ryan.

Im Jahr 2002 lief Federers alter Fünfjahresvertrag mit Nike aus, und Ryan wollte keine Vertragsverlängerung annehmen, weil die Summe seiner Meinung nach viel zu niedrig war.

„Sie haben ihm nur 600.000 US-Dollar pro Jahr angeboten", erzählte mir Ryan. „Rogers Vater hat mich angefleht, den Deal anzunehmen, und ich sagte: ‚Robbie, dein Sohn wird der beste Spieler werden, der je über diese Erde gewandelt ist. Warum sollte ich einen Vertrag über 600.000 US-Dollar annehmen?'"

Gemessen an den Verträgen anderer Spieler fand Ryan, dass Federer mindestens eine Million US-Dollar pro Jahr von Nike bekommen sollte. „Roger war an Bord", sagte Ryan. „Aber ich habe noch die E-Mail von Robbie, in der stand: ‚Bill, du musst Roger dazu überreden, den Deal anzunehmen. Er braucht das Geld.'"

Ryan gab nicht nach, und als er Ende 2002 IMG im Streit verließ, war der Vertrag mit Nike immer noch nicht verlängert worden – was zum Teil aber auch an Federers wackligem Start ins Jahr lag, denn er war bei den French Open und in Wimbledon jeweils nach der ersten Runde ausgeschieden.

„Der Vertrag lief aus, und Adidas war auch im Gespräch, aber beide Marken zögerten, weil Roger in dieser Phase wirklich mit sich zu kämpfen hatte", erzählte mir ein Freund, der das Paar gut kannte. „Das war ein Wendepunkt in Rogers Karriere. Dann hat sich Mirka verstärkt eingeklinkt, mehr Verantwortung übernommen und Roger geholfen, eine Struktur zu finden, um durch diese schwierige Zeit zu kommen."

Ryan sagte, er konnte nicht glauben, dass keine andere Marke übernehmen wollte, als Nike sich sträubte: „Ich habe alle Firmen angerufen, die japanischen, Fila, Diadora, Lacoste, alle. Ich habe sie angefleht. ‚Seht mal', habe ich gesagt, ‚ich gebe euch den besten Spieler aller Zeiten.'"

Laut Nakajima war es bei der Vertragsverzögerung eher um Geld gegangen als darum, dass Nike an Federer zweifelte. Nakajima hatte 2001 in Wimbledon in der ersten Reihe gesessen, als Federer Sampras bezwang. „Ich saß einfach da und war wie verzaubert von der Art, wie er über den Platz glitt."

Aber Geschäft war Geschäft. „Es war eine Verhandlung", sagte Nakajima. „Und Agenten wollen immer mehr. Wir sagen intern bei Nike: Bei jedem Treffen geht der Preis weiter nach oben. Je weniger wir also darauf eingehen, desto besser. Und in diesem Fall lagen wir einfach zu weit auseinander."

Ryan erklärte, er habe Federer mitgeteilt, dass er ihn während der US Open 2002 nicht länger vertreten könne, jedoch nicht näher auf die Gründe für sein Ausscheiden bei IMG eingehen könne, da er eine Wettbewerbsklausel unterschrieben habe.

Ryan und Federer hatten ein gutes Verhältnis zueinander entwickelt. Sie nannten sich „Kenny", nach einer Zeile in einem Eminem-Song, den Federer immer und immer wieder spielte. Federer und Mirka hatten während der US Open 2001 bei Ryan und seiner Familie gewohnt, und Mirka hatte mit Ryans Frau, der ehemaligen schwedischen Tennisspielerin Catarina Lindqvist, trainiert.

„Ich habe mich furchtbar gefühlt", erzählte mir Ryan nach der Trennung. „Roger kam runter in mein Zimmer, ihm stand der Mund offen, und er sagte: ‚Was ist passiert?' Ich sagte: ‚Ich kann nicht darüber reden, aber es hat nichts mit dir zu tun.' Er war traurig und bestürzt, und es tut mir leid, dass ich es ihm nicht erklären durfte."

Federer, zu diesem Zeitpunkt gerade einmal 21 Jahre alt, entschied gemeinsam mit Mirka und seinen Eltern, IMG zu verlassen und sein eigenes Management aufzubauen.

„Als Bill IMG verlassen hat, durften wir nicht mit ihm arbeiten", erklärte mir Federer später. „Warum, weiß ich nicht. Wir überlegten, einen neuen Manager zu holen, aber dann habe ich gesagt: ‚Ich glaube, wir sollten es für eine Weile selbst versuchen.'"

Seine Eltern spielten dabei eine tragende Rolle. Lynette Federer kündigte bei dem Schweizer Pharmaunternehmen, für das sie arbeitete, und Robert Federer verhandelte die Antrittsgelder und neuen Werbedeals mithilfe des Basler Anwalts Bernhard Christen.

„Am Anfang war ich gar nicht darauf vorbereitet", erzählte mir Roger 2005. „Natürlich gab es Zeiten, in denen ich dachte: ‚Wenn ich das gewusst hätte', oder: ‚Oh Mann, ich wollte doch nicht nach Basel zurück, um Meetings abzuhalten und nur über Geschäftliches zu reden.' Aber unterm Strich fühle ich mich sehr wohl dabei, weil ich das Gefühl habe, alles unter Kontrolle zu haben."

Federer erkannte, dass Fehler zum Lernprozess dazugehörten.

„Was mir ein gutes Gefühl gibt, ist, dass ich selbst Entscheidungen treffe. Dabei habe ich das immer gehasst", sagte er. „Aber ich glaube, das hat mir geholfen, ein besserer Spieler zu werden und vielleicht auch ein besserer Mensch, ein erwachsenerer Mensch. Weil ich jetzt nicht einfach ‚Entscheidet ihr' sagen kann, weil es heißt: ‚Und wie siehst du das, Roger?' Ich muss meine Meinung sagen, eine starke Meinung haben, weil ich weiß, dass meine Meinung am meisten zählt."

Für Federer war in dieser Phase die Chance, sich auf das Geschäft zu konzentrieren, eine gesunde Flucht vom Tennisplatz. Er glaubte auch, dass, wenn er die geschäftliche Seite seiner Karriere besser verstand, ihn das weniger anfällig dafür machte, den falschen Leuten zu vertrauen und dann zu verlieren, was er sich schon erarbeitet hatte.

„Man bekommt es bei anderen mit und wünscht sich immer, dass einem das selbst nicht passiert. Aber es gibt keine Garantien, außer natürlich, wenn man die Dinge selbst in die Hand nimmt, so wie ich es getan habe."

Federers selbst gestricktes Management bereitete allerdings vielen in der Branche Sorgen, vor allem Agenten wie Ken Meyerson, einem stets angriffslustigen, abgebrühten Amerikaner, der Andy Roddick vertrat.

„Ich finde, dass Roger völlig unzulänglich vertreten wird und dass dabei Millionen über Millionen verloren gehen", sagte mir Meyerson im Mai 2005, als Federer bereits seit über einem Jahr die Nummer eins war und vier Grand-Slam-Titel gewonnen hatte.

Roddick hatte zu diesem Zeitpunkt einen Grand-Slam-Titel gewonnen und war die Nummer drei, aber Meyerson hatte gerade für ihn einen lukrativen, langfristigen Vertrag mit dem französischen Bekleidungshersteller Lacoste abgeschlossen, der Roddick laut Meyerson jährlich fünf Millionen US-Dollar einbrachte und damit im Vergleich deutlich einträglicher war als die mehrjährige Vertragsverlängerung von Nike, die Federer schließlich Anfang 2003 unterschrieben hatte und die Federers Vater ausgehandelt hatte.

„Wir haben wirklich einen deutlich besseren Deal abgeschlossen als Federer, obwohl Andy in der Weltrangliste klar hinter ihm ist", sagte Meyerson. „Wer auch immer seinen aktuellen Nike-Deal ausgehandelt hat, hat definitiv allen einen Bärendienst erwiesen, die da draußen unterwegs sind, um Talente wie Federer zu vertreten. Es ruiniert den ganzen Markt, wenn der Vater aus Unerfahrenheit glaubt, ein Deal wäre Summe X wert, obwohl er in Wirklichkeit das Zehnfache wert ist."

Meyerson schätzte, dass Federers Nike-Deal ihm höchstens 1,75 bis zwei Millionen US-Dollar jährlich einbrachte.

„Dabei sollte er ihm zehn Millionen einbringen", so Meyerson. „Regionalmanagement ist nur dann gut, wenn man ein Regionalspieler sein möchte … Ob man so Geld verliert? Ich denke schon."

Interessant war auch, Federer mit dem neuen Star im Damentennis zu vergleichen, Maria Sharapova, die 2004 mit 17 Jahren Wimbledon gewonnen hatte und deren Sponsorendeals abseits des Tennisplatzes sich Ende 2005 bereits auf fast 20 Millionen US-Dollar pro Jahr beliefen, während laut IMG-Managern Federers Deals nicht einmal zehn Millionen US-Dollar einbrachten.

„Wir haben unglaubliche Deals geschlossen und waren ihm meilenweit voraus“, sagte Max Eisenbud, Sharapovas langjähriger Agent bei IMG. „Aber da war er noch ein anderer Roger Federer.“

Im Jahr 2005 schätzte *Forbes* seine jährlichen Einkünfte auf 13 Millionen US-Dollar, weshalb er nicht auf der Liste der 50 bestbezahlten Athleten der Welt auftauchte und weit hinter Andre Agassi und Sharapova rangierte, die beide auf 28 Millionen geschätzt wurden.

Federer erklärte mir damals, dass er seine Unabhängigkeit genoss und sich nicht zu sehr an Sponsoren binden wollte, weil die an ihn gestellten Anforderungen zu viel seiner Zeit beanspruchen würden. Die Ungleichheit und auch Mirkas Belastung, die sich um seine Belange und die Medienarbeit kümmerte, erkannte er durchaus.

Im August 2005, als Federer nach Nordamerika reiste, entschloss er sich daher, auf verschiedene Management-Agenturen zuzugehen. IMG hatte einen neuen Vorstand und Geschäftsführer: Ted Forstmann, Milliardär und Tennisliebhaber, dessen Private-Equity-Unternehmen Forstmann Little 2004 IMG aufgekauft hatte.

Forstmann wusste, dass bereits andere IMG-Chefs erfolglos versucht hatten, Federer zurückzuholen. Er kannte die ehemalige Weltranglistenerste Monica Seles und fragte sie, ob sie ein Meeting arrangieren könne. Seles stimmte zu, meldete sich bei Mirka und nahm an dem Treffen teil. Es lief gut: Forstmann und Federer bauten über Südafrika eine Brücke auf. Forstmann hatte seine beiden Söhne aus Südafrika adoptiert, nachdem er 1996 das Land mit Nelson Mandela bereist und ein Waisenhaus besucht hatte, und Federer hatte kurz zuvor eine Stiftung gegründet, um den dort lebenden Kindern eine Chance auf gute Bildung zu bieten.

Die Frage war nur, wer sich um Federers Tagesgeschäft kümmern sollte. Godsick, damals Mitte 30, vertrat bereits Seles und die aktuelle Nummer eins der Damen, Lindsay Davenport, sowie Tommy Haas. Aber Seles war praktisch im Ruhestand, und Davenport hatte vor, eine Familie zu gründen und ihre Karriere entsprechend zurückzufahren. Godsick war ebenfalls an einem Scheideweg angelangt und dachte sogar über Optionen fernab des Tennissports bei IMG nach.

Er war schon einmal in seiner Karriere zur richtigen Zeit am richtigen Ort gewesen. Als Elitehochschulsportler, der für Dartmouth American Football spielte, hatte er 1992 ein Sommerpraktikum in New York bei der Eventfirma von IMG absolviert, Trans World International, als jemand aus der Zentrale in Cleveland anrief, weil Seles kurzfristig jemanden suchte, der ihr bei einem Showturnier in Mahwah, New Jersey aushalf.

Godsick, der noch arbeitete, packte die Gelegenheit beim Schopf. „Ich sagte: ‚Ich hab zwar keine Ahnung, aber sagt mir einfach, was ich tun soll!'", erinnerte er sich lachend.

Bereits am ersten Tag legte er sich mit dem Veranstalter des Turniers an, um Seles' Terminwünsche durchzusetzen. Seles, die ein für die damalige Zeit saftiges Antrittsgeld von über 250.000 US-Dollar erhielt, bekam den Slot, den sie wollte, und die 18-jährige Seles betraute ihn schon bald mit einer weiteren Aufgabe.

„Guns N' Roses spielt morgen", sagte sie. „Besorg mir bitte Tickets." Godsick schaffte auch das und konnte sogar Backstage-Pässe für das Giants Stadium ergattern, weil der Leadsänger der Band, Axel Rose, ein Fan von Seles war.

„Das alles war ziemlich surreal", so Godsick.

Seles bat ihn, für sie zu arbeiten, aber Godsick musste erst noch sein Senior Year in Dartmouth abschließen. Er pendelte bis März 1993 zwischen Studium und Job hin und her, bis IMG ihm eine volle Stelle als Seles' Roadmanager anbot, die er nach seinem Abschluss antreten sollte. Das Grundgehalt betrug etwas über 20.000 US-Dollar im Jahr.

Als er ein paar Wochen später vom Golfplatz in Hanover, New Hampshire zurückkam, hatte er eine ungewöhnlich hohe Anzahl an Nachrichten auf seinem Anrufbeantworter. Es war der 30. April, und die Weltranglistenerste, Monica Seles, war in Hamburg während eines Seitenwechsels von einem geistig verwirrten Steffi-Graf-Fan mit einem 20 Zentimeter langen Messer in den Rücken gestochen worden. Seles wurde operiert und erholte sich schnell von ihren Verletzungen, doch die psychischen Wunden reichten tiefer. Sie litt unter Depressionen und kehrte erst im Sommer 1995 mit Godsick als ihrem Agenten auf die Tour zurück.

„Was ihr passiert ist, war furchtbar. Und sie war zwei Jahre raus“, erzählte mir Godsick. „Es hat mir allerdings die Möglichkeit geboten, mich in den Job einzuarbeiten und ihr großes Comeback zu bewältigen oder zumindest, es zu versuchen.“

Godsick entwickelte sich zu einem der führenden Agenten des Tennissports.

„Wenn ich nicht ans Telefon gegangen wäre, wenn ich ein paar Minuten nicht am Schreibtisch gesessen oder nicht länger gearbeitet hätte, wäre das alles nie passiert“, erzählte mir Godsick. „Wirklich.“

Seles stellte ihm ihre Freundin Mary Joe Fernandez vor, sie war eine ehemalige US-Tennisspielerin. Godsick und Fernandez heirateten 2000. Seles war auch diejenige, die sich für Godsick bei Mirka und Roger verbürgte.

„Letzten Endes war es Monica, die mich mit Roger zusammenbrachte“, erzählte mir Godsick. „Ich verdanke ihr so viel in meiner Karriere, und meiner Frau auch, sie hat mir unglaublich geholfen.“

Mit Godsicks Erscheinen Ende 2005 änderte sich finanziell alles für Federer, und bis Mitte 2010 hatten sich seine jährlichen Einnahmen laut *Forbes* mit 43 Millionen US-Dollar mehr als verdreifacht. Sie setzten sich größtenteils aus Deals mit dem deutschen Automobilhersteller Mercedes-Benz sowie international ausgerichteten Schweizer Marken wie der Uhrenmanufaktur Rolex, dem Schokoladenhersteller Lindt und der Bank Credit Suisse zusammen.

Im Jahr 2008 verlängerte Federer seinen Vertrag mit Nike für über zehn Millionen US-Dollar pro Jahr um zehn Jahre: eine Rekordsumme im Tennis. Diesmal beschwerte sich niemand, dass er den Markt ruinierte.

Godsick versuchte auch, Federer in den Vereinigten Staaten zu etablieren, dem wohl härtesten Markt für einen europäischen Tennisspieler, was vor allem daran liegt, dass Tennis in Nordamerika im Vergleich zu den großen Mannschaftssportarten ein Nischendasein fristet.

„Am Anfang der Karriere spricht jeder über Amerika", erzählte mir Federer. „Hast du es in Amerika geschafft? Bist du berühmt in Amerika?"

Als Journalist machte ich mir keine Illusionen. Mein guter Zugang zu Federer hatte natürlich sehr viel damit zu tun, dass er seine Reichweite vergrößern wollte. Aber die *New York Times* stellte nur einen kleinen Teil einer breit angelegten Strategie dar. Einige Sponsorenverträge hatten es zur Bedingung gemacht, dass Federer in den Vereinigten Staaten mehr mediale Präsenz zeigte, und Federer baute auch einen Kontakt zu einer der prominentesten Persönlichkeiten in den USA auf: Tiger Woods.

Beide wurden von IMG vertreten und von Nike gesponsert, und 2006 arrangierten Godsick und Woods' Agent Mark Steinberg anlässlich der US Open in New York ein Treffen zwischen den beiden Sportlern. Zu diesem Zeitpunkt fehlten beiden in ihrer jeweiligen Sportart noch sechs Siege bei den großen Turnieren, um die aktuellen Herrenrekorde zu brechen: Federer lag mit 8:14 Grand-Slam-Einzeltiteln hinter Sampras zurück, und Woods mit 12:18 Major-Championship-Turnieren hinter Jack Niklaus.

Ihre gegenseitige Bewunderung schien echt zu sein. Woods erklärte sich während der British Open zu einem „großen Federer-Fan", und als ich Federer einige Wochen später kurz vor den US Open in New York interviewte, sprach er ausführlich darüber, wie sehr ihn Woods inspiriert habe.

„Ich ziehe meine Kraft daraus", sagte er. „Es geht darum, dass man sich selbst beweisen will, dass man es schaffen kann, und nicht anderen Menschen. Deswegen ist diese Rivalität mit Rafael Nadal für mich, na ja, sie ist vielleicht interessant, aber am Ende ist es mir wichtig, Turniere zu gewinnen. Das ist das Wichtigste, und wenn Rafael Nadal auf der anderen Seite des Netzes steht, umso besser.

Dann kann ich nämlich meinen Hauptkonkurrenten besiegen, und es ist gleichzeitig eine gute Story. Aber ich glaube, was Menschen wie Tiger oder mich am meisten interessiert, ist nicht, gegen wen wir spielen oder antreten, sondern dass wir dabei unser Bestes geben. Es ist wichtig, morgens aufzustehen und abends ins Bett zu gehen und mit sich selbst und seiner Leistung zufrieden zu sein."

„Und wie schläfst du zurzeit?", fragte ich.

„Ich schlafe gut, danke", antwortete er.

Federer und Godsick waren aber auch daran interessiert, das kommerzielle Potenzial bestmöglich auszuschöpfen. Gillette, das in Boston ansässige Unternehmen für Rasier- und Pflegeprodukte, war auf der Suche nach einem globalen Markenbotschafter, um den Fußballstar David Beckham zu ersetzen, und hatte sich bereits für Woods entschieden sowie die weiteren Kandidaten auf eine kleine Gruppe reduziert, zu der sowohl Federer als auch Nadal gehörten. Eine Verbindung zu Woods im realen Leben konnte daher natürlich nicht schaden. Als Federer 2006 im Finale der US Open auf den US-Topspieler Andy Roddick traf, kam Woods nach Flushing Meadows, um Federer vor dem Match zu treffen. Zu Beginn des Finales saß er ganz vorn in Federers Box, seine Frau Elin Nordegren auf der einen und Mirka auf der anderen Seite.

„Das war kein Trick, um den Gillette-Deal zu bekommen", sagte Godsick. „Tiger und Roger wollten sich einfach kennenlernen. Und die US Open war der einzige Zeitpunkt, an dem das möglich war."

Der Eindruck, der dabei entstand, dürfte dennoch sehr hilfreich für Federer gewesen sein. Woods war auf dem Höhepunkt seines Ruhms, und als Federer den Titel gewann, besuchte Woods ihn in der Umkleide, die weiße Basecap verkehrt herum auf dem Kopf, und feierte mit Federer eine kleine Champagnerparty.

„Es war schon komisch, weißt du, weil wir so viel gemeinsam hatten", sagte Federer. „Er wusste ganz genau, wie ich mich da draußen auf dem Court gefühlt habe. Das hatte ich so bisher nicht – dass jemand weiß, wie es ist, wenn man sich manchmal unbesiegbar fühlt."

Roddick bekam natürlich mit, dass da ein amerikanischer Landsmann in der ersten Reihe saß und einem Schweizer zujubelte, den er gerade erst kennengelernt hatte.

„Das war schon irgendwie überraschend", erzählte mir Roddick. „Ich wusste nichts davon. Ich habe nach oben gesehen. In der Box von jemandem zu sitzen, will schon was heißen, und ich war überrascht, das bei den US Open zu sehen. Ich verstehe ja die Sache mit Nike und IMG und so, und eigentlich habe ich nicht das Recht, mich über jemanden aufzuregen, den ich nicht kenne, aber vielleicht wäre ‚unnötig' das richtige Wort."

Im Januar 2007 wurde Federer schließlich zusammen mit Woods und dem Fußballer Thierry Henry globaler Markenbotschafter von Gillette.

Federer und Woods blieben in Kontakt, und wenn es ihre Terminkalender zuließen, besuchten sie einander bei Turnieren. Der hoch gehandelte Sponsorendeal hielt jedoch für Federer länger als für Woods: 2009 wurden dessen zahlreiche Seitensprünge enthüllt, daraufhin scheiterte seine sechsjährige Ehe. Der Skandal ging durch alle Medien und kostete Woods diverse Werbeverträge.

Er und Federer feierten danach keine Siegerparty mehr, dafür war Woods 2019 mit Nadal bei den US Open, als er von Nadals Box aus zusah, wie der Spanier den Titel holte.

Nadal war ein viel größerer Woods-Fan als Federer und noch dazu ein viel ernsthafterer Golfer (er spielt mit rechts).

Ich fragte Federer im Mai 2010 nach Woods, als wir uns, ein paar Monate nachdem der Skandal bekannt geworden war, in Paris trafen.

„Ich habe versucht, mich zu melden, aber es ist schwer", sagte Federer.

Er hätte Woods Noch-Ehefrau Elin mit ihrer Tochter Sam im März in Miami getroffen.

„Es war auch schön, sie zu sehen und zu erfahren, wie es ihr geht", sagte er. „Ich freue mich aber auch, Tiger wiederzusehen. Ich habe ihn jetzt länger nicht gesehen."

Federer war mehr daran interessiert, den Tenor der Berichterstattung zu diskutieren als Woods' Verhalten.

„Die Leute mögen diese Skandalnachrichten und bleiben am Ball, bis daraus eine Art Reality-TV-Show wird, wie das heute eben so ist“, meinte er. „Ich wundere mich immer, wie lange sich diese Geschichten halten und wie groß sie werden.“

Ich fragte ihn, ob er das Gefühl hätte, dass Woods dieses Medienecho verdiene.

„Für mich ist das alles ein bisschen überzogen, wenn ich ehrlich bin“, sagte er. „Ich habe keine große Lust, so zu tun, als wäre alles perfekt. Man sollte nicht übertrieben versuchen, sein Image zu schützen. Das ist der Ansatz, den ich verfolge. Wenn die Leute dich lieben, lieben sie dich, und wenn nicht, dann nicht. Ich werde meinen Charakter nicht verändern, um anderen zu gefallen, und das geht ja auch nicht, weil es da draußen so viele andere Charaktere und Athleten gibt. Deshalb war für mich immer der natürliche Umgang mit den Medien und den Fans der richtige Weg. Ich bin froh, dass ich so offen und ehrlich zu allen sein kann, ohne zu sehr anzustoßen, aber ich versuche, trotzdem interessant für meine Fans zu sein, weil ich möchte, dass sie eine gute Story lesen.“

Ich merkte an, dass er in gewisser Weise der letzte Superstar war, der sein Image sauber halten konnte.

„Da draußen herrscht so eine ‚Verbock es nicht, Roger‘-Stimmung“, sagte ich. „Denkst du je darüber nach?“

Federer lachte: „Darüber darf man nicht nachdenken. Aber manchmal passieren die Dinge einfach, und dann muss man sich mit ihnen auseinandersetzen.“

Einige Agenten in diesem Business glaubten, dass Federer unbeabsichtigt von Woods’ Imageverlust profitiert habe.

„Roger hat eine Weile gebraucht und viele Grand-Slam-Titel, um in Fahrt zu kommen“, sagte Max Eisenbud, Sharapovas langjähriger Agent bei IMG. „Aber ich habe noch nie jemanden gesehen, der mehr Komplettpaket ist als er. Als vor allem die Tiger-Woods-Kontroverse losging, haben sich viele Marken verkrampft und sich um das Image ihrer Marke gesorgt, was Roger dann nach oben katapultiert hat, weil er eine sichere Bank ist. Der Tiger-Woods-Skandal hat die Welt deshalb in ihren Grundfesten erschüttert, weil er als unverwundbar galt. Ich glaube, die Marken haben in diesem Moment ernsthaft angefangen zu überlegen, ob sie solche Gedankenspiele überhaupt noch zulassen wollten, und wenn ja, dass sie dann ‚sauber' sein mussten."

In diesem Kontext war es sowohl beunruhigend als auch schlechtes Timing, als Ende 2010 eine Klage gegen Ted Forstmann am Los Angeles County Superior Court mit dem Vorwurf erhoben wurde, dass er seinen Wetteinsatz auf das Finale der French Open 2007 erhöht hätte, nachdem er sich mit Federer beraten hatte.

Match-Absprachen waren, verstärkt durch den Aufstieg des Online-Glücksspiels und die niedrigen Preisgelder bei den kleineren Turnieren, was immer mehr Betrugsanreize begünstigte, zunehmend zu einem Problem im Profitennis geworden. Der Sport reagierte nur langsam und gründete dann 2008 die Tennis Integrity Unit, eine Organisation zur Untersuchung und Sanktionierung von Spielmanipulationen. Obwohl es Spielern schon seit Langem untersagt war, Tenniswetten abzuschließen, wurde dieses Verbot erst 2009 ausdrücklich auch auf andere in diesem Sport tätige Personen wie Spielerbetreuer, Turnierfunktionäre und so weiter ausgeweitet.

Forstmanns Wette auf das Finale im Jahr 2007, die er, wie er auch zugab, abgeschlossen hatte, war noch vor dieser neuen Regelung erfolgt. Der Vorwurf, Forstmann habe Millionen von US-Dollar auf verschiedene Sportarten gewettet, brachte Federer dennoch in eine unbequeme Situation, da dies zumindest nahelegte, er könnte Insiderinformationen weitergegeben haben.

„Das würde ich nie machen", sagte Federer zu mir und einer kleinen Gruppe von Journalisten im November 2010 beim Hallenturnier in Paris.

Das war, soweit ich mich erinnere, das einzige Mal, dass Federer in der Situation war, eine Story über ein so brisantes Thema abwehren zu müssen.

Er hätte keine Ahnung gehabt, dass Forstmann auf seine Matches wettete, und bestritt jede Verwicklung ins Glücksspiel. Er habe den damals 70-jährigen Forstmann, der ihn mit zurück zu IMG geholt hatte, persönlich kontaktiert.

„Ich habe ihm gesagt, dass ich alles darüber wissen will und wie es dazu gekommen ist", sagte Federer. „Und er hat mir natürlich seine Version erzählt, er war ja schon in der Presse sehr offen gewesen. Es war also okay. Er ist nicht mein Agent, das ist Tony. Trotzdem ist es ein Unternehmen, das viel im Sport unterwegs ist, also ist es für mich natürlich wichtig, zu wissen, wie die die Sache sehen."

In der Klageschrift, die auf einem Geschäftsstreit gründet, wurde Forstmann zur Last gelegt, am 9. Juni, dem Tag vor dem French-Open-Finale 2007, das Federer gegen Nadal, einen weiteren IMG-Klienten, verlor, 22.000 und 11.000 US-Dollar auf den Sieg Federers gesetzt zu haben. Hätte Forstmann stattdessen auf Federers Niederlage gesetzt, wäre die Situation sicher komplizierter geworden.

Forstmann berichtete erst an *Daily Beast*, dass er Federer vielleicht vor dem Finale angerufen habe, aber nur, weil er „ein Kumpel" sei.

„Bestimmt habe ich ihm nur viel Erfolg gewünscht", sagte Forstmann. „Was ist daran eine Insiderinformation?"

Nachdem er seine Verbindungsnachweise durchgesehen hatte, behauptete Forstmann jedoch, Federer vor dem Finale gar nicht angerufen zu haben. Auf jeden Fall offenbarte sein Wettgebaren für oder gegen die eigenen Klienten ein bemerkenswert schlechtes Urteilsvermögen, schließlich vertrat IMG nicht nur Dutzende Spieler, sondern richtete auch Turniere und andere Tennis-Events aus.

Federer war also zu Recht besorgt, ebenso die Mitglieder des IMG-Vorstands.

„Es ist wirklich wichtig, aufzupassen und zu überprüfen, was die Spieler machen und was die Entourage macht, wie viel gewettet wird", sagte Federer. „Das muss man natürlich, so gut es geht, unterbinden. Dass mit Namen um sich geworfen wird, kann man manchmal nicht verhindern. Das ist einfach so. Für mich war das total verrückt, als ich das gehört habe. Aber natürlich ist es nicht gut, wenn IMG oder Ted Forstmann in die Sache verwickelt sind. Ich bin mir aber sicher, dass er seine Lektion gelernt hat."

Das schien zwar nicht so klar, doch letzten Endes kam es zu keinen Sanktionen gegen Forstmann. Etwa sechs Monate später wurde bei ihm ein Tumor diagnostiziert, dem er im November 2011 erlag. Er hat nie ausgesagt; schließlich wurde das Verfahren eingestellt.

Die Firma Federer blieb weiter auf Erfolgskurs. Bereits 2013 erwirtschaftete Federer, angekurbelt durch die erste Showturnier-Tour durch Südamerika und einen Fünfjahresvertrag mit der Champagnermarke Moët & Chandon, ein geschätztes Jahreseinkommen von 71,5 Millionen US-Dollar, was ihm im selben Jahr auf der *Forbes*-Liste der bestbezahlten Sportler der Welt den zweiten Platz bescherte, hinter Woods und vor dem Basketballer Kobe Bryant.

Die *Forbes*-Liste ist jedoch kaum aussagekräftig und laut Agenten bestenfalls eine Schätzung mit oft aufgeblähten Zahlen, da sich das Magazin die Zahlen von den Agenten selbst bestätigen lässt. Die Tendenz zu übertreiben ist daher entsprechend hoch, schließlich ist es gut fürs Geschäft.

Es besteht jedoch kein Zweifel daran, dass das, was Federer von so vielen anderen großen Sportlern unterscheidet, nicht nur seine Leistung auf dem Platz ist, sondern auch sein Auftreten in den Sitzungssälen und Firmensuiten. Die persönliche Begegnung ist ihm wichtig, und er besuchte schon in jungen Jahren während der Swiss Indoors alle 21 Sponsorensuiten für ein Meet and Greet. Eine Philosophie, an der er bis heute festhält.

„Er ist einfach richtig gut im Umgang mit Sponsoren und CEOs", so Eisenbud. „Er hat einfach diese Fähigkeit, einem das Gefühl zu geben, dass er sich wirklich für einen interessiert und Zeit für einen hat. Er hetzt einen nie. Wenn man als Fan auf einer Veranstaltung mit etwa 100 Leuten ist, die von einem seiner Sponsoren organisiert wurde, und man mit ihm redet, hat man das Gefühl, er hätte alle Zeit der Welt, um mit einem zu reden und zuzuhören. Ich glaube, das ist echt. Ich habe das so noch bei keinem anderen Sportler erlebt, das hat wohl viel damit zu tun, wie er aufgewachsen ist."

Andy Roddick erzählte mir, dass Federer 2018 als eine Art persönlicher Gefallen nach Austin, Texas gekommen war, um ihn bei einem Event seiner gemeinnützigen Stiftung zu unterstützen, die Bildungsprogramme und Aktivitäten für einkommensschwache Jugendliche fördert.

„Ich hole ihn am Flughafen ab, wir fahren in die Stadt, und er so: ‚Okay, was ist der Plan?'", sagte Roddick. „Roger sagte: ‚Ich will nicht nur sagen, dass ihr Kindern helft, das wäre faul. Wie kann ich euch heute am besten helfen?' Er hat überhaupt nicht gefragt, wie lange er bleiben muss."

Als sie eintrafen, ging Roddick davon aus, dass er Federer herumführen und ihn den Gästen und Spendern vorstellen müsse. Federer übernahm jedoch die Initiative.

„Er ist einfach los und buchstäblich auf die ersten beiden Personen zugegangen, die er gesehen hat, und hat sich ohne Agenten oder Manager, der eingreift, durch den Raum gearbeitet", sagte Roddick. „Ich habe ihm eine Stunde zugesehen, wie er in einem Raum voll mit fremden Menschen stand und sich einfach unterhielt. Eins der Vorstandsmitglieder hat Zwillinge, also sprechen sie über Zwillinge. Er findet Parallelen und Gemeinsamkeiten. Das hat mich wirklich beeindruckt. Der, der das am wenigsten tun muss, ist am besten darin. Und als wir fertig waren und sein Flieger Verspätung hatte, ist er wieder rein. Er kam erst gegen ein oder zwei Uhr morgens aus Austin weg, und falls er deswegen sauer war, hat das niemand gemerkt."

Ich fragte Roddick, wie ungewöhnlich dieses Verhalten im Vergleich zu anderen Spitzensportlern sei.

„Worauf ich am meisten neidisch bin, ist nicht sein Können oder sein Erfolg, sondern wie umgänglich er ist", antwortete Roddick. „Es gibt natürlich auch andere, die in ihrem Sport großartig sind, wie Jordan oder Tiger, aber niemand ist so umgänglich wie Roger, und das jeden Tag aufs Neue."

Nakajima erinnerte sich daran, wie Federer in die Nike-Zentrale nach Beaverton, Oregon gekommen war, um im Forschungslabor von Nike Schuhe zu testen. Als sie das Gebäude verließen und auf dem Weg zu ihrem nächsten Meeting waren, blieb Federer unvermittelt stehen und sagte: „Ich muss zurück."

Ob er etwas vergessen habe? Und Federer sagte, er habe vergessen, den Leuten zu danken, die ihm mit den Schuhen geholfen hatten.

„Also rannten wir zurück ins Gebäude, die Treppe runter und durch die Security, damit er Danke sagen konnte", sagte Nakajima. „Welcher Sportler macht das schon?"

In einem anderen Sommer kam Federer zum „Roger Federer Day" in die Nike-Zentrale zurück. Man hatte für diesen Anlass alle Gebäude auf dem weitläufigen Campus nach ihm benannt, aber Nakajima erklärte, dass es an diesem Tag nicht nur darum ging, Federers Leistungen zu würdigen. Federer, der immer für einen Spaß zu haben ist, erklärte sich bereit, die Nike-Mitarbeiter auf die Schippe zu nehmen.

Sie trommelten die Werbeabteilung zusammen, um sich einen neuen Werbespot anzusehen, und Federer überraschte alle, indem er mit dem Kaffeewagen durch den Raum rollte und Kaffee und Donuts servierte. Im Firmen-Fitnessstudio saß er hinter der Rezeption und verteilte Handtücher an die Mitarbeiter, in der Cafeteria arbeitete er an der Kasse und danach als Barista.

„Natürlich wusste er nicht, wie man Kaffee macht, also ging er am Ende einfach von Tisch zu Tisch und sagte: ‚Hallo, ich heiße Roger Federer, ich freue mich, euch kennenzulernen', als wüssten die Leute nicht, wer er ist", erinnerte sich Nakajima. „Es war unglaublich. Welcher andere Sportler würde das schon tun und auch noch ‚Tolle Idee!' sagen? Roger hat das mit einem Lächeln im Gesicht gemacht und danach mit allen Wii-Tennis gespielt."

2011 eröffnete die University of Oregon eine neue, 227 Millionen US-Dollar teure Basketballarena, die nach Matthew Knight, dem verstorbenen Sohn des Nike-Mitbegründers Phil Knight, benannt worden war. Matthew war im Alter von 34 Jahren bei einem Tauchunfall ums Leben gekommen, und Nakajima dachte, dass ein Showturnier in jenem März eine gute Möglichkeit wäre, die Arena einzuweihen, da beide Knights tennisvernarrt waren.

„Die erste Person, die wir anriefen, war Roger, aber Roger hatte bereits eine anderweitige siebenstellige Verpflichtung", sagte Nakajima. „Roger fragte: ‚Ist das für Phil?', und ich so: ‚Ja', worauf Roger sagte: ‚Ich bin dabei.'"

Gegen Ende 2013 brachte ich bei der *Times* die Story, dass Federer und Godsick IMG verlassen würden, um eine eigene Boutique-Management-Agentur, Team8, zu gründen. Der Name war hauptsächlich eine Anspielung auf Federers Glückszahl (er ist am 08.08.1981 geboren). Experten zufolge, die mit dem Deal vertraut waren, war ihnen ein „sauberer Cut" ohne Strafzahlungen an IMG gelungen, was ihnen Forstmann noch vor seinem Tod ermöglicht hatte.

Die Trennung verlief im Kielwasser eines elitären Trends. Woods und Steinberg hatten IMG 2011 verlassen, und auch Nadal hatte der Agentur kurz zuvor mit seinem langjährigen Agenten Carlos Costa den Rücken gekehrt.

Die Familien von Federer und Godsick sind eng miteinander verbunden. Fernandez ist die Patentante von Federers Kindern, und Godsicks und Fernandez' Sohn Nicholas, selbst ein vielversprechender Tennisspieler, wird von Federer beraten und sitzt bei dessen Matches häufig in der ersten Reihe.

Mit ihrer Agentur Team8, die auch von den US-Investoren Ian McKinnon und Dirk Ziff unterstützt wurde, hatten sie es sich zum Ziel gesetzt, neben Federer auch andere Sportler zu vertreten, und verpflichteten jüngere Tennisstars wie Juan Martin del Potro und Grigor Dimitrov.

„Roger wird ein Vermächtnis und Unternehmen haben, das weit über seine Tage als aktiver Spieler hinaus Bestand haben wird, ähnlich wie Arnold Palmer im Golf", sagte John Tobias, der damalige Präsident von Lagardère Unlimited Tennis, einer konkurrierenden Agentur. „Ich dachte, das würde reichen und dass die Zahlen nach Rogers Karriere so solide sind, dass Tony finanziell gut dastehen würde. Warum er diese zusätzliche Verantwortung gesucht hat, weiß ich nicht. Wahrscheinlich, weil Tony ein ziemlich ehrgeiziger Typ ist."

Godsick erklärte mir, dass er innovativ sein und Werte schaffen wolle, nicht nur Federers Business verwalten. Es war ein mutiger, aber keineswegs unlogischer Schritt in Anbetracht von Forstmanns

Tod, dem kurz bevorstehenden Verkauf von IMG und Federers Erfahrungen, als er sich selbst vertreten hatte.

Er engagierte sich mehr als erwartet in der Rekrutierung und nutzte seine Starpower und kommunikativen Fähigkeiten, um Kontakte zu jungen Spielern wie dem Australier Nick Kyrgios und seiner Familie, dem deutschen Star Alexander Zverev und dem amerikanischen Teenagerphänomen Cori „Coco" Gauff aufzubauen.

Zverev und Gauff unterschrieben bei Team8, Kyrgios nicht. Ein anderer Agent bezeichnete die Rekrutierungsmethoden der neuen Agentur als „schockierend" und drückte seine Verwunderung darüber aus, dass „Roger damit zu tun haben wollte".

Es lief auch alles andere als glatt. Trotz Federers Strahlkraft verlief die Rekrutierung schleppend, die Fluktuation unter den Klienten und Mitarbeitern war hoch, und schließlich verließen Dimitrov, Zverev und del Potro das Unternehmen. Team8 trennte sich auch von Tommy Paul, einem jungen und talentierten amerikanischen Spieler.

Andre Silva, ein hoch angesehener ehemaliger ATP-Manager, der von Team8 angestellt worden war, verließ 2016 das Unternehmen, um Turnierdirektor zu werden. Chris McCormack, Enkel des IMG-Gründers Mark McCormack, wechselte zur Konkurrenz.

Federers Einnahmen kletterten jedoch weiter in die Höhe, und 2018, als er und Nike sich überraschend nicht auf eine Vertragsverlängerung einigen konnten, unterschrieb er einen Zehnjahresvertrag bei Uniqlo. Der japanische Bekleidungs-Einzelhändler für den Massenmarkt bringt Federer 30 Millionen US-Dollar pro Jahr ein (einige Agenten aus der Branche gehen davon aus, dass die Garantiesumme niedriger ist).

Auf jeden Fall war es eine weit höhere Summe, als Nike einem alternden Superstar zu zahlen bereit war, makelloses Image hin oder her.

„Ich bin froh, dass ich schon weg war, weil ich mir das nie verziehen hätte", sagte Nakajima nach der Trennung zwischen Nike und Federer. „Leider geht es am Ende immer nur um die Zahlen. Aber echt jetzt? Ihr lasst Roger Federer gehen? Das war echt traurig. Für mich ist er wie ein Michael Jordon. Er denkt schon darüber nach, was als Nächstes passiert, und wenn er alles richtig macht, könnte er nach seiner Karriere sogar noch erfolgreicher sein. Welches Unternehmen würde sich nicht an ihn dranhängen wollen?"

John Slusher, der leitende Vizepräsident der Global Sports Marketingabteilung, führte die Verhandlungen für Nike. Er ist der Sohn von Howard Slusher, einem führenden Sportagenten, der wegen seiner roten Haare und seiner knallharten Verhandlungstaktik „Agent Orange" genannt wird und zuletzt direkt dem Nike-Mitbegründer Phil Knight unterstellt war.

John Slusher ist wie Godsick Dartmouth-Absolvent, spielte ebenfalls in der Football-Mannschaft und schloss sein Studium 1990 ab, drei Jahre vor Godsick. In diesem Fall half aber auch keine Cliquenwirtschaft, ebenso wenig wie ein persönliches Treffen zwischen Federer und Slusher oder die vielen Zugeständnisse, die über die Jahre gemacht worden waren. Massimo Cavalli, der Nike später verließ, um Vorstandsvorsitzender der ATP zu werden, war ebenfalls an den Verhandlungen beteiligt.

„Wir haben schon vor zehn Jahren hart verhandelt, und auch vor 15 Jahren, man gewöhnt sich dran", so Federer der *New York Times*. „Das ist okay. Wir haben es ein Jahr lang versucht, vielleicht sogar länger, und aus meiner Sicht waren die Forderungen vertretbar."

Tennis ist für Nike keine Gelddruckmaschine, sondern nur eine kleine Abteilung innerhalb eines großen, global agierenden Unternehmens mit einem Jahresumsatz von 50 Milliarden Euro. „Das Tennisgeschäft macht etwa 350 Millionen US-Dollar aus, die Zahlen sprechen also für sich", sagte Nakajima.

Die Faustregel besagt: nicht mehr als zehn Prozent des Umsatzes in Sponsoring investieren. Nike hatte sich bereits an Stars wie Serena Williams, Nadal und Sharapova gebunden, die 2018 alle noch aktiv waren, und hatte Stars mit Potenzial wie Kyrgios, Denis Shapovalov und Amanda Anisimova unter Vertrag genommen. Um Federers Forderungen entgegenzukommen, hätten sie das Zehn-Prozent-Limit durchbrechen müssen.

Als Federer 2008 seinen lukrativen Zehnjahresvertrag mit Nike verlängert hatte, war Phil Knight noch direkt in die Verhandlungen involviert gewesen. Federer hoffte, dass Knight erneut zu seinen Gunsten intervenieren würde, aber in diesem Jahr übte Knight nur noch die Funktion eines emeritierten Vorsitzenden aus und hatte sich im Alter von 80 Jahren weitgehend aus dem Tagesgeschäft zurückgezogen. Slusher und der damalige CEO Mark Parker übernahmen und dachten wahrscheinlich nicht, dass Federer ein High-Performance-Unternehmen wie Nike verlassen würde, um zu einer auf den Massenmarkt ausgerichteten Fast-Fashion-Marke zu wechseln. Falls sie blufften, zwang Federer sie jedenfalls dazu, Farbe zu bekennen, und obwohl Nike das Recht hatte, mit jedem Angebot gleichzuziehen, war ihnen das Angebot von Uniqlo wohl letzten Endes zu hoch.

„Roger wollte auf keinen Fall von Nike weg, auf keinen Fall", sagte Nakajima. „Ich habe gehört, dass Massimo geheult hat, als Tony ihm mitteilte, der Deal mit Uniqlo sei durch. Ich hätte das nie, nie zugelassen."

Dass Federer nicht den schlechteren Deal über die Garantie stellte, dass Nike die Marke RF langfristig ausbauen würde, wie sie es mit der Marke von Michael Jordan gemacht hatten, sorgte in der Tennisbranche für Überraschung.

„Das war immer mein Traum", hatte Federer einmal zu mir gesagt. „Agassi hatte seine Linie. Jordan hatte seine Linie. Ich finde das so cool. Es geht nicht darum, dass ich zu anderen Tennisspielern oder Sportlern sagen kann: ‚Schaut mal, ich habe meine eigene Linie.' Das ist mir nicht wichtig. Wichtig ist, dass ein Fan etwas kaufen kann, was mit mir zu tun hat, wie beim Fußball, wo man ein Trikot kauft, auf dessen Rückseite der Name von jemandem steht. Das mag ich am RF-Logo. Ich bin wirklich stolz darauf, dass Nike bereit war, diese Richtung mit mir einzuschlagen, weil ich weiß, wie schwer das für sie ist. Da klopfen gleich 50 andere an ihre Tür und sagen: ‚Was ist mit mir?'"

Nach mehr als 20 Jahren war es an der Zeit für Federer, neue Wege zu gehen – auch wenn es über zwei Jahre dauern sollte, bis er die Rechte an seinem RF-Logo zurückbekam.

„Was du als deine Werte bezeichnest, sind nicht unbedingt auch deren", sagte er über Nike. „Ich bin jedenfalls froh, dass ich mit diesem langfristigen Deal mit Uniqlo recht behalten habe." Da Schuhe jedoch kein Bestandteil der Uniqlo-Vereinbarung waren, investierte Federer zusätzlich in On, ein Schweizer Unternehmen für Laufschuhe, und entwickelte mit ihnen einen Tennisschuh, den er 2021 zum ersten Mal bei einem Turnier trug.

Der Uniqlo-Deal beförderte Federer finanziell in eine andere Liga. Mitte 2020 kürte ihn *Forbes* zum bestbezahlten Sportler der Welt und schätzte sein Einkommen auf 106,3 Millionen US-Dollar, von denen nur 6,3 Millionen aus offiziellen Preisgeldern stammten.

Es war das erste Mal, dass Federer oder überhaupt ein Tennisspieler die Liste anführte. Er landete sogar noch vor den Fußballstars Cristiano Ronaldo, Lionel Messi und Neymar sowie den NBA-Stars LeBron James, Stephen Curry und Kevin Durant. Seine Vormachtstellung im Alter von 39 Jahren war aber auch zum Teil der Pandemie geschuldet, die den Profisport lahmgelegt und 2020 für erhebliche Umsatzeinbußen gesorgt hatte.

Federer lebt zweifellos im Luxus. Lüthi, der ihn so gut kennt wie kaum ein anderer, findet nicht, dass das seinen Charakter verändert hat: „Ich glaube, er wäre genauso glücklich, wenn er in Basel Häuser streichen würde. Viel Geld kann auch viel Ärger machen. Jeder will mehr, aber nicht jeder kann damit umgehen. Ich denke, Roger kommt damit ziemlich gut klar."

Abgesehen von Federers lukrativen eigenen Deals und Coco Gauffs laufendem Portfolio konzentriert sich Team8 hauptsächlich auf den Laver Cup, ein Event, das, wenn es Erfolg haben sollte, sowohl Federers Vermächtnis wird als auch ihm dabei helfen könnte, als Teamkapitän oder Organisator im Spiel zu bleiben.

Um den Laver Cup voranzubringen, haben er und Godsick sich hinter den Kulissen mit Nachdruck dafür eingesetzt, dass er zu einem offiziellen ATP-Tour-Event wird, und ebenso leidenschaftlich für die Beibehaltung des Termins Ende September gekämpft, der auch für den reformierten Davis Cup interessant ist. Federer und Godsick konnten jedoch nicht die Landnahme der auf glühenden

Kohlen sitzenden French-Open-Veranstalter verhindern, die im Pandemiejahr 2020 ihr Turnier ohne vorherige Absprache in die Laver-Cup-Woche verlegten. (Allerdings wäre die 2020er-Ausgabe des Laver Cup im Bostoner TD Garden aufgrund der Corona-Versammlungsbeschränkungen auch so mit großer Wahrscheinlichkeit um ein Jahr verschoben worden.)

Nach unserem Start in der kalifornischen Wüste am 18. März um sieben Uhr in der Früh verbrachte Federer den ersten Teil des Fluges damit, zu frühstücken und sich mit mir, Godsick und Lüthi, der noch verschlafener aussah, über Tennispolitik zu unterhalten. Es war ein langes, engagiertes Gespräch. Federer hörte mehr zu, als dass er redete, und stellte viele Fragen, die von den Reformen des Davis Cup bis hin zu den Auswirkungen der sozialen Medien auf den Sportjournalismus reichten. Federer und Godsick neckten sich in gewohnt lockerer Manier und wurden leidenschaftlicher, wenn ihre Meinungen auseinandergingen. Es fühlte sich nicht so an, als wäre Federer mit einer Bande von Ja-Sagern unterwegs.

„So ist er eben. Du kannst Roger widersprechen, und er nimmt es nicht persönlich, sein Puls wird nicht schneller", hatte mir Paul Annacone einmal gesagt. „Er ist glücklich, wenn er sich mit dir hinsetzen, darüber reden und ‚Okay, verstehe ich' sagen kann, aber er kann genauso einen Schritt zurücktreten und die Dinge sehr gut objektiv bewerten."

Als Lüthi und Annacone Federer trainierten, hatten sie erkannt, dass es besser war, ihm zwei Sichtweisen zu präsentieren, statt sich auf einen Konsens zu einigen und Federer einen einzigen Ratschlag zu erteilen.

„Andere Spieler werden vielleicht nervös, wenn sie unterschiedliche Dinge hören", sagte Lüthi. „Roger ist nicht so. Er hört sich gern unterschiedliche Meinungen an und entscheidet dann selbst. Er gibt dir immer die Möglichkeit, du selbst zu sein, deine Meinung zu sagen und ehrlich zu sein, und das ist für mich der Schlüssel. Ich denke, das ist eine von Rogers großen Stärken. Wir sind nicht immer einer Meinung, aber das macht es interessant für uns."

Nach einem kurzen Nickerchen in einer separaten Kabine wärmte sich Federer für seinen ersten Besuch in Chicago mit einem Quiz auf.

„NFL-Team?“ – „Bears!“, antwortete er.

„NHL-Team?“ – „Blackhawks!“

„Baseball-Team?“ – „Cubs!“

„Und?“

Eine kurze Pause entstand, doch dann lieferte Federer die – richtige – Antwort: „White Sox.“

Nicht schlecht für einen Schweizer, der sicher öfter Fußball als Baseball schaut, aber Federer liebt Sport und war in seiner Jugend auch ein großer NBA- und Chicago-Bulls-Fan. Mit 17 hatte er sogar Poster von Michael Jordan und Shaquille O'Neal an der Wand hängen (und ein Poster von Pamela Anderson im Badeanzug).

Chicago war schon allein deshalb reizvoll für Federer, da er hier die Möglichkeit hatte, den Laver Cup im United Center, der Heimarena der Bulls, stattfinden zu lassen, und kaum waren wir auf dem Midway International Airport in Chicago gelandet, machten wir uns auf den Weg dorthin. Federer besuchte das United Center mit Kyrgios, der als Australier beim Laver Cup für das Team Welt spielen sollte, aufgrund seiner ambivalenten Einstellung zum Tennis jedoch sicherlich lieber ein NBA-Star geworden wäre.

Eine große Überraschung war ihr Tourguide: Scottie Pippen, der als Partner von Michael Jordan entscheidend zum Erfolg der Bulls beigetragen hatte. Federer bekam eine Gänsehaut, als Pippen sie durch die Umkleide und in die Arena führte.

„Scottie zu treffen, war etwas Besonderes“, erzählte mir Federer. „Nick schaut heute viel Basketball. Ich zwar auch noch, aber als Scottie damals gespielt hat, habe ich ständig Basketball geschaut.“

Die vier Stunden in Chicago fühlten sich an wie ein ausgedehnter Konter, er schloss den Besuch einer Deep-Dish-Pizzeria, des Chicago Theatres, des Millennium Parks und des Chicago Athletic Association Hotels im Rahmen einer Pressekonferenz mit Rod Laver, dem Team-Welt-Kapitän John McEnroe, Kyrgios und dem damaligen Bürgermeister Rahm Emanuel mit ein.

„Würde es nicht hektisch zugehen, wäre es nicht Rogers Leben, nur so kennt er es", sagte Godsick.

Ich setzte mich für die lange Fahrt zurück zum Midway Airport, zum Privatjet und zu seinem Flug nach Miami neben Federer auf den Rücksitz. Ich fragte ihn, ob er jemals Zeit allein verbringen würde.

Er lachte und schien von der Frage überrascht. „Nicht oft", sagte er. „Aber ich reise ab und zu mit Mirka und den Kids, da kann ich mich dann im Hotelzimmer entspannen."

Er habe kein besonderes Bedürfnis nach Einsamkeit, eher nach ein wenig Natur und Ruhe, wenn er zu viel auf Achse gewesen sei, das Reisen selbst wäre ihm noch nicht zu viel.

„Nehmen wir zum Beispiel heute", sagte er. „Wir sind mit dem Sonnenaufgang losgeflogen, wunderschönes Wetter in Indian Wells, und dann kommen wir hier an, es ist kalt, und die Stimmung ist komplett anders. Das ist das Schöne am Reisen, wenn man diese ganzen unterschiedlichen Orte sieht. Ich liebe das. Wirklich. Ich liebe das immer noch."

Ohne Sicherheitskontrollen und das ganze Boarding-Prozedere ist es sicher einfacher, die Schönheit des Reisens zu erkennen, doch Federer schien mir immer noch auf fast übernatürliche Weise gerüstet, als ultimativer Tennisprofi nicht nur den Sport zu lieben, sondern alles, was dazugehört (und seinen Kollegen auf die Nerven geht). Der Laver Cup stellte für ihn eine Brücke zwischen den Generationen da: zwischen den Profis aus Lavers Barnstorming-Zeiten und den Stars von morgen.

„Ich habe das Gefühl, dass sich das Rad im Tennis immer weiterdreht und man als Legende manchmal verloren geht", sagte Federer. „Ich finde es schön, dass die Legenden im Ruhestand immer noch eine Plattform haben. In der heutigen Zeit hilft das dem Sport auch. Die Legenden haben viele Geschichten zu erzählen, und das ist einer der Hauptgründe, weshalb ich die Idee des Laver Cup gut fand. Für mich sticht Rod Laver heraus, aber auch andere aus seiner Generation, wie Lew Hoad und Ken Rosewall. Diese Jungs mussten sich wirklich abrackern. Tony Roche hat mir viel über sie erzählt, und ich dachte, es wäre nett, ihnen für alles, was sie für uns getan haben, zu danken. Viele kennen ihre Geschichte gar nicht so, dabei ist sie wirklich bemerkenswert. Sie haben in 200 Tagen in etwa 150 Städten gespielt. Das war wie im Zirkus."

Federer wollte aber auch die Rolle des Mentors einnehmen, die jungen Spieler dahin führen, dass sie mit allen anderen Spielern ein zusammenhängendes Ganzes bilden, und ihnen helfen, die Fallstricke von frühem Ruhm und Reichtum zu umgehen.

„Mein Credo lautet immer: ‚Sei einfach interessiert'", sagte Federer. „Das können deine Finanzen sein, die Agentur, die Kommunikation mit deinem Agenten. Das können deine Sponsoren sein, deine Steuern. Egal was, lass nicht die anderen alle Entscheidungen für dich treffen. Letzten Endes bist du verantwortlich, wenn es ein Problem gibt. Das ist mein wichtigster Rat an alle."

Ich fragte Federer, was er in den Augen der jüngeren Spieler lesen würde, wenn er so sein Credo vorbringt.

„Ich glaube, sie denken: ‚Gute Idee.' Und du denkst dann: ‚Na, dann tu auch was dafür.'"

Der Chauffeur fuhr direkt auf das Rollfeld des Midway Airport und hielt neben dem Flugzeug. Federers erster Trip nach Chicago war fast vorbei, bescherte ihm aber noch ein letztes authentisches Chicago-Erlebnis, als der starke Wind es ihm fast unmöglich machte, die Autotür zu öffnen.

Nachdem er den Kampf gewonnen hatte, verabschiedete er sich höflich und kämpfte sich durch weitere Windböen bis zur Bordtreppe, bevor er im Jet verschwand.

Meine Reise mit Federer war vorbei, und als ich am nächsten Tag meine Kolumne geschrieben hatte, war ich auch schon wieder in der Luft, dieses Mal auf einem Mittelplatz in der Economy Class auf einem überbuchten American-Airlines-Flug nach Boston. Als ich mein spätes Abendessen auf einem Plastiktablett einnahm und beide Armlehnen mit meinen Sitznachbarn teilte, fühlte sich das plötzlich wie eine Revanche an: wie ein abrupter Realitätscheck nach einem verlängerten Aufenthalt in Federers „reibungsarmer" Welt.

Nach meiner Ankunft am Logan Airport nahm ich einen Bus nach Norden in meine kurz vor der Grenze zu New Hampshire gelegene Stadt, kam aber erst nach zwei Uhr morgens an, was bedeutete, dass es zu spät war, um ein Taxi zu rufen.

Also lief ich die drei Meilen nach Hause am Straßenrand entlang, rollte meinen Koffer hinter mir her und musste gelegentlich in der Dunkelheit laut lachen über den Kontrast zwischen dem glamourösen Start meiner Reise und ihrem prosaischen Ende.

Genau das, wurde mir plötzlich klar, war die Art von Einsamkeit, die Federer wohl eher selten erlebt.

Kapitel 16

FELSBERG, SCHWEIZ

Der Court heißt „Roger", und Federer zog den Platz ab wie ein Drechsler, der nach einem langen Tag an der Drehbank seinen Laden ausfegt.

Er hatte schon lange nicht mehr auf dem Belag gespielt, auf dem er groß geworden war, und genoss das Rutschen über den Sand, das gedämpfte Abspringen des Balls und Rituale wie das Abziehen mit dem Schleppnetz, um den Platz für die nächsten Spieler vorzubereiten.

Auch Nadal zieht seinen Trainingsplatz oft selbst ab, ein Akt, dem eine gewisse Demut innewohnt. Es ist schön, Superstars dabei zuzusehen, wie sie genau dieselben Routinen ausführen wie alle anderen Spieler.

„Deswegen ist Federer hier so beliebt", sagte Toni Poltera, Präsident des Felsberger Tennisclubs, während er Federer bei der Arbeit beobachtete. „Er ist nicht extrem, da stimmt das Menschliche."

Ich war im April 2019 in die Alpen gekommen, um Federer einen Tag beim Training zuzusehen und ihn für die *New York Times* zu seiner Rückkehr auf Sand nach drei Jahren Pause zu interviewen, aber auch, um mit ihm über seinen Bezug zur Schweiz zu sprechen.

Er könnte woanders sicherlich noch niedrigere (oder auch gar keine) Steuern zahlen, doch hier ist er verankert, und das trotz all seiner Reisen und Möglichkeiten, trotz seines Apartments in Dubai, seiner Verbindungen zu Südafrika und Vorliebe für einen entspannten Lebensstil.

„Letzten Endes fühle ich mich als Schweizer", sagte er. „Und deshalb möchte ich meine Kinder hier großziehen. Wenn wir von zu Hause sprechen, ist das hier. Mirka hat zwar slowakische Wurzeln und ich teils südafrikanische, aber hier fühlen wir uns einfach am wohlsten."

Wir unterhielten uns beim Mittagessen im Restaurant Rheinfels, einer gemütlichen Pizzeria in Chur, wo wir in einer seiner Trainingspausen mit seinem Auto hingefahren waren. Der Hauptraum war fast vollständig besetzt, und obwohl sich ein paar Köpfe drehten, wurde weder gestikuliert noch getuschelt, als uns die Bedienung an einen Tisch im Nebenraum führte, damit wir uns möglichst in Ruhe unterhalten konnten.

Natürlich wurde Federer erkannt, aber nicht gestört, zumindest nur kurz: Nachdem wir bestellt hatten, kam eine Familie quasi auf Zehenspitzen mit der Bedienung an unseren Tisch und bat auf Schweizerdeutsch um ein Gruppenselfie. Federer, der erst leicht irritiert wirkte, erhob sich von seinem Holzstuhl, lächelte und kam der Aufforderung nach.

Von Hysterie war das weit entfernt, und die Ruhe war doch erstaunlich, wenn man bedenkt, dass Federer der mit Abstand berühmteste Schweizer im In- und Ausland ist.

Federers langjähriger Trainer und Freund Severin Lüthi kennt das nur zu gut: „Wenn man in Thailand ist oder wo auch immer – auch wenn man im Urlaub ist –, und ich sage, ich komme aus der Schweiz, rufen alle: ‚Wie Roger Federer!' Das passiert ständig."

Ein weniger diskreter Mensch würde vielleicht antworten, er kenne Federer tatsächlich persönlich. „Ich tue das nicht", sagte Lüthi. „Ich freue mich einfach nur über ihre Reaktion. Das sieht sonst aus, als wollte man angeben."

Die Schweiz gilt zu Recht als ein Land, in dem man schon früh Zurückhaltung lernt.

Für Federer ist diese Mentalität eine der Bedingungen, warum seine Karriere so lange Bestand hat: „Ich habe wirklich das Gefühl, dass ich in die Schweiz zurückkommen und entspannen kann."

Und doch ist er nach über 20 Jahren im Profitennis fest im kollektiven Gedächtnis verankert, weshalb er oft das Gefühl hat, allen Schweizern, die seinen Weg kreuzen, irgendeine Art von Anerkennung zu schulden, ganz egal, wie cool und unaufgeregt sie zu sein versuchen.

„Die Menschen schauen mich manchmal so an, als wäre ich Politiker", erzählte er mit einem Lachen. „Ich muss fast alle grüßen, weil sie mich so gut aus dem Fernsehen und aus der Werbung und Interviews kennen."

Ich fragte Federer, was für ihn die Schweizer Mentalität sei.

„Hm, zurückhaltend zu sein, auf eine bestimmte Art, aber wenn man einen Schweizer gut kennt, ist er sehr offen und herzlich, und man hat wahrscheinlich einen Freund fürs Leben gefunden. Und wir sind natürlich ziemlich international, da wir vier Landessprachen und viele deutsche, französische und italienische Einflüsse haben, wir sind ein Schmelztiegel. Und günstig gelegen. Von hier aus können wir in zwei, drei Stunden schon in Mailand sein, in einer ganz anderen Welt."

Obwohl Federer sicherlich kein „normales Leben" in der Schweiz führt, fühlt es sich doch überschaubar an. Wir aßen allein – nur wir beide, ohne jegliches Personal und Security –, und abgesehen von der Selfieanfrage verlief der Rest des zweistündigen Essens ruhig, von der Suppe über die Pasta bis hin zum Espresso (Federer ist kein großer Fleischesser).

„Ich glaube nicht an Sternzeichen und diesen Kram, aber ich bin Löwe", sagte er. „Und ich denke, Löwen stehen gern im Zentrum der Aufmerksamkeit, aber zu ihren Bedingungen. Für mich funktioniert die Tenniswelt daher perfekt. Ich stelle mich gern dem Rummel, den großen Stadien, den Medien, der Aufmerksamkeit. Aber dann muss ich wieder weg davon."

Das schien mir eine besonders aufschlussreiche Bemerkung zu sein, mit der ich mich selbst in abgeschwächter Form identifizieren konnte. Als Sportjournalist muss man sich ebenfalls in den Stress, das Chaos und die Menge stürzen und seine Artikel unter Zeitdruck in den Presseboxen schreiben, während Tausende buhen, jubeln und singen. All diese Energie und Emotionen sickern in einen hinein und können einen ganz schön auslaugen, auch wenn man nur Zaungast ist. Obwohl ich Schütze und nicht Löwe bin, habe ich selbst schon oft nach meiner Berichterstattung von einem

Grand-Slam-Turnier, von Olympischen Spielen oder einer Fußballweltmeisterschaft größtmögliche Abgeschiedenheit gesucht: in Wäldern, ländlichen Gebieten, auf Bergpfaden, egal was, Hauptsache, man hört die Grillen zirpen und keine brüllenden Fans. Es ist, als müsse man von einem Extrem ins andere wechseln, um zu einer Art Gleichgewicht zu finden.

Federer nickte.

„Ich kenne das Gefühl und weiß, dass ich hier …", er führte eine ausladende Geste mit der Hand aus, „… mein Gleichgewicht und meine Ruhe finden kann. Es war ein glücklicher Zufall, dass wir in die Berge gezogen sind. Das war gar nicht so geplant. Es hat sich einfach ergeben, dass wir vor fünf, sechs, sieben Jahren ein Grundstück gefunden haben, auf dem wir bauen konnten, und von den großen Städten in diese abgelegene Gegend kamen."

Sie bauten in Valbella, in unmittelbarer Nähe zu den Skipisten und Wanderwegen von Lenzerheide und nur 45 Autominuten von Davos und eine Stunde von Sankt Moritz entfernt.

Hier zu leben bedeutet, in der Höhe zu trainieren. Felsberg liegt auf 572 Metern – hoch genug, dass ein Tennisball schneller durch die dünnere Luft fliegt. Und es bedeutet, an gemütlichen, unaufgeregten Orten wie dem Felsberger Tennisclub zu trainieren, der direkt am Rhein liegt. Über diesen schmalen Rheinabschnitt wurden vielleicht noch keine Sinfonien geschrieben, aber man muss sich nur umsehen, um Majestätisches zu erblicken, zum Beispiel schneebedeckte Gipfel Ende April.

Der Sound an diesem Dienstag setzte sich aus einer Mischung aus Vogelgezwitscher, muhenden Kühen, vorbeifahrenden Autos und hart geschlagenen Bällen zusammen. Der Club hat eine Tenniswand und ein Clubhaus aus Holz, es ist so eingerichtet, als hätte es jemand eilig gehabt, auf einen der drei Sandplätze zu kommen. Als ich mir den Raum ansah, entdeckte ich ein Foto von Federer und seinem Freund und regelmäßigen Trainingspartner Tommy Haas an der Wand.

Und einen zerbrochenen Schläger über dem Eingang.

„Der gehört nicht mir“, sagte Clubpräsident Poltera, ein fröhlicher, extrovertierter Mann in Jeans und Kapuzenpulli, der verständlicherweise stolz auf diese Verbindung ist.

„Das ist das fünfte oder sechste Mal, dass sie dieses Jahr hier sind“, so Poltera. „Man kann das nie wissen. Ob sie kommen, hängt von vielen Dingen ab, auch vom Wetter.“

Es hängt auch von der Mundpropaganda ab. Geht man zu oft an ein und denselben Ort, strömen bald die Fans in Scharen herbei. Die Schweizer mögen diskret sein, lassen sich aber sicher nicht die Chance entgehen, Federer spielen zu sehen, ohne dafür bezahlen zu müssen.

„Wir sind mal hier, mal da“, erklärte Lüthi, als er mich an diesem Morgen in Chur vom Bahnhof abholte. „Es tut gut, den Standort zu ändern. Die Leute müssen nicht immer wissen, wo wir trainieren.“

Sie wechseln auch gern die Sparringspartner und fragen oft junge Schweizer Spieler an, wie Jakub Paul, der in Chur aufgewachsen ist und jetzt in Biel/Bienne im nationalen Leistungszentrum trainiert.

„Ich war mal in den Ferien zu Hause, und Lüthi rief mich aus heiterem Himmel an und fragte, ob ich Zeit hätte zu trainieren“, erzählte Paul. „Und ich sagte, natürlich habe ich Zeit. Also durfte ich mit Roger in dem kleinen Club spielen.“

In dieser Woche war Dan Evans Federers Trainingspartner, der tätowierte Brite, der wie Federer eine einhändige Rückhand schlägt und in seiner Jugend viel Squash gespielt hat. 2019 war Evans noch dabei, sich nach seiner einjährigen Sperre wegen Kokainkonsums wieder in der Weltrangliste vorzuarbeiten. Normalerweise spielt er, kreativ und abwechslungsreich, wie er ist, das eleganteste Tennis auf jedem Platz, nur nicht gegen Federer.

Es war kein klassisches Sandplatzgewühle, ein Leckerbissen war es allemal.

„Wir gehen zurück in die 80er: Slice-Winner!“, rief Federer nach einem besonders schönen Ballwechsel auf dem nach ihm benannten Roger-Platz.

Er hatte seine Dehn- und Aufwärmübungen bereits zu Hause in Valbella absolviert, das nur eine kurze Autofahrt entfernt liegt, und sich dann noch kurz auf seine Beinarbeit konzentriert, bevor das Training um zehn Uhr begann. Er rutschte über den roten Sand, als wollte er seine Reichweite testen.

„Manchmal besteht die Herausforderung auf Sand für mich darin, nicht nur zu rutschen, um zu rutschen“, sagte er. „Ich glaube, das ist das, was Rafa und die anderen top Sandplatzspieler so gut können. Sie rutschen nur, wenn sie wirklich müssen. Natürlich denkt jeder: ‚Hey, Rutschen macht total Spaß‘, also fängt man an, zu jedem Ball zu rutschen, aber dann hat man weniger Kontrolle.“

Nach unserer langen Mittagspause dehnte er sich nicht und wärmte sich auch nicht erneut auf, sondern legte direkt wieder los. Für einen 37-Jährigen, der in der Vergangenheit viele Rücken- und Knieprobleme zu bewältigten hatte, fand ich das überraschend.

„Er hätte ein bisschen mehr machen müssen, und normalerweise macht er das auch“, meinte Lüthi.

Pierre Paganini, sein Konditionstrainer, war an diesem Tag ausnahmsweise nicht anwesend, und sowohl Federer als auch Lüthi erklärten, dass es wichtig für Federers mentale Fitness sei, dass die Vorbereitung keine Schinderei sei.

„Manchmal will auch zum Beispiel der Physio vor einem Match alles richtig machen, und ich muss ihm dann sagen, dass wir jetzt nicht zehn Minuten lang eine Rückenübung machen können“, sagte Lüthi. „Manchmal müssen wir einen Kompromiss finden. Wenn man seit 20 Jahren auf der Tour ist, verändert sich der Körper. Früher hat Federer zwei Hüpfer gemacht und ist dann ins Match, aber man kann es auch übertreiben und sich mit dem ganzen Getape und so verrückt machen.“

Federer sagte, dass er mittlerweile mehr Zeit in die Vorbereitung stecken würde: „Ich wärme mich seit ein paar Jahren länger auf als früher, mache mehr Dehnübungen und lasse mich massieren. Aber ich habe meinem Team gesagt, dass mehr nicht geht, weil ich auch ein Leben haben muss. Ich muss für meine Kinder da sein können, für meine Frau. Ich muss es genießen können. Ich kann nicht eine Stunde trainieren und dafür drei oder vier Stunden mit anderen Dingen verbringen, nur um mit der körperlichen Belastung fertigzuwerden. Also haben wir einen Plan entwickelt, der für sie und für mich funktioniert."

Die geballte Faust, die Federer gern einsetzt, ist eine gute Metapher. Wenn man zu verbissen an einer Sache festhält, vor allem abseits des Tennisplatzes, wird man irgendwann ausbrennen und zusammenbrechen.

Bleibt abzuwarten, wie es Nadal ergeht, wenn er Ende 30 ist, schließlich hat er schon viel länger mit seinem Vollgas-Ansatz Erfolg, als alle dachten. Doch Federers Ergebnisse und Beständigkeit sind unbestritten.

Die Franzosen verwenden oft das Wort „relâchement", wenn sie über Federers Spielweise sprechen. Man kann es mit „Entspanntheit" übersetzen, aber die bessere Übersetzung wäre wohl „Lockerheit". Für mich ist diese lockere Geschmeidigkeit der Schlüssel zu allem: zu seinen flüssigen Bewegungen, seiner natürlichen Kraft und Fähigkeit, aus dem Stand und unter Druck zu zaubern.

„Wenn man Roger noch zehn Kilo Muskelmasse verpassen würde, würde das nicht garantieren, dass er den Ball schneller spielt", sagte sein ehemaliger Coach José Higueras einmal zu mir. „Vielleicht würde er den Ball sogar langsamer spielen. Es geht nicht um Kraft, sondern um Timing."

Ella Ling, eine der besten Tennisfotografinnen, sträubte sich zu Beginn ihrer Karriere sogar, Federer zu fotografieren, weil er seine Emotionen so gut unter Verschluss hält. Mittlerweile hat sie ihre Einstellung geändert: „Es spricht Bände, wie wenig er beim Schlagen das Gesicht verzieht. Tennis zu spielen ist für ihn ganz natürlich, mühelos, es fließt aus Körper und Geist. Das ist einzigartig, und ich bezweifle, dass wir so etwas je wieder zu sehen bekommen werden."

Sein „relâchement" hat sicher dazu beigetragen, dass er länger als viele seiner Altersgenossen durchhält. Von den 128 Herren im Einzel, die 1999 bei den French Open, seinem Grand-Slam-Turnierdebüt, aktiv waren, ist er der letzte Einzelspieler, der noch auf der Tour ist.

„Echt jetzt?!", sagte er, als ich ihm diese Statistik vortrug. „Alle anderen sind weg?"

Nur ein paar wenige Spieler in seinem Alter (oder älter) traten zu dem Zeitpunkt noch im Einzel an, darunter der spanische Linkshänder Feliciano Lopez, einst sein Rivale bei den Junioren, oder Ivo Karlovic, ein hünenhafter Kroate mit krachender Vorhand und graumeliertem Bart.

Die Wildcard 1999 in Paris hatte Federer nach vorne katapultiert, und 20 Jahre später war er seiner Zeit noch immer voraus. Er bestritt Grand-Slam-Turniere und sammelte einen Titel nach dem anderen: Zu Beginn des Jahres 2019 hatte er seinen 100. Titel in Dubai und seinen 101. in Miami gewonnen.

Talent oder harte Arbeit?

„Vielleicht hat mir mein Talent ein wenig geholfen, die Technik zu entwickeln, die ich heute habe und die mich vielleicht weniger belastet", meinte er. „Aber ich glaube, ich habe mir das alles mit meinem Zeitmanagement und meiner Planung erarbeitet und vielleicht auch mit meiner mentalen Einstellung. Ich nehme die Dinge zwar sehr ernst, bin aber auch entspannt und kann schnell loslassen. Dieses Mittagessen zum Beispiel ist tatsächlich wie eine Pause für mich, da kann ich mir sagen: ‚Okay, ich habe gerade Vollgas gegeben, und jetzt bin ich hier.' Und kann tatsächlich entspannen und abschalten. Und danach geht es wieder an die Arbeit. Ich glaube, dieser Ansatz ist der Schlüssel für mich."

Federer ist eine faszinierende Mischung aus Ordnung und Spontanität – oder vielleicht nicht Mischung, sondern Wechselstrom. Als ermöglichte ihm die gute Planung, den Moment zu leben, völlig präsent und vor allem resistent gegen äußere Einflüsse zu sein, die ihn aus dem Takt bringen könnten.

Die Frage nach dem Rücktritt stand schon seit 2009 im Raum, aber auch zehn Jahre später betonte er, noch nicht im Detail darüber nachzudenken.

„Was ich versuche, ist, alles so flexibel wie möglich zu handhaben, um herauszufinden, was wir danach wirklich wollen. Wie viel Tennis? Wie viel Business? Wie viel Familie? Natürlich möchte ich mir alle Optionen für Mirka und meine Kinder offenhalten und dann weitersehen. Was ich nicht will, ist, mich zu früh festzulegen und es dann zu bereuen. Also ja. Ich weiß es nicht. Ich weiß es wirklich nicht. Ich fand immer, je mehr man über den Rücktritt nachdenkt, desto mehr ist man schon an dem Punkt. Ich meine, wenn ich jetzt schon die Zeit nach meiner Karriere plane, bin ich doch schon halb hier, halb dort."

„Und das würde sich auf deine Leistung auswirken?", fragte ich.

„Na ja, nicht auf meine Leistung per se, aber vielleicht auf meinen übergeordneten Wunsch, gut abschneiden zu wollen", sagte er. „Über den Rücktritt denke ich nach, wenn es so weit ist. Ich lasse mich da nicht stressen."

Seit Jahren schon durchkreuzte er die Vorhersagen der anderen.

„‚Du warst die Nummer eins in der Welt, du hast alle vier Grand-Slam-Titel gewonnen, was kommt jetzt? War's das?'", Federer ahmte die Fragenden nach. „Das war ganz klar der Tenor."

In dieser Phase spürte er, wie sich die Menschen an der Zielgeraden aufstellten, worauf Journalisten wie ich wohl oder übel getrimmt sind.

„Alle wollen ans Eingemachte, da spürt man direkt, wie sich die Schlinge enger zieht", sagte er. „Alle fragen zusätzliche Interviews an. Das ist einfach so. Aber das ist okay. Alles gut."

Ein weiterer Aspekt von Federers Vermächtnis wird wohl sein, dass sich zukünftige Champions dieser Art von Kreuzverhör erst viel später in ihrer Karriere stellen müssen.

„Ich hoffe es", sagte er. „Ich meine, Stan [Wawrinka] hat jetzt gesagt, dass er noch ein paar Jahre spielen möchte. Er ist gerade 34 geworden, was früher alt war. Jetzt bedeutet das so viel wie: hoffentlich noch drei, vier, fünf Jahre."

Federer hob die Stimme an und machte eine winkende Bewegung mit der Hand.

„Ich meine, fünf Jahre, also 39, Mann!", sagte er. „Aber das ist hart, weil die Topspieler stark sind."

Federer ist kein Nach-mir-die-Sintflut-Typ – oder in der Ära der „Großen Drei" gesprochen: nach uns die Sintflut. Er hat ein ausgeprägtes Interesse an der nächsten Generation, und das nicht nur, weil er noch gegen sie spielen muss. Er ist wirklich neugierig darauf, wer es schaffen wird, die Nummer eins zu werden, Grand-Slam-Turniere zu gewinnen und seinen geliebten Sport nach vorne zu bringen.

Gegen Ende unseres Essens spekulierten wir noch darüber, welcher Youngster es in sich hatte.

„[Alexander] Zverev vielleicht? [Stefanos] Tsitsipas vielleicht?", er klang dabei eher neugierig als überzeugt.

Es kamen noch andere Spieler zur Sprache.

„Du weißt ja, wie das läuft, der Sport bringt immer Superstars hervor, also mache ich mir da keine Sorgen", sagte er. „Vielleicht setzen sie ihr wahres Potenzial erst dann frei, wenn meine Generation weg ist. Vielleicht müssen sie erst die großen Turniere gewinnen, um an sich zu glauben. Ich habe das auch gebraucht. Ich musste erst Wimbledon gewinnen, um sagen zu können: ‚Okay, das kriege ich jede Woche hin.' Vielleicht müssen sie da erst drüber weg, weil diese Jungs nicht einfach sagen können: ‚Ich will die Nummer eins werden', weil dann alle anderen sagen würden: ‚Ha! Novak ist die Nummer eins', oder ‚Ach ja, und wie willst du an Rafa vorbeikommen?'"

Federer hatte seit 2016 auf der Tour kein Match mehr auf Sand gespielt. Er hatte 2017 auf die Sandplatzsaison verzichtet, um sich und sein Knie für ein erfolgreiches Comeback zu schonen, im Anschluss Wimbledon gewonnen, ohne einen Satz abzugeben, und 2018 die Sandplatzsaison erneut ausgesetzt, um die Routine beizubehalten, die so gut für ihn funktioniert hatte. Und vor allem hatte er Mirkas 40. Geburtstag gebührend feiern wollen.

„Sie hat so viel für mich getan, und ich dachte, statt ihr etwas zu schenken, das man sich zu Hause hinstellt, schenke ich ihr lieber Erlebnisse", sagte er. „Ich habe immer davon geträumt, sie in den Urlaub oder an einen Ort zu bringen, ohne dass sie die Details kennt, sie organisiert ja normalerweise alles. Also dachte ich mir, das drehen wir jetzt mal um."

Auf den Familienurlaub folgte ein Trip nur für Erwachsene nach Ibiza mit 40 Freunden, wo Federer Tennis grundsätzlich aus dem Weg ging – aber dennoch Nadals Dreisatzsieg über Alexander Zverev beim Finale der Italian Open über weite Strecken verfolgte.

„Ich war in einem Strandclub und habe es im Fernsehen gesehen", sagte er. „Wir haben einen tollen Freundeskreis; Mirka hat so viel dafür getan, mit so vielen Freunden in Kontakt zu bleiben. Sie wusste von Ibiza. Sie wusste, dass wir Freunde einladen, und hat über die Liste entschieden, also habe ich gesagt, dass ich die Details regele, immer wieder kleine Überraschungen, was großartig war."

Im Jahr 2019 war Federer schließlich wieder bereit für eine vollere Saison. Er spekulierte, dass auf Sand zu spielen seine Chancen auf Gras in Wimbledon erhöhen würde, wo er 2018 im Viertelfinale in fünf Sätzen gegen Kevin Anderson verlor, nachdem er einen Matchball hatte.

„Ich glaube, ich habe letztes Jahr zu viel auf Gras gespielt", sagte er. „Auf Sand zu spielen wird mir dabei helfen, die Bälle mit voller Geschwindigkeit durchzuschlagen. Wenn man zu viel auf Gras spielt, beginnt man, die Bälle zu führen, auf Sand zieht man voll durch. Ich glaube, dass mir das auf lange Sicht helfen wird. Das Wichtigste ist, dass ich zurück nach Paris komme. Ich will wieder auf Sand spielen."

Es lief gut. Er erreichte bei seiner Rückkehr auf Sand das Viertelfinale in Madrid und das Halbfinale bei den French Open, wo er erstmals seit 2015 wieder angetreten war. Während seiner Abwesenheit war nicht viel passiert. Nadal war immer noch die Instanz, die es zu schlagen galt, und wie die sechs Male zuvor sollte es Federer auch diesmal nicht gelingen. Er verlor glatt an einem der windigsten Tage in der langen Turniergeschichte, als rote Sandwolken in die Augen der Spieler wirbelten und den Zuschauern die Panama-Hüte vom Kopf fegten.

Ein Wüstensturm in Paris.

„Wir kamen an einen Punkt, an dem wir einfach nur froh waren, den Ball zu spielen, ohne lächerlich dabei auszusehen", erzählte Federer.

Nadal, der weiter hinten auf dem Platz stand und den härteren Topspin spielte, kam mit den Bedingungen besser zurecht. Selbst wenn das Wetter verrücktspielt, ist er in Roland Garros in seinem Element.

„Seine Fähigkeiten auf Sand sind unglaublich“, sagte Federer. „Ich wusste das schon vorher, und ich sehe vielleicht nicht so aus, als würde ich kämpfen, aber ich kämpfe. Ich habe bis zum Ende versucht, das Match noch zu drehen. Aber je länger es dauerte, desto wohler schien er sich mit dem Wind zu fühlen.“

Federers klares Ziel blieb Wimbledon. Er reiste, nachdem er das Rasenturnier in Halle zum zehnten Mal gewonnen hatte, mit dem richtigen Mindset an, gewann die ersten fünf Matches und traf schließlich im Halbfinale erneut auf Nadal.

Es war ihr erstes Match im All England Club seit dem Finale 2008. Zeit, sich vor Augen zu führen, wie großartig dieses Duell gewesen war – und wie überraschend, dass sich der 33-jährige Nadal und der 37-jährige Federer zehn Jahre später immer noch regelmäßig in den großen Finalspielen begegneten.

Ende der 2000er hatten sie den Sport dominiert, dann mühsam mit der Bedrohung eines Novak Djokovic Schritt gehalten, der auf allen Belägen gleichermaßen triumphierte, sie waren mit Andy Murray zum Kreis der „Großen Vier“ angewachsen, den Wawrinka noch einmal erweiterte, bis sie 2019 wegen Verletzungen von Murray und Wawrinka wieder zu den „Großen Drei“ zurückkehrten. Djokovic, der im direkten Vergleich gegen beide häufiger gewonnen als verloren hatte, war wieder die Nummer eins der Welt und stand bereits im Finale von Wimbledon, nachdem er zuvor an diesem Tag Roberto Bautista Agut auf dem Centre Court geschlagen hatte.

Federers und Nadals lang erwartetes Wimbledon-Rückspiel erreichte jedoch nicht das Niveau ihres Klassikers von 2008. Ihr Duell erstreckte sich über vier statt fünf Sätze, erzeugte nicht dieselbe Spannung und zeigte auch keine erinnerungswürdigen, hart umkämpften Ballwechsel in der Dämmerung. Es endete lange vor Einbruch der Dunkelheit.

Ihr 40. Match war dennoch ein ziemliches Spektakel. Beide spielten erstaunlich gut auf, wobei Nadal näher als sonst an der Grundlinie stand, um als Erster die Initiative ergreifen zu können. Er und sein Coach Carlos Moya wussten nur zu gut, dass Federer seit seinem Comeback 2017 alle ihre Matches auf schnelleren Belägen dominiert hatte.

„Rogers Rückhand hat sich stark verbessert, und er hat uns in Australien überrascht", sagte Moya über die Australian Open 2017. „Wir wussten danach, dass wir etwas ändern mussten, und auf Sand fällt das Rafa natürlich leichter."

Auf Rasen war es schwieriger. Federer gewann den ersten Satz knapp, indem er im Tiebreak die letzten fünf Punkte für sich entschied, kam dann im zweiten Satz aus dem Rhythmus, musste zweimal sein Aufschlagspiel abgeben und verlor 20 der letzten 23 gespielten Punkte, da er wiederholt den Ball mit dem Rahmen traf.

Er kämpfte weiter und gewann den dritten Satz, bevor beide im vierten gleichzeitig zur Höchstform aufliefen. Es hagelte Winner statt Errors, und beide versuchten, wenn möglich ihre Rückhand zu umlaufen und die Vorhand inside-out übers Netz zu schlagen.

„Man erwartet richtige Kracher von ihm", sagte Federer über Nadal. „Was man also machen muss, ist, ihn dazu zu bringen, weiter einen Kracher nach dem anderen rauszuhauen. Das Problem dabei ist, dass man selbst immer an seine Grenzen geht und riesige Breakchancen eröffnet. Man kann das nicht einfach mal probieren, weil man weiß, dass es schwer wird. Man muss die richtige Balance finden, und heute habe ich sie schnell gefunden. Ich war entspannt und ruhig."

Es war lange Zeit schwierig, an Nadals Gesicht abzulesen, ob er gewann oder verlor, ob er zufrieden oder frustriert war. Mit dem Alter wurde er transparenter, und als er im sechsten Spiel einen Vorhand-Return verpatzte, schlug er sich mit der flachen Hand gegen die Stirn, beugte sich kurz darauf nach einem verschlagenen Rückhand-Slice vor und schimpfte mit sich selbst.

Nadal blieb jedoch im Spiel ganz und gar Nadal. Er wehrte bei 3:5 Rückstand in einem grandiosen Spiel, das fünfmal über Einstand ging, erst zwei Matchbälle ab und zwei weitere mit Winnern, als Federer im nächsten Spiel zum Matchgewinn aufschlug: den ersten mit einer Inside-Out-Vorhand, die einen temporeichen

Ballwechsel über 24 Schläge beendete, und den zweiten mit einem sehr starken Rückhandpassierschlag, nachdem Federer etwas zu zaghaft ans Netz vorgerückt war. Seinen fünften Matchball konnte Federer jedoch verwandeln und zog somit in sein 12. Wimbledon-Finale ein. Triumphierend riss er beide Arme in die Höhe und bedankte sich anschließend kameradschaftlich am Netz bei Nadal.

„Das Match wurde dem Hype gerecht", sagte Federer über die Revanche.

Ich stimmte zu, wie man am nächsten Tag in meinem Artikel in der *Times* nachlesen konnte:

„Es war ein faszinierender vierter Satz, und das nicht, weil Federer und Nadal die Zeit herausforderten, sondern weil sie sich gegenseitig herausforderten."

Als Federer 7:6 (3), 1:6, 6:3, 6:4 gewonnen hatte, sprach ich mit Jarkko Nieminen, einem ehemaligen finnischen Tennisspieler, der eng mit Federer befreundet ist und ihm als Linkshänder mit einer starken Topspin-Vorhand geholfen hatte, sich auf das Match vorzubereiten.

„Das Level, auf dem sie gespielt haben, war unglaublich", so Nieminen. „Ich war teilweise sprachlos. Ich konnte kaum fassen, wie früh sie die Bälle genommen, wie hart sie draufgeschlagen und wie nah sie an die Linien gespielt haben. Ihr Alter war da draußen kein Thema, so viel ist sicher."

Doch anders als 2008 endete das Duell nicht mit der Trophäenübergabe. Denn Djokovic wartete noch auf Federer. Und in dieser Phase war er – nicht Nadal – Federers Schreckgespenst. Federer hatte Nadal in sieben ihrer acht letzten Begegnungen geschlagen, aber fünf der letzten sechs gegen Djokovic verloren.

„Ich weiß, es ist noch nicht vorbei", sagte Federer über das Turnier. „Es gibt, leider oder zum Glück, noch einen weiteren Gegner."

Das war ungewöhnlich offen formuliert, doch wusste Federer nur zu gut, dass er Djokovic seit dem Wimbledon-Finale 2012 in keinem Grand-Slam-Turnier mehr besiegt hatte.

Klar war, dass Federer außergewöhnlich gut spielte und ein gutes Risikomanagement bewiesen hatte. Seine Entscheidung, im

Frühjahr erst auf Sand und dann auf Rasen zu spielen, schien richtig gewesen zu sein.

Aber auch Djokovic hatte sich zu einem Meister der Planung entwickelt und sich wieder fest an der Spitze des Tennissports etabliert. Federer hatte insgesamt 310 Wochen die Weltrangliste angeführt, zuletzt im Juni 2018, ein Rekord bei den Herren (den Djokovic neben anderen prestigereichen Rekorden 2021 brechen sollte).

Er war auf jedem Belag ein hervorragender, wandlungsfähiger Gegner, und es war nun eine umso größere Herausforderung, wenn man bedenkt, dass es Federer noch nie gelungen war, Nadal und Djokovic im selben Grand-Slam-Turnier zu besiegen.

„Rafa stellt mich und andere als Linkshänder vor ganz andere Probleme als Djokovic", sagte Federer. „Djokovic bleibt an der Grundlinie, schlägt flach, bewegt sich anders und deckt den Platz anders ab. Man muss die eigene Taktik anpassen. Heute hat Rafa härter aufgeschlagen als bisher. Novak serviert von der Geschwindigkeit her etwa genauso schnell, was sehr hilfreich ist, weil ich mich sonst immer stärker anpassen musste. Aber am wichtigsten ist das Selbstvertrauen. Wenn man das Selbstvertrauen nicht hat, oder ich es nicht habe, ist es sehr schwer, Rafa oder Novak direkt nacheinander zu besiegen."

Dass er zweimal „Rafa" sagte und mal „Novak", mal „Djokovic", spiegelte recht deutlich Federers Beziehung zu seinen beiden Rivalen: warm und vertraut mit „Rafa"; kühler und konfliktreicher mit „Novak" beziehungsweise „Djokovic".

Federers Gesicht zeigte jedoch bei beiden Matches denselben Ausdruck. Wimbledon 2019 stand für ihn unter dem Zeichen einer zenartigen Gelassenheit, und eines der faszinierendsten Elemente des Finales war, dass Djokovic, der gern seine Kampflust zum Ausdruck bringt, offenbar denselben Ansatz gewählt hatte.

„Eine der Taktiken, die wir im Vorfeld besprochen hatten, war, dass er sehr, sehr ruhig und positiv bleiben sollte", sagte Goran Ivanisevic, einer von Djokovics Trainern. „Das Ziel war, das Publikum einfach auszublenden. Es gibt kein Publikum. Es gibt nur dich und Roger auf dem Platz."

Denn das Publikum auf dem Centre Court war wie immer auf Federers Seite, er war der alternde (oder alterslose) Underdog mit dem eleganten Spiel, mit dessen Art die gehobene Klientel von Wimbledon mehr anzufangen wusste.

Wie schon gegen Nadal eröffnete Federer die Partie mit einem Ass und ging schnell in Führung. Djokovic glich daraufhin bei eigenem Aufschlag aus und gab damit den Ton an für einen ausgeglichenen ersten Satz ohne Breaks, der kraftvoll und listenreich eng von der Grundlinie geführt wurde. Im Tiebreak ging Federer bei eigenem Aufschlag 5:3 in Führung, bekam dann aber Gegenwind, als er im Halbfeld eine Vorhand weit ins Aus schlug und dann die nächsten drei Punkte und damit den Satz verlor.

Federer ließ sich davon nicht beeindrucken, nahm einem plötzlich wackelnden Djokovic drei von vier Aufschlagspielen ab und rauschte in nur 25 Minuten durch den zweiten Satz. Ein solcher Durchlauf sollte allerdings die Ausnahme bleiben. Es folgte ein enger dritter Satz, der quasi eine Wiederholung des ersten war. Federer hatte einen Satzball, als Djokovic beim Stand von 5:6 und 30:40 aufschlug, verpatzte jedoch den Rückhand-Return nach einem guten ersten Aufschlag.

Es kam zum Tiebreak, in den Federer katastrophal startete: Er verschlug erneut mehrfach die Rückhand und fiel 1:5 zurück, bevor er sich auf 4:5 zurückkämpfte. Djokovic benötigte einen zweiten Aufschlag und ließ ihn ins Spiel zurückkommen, aber Federer verschlug erneut eine, diesmal unterschnittene, Rückhand. Noch eine vertane Chance, und schon bald ging Djokovic mit zwei zu eins Sätzen in Führung, obwohl Federer insgesamt mehr Ballwechsel gewonnen hatte.

So blieb es auch im vierten Satz. Doch dieses Mal wurde Federer belohnt, und die beiden zogen stoisch in den entscheidenden fünften Satz, der nun unter neuen Regeln stattfand.

2019 hatte der All England Club entschieden, erstmals einen Match-Tiebreak einzuführen, sollte es im entscheidenden Satz 12:12 stehen. Der Club reagierte damit auf die wachsende Zahl an Marathon-Matches bei den Herren, wie im Fall des stark aufschlagenden

Amerikaners John Isner oder Federers, der 2009 im Finale Andy Roddick mit 16:14 bezwungen hatte.

Dieses Jahr würde das Ende, falls nötig, klar geregelt sein. Als Federer jedoch beim Stand von 7:7 mit einem Vorhandpassierball das Break gegen Djokovic gelang, sah es so aus, als würde es gar nicht erst zum Tiebreak kommen. Nachdem die Menge zur Ruhe aufgefordert worden war, servierte Federer beim Stand von 8:7 zum Titelgewinn, während seine Frau Mirka nach vorne gebeugt in der Spielerbox saß, das Gesicht in den Händen vergraben, als könne sie es nicht ertragen, hinzusehen.

Beim Stand 15:15 schlug Federer mit dem Aufschlag ein Ass durch die Mitte und bei 30:15 einen Slice.

Es stand 40:15. Zwei Matchbälle. Beruhigende Aussichten gegen die meisten Gegner, aber sicher weniger beruhigende gegen Djokovic, wenn man an jene beiden aufeinanderfolgenden US-Open-Halbfinalspiele dachte.

Mirka hob den Kopf, blinzelte in die späte Nachmittagssonne, nahm den Spielstand zur Kenntnis und sah sofort wieder weg.

Federer wählte für seinen ersten Aufschlag klugerweise erneut die Mitte und erwischte Djokovic auf dem falschen Fuß. Aber statt ein drittes Ass zu schlagen, traf der Ball auf die Netzkante und sprang ins Feld zurück.

„Novak hatte sich total verspekuliert", meinte Federers früherer Trainer Paul Annacone. „Jeder Aufschlag, der übers Netz und durch die Mitte gegangen wäre, hätte das Match beendet. Stattdessen trifft er die Netzkante. Als das passiert ist, hatte ich einen totalen Flashback."

Federer schlug ein zweites Mal auf, reagierte nur einen Tick langsamer als sonst auf Djokovics tiefen Vorhand-Return und spielte seinen eigenen Vorhandball ins Aus.

Es stand 40:30. Federer brachte diesmal seinen ersten Aufschlag ins Feld. Djokovic parierte mit einem geblockten Vorhand-Return, der ziemlich kurz landete. Federer dachte nicht lange nach, schlug eine Topspin-Vorhand cross und stürmte zum Netz. Der Schlag war jedoch weder besonders aggressiv noch gut platziert. Djokovic lief nach rechts und musste sich nicht einmal strecken, um mühelos einen Vorhandpassierball cross an Federer vorbeizuspielen.

Zwei Matchbälle abgewehrt. Federer, sicherlich erschütterter, als sein Pokerface vermuten ließ, spielte die nächsten beiden Punkte konservativ und verlor beide. Enttäuscht schnippte er den Ball zur Seite, als die elektronische Anzeigentafel um 18:23 Uhr auf einen Spielstand von 8:8 umschaltete.

Für Federer und seine Fans, von denen einige bei seinem ersten Matchball mit dem Finger Richtung Himmel gezeigt hatten, war der Moment quälend. Djokovic und sein Team fühlten sich dagegen berauscht. Aber es lag noch viel Arbeit vor ihnen, denn Federer, das musste man ihm lassen, zog sein Spiel bis zum Ende durch.

Tennis ist auf einer bestimmten Ebene immer auch ein mentales Kräftemessen: zwei innere Kämpfe, die durch ein Netz getrennt sind. Dieses Match veranschaulichte das sehr gut.

„Stimmt", sagte Djokovic zu mir, als wir uns Monate später in Monte Carlo trafen. „Jeder Aspekt deines Lebens lässt sich auf diesen einen Matchball übertragen, den du hinten liegst, und auf die Frage, ob du damit umgehen kannst oder nicht. Es ist komplexer als das, lässt sich aber auf einen einfachen Satz herunterbrechen: Sei im Moment präsent, vertraue dir und glaube an dich."

Djokovic, dem nicht ganz klar war, wie der neue Ablauf war, musste an einer Stelle sogar Damian Steiner, den Stuhlschiedsrichter, fragen, ob der Match-Tiebreak, falls er nötig wurde, bei einem Stand von 12:12 stattfand.

Für mich spielte Djokovic sein beeindruckendstes Spiel des Matches, als er zum 11:11 aufschlug und bei 40:00 vier Punkte in Folge verlor, was Federer einen Matchball sicherte. Djokovic wehrte diesen ab, indem er ans Netz stürmte, worauf Federers gechipter Rückhandpassierball knapp ins Aus segelte. Federer hatte schon bald einen neuen Matchball, und Djokovic griff erneut an, spielte im Verlauf einen nicht gerade lehrbuchmäßigen Vorhand-Volley und zitterte einen Schmetterball ins Feld, der ihm den Punkt einbrachte. Als er zurück zur Grundlinie ging, schüttelte er den Kopf und grinste schief. Er wusste, wie gefährlich knapp und unschön das gewesen war.

Dennoch war es unverwüstliches, mutiges Tennis von einem die Initiative ergreifenden Djokovic, der Publikum und Spielfluss gegen sich hatte. Federer traf den Ball weiterhin sauber, spielte abwechselnd Rückhand-Slices und -Topspins und sah zum Ende des fünften Satzes hin immer noch so frisch aus wie zu Beginn des ersten.

Seine besten Chancen waren dennoch dahin. Als es 12:12 stand, übernahm Djokovic in einem weiteren Tiebreak das Kommando und ging mit 4:1 in Führung, während Mirka ihre Hände vors Gesicht hielt und zwischen den Fingern hindurchlugte. Federer konnte auf 4:3 verkürzen, aber Djokovic gewann die nächsten beiden Punkte, ganz wie der Champion, der er war, indem er erst einen sauberen Vorhand-Winner und dann einen flachen Rückhand-Kracher die Linie entlang spielte, um damit den langen Ballwechsel zu beenden.

Es stand 6:3, und Djokovic hatte seinen ersten Matchball, 45 Minuten nachdem Feder seinen letzten gehabt hatte.

Federer musste über den zweiten Aufschlag gehen, Djokovic parierte mit einer cross gespielten Rückhand, und Federer lief nach links und verschlug seine letzte Vorhand: Der Ball flog von der oberen Seite seines Schlägerrahmens in die Menge, die bereits in Feierlaune gewesen war und sich mittlerweile verhaltener zeigte.

Djokovics Eltern, sein Onkel, sein Agent und sein Trainer hüpften auf und ab und fielen einander in die Arme, während Djokovic bemerkenswert ruhig blieb und mit einem Ich-gegen-den-Rest-der-Welt-Grinsen, das mir fast schon zynisch erschien, zum Handschlag vor ans Netz schritt. Dann ging er auf dem Platz in die Hocke, riss ein paar Grashalme heraus und gönnte sich sein mittlerweile traditionelles, aber immer noch ungewöhnliches Mahl nach einem Wimbledon-Sieg.

Djokovic kaute, und Federer kochte. Der Schweizer war einen Punkt von seinem zu Recht größten Sieg entfernt gewesen, der ihn zum ältesten Sieger im Herreneinzel der Open-Ära von Wimbledon gemacht und ihm seinen 21. Grand-Slam-Titel beschert hätte, was den Abstand zu Djokovic und Nadal vergrößert hätte.

„Ich habe einfach das Gefühl, eine unglaubliche Chance verpasst zu haben", sagte Federer später, die Baritonstimme etwas tiefer als sonst.

Auf die Frage, was schiefgelaufen sei, antwortete Federer: „Wohl einfach ein einzelner Schlag. Such dir einen aus."

Es war eines der besten Finalspiele in der Geschichte des Tennis und in vielerlei Hinsicht genauso spannend wie das Wimbledon-Finale von 2008, dabei mit mehr Kontinuität und besserer Sicht.

„Dieses Finale war natürlich geradliniger, weil es keine Regenunterbrechungen gab und es nicht dunkel wurde", sagte Federer. „Aber klar, das Ende war episch, knapp und voller Momente. Und natürlich waren da Parallelen, aber man muss sie schon suchen. Ich habe beide Male verloren, das ist die einzige Parallele, die ich sofort sehe."

Djokovics Sieg mit 7:6 (5), 1:6, 7:6 (4), 4:6, 13:12 (3) war mit 4 Stunden und 37 Minuten auch das längste Wimbledon-Finale im Herreneinzel, das seit der Gründung des Turniers im Jahr 1877 ausgetragen worden war.

„Ich fand die meiste Zeit des Matches, dass ich in der Defensive war", sagte Djokovic. „Er hat das Spiel diktiert. Ich habe einfach versucht zu kämpfen und einen Weg zu finden."

Federer verbuchte 91 Winner und 61 unerzwungene Fehler für sich, Djokovic 54 Winner und 52 unerzwungene Fehler, von denen viele auf seinen schwachen zweiten Satz entfielen. Federer schlug mehr Asse (25:10) und machte weniger Doppelfehler (6:9). Er verwandelte mehr Breakbälle (7:3) und entschied insgesamt mehr Ballwechsel für sich (218:204). Aber im Tennis, und das weiß Federer nur zu genau, geht es eben darum, die entscheidenden Punkte zu gewinnen.

Es ging nicht nur um die Entscheidungen, die er bei den beiden Matchbällen getroffen hatte. Es ging um die Tiebreaks, die sonst eigentlich Federers Spezialität waren.

„Roger hat Druck auf Novak ausgeübt, aber nicht in den Tiebreaks. Da gar nicht", sagte der Statistikexperte Craig O'Shannessy, der Djokovic als Berater zur Seite stand. „Novak stand letzten Endes öfter am Netz als Federer, was ein Riesenfehler ist. Roger hätte Serve-and-Volley spielen müssen, hätte chippen und angreifen müssen, hätte beim zweiten Aufschlag vorrücken müssen, aus dem Halbfeld angreifen. Er hätte in den Tiebreaks ständig am Netz stehen müssen, aber er hat immer wieder gezögert, ist hinten geblieben und hat den Ballwechsel in die Länge gezogen."

Es ist grausam, aber unvermeidlich, dass Federer als einer der erfolgreichsten Tennisspieler und Sportler überhaupt auch dafür in Erinnerung bleiben wird, zwei der besten Matches verloren zu haben, die je gespielt wurden, vielleicht sogar die beiden besten Matches, die er je gespielt hat. Sein Sieg bei den Australian Open 2017 gegen Nadal war spektakulär, doch Wimbledon ist und bleibt das geschichts- und prestigereichste aller Grand-Slam-Turniere, das Rasenturnier, das seinem Stil und Image am meisten entspricht.

Er hat viele mit seinem Tennis begeistert und auch seine Gegner inspiriert.

„Ich hoffe, dass ich damit anderen Spielern die Chance gebe, daran zu glauben, dass es mit 37 noch nicht vorbei ist", so Federer.

„Ich bin einer von ihnen", sagte Djokovic, der zu diesem Zeitpunkt 32 war.

Es gibt eine verführerische Theorie, die besagt, dass Federers Weg zum Ruhm leichter war, dass er seine Grand-Slam-Titel größtenteils errungen hatte, als Nadal noch nicht auf allen Belägen eine echte Bedrohung und Djokovic noch nicht durchgestartet war. Man könnte sogar überzeugend argumentieren, dass das einzige Grand-Slam-Turnier, das Federer gewinnen konnte, als beide volle Power gaben, die US Open 2008 waren. Dabei lässt man aber außer Acht, dass Nadal und Djokovic nur deshalb so großartig wurden, weil sie Federer hatten, an dem sie sich messen konnten. Federer schaffte es sogar, auch dann noch ein ernstzunehmender Gegner zu sein, als Nadal und Djokovic auf ihrem Zenit waren und er schon Mitte, Ende 30.

Während Sampras zusehen musste, wie seine Rekorde weniger als zehn Jahre nach seinem Rücktritt gebrochen wurden, spielte Federer so lange vorne mit, dass seine Rekorde bereits gebrochen wurden, bevor er seine Karriere beendet hatte.

Das ist eine eklatante Entwicklung, zu der ich Federer einmal befragt habe.

„So sehr ich es mag, Rekorde zu brechen oder zu halten, ist für mich das Brechen das Wichtigere, nicht das Halten", sagte er. „Diesen Moment kann einem niemand nehmen. Rekorde sind sowieso dazu da, um irgendwann gebrochen zu werden, aber dieser allererste Moment, wenn du den Schritt oder Sprung in diese Sphäre machst, in der vor dir noch niemand war, das ist wirklich erhebend."

Momente wie diese sind mit Sicherheit umso süßer, wenn man gerade die bittere Enttäuschung eines großen Spiels erlebt hat. Dennoch dürfte das eine Belastungsprobe für Federer gewesen sein, auch wenn er niemandem mehr etwas zu beweisen hatte.

Wenn man strauchelt, hilft es, die Familie um sich zu haben, die einem schnell wieder auf die Beine hilft. Und Mirka, die die Gefahr auf dem Centre Court deutlich gespürt hatte, wusste das. Am Tag nach der Niederlage war die Familie bereits wieder auf dem Weg, diesmal in den Campingurlaub.

„Natürlich hat mir das in den ersten Tagen ein bisschen zu schaffen gemacht", sagte Federer. „Aber ich war mit meinen Kindern im Wohnmobil unterwegs. Ich hatte kaum Zeit, über all die verpassten Chancen nachzudenken. Ich habe mein Leben mit meinen vier Kindern organisiert, und wir sind durch die wunderschöne Schweizer Landschaft gefahren. Manchmal hat man Flashbacks, denkt: ‚Ach, ich hätte das tun können oder das.' Am nächsten Tag trinkt man ein Glas Wein mit seiner Frau und denkt: ‚Das Halbfinale war eigentlich ziemlich gut. Sogar das Finale war ziemlich gut.' Man hat so seine Phasen."

Epilog

KAPSTADT, SÜDAFRIKA

Ich war öfter per Zug nach Basel mit seinen gepflegten Straßen und manikürten Tennisplätzen gereist. Doch um Federers Ursprünge ganz zu begreifen, war noch eine etwas aufwändigere Reise nötig.

Und so flog ich im Februar 2020 im Anschluss an die Australian Open von Melbourne nach Perth, über Nacht weiter über den Indischen Ozean nach Johannesburg. Dort stieg ich am International Airport in ein Taxi, um mich von einem simbabwischen Fahrer in einem verrosteten Viertürer, der wie die Gegend schon bessere Tage gesehen hatte, in ein Industriegebiet von Kempton Park fahren zu lassen.

Ohne Südafrika gäbe es keinen Roger Federer.

In Kempton Park lernte Federers Vater Robert 1970 als 23-jähriger Chemielaborant Lynette kennen, eine 18-jährige Südafrikanerin, die wie er für das Schweizer Chemieunternehmen Ciba-Geigy arbeitete.

„Mein Mann hat sein Herz in Afrika verloren", erzählte mir Lynette Federer viele Jahre später.

Sie verlor auch ihres, und obwohl das junge Paar schon bald in Roberts Heimat Schweiz ziehen sollte, reisten sie oft in Lynettes Heimat, auch später mit ihren beiden Kindern.

„Wir haben viele Jahre fast alle Ferien dort verbracht", erzählte mir Lynette. „Roger war zum ersten Mal dort, als er wenige Monate alt war. Unsere Tochter war zwei Jahre alt. Ich bin so gern mit den Kindern hin. Bevor sie eingeschult wurden, waren wir immer drei Monate am Stück dort. Sie hatten früh ein Gefühl für Südafrika, auch wenn sie noch sehr klein waren."

Für Roger, der die schweizerische und die südafrikanische Staatsbürgerschaft besitzt, ist der Bezug nach wie vor stark, obwohl die Besuche seltener wurden, als er mit seiner Tenniskarriere durchstartete.

Doch 2020 kehrte er nach Südafrika zurück, und zwar im Rahmen eines Charity-Showmatches mit Nadal im 50.000 Zuschauer fassenden Kapstadt-Stadion, in dem sonst Fußballspiele ausgetragen werden und wo die beiden Tennisstars mit dem Microsoft-Mitbegründer Bill Gates und dem Comedian und TV-Moderator Trevor Noah ein Doppel spielen wollten.

„Ich glaube, es wird ziemlich emotional, weil ich schon seit vielen, vielen Jahren in Südafrika spielen will", so Federer vor dem Spiel auf der Pressekonferenz. „Und jetzt ist es endlich so weit."

Federer hatte das Halbfinale der Australian Open erreicht. Aufgrund einer Beinverletzung hatte er im Vorfeld überlegt, das Match abzusagen. Er spielte trotzdem und ging sogar schnell mit 4:1 in Führung, bevor ihn die Realität einholte und sich Djokovic ohne Satzverlust durchsetzte.

Nicht einmal zwei Wochen später trat Federer auf einem anderen Kontinent für ein „Match for Africa" an, das letzte einer ganzen Reihe, die von Federers Stiftung organisiert worden war, um Kindern in Afrika eine bessere Bildung zu ermöglichen.

Er hatte die Stiftung 2004 mit Unterstützung seiner Eltern ins Leben gerufen; zu dem Zeitpunkt war er 22 Jahre alt und führte erstmals die Tennisweltrangliste an. „Als Roger anfing, gut zu verdienen, haben wir gesagt: ‚Wir finden, es wäre eine gute Idee, jetzt ein wenig von deinem Vermögen an andere, weniger begünstigte Menschen abzugeben'", erzählte mir Lynette.

Lynette war als jüngstes von vier Kindern in Südafrika zur Zeit der Apartheid aufgewachsen. Ihr Vater hatte im Zweiten Weltkrieg für Großbritannien gekämpft und war lange in Europa stationiert gewesen, ihre Mutter war Krankenschwester gewesen. Lynette und ihre Geschwister wurden in dem Geist erzogen, dass alle Menschen gleich sind. Wie ihr Sohn war auch Lynette darauf bedacht, sich in der Öffentlichkeit nicht politisch zu äußern. Sie war aber bei der Gründung und Ausrichtung der Stiftung eine treibende Kraft gewesen.

„Viele andere wollten, dass Roger ihre Projekte unterstützt", sagte sie. „Das Rote Kreuz war interessiert und andere auch, aber wir haben nach einem Projekt gesucht, das nicht zu groß ist und wo man die Veränderungen auch sehen und nachvollziehen kann."

Roger hatte unter anderem in Andre Agassi ein Vorbild gefunden. Dieser hatte seine Stiftung mit Mitte 30 ins Leben gerufen und oft gesagt, er wünschte, er hätte das früher getan.

„Ich kann mich an diesen Satz erinnern", erzählte mir Federer. „Andre hat mich auf jeden Fall beeinflusst. Ich habe meine Stiftung gegründet, lange bevor ich wirklich gut war, und das zeigt, dass es mir wirklich viel bedeutet hat, in dieser Richtung aktiv zu werden."

Es ist interessant, dass sowohl Federer als auch Agassi in ihrer gemeinnützigen Arbeit den Fokus auf Bildung legen, obwohl beide als Jugendliche die Schule frühzeitig beendet hatten. Federer war, wie er selbst zugibt, als Kind kein großer Bücherwurm gewesen.

Federers Stiftung finanzierte zunächst Projekte in Südafrika, dann auch in anderen afrikanischen Ländern und in der Schweiz.

Bevor Federer nach Kapstadt gekommen war, hatte er Namibia besucht und sich mit Staatspräsident Hage Geingob getroffen, zuvor 2018 im Zuge einer Afrikareise mit Sambias damaligem Präsidenten Edgar Lungu.

Die fünf vorangegangenen „Matches for Africa" hatten rund 10 Millionen US-Dollar in seine Stiftung gespült, und das Match in Kapstadt brachte weitere 3,5 Millionen ein. Insgesamt, so Godsick, habe Federer bislang über 50 Millionen US-Dollar für Projekte in Afrika gesammelt.

Es war jetzt schon klar, dass sich Federer nach seiner Tenniskarriere noch mehr auf die Stiftung konzentrieren will.

„Bis jetzt hatte ich kaum Zeit dafür", hatte er zu einer Gruppe von Schweizer Reportern gesagt, bevor er nach Südafrika aufgebrochen war. „Ich habe diese Zeit immer als Lehrjahre betrachtet, aber auf lange Sicht ist es mein Traum, genauso bekannt für die Stiftung zu werden wie für Tennis."

Da lag noch ein hartes Stück Arbeit vor ihm, was wohl mit ein Grund dafür war, dass er sich den Tennisfan und Milliardär Gates ins Boot geholt hatte. Gates hatte Microsoft verlassen, um sich auf sein philanthropisches Engagement in der Bill & Melinda Gates

Foundation zu konzentrieren, die mit einem Vermögen von knapp 50 Milliarden US-Dollar zur weltweit größten privaten Stiftung avanciert ist und in Afrika ihre Schwerpunkte auf die Bekämpfung von Malaria und Kinderlähmung setzt.

Godsick hatte den Kontakt zu Gates aufgebaut, als Federer 2017 ein Showmatch in Seattle organisiert hatte, und Gates hatte seine Teilnahme zugesagt.

Federer, der aus bescheidenen Verhältnissen stammt, ist den Umgang mit Milliardären mittlerweile ebenso gewohnt wie den mit gewöhnlichen Sterblichen. Er und seine Familie waren etwa mit dem französischen Unternehmer und Milliardär Bernard Arnault und dessen Familie im Urlaub. Arnault ist Chef von LVMH Moët Hennessy – Louis Vuitton SE, dem weltweit größten Konzern für Luxusgüter. Moët & Chandon, eine der Abteilungen des Unternehmens, zählt zu den Sponsoren Federers.

Federer ist auch Jorge Paulo Lemann eng verbunden, einem brasilianisch-schweizerischen Multimilliardär, der in seiner Jugend in Wimbledon spielte und zu den Investoren des Laver Cup zählt (Federer trainiert manchmal auf Lemanns Rasenplatz).

„Bill Gates hat mir mit meiner Stiftung sehr geholfen", sagte Federer. „Es ist einfach so interessant, ihm zuzuhören, mit ihm zu sprechen und auch seine Frau kennenzulernen. Seine Stiftung ist natürlich viel größer als meine Familienstiftung, aber die Zeit, die wir mit ihm verbracht, und die Unterstützung, die wir erfahren haben, waren fantastisch."

Auf dem Tennisplatz waren die Rollen dann vertauscht: Gates zeigte sich auf dem Platz zwar recht talentiert, aber seine Spielerfähigkeiten waren doch limitiert, und so ließ er seinem Doppelpartner nur zu gern den Vortritt. Federer schlug den nicht sehr eingängigen Team-Namen „Gateserer" vor.

„Wenn jemand einen besseren Namen hat, immer her damit", sagte Federer lachend.

Aber immerhin war Gates ein begeisterter Tennisspieler. Der südafrikanische Comedian Trevor Noah, der in den Vereinigten Staaten als Moderator der *Daily Show* bekannt ist, war zwar eine perfekte Ergänzung für das Event, da er wie Federer eine südafrikanische Mutter und einen Schweizer Vater hat. Und er war in Südafrika ein Publikumsmagnet. Das Problem war aber, dass Noah nicht Tennis spielen konnte.

„Ich wollte ihnen das aber nicht sagen, weil, wenn einen coole Leute zu etwas einladen, sagt man: ‚Ich bin dabei!'", erklärte Noah später in der *Ellen DeGeneres Show*. „Ich musste innerhalb von zwei Monaten lernen, Tennis zu spielen. Das war eins der verrücktesten Dinge, die ich in meinem Leben gemacht habe."

Es gab viele Highlights beim „Match for Africa", aber dass Noah es schaffte, vor 51.954 Zuschauern locker zu bleiben, obwohl er gerade erst Tennis gelernt hatte, war wohl das größte. Dieser Mann leidet offenbar nicht unter Lampenfieber.

Ebenso wenig wie Lynette, die als „Roger Federers stolze Mutter" ins Stadion gerufen wurde und fröhlich die Rampe hinaufschritt, um den obligatorischen Münzwurf vor dem Spielbeginn auszuführen, während die Menge begeistert jubelte. Sie strahlte und genoss den Moment in vollen Zügen, als ihr Sohn sie auf dem Platz begrüßte, sie an sich drückte und ihr einen Kuss auf den Kopf gab.

Ich beobachtete die Szene von der Tribüne aus und musste an meinen kurzen Besuch zwei Tage zuvor in Kempton Park sowie an meinen Spaziergang um die ehemaligen Ciba-Büros denken, wo hinter einem Stacheldrahtzaun eine Schweizer und eine südafrikanische Flagge nebeneinander im Wind geflattert hatten.

In jedem Leben gibt es wohl Elemente des Zufalls, gelangen wir an unerwartete Scheidewege – die Begegnung von Lynette und Robert hatte weitreichende Auswirkungen. Robert, den als junger Mann das Fernweh gepackt hatte, hätte im Zuge seiner beruflichen Abenteuer auch leicht woanders landen können: in den Vereinigten Staaten, in Australien, in Israel. Er kam nach Südafrika, wo er und seine zukünftige Frau in ihrer Freizeit begeistert Tennis spielten, bevor sie dann in Basel ihre Kinder für den Sport begeisterten.

Ihr Sohn wuchs zu einem der größten Tennisspieler aller Zeiten heran, zu einer kreativen, oft überwältigenden Kraft, zu einem Publikumsliebling, aber auch zu einem unverwüstlichen Gegner, einem unerbittlichen Optimisten mit einer pragmatischen Ader, stets in der Lage, auch harte Entscheidungen zu treffen und sich auf großartige Erfolge ebenso wie auf brutale Niederlagen einzustellen.

Das ist eine ganze Menge. Diese Fähigkeiten ermöglichten es ihm, von Ende der 1990er- bis in die 2020er-Jahre hinein große Erfolge auf der Tour zu feiern.

„Ich habe nie aufgehört, meinen Sport zu lieben", sagte Federer zu mir. „Nie."

Es gab vielleicht Zeiten, da schien das eher stur als konsequent zu sein, aber ich glaube ihm. Seine Freude am Sport ist nicht zu übersehen, weder beim Training noch auf der Tour oder bei einem Showmatch in der ausgelassenen Atmosphäre eines südafrikanischen Stadions, in dem sich das größte Publikum der Tennisgeschichte eingefunden hatte, um Federer dabei zuzusehen, wie er gegen seinen Erzrivalen Nadal antrat.

„Wir haben im Laufe der Jahre die extreme Rivalität auf dem Platz zugunsten einer Rivalität aufgegeben, die wir beide schätzen und von der wir wissen, dass sie etwas Besonderes in der Sportwelt ist", sagte Nadal vor dem Match zu mir. „Und ich glaube, wir wissen auch, dass wir beide davon profitiert haben und das pflegen müssen."

Kapstadt wäre für Federer ohne Nadal undenkbar gewesen. Für ihn war es das Matchup, das das südafrikanische Publikum bekommen musste. Die schwierigste Aufgabe dabei war, einen Termin zu finden, der für beide realistisch war. Und als das Match schließlich stattfand, musste Federer nur noch seine Schmerzen in Schach halten. Er jagte fröhlich Lobs hinterher und begeisterte mit Trickshots, während nur die engsten Vertrauten um sein schmerzendes Knie wussten, das noch im selben Monat operiert werden sollte.

Gates, mit gesundheitspolitischen Themen vertraut, war sich sehr wohl der Gefahr des gerade in China aufgetauchten Coronavirus bewusst. Er sprach mit Federer und Nadal während des Abendessens in ihrem eleganten und sehr gut bewachten Hotel über den Orkan, der sich am Horizont zusammenbraute. Sie wohnten im Ellerman House, mit Blick auf Bantry Bay und Robben Island, wo Nelson Mandela fast zwei Jahrzehnte in Haft gesessen hatte.

„Wir hatten großes Glück und waren sehr dankbar, dass wir das Event ausrichten konnten“, sagte John-Laffnie de Jager, ein ehemaliger südafrikanischer Tennisspieler und einer der Veranstalter des Showmatches. „Ein paar Wochen später und der Virus hätte uns einen Strich durch die Rechnung gemacht.“

Ein paar Wochen später hätte es keine erhebenden Momente im Kapstadt-Stadion gegeben, keine Umarmungen am Netz, keinen Stolz und keine Freude in den Rängen, keine After-Match-Party mit den Spielern, Balljungen und -mädchen und Tänzerinnen und Tänzern, die dicht gedrängt im Takt der Musik herumhüpften, während wieder einmal (Freuden-)Tränen über Federers Wangen liefen.

Wie so oft, war sein Timing hervorragend.

Danksagung

„Also, wie lang hast du gebraucht?“, ist die Frage, die ich nach der Fertigstellung dieses Buches am häufigsten gehört habe.

Über ein Jahr, lautet die einfache Antwort, wenn es um den reinen Schreib- und Planungsprozess geht. Ich besprach die Idee 2019 mit meiner neuen Literaturagentin Susan Canavan beim Lunch an der Nordküste Bostons, und sie war sofort angetan. Wie einfach damals alles klang! Seitdem habe ich über 80 Interviews für dieses Projekt geführt und zahlreiche Federer-Matches und -Spielstände immer wieder und wieder angesehen und überprüft.

Aber die eigentliche Antwort ist, dass dieses Buch vor über 20 Jahren seinen Anfang nahm, im Frühling 1999 auf der Tribüne des Court Suzanne Lenglen bei den French Open, als Federer sein Grand-Slam-Debüt gab.

Schon als Teenager war sein Spiel fesselnd und ist es bis heute. Es mag extravagantere oder schillerndere Tennisstars geben, aber niemanden, der so schönes Tennis spielt wie er, und niemanden, der – wie ich im Zuge meiner Niederschrift feststellte – alle Aspekte des Sports mit derselben unstillbaren Begeisterung verkörpert.

Die Gelegenheit, Federers Karriere aus nächster Nähe verfolgen zu dürfen, ergab sich, weil ich zur rechten Zeit am rechten Ort – in der Regel in Europa – war.

Danke an Barry Lorge und Bob Wright, meine großartigen, leider schon verstorbenen Chefs von der *San Diego Union-Tribune*, die mir die Tür zum Journalismus öffneten und mich zu den Tennisturnieren schickten, unter anderem 1990 nach Wimbledon.

Danke an Neil Amdur, ehemaliger Tenniskorrespondent und später Sportredakteur der *New York Times*; er gab mir, kurz nachdem ich als frisch verheirateter Freiberufler nach Frankreich gezogen war, eine Chance. Merci an Peter Berlin und Michael Getler, die mich in Paris engagierten und als Leitenden Sportkorrespondent der *International Herald Tribune* meinen Traum leben ließen, und

Merci an den wunderbaren David Ignatius, der mir als Kolumnist freie Hand ließ. Was kann man sich mehr wünschen?

Es folgten schier unglaubliche Jahre, in denen ich kreuz und quer über den Globus reiste, um über die größten Sportereignisse zu berichten: Olympische Spiele, Weltmeisterschaften, America's Cups, Champions Leagues, Golf-Majors und immer wieder ganz viel Tennis.

Danke an alle Redakteure der *IHT* und der *Times,* die dies möglich gemacht haben, darunter Tom Jolly, Alison Smale, Sandy Bailey, Jeff Boda, Marty Gottlieb, Jason Stallman, Dick Stevenson, Jill Agostino, Naila-Jean Meyers, Andy Das, Oskar Garcia und nicht zuletzt Randy Archibold, der mir die Auszeit ermöglichte, die ich brauchte, um dieses Buch zu schreiben.

Ich hätte das Buch nicht ohne die Menschen vollenden können, die mit mir gesprochen haben. Danke an alle 82 Gesprächspartnerinnen und -partner für eure Zeit und euer Vertrauen und besonderen Dank an Andy Roddick, Marat Safin, Pete Sampras, Rafael Nadal und Novak Djokovic, die im Einzelnen darauf eingingen, wie es war, Federer gegenüberzutreten, sowie Peter Lundgren, José Higueras und vor allem Paul Annacone, die mir bereitwillig berichteten, wie es war, ihn zu trainieren.

Ein besonderes Dankeschön geht natürlich an Roger Federer und seinen langjährigen Agenten Tony Godsick, die mir und der *Times* in all den Jahren so häufig Zugang gewährt haben. Solche Gelegenheiten sind bei vielen Superstars selten geworden, aber Roger Federer versteht und respektiert die Rolle der Nachrichtenmedien und war stets bereit, mehr von sich preiszugeben als die meisten.

„Also, wie lang hast du gebraucht?"

„Länger als nötig", hätte Sean Desmond, der Verleger von Twelve, sagen können. Aber er hielt sich zurück. Sean, selbst Autor, gab mir herzlich und mit federeskem Einfühlungsvermögen die Zeit und Muße, die ich brauchte, um den richtigen Ton für mein Buch zu finden.

Ich danke ihm dafür, dass er an dieses Projekt geglaubt hat, und auch Rachel Kambury und allen anderen aus seinem Team für ihre Unterstützung. Ebenso danke ich meiner Familie und meinen Freunden für ihre Nachsicht, die sie bei allen Deadlines und vergangenen Tennissaisons, hinter denen ich mich verkrochen habe, walten ließen. Und vor allem: un grand merci an meinen Fels in der Brandung, meine Frau Virginie, die seit 30 Jahren mit mir verheiratet ist und mich nie im Stich gelassen hat, nicht einmal mitten in einer Pandemie, und die mich, wenn mir alles ein wenig zu viel wurde, daran erinnerte, dass es genau das war, was ich schon immer machen wollte.

Und wie so oft hatte sie recht, oder, wie der nur schwer zu beeindruckende Franzose zu sagen pflegt: Sie hatte nicht unrecht.

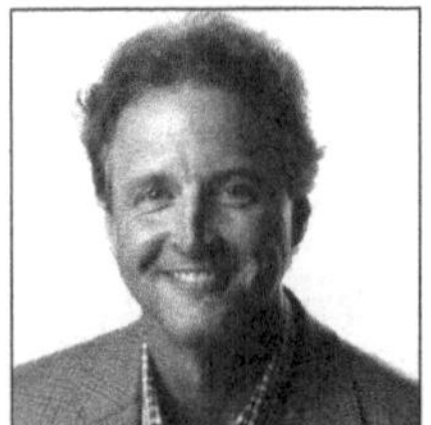

© Courtesy of the New York Times

ZUM AUTOR

Christopher Clarey ist Tenniskorrespondent für die New York Times und berichtet für die Times und den International Herald Tribune, wo er Chefkorrespondent und Kolumnist war, seit fast 30 Jahren über internationalen Sport.

IMPRESSUM

Übersetzung: *Jan Haas, Frederik Kugler, Jutta Orth und Sven Scheer*
Projektkoordination: *Svetlana Romantschuk und Dorit Aurich*
Lektorat: *Dorit Aurich*
Deutsche Übersetzung: *Mit freundlicher Genehmigung von Grand Central*
Fachliche Beratung: *Matthias Stach*
Coverfoto: *Peter Hapa / Trunk Archive*
Autorenfoto: *Mit freundlicher Genehmigung der New York Times*
Layout und Satz: *Datagrafix GSP GmbH,Berlin*
Umschlaggestaltung und Adaption der Bildstrecke: *Groothuis. Gesellschaft der Ideen und Passionen mbH*
Lithografie: *Frische Grafik, Hamburg*
Druck & Bindung: *GGP Media GmbH, Pößneck*

Titel der Originalausgabe: The Master. The Long Run and Beautiful Game of Roger Federer

4. Auflage 2023

Neumühlen 17
D-22763 Hamburg
ISBN: 978-3-98588-006-5

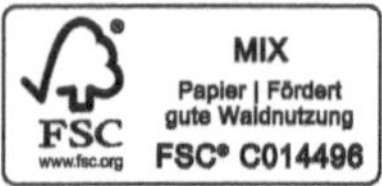

LIEBE LESERINNEN, LIEBE LESER

wie schön, dass Sie ein Buch von EDEL SPORTS lesen! Wir lieben große Geschichten, herausragende Persönlichkeiten und starke Meinungen aus der faszinierenden Welt des Sports und freuen uns sehr, dass Sie diese Leidenschaft mit uns teilen. Sport ist Emotion, Entertainment und Business zugleich. Geben Sie uns gern Ihr Feedback auf Instagram (@edel.sports) oder schreiben uns an: *info-edelsports@edel.com.*

UNSER VERLAGSHAUS

Mit Standorten in Hamburg und München zählt die Edel Verlagsgruppe zu den größten unabhängigen Buchanbietern Deutschlands. Zur Gruppe gehören die Verlage Dr. Oetker Verlag, Edel Sports, KARIBU und ZS.

EDEL Sports – Ein Verlag der Edel Verlagsgruppe
www.edelsports.com
www.instagram.com/edel.sports